Ingo Hamm
Heinz-Günther Dachrodt
Volker Engelbert
Wolfgang Koberski

BetrVG

Das Betriebsverfassungsgesetz
mit Kommentierung
für die betriebliche Praxis

ifbverlag
der betriebsrat

Ingo Hamm
Heinz-Günther Dachrodt
Volker Engelbert
Wolfgang Koberski

BetrVG

Das Betriebsverfassungsgesetz mit Kommentierung für die betriebliche Praxis

Bibliografische Information der Deutschen Bibliothek
Die Deutsche Bibliothek verzeichnet diese Publikation in der Deutschen Nationalbibliografie; detaillierte bibliografische Daten sind im Internet über http://dnb.d.-nb.de abrufbar.

Die Erstellung dieses Buches ist mit größter Sorgfalt erfolgt. Trotzdem können Fehler niemals ausgeschlossen werden. Verlag und Autoren können für solche und deren Folgen weder eine juristische Verantwortung noch irgendeine Haftung übernehmen. Für Anregungen, Verbesserungsvorschläge und Hinweise auf eventuelle Fehler sind wir dankbar.
Richten Sie diese bitte an:
Verlag der betriebsrat KG, Prof.-Becker-Weg 16,
82418 Seehausen am Staffelsee

Satz: Arnd Hartung EDV & DTP, Sankt Augustin
Druck: Kessler Druck + Medien, Bobingen
Umschlag: 4m GmbH, München
Printed in Germany 2009
ISBN: 978-3-934637-35-1

www.verlag-dbr.de

Vorwort

Das BetrVG ist das wichtigste Handwerkszeug für Betriebsräte. Dieser Kommentar trägt dem Umstand Rechnung, dass die Mitglieder in diesen Gremien zum größten Teil keine juristische Ausbildung haben. Dennoch müssen sie mit einem Gesetz umgehen, das in weiten Teilen eher sperrig und durch die in großer Zahl dazu ergangene Rechtsprechung auch nicht gerade leichter verständlich geworden ist. Wer das alles noch in seiner Gesamtheit erfassen will, verliert schnell die Übersicht. Betriebsräte müssen das aber auch nicht. Im Alltag wichtig ist vor allem ein Grundverständnis für die einzelnen Vorschriften und deren Beziehungen untereinander, um handlungsfähig zu sein. Die detailverliebte Aufzählung von Urteilen und Beschlüssen führt da eher in die Irre, weil allzu schnell positive wie negative Entscheidungen auf die eigene Situation übertragen werden – obwohl die Sachlage hier eine vollständig andere ist.

Die Erläuterungen in diesem Kommentar beschränken sich daher auf das grundlegende Verständnis der Normen und beziehen die Rechtsprechung nur in Ausnahmen mit ein. Auf vielfältige Klammerzusätze mit Quellenangaben – die ohnehin kaum jemand verfolgt – und ständige Verweise auf andere Textstellen im Kommentar wird zugunsten der Lesbarkeit verzichtet. Wichtige Rechtsprechung wird statt dessen am Ende der jeweiligen Kommentierungen in Auszügen wiedergegeben. Das sollte für die tägliche Orientierung und Auseinandersetzung reichen, die ja in der Regel keine juristische Begutachtung einzelner Sachverhalte verlangt. Wer juristisch in die Tiefe gehen will und muss, sollte zusätzlich zu einem der großen Kommentare greifen, die aber schon angesichts des Umfangs nicht mehr die schnelle Orientierung bieten können.

Wir hoffen, mit diesem neu und anders konzipierten juristischen Kommentar Betriebsräte bei ihrer anspruchsvollen Tätigkeit zu unterstützen.

Januar 2009
Die Autoren

Inhaltsverzeichnis

Vierter Abschnitt: Gestaltung von Arbeitsplatz, Arbeitsablauf und Arbeitsumgebung

Fünfter Abschnitt: Personelle Angelegenheiten

Erster Unterabschnitt: Allgemeine personelle Angelegenheiten

Zweiter Unterabschnitt: Berufsbildung

Dritter Unterabschnitt: Personelle Einzelmaßnahmen

Sechster Abschnitt: Wirtschaftliche Angelegenheiten

Erster Unterabschnitt: Unterrichtung in wirtschaftlichen Angelegenheiten

Zweiter Unterabschnitt: Betriebsänderungen

Fünfter Teil: Besondere Vorschriften für einzelne Betriebsarten

Erster Abschnitt: Seeschifffahrt

Zweiter Abschnitt: Luftfahrt

Dritter Abschnitt: Tendenzbetriebe und Religionsgemeinschaften

Sechster Teil: Straf- und Bußgeldvorschriften

Siebenter Teil: Änderungen von Gesetzen

Achter Teil: Übergangs- und Schlussvorschriften

Anhang

Maßgebliche Vorschriften des BGB zur Fristberechnung

Erster Teil
Allgemeine Vorschriften

§ 1 Errichtung von Betriebsräten

(1) In Betrieben mit in der Regel mindestens fünf ständigen wahlberechtigten Arbeitnehmern, von denen drei wählbar sind, werden Betriebsräte gewählt. Das gilt auch für gemeinsame Betriebe mehrerer Unternehmen.

(2) Ein gemeinsamer Betrieb mehrerer Unternehmen wird vermutet, wenn

1. **zur Verfolgung arbeitstechnischer Zwecke die Betriebsmittel sowie die Arbeitnehmer von den Unternehmen gemeinsam eingesetzt werden oder**
2. **die Spaltung eines Unternehmens zur Folge hat, dass von einem Betrieb ein oder mehrere Betriebsteile einem an der Spaltung beteiligten anderen Unternehmen zugeordnet werden, ohne dass sich dabei die Organisation des betroffenen Betriebes wesentlich ändert.**

> Die Vorschrift legt fest, wie groß Betriebe mindestens sein müssen, damit ein BR gewählt werden kann.

Themenübersicht

Geltungsbereich
Betrieb
Betriebsgröße
Gemeinschaftsbetrieb
Rechtsprechung

Geltungsbereich

Das BetrVG gilt nur in Deutschland. Es gilt für alle AN, gleich welcher Staatsangehörigkeit, die in inländischen Betrieben beschäftigt sind. Aus diesem Grundsatz, den man auch Territorialitätsprinzip nennt, folgt umgekehrt, dass in ausländischen Betrieben keine BR gebildet werden können, auch wenn die Unternehmen ihren Sitz in Deutschland haben.

Das BetrVG verwendet den Begriff des AN ohne selbst zu definieren, was darunter zu verstehen ist. In Zweifelfällen kann daher auf die von der Rechtsprechung und der wissenschaftlichen Literatur entwickelte Definition zurückgegriffen werden, die in der Kommentierung zu § 5 vorgestellt wird.

Das BetrVG gilt auch für Beschäftigte während eines Auslandseinsatzes, wenn sie dort nur vorübergehend bzw. befristet eingesetzt werden und sie weiterhin dem heimischen Betrieb zugeordnet sind.

In bestimmten Branchen können keine BR gewählt werden. Diese Beschränkung ergibt sich aus §§ 114-118. Im Einzelnen betrifft das:

- Religionsgemeinschaften und die von diesen betriebenen karitativen Einrichtungen,
- das fliegende Personal der Luftfahrtunternehmen und Bordpersonal auf Schiffen (hier gibt es Sonderregelungen),
- die alliierten Streitkräfte in der Bundesrepublik Deutschland und
- Beschäftigte im öffentlichen Dienst (dort gelten die Personalvertretungsgesetze des Bundes und der Länder).

Auch in so genannten Kleinstbetrieben, die in der Regel weniger als fünf wahlberechtigte AN beschäftigen, gilt das BetrVG nicht.

Betrieb

Im alltäglichen Sprachgebrauch wird zwischen „Betrieb“ und „Unternehmen“ meist nicht unterschieden. Im BetrVG ist die Unterscheidung allerdings wichtig, denn nur in Betrieben können BR gewählt werden. Ein Betrieb ist die „organisatorische Einheit, innerhalb derer ein AG allein oder mit seinen AN mit Hilfe von technischen und immateriellen Mitteln bestimmte arbeitstechnische Zwecke fortgesetzt verfolgt, die sich nicht in der Befriedigung von Eigenbedarf erschöpfen“ (BAG vom 7.8.1986 – 6 ABR 57/85). Im Unterschied dazu werden im Unternehmen wirtschaftliche Zwecke verfolgt. Bildlich ausgedrückt könnte man sagen: Der Betrieb ist sichtbar, weil dort gearbeitet wird. Das Unternehmen dagegen existiert meist als Rechtsfigur nur auf dem Papier, etwa in Form einer GmbH oder einer Aktiengesellschaft.

Das Verhältnis zwischen beiden ist so, dass Inhaber des Betriebs immer ein Unternehmen (oder ein einzelner Unternehmer) ist. Dieser Inhaber kann wechseln, zum Beispiel wenn der Betrieb verkauft wird. Diesen Vorgang nennt man „Betriebsübergang“. Ein Betrieb kann auch mehreren Unternehmen gemeinsam gehören, dann handelt es sich um einen Gemeinschaftsbetrieb. Da es sich aber nur um einen Betrieb handelt, wird gemäß § 1 Abs. 1 Satz 2 auch nur ein einheitlicher BR gewählt, der dann seine Mitbestimmungsrechte gegenüber mehreren Unternehmen, also AG ausübt (siehe weiter unten).

Betriebsgröße

Die Wahl des BR setzt eine bestimmte Mindestgröße des Betriebs voraus: Es müssen in der Regel 5 wahlberechtigte AN ständig beschäftigt sein. „Ständig" bedeutet, dass deren Arbeitsaufgabe von Dauer ist.

Auch Teilzeitkräfte oder befristet Beschäftigte zählen hier mit, wenn deren Arbeitsplatz auf Dauer eingerichtet ist. Das BetrVG zählt Teilzeitkräfte, anders als etwa das KSchG, nicht anteilig nach der Stundenzahl. Befristet eingestellte Kräfte, die nur zur Aushilfe und von vornherein nur für einen kurzen Zeitraum im Betrieb arbeiten, gelten nicht als ständig Beschäftigte. Nicht berücksichtigt werden nach Auffassung des BAG außerdem Leih-AN, selbst wenn sie länger als drei Monate im Betrieb eingesetzt werden und daher gemäß § 7 wahlberechtigt sind (BAG vom 16.4.2003 – 7 ABR 53/02). Sinkt die Zahl der wahlberechtigten AN dauerhaft unter 5, so verliert der Betrieb seine Betriebsratsfähigkeit. Für den Fall, dass bereits ein BR besteht, endet die Amtszeit dieses BR.

Damit ein BR gewählt werden kann, müssen von den 5 ständig wahlberechtigten AN mindestens 3 wählbar sein. Die Voraussetzungen für die Wählbarkeit sind in § 8 geregelt.

Im Betrieb müssen „in der Regel" 5 AN beschäftigt sein, das bedeutet, 5 AN müssen regelmäßig, also über einen längeren Zeitraum, beschäftigt werden. Ermittelt wird die maßgebliche Zahl anhand der Beschäftigtenzahl der Vergangenheit und einer Einschätzung der kommenden Entwicklung. (BAG vom 22.2.1983 – 1 AZR 260/81) Eine nur vorübergehende Erhöhung oder Verringerung der Beschäftigtenzahl kann daher außer Acht bleiben. Das Ergebnis ist niemals mathematisch exakt zu ermitteln, sondern es beinhaltet immer eine Wertung, die die Personalplanung berücksichtigt. Die Planung für die Zukunft ist gegenüber der Vergangenheit vorrangig zu berücksichtigen, da die Wahl des BR für die Zukunft erfolgt.

Der Begriff „in der Regel" Beschäftigte ist in mehreren Vorschriften von Bedeutung, so etwa wenn es um die Mitbestimmung bei Einstellungen oder um die Aufstellung eines Sozialplans geht. Die Betrachtung ist immer dann auf die Zukunft zu beziehen, wenn es um Festlegungen für die Zukunft geht. Anders ist das beispielsweise beim Sozialplan, denn hier kommt es auf die Belegschaftsgröße in der Vergangenheit an.

Merke

Zu den „in der Regel" Beschäftigten zählen Teilzeitbeschäftigte, Auszubildende, Umschüler, Volontäre, Praktikanten, die wie AN im Betrieb eingesetzt werden sowie Altersteilzeitler in der Arbeitsphase.

Nicht dazu zählen Helfer im freiwilligen sozialen Jahr, Schülerpraktikanten, Zivildienstleistende, sowie Altersteilzeitler in der Ruhephase im Blockmodell.

Die Arbeitsplätze von langfristig Abwesenden wie etwa Wehr- und Zivildienstleistenden, kranken AN, Elternzeitlern usw. zählen ebenfalls mit, allerdings nur einmal, das heißt, die hierfür eingestellten Aushilfen erhöhen die Beschäftigtenzahl nicht.

Gemeinschaftsbetrieb

In einem Gemeinschaftsbetrieb arbeiten Beschäftige verschiedener Unternehmen unter einer gemeinsamen Leitung zusammen und wählen daher auch gemeinsam nur einen BR. Weil die Feststellung, ob ein gemeinsamer Betrieb vorliegt, häufig schwierig und umstritten ist, enthält Abs. 2 eine so genannte Vermutungsregelung. Diese erleichtert in gerichtlichen Auseinandersetzungen die Beweisführung. Die Vermutung ist allerdings widerlegbar, d.h. die beteiligten AG können auch den Gegenbeweis führen und damit die Vermutung außer Kraft setzen. Absatz 2 ist nur in Zusammenhang mit solchen gerichtlichen Auseinandersetzungen von Bedeutung.

Die Vermutungsregelung geht von zwei unterschiedlichen Ansätzen aus.

Nach Nr. 1 wird ein gemeinsamer Betrieb mehrerer Unternehmen vermutet, wenn die Betriebsmittel und die AN von den beteiligten Unternehmen gemeinsam zur Verfolgung arbeitstechnischer Zwecke eingesetzt und genutzt werden.
Nr. 2 betrifft dagegen den Fall, dass nach der Spaltung eines Unternehmens Betriebe oder Betriebsteile den hieraus hervorgegangenen Unternehmen zugeordnet werden, sich aber im Übrigen nichts an den Abläufen ändert.

In beiden Fällen wird von einem gemeinsamen Betrieb ausgegangen und es muss ein einheitlicher BR gewählt werden. Wehren sich die beteiligten AG allerdings dagegen, dass ein gemeinsamer Betrieb vorliegen soll, hat der BR langfristig kaum eine Chance, sich durchzusetzen, denn selbst wenn es den beteiligten AG in dem Verfahren nicht gelingt, die gesetzliche Vermutung zu widerlegen und das Gericht die Existenz des Gemeinschaftsbetriebs bejaht, haben die AG es durch einfache organisatorische Maßnahmen jederzeit in der Hand, nach dem Prozess die gemeinsame Leitungsstruktur wieder zu beseitigen und damit den Gemeinschaftsbetrieb aufzulösen.

Rechtsprechung

BAG vom 25.5.2005 – 1 ABR 38/04: Beim Gemeinschaftsbetrieb muss die gemeinsame Leitung die wesentlichen personellen und sozialen Angelegenheiten erfassen.

BAG vom 13.2.2007 – 1 AZR 184/06: Die Betriebsräte aus mehreren Gemeinschaftsbetrieben können keinen unternehmensübergreifenden GBR bilden.

§ 2 Stellung der Gewerkschaften und Vereinigungen der Arbeitgeber

(1) Arbeitgeber und Betriebsrat arbeiten unter Beachtung der geltenden Tarifverträge vertrauensvoll und im Zusammenwirken mit den im Betrieb vertretenen Gewerkschaften und Arbeitgebervereinigungen zum Wohl der Arbeitnehmer und des Betriebs zusammen.

(2) Zur Wahrnehmung der in diesem Gesetz genannten Aufgaben und Befugnisse der im Betrieb vertretenen Gewerkschaften ist deren Beauftragten nach Unterrichtung des Arbeitgebers oder seines Vertreters Zugang zum Betrieb zu gewähren, soweit dem nicht unumgängliche Notwendigkeiten des Betriebsablaufs, zwingende Sicherheitsvorschriften oder der Schutz von Betriebsgeheimnissen entgegenstehen.

(3) Die Aufgaben der Gewerkschaften und der Vereinigungen der Arbeitgeber, insbesondere die Wahrnehmung der Interessen ihrer Mitglieder, werden durch dieses Gesetz nicht berührt.

In dieser Vorschrift sind die Grundprinzipien festgelegt, die den Umgang der Betriebsparteien miteinander bestimmen. Zudem ist das Verhältnis zu den überbetrieblichen Organisationen geregelt. Alle Beteiligten, also AG, BR, AG-Verband und Gewerkschaft sollen „vertrauensvoll" zusammen arbeiten. In der Praxis wird dieser „unbestimmte Begriff" allerdings unterschiedlich ausgelegt.

Themenübersicht

Vertrauensvolle Zusammenarbeit
Zugangsrecht der Gewerkschaften zum Betrieb
Koalitionspolitische Betätigung von Gewerkschaften und Arbeitgebervereinigungen
Rechtsprechung

Vertrauensvolle Zusammenarbeit

AG und BR sollen vertrauensvoll zusammen arbeiten und dabei als gemeinsames Ziel das Wohl der AN und des Betriebs verfolgen. Diese Vorschrift ist ein Programmsatz, aus dem keine konkreten Handlungspflichten folgen. Insbesondere soll der BR dadurch nicht davon abgehalten werden, sich klar als Vertreter der Interessen der Beschäftigten, von denen er gewählt wurde, zu positionieren.

Das Gebot zur vertrauensvollen Zusammenarbeit schließt auch die Zusammenarbeit mit den im Betrieb vertretenen Gewerkschaften und AG-Vereinigungen ein. Im Betrieb vertreten ist eine Gewerkschaft bereits dann, wenn auch nur ein Mitglied im Betrieb arbeitet – unabhängig davon, ob sie für die Branche zuständig ist oder ob der Betrieb an Tarifverträge gebunden ist. So kann es beispielsweise vorkommen, dass in einer verselbständigten Kantine zwar eine Bindung an die Caterer-Tarifverträge besteht, ein Teil der Beschäftigten aber noch zum Beispiel der IG BCE angehört, weil der Betrieb ursprünglich Teil eines Chemieunternehmens war. Dann ist die IG BCE eine im Betrieb vertretene Gewerkschaft. Im Streitfall kann die Mitgliedschaft zu einer Gewerkschaft durch eine vor einem Notar abgegebene eidesstattliche Versicherung bewiesen werden. Die betroffenen Kollegen müssen sich nicht zu erkennen geben, wenn sie deshalb Nachteile befürchten.

Ein AG-Verband ist dann im Betrieb vertreten, wenn der AG Mitglied dieses Verbandes ist.

Zugangsrecht der Gewerkschaften zum Betrieb

Beauftragte der im Betrieb vertretenen Gewerkschaften dürfen den Betrieb zur Wahrnehmung der im Gesetz genannten Aufgaben und Befugnisse betreten. Ein weiter gehendes allgemeines Zugangsrecht besteht aber nicht. Die Gewerkschaft entscheidet selbst, wen sie in den Betrieb schickt. Das muss nicht immer ein Gewerkschaftssekretär sein, es kommen vor allem auch ehrenamtliche Funktionsträger aus anderen Betrieben in Frage. Soweit erforderlich, können auch mehrere Beauftragte entsendet werden.

Das gewerkschaftliche Zugangsrecht ist nicht auf bestimmte Betriebsbereiche, wie etwa das BR-Büro oder die Betriebsversammlung, beschränkt. Maßgebend ist allein, ob es aus der betriebsverfassungsrechtlichen Unterstützungsfunktion der Gewerkschaft heraus notwendig ist, den Betrieb und bestimmte Betriebsbereiche zu betreten. Auch die Häufigkeit und die Dauer der Anwesenheit des Gewerkschaftsvertreters im Betrieb ergeben sich aus der konkreten betriebsverfassungsrechtlichen Unterstützungsfunktion. Das Zugangsrecht besteht grundsätzlich während der Arbeitszeit.

Der AG oder sein Vertreter müssen über den beabsichtigten Besuch des Gewerkschaftsvertreters unterrichtet werden. Nur in besonderen Ausnahmefällen kann der Zutritt auch verweigert werden, zum Beispiel wenn der Gewerkschaftsbeauftragte den AG oder dessen Vertreter grob beleidigt hat und eine Wiederholung zu befürchten ist (BAG vom 14.2.1967 – 1 ABR 7/66). Die Weigerung kann sich aber nur auf das Zutrittsrecht einer bestimmten Person, nicht auf das Zutrittsrecht der Gewerkschaft insgesamt beziehen.

Eine Einschränkung des Zugangsrechts sieht das Gesetz ausnahmsweise dann vor, wenn unumgängliche Notwendigkeiten des Betriebsablaufs, zwingende Sicherheitsvorschriften oder der Schutz von Betriebsgeheimnissen dem Zutritt entgegenstehen. Erfordert etwa der Zutritt zu einer Produktionsabteilung eine Schutzkleidung, die der Beauftragte nicht anlegen kann, dann darf ihm der Zutritt verweigert werden.

Koalitionspolitische Betätigung von Gewerkschaften und Arbeitgebervereinigungen

Die Rechte und die Aufgaben der Gewerkschaften und AG-Vereinigungen werden durch das BetrVG nicht beschränkt. Das Grundgesetz garantiert in Art. 9 jedem das Recht, Vereinigungen zu gründen, ihnen beizutreten, beim Beitritt zwischen mehreren bestehenden Vereinigungen zu wählen, darin zu bleiben oder auszutreten. Ebenso geschützt ist das Recht, nicht beizutreten. Die Bezeichnung dafür lautet im einen Fall positive, im anderen Fall negative Koalitionsfreiheit. Dabei hat das Grundgesetz insbesondere Vereinigungen im Visier, die sich zur Wahrung und Förderung der Arbeits- und Wirtschaftsbedingungen zusammengeschlossen haben, also vor allem Gewerkschaften oder AG-Verbände. Diese Koalitionen sind in ihrer Existenz, ihrer organisatorischen Autonomie und in ihrer koalitionsgemäßen Betätigung geschützt. Der Schutz wirkt zum einen gegenüber dem Staat, der die Koalitionen nur insoweit beschränken darf, als das zum Schutz von Grundrechten Dritter und anderen mit Verfassungsrang ausgestatteten Rechten geboten ist. Zum anderen wirkt dieser Schutz gegenüber allen, die in den Bestand oder die Betätigung der Koalition eingreifen könnten.

Um dieses Recht zu wahren, bestimmt § 2 und später noch einmal § 74 Abs. 3 , dass die gewerkschaftliche Betätigung im Betrieb durch das BetrVG nicht beschränkt ist. Wichtig ist dieser Hinweis vor allem für den Fall, dass BR-Mitglieder sich gewerkschaftlich betätigen, also etwa zum Streik aufrufen: In ihrer Funktion als BR dürfen sie das nicht, als Gewerkschaftsmitglied dagegen sehr wohl.

Rechtsprechung

BAG vom 14.2.1978 – 1 AZR 280/77: Die Gewerkschaft entscheidet selbst, wen sie in den Betrieb schickt. Es kann sich auch um Betriebsangehörige handeln.

BAG vom 14.12.2004 – 1 ABR 51/03: Mindestanforderung an eine Organisation, um als Gewerkschaft die Rechte nach dem BetrVG in Anspruch nehmen zu können.

BVerfG vom 14.11.1995 – 1 BvR 601/92: Auch während der Arbeitszeit darf Werbung für die Gewerkschaft gemacht werden.

§ 3 Abweichende Regelungen

(1) Durch Tarifvertrag können bestimmt werden:

1. für Unternehmen mit mehreren Betrieben
   a) die Bildung eines unternehmenseinheitlichen Betriebsrats oder
   b) die Zusammenfassung von Betrieben,

   wenn dies die Bildung von Betriebsräten erleichtert oder einer sachgerechten Wahrnehmung der Interessen der Arbeitnehmer dient;
2. für Unternehmen und Konzerne, soweit sie nach produkt- oder projektbezogenen Geschäftsbereichen (Sparten) organisiert sind und die Leitung der Sparte auch Entscheidungen in beteiligungspflichtigen Angelegenheiten trifft, die Bildung von Betriebsräten in den Sparten (Spartenbetriebsräte), wenn dies der sachgerechten Wahrnehmung der Aufgaben des Betriebsrats dient;
3. andere Arbeitnehmervertretungsstrukturen, soweit dies insbesondere aufgrund der Betriebs-, Unternehmens- oder Konzernorganisation oder aufgrund anderer Formen der Zusammenarbeit und zweckmäßigen Interessenvertretung der Arbeitnehmer dient;
4. zusätzliche betriebsverfassungsrechtliche Gremien (Arbeitsgemeinschaften), die der unternehmensübergreifenden Zusammenarbeit von Arbeitnehmervertretungen dienen;
5. zusätzliche betriebsverfassungsrechtliche Vertretungen der Arbeitnehmer, die die Zusammenarbeit zwischen Betriebsrat und Arbeitnehmern erleichtern.

(2) Besteht in den Fällen des Absatzes 1 Nr. 1, 2, 4 oder 5 keine tarifliche Regelung und gilt auch kein anderer Tarifvertrag, kann die Regelung durch Betriebsvereinbarung getroffen werden.

(3) Besteht im Falle des Absatzes 1 Nr. 1 Buchstabe a) keine tarifliche Regelung und besteht in dem Unternehmen kein Betriebsrat, können die Arbeitnehmer mit Stimmenmehrheit die Wahl eines unternehmenseinheitlichen Betriebsrats beschließen. Die Abstimmung kann von mindestens drei wahlberechtigten Arbeitnehmern des Unternehmens oder einer im Unternehmen vertretenen Gewerkschaft veranlasst werden.

(4) Sofern der Tarifvertrag oder die Betriebsvereinbarung nichts anderes bestimmt, sind Regelungen nach Absatz 1 Nr. 1 bis 3 erstmals bei der nächsten regelmäßigen Betriebsratswahl anzuwenden, es sei denn, es besteht kein Betriebsrat oder es ist aus anderen Gründen eine Neuwahl des Betriebsrats erforderlich. Sieht der Tarifvertrag oder die Betriebsvereinbarung einen anderen Wahlzeitpunkt vor, endet die Amtszeit bestehender Betriebsräte, die durch die Regelungen nach Absatz 1, Nr. 1 bis 3 entfallen, mit Bekanntgabe des Wahlergebnisses.

(5) Die aufgrund eines Tarifvertrages oder einer Betriebsvereinbarung nach Absatz 1 Nr. 1 bis 3 gebildeten betriebsverfassungsrechtlichen Organisationseinheiten gelten als Betriebe im Sinne dieses Gesetzes. Auf die in ihnen gebildeten Arbeitnehmervertretungen finden die Vorschriften über die Rechte und Pflichten des Betriebsrats und die Rechtsstellung seiner Mitglieder Anwendung.

> Die Vorschrift gibt den Tarifvertragsparteien – in seltenen Ausnahmefällen auch den Betriebsparteien – das Recht, Vereinbarungen über eine besondere Struktur des BR zu treffen, auch wenn diese vom Gesetz abweicht, um damit auf die Besonderheiten des jeweiligen Betriebs, Unternehmens oder Konzerns zu reagieren.

Themenübersicht

Unternehmenseinheitlicher BR
Regional-/Filial-BR
Sparten-BR Vereinbarung anderer Strukturen
Vereinbarung zusätzlicher Gremien und Vertretungen
Vorrang tarifvertraglicher Vereinbarungen
Wahl eines unternehmenseinheitlichen BR
Zeitpunkt
Vereinbarte Organisationseinheiten und Betriebsbegriff
Rechtsprechung

Unternehmenseinheitlicher BR

§ 3 Abs. 1 Nr. 1a lässt die Bildung eines unternehmenseinheitlichen BR zu, anstelle der (örtlichen) BR und (gegebenenfalls) eines GBR. Dies gilt unabhängig davon, ob es in den einzelnen unternehmenszugehörigen Betrieben BR gibt.

Diese Fallgestaltung ist zugeschnitten auf Unternehmen mit mehreren Betrieben.

Regional-/Filial-BR

Nach § 3 Abs. 1 Nr. 1b können einzelne Betriebe zu Wahlbetrieben zusammengefasst werden. Diese Fallkonstellation bezieht sich auf Unternehmen, die stark in Filialen organisiert sind (wie etwa Einzelhandelsunternehmen, Banken oder Versicherungen). Häufig geschieht diese Zusammenfassung nach regionalen oder nach aufgabenbezogenen Gesichtspunkten.

Sparten-BR

§ 3 Abs. 1 Nr. 2 lässt die Errichtung von Sparten-BR zu. Voraussetzung ist, dass ein Unternehmen oder ein ganzer Konzern nach produkt- oder projektbezogenen Geschäftsbereichen (Sparten) organisiert ist und die Spartenleitung auch in beteiligungspflichtigen Angelegenheiten entscheidet. In Unternehmen, die nur teilweise, aber nicht durchgehend nach Sparten organisiert sind, ist auch eine Kombination von herkömmlichen BR-Strukturen und Sparten-BR möglich. Jede derartige Konstruktion muss aber der sachgerechten Wahrnehmung der Mitbestimmungsrechte dienen. Der bloße Umstand, dass in einem Unternehmen oder Konzern solche Sparten existieren, rechtfertigt keine Abweichung von den Grundregeln des BetrVG. Erforderlich ist in der Regel, dass auf AG-Seite die Kompetenz für mitbestimmungspflichtige Angelegenheiten einheitlich für die Sparte gebündelt sind.

Beispiel

Zum Konzern der Stahlkocher AG gehören die Unternehmen NRW-Stahlkocher GmbH in Geldern, Bayern-Stahlkocher GmbH in Fürth und Thüringen-Stahlkocher GmbH in Saalfeld, die jeweils regional tätig sind. Alle Regionalgesellschaften produzieren einerseits Rohstahl, andererseits aber auch für die Bauindustrie fertigte Elemente. Dieser Teil ist als eigene Sparte organisiert, hat also speziell ihm zugeordnete Beschäftigte, eine eigene Vertriebsstruktur usw. Die Personalverwaltung ist getrennt: Für den Bereich „Stahlproduktion“ machen dies die Regionalgesellschaften selbst, für die Sparte „Baustahl“ nimmt diese Funktion die Muttergesellschaft wahr. Hier ist ein Sparten-BR sinnvoll, weil die in den Betrieben in Geldern, Fürth und Saalfeld gebildeten BR keinen zuständigen Ansprechpartner finden, wenn es um die Einstellung eines Ingenieurs in der Sparte geht. Die Entscheidungen fallen schließlich nicht vor Ort.

Vereinbarung anderer Strukturen

Noch weiter gehende Abweichungen vom Grundprinzip des BetrVG bei der Schaffung von Wahlbetrieben lässt § 3 Abs. 1 Nr. 3 zu: Danach können auch dort BR eingerichtet werden, wo dies aufgrund von Sonderformen der Betriebs-, Unternehmens- oder Konzernorganisation oder wegen der Zusammenarbeit von Unternehmen in rechtlicher oder tatsächlicher Hinsicht generell mit besonderen Schwierigkeiten verbunden ist. Solche Regelungen können insbesondere in einem Konzernverbund sinnvoll sein. Nr. 3 gibt den Tarifvertragsparteien zum Beispiel die Möglichkeit, für einen mittelständischen Konzern mit wenigen kleinen Konzernunternehmen statt einer dreistufigen eine zwei- oder gar nur einstufige Interessenvertretung vorzusehen oder in einem Gleichordnungskonzern einen Konzern-BR zu errichten. Es können aber zum Beispiel auch AN-Vertretungsstrukturen entlang einer Produktionskette oder für andere moderne Erscheinungsformen von Produktion, Dienstleistung und die Zusammenarbeit von Unternehmen (fraktale Fabrik, Shop in Shop) geschaffen werden.

Die Tarifvertragsparteien sind dabei in der Entscheidung frei, wie sie diese vereinbarte AN-Vertretungsstruktur im Einzelnen ausgestalten wollen. Voraussetzung ist aber immer, dass sie einer wirksamen und zweckmäßigen Interessenvertretung der AN dient.

Vereinbarung zusätzlicher Gremien und Vertretungen

Zusätzliche Gremien bzw. Vertretungen können gemäß § 3 Abs. 1 Nr. 4 und 5 eingerichtet werden. Diese sind allerdings keine Mitbestimmungsorgane, sondern sie sollen entweder der Zusammenarbeit zwischen den BR einzelner Unternehmen oder der besseren Zusammenarbeit zwischen BR und AN dienen.

Zusätzliche AN-Vertretungen nach Nr. 5 kommen insbesondere dort in Betracht, wo der Kontakt zwischen dem BR und den AN nicht oder nicht in ausreichendem Maße besteht. Dies kann zum Beispiel bei einem unternehmenseinheitlichen BR eines bundesweit tätigen Unternehmens oder bei einem Regional-BR (Nr. 1) zutreffen, wenn Betriebe oder Betriebsteile nicht durch ein BR-Mitglied vertreten sind.

Vorrang tarifvertraglicher Vereinbarungen

AN-Vertretungsstrukturen auf der Grundlage von § 3 Abs. 1 Nr. 1, 2, 4 oder 5 sollen vorrangig durch Tarifverträge festgelegt werden. Das Gesetz lässt aber auch Betriebsvereinbarungen zu, wenn eine tarifliche Regelung nicht besteht und auch kein anderer Tarifvertrag gilt. Betriebsvereinbarungen sind daher bereits dann unzulässig, wenn im Betrieb auch nur irgendeine tarifliche Regelung existiert, etwa ein Entgelttarifvertrag. Er muss also nichts mit der BR-Struktur zu tun haben. Auch ein gemäß § 5 TVG für allgemeinverbindlich erklärter Tarifvertrag schließt eine betriebliche Regelung aus.

Strukturen gemäß Abs. 1 Nr. 3 dürfen nur durch Tarifvertrag und niemals durch Betriebsvereinbarung errichtet werden.

Wahl eines unternehmenseinheitlichen BR

Die Initiative zur Wahl eines unternehmenseinheitlichen BR können auch die AN ergreifen, aber gemäß § 3 Abs. 3 Satz 1 nur dann, wenn in einem Unternehmen mit mehreren Betrieben ohne Tarifbindung kein BR existiert. Die in diesem Unternehmen beschäftigten AN können durch Mehrheitsbeschluss die Wahl eines unternehmenseinheitlichen BR beschließen. Für den Beschluss bzw. die Abstimmung gibt es keine besonderen Vorgaben. Nach Satz 2 ist Voraussetzung, dass die Abstimmung von mindestens drei wahlberechtigten AN des Unternehmens oder einer darin vertretenen Gewerkschaft veranlasst wird.

Zeitpunkt

§ 3 Abs. 4 legt fest, ab welchem Zeitpunkt Tarifverträge oder Betriebsvereinbarungen nach Abs. 1 Nr. 1 bis 3 anzuwenden sind. Wenn in den Tarifverträgen oder Betriebsvereinbarungen hierüber nichts enthalten ist, dann sind die Regelungen nach Abs. 1 Nr. 1 bis 3 erstmals bei der nächsten regelmäßigen BR-Wahl anzuwenden. Abweichend hiervon sind die vereinbarten Regelungen sofort anzuwenden, wenn kein BR besteht oder aus anderen Gründen eine Neuwahl des BR (§ 13 Abs. 2) erforderlich ist.

Vereinbarte Organisationseinheiten und Betriebsbegriff

Die betriebsverfassungsrechtlichen Organisationseinheiten, die aufgrund eines Tarifvertrags oder einer Betriebsvereinbarung nach Abs. 1 Nr. 1 bis 3 gebildet worden sind, gelten gemäß § 3 Abs. 5 als Betriebe. Das bedeutet, dass die Zahl der in diesen Einheiten Beschäftigten maßgeblich ist für zum Beispiel die Zahl der BR-Mitglieder (§ 9), die Größe der Ausschüsse (§§ 27, 28), die Zahl der Freistellungen (§ 38) und die Ausübung bestimmter Mitbestimmungsrechte (§§ 95, 99, 111). Die in diesen Einheiten gebildeten AN-Vertretungen und ihre Mitglieder haben dieselben Rechte und Pflichten wie reguläre BR. Das betrifft zum einen die Ausübung der Mitbestimmung, zum anderen den persönlichen Schutz vor Kündigungen, das Recht auf berufliche Entwicklung usw.

Rechtsprechung

BAG vom 10.11.2004 – 7 ABR 17/04: Durch § 3 festgelegte Organisationseinheiten sind auch für die Wahl der Schwerbehindertenvertretung maßgeblich.

§ 4 Betriebsteile, Kleinstbetriebe

(1) Betriebsteile gelten als selbständige Betriebe, wenn sie die Voraussetzungen des § 1 Abs. 1 Satz 1 erfüllen und

1. **räumlich weit vom Hauptbetrieb entfernt oder**
2. **durch Aufgabenbereich und Organisation eigenständig sind.**

Die Arbeitnehmer eines Betriebsteils, in dem kein eigener Betriebsrat besteht, können mit Stimmenmehrheit formlos beschließen, an der Wahl des Betriebsrats im Hauptbetrieb teilzunehmen; § 3 Abs. 3 Satz 2 gilt entsprechend. Die Abstimmung kann auch vom Betriebsrat des Hauptbetriebs veranlasst werden. Der Beschluss ist dem Betriebsrat des Hauptbetriebs spätestens zehn Wochen vor Ablauf seiner Amtszeit mitzuteilen. Für den Widerruf des Beschlusses gelten die Sätze 2 bis 4 entsprechend.

(2) Betriebe, die die Voraussetzungen des § 1 Abs. 1 Satz 1 nicht erfüllen, sind dem Hauptbetrieb zuzuordnen.

> Die Vorschrift ermöglicht es AN in einem eigentlich betriebsratsfähigen Betriebsteil zu beschließen, an der Wahl des BR des Hauptbetriebs teilzunehmen.

Themenübersicht

Betriebsteil
Zuordnungsbeschluss zum Hauptbetrieb
Neben- und Kleinstbetriebe
Rechtsprechung

Betriebsteil

Betriebsteile sind gegenüber dem Hauptbetrieb räumlich und organisatorisch abgrenzbar und relativ verselbstständigt. Sie bleiben aber auf den Zweck des Hauptbetriebs ausgerichtet (ein Betriebsteil kann zum Beispiel das Reparaturwerk einer Baufirma sein). Die Tätigkeit im Betriebsteil dient dazu, dass der Hauptbetrieb seine Aufgaben erfüllen kann.

Betriebsteile gelten als selbständige Betriebe, wenn

- sie über einen eigenen AN-Stamm verfügen,
- die räumliche Trennung vom Hauptbetrieb vorliegt,
- sie die Erfordernisse des § 1 hinsichtlich der Zahl der wahlberechtigten und wählbaren AN erfüllen und
- eigene technische Betriebsmittel vorhanden sind.

Der Betriebsteil gilt dann als räumlich weit entfernt, wenn durch diese Entfernung eine enge Zusammenarbeit zwischen AN, BR und AG nicht erwartet werden kann. Eine eigenständige Organisation liegt dann vor, wenn der Leitung des Betriebsteils Entscheidungen in personellen und sozialen Angelegenheiten übertragen sind.

Zuordnungsbeschluss zum Hauptbetrieb

Ist der Betriebsteil nach den beschriebenen Kriterien selbständig, dann wählen die AN dort ihren eigenen BR. Wenn keine Wahl stattfindet, bleiben sie ohne Vertretung. Der BR des Hauptbetriebs wird also nicht automatisch für sie zuständig. Der Betriebsteil ist vielmehr selbst ein betriebsratsfähiger Betrieb.

Allerdings gibt Abs. 1 Satz 2 diesen AN die Möglichkeit, an der Wahl des BR im Hauptbetrieb teilzunehmen, anstatt selbst zu wählen. Das geht aber nur so lange, wie im Betriebsteil noch kein eigener BR existiert.

Entscheiden sich die AN des selbständigen Betriebsteils dafür, an der Wahl des BR im Hauptbetrieb teilzunehmen, so müssen sie hierfür einen Mehrheitsbeschluss der im Betriebsteil beschäftigten AN herbeiführen. Die Initiative zu einer solchen Abstimmung kann von mindestens 3 wahlberechtigten AN oder einer im Betrieb vertretenen Gewerkschaft ergriffen werden. Daneben steht das Initiativrecht auch dem BR des Hauptbetriebs zu.

Die Zuordnung zum Hauptbetrieb bleibt, bis sie von den AN widerrufen wird. Ein Zuordnungsbeschluss nach § 4 wird außerdem durch eine anderweitige Zuordnung des Betriebsteils auf der Grundlage des § 3 Abs. 1 verdrängt.

Neben- und Kleinstbetriebe

Abs. 2 enthält eine Zuordnungsregel zum Hauptbetrieb für alle Betriebe, die nicht im beschriebenen Sinne als Betriebsteil eigenständig sind. Diese Regelung gilt für Nebenbetriebe wie für Kleinstbetriebe mit weniger als 5 AN.

Der Begriff "Nebenbetrieb" ist zwar mit der BetrVG-Reform 2001 aus dem Gesetz gestrichen worden, das Phänomen existiert aber weiterhin. Im Nebenbetrieb verfolgt der AG unter eigener Leitung einen eigenen Betriebszweck, der auf die Unterstützung des Hauptbetriebs ausgerichtet ist (zum Beispiel das Teilewerk einer Autoherstellerfirma oder das Fertigteilewerk einer Baufirma). Im Nebenbetrieb ist dann ein eigener BR zu wählen, wenn die Voraussetzungen des § 1 Abs. 1 Satz 1 erfüllt sind. Nur dann, wenn diese zahlenmäßigen Voraussetzungen nicht erfüllt sind, werden die betreffenden Betriebe dem Hauptbetrieb zugeordnet. Sie nehmen dann an der Wahl des BR des Hauptbetriebs teil und werden von diesem vertreten.

Die Zuordnungsregel des § 4 Abs. 2 kann verdrängt werden durch eine anderweitige Zuordnung nach § 3.

Rechtsprechung

BAG vom 9.12.1992 – 7 ABR 15/92: Bestimmung des Nebenbetriebs.

BAG vom 19.1.1999 – 1 AZR 342/98: Wenn bei der Wahl zum BR Betriebsteile fehlerhaft zusammengefasst oder getrennt werden und die Wahl unangefochten bleibt, gelten die so zusammengesetzten Einheiten später bei der Ausübung der Mitbestimmungsrechte als Betriebe.

BAG vom 19.2.2002 – 1 ABR 26/01: Die Selbständigkeit des Betriebsteils bestimmt sich anhand der vom AG vorgenommenen Verteilung der Leistungsmacht.

BAG vom 21.7.2004 – 7 ABR 57/03: Bestimmung des Betriebsteils.

§ 5 Arbeitnehmer

(1) Arbeitnehmer (Arbeitnehmerinnen und Arbeitnehmer) im Sinne dieses Gesetzes sind Arbeiter und Angestellte einschließlich der zu ihrer Berufsausbildung Beschäftigten, unabhängig davon, ob sie im Betrieb, im Außendienst oder mit Telearbeit beschäftigt werden. Als Arbeitnehmer gelten auch die in Heimarbeit Beschäftigten, die in der Hauptsache für den Betrieb arbeiten.

(2) Als Arbeitnehmer im Sinne dieses Gesetzes gelten nicht

1. **in Betrieben einer juristischen Person die Mitglieder des Organs, das zur gesetzlichen Vertretung der juristischen Person berufen ist;**
2. **die Gesellschafter einer offenen Handelsgesellschaft oder die Mitglieder einer anderen Personengesamtheit, soweit sie durch Gesetz, Satzung oder Gesellschaftsvertrag zur Vertretung der Personengesamtheit oder zur Geschäftsführung berufen sind, in deren Betrieben;**
3. **Personen, deren Beschäftigung nicht in erster Linie ihrem Erwerb dient, sondern vorwiegend durch Beweggründe karitativer oder religiöser Art bestimmt ist;**
4. **Personen, deren Beschäftigung nicht in erster Linie ihrem Erwerb dient und die vorwiegend zu ihrer Heilung, Wiedereingewöhnung, sittlichen Besserung oder Erziehung beschäftigt werden;**
5. **der Ehegatte, der Lebenspartner, Verwandte und Verschwägerte ersten Grades, die in häuslicher Gemeinschaft mit dem Arbeitgeber leben.**

(3) Dieses Gesetz findet, soweit in ihm nicht ausdrücklich etwas anderes bestimmt ist, keine Anwendung auf leitende Angestellte. Leitender Angestellter ist, wer nach Arbeitsvertrag und Stellung im Unternehmen oder im Betrieb

1. **zur selbständigen Einstellung und Entlassung von im Betrieb oder in der Betriebsabteilung beschäftigten Arbeitnehmern berechtigt ist oder**

2. Generalvollmacht oder Prokura hat und die Prokura auch im Verhältnis zum Arbeitgeber nicht unbedeutend ist oder
3. regelmäßig sonstige Aufgaben wahrnimmt, die für den Bestand und die Entwicklung des Unternehmens oder eines Betriebs von Bedeutung sind und deren Erfüllung besondere Erfahrungen und Kenntnisse voraussetzt, wenn er dabei entweder die Entscheidungen im Wesentlichen frei von Weisungen trifft oder sie maßgeblich beeinflusst; dies kann auch bei Vorgaben insbesondere auf Grund von Rechtsvorschriften, Plänen oder Richtlinien sowie bei Zusammenarbeit mit anderen leitenden Angestellten gegeben sein.

(4) Leitender Angestellter nach Absatz 3 Nr. 3 ist im Zweifel, wer

1. aus Anlass der letzten Wahl des Betriebsrats, des Sprecherausschusses oder von Aufsichtsratsmitgliedern der Arbeitnehmer oder durch rechtskräftige gerichtliche Entscheidung den leitenden Angestellten zugeordnet worden ist oder
2. einer Leitungsebene angehört, auf der in dem Unternehmen überwiegend leitende Angestellte vertreten sind, oder
3. ein regelmäßiges Jahresarbeitsentgelt erhält, das für leitende Angestellte in dem Unternehmen üblich ist, oder,
4. falls auch bei der Anwendung der Nummer 3 noch Zweifel bleiben, ein regelmäßiges Jahresarbeitsentgelt erhält, das das Dreifache der Bezugsgröße nach § 18 des Vierten Buches Sozialgesetzbuch überschreitet.

> Diese Vorschrift legt fest, auf welche Beschäftigten das BetrVG anzuwenden ist. Der Oberbegriff „Arbeitnehmer“ schließt Arbeiter, Angestellte und die zur Berufsausbildung Beschäftigten ein.

Themenübersicht

Arbeitnehmer
Leitende Angestellte
Selbständige Einstellungs- und Entlassungsbefugnis
Generalvollmacht oder Prokura
Sonstige leitende Angestellte
Zweifelsfälle
Zuordnungsstreitigkeiten
Rechtsprechung

Arbeitnehmer

AN ist, wer sich durch einen privatrechtlichen Vertrag mündlich, schriftlich oder durch schlüssiges Handeln zur Leistung von weisungsgebundener Arbeit im Dienste eines AG verpflichtet. Dazu zählen auch Heimarbeiter und bestimmte Hausgewerbetreibende.

Hinsichtlich der Rechte und Pflichten aus dem BetrVG besteht kein Unterschied zwischen deutschen AN, AN aus Mitgliedstaaten der EG und AN aus sonstigen Ländern.

Das BetrVG nimmt allerdings eine Reihe von Beschäftigten aus dem AN-Begriff aus. Diese Personen stehen zwar meist auch in einem Arbeitsverhältnis, sie werden aber nicht durch den BR vertreten. Sie dürfen den BR auch nicht mitwählen und haben auch ansonsten nicht die Rechte aus dem BetrVG. Im Einzelnen sind das:

- Bei juristischen Personen (GmbH, AG usw.) die Mitglieder des gesetzlichen Vertretungsorgans, also Mitglieder der Geschäftsführung bzw. des Vorstands.
- Vorwiegend aus karitativen oder religiösen Gründen Beschäftigte wie etwa Mönche, Ordensschwestern und Diakonissen. Nicht hierzu zählen Krankenschwestern der verschiedenen Verbände, zum Beispiel des Deutschen Roten Kreuzes (DRK) oder des Arbeiter-Samariter-Bunds (ASB).
- Menschen, deren Beschäftigung vorwiegend ihrer eigenen Heilung, Wiedereingewöhnung, sittlichen Besserung und Erziehung dient, wie zum Beispiel Alkoholiker, Rauschgiftsüchtige, Geisteskranke, Strafgefangene und Fürsorgezöglinge. Dieser Einsatz findet in der Regel – aber nicht ausschließlich – in hierfür vorgesehenen Anstalten und Einrichtungen statt. Hierunter fallen nicht Beschäftigte in Wiedereingliederungsmaßnahmen oder Arbeitsgelegenheiten (1-€-Jobber), diese können also durchaus AN sein.
- Ehegatten sowie Verwandte und Verschwägerte ersten Grades (§§ 1589, 1590 BGB), die in häuslicher Gemeinschaft mit dem AG leben, gelten nicht als AN. Gemeint sind immer die Verwandten des AG, nicht seiner Geschäftsführer etc. Nur wenn der Geschäftsführer selbst gleichzeitig AG ist (als geschäftsführender Gesellschafter), sind seine Verwandten keine AN.

Leitende Angestellte

Das BetrVG findet – soweit in ihm nicht ausdrücklich etwas anderes geregelt ist – auf leitende Angestellte keine Anwendung. Das hat zur Folge, dass leitende Angestellte bei der Ermittlung der Betriebsgröße nicht mitgezählt werden, wenn es etwa um die Wahrnehmung von Mitbestimmungsrechten (etwa bei personellen Einzelmaßnahmen gemäß § 99) oder um die Größe des BR geht. Leitende Angestellte können den BR weder mitwählen noch können sie gewählt werden. Sie können aber eine eigene Vertretung in Form eines Sprecherausschusses wählen, wenn sie wollen.

Eine beabsichtigte Einstellung oder personelle Veränderung eines leitenden Angestellten muss dem BR gemäß § 105 lediglich mitgeteilt werden. Der BR kann aber gemäß § 107 Abs. 1 Satz 2 leitende Angestellte zu Mitgliedern des Wirtschaftsausschusses bestimmen oder als Auskunftsperson gemäß § 80 Abs. 2 Satz 3 bestellen.

Die Abgrenzung der leitenden Angestellten zu den übrigen AN wie sie in § 5 Abs. 3 vorgenommen wird, ist zwingend. Für die Beurteilung der Frage, ob ein AN leitender Angestellter ist, ist die Stellung im Unternehmen oder Betrieb maßgeblich. Die Bezeichnung im Arbeitsvertrag ist dagegen unerheblich. Außertarifliche Angestellte sind in der Regel nicht gleichzeitig leitende Angestellte. Ein hohes Gehalt kann ein Indiz für den Status als leitender Angestellter sein, ausschlaggebend ist es jedoch nicht.

Ein AN ist nur dann leitend, wenn er die in § 5 Abs. 3 Nr. 1 bis 3 aufgezählten Tätigkeiten auch tatsächlich ausübt, sie dürfen ihm nicht nur pro forma übertragen sein. Andererseits reicht es nicht aus, wenn ein AN zwar tatsächlich eine Leitungsfunktion ausübt, nach seinem Arbeitsvertrag dazu aber gar nicht berechtigt ist. Außerdem dürfen die in § 5 Abs. 3 Nr. 1 bis 3 genannten Funktionen nicht nur gelegentlich oder vertretungsweise ausgeübt werden, um die Stellung eines leitenden Angestellten zu begründen. Sie müssen einen wesentlichen Teil seiner Tätigkeit ausmachen und dadurch seine Stellung im Unternehmen oder Betrieb bestimmen.

Selbstständige Einstellungs- und Entlassungsbefugnis

Die Befugnis, selbständig Einstellungen und Entlassungen vorzunehmen, muss im Wesentlichen weisungsfrei getroffen werden können und von erheblicher unternehmerischer Bedeutung sein. Das ist sie, wenn sie sich entweder auf eine große Zahl von Beschäftigten bezieht oder wenn die Tätigkeit dieser Beschäftigten selbst wiederum von hoher Bedeutung für das Unternehmen ist (BAG vom 16.4.2002 – 1 ABR 23/01).

Generalvollmacht oder Prokura

Generalbevollmächtigte sind gemäß § 105 Abs. 1 AktG zur Führung des gesamten Geschäftsbetriebs oder aber zumindest eines wesentlichen Teils berechtigt.

Die Prokura gemäß §§ 48, 49 HGB ist eine gesetzlich festgelegte Vollmacht. Der Prokurist handelt Dritten gegenüber als Vertreter des AG. Die Prokura kann aber im Innenverhältnis (dem AG gegenüber) eingeschränkt sein.

Sonstige leitende Angestellte

Für die überwiegende Zahl der leitenden Angestellten ergibt sich der Status aus ihrer Funktion im Unternehmen oder im Betrieb. Die ausgeübten Leitungsfunktionen können wirtschaftlicher, technischer, organisatorischer, personeller oder wissenschaftlicher Art sein. Der Angestellte muss regelmäßig (also nicht nur vertretungsweise) Aufgaben wahrnehmen, die für den Bestand und die Entwicklung des Unternehmens oder Betriebs von Bedeutung sind. Das bedeutet, dass die Aufgaben von einem gewissen Gewicht sein müssen und sich von den Aufgaben, die normalen Angestellten übertragen werden, deutlich unterscheiden müssen.

Dabei reicht es aus, wenn diese unternehmens- oder betriebsleitenden Funktionen auf einer der Unternehmensleitung nachgeordneten Ebene (zum Beispiel der Herstellung, des Versands oder der Forschung) erfüllt werden.

Leitende Angestellte müssen die bei der Wahrnehmung der unternehmerischen Aufgaben anfallenden Entscheidungen im Wesentlichen frei von Weisungen selbst treffen (Linienfunktion) oder die Entscheidungen durch Planung oder technisches Spezialwissen so maßgeblich beeinflussen, dass die Unternehmensleitung darüber nicht hinweggehen kann (Stabsfunktion).

Die Tätigkeit des leitenden Angestellten muss im Rahmen der unternehmerischen Aufgaben weitgehend selbstbestimmt sein. Ist diese Voraussetzung erfüllt, dann ist es unschädlich, wenn der leitende Angestellte an bestimmte Richtlinien gebunden ist oder mit anderen leitenden Angestellten zusammenarbeiten muss.

Zweifelsfälle

Für den Fall, dass sich die Zuordnung eines Beschäftigten zu den leitenden Angestellten nicht zweifelsfrei vornehmen lässt, gibt § 5 Abs. 4 Entscheidungshilfen. Dabei handelt es sich um formale, leicht feststellbare Entscheidungskriterien, die sich auf den Status in der Vergangenheit oder die Einordnung in Unternehmenshierarchien beziehen. Auch das Gehalt spielt hierbei eine Rolle: zum einen der Vergleich mit den üblicherweise den leitenden Angestellten gezahlten Bezügen und wenn auch das nicht weiterhilft, kommt es auf die Überschreitung des Dreifachen der sozialrechtlichen Bezugsgröße gemäß § 18 SGB IV an. Diese Werte verändern sich laufend, im Jahr 2009 betragen sie:

alte Bundesländer:	30.240 € (90.720 €)
neue Bundesländer:	25.620 € (76.760 €).

Zuordnungsstreitigkeiten

Die Zuordnung zu den leitenden Angestellten führt insbesondere bei BR-Wahlen immer wieder zu Konflikten. Ein Streit hierüber soll nach dem Willen des Gesetzgebers in einem eigenen Verfahren gemäß § 18a geklärt werden. Das Ergebnis solcher Verfahren ist jedoch rechtlich kaum überprüfbar und deshalb zweifelhaft.

Ansonsten spielt der Status als leitender Angestellter in Auseinandersetzungen um Mitbestimmungsrechte oder Kündigungen eine Rolle und wird dann im Rahmen der um diese Frage zu führenden Prozesse geklärt.

Rechtsprechung

BAG vom 29.1.2000 – 5 AZR 644/98: Die AN-Eigenschaft ergibt sich aus der Eingliederung in eine fremde Organisation, innerhalb derer Weisungsgebundenheit besteht, die sich auf die Zeit, die Dauer, den Inhalt, den Ort und die Durchführung der Tätigkeit beziehen kann.

BAG vom 24.6.1992 – 5 AZR 384/91: Kann eine Tätigkeit sowohl weisungsfrei als freier Mitarbeiter als auch als weisungsgebunden als AN erbracht werden, kommt es darauf an, was die Parteien hierzu im Vertrag vereinbaren.

BAG 6.5.1998 – 5 AZR 347/97: Auch bei Diensten höherer Art liegt ein Arbeitsverhältnis vor, wenn der AN bei seiner Arbeit weisungsgebunden ist.

BAG vom 16.4.2002 – 1 ABR 23/01: Personalverantwortung begründet die Stellung als leitender Angestellter nur dann, wenn sie von erheblicher unternehmerischer Bedeutung ist. Die Bedeutung kann sich aus der Zahl der betreffenden AN oder deren Bedeutung für das Unternehmen ergeben.

§ 6

(weggefallen)

Zweiter Teil
Betriebsrat, Betriebsversammlung, Gesamt- und Konzernbetriebsrat

Erster Abschnitt
Zusammensetzung und Wahl des Betriebsrats

§ 7 Wahlberechtigung

Wahlberechtigt sind alle Arbeitnehmer des Betriebs, die das 18. Lebensjahr vollendet haben. Werden Arbeitnehmer eines anderen Arbeitgebers zur Arbeitsleistung überlassen, so sind diese wahlberechtigt, wenn sie länger als drei Monate im Betrieb eingesetzt werden.

> § 7 bestimmt den Kreis der AN, die bei der Wahl zum BR das aktive Wahlrecht haben, die also selbst mitwählen dürfen. Hierzu gehören unter Umständen auch Leih-AN, obwohl sie nicht AN des Betriebs sind.

Themenübersicht

Arbeitnehmer

Wahlberechtigt sind alle AN gemäß § 5 mit Ausnahme der leitenden Angestellten und der Minderjährigen. Wenn eine Wahl mehrere Tage dauert, dann reicht es für das Wahlrecht aus, wenn der Betroffene erst am letzten Tag der Wahlfrist volljährig wird.

Das Wahlrecht besteht ab dem ersten Tag der Betriebszugehörigkeit, hängt aber von der Aufnahme in das Wählerverzeichnis ab. Dieses muss daher vom Wahlvorstand laufend auf den neuesten Stand gebracht werden.

Die Staatsangehörigkeit ist ebenso unerheblich wie die Dauer der Betriebszugehörigkeit oder die individuelle Arbeitszeit. Deshalb sind auch geringfügig Beschäftigte wahlberechtigt, selbst dann, wenn sie nur wenige Tage im Jahr in den Betrieb kommen. Maßgeblich ist der dauerhafte Bestand des Arbeitsvertrags.

Befristet Beschäftigte sind wahlberechtigt, wenn sie am Wahltag zum Betrieb gehören. Dasselbe gilt für gekündigte AN während des Laufs der Kündigungsfrist. Falls Kündigungsschutzklage erhoben wurde, besteht das Wahlrecht auch nach Ablauf der Kündigungsfrist fort, selbst wenn der AN bis zur gerichtlichen Entscheidung nicht weiter beschäftigt wird (BAG vom 10.11.2004 – 7 ABR 12/04).

Während ein Arbeitsverhältnis ruht, etwa bei Wehr- bzw. Ersatzdienst oder Elternzeit bleibt das Wahlrecht erhalten (BAG vom 29.3.1974 – 1 ABR 27/73).

Leiharbeitnehmer

Wahlberechtigt sind auch AN, die einem Betrieb länger als 3 Monate zur Arbeitsleistung überlassen werden, also dem Weisungsrecht des AG unterliegen, bei dem sie eingesetzt sind. Das sind neben den im Rahmen der gewerblichen AN-Überlassung eingesetzten Beschäftigten auch alle anderen Leih-AN, wenn sie diesem Direktionsrecht unterworfen sind.

Das aktive Wahlrecht steht dem überlassenen AN ab dem ersten Arbeitstag im Entleihbetrieb zu, wenn abzusehen ist, dass der Einsatz länger als drei Monate dauern wird. Es ist also auf die Dauer des geplanten Einsatzes abzustellen. Gleichzeitig haben diese Leih-AN ein Wahlrecht im Betrieb des Verleihers.

Rechtsprechung

BAG vom 13.3.1991 – 7 ABR 89/89: Auszubildende, die in mehreren Betrieben eines Unternehmens eingesetzt werden, sind in ihrem Stammbetrieb, der die Ausbildung steuert, wahlberechtigt.

BAG vom 29.1.1992 – 7 ABR 27/91: Das Wahlrecht besteht auch dann, wenn die AN nur in Teilzeit beschäftigt sind und niemals den Betrieb betreten (Zeitungszusteller).

BAG vom 21.7.1993 – 7 ABR 35/92: Auszubildende in einem Betrieb, der nur den Zweck hat, die Ausbildung durchzuführen, sind dort nicht wahlberechtigt.

BAG vom 16.4.2003 – 7 ABR 53/02: Auch wenn Leih-AN ein Wahlrecht haben, zählen sie bei der Feststellung der Betriebsgröße nicht mit.

§ 8 Wählbarkeit

(1) Wählbar sind alle Wahlberechtigten, die sechs Monate dem Betrieb angehören oder als in Heimarbeit Beschäftigte in der Hauptsache für den Betrieb gearbeitet haben. Auf diese sechsmonatige Betriebszugehörigkeit werden Zeiten angerechnet, in denen der AN unmittelbar vorher einem anderen Betrieb desselben Unternehmens oder Konzerns (§ 18 Abs. 1 des Aktiengesetzes) angehört hat. Nicht wählbar ist, wer infolge strafgerichtlicher Verurteilung die Fähigkeit, Rechte aus öffentlichen Wahlen zu erlangen, nicht besitzt.

(2) Besteht der Betrieb weniger als sechs Monate, so sind abweichend von der Vorschrift in Absatz 1 über die sechsmonatige Betriebszugehörigkeit diejenigen Arbeitnehmer wählbar, die bei der Einleitung der Betriebsratswahl im Betrieb beschäftigt sind und die übrigen Voraussetzungen für die Wählbarkeit erfüllen.

> Die Vorschrift regelt, welche AN in den BR gewählt werden können, also ein passives Wahlrecht haben.

Das passive Wahlrecht steht allen AN zu, die gemäß § 7 aktiv wahlberechtigt sind, es bestehen aber die folgenden Ausnahmen. Nicht wählbar sind

- zur Arbeitsleistung Überlassene im Entleiherbetrieb (Leih-AN),
- Beschäftigte mit weniger als sechs Monaten Zugehörigkeit zu Betrieb, Unternehmen oder Konzern, es sei denn, der Betrieb besteht am Wahltag selbst noch nicht so lange,
- Beschäftigte, denen die Fähigkeit, öffentliche Ämter zu bekleiden, durch strafgerichtliche Verurteilung aberkannt worden ist.

Rechtsprechung

BAG vom 10.3.2004 – 7 ABR 49/03: Auch AN, die im Rahmen einer Konzernleihe an den AG überlassen werden, haben kein passives Wahlrecht bei der dortigen BR-Wahl.

BAG vom 10.11.2004 – 7 ABR 12/04: Ordentlich gekündigte AN bleiben bei der Wahl zum BR wählbar, wenn sie Kündigungsschutzklage erhoben haben.

§ 9 Zahl der Betriebsratsmitglieder

Der Betriebsrat besteht in Betrieben mit in der Regel
5 bis 20 wahlberechtigten Arbeitnehmern aus einer Person,
21 bis 50 wahlberechtigten Arbeitnehmern aus 3 Mitgliedern,
51 wahlberechtigten Arbeitnehmern
bis 100 Arbeitnehmern aus 5 Mitgliedern,
101 bis 200 Arbeitnehmern aus 7 Mitgliedern,
201 bis 400 Arbeitnehmern aus 9 Mitgliedern,
401 bis 700 Arbeitnehmern aus 11 Mitgliedern,
701 bis 1.000 Arbeitnehmern aus 13 Mitgliedern,
1.001 bis 1.500 Arbeitnehmern aus 15 Mitgliedern,
1.501 bis 2.000 Arbeitnehmern aus 17 Mitgliedern,
2.001 bis 2.500 Arbeitnehmern aus 19 Mitgliedern,
2.501 bis 3.000 Arbeitnehmern aus 21 Mitgliedern,
3.001 bis 3.500 Arbeitnehmern aus 23 Mitgliedern,
3.501 bis 4.000 Arbeitnehmern aus 25 Mitgliedern,
4.001 bis 4.500 Arbeitnehmern aus 27 Mitgliedern,
4.501 bis 5.000 Arbeitnehmern aus 29 Mitgliedern,
5.001 bis 6.000 Arbeitnehmern aus 31 Mitgliedern,
6.001 bis 7.000 Arbeitnehmern aus 33 Mitgliedern,
7.001 bis 9.000 Arbeitnehmern aus 35 Mitgliedern.

In Betrieben mit mehr als 9.000 Arbeitnehmern erhöht sich die Zahl der Mitglieder des Betriebsrats für je angefangene weitere 3.000 Arbeitnehmer um 2 Mitglieder.

Die Vorschrift regelt die Größe des BR anhand der Anzahl der im Betrieb beschäftigten AN.

Die Größe des Gremiums, also die Zahl der BR-Mitglieder ist abhängig von der Zahl der im Betrieb regelmäßig beschäftigten AN. Dies wird in der Kommentierung zu § 1 erläutert. Die gesetzliche Staffel ist zwingend, soweit keine abweichende Regelung durch Tarifvertrag gemäß § 3 getroffen wurde oder zu wenig wählbare AN bzw. Wahlbewerber vorhanden sind und deshalb eine Reduzierung gemäß § 11 erfolgt.

Die Zahl der regelmäßig beschäftigten AN ist vom Wahlvorstand im Zeitpunkt des Erlasses des Wahlausschreibens festzustellen (§§ 2, 3 WO). Veränderungen danach sind für die BR-Größe unbeachtlich, können aber gemäß § 24 zu einer Neuwahl nach 24 Monaten führen.

Zu beachten ist, dass es bei den ersten drei Alternativen in der Tabelle auf die Zahl der wahlberechtigten AN ankommt, während in den folgenden nur noch auf die Zahl der im Betrieb beschäftigten AN abzustellen ist. Dennoch werden auch hier die in § 5 Abs. 2 und 3 genannten Personengruppen, also Organmitglieder, Familienangehörige des AG und leitende Angestellte nicht mitgezählt.

§ 10

(weggefallen)

§ 11 Ermäßigte Zahl von Betriebsratsmitgliedern

Hat ein Betrieb nicht die ausreichende Zahl von wählbaren Arbeitnehmern, so ist die Zahl der Betriebsratsmitglieder der nächstniedrigeren Betriebsgröße zugrunde zu legen.

Diese Vorschrift lässt eine Verkleinerung des BR zu, wenn im Betrieb nicht genügend wählbare AN vorhanden sind bzw. kandidieren.

Fehlt in einem Betrieb eine ausreichende Zahl wählbarer AN für die BR-Wahl (wobei es auf die Gründe nicht ankommt), dann muss der Wahlvorstand die nächst niedrigere Zahl der BR-Mitglieder aufgrund der Staffelung in § 9 feststellen.

Beispiel

Ein Betrieb beschäftigt in der Regel 160 AN. Nach § 9 wären sieben BR-Mitglieder zu wählen. Im Betrieb stehen jedoch nur sechs wählbare AN zur Verfügung. Hier ist der BR dann aus fünf Mitgliedern zu bilden.

§ 11 regelt ausdrücklich nur den Fall, dass eine ausreichende Zahl von wählbaren AN nicht zur Verfügung steht. Darüber hinaus kann aber auch in dem Fall, dass es an einer ausreichenden Zahl von Kandidaten fehlt, gemäß § 11 das Gremium verkleinert werden. Diese Regelung kommt aber nur dann zum Zuge, wenn es insgesamt zu wenige Kandidaten gibt. Ist dagegen nur das Minderheitengeschlecht unterrepräsentiert, dann wechseln die Sitze, die diesem zustehen, aber nicht besetzt werden können, zum anderen Geschlecht. Die BR-Größe verkleinert sich dann aber nicht.

§ 12

(weggefallen)

§ 13 Zeitpunkt der Betriebsratswahlen

(1) Die regelmäßigen Betriebsratswahlen finden alle vier Jahre in der Zeit vom 1. März bis 31. Mai statt. Sie sind zeitgleich mit den regelmäßigen Wahlen nach § 5 Abs. 1 des Sprecherausschussgesetzes einzuleiten.

(2) Außerhalb dieser Zeit ist der Betriebsrat zu wählen, wenn

1. **mit Ablauf von 24 Monaten, vom Tage der Wahl an gerechnet, die Zahl der regelmäßig beschäftigten Arbeitnehmer um die Hälfte, mindestens aber um fünfzig, gestiegen oder gesunken ist,**
2. **die Gesamtzahl der Betriebsratsmitglieder nach Eintreten sämtlicher Ersatzmitglieder unter die vorgeschriebene Zahl der Betriebsratmitglieder gesunken ist,**
3. **der Betriebsrat mit der Mehrheit seiner Mitglieder seinen Rücktritt beschlossen hat,**
4. **die Betriebsratswahl mit Erfolg angefochten worden ist,**
5. **der Betriebsrat durch eine gerichtliche Entscheidung aufgelöst ist oder**
6. **im Betrieb ein Betriebsrat nicht besteht.**

(3) Hat außerhalb des für die regelmäßigen Betriebsratswahlen festgelegten Zeitraums eine Betriebsratswahl stattgefunden, so ist der Betriebsrat in dem auf die Wahl folgenden nächsten Zeitraum der regelmäßigen Betriebsratswahlen neu zu wählen. Hat die Amtszeit des Betriebsrats zu Beginn des für die regelmäßigen Betriebsrats-

wahlen festgelegten Zeitraums noch nicht ein Jahr betragen, so ist der Betriebsrat in dem übernächsten Zeitraum der regelmäßigen Betriebsratswahlen neu zu wählen.

> Die Vorschrift legt den vierjährigen Rhythmus für die regelmäßigen BR-Wahlen fest und bestimmt die Fälle, in denen außerhalb dieser Perioden zu wählen ist.

Themenübersicht

Regelmäßiger Wahlzeitraum
Wahlen außerhalb des Vier-Jahres-Zeitraums
Amtszeit bei unregelmäßigem Wahlzeitpunkt
Rechtsprechung

Regelmäßiger Wahlzeitraum

Die regelmäßigen BR-Wahlen finden alle vier Jahre in der Zeit vom 1.3. bis 31.5. statt. Die nächsten BR-Wahlen werden im Jahr 2010 sein. Der Wahltag bzw. – soweit sich die Stimmabgabe über mehrere Tage erstreckt – der letzte Wahltag muss innerhalb dieses Zeitraums liegen. Zeitgleich mit der regelmäßigen BR-Wahl ist gemäß § 13 Abs. 1 Satz 2 die Wahl des Sprecherausschusses der leitenden Angestellten einzuleiten.

Unter Einleitung der Wahl ist der Erlass des Wahlausschreibens durch den Wahlvorstand zu verstehen. Die Wahlausschreiben für die regelmäßige BR-Wahl und die Wahl der Sprecherausschüsse müssen also (nach Abstimmung der jeweiligen Wahlvorstände) am selben Tag erlassen, das heißt veröffentlicht werden.

Das weitere Wahlverfahren kann dann für die BR-Wahl und die Wahl des Sprecherausschusses zeitlich getrennt ablaufen.

Wahlen außerhalb des Vier-Jahres-Zeitraums

Außerhalb des Vier-Jahres-Zeitraums muss ein BR in folgenden Fällen gewählt werden:

> Die Gesamtzahl aller im Betrieb regelmäßig beschäftigten AN ist 24 Monate nach dem Wahltag um die Hälfte, mindestens aber um 50 AN gestiegen oder gesunken. Dabei handelt es sich um eine Stichtagsregelung. Schwankungen der Beschäftigtenzahl vor diesem Stichtag oder danach bleiben außer Betracht, es zählt nur die Mitarbeiterzahl am Stichtag selbst. Wenn ein BR dennoch aus diesem Anlass Neuwahlen initiieren will, bleibt ihm nur die Möglichkeit, seinen Rücktritt zu beschließen.

Die Berechnung der genannten Frist erfolgt wie bei allen Fristen nach § 187 ff. BGB. Ausgangspunkt ist der Tag, der der Stimmabgabe folgt. 24 Monate später ist dann der maßgebende Stichtag.

- Die Zahl der BR-Mitglieder ist nicht mehr groß genug, weil selbst nachdem alle Ersatzmitglieder nachgerückt sind, die vorgeschriebene Gremiumsgröße nicht mehr erreicht werden kann. Da § 13 Abs. 2 Nr. 2 den Begriff „sämtliche" wählt, darf auch listenübergreifend kein Mitglied mehr zur Verfügung stehen.
- Der BR hat mit absoluter Mehrheit seinen Rücktritt beschlossen. Ein Rücktritt des BR ist jederzeit möglich; er ist nicht von bestimmten Gründen abhängig. Deshalb ist er selbst dann wirksam, wenn „nur" willkürliche Beweggründe vorliegen. Der Rücktrittsbeschluss muss unmissverständlich sein. Die Mehrheit der anwesenden BR-Mitglieder ist für den Rücktrittsbeschluss nicht ausreichend, er muss mit der Mehrheit aller BR-Mitglieder gefasst werden.
- Die BR-Wahl ist erfolgreich angefochten worden. Entscheiden kann dies nur ein Arbeitsgericht auf Antrag gemäß § 19.
- Der BR ist durch den rechtskräftigen Beschluss eines Arbeits-, Landesarbeits- oder des Bundesarbeitsgerichts gemäß § 23 aufgelöst worden.
- Im Betrieb besteht noch kein BR.

Amtszeit bei unregelmäßigem Wahlzeitpunkt

Die Regelung des Abs. 3 hat zum Ziel, einen BR, der außerhalb des regelmäßigen Vier-Jahres-Turnus gewählt wurde, wieder in diesen Turnus einzugliedern. Dabei unterscheidet das Gesetz zwischen BR, die zu Beginn des Zeitraums, also

- am 1.3. des Wahljahres weniger als ein Jahr im Amt waren und BR, die
- zu diesem Zeitpunkt schon länger als ein Jahr im Amt waren.

In BR, die zu Beginn des regelmäßigen Wahlzeitraums noch nicht ein Jahr im Amt waren, erfolgt die Neuwahl erst zum übernächsten Zeitpunkt. Die Amtszeit dieser BR verlängert sich also auf bis zu fünf Jahre.

Beispiel

Ein BR wurde am 15.6.2005 gewählt und ist daher am 1.3.2006 noch nicht ein Jahr im Amt. Die Neuwahl erfolgt deshalb erst 2010.

Ist der BR am 1.3. des Wahljahres bereits länger als ein Jahr im Amt, dann erfolgt die Neuwahl in diesem nun folgenden regelmäßigen Wahlzeitraum, die Amtszeit verkürzt sich dann also.

Rechtsprechung

BAG vom 3.4.1979 – 6 ABR 64/76: Der BR ist wirksam zurückgetreten, wenn das mit der Mehrheit der Mitglieder beschlossen worden ist. Die Gründe für den Rücktritt sind unerheblich.

§ 14 Wahlvorschriften

(1) Der Betriebsrat wird in geheimer und unmittelbarer Wahl gewählt.

(2) Die Wahl erfolgt nach den Grundsätzen der Verhältniswahl. Sie erfolgt nach den Grundsätzen der Mehrheitswahl, wenn nur ein Wahlvorschlag eingereicht wird oder wenn der Betriebsrat im vereinfachten Wahlverfahren nach § 14a zu wählen ist.

(3) Zur Wahl des Betriebsrats können die wahlberechtigten Arbeitnehmer und die im Betrieb vertretenen Gewerkschaften Wahlvorschläge machen.

(4) Jeder Wahlvorschlag der Arbeitnehmer muss von mindestens einem Zwanzigstel der wahlberechtigten Arbeitnehmer, mindestens jedoch von drei Wahlberechtigten unterzeichnet sein; in Betrieben mit in der Regel bis zu zwanzig wahlberechtigten Arbeitnehmern genügt die Unterzeichnung durch zwei Wahlberechtigte. In jedem Fall genügt die Unterzeichnung durch fünfzig wahlberechtigte Arbeitnehmer.

(5) Jeder Wahlvorschlag einer Gewerkschaft muss von zwei Beauftragten unterzeichnet sein.

> In dieser Vorschrift sind die allgemeinen Grundsätze zur BR-Wahl geregelt. Die näheren Einzelheiten finden sich in der Wahlordnung zum BetrVG (WO).

Themenübersicht

Geheime und unmittelbare Wahl
Verhältniswahl und Mehrheitswahl
Ein-Personen-Betriebsrat
Wahlvorschläge
Rechtsprechung

Geheime und unmittelbare Wahl

Die Wahl muss unmittelbar und geheim durchgeführt werden. Unmittelbarkeit bedeutet, dass die Stimmen sich ohne eine „Zwischenstufe“ im Wahlergebnis niederschlagen. Gewählt werden dabei direkt die Mitglieder des Gremiums. Im Gegensatz dazu wird bei einer mittelbaren Wahl eine Versammlung gewählt, die weitere Wahlen durchführt. Beispiel: Die Wahl zum Bundestag ist wie die BR-Wahl eine unmittelbare Wahl. Dagegen wird die Regierung nur mittelbar gewählt, nämlich von der direkt gewählten Versammlung „Bundestag“.

Die Stimmabgabe erfolgt geheim. Das bedeutet, dass nicht offen gelegt wird, wer welche Stimme abgegeben hat. Eine Wahl durch Handaufheben oder Zuruf ist also ausgeschlossen. Das gilt auch für das vereinfachte Wahlverfahren gemäß § 14a, wenn die Wahl während einer Versammlung stattfindet. Der Wahlvorstand hat alle organisatorischen Maßnahmen zu treffen, um die Geheimhaltung des Wahlvorgangs zu sichern, das bedeutet, er muss eine ausreichende Anzahl an Wahlurnen und Stimmkabinen bereitstellen. Die Wahlurne muss verschließbar und so eingerichtet sein, dass die eingeworfenen Wahlumschläge nicht wieder „herausgeangelt” werden können.

Verhältniswahl und Mehrheitswahl

Das BetrVG geht davon aus, dass bei den Wahlen in der Mehrzahl der Fälle mehr als nur eine Vorschlagsliste kandidiert und legt aus diesem Grund als Regel die Verhältniswahl fest. Sie wird auch Listenwahl genannt, weil die Wähler zwischen diesen Listen wählen. Jeder Wahlvorschlag muss in Form einer solchen Liste abgegeben werden. Auch wenn nur eine Person darauf kandidiert spricht man von einer Vorschlagsliste. Jeder Wähler hat dann nur eine Stimme, muss sich also für eine der Listen entscheiden. Kandidieren dagegen alle Kandidaten auf einer einzigen Liste, findet eine Mehrheits- oder besser Persönlichkeitswahl statt. Dann entscheiden die Wähler direkt zwischen diesen Kandidaten und jeder Wähler kann nun so viele Stimmen abgeben, wie der spätere BR Mitglieder haben wird. Im vereinfachten Wahlverfahren nach § 14a wird immer mit dieser Methode gewählt.

Bei der Verhältniswahl bekommt jede Vorschlagsliste den Anteil an Sitzen, der ihrem Anteil an den gesamten abgegebenen Stimmen entspricht. Wenn also eine Liste 50 % der Stimmen erhält, müsste sie auch 50 % der Sitze bekommen. Da die Zahl der Gremiumsmitglieder immer ungerade ist, und ungerade Zahlen nicht durch zwei teilbar sind, sind 50 % der Sitze aber rechnerisch gar nicht möglich (es müsste also entweder 50 % „plus ein halber Sitz“ oder 50 % „minus ein halber Sitz“ sein). Deshalb gibt es für die Verteilung der Sitze zwischen konkurrierenden Listen unterschiedliche Berechnungsmethoden. Bei BR-Wahlen wird nach dem so genannten Höchstzahlverfahren nach d’Hondt verteilt. Dieses erklärt sich am besten an einem Beispiel.

Beispiel

Zu wählen sind 19 BR-Mitglieder. Zur Wahl stehen drei Listen.

Liste 1 erhält 1.130 Stimmen, Liste 2 erhält 570 Stimmen und Liste 3 erhält 500 Stimmen. Diese Stimmzahlen werden nun der Reihe nach durch 1, 2, 3 usw. geteilt und die Ergebnisse werden aufgeschrieben. Die Listen erhalten nun jeweils die Anzahl an Sitzen, die der Häufigkeit entspricht, in der sie in den 19 höchsten Ergebnissen vertreten sind (weil 19 Sitze zu vergeben sind).

geteilt wird durch	Ergebnis Liste 1 (1130)	Sitz/ Höchstzahl	Ergebnis Liste 2 (570)	Sitz/ Höchstzahl	Ergebnis Liste 3 (500)	Sitz/ Höchstzahl
1	1130	1 (höchstes Ergebnis)	570	2 (zweithöchstes Ergebnis usw.)	500	4
2	565	3	285	6	250	8
3	343,33	5	190	10	166,66	12
4	282,5	7	142,5	14	125	16
5	226	9	114	18	100	
6	188,33	11	95		83,33	
7	161,42	13	81,47		71,42	
8	141,25	15	71,25		62,5	
9	125,55	17				
10	113	19				
Sitze gesamt		10		5		4

Die Liste mit der höchsten Stimmenzahl (Liste 1) bekommt den ersten Sitz, weil sie (logischerweise) das höchste Ergebnis (Höchstzahl) hat. Liste 2 mit der nächst kleineren Höchstzahl bekommt den zweiten Sitz. Der dritte Sitz geht wieder an Liste 1, weil ihre zweite Teilzahl von 565 immer noch höher ist als die erste Teilzahl von 500 der Liste 3 und als die zweite Teilzahl von 285 der Liste 2 usw.

Ergebnis insgesamt: Liste 1 erhält 10 Sitze, Liste 2 bekommt 5 Sitze und Liste 3 erhält 4 Sitze.

Welche konkreten Personen aus den jeweiligen Listen dann später tatsächlich Mitglieder im BR werden, richtet sich nach der Reihenfolge der Kandidaten auf der Liste. Hierauf haben die Wähler keinen Einfluss.

Im Gegensatz dazu kommen bei der Persönlichkeitswahl am Ende genau diejenigen Personen in den BR, die die meisten Stimmen auf sich persönlich vereinigen konnten, unabhängig davon, wo sie auf der Liste stehen.

Ein-Personen-Betriebsrat

In Kleinbetrieben mit bis zu 20 AN besteht der BR nur aus einer Person. Hier wird immer nach dem Prinzip der Mehrheits- bzw. Personenwahl gewählt. Gewählt ist, wer die meisten Stimmen erhält. Bei Stimmengleichheit mehrerer Kandidaten entscheidet das Los.

Wahlvorschläge

Die Wahl des BR erfolgt aufgrund von Wahlvorschlägen, das heißt, es müssen eine oder mehrere Personen gegenüber dem Wahlvorstand genannt werden, die für die Wahl zum BR vorgeschlagen werden. Diese Wahlvorschläge sind normalerweise (außer im vereinfachten Verfahren) schriftlich auf Vorschlagslisten einzureichen. Nur ein AN, der auf einer Vorschlagsliste steht, kann auch gewählt werden. Wahlvorschläge können die wahlberechtigten AN des Betriebs oder jede im Betrieb vertretene Gewerkschaft machen. Es ist zulässig, sich selbst vorzuschlagen.

Wenn mehrere BR-Mitglieder zu wählen sind, soll jede Vorschlagsliste gemäß § 6 WO mindestens die doppelte Anzahl von Bewerbern enthalten. Das ist aber kein Muss, die Liste ist auch dann gültig, wenn dies nicht der Fall ist. Ein Wahlbewerber darf nur auf einer Vorschlagsliste kandidieren, nicht etwa auf mehreren.

Vorschlagsberechtigt sind nur wahlberechtigte AN, also nicht leitende Angestellte, Angehörige des AG usw. Vorschlagslisten der AN müssen, um eine gewisse Unterstützung im Betrieb zu gewährleisten, durch eine im Gesetz genannte Mindestzahl von Stützunterschriften dokumentiert werden.

Die Mindestzahl der Stützunterschriften variiert je nach Betriebsgröße: In Betrieben mit bis zu 20 Beschäftigten reichen zwei Unterschriften, zwischen 21 und 60 Beschäftigten müssen es mindestens drei sein. Bei mehr Beschäftigten muss mindestens ein Zwanzigstel der wahlberechtigten AN unterschreiben, allerdings reichen 50 Stützunterschriften auf jeden Fall aus. Die Unterschrift eines wahlberechtigten AN zählt nur auf einer Vorschlagsliste, nicht auf mehreren. Regelungen über die Prüfung der Vorschlagslisten, über heilbare Mängel und über ungültige Vorschlagslisten enthalten §§ 6 bis 8 WO.

Zur Einholung der Stützunterschriften können mehrere Exemplare einer Vorschlagsliste umlaufen, soweit diese identisch sind. Die Stützunterschriften dürfen aber erst dann gesammelt werden, wenn die Kandidatenliste abgeschlossen ist. Es ist also nicht möglich, die Kandidatenliste offen zu lassen und gleichzeitig Unterstützer und Kandidaten zu sammeln. Die Vorschlagsliste und die Liste mit den Stützunterschriften müssen eine Einheit bilden. Das kann durch eine feste Verbindung – wie etwa eine Heftklammer – oder durch eine andere Kenntlichmachung des Zusammenhangs passieren, zum Beispiel durch fortlaufende Nummerierung der Unterschriften oder Wiedergabe des Listennamens auf jedem Blatt des Wahlvorschlags. Zweckmäßig ist es, für die Listen die Vordrucke von Gewerkschaften, Verlagen und Seminarveranstaltern zu benutzen.

Für die Aufstellung ihrer Listen sind die Kandidierenden bzw. die im Betrieb vertretenen Gewerkschaften verantwortlich. Die Kontrolle der Gültigkeit der Wahlvorschläge obliegt dem Wahlvorstand. Der BR ist rechtlich weder an der Aufstellung der Kandidaten noch an der Durchführung der Wahl beteiligt.

Rechtsprechung

BAG vom 15.12.1972 – 1 ABR 8/72: Die nachträgliche Streichung einzelner Kandidaten von der Liste bedarf der Zustimmung aller Unterzeichner, andernfalls ist die Liste ungültig.

BAG vom 25.5.2005 – 7 ABR 39/04: Der feste Zusammenhang von Wahlvorschlag und Unterstützerunterschriften kann sich sowohl aus der festen körperlichen Verbindung beider als auch aus anderen Umständen ergeben.

§ 14a Vereinfachtes Wahlverfahren für Kleinbetriebe

(1) In Betrieben mit in der Regel fünf bis fünfzig wahlberechtigten Arbeitnehmern wird der Betriebsrat in einem zweistufigen Verfahren gewählt. Auf einer ersten Wahlversammlung wird der Wahlvorstand nach § 17a Nr. 3 gewählt. Auf einer zweiten Wahlversammlung wird der Betriebsrat in geheimer und unmittelbarer Wahl gewählt. Diese Wahlversammlung findet eine Woche nach der Wahlversammlung zur Wahl des Wahlvorstands statt.

(2) Wahlvorschläge können bis zum Ende der Wahlversammlung zur Wahl des Wahlvorstands nach § 17a Nr. 3 gemacht werden; für Wahlvorschläge der Arbeitnehmer gilt § 14 Abs. 4 mit der Maßgabe, dass für Wahlvorschläge, die erst auf der Wahlversammlung gemacht werden, keine Schriftform erforderlich ist.

(3) Ist der Wahlvorstand in Betrieben mit in der Regel fünf bis fünfzig wahlberechtigten Arbeitnehmern nach § 17a Nr. 1 in Verbindung mit § 16 vom Betriebsrat, Gesamtbetriebsrat oder Konzernbetriebsrat oder nach § 17a Nr. 4 vom Arbeitsgericht bestellt, wird der Betriebsrat abweichend von Absatz 1 Satz 1 und 2 auf nur einer

Wahlversammlung in geheimer und unmittelbarer Wahl gewählt. Wahlvorschläge können bis eine Woche vor der Wahlversammlung zur Wahl des Betriebsrats gemacht werden; § 14 Abs. 4 gilt unverändert.

(4) Wahlberechtigten Arbeitnehmern, die an der Wahlversammlung zur Wahl des Betriebsrats nicht teilnehmen können, ist Gelegenheit zur schriftlichen Stimmabgabe zu geben.

(5) In Betrieben mit in der Regel 51 bis 100 wahlberechtigten Arbeitnehmern können der Wahlvorstand und der Arbeitgeber die Anwendung des vereinfachten Wahlverfahrens vereinbaren.

Diese Vorschrift sieht in Kleinbetrieben ein besonderes – vereinfachtes – Wahlverfahren vor. Zwingend ist dieses Wahlverfahren in Betrieben mit bis zu fünfzig wahlberechtigten AN. Bei 51 bis zu 100 wahlberechtigten AN kann die Anwendung des vereinfachten Wahlverfahrens zwischen Wahlvorstand und AG vereinbart werden. In Betrieben ab 101 wahlberechtigten AN darf dieses Verfahren nicht angewendet werden (dann ist das normale Wahlverfahren durchzuführen).

Themenübersicht

Zweistufiges Wahlverfahren
Wahlvorschläge
Bestellung des Wahlvorstandes durch Arbeitsgericht, BR, GBR, KBR
Demokratisches Wahlverfahren
Dauer des vereinfachten Wahlverfahrens
Vereinbartes vereinfachtes Wahlverfahren

Zweistufiges Wahlverfahren

Das vereinfachte Wahlverfahren läuft in zwei Stufen ab, wenn der Wahlvorstand noch nicht bestellt wurde: Auf einer ersten Wahlversammlung wird zunächst der Wahlvorstand nach § 17a Nr. 3 gewählt (Näheres dazu dort).

Eine Woche nach der (ersten) Wahlversammlung zur Wahl des Wahlvorstands findet dann eine weitere (zweite) Wahlversammlung statt, bei der der BR gewählt wird. Diese Wahl ist, obwohl sie während der Wahlversammlung stattfindet, geheim, es darf also nicht nachvollziehbar sein, wer was bzw. wen gewählt hat. Eine Wahl durch Handzeichen ist deshalb nicht möglich, sondern es muss, wie bei der normalen BR-Wahl auch, mit Stimmzetteln und geheim abgestimmt werden. Der Wahlvorstand muss also auch hier für eine Urne und für Wahlkabinen sorgen.

Wahlvorschläge

Wahlvorschläge für die Wahl des BR können bis zum Ende der ersten Wahlversammlung gemacht werden, danach nicht mehr. Diese zeitliche Begrenzung für das Vorbringen von Wahlvorschlägen soll sicherstellen, dass allen AN im Zeitraum zwischen dem Ende der (ersten) Wahlversammlung und dem Wahltag (zweite Wahlversammlung) bereits klar ist, welche Kandidaten für die BR-Wahl zur Verfügung stehen. Wahlvorschläge können entsprechend § 14 Abs. 3 von den wahlberechtigten AN und den im Betrieb vertretenen Gewerkschaften gemacht werden. Auch die Wahlvorschläge im vereinfachten Wahlverfahren benötigen für ihre Gültigkeit die in § 14 Abs. 4 vorgesehene Unterstützung durch mindestens 5 % der Beschäftigten oder aber mindestens drei bzw. in Betrieben mit weniger als 20 wahlberechtigten AN zwei Beschäftigte.

Weder die Wahlvorschläge noch deren Unterstützung muss im vereinfachten Wahlverfahren schriftlich dokumentiert werden. Es reicht vielmehr aus, die Kandidatur wie auch die Unterstützung mündlich zu erklären, zum Beispiel durch Handzeichen. Der Wahlvorstand muss dann aber genau festhalten, wer wen unterstützt hat, da auch hier jeder AN nur einen Vorschlag unterstützen darf.

Bestellung des Wahlvorstands durch Arbeitsgericht, BR, GBR, KBR

Wenn der Wahlvorstand durch das Arbeitsgericht, den BR, den GBR oder den KBR bestellt wurde, dann findet im vereinfachten Wahlverfahren nur eine Wahlversammlung statt, nämlich die zur Wahl des BR. Das vereinfachte Wahlverfahren ist dann einstufig. Im zweistufigen Verfahren wird zunächst auf einer eigenen Versammlung gemäß § 17a der Wahlvorstand gewählt (siehe dort).

Im einstufigen Verfahren müssen die Wahlvorschläge spätestens eine Woche vor der Wahlversammlung gemacht werden, damit die AN auf alle Fälle eine Woche vor der Wahl wissen, wer kandidiert. Anders als beim zweistufigen Verfahren müssen in diesem Fall alle Wahlvorschläge einschließlich der Unterstützungen durch die AN schriftlich vorliegen.

Demokratisches Wahlverfahren

Auch im vereinfachten Wahlverfahren gelten alle demokratischen Wahlgrundsätze. Der BR wird in geheimer und unmittelbarer Wahl gewählt. Jeder wahlberechtigte AN hat das Recht, Wahlvorschläge einzubringen, selbst zu kandidieren und seine Stimme abzugeben. Für wahlberechtigte AN, die an der Wahlversammlung zur Wahl des BR nicht teilnehmen können, ist Briefwahl (nachträgliche schriftliche

Stimmabgabe) vorgesehen. Ein entsprechender Antrag des AN muss spätestens drei Tage vor der Wahlversammlung zur Wahl des BR mündlich oder schriftlich beim Wahlvorstand eingehen.

Dauer des vereinfachten Wahlverfahrens

Das vereinfachte Wahlverfahren ist gegenüber dem regulären erheblich kürzer. Während dort zwischen dem Aushang des Wahlausschreibens und der Wahl mindestens sechs Wochen liegen müssen, sind bei der tatsächlichen Dauer des vereinfachten zweistufigen Wahlverfahrens zwei Alternativen zu unterscheiden:

1. Wahl ohne Briefnachwahl

Die Wahl dauert 15 Tage. Dies ergibt sich aus folgendem Ablauf: Der Vorlauf für die Einladung zur Wahlversammlung beträgt 7 Tage. Die zweite Wahlversammlung zur Wahl des BR findet eine Woche danach statt. Wenn also niemand die Unterlagen für die Briefwahl anfordert, steht bereits am Ende der zweiten Wahlversammlung das Ergebnis der Wahl endgültig fest.

2. Wahl mit Briefnachwahl

In diesem Fall lässt sich die Dauer nicht genau bestimmen, sondern sie ist davon abhängig, welchen Zeitraum der Wahlvorstand gemäß § 31 Abs. 1 Nr. 13 WO für die schriftliche Stimmabgabe festlegt. Auch unter Berücksichtigung der Zeit für die Vorbereitung der Unterlagen und der Postlaufzeiten, dürfte ein 2-Wochen-Zeitraum für die nachträgliche Stimmabgabe ausreichend sein. Die Gesamtdauer der Wahl würde dann 30 Tage kaum überschreiten.

Vereinbartes vereinfachtes Wahlverfahren

Das vereinfachte Wahlverfahren kann auch in Betrieben angewendet werden, die regelmäßig zwischen 51 und 100 wahlberechtigte AN beschäftigen. Dann müssen sich aber Wahlvorstand und AG freiwillig auf das vereinfachte Wahlverfahren einigen. Keine Seite kann die andere dazu zwingen. Wenn eine solche Einigung nicht erfolgt, wird im normalen Wahlverfahren gewählt.

§ 15 Zusammensetzung nach Beschäftigungsarten und Geschlechter

(1) Der Betriebsrat soll sich möglichst aus Arbeitnehmern der einzelnen Organisationsbereiche und der verschiedenen Beschäftigungsarten der im Betrieb tätigen Arbeitnehmer zusammensetzen.

(2) Das Geschlecht, das in der Belegschaft in der Minderheit ist, muss mindestens entsprechend seinem zahlenmäßigen Verhältnis im Betriebsrat vertreten sein, wenn dieser aus mindestens drei Mitgliedern besteht.

Die Vorschrift macht eine verbindliche Vorgabe in Bezug auf die Vertretung der Geschlechter im BR (sieht aber keine feste Quote vor). Außerdem enthält sie eine Empfehlung dazu, wie der BR zusammengesetzt sein sollte.

Themenübersicht

Zusammensetzung nach Geschlechtern
Auswirkungen
Zusammensetzung nach Organisationsbereichen und Beschäftigungsarten

Zusammensetzung nach Geschlechtern

Die Vorgabe, wonach die Geschlechter in einer bestimmten Weise im BR vertreten sein müssen, ist bindend. Die Verteilung der Sitze nach dem Wahlergebnis (die vom Wahlvorstand vorgenommen wird) muss im Nachhinein korrigiert werden, wenn der Grundsatz des Geschlechterverhältnisses sich nicht im Wahlergebnis widerspiegelt. Das ist sehr häufig der Fall.

Wenn der BR aus drei Mitgliedern oder mehr besteht, dann muss das Geschlecht, das in der Belegschaft in der Minderheit ist, mindestens entsprechend seinem zahlenmäßigen Verhältnis im BR vertreten sein. Die Vorschrift wirkt also in allen Betrieben ab 21 regelmäßig Beschäftigten und ist auch im vereinfachten Wahlverfahren zu beachten. Wichtig: Nur das Minderheitengeschlecht ist mit einer Mindestsitzzahl geschützt, nicht aber das Geschlecht in der Mehrheit.

Der Wahlvorstand muss bereits im Wahlausschreiben angeben, welchen Anteil das Geschlecht in der Minderheit im Betrieb hat und darauf hinweisen, dass es unabhängig von der Stimmenverteilung mindestens mit diesem Anteil im BR vertreten sein wird, bzw. wie viele Sitze mindestens auf das Minderheiten-Geschlecht entfallen. Dazu wird zunächst der Anteil von Männern und Frauen an der Gesamtbelegschaft berechnet. Das Geschlecht in der Minderheit ist dasjenige, dessen Kopfzahl geringer ist, und zwar auch dann, wenn nur eine Differenz von einer Person vorliegt.

Im zweiten Schritt muss der Wahlvorstand die ermittelten Zahlen der weiblichen und männlichen Beschäftigten zueinander ins Verhältnis setzen. Das passiert (wie die Wahlauszählung) nach dem so genannten d'Hondtschen Höchstzahlensystem.

Das Ergebnis dieser Berechnung zeigt, wie viele Sitze dem Minderheitengeschlecht mindestens zustehen, unabhängig vom Wahlausgang.

Aus der Anzahl der Wählerstimmen pro Liste ergibt sich dann später, welcher Liste diese Sitze zustehen bzw. auf welche Personen sie verteilt werden. In dem Fall, dass nicht genügend Angehörige des Minderheitsgeschlechts kandidieren oder bei der Persönlichkeitswahl mindestens eine Stimme erhalten, reduziert sich die Zahl der Minderheitensitze.

Beispiel

In einem Betrieb arbeiten 150 AN, davon 110 Männer und 40 Frauen.

Der BR besteht nach § 9 aus 7 Mitgliedern.

Berechnung der Mindestsitze:

Teiler	Männer	Ergebnis Sitz/ Höchstzahl	Frauen	Ergebnis Sitz/ Höchstzahl
1	110	1	40	3
2	55	2	20	7
3	36,6	4	13,3	
4	27,5	5	10	
5	22	6	8	
6	18,3		6,6	
7	15,7		7	
Sitze gesamt		5		2

Ergebnis: Im künftigen BR müssen mindestens 2 Frauen vertreten sein.

Auswirkungen

Die Auswirkungen lassen sich am besten anhand eines Beispiels deutlich machen.

Beispiel zu den Auswirkungen der Minderheitenregelung

In einem Betrieb ist ein BR mit 9 Mitgliedern zu wählen. Bei einer Listenwahl hat eine der beiden Listen nach der Anzahl der Stimmen 7 Sitze errungen. In dieser Liste kandidieren aber keine Frauen. Nach der Minderheitenregelung sind im BR 2 Frauen vorgesehen. Auf der zweiten Liste kandidieren Frauen, nehmen dort allerdings die letzten Plätze ein. Weil die Frauen wegen der Minderheitenregelung aber vorrangig zu berücksichtigen sind, verdrängen sie in dieser Liste die beiden männlichen Listenführer, die ansonsten in den BR eingezogen wären.

Noch deutlicher wären die Folgen, wenn die Stimmenverteilung zu 8 Sitzen für die erste Liste und zu 1 Sitz für die zweite Liste geführt hätte: Dann müsste die erste Liste einen Sitz an die zweite abgeben, damit die dort kandidierenden Frauen die Minderheitenplätze einnehmen können.

Bei der Persönlichkeitswahl rücken die zwei Frauen mit den meisten Stimmen in den BR ein, unabhängig davon, ob es Männer mit mehr Stimmen gibt oder nicht. Eine Stimme für Angehörige des Minderheitsgeschlechts kann damit mehr wiegen als 100 für einen Kontrahenten des anderen Geschlechts.

Die Geschlechterquote kann also sowohl zu einer Sitzverteilung abweichend von der Reihenfolge der Kandidaten auf den Listen führen, als auch das Wahlergebnis verändern.

Zusammensetzung nach Organisationsbereichen und Beschäftigungsarten

Die Empfehlung, dass die einzelnen Bereiche und Beschäftigtengruppen im BR repräsentiert sein sollen, hat keine praktische Bedeutung. Es ist nur eine Empfehlung, kein Muss. Über diese Zusammensetzung entscheidet ausschließlich das Wahlergebnis. Das ist verbindlich, selbst wenn der gesamte BR danach nur aus Beschäftigten einer einzigen Abteilung oder einer Berufsgruppe besteht.

§ 16 Bestellung des Wahlvorstands

(1) Spätestens zehn Wochen vor Ablauf seiner Amtszeit bestellt der Betriebsrat einen aus drei Wahlberechtigten bestehenden Wahlvorstand und einen von ihnen als Vorsitzenden. Der Betriebsrat kann die Zahl der Wahlvorstandsmitglieder erhöhen, wenn dies zur ordnungsgemäßen Durchführung der Wahl erforderlich ist. Der Wahlvorstand muss in jedem Fall aus einer ungeraden Zahl von Mitgliedern bestehen. Für jedes Mitglied des Wahlvorstands kann für den Fall seiner Verhinderung ein Ersatzmitglied bestellt werden. In Betrieben mit weiblichen und männlichen Arbeitnehmern sollen dem Wahlvorstand Frauen und Männer angehören. Jede im Betrieb vertretene Gewerkschaft kann zusätzlich einen dem Betrieb angehörenden Beauftragten als nicht stimmberechtigtes Mitglied in den Wahlvorstand entsenden, sofern ihr nicht ein stimmberechtigtes Wahlvorstandsmitglied angehört.

(2) Besteht acht Wochen vor Ablauf der Amtszeit des Betriebsrats kein Wahlvorstand, so bestellt ihn das Arbeitsgericht auf Antrag von mindestens drei Wahlberechtigten oder einer im Betrieb vertretenen Gewerkschaft; Absatz 1 gilt entsprechend. In dem Antrag können Vorschläge für die Zusammensetzung des Wahlvorstands gemacht

werden. Das Arbeitsgericht kann für Betriebe mit in der Regel mehr als zwanzig wahlberechtigten Arbeitnehmern auch Mitglieder einer im Betrieb vertretenen Gewerkschaft, die nicht Arbeitnehmer des Betriebs sind, zu Mitgliedern des Wahlvorstands bestellen, wenn dies zur ordnungsgemäßen Durchführung der Wahl erforderlich ist.

(3) Besteht acht Wochen vor Ablauf der Amtszeit des Betriebsrats kein Wahlvorstand, kann auch der Gesamtbetriebsrat oder, falls ein solcher nicht besteht, der Konzernbetriebsrat den Wahlvorstand bestellen. Absatz 1 gilt entsprechend.

> Die Vorschrift regelt die Einrichtung des Wahlvorstands in Betrieben, in denen bereits ein BR besteht.

Themenübersicht

Bestellung des Wahlvorstands durch den BR
Mitglieder
Ersatzmitglieder
Größe und Zusammensetzung
Vorsitz
Entsendungsrecht der Gewerkschaften
Bestellung durch das Arbeitsgericht, den GBR oder den KBR

Bestellung des Wahlvorstands durch den BR

Grundsätzlich hat der BR, dessen Amtszeit abläuft, den Wahlvorstand zu bestellen. Zwei Konstellationen sind denkbar:

- Bei Ablauf der regelmäßigen Amtszeit von vier Jahren muss der BR den Wahlvorstand spätestens zehn Wochen vor Ablauf seiner Amtszeit bestellen. Spätestens bedeutet, dass auch eine frühere Bestellung des Wahlvorstands zulässig ist.
- Bei einer Neuwahl des BR wegen eines vorzeitigen Ablaufs der Amtszeit nach § 13 Abs. 2 Nr. 1-3 (Änderung der Betriebsgröße am Stichtag, nicht mehr genügend BR-Mitglieder oder Rücktritt) muss der BR den Wahlvorstand unverzüglich bestellen. Hier ist keine feste Frist definiert, weil der Zeitpunkt des Ablaufs der Amtszeit nicht feststeht, sondern erst durch die Neuwahl des BR bestimmt wird.

Mitglieder

Der BR bestellt die Mitglieder des Wahlvorstands und deren Ersatzmitglieder durch Beschluss gemäß § 33. Diese sind – im Gegensatz zu den von den Gewerkschaften entsandten Mitgliedern – stimmberechtigt. Es können nur wahlberechtigte AN als

Mitglied des Wahlvorstands oder als Ersatzmitglied bestellt werden. Dabei ist es ohne weiteres möglich, auch BR-Mitglieder oder Wahlbewerber zu bestellen.

Alle Mitglieder des Wahlvorstands sind in dieser Funktion zur Unparteilichkeit verpflichtet, auch wenn sie selbst für die Wahl kandidieren.

Die AN sind berechtigt, die Aufgabe als Mitglied des Wahlvorstands abzulehnen oder das Amt jederzeit niederzulegen. In diesem Fall rückt entweder ein Ersatzmitglied nach oder – falls ein solches nicht existiert – es muss ein neues Mitglied bestellt werden. Die Amtszeit als Wahlvorstandsmitglied endet mit

- der Einberufung des BR zur konstituierenden Sitzung oder
- dem Ausscheiden aus dem Betrieb oder
- dem Verlust des aktiven Wahlrechts zum BR, zum Beispiel wegen der Beförderung zum leitenden Angestellten.

Die Mitglieder des Wahlvorstands können ihr Amt außerdem zu jedem Zeitpunkt niederlegen.

Weder der BR noch der AG können einzelne Wahlvorstandsmitglieder oder gar den gesamten Wahlvorstand abberufen. Nur im Fall des § 18, also wenn der Wahlvorstand seine Pflichten nicht erfüllt, kann das Arbeitsgericht auf Antrag den Wahlvorstand ersetzen. Antragsberechtigt hierfür sind der BR, mindestens drei wahlberechtigte AN sowie eine im Betrieb vertretene Gewerkschaft, nicht aber der AG.

Während seiner Amtszeit genießt das Wahlvorstandsmitglied einen persönlichen Schutz wie ein BR-Mitglied. Es ist unter Fortzahlung der Vergütung für die Wahrnehmung erforderlicher Wahlvorstandstätigkeit von der Arbeit freigestellt, ihm dürfen durch diese Tätigkeit keine Kosten entstehen. Die ordentliche Kündigung ist gemäß § 15 KSchG ausgeschlossen, die außerordentliche gemäß § 103 nur mit vorheriger Zustimmung des BR zulässig. Der Schutz vor einer ordentlichen Kündigung besteht noch ein halbes Jahr nach Bekanntgabe des Wahlergebnisses weiter, zu einer außerordentlichen Kündigung muss der AG in dieser Zeit aber nicht mehr vorher die Zustimmung des BR einholen.

Ersatzmitglieder

Der BR kann für jedes Mitglied des Wahlvorstands ein Ersatzmitglied bestellen. Bei Verhinderung des ordentlichen Wahlvorstandsmitglieds tritt dieses dann an dessen Stelle. Ein Ersatzmitglied rückt auch nach, wenn ein ordentliches Mitglied des Wahlvorstands ausscheidet. Ersatzmitglieder, die an die Stelle eines ordentlichen Wahlvorstandsmitglieds treten, erwerben den Kündigungsschutz nach § 103 und § 15 KSchG in dem Augenblick, da sie vorübergehend oder endgültig nachrücken.

Größe und Zusammensetzung

Der Wahlvorstand besteht aus mindestens drei Mitgliedern. Sofern es zur ordnungsgemäßen Durchführung der Wahl erforderlich ist, kann der BR diese Zahl auch erhöhen, allerdings muss die Zahl immer ungerade sein. Bei der Bestimmung der Mitgliederzahl des Wahlvorstands sollte berücksichtigt werden, dass gemäß § 12 Abs. 2 WO in jedem Wahllokal mindestens ein stimmberechtigtes Wahlvorstandsmitglied ständig anwesend sein muss. Es müssen also mindestens so viele Wahlvorstandmitglieder bestellt werden, wie es Wahllokale geben soll.

Dem Wahlvorstand sollen Frauen und Männer angehören, wenn im Betrieb weibliche und männliche AN beschäftigt werden. Dabei handelt es sich um eine Empfehlung, nicht um eine zwingende Vorschrift. Ein Verstoß dagegen hat deshalb keinen Einfluss auf die Rechtmäßigkeit der Bestellung oder der Wahl.

Vorsitz

Der Vorsitzende des Wahlvorstands wird nicht etwa gewählt, sondern er wird, ebenso wie die Mitglieder, vom BR bestellt. Der Vorsitzende vertritt den Wahlvorstand nach außen, lädt zu den Sitzungen ein und leitet sie. Seine weiteren Aufgaben – insbesondere bezüglich des Erlasses des Wahlausschreibens und der Feststellung des Wahlergebnisses – sind in der Wahlordnung (WO) geregelt.

Entsendungsrecht der Gewerkschaften

Jede im Betrieb vertretene Gewerkschaft hat das Recht, eines ihrer Mitglieder aus dem Betrieb in den Wahlvorstand zu entsenden, sofern nicht schon ein Mitglied dieser Gewerkschaft durch den BR bestellt worden ist. Das von der Gewerkschaft entsandte Mitglied ist nicht stimmberechtigt, ansonsten hat es aber die gleichen Rechte und Pflichten wie die ordentlichen Mitglieder des Wahlvorstands. Der Beauftragte erwirbt zudem auch den besonderen Kündigungsschutz nach § 103 und § 15 Abs. 3 KSchG.

Bestellung durch das Arbeitsgericht, den GBR oder den KBR

Hat der BR acht Wochen vor Ablauf seiner Amtszeit noch keinen Wahlvorstand bestellt, dann kann er durch das Arbeitsgericht, den GBR oder den KBR bestellt werden. Solange eine solche Bestellung nicht stattgefunden hat, kann der BR jederzeit selbst die Bestellung nachholen.

Das Arbeitsgericht bestellt den Wahlvorstand auf Antrag von (mindestens) drei wahlberechtigten AN des Betriebs oder einer im Betrieb vertretenen Gewerkschaft. Die Gewerkschaft kann also nicht selbst einen Wahlvorstand bestellen. Die ersten drei antragstellenden AN sind ab diesem Zeitpunkt bis zur Bekanntgabe des Wahlergebnisses gemäß § 15 Abs. 3a KSchG vor einer ordentlichen Kündigung geschützt.

Das Arbeitsgericht legt in seiner Entscheidung die Größe des Wahlvorstands und dessen Besetzung fest. Dabei kann es von den Vorschlägen der Antragsteller abweichen und auch nicht dem Betrieb angehörende Gewerkschaftsmitglieder zu Mitgliedern des Wahlvorstands bestellen, die in diesem Fall dann auch stimmberechtigt sind.

Besteht in einem Unternehmen ein GBR, dann kann auch dieser acht Wochen vor dem Ende der Amtszeit des BR den Wahlvorstand bestellen. Dasselbe Recht hat der KBR, wenn es keinen GBR gibt. Dieser Wahlvorstand muss dann aber aus wahlberechtigten AN des Betriebs bestehen. Das Verfahren vor dem Arbeitsgericht kann also dazu genutzt werden, um externe Mitglieder zu bestellen, wenn dies der Durchführung der Wahl dient (zum Beispiel, weil Hemmungen im Betrieb bestehen). Dafür dauert die Bestellung durch das Arbeitsgericht länger als die Bestellung durch den GBR oder den KBR.

§ 17 Bestellung des Wahlvorstands in Betrieben ohne Betriebsrat

(1) Besteht in einem Betrieb, der die Voraussetzungen des § 1 Abs. 1 Satz 1 erfüllt, kein Betriebsrat, so bestellt der Gesamtbetriebsrat oder, falls ein solcher nicht besteht, der Konzernbetriebsrat einen Wahlvorstand. § 16 Abs. 1 gilt entsprechend.

(2) Besteht weder ein Gesamtbetriebsrat noch ein Konzernbetriebsrat, so wird in einer Betriebsversammlung von der Mehrheit der anwesenden Arbeitnehmer ein Wahlvorstand gewählt; § 16 Abs. 1 gilt entsprechend. Gleiches gilt, wenn der Gesamtbetriebsrat oder Konzernbetriebsrat die Bestellung des Wahlvorstands nach Absatz 1 unterlässt.

(3) Zu dieser Betriebsversammlung können drei wahlberechtigte Arbeitnehmer des Betriebs oder eine im Betrieb vertretene Gewerkschaft einladen und Vorschläge für die Zusammensetzung des Wahlvorstands machen.

(4) Findet trotz Einladung keine Betriebsversammlung statt oder wählt die Betriebsversammlung keinen Wahlvorstand, so bestellt ihn das Arbeitsgericht auf Antrag von mindestens drei wahlberechtigten Arbeitnehmern oder einer im Betrieb vertretenen Gewerkschaft. § 16 Abs. 2 gilt entsprechend.

Die Vorschrift regelt die Bestellung des Wahlvorstands in Betrieben ohne BR, gleich ob dieser zum ersten Mal gewählt wird oder ob der bisherige BR sein Amt wegen einer Anfechtung oder einer Amtsenthebung verloren hat.

Themenübersicht

Betriebsratsloser Betrieb
Bestellung des Wahlvorstands durch GBR oder KBR
Wahl des Wahlvorstands auf einer Betriebsversammlung
Bestellung durch das Arbeitsgericht
Kündigungsschutz
Rechtsprechung

Betriebsratsloser Betrieb

Um den Wahlvorstand nach dieser Vorschrift zu bestellen, muss der Betrieb zum einen betriebsratsfähig sein (also eine entsprechende Anzahl an wahlberechtigten AN aufweisen) und zum anderen darf er keinen gewählten BR haben. Das ist der Fall, wenn entweder noch niemals vorher ein BR gewählt wurde, nach dem Ende der Amtszeit des letzten BR keine Neuwahl stattgefunden hat oder eine gerichtliche Entscheidung den letzten BR seines Amtes enthoben hat.

Tipp für die Praxis

In letzterem Fall sollte zur Vermeidung einer betriebsratslosen Zeit allerdings nicht nach § 17 vorgegangen werden, sondern der BR sollte vielmehr rechtzeitig vor der Rechtskraft einer solchen gerichtlichen Entscheidung seinen Rücktritt beschließen und durch Bestellung eines Wahlvorstands nach § 16 selbst die Neuwahl einleiten.

Bestellung des Wahlvorstands durch GBR oder KBR

In Betrieben ohne BR sollen in erster Linie der GBR bzw., wenn es einen solchen nicht gibt, der KBR den Wahlvorstand bestellen. Das ist die schnellste und preiswerteste Art, um die Wahlen einzuleiten. GBR wie auch KBR haben bei der Bestellung des Wahlvorstands dieselben Möglichkeiten wie der BR, sie können also

- die Zahl der Wahlvorstandsmitglieder auf mehr als drei erhöhen,
- Ersatzmitglieder bestellen und
- einen Vorsitzenden des Wahlvorstands bestellen.

Sie unterliegen allerdings dabei denselben Begrenzungen, das heißt, auch sie können nur wahlberechtigte AN des Betriebs bestellen. Auch in diesen Wahlvorstand kann eine im Betrieb vertretene Gewerkschaft unter den Voraussetzungen des § 16 Mitglieder entsenden, die dann aber nicht stimmberechtigt sind.

Wahl des Wahlvorstands auf einer Betriebsversammlung

Gibt es weder einen GBR noch einen KBR oder bleiben diese untätig, dann kann der Wahlvorstand im Rahmen einer Betriebsversammlung gewählt werden. Zu dieser Betriebsversammlung können entweder eine im Betrieb vertretene Gewerkschaft oder drei wahlberechtigte AN einladen. Für die Wahl ist die Mehrheit der Stimmen der anwesenden AN nötig.

Spezielle Formvorschriften für die Einladung zu der Betriebsversammlung gibt es nicht. Sie muss nur allen AN – am besten durch Aushang oder Mitteilung im Intranet – zugänglich gemacht werden und Zeitpunkt und Zweck der Versammlung deutlich benennen.

Der AG ist verpflichtet, eine Einladung, die auf Initiative einer Gewerkschaft erfolgt, allen AN zu übersenden und auch die Kosten dafür zu übernehmen. Dagegen hat die Gewerkschaft keinen Anspruch gegen den AG auf Überlassung von Namen und Adressen der AN, um die Einladungen selbst zu versenden.

Die einladenden AN oder die einladende Gewerkschaft können Vorschläge für die Zusammensetzung des Wahlvorstands machen, die allerdings die Betriebsversammlung – aus deren Mitte ebenfalls Vorschläge gemacht werden können – nicht binden.

Auch zur Durchführung der Betriebsversammlung, zur Wirksamkeit von Beschlüssen usw. macht das Gesetz keine speziellen Vorgaben. Es verlangt nicht einmal, dass die Teilnehmer wahlberechtigt sind, allerdings wird man den leitenden Angestellten auch hier kein Stimmrecht zuerkennen können. Weder für die Abstimmung noch für eine Mindestzahl von Teilnehmern gibt es Vorschriften, sondern wer zur Versammlung kommt, der stimmt ab. Die Mehrheit der abgegebenen Stimmen entscheidet dann die Wahl, wobei über die Bewerber einzeln abgestimmt wird. Gewählt sind diejenigen mit den meisten Stimmen, allerdings nur, wenn mehr als die Hälfte der Anwesenden für sie gestimmt hat. Findet sich keine Mehrheit für die erforderliche Zahl von Mitgliedern des Wahlvorstands, ist der Versuch der Bestellung auf der Betriebsversammlung gescheitert. Der Wahlvorstand kann dann gerichtlich bestellt werden (siehe unten).

Die Betriebsversammlung entscheidet auch über den Vorsitzenden des Wahlvorstands, über die Erhöhung der Zahl der Wahlvorstandsmitglieder sowie über die Bestellung von Ersatzmitgliedern. Jede im Betrieb vertretene Gewerkschaft kann wie bei der Bestellung gemäß § 16 zusätzlich einen betriebsangehörigen Beauftragten als nicht stimmberechtigtes Mitglied in den Wahlvorstand entsenden.

Bestellung durch das Arbeitsgericht

Erst wenn die anderen aufgezeigten Wege, also die Bestellung durch GBR, KBR und Betriebsversammlung, nicht zum Ziel geführt haben, kann das Arbeitsgericht tätig werden. Allerdings muss vorher zumindest zu einer Betriebsversammlung ordnungsgemäß eingeladen worden sein und der Versuch, einen Wahlvorstand auf diesem Wege zu bilden, gescheitert sein (BAG vom 26.2.1992 – 7 ABR 37/91).

Das Arbeitsgericht nimmt dann wiederum auf Antrag von drei wahlberechtigten AN oder einer im Betrieb vertretenen Gewerkschaft die Bestellung vor (siehe dazu das unter § 16 beschriebene Verfahren).

Kündigungsschutz

Die ersten drei AN, die den Antrag bei Gericht stellen bzw. zu einer Versammlung einladen, können von diesem Zeitpunkt an bis zur Bekanntgabe des Wahlergebnisses nicht ordentlich gekündigt werden (nach § 15 Abs. 3a KSchG).

Rechtsprechung

BAG vom 14.12.1965 – 1 ABR 6/65: Die Wahl des Wahlvorstands auf der Betriebsversammlung muss nicht geheim sein.

BAG vom 7.5.1986 – 2 AZR 349/85: Die Bestellung des Wahlvorstands auf der Betriebsversammlung ist von vornherein unwirksam, wenn die AN von der Einladung zu der Versammlung keine Kenntnis nehmen konnten. Mitglieder eines solchen Wahlvorstands genießen keinen Kündigungsschutz.

§ 17a Bestellung des Wahlvorstands im vereinfachten Wahlverfahren

Im Fall des § 14a finden die §§ 16 und 17 mit folgender Maßgabe Anwendung:

1. **Die Frist des § 16 Abs. 1 Satz 1 wird auf vier Wochen und die des § 16 Abs. 2 Satz 1, Abs. 3 Satz 1 auf drei Wochen verkürzt.**
2. **§ 16 Abs. 1 Satz 2 und 3 findet keine Anwendung.**
3. **In den Fällen des § 17 Abs. 2 wird der Wahlvorstand in einer Wahlversammlung von der Mehrheit der anwesenden Arbeitnehmer gewählt. Für die Einladung zu der Wahlversammlung gilt § 17 Abs. 3 entsprechend.**

4. **§ 17 Abs. 4 gilt entsprechend, wenn trotz Einladung keine Wahlversammlung stattfindet oder auf der Wahlversammlung kein Wahlvorstand gewählt wird.**

> Die Vorschrift regelt die Bestellung des Wahlvorstands im Kleinbetrieb, wenn im vereinfachten Wahlverfahren nach § 14a gewählt wird.

Themenübersicht

Bestellung des Wahlvorstands in Betrieben mit Betriebsrat
Bestellung des Wahlvorstands in betriebsratslosen Betrieben
Größe und Zusammensetzung des Wahlvorstands

Bestellung des Wahlvorstands in Betrieben mit Betriebsrat

Die Bestellung des Wahlvorstands im vereinfachten Wahlverfahren unterscheidet sich nicht wesentlich von derjenigen im normalen Verfahren gemäß §§ 16 und 17. Es sind allerdings zwei Fristen anders:

- Der BR muss den Wahlvorstand spätestens vier Wochen vor dem Ablauf seiner Amtszeit bestellen.
- Besteht drei Wochen vor Ablauf der Amtszeit kein Wahlvorstand, so bestellt ihn der GBR, falls ein solcher nicht besteht, der KBR oder auf Antrag das Arbeitsgericht.

Bestellung des Wahlvorstands in betriebsratslosen Betrieben

In Betrieben ohne BR wird der Wahlvorstand vorrangig durch den GBR oder den KBR bestellt. Wenn es weder GBR noch KBR gibt bzw. wenn diese untätig bleiben, wird der Wahlvorstand in einer Wahlversammlung von der Mehrheit der anwesenden AN gewählt. Zu dieser Wahlversammlung können drei wahlberechtigte AN des Betriebs oder eine im Betrieb vertretene Gewerkschaft einladen. Diese Zusammenkunft heißt Wahl- und nicht Betriebsversammlung. Sie wird nicht auf die Zahl der ordentlichen Betriebsversammlungen angerechnet. Auch zur Wahlversammlung müssen die Beschäftigten eingeladen werden und zwar so, dass sie davon Kenntnis nehmen können (also zum Beispiel durch Aushang, per E-Mail usw.). Keinem AN darf durch die Teilnahme ein Nachteil entstehen.

Findet die Wahlversammlung trotz Einladung nicht statt oder wird dort kein Wahlvorstand gewählt, so kann das Arbeitsgericht auf Antrag von mindestens drei wahlberechtigten AN oder einer im Betrieb vertretenen Gewerkschaft den Wahlvorstand bestellen.

Größe und Zusammensetzung des Wahlvorstands

Der Wahlvorstand besteht im vereinfachten Wahlverfahren immer aus drei Mitgliedern. Eine Erhöhung der Mitgliederzahl ist nicht vorgesehen. Der BR (bzw. der GBR, der KBR oder das Arbeitsgericht) bestellt einen Vorsitzenden des Wahlvorstands und kann Ersatzmitglieder benennen. Auch in den Wahlvorstand für das vereinfachte Wahlverfahren können im Betrieb vertretene Gewerkschaften gemäß § 16 Abs. 1 Satz 6 nicht stimmberechtigte Mitglieder entsenden.

§ 18 Vorbereitung und Durchführung der Wahl

(1) Der Wahlvorstand hat die Wahl unverzüglich einzuleiten, sie durchzuführen und das Wahlergebnis festzustellen. Kommt der Wahlvorstand dieser Verpflichtung nicht nach, so ersetzt ihn das Arbeitsgericht auf Antrag des Betriebsrats, von mindestens drei wahlberechtigten Arbeitnehmern oder einer im Betrieb vertretenen Gewerkschaft. § 16 Abs. 2 gilt entsprechend.

(2) Ist zweifelhaft, ob eine betriebsratsfähige Organisationseinheit vorliegt, so können der Arbeitgeber, jeder beteiligte Betriebsrat, jeder beteiligte Wahlvorstand oder eine im Betrieb vertretene Gewerkschaft eine Entscheidung des Arbeitsgerichts beantragen.

(3) Unverzüglich nach Abschluss der Wahl nimmt der Wahlvorstand öffentlich die Auszählung der Stimmen vor, stellt deren Ergebnis in einer Niederschrift fest und gibt es den Arbeitnehmern des Betriebs bekannt. Dem Arbeitgeber und den im Betrieb vertretenen Gewerkschaften ist eine Abschrift der Wahlniederschrift zu übersenden.

> Die Vorschrift regelt (neben der WO) die Aufgaben des Wahlvorstands bei der Einleitung, der Durchführung und beim Abschluss der BR-Wahl sowie die möglichen Folgen einer Verletzung seiner Pflichten. Außerdem legt sie ein Verfahren fest, um Zweifel über die Struktur des Betriebs vor der Wahl zu klären.

Themenübersicht

Die Aufgaben des Wahlvorstands
Wahlausschreiben
Wählerverzeichnis/-liste
Wahlhelfer
Zeitliche Abfolge der Aufgaben des Wahlvorstands bis zur Wahl
Berichtigung des Wahlausschreibens

Aufgaben des Wahlvorstands bei und nach der Wahl
Entscheidung über den Betriebszuschnitt
Pflichtverletzung des Wahlvorstands
Abstimmungen
Rechtsprechung

Die Aufgaben des Wahlvorstands

Die wichtigste Aufgabe des Wahlvorstands ist die unverzügliche Einleitung der BR-Wahl. Diese Einleitung geschieht durch die Bestimmung des Wahltermins und den Aushang des Wahlausschreibens. Unter „unverzüglich" versteht man „ohne schuldhaftes Zögern", allerdings ist auch diese Formulierung wenig erhellend. Zeitlicher Orientierungspunkt ist jedenfalls immer das Ende der Amtszeit des amtierenden BR: Findet die Wahl erst danach statt, kann man nicht mehr von „unverzüglich" sprechen, weil dann eine betriebsratslose Zeit eintritt. Nach der Einleitung der Wahl ist die nächste Aufgabe des Wahlvorstandes die Aufstellung eines Wählerverzeichnisses. Hierzu muss der AG ihm die erforderlichen Angaben überlassen. Der Wahlvorstand legt dann die Wahllokale fest und bestellt – falls erforderlich – Wahlhelfer. Schließlich muss er für die Organisation der Wahl und der Auszählung sorgen. Die Aufgaben sind im Einzelnen der Wahlordnung zu entnehmen. Die gesetzlichen Vorschriften zur Wahl muss der Wahlvorstand penibel einhalten, denn wenn er hier Fehler macht, hat dies in vielen Fällen die Anfechtbarkeit der Wahl zur Folge.

Wahlausschreiben

Spätestens sechs Wochen vor dem ersten Wahltag muss das Wahlausschreiben bekannt gemacht werden. Es ist nur wirksam, wenn es vom Vorsitzenden und mindestens einem weiteren Mitglied des Wahlvorstands unterschrieben ist. Ein früherer Aushang ist möglich.

Das Wahlausschreiben wird erlassen, indem der Wahlvorstand seine Entscheidungen über die Größe des BR, Ort und Zeitpunkt der Wahl, die geschlechtsbezogene Zusammensetzung des BR sowie die Aufforderung zur Einreichung von Wahlvorschlägen der Öffentlichkeit mitteilt. Die Entscheidung, an welchen Stellen das Wahlausschreiben ausgehängt wird, ist wichtig für die weiteren offiziellen Bekanntmachungen, denn diese müssen an denselben Stellen ausgehängt werden.

Tipp für die Praxis

Es ist sinnvoll, sich beim Aushang des Wahlausschreibens auf wenige markante Orte zu beschränken und penibel zu dokumentieren, wer wann dafür gesorgt hat, dass dort auch die weiteren Mitteilungen zu finden sind.

Besonderheiten ergeben sich beim vereinfachten Wahlverfahren im Kleinbetrieb gemäß § 14a. Wenn zweistufig gewählt wird, also auf zwei Wahlversammlungen, dann muss das Wahlausschreiben noch am Tag der ersten Wahlversammlung erlassen werden. Im einstufigen Wahlverfahren existiert kein bestimmter Termin für den Erlass, es muss nur hinreichend Zeit zur Einreichung von Wahlvorschlägen bis zur Wahlversammlung verbleiben. Daher sollte zwischen Erlass des Wahlausschreibens und der Wahlversammlung mindestens eine Woche liegen.

Tipp für die Praxis

Um Fehler zu vermeiden ist es am besten, wenn der Wahlvorstand für das Wahlausschreiben ein Textmuster verwendet, wie es von vielen Verlagen und Bildungsveranstaltern herausgegeben wird.

Wählerverzeichnis/-liste

Das Wählerverzeichnis muss für die betriebliche Öffentlichkeit zugänglich sein, damit die Beschäftigten überprüfen können, ob sie dort aufgenommen sind. Die Eintragung ins Wählerverzeichnis ist Voraussetzung für das aktive Wahlrecht. Wer nicht auf der Liste steht, kann auch nicht wählen. Aus diesem Grund ist das Wählerverzeichnis bis zum Wahltag permanent zu pflegen, um Veränderungen durch Einstellungen oder Ausscheiden aus dem Betrieb noch zu registrieren. Daneben haben durch den Aushang alle Beschäftigten die Möglichkeit zu überprüfen, ob die richtigen Personen auf die Liste aufgenommen sind oder ob sich beispielsweise leitende Angestellte unter den Wählern befinden.

Bei einem Fehler auf der Liste hat jeder Beschäftigte das Recht, Einspruch gegen die Wählerliste beim Wahlvorstand zu erheben, über den dieser zeitnah zu entscheiden hat. Die Entscheidung muss so rechtzeitig vor der Wahl erfolgen, dass eine Korrektur des Wählerverzeichnisses dabei noch berücksichtigt werden kann. Die Streichung eines nicht wahlberechtigten AN oder die Ergänzung eines doch wahlberechtigten ist daher auch noch am Wahltag möglich. Anders ist das, wenn sich durch die Korrektur etwa die BR-Größe oder die Zusammensetzung nach Geschlechtern ändert: Da diese Änderungen vorher bekannt gemacht werden müssen, kann hier sogar eine Verschiebung des Wahltermins erforderlich werden, um eine Anfechtung der Wahl zu verhindern. Allerdings gilt: Lieber eine Anfechtung riskieren als durch die Verschiebung eine Zeit ohne BR, weil der AG diese Phase zu allem nutzen kann, bis hin zur Einleitung eines Personalabbaus ohne Sozialplan.

Wahlhelfer

Der Wahlvorstand kann zu seiner Unterstützung wahlberechtigte AN als Wahlhelfer bei der Durchführung der Stimmabgabe und der Stimmenauszählung einsetzen. Das ist zum Beispiel immer dann erforderlich, wenn es mehrere Wahllokale gibt, denn dann ist darauf zu achten, dass in jedem Wahllokal entweder zwei stimmberechtigte Mitglieder des Wahlvorstands oder mindestens ein stimmberechtigtes Mitglied und ein Helfer anwesend sind.

Die Wahlhelfer sind keine Mitglieder des Wahlvorstands; sie nehmen also weder an seinen Sitzungen noch an Beschlussfassungen teil. Sie genießen zwar keinen besonderen Kündigungsschutz gemäß § 15 KSchG wie Wahlvorstandsmitglieder, sind aber ohne Einkommensverlust und ohne dass dies zu anderen Nachteilen für ihre Tätigkeit führen könnte, von der Arbeit freigestellt. Die Auswahl der Wahlhelfer steht im Ermessen des Wahlvorstands.

Zeitliche Abfolge der Aufgaben des Wahlvorstands bis zur Wahl

1. Feststellung der Betriebsgröße
2. Festlegung der Zahl der zu wählenden BR-Mitglieder
3. Feststellung des Minderheiten-Geschlechts
4. Festlegung der Sitze, die mindestens auf das Minderheiten-Geschlecht entfallen
5. Festlegung von Ort, Tag und Zeit der Stimmabgabe
6. Beschlussfassung, wann und wo Wahlvorschläge einzureichen sind und wo sie ausgelegt werden
7. Zuordnung der leitenden Angestellten
8. Erlass des Wahlausschreibens
9. Entscheidung über Einsprüche gegen die Richtigkeit der Wählerliste und eventuelle Ergänzung der Wählerliste
10. Entgegennahme und Prüfung der Wahlvorschläge
11. Prüfung der Vorschlagslisten
12. Bei unrichtigen Vorschlagslisten: Beanstandung und Setzen einer Nachfrist von drei Arbeitstagen zur Mängelbeseitigung
13. Nachfrist für die Einreichung von Vorschlagslisten, falls keine eingereicht wurden
14. Ermittlung der Nummern der Listen
15. Bekanntmachung der Vorschlagslisten
16. Abschließende Prüfung und eventuelle Ergänzung der Wählerliste

Berichtigung des Wahlausschreibens

Das Wahlausschreiben legt sozusagen den Fahrplan bis zur Wahl fest und darf daher nicht mehr ohne weiteres geändert werden. Unproblematisch ist eine solche

Änderung nur dann, wenn sie sich nicht auf das Verfahren auswirkt (zum Beispiel wenn nur der Name des Vorsitzenden falsch geschrieben wurde). Anders ist es, wenn der Fehler zu Änderungen des Verfahrens führt, etwa weil der Wahlvorstand sich bei der Berechnung der Größe des BR geirrt oder Fristen falsch berechnet hat. In diesem Fall muss ein neues Wahlausschreiben erlassen und eventuell sogar der Wahltermin verschoben werden, damit die Listen sich auf die Änderung einstellen können, indem sie etwa die Reihefolge der Kandidaten ändern oder sich um weitere Mitglieder des Minderheitsgeschlechts als Wahlbewerber bemühen. Wieder gilt aber der oberste Grundsatz: Eine Anfechtung ist das geringere Übel gegenüber einer BR-losen Zeit.

Aufgaben des Wahlvorstands bei und nach der Wahl

1. Vorbereitung der Wahlhandlung
   Vorbereitung/Druck der Stimmzettel
   Einrichtung der Wahllokale mit Sichtschutz und Urne
   Versand der Briefwahlunterlagen
2. Stimmabgabe: Anwesenheit des Wahlvorstandes im Wahlraum
3. Stimmauszählung: Nach Abschluss der Wahl hat der Wahlvorstand unverzüglich die Stimmauszählung öffentlich vorzunehmen. Die AN des Betriebs müssen ungehinderten Zugang zum Ort der Stimmauszählung erhalten, die vorher öffentlich bekannt gemacht werden muss
4. Feststellung des Wahlergebnisses
5. Anfertigung einer Niederschrift über die Feststellung des Wahlergebnisses
6. Verteilung der Sitze bei Listenwahl
7. Verteilung der Sitze bei Mehrheitswahl
8. Niederschrift des Wahlergebnisses
9. Benachrichtigung der gewählten AN
10. Unterrichtung der im Betrieb vertretenen Gewerkschaften und des AG
11. Entgegennahme der Ablehnung der Wahl: Der gewählte AN kann die Wahl innerhalb von drei Arbeitstagen nach Zugang der Benachrichtigung ohne Angabe von Gründen gegenüber dem Wahlvorstand ablehnen
12. Bekanntmachung des Wahlergebnisses
13. Einberufung der konstituierenden Sitzung des neugewählten BR
14. Aufbewahrung der Wahlakten durch den BR

Entscheidung über Betriebszuschnitt

Die Vorschrift sieht ein besonderes gerichtliches Verfahren vor, wenn Streit darüber besteht, ob eine Einheit eines Betriebes einen eigenen BR wählen kann oder aber Teil eines anderen Betriebs ist. In diesem Rahmen kann theoretisch auch über die

Frage gestritten werden, ob mehrere Unternehmen einen gemeinsamen Betrieb führen. In der Praxis wäre dieses Verfahren jedoch nicht zum Abschluss zu bringen, da hier meist über zwei Instanzen und damit über mehrere Monate gestritten würde. Wenn ein solcher Streit besteht, hat der Wahlvorstand tatsächlich nur die Möglichkeit, die Wahl unter Zugrundelegung seiner Sicht der Dinge einzuleiten. Bei einer späteren Anfechtung kann dann „in Ruhe" über deren Richtigkeit gestritten werden. Wenn es nicht zu einer Anfechtung kommt, dann ist das Wahlergebnis in jedem Fall verbindlich, das heißt, so wie gewählt wurde, sieht dann auch der für die Mitbestimmungsrechte maßgebliche Zuschnitt des Betriebs aus (BAG vom 19.1.1999 – 1 AZR 342/98).

Pflichtverletzung des Wahlvorstands

Bleibt der Wahlvorstand ohne Vorliegen zwingender Gründe untätig oder verzögert er unnötig die Einleitung der für die Wahl erforderlichen Maßnahmen, so kann seine Absetzung beim Arbeitsgericht beantragt werden. Der BR kann den Wahlvorstand dagegen nicht selbst absetzen, ebensowenig der AG. Antragsberechtigt sind mindestens drei wahlberechtigte AN, eine im Betrieb vertretene Gewerkschaft oder der BR, der ihn bestellt hat.

Abstimmungen

Seine Entscheidungen trifft der Wahlvorstand gemäß § 1 Abs. 3 WO durch Beschluss der Mehrheit seiner stimmberechtigten Mitglieder. Es reicht also nicht etwa die Mehrheit nur der anwesenden Mitglieder. Die nicht stimmberechtigten Gesandten der Gewerkschaften zählen dabei nicht mit und dürfen daher auch nicht mit abstimmen.

Rechtsprechung

BAG vom 9.10.1986 – 2 AZR 650/85: Auch wenn ein Mitglied des Wahlvorstands sein Amt vor der Durchführung der Wahl niederlegt, erwirbt es ab diesem Zeitpunkt den halbjährigen nachwirkenden Kündigungsschutz gemäß § 15 Abs. 3 KSchG.

BAG vom 15.11.2000 – 7 ABR 53/99: Eine Stimmenauszählung ist nur dann öffentlich im Sinne des § 18 Abs. 3, wenn Ort und Zeitpunkt vorher bekannt gegeben werden.

BAG vom 5.5.2004 – 7 ABR 44/03: In Betrieben mit mehreren Betriebsstätten muss das Wahlausschreiben in jeder Betriebstätte ausgehängt werden, sonst ist die Wahl anfechtbar.

§ 18a Zuordnung der leitenden Angestellten bei Wahlen

(1) Sind die Wahlen nach § 13 Abs. 1 und nach § 5 Abs. 1 des Sprecherausschussgesetzes zeitgleich einzuleiten, so haben sich die Wahlvorstände unverzüglich nach Aufstellung der Wählerlisten, spätestens jedoch zwei Wochen vor Einleitung der Wahlen, gegenseitig darüber zu unterrichten, welche Angestellten sie den leitenden Angestellten zugeordnet haben; dies gilt auch, wenn die Wahlen ohne Bestehen einer gesetzlichen Verpflichtung zeitgleich eingeleitet werden. Soweit zwischen den Wahlvorständen kein Einvernehmen über die Zuordnung besteht, haben sie in gemeinsamer Sitzung eine Einigung zu versuchen. Soweit eine Einigung zustande kommt, sind die Angestellten entsprechend ihrer Zuordnung in die jeweilige Wählerliste einzutragen.

(2) Soweit eine Einigung nicht zustande kommt, hat ein Vermittler spätestens eine Woche vor Einleitung der Wahlen erneut eine Verständigung der Wahlvorstände über die Zuordnung zu versuchen. Der Arbeitgeber hat den Vermittler auf dessen Verlangen zu unterstützen, insbesondere die erforderlichen Auskünfte zu erteilen und die erforderlichen Unterlagen zur Verfügung zu stellen. Bleibt der Verständigungsversuch erfolglos, so entscheidet der Vermittler nach Beratung mit dem Arbeitgeber. Absatz 1 Satz 3 gilt entsprechend.

(3) Auf die Person des Vermittlers müssen sich die Wahlvorstände einigen. Zum Vermittler kann nur ein Beschäftigter des Betriebs oder eines anderen Betriebs des Unternehmens oder Konzerns oder der Arbeitgeber bestellt werden. Kommt eine Einigung nicht zustande, so schlagen die Wahlvorstände je eine Person als Vermittler vor; durch Los wird entschieden, wer als Vermittler tätig wird.

(4) Wird mit der Wahl nach § 13 Abs. 1 oder 2 nicht zeitgleich eine Wahl nach dem Sprecherausschussgesetz eingeleitet, so hat der Wahlvorstand den Sprecherausschuss entsprechend Absatz 1 Satz 1 erster Halbsatz zu unterrichten. Soweit kein Einvernehmen über die Zuordnung besteht, hat der Sprecherausschuss Mitglieder zu benennen, die anstelle des Wahlvorstands an dem Zuordnungsverfahren teilnehmen. Wird mit der Wahl nach § 5 Abs. 1 oder 2 des Sprecherausschussgesetzes nicht zeitgleich eine Wahl nach diesem Gesetz eingeleitet, so gelten die Sätze 1 und 2 für den Betriebsrat entsprechend.

(5) Durch die Zuordnung wird der Rechtsweg nicht ausgeschlossen. Die Anfechtung der Betriebsratswahl oder der Wahl nach dem Sprecherausschussgesetz ist ausgeschlossen, soweit sie darauf gestützt wird, die Zuordnung sei fehlerhaft erfolgt. Satz 2 gilt nicht, soweit die Zuordnung offensichtlich fehlerhaft ist.

Die Vorschrift regelt die Zusammenarbeit zwischen den Wahlvorständen zur Wahl des BR und zum Sprecherausschuss bei der Zuordnung der leitenden Angestellten. Sie begrenzt die Anfechtbarkeit der Entscheidung wegen eines Fehlers in diesem Verfahren.

Themenübersicht

Sprecherausschuss
Verfahren
Verzicht auf das Zuordnungsverfahren

Sprecherausschuss

Leitende Angestellte werden vom BR nicht vertreten und haben daher bei den BR-Wahlen auch weder ein aktives noch ein passives Wahlrecht. Ihre Interessenvertretung ist der Sprecherausschuss. Dieser soll grundsätzlich zur gleichen Zeit gewählt werden wie der BR. Zur Durchführung der beiden Wahlen ist eine einheitliche Bestimmung des Kreises der leitenden Angestellten erforderlich. Diese Zuordnung soll vorrangig durch eine Absprache zwischen den beteiligten Wahlvorständen vorgenommen werden. Kommen diese nicht zu einem gemeinsamen Ergebnis, kann ein Vermittler eingeschaltet werden. Wenn dieses Verfahren durchgeführt wird, dann ist eine Anfechtung der Wahlen wegen eines Fehlers bei der Zuordnung der leitenden Angestellten nur eingeschränkt möglich.

Verfahren

Die Wahlvorstände für die Wahlen zum BR und zum Sprecherausschuss unterrichten sich gegenseitig sofort nach der Aufstellung des jeweiligen Wählerverzeichnisses darüber, wen sie als leitenden Angestellten ansehen. Diese Unterrichtung muss spätestens zwei Wochen vor dem Aushang des Wahlausschreibens geschehen, mit dem die Wahl eingeleitet wird. Wenn die Wahlen nicht zeitgleich stattfinden bzw. wenn noch kein Wahlvorstand für die Sprecherausschusswahl eingerichtet ist, dann wird der Sprecherausschuss selbst entsprechend informiert.

Wenn die Zuordnungen übereinstimmen bzw. wenn sich die beiden Wahlvorstände (bzw. der Wahlvorstand für die BR-Wahl und der Sprecherausschuss oder der BR und der Wahlvorstand für die Sprcherausschusswahl) in einer gemeinsamen Sitzung darüber einigen können, dann können die Wählerlisten aufgestellt werden.

Kommt keine Einigung zustande, kann ein Vermittler eingeschaltet werden. Auf diesen Vermittler müssen sich die Wahlvorstände einigen. Wenn das nicht möglich ist, entscheidet das Los zwischen den vorgeschlagenen Vermittlern. Der Vermittler muss nicht zwangsläufig dem eigenen Betrieb, wohl aber dem Unternehmen oder zumindest dem Konzern angehören. Auch der AG selbst bzw. seine Vertreter oder leitenden Angestellten können als Vermittler tätig werden. Die Kosten, die durch diese Vermittler-Tätigkeit entstehen, muss der AG gemäß § 20 tragen.

Der Vermittler soll zunächst versuchen die Wahlvorstände zu einer einvernehmlichen Lösung zu führen. Wenn das nicht möglich ist, muss er eine eigene Entscheidung treffen.

Finden die Wahlen nicht zur gleichen Zeit statt, muss der jeweils eingesetzte Wahlvorstand den Sprecherausschuss bzw. den BR von seiner Zuordnungsentscheidung unterrichten, damit das Gremium, das nicht neu gewählt wird, entscheiden kann, welche seiner Mitglieder an dem Zuordnungsverfahren teilnehmen.

Verzicht auf das Zuordnungsverfahren

Das Zuordnungsverfahren muss vor der Einleitung der Wahl abgeschlossen sein. Angesichts der häufig auftretenden Verzögerungen im Zuordnungsverfahren ist dies oft nur durch eine Verschiebung der Wahl mit der Folge einer betriebsratslosen Zeit möglich. Da dies aber wiederum vermieden werden soll, ist es ohne weiteres zulässig, die Wahl vor der Beendigung des Zuordnungsverfahrens einzuleiten, auch wenn eine Einigung über die Zuordnung der leitenden Angestellten noch nicht erreicht wurde. Das Verfahren gilt dann als abgeschlossen und für die Zuordnung der leitenden Angestellten bei der BR-Wahl ist zunächst allein die Einschätzung des zuständigen Wahlvorstands maßgeblich. Allerdings kann eine spätere Anfechtung der Wahl dann auch leichter mit einer fehlerhaften Zuordnung begründet werden. Für den Wahlvorstand ist dieser Weg dennoch meist der sinnvollere, da das gesetzliche Zuordnungsverfahren fast immer auf einen Kompromiss hinausläuft, nicht aber auf ein „richtiges“ Ergebnis. Eine gerichtliche Überprüfung dieses Kompromisses ist jedoch praktisch ausgeschlossen, weil das vorgesehene Verfahren einschließlich der Vermittlung durchgeführt wurde.

§ 19 Wahlanfechtung

(1) Die Wahl kann beim Arbeitsgericht angefochten werden, wenn gegen wesentliche Vorschriften über das Wahlrecht, die Wählbarkeit oder das Wahlverfahren verstoßen worden ist und eine Berichtigung nicht erfolgt ist, es sei denn, dass durch den Verstoß das Wahlergebnis nicht geändert oder beeinflusst werden konnte.

(2) Zur Anfechtung berechtigt sind mindestens drei Wahlberechtigte, eine im Betrieb vertretene Gewerkschaft oder der Arbeitgeber. Die Wahlanfechtung ist nur binnen einer Frist von zwei Wochen, vom Tage der Bekanntgabe des Wahlergebnisses an gerechnet, zulässig.

Die Vorschrift regelt die gerichtliche Überprüfung der Wirksamkeit einer BR-Wahl.

Themenübersicht

Wahlanfechtung
Anfechtungsberechtigung und -frist
Folgen der Anfechtung
Nichtigkeit der Wahl
Korrektur von Fehlern und Abbruch der Wahl durch einstweilige Verfügung
Rechtsprechung

Wahlanfechtung

Die Anfechtung einer BR-Wahl setzt voraus, dass gegen wesentliche Vorschriften über das Wahlrecht, die Wählbarkeit oder das Wahlverfahren verstoßen wurde und es denkbar ist, dass das Wahlergebnis durch den Verstoß beeinflusst wurde. Das bedeutet umgekehrt, dass die Anfechtung ausgeschlossen ist, wenn die Wahl auch ohne den Fehler zum selben Ergebnis geführt hätte.

Beispiel

Ein minderjähriger AN hat bei der Wahl seine Stimme abgegeben. Die Stimmenverhältnisse sind jedoch so eindeutig, dass der Abzug dieser Stimme nicht zu einer Änderung des Wahlergebnisses führen würde. In diesem Fall kann die Wahl deshalb nicht wegen der Minderjährigkeit des AN angefochten werden.

Nur ein Verstoß gegen eine wesentliche Vorschrift zur Wahl rechtfertigt eine Anfechtung. Zu den wesentlichen Vorschriften des Wahlrechts gehören der allgemeine Grundsatz der freien Wahl, der Grundsatz der Chancengleichheit der Wahlbewerber sowie die so genannten Muss-Vorschriften des BetrVG und der WO. Solche Verstöße können zum Beispiel sein:

- die Zulassung von nicht wahlberechtigten AN,
- die Nichtzulassung von Wahlberechtigten (dies ist aber unschädlich, wenn der nicht zugelassene AN die Frist nach § 4 WO zur Erhebung des Einspruchs gegen die Wählerliste versäumt hat),
- die Zulassung von Bewerbern, die mangels Betriebszugehörigkeit noch nicht das passive Wahlrecht haben,
- Missachtung von im Wahlverfahren maßgeblichen Fristen.

Dabei handelt es sich nur um eine grobe Aufzählung, die Zahl der zur Anfechtung führenden denkbaren Fehler ist praktisch unüberschaubar.

Wenn ein Arbeitsgericht (bzw. das LAG oder das BAG) rechtskräftig die Ungültigkeit einer Wahl feststellt, so gilt diese Entscheidung nur für die Zukunft. Das bedeutet, dass der BR bis zum Tag der Rechtskraft im Amt bleibt und die Beschlüsse, die er bis dahin gefasst hat, Bestand haben. Ab der Rechtskraft der Gerichtsentscheidung bis zu einer Neuwahl kann er dann die Geschäfte aber nicht mehr führen. Der Betrieb ist in dieser Zeit dann ohne BR.

Tipp für die Praxis

Wenn ein LAG einer Wahlanfechtung stattgibt ohne gleichzeitig die Rechtsbeschwerde zum BAG zuzulassen, tritt eigentlich mit der Verkündung der Entscheidung Rechtskraft ein und der BR verliert sofort sein Amt. Dies wird verhindert, wenn nach dem Eingang der schriftlichen Begründung des Gerichts eine so genannte Nichtzulassungsbeschwerde zum BAG eingelegt wird. Damit wird die Rechtskraft doch wieder aufgeschoben. Tritt der BR dann sofort von seinem Amt zurück, ist das Verfahren schon vor dem Eintritt der Rechtskraft erledigt und der BR kann bis zu einer Neuwahl geschäftsführend im Amt bleiben (BAG vom 13.3.1991 – 7 ABR 5/90).

Anfechtungsberechtigung und -frist

Die Anfechtung muss spätestens mit Ablauf des 14. Tages nach der Bekanntgabe des Wahlergebnisses beim Arbeitsgericht eingegangen sein. Es reicht nicht, wenn sie an diesem Tag erst abgeschickt wird. Die Anfechtungsfrist kann auch nicht verlängert werden. Wenn sie verstrichen ist, ist eine Anfechtung der Wahl ausgeschlossen, auch wenn bei der Wahl Fehler passiert sind.

Zur Anfechtung berechtigt sind:

1. mindestens drei Wahlberechtigte,
2. eine im Betrieb vertretene Gewerkschaft,
3. der AG.

Folgen der Anfechtung

Wenn der BR nicht dem obigen Praxistipp gefolgt ist, sondern die Rechtskraft der Anfechtungsentscheidung abgewartet hat, muss unverzüglich danach die Neuwahl des BR eingeleitet werden. Dazu ist zunächst ein neuer Wahlvorstand zu wählen. Der BR, dessen Wahl angefochten wurde, kann den Wahlvorstand nicht mehr bestellen, sobald die Entscheidung rechtskräftig geworden ist. In diesem Fall hat der Betrieb keinen BR mehr, deshalb muss der Wahlvorstand gemäß § 17 durch den GBR, den KBR, auf einer Betriebsversammlung oder durch das Arbeitsgericht bestellt werden.

Nichtigkeit der Wahl

Von Fehlern im Wahlverfahren, die eine Wahlanfechtung begründen können, ist die Nichtigkeit der Wahl zu unterscheiden. Die Nichtigkeit beruht auf gravierenden Fehlern und liegt vor, wenn „gegen allgemeine Grundsätze jeder ordnungsgemäßen Wahl in so hohem Maße verstoßen wurde, dass auch der Anschein einer dem Gesetz entsprechenden Wahl nicht mehr vorliegt“, so formuliert es das BAG in seiner Entscheidung vom 11.4.1978 (6 ABR 22/77).

Beispiel

Ein BR wird durch Handaufheben auf einer Betriebsversammlung gewählt. Eine solche Wahl verstößt dermaßen grundlegend gegen die Wahlgrundsätze, dass es hier keiner Anfechtung bedarf, die Wahl ist vielmehr von Anfang an nichtig.

Der Unterschied zwischen Nichtigkeit und Anfechtbarkeit der Wahl wirkt sich zweifach aus:

- Nichtigkeit besteht von Anfang an, das Gremium war also niemals im Amt und alle seine Handlungen sind ohne Bedeutung. Die Mitglieder genießen auch keinen persönlichen Schutz vor Kündigung, Einkommenseinbußen usw.
- Die Nichtigkeit einer Wahl kann jederzeit, also auch noch nach Ablauf der 2-Wochen-Frist (die für die Anfechtung gilt) gerichtlich geltend gemacht werden.

Die Nichtigkeit einer Wahl ist ein absoluter Ausnahmefall. Die ausschlaggebenden Gründe müssen so gravierend sein, dass sie sich jedem einigermaßen mit dem Wahlverfahren Vertrauten geradezu aufdrängen.

Korrektur von Fehlern und Abbruch der Wahl durch einstweilige Verfügung

Wenn während einer Wahl schon absehbar ist, dass diese mit erheblichen Fehlern belastet sein wird, kann der Wahlvorstand in vielen Fällen noch Korrekturmaßnahmen ergreifen. So kann er etwa für die Listenerstellung eine Nachfrist setzen. In einigen Fällen kommt es vor, dass wegen der Korrektur der Wahltermin verschoben werden muss (zum Beispiel bei der nachträglichen Zulassung einer Liste, weil deren Rechtmäßigkeit zunächst falsch beurteilt wurde). Wenn durch die Verschiebung des Wahltermins eine betriebsratslose Zeit entsteht, muss gut abgewogen werden, welches Risiko höher wiegt: das der Anfechtung der Wahl oder das der Zeit ohne Interessenvertretung.

Bei gravierenden Fehlern, die zur Nichtigkeit einer Wahl führen, lassen die meisten LAGs auch einen Abbruch der Wahl mittels einstweiliger Verfügung zu (so zum Beispiel LAG Baden-Württemberg vom 13.4.1994 – 9 TaBV 4/94; LAG Köln vom

29.3.2001 – 5 TaBV 22/01). Auch wegen der hierdurch bewirkten Verzögerung muss ein betroffener Wahlvorstand sich frühzeitig entscheiden, ob es sinnvoll ist, ein solches mehrwöchiges Gerichtsverfahren bis zum Ende durchzustehen oder vorher von sich aus die möglichen Fehler zu korrigieren. Der Antrag auf Erlass einer einstweiligen Verfügung ist in jedem Fall gegenstandslos, wenn die Wahl bereits abgeschlossen ist, weil sich dann ja nichts mehr unterbrechen lässt.

Rechtsprechung

BAG vom 19.9.1985 – 6 ABR 4/85: Fehler im laufenden Wahlverfahren können vom Wahlvorstand korrigiert werden, wenn das Wahlverfahren danach noch ordnungsgemäß ablaufen kann.

BAG vom 4.12.1986 – 6 ABR 48/85: Die finanzielle Unterstützung einer Kandidatur durch den AG ist ein Verstoß gegen wesentliche Wahlvorschriften, der zur Anfechtbarkeit der Wahl führt.

BAG vom 13.11.1991 – 7 ABR 8/91: Auch BR-interne Wahlen zum Vorsitzenden oder Stellvertreter sind nach den Regeln des § 19 anfechtbar.

BAG vom 27.1.1993 – 7 ABR 37/92: Der Wahlvorstand darf nur in den in § 26 WO genannten Fällen eine Briefwahl durchführen. Ordnet er sie pauschal für alle AN an, ist die Wahl anfechtbar.

BAG vom 14.5.1997 – 7 ABR 26/96: Gekündigte AN bleiben wählbar, wenn sie eine Kündigungsschutzklage führen. Werden sie von der Wahl ausgeschlossen, ist diese anfechtbar.

BAG vom 6.12.2000 – 7 ABR 34/99: Der Wahlvorstand darf nicht einzelnen Kandidaten während des Wahlvorgangs Einsicht in die mit Stimmabgabevermerken versehenen Wählerlisten gewähren.

BAG vom 19.11.2003 – 7 ABR 24/03: Auch eine größere Zahl von Verstößen im Wahlverfahren führt nicht dazu, dass die Wahl insgesamt nichtig ist, wenn die einzelnen Verstöße für sich genommen nicht die Nichtigkeit begründen.

BAG vom 10.3.2004 – 7 ABR 49/03: Die fehlerhafte Feststellung der Sitzverteilung in Bezug auf das Minderheitengeschlecht begründet die Anfechtbarkeit der Wahl.

BAG vom 13.10.2004 – 7 ABR 5/04: Wenn der Wahlvorstand fremdsprachige AN nicht ordnungsgemäß über die Wahl unterrichtet, führt dies zur Anfechtbarkeit der Wahl.

§ 20 Wahlschutz und Wahlkosten

(1) Niemand darf die Wahl des Betriebsrats behindern. Insbesondere darf kein Arbeitnehmer in der Ausübung des aktiven und passiven Wahlrechts beschränkt werden.

(2) Niemand darf die Wahl des Betriebsrats durch Zufügung oder Androhung von Nachteilen oder durch Gewährung oder Versprechen von Vorteilen beeinflussen.

(3) Die Kosten der Wahl trägt der Arbeitgeber. Versäumnis von Arbeitszeit, die zur Ausübung des Wahlrechts, zur Betätigung im Wahlvorstand oder zur Tätigkeit als Vermittler (§ 18a) erforderlich ist, berechtigt den Arbeitgeber nicht zur Minderung des Arbeitsentgelts.

> Die Vorschrift schützt die BR-Wahlen vor unzulässiger Einflussnahme und verpflichtet gleichzeitig den AG, die dabei entstehenden Kosten zu tragen.

Themenübersicht

Behinderung der Wahl
Wahlkosten
Arbeitsversäumnis
Rechtsprechung

Behinderung der Wahl

Jede Behinderung der Wahl, egal ob durch den AG, AN, den amtierenden BR oder die Gewerkschaften, ist verboten. Ein Verstoß gegen dieses Verbot ist sogar strafbar gemäß § 119 Abs. 1 Nr. 1. Allerdings ist nicht jede Einflussnahme gleichzeitig auch eine Behinderung.

Eine Behinderung liegt beispielsweise vor, wenn der AG

- Räume oder sachliche Mittel, die erforderlich sind, nicht zur Verfügung stellt,
- Mitgliedern des Wahlvorstands mit Sanktionen droht, wenn diese sich für ihre Tätigkeit freistellen,
- die Herausgabe der Daten, die für die Erstellung des Wählerverzeichnisses nötig sind, verweigert.

Ebenfalls eine Behinderung der Wahl ist es, wenn AN an der Teilnahme der Wahl gehindert werden oder wenn sie durch das Versprechen von persönlichen Vorteilen zu einem bestimmten Abstimmungsverhalten verleitet werden.

Das passive Wahlrecht ist genauso geschützt wie das aktive Wahlrecht. Es darf also auch kein AN durch das Versprechen von Vorteilen, wie etwa einer Beförderung, dazu gedrängt werden, zu kandidieren oder eine bestimmte Liste zu unterstützen.

Davon abzugrenzen ist normale Propaganda und Werbung für eine Liste oder für bestimmte Personen. Dies ist ohne Begrenzung erlaubt, solange es nicht vom AG getragen oder forciert wird. Das gilt selbst dann, wenn die Propaganda nicht der Wahrheit entspricht.

Der AG darf auch nicht einzelnen Listen eine Unterstützung für ihre eigene Wahlwerbung zukommen lassen, indem er beispielsweise die Kosten für den Druck von Flugblättern und Zeitungen übernimmt. Auch werbende Stellungnahmen gegen Listen oder Kandidaten darf er nicht abgeben.

Gewerkschaften haben dagegen ein uneingeschränktes Recht, werbend und favorisierend tätig zu sein. Sie dürfen auch öffentlich gegen einzelne Listen oder Kandidaten Stellung beziehen. Dies folgt aus Art. 9 Abs. 3 GG.

Wahlkosten

Zu den Kosten der BR-Wahl, die der AG tragen muss, zählen insbesondere:

Materialkosten, Kosten für die Beschaffung von Stimmzetteln und Wahlurnen, Kosten für Schulungsmaßnahmen, Raumgestellung, Telefon- und Portogebühren, Reisekosten, Druckerei- und Schreibkosten, Ausgaben für Gesetzestexte, Kommentare usw.

Maßgeblich ist, dass es sich um erforderliche Sachaufwendungen für die Vorbereitung und die ordnungsgemäße Durchführung der Wahl handelt.

Nicht zu erstatten sind aber die Kosten der Wahlwerbung.

Sachliche Mittel wie etwa Literatur, Porto usw. muss der AG zur Verfügung stellen. Der Wahlvorstand kann hier also nicht einfach selbst Anschaffungen tätigen und sich die Kosten nachträglich erstatten lassen. Nur wenn dies vorher mit dem AG vereinbart wurde, besteht hierfür ein Anspruch auf Erstattung.

Tipp für die Praxis

Auch wenn sich der AG weigert, Sachmittel bereit zu stellen, sollte der Wahlvorstand nicht einfach selbst Anschaffungen tätigen, er läuft dann Gefahr, auf den entstandenen Kosten sitzen zu bleiben. Sicherer ist es, den AG mittels einstweiliger Verfügung durch das Arbeitsgericht zur Zusammenarbeit zu zwingen und gleichzeitig eine Strafanzeige wegen Wahlbehinderung zu erstatten.

Arbeitsversäumnis

Die BR-Wahl findet in aller Regel während der Arbeitszeit statt. Für die Tätigkeit im Wahlvorstand, als Vermittler bei der Zuordnung der leitenden Angestellten und die Stimmabgabe wird es daher zu Arbeitsversäumnissen kommen. Hierfür bedarf es keiner vorherigen Genehmigung durch den AG. Insbesondere die Mitglieder des Wahlvorstands stellen sich selbst im erforderlichen Umfang von der Arbeit frei. Im Vorfeld ist aber eine Abmeldung vom zuständigen Vorgesetzten vorzunehmen. Der AG muss das Arbeitsentgelt für die ausgefallene Arbeitszeit bezahlen, andernfalls kann er sich wegen Wahlbehinderung strafbar machen.

Auch bei Schichtarbeit und flexibler Arbeitszeit besteht das Recht auf Arbeitsbefreiung für die Mitglieder des Wahlvorstands. Wenn die betroffenen Beschäftigten zum Beispiel an einem Tag von 9 bis 18 Uhr als Wahlvorstandsmitglied tätig sind, ist es unzumutbar, im Anschluss daran eine 8-stündige Arbeitsschicht abzuleisten. Es darf keine Verpflichtung bestehen, die nicht erledigte Arbeit an den folgenden Tagen durch eine individuelle Verlängerung der Arbeitszeit nachzuholen, wenn der Betrieb keine festen, sondern nur Rahmenarbeitszeiten kennt. Darin wäre in jedem Fall eine Benachteiligung durch die Ausübung des Amtes als Wahlvorstandsmitglied zu sehen, weil das bedeuten würde, dass der AN diese Aufgabe unentgeltlich und zusätzlich erledigt.

Nicht nur die Vergütung der Wahlvorstandsmitglieder, sondern auch die der eingesetzten Helfer, der Teilnehmer an einer Betriebsversammlung oder an Teilversammlungen, die der Wahl dienen, muss bei entsprechendem Arbeitsausfall bezahlt werden. Die Berechnung des zu erstattenden Lohnes richtet sich nach dem Lohnausfallprinzip.

Rechtsprechung

BAG vom 5.3.1974 – 1 AZR 50/73: Auch die Unterweisung in die Tätigkeit des Wahlvorstands zählt zur Tätigkeit des Wahlvorstands, für die der AG Arbeitsbefreiung gewähren muss.

BAG vom 7.6.1984 – 6 AZR 3/82: Der halbtägige Besuch einer Schulungsveranstaltung für ein Mitglied des Wahlvorstands kann auch ohne nähere Darlegung des Fehlens ausreichender Kenntnisse der Wahlvorschriften als erforderlich angesehen werden.

BAG vom 8.4.1992 – 7 ABR 56/91: Die Kosten in einem arbeitsgerichtlichen Beschlussverfahren zwischen AG und Wahlvorstand zur Klärung von dessen Befugnissen zählen zu den vom AG zu tragenden Kosten der Wahl.

BAG vom 26.4.1995 – 7 AZR 874/94: Mitglieder des Wahlvorstands haben wie Mitglieder des BR einen Anspruch auf Ausgleich für erforderliche Tätigkeiten, die sie im Rahmen ihrer Aufgabe außerhalb der betrieblichen Arbeitszeit verrichten mussten.

Zweiter Abschnitt
Amtszeit des Betriebsrats

§ 21 Amtszeit

Die regelmäßige Amtszeit des Betriebsrats beträgt vier Jahre. Die Amtszeit beginnt mit der Bekanntgabe des Wahlergebnisses oder, wenn zu diesem Zeitpunkt noch ein Betriebsrat besteht, mit Ablauf von dessen Amtszeit. Die Amtszeit endet spätestens am 31. Mai des Jahres, in dem nach § 13 Abs. 1 die regelmäßigen Betriebsratswahlen stattfinden. In dem Fall des § 13 Abs. 3 Satz 2 endet die Amtszeit spätestens am 31. Mai des Jahres, in dem der Betriebsrat neu zu wählen ist. In den Fällen des § 13 Abs. 2 Nr. 1 und 2 endet die Amtszeit mit der Bekanntgabe des Wahlergebnisses des neu gewählten Betriebsrats.

> Die Vorschrift legt Beginn und Ende der regelmäßigen Amtszeit eines BR-Gremiums fest.

Themenübersicht

Regelmäßige Amtszeit
Verkürzte/verlängerte Amtszeit
Rechtsprechung

Regelmäßige Amtszeit

Die regelmäßige Amtszeit des BR dauert exakt vier Jahre. Sie beginnt entweder an dem Tag, an dem die Amtszeit des vorherigen BR endet oder mit Bekanntgabe des Wahlergebnisses des neu gewählten BR. Letzteres aber nur dann, wenn an diesem Tag kein BR im Amt ist, entweder weil die Amtszeit des vorherigen BR bereits geendet hat oder weil erstmals ein BR gewählt wird.

Finden die Wahlen im regelmäßigen Wahlzeitraum nach § 13 statt, beträgt die Amtszeit immer genau vier Jahre. Das ändert sich auch dann nicht, wenn der neue BR vor dem Ablauf dieser vier Jahre im regelmäßigen Wahlzeitraum gewählt wird. Für die Dauer der Amtszeit ist das Datum der Verkündung des Ergebnisses der Wahl für den neuen BR völlig unerheblich, das kann also vor oder nach dem Ablauf der vier Jahre passieren. Da hierdurch die vierjährigen Amtszeiten ohne Unterbrechung immer hintereinander gereiht werden, müssen zur genauen Feststellung von Beginn und Ende unter Umständen mehrere Amtszeiten zurückverfolgt werden. Die vierjährige Dauer kann nur durch ein vorzeitiges Ende der Amtszeit durch Rücktritt, erfolgreiche Anfechtung oder einen anderen der Fälle des § 13 verkürzt werden (siehe hierzu weiter unten).

Beginn und Ende der vierjährigen Amtszeit werden nach den Regeln festgestellt, die für die Berechnung gesetzlicher Fristen gelten (§§ 186–193 BGB, im Anhang abgedruckt).

Auch wenn im regelmäßigen Wahlzeitraum gewählt wird, kann so eine Zeit ohne amtierenden BR entstehen, in der die Maßnahmen des AG nicht der Mitbestimmung unterliegen.

Beispiel

Die Amtszeit des „alten" BR endet am 5.3., der „neue" BR wird jedoch erst Ende Mai gewählt.

Ist der Tag, an dem die Amtszeit abläuft, nicht bekannt, sollte der amtierende BR unmittelbar vor der Bekanntgabe des Wahlergebnisses zurücktreten. Dann beginnt die Amtszeit des neuen BR in jedem Fall mit dieser Bekanntgabe und dauert von diesem Tag an gerechnet, genau vier Jahre.

Verkürzte/verlängerte Amtszeit

Die Dauer der Amtszeit kann sich verkürzen oder verlängern, wenn der BR außerhalb des regelmäßigen Wahlzeitraums des § 13 gewählt wurde.

Die Amtszeit verlängert sich, wenn der BR zu Beginn eines Wahlzeitraums (also am 1.3. des Wahljahres) noch keine 12 Monate im Amt ist (also während der letzten 12 Monate erst gewählt wurde). Sie dauert dann längstens bis zum 31.5. des nächsten Wahlzeitraums. Beendet wird sie immer, sobald ein neuer BR gewählt und das Wahlergebnis bekannt gemacht wird, auch wenn das zu irgendeinem Zeitpunkt vorher (vor dem 31.5. des nächsten Wahljahres) geschieht.

Beispiel

Die Wahl des BR war am 15.6.2005. Zum nächsten Wahlzeitraum im Jahr 2006 war der BR noch keine 12 Monate im Amt, deshalb verlängert sich die Amtszeit. Das späteste Ende der Amtszeit ist der 31.5.2010. Wird vorher ein neuer BR gewählt – innerhalb des Wahlzeitraums vom 1.3. bis zum 31.5.2010 oder vorher, zum Beispiel weil die Zahl der BR-Mitglieder unter die Mindestzahl gesunken ist – endet die Amtszeit mit der Bekanntmachung des Wahlergebnisses des neuen Gremiums.

Die Amtszeit verkürzt sich, wenn der BR am 1.3. eines Wahlzeitraums bereits länger als 12 Monate im Amt ist, sei es auch nur ein einziger Tag. Dann endet die Amtszeit spätestens mit dem 31.5. des folgenden Wahlzeitraums bzw. wiederum mit der Bekanntgabe des Wahlergebnisses des nächsten BR.

Beispiel

Wird ein BR am 20.10.2006 gewählt, dann ist er zu Beginn des nächsten Wahlzeitraums länger als 12 Monate im Amt und wird dann neu gewählt. Seine Amtszeit endet damit spätestens am 31.5.2010. Das neue Gremium wird also irgendwann im allgemeinen Wahlzeitraum zwischen dem 1.3.2010 und dem 31.5.2010 gewählt. Findet die Neuwahl beispielsweise am 14.3.2010 statt und wird das Wahlergebnis am 15.3.2010 bekannt gegeben, dann endet die Amtszeit an diesem Tag.

Die Amtszeit verkürzt sich auch in den anderen in § 13 genannten Fällen der vorzeitigen Wahl. In den dort unter Nr. 1 und 2 genannten Fällen endet sie wiederum mit der Bekanntgabe des nächsten Wahlergebnisses, bei Anfechtung der Wahl oder gerichtlicher Auflösung des BR endet sie mit Eintritt der Rechtskraft der entsprechenden Gerichtsentscheidung. Beim Rücktritt des Gremiums endet die Amtszeit sofort, allerdings führt es die Geschäfte bis zur Neuwahl bzw. bis zum Ablauf des folgenden Wahlzeitraums weiter.

Die Amtszeit eines BR endet außerdem immer dann, wenn die Anzahl der regelmäßig Beschäftigten wahlberechtigten AN unter 5 bzw. die Anzahl der wählbaren AN unter 3 sinkt.

Rechtsprechung

BAG vom 22.9.1983 – 6 AZR 323/81: Der persönliche Schutz von Amtsträgern beginnt bereits dann, wenn nach der Stimmauszählung feststeht, dass sie in das Gremium einrücken und nicht erst mit dessen Konstituierung.

BAG vom 28.9.1983 – 7 AZR 266/82: Beteiligt der AG nach einem vorzeitigen Ende der Amtszeit bei einer Anhörung zur Kündigung das falsche – nur bis zur Verkündung des Wahlergebnisses amtierende Gremium – ist die Kündigung unwirksam.

BAG vom 23.8.1984 – 6 AZR 520/82: Der AG muss mit beteiligungspflichtigen Maßnahmen nicht warten, bis der neue BR sich nach einer Wahl neu konstituiert hat.

BAG vom 28.9.1988 – 1 ABR 37/87: Bleibt bei einem Betriebsübergang die Identität des Betriebes erhalten, bleibt auch der BR unverändert im Amt.

BAG vom 13.3.1991 – 7 ABR 5/90: Bei einer erfolgreichen Anfechtung der Wahl endet die Amtszeit des BR mit der Rechtskraft der gerichtlichen Entscheidung.

BAG vom 27.8.1996 – 3 ABR 21/95: Mit dem Ausscheiden aller Mitglieder und Ersatzmitglieder des BR aus dem Unternehmen endet dessen Amtszeit. Eine Weiterführung der Geschäfte bis zur Neuwahl ist dann nicht mehr möglich.

BAG vom 19.11.2003 – 7 AZR 11/03: Wird ein Gemeinschaftsbetrieb aufgelöst, weil ein Unternehmen seine Tätigkeit einstellt, endet die Amtszeit des BR auch dann nicht, wenn danach nur noch ein BR-Mitglied vorhanden ist.

§ 21a Übergangsmandat

(1) Wird ein Betrieb gespalten, so bleibt dessen Betriebsrat im Amt und führt die Geschäfte für die ihm bislang zugeordneten Betriebsteile weiter, soweit sie die Voraussetzungen des § 1 Abs. 1 Satz 1 erfüllen und nicht in einen Betrieb eingegliedert werden, in dem ein Betriebsrat besteht (Übergangsmandat). Der Betriebsrat hat insbesondere unverzüglich Wahlvorstände zu bestellen. Das Übergangsmandat endet, sobald in den Betriebsteilen ein neuer Betriebsrat gewählt und das Wahlergebnis bekannt gegeben ist, spätestens jedoch sechs Monate nach Wirksamwerden der Spaltung. Durch Tarifvertrag oder Betriebsvereinbarung kann das Übergangsmandat um weitere sechs Monate verlängert werden.

(2) Werden Betriebe oder Betriebsteile zu einem Betrieb zusammengefasst, so nimmt der Betriebsrat des nach der Zahl der wahlberechtigten Arbeitnehmer größten Betriebs oder Betriebsteils das Übergangsmandat wahr. Absatz 1 gilt entsprechend.

(3) Die Absätze 1 und 2 gelten auch, wenn die Spaltung oder Zusammenlegung von Betrieben und Betriebsteilen im Zusammenhang mit einer Betriebsveräußerung oder einer Umwandlung nach dem Umwandlungsgesetz erfolgt.

> Die Vorschrift regelt die befristete Weiterführung des BR-Amtes bei Vorliegen von bestimmten Voraussetzungen.

Wenn Betriebe (Vorsicht: nicht Unternehmen) gespalten oder zusammengeschlossen werden, entsteht automatisch (also ohne, dass es eines weiteren Zutuns bedarf) ein Übergangsmandat des BR. Eigentlich würden solche Vorgänge, die die bisherige betriebliche Identität auflösen, sofort die Amtszeit des amtierenden BR beenden. Dadurch würde eine betriebsratslose Zeit entstehen, was mit dieser Vorschrift verhindert wird. Deshalb wird diese Phase durch das Übergangsmandat für die Dauer eines halben Jahres überbrückt. Der BR nimmt in dieser Zeit ganz normal alle Mitbestimmungsrechte wahr, also in sozialen ebenso wie in personellen und wirtschaftlichen Angelegenheiten. Hauptaufgabe des BR ist allerdings die Einleitung von Neuwahlen in allen Betrieben, auf die sich das Übergangsmandat erstreckt. Das Übergangsmandat kann durch TV oder BV bis zu einer Gesamtdauer von einem Jahr verlängert werden.

Das Übergangsmandat bei Betriebsspaltung betrifft alle neu entstandenen Betriebe, unabhängig von deren Größe. Eine Unterscheidung zwischen „Hauptbetrieb“ und „abgespaltenen Teilen“ macht das Gesetz nicht. Deshalb muss in allen Betrieben neu gewählt werden, wenn in ihnen mindestens 5 AN regelmäßig beschäftigt sind..

Bei einer Zusammenlegung von Betrieben verlieren alle Gremien ihr Amt, auch das Gremium des größten Betriebes. Dieses füllt aber das Übergangsmandat aus und muss die Neuwahl organisieren. Die Größe der Betriebe wird am Tag der Zusammenlegung ermittelt, dabei kommt es auf die aktuelle Zahl der Beschäftigten an, nicht auf die regelmäßige. Es sind alle wahlberechtigten AN zu berücksichtigen, in Betrieben mit mehr als 51 wahlberechtigten Beschäftigten nach der Staffel des § 9 auch nicht wahlberechtigte AN mit Ausnahme der leitenden Angestellten.

Leitet der Übergangs-BR die Wahlen nicht rechtzeitig ein, dann verlieren die Beschäftigten nach einem halben Jahr ihre Interessenvertretung. Es kann dann gemäß § 16 Abs. 2 bzw. § 17 ein Wahlvorstand bestellt werden.

Kommt es bei einer Zusammenlegung zwischen den beteiligten BR zu einem Streit darüber, ob überhaupt ein Übergangsmandat besteht und welches Gremium es wahrnehmen muss, kann dieser praktisch nicht mit Aussicht auf Erfolg ausgetragen werden. Zwar könnte theoretisch eine gerichtliche Klärung im Beschlussverfahren erfolgen, allerdings wird in dessen Verlauf die sechsmonatige Frist ablaufen. Da dann keines der Gremien mehr im Amt ist, wenn es eine Zusammenlegung gegeben hat (entweder wurde ein neuer BR gewählt oder die Amtszeit aller ist abgelaufen), gibt es auch kein Rechtsschutzbedürfnis mehr für die Entscheidung des Streits. Die Beschäftigten sind allerdings in der Zeit ohne BR. Deshalb hilft auch im Streitfall nur die sofortige Einleitung von Wahlen.

§ 21b Restmandat

Geht ein Betrieb durch Stilllegung, Spaltung oder Zusammenlegung unter, so bleibt dessen Betriebsrat so lange im Amt, wie dies zur Wahrnehmung der damit im Zusammenhang stehenden Mitwirkungs- und Mitbestimmungsrechte erforderlich ist.

> Diese Vorschrift regelt, dass ein BR, dessen Amtszeit wegen einer Umstrukturierungsmaßnahme endet, das Recht hat, die laufenden Geschäfte im Rahmen eines Restmandats abzuwickeln.

Themenübersicht

Ausübung des Restmandats
Rechtsprechung

Ausübung des Restmandats

Der BR erhält ein so genanntes Restmandat, wenn der Betrieb nach einer der in der Vorschrift genannten Veränderungen nicht mehr existiert und auch kein BR ein Übergangsmandat nach § 21a innehat. Die Veränderungen beziehen sich ausschließlich auf den Betrieb, nicht auf das Unternehmen. Durch die schnelle Auflösung der Betriebsorganisation wird die Amtszeit eines BR vorzeitig beendet, auch wenn noch Mitwirkungs- und Mitbestimmungsrechte auszuüben sind. Im Rahmen des Restmandats soll der BR die Möglichkeit haben, unerledigte oder noch laufende Aufgaben wahrzunehmen, insbesondere die Abwicklung eines Sozialplans. Das kann sich in Einzelfällen sogar über mehrere Jahre erstrecken, das Restmandat endet dann trotzdem erst dann, wenn alle Aufgaben abgewickelt sind (BAG vom 5.10.2000 – 1 AZR 48/00).

Bestehen über den Umfang der Rechte des BR im Restmandat Streitigkeiten, dann können diese wie bei einem normal amtierenden BR im arbeitsgerichtlichen Beschlussverfahren geklärt werden. Einigungsstellenverfahren kommen in dieser Phase nur dann in Betracht, wenn sie in betrieblichen Vereinbarungen zur Abwicklung selbst vorgesehen sind.

Rechtsprechung

BAG vom 12.1.2000 – 7 ABR 61/98: Im Rahmen des Restmandats können Mitglieder des BR ihr Amt niederlegen und so ausscheiden. Die Erklärung kann gegenüber dem Gremium oder dem Vorsitzenden abgegeben werden. Das letzte verbliebene Mitglied kann die Erklärung gegenüber dem AG abgeben.

§ 22 Weiterführung der Geschäfte des Betriebsrats

In den Fällen des § 13 Abs. 2 Nr. 1 bis 3 führt der Betriebsrat die Geschäfte weiter, bis der neue Betriebsrat gewählt und das Wahlergebnis bekannt gegeben ist.

Die Vorschrift belässt einen BR übergangsweise geschäftsführend im Amt, obwohl seine Amtszeit vor Ablauf der Wahlperiode beendet ist.

In bestimmten Fällen, in denen die Amtszeit des BR vorzeitig endet, soll die Interessenvertretung bis zur Neuwahl erhalten bleiben. Für die folgenden, in § 13 Abs. 2 Nr. 1 bis 3 genannten Fälle geschieht dies, indem der bisherige BR geschäftsführend im Amt bleibt:

1. Die Zahl der Beschäftigten ist 24 Monate nach der Wahl um die Hälfte der AN, mindestens aber um 50, gestiegen oder gesunken (§ 13 Abs. 2 Nr. 1).
2. Die Gesamtzahl der BR-Mitglieder ist unter die der gesetzlichen BR-Größe gesunken und Ersatzmitglieder sind nicht mehr vorhanden (§ 13 Abs. 2 Nr. 2).
3. Der BR hat seinen Rücktritt beschlossen (§ 13 Abs. 2 Nr. 3).

Die Befugnisse bezüglich der Geschäftsführung nach dem Ende der Amtszeit sind dieselben wie während der normalen Amtszeit. Der geschäftsführungsbefugte BR kann alle Rechte, die sich aus dem BetrVG ergeben, also alle Informations- und Mitbestimmungsrechte weiterhin wahrnehmen. Die Geschäftsführungsbefugnis besteht so lange, bis der neue BR gewählt und das Wahlergebnis bekannt gegeben ist, allerdings längstens bis zum regulären Ende der Amtszeit.

Keine Befugnis zur Weiterführung der Geschäfte besteht in den anderen Fällen, in denen die Amtszeit vorzeitig endet, also wenn

- die Wahl zum BR rechtskräftig angefochten wurde oder ein Gericht die Nichtigkeit der Wahl festgestellt hat,
- der BR durch gerichtliche Entscheidung wegen grober Verstöße gegen seine gesetzlichen Pflichten aufgelöst worden ist,

- alle Mitglieder und Ersatzmitglieder ihr Amt individuell niedergelegt haben oder aus dem Betrieb ausgeschieden sind oder
- der Betrieb gespalten bzw. mit einem anderen verschmolzen wird.

Bei der Spaltung bzw. Verschmelzung wird die entstehende Lücke durch das Übergangsmandat gemäß § 21a gefüllt, in den anderen aufgezählten Fällen ist der Betrieb ohne BR.

§ 23 Verletzung gesetzlicher Pflichten

(1) Mindestens ein Viertel der wahlberechtigten Arbeitnehmer, der Arbeitgeber oder eine im Betrieb vertretene Gewerkschaft können beim Arbeitsgericht den Ausschluss eines Mitglieds aus dem Betriebsrat oder die Auflösung des Betriebsrats wegen grober Verletzung seiner gesetzlichen Pflichten beantragen. Der Ausschluss eines Mitglieds kann auch vom Betriebsrat beantragt werden.

(2) Wird der Betriebsrat aufgelöst, so setzt das Arbeitsgericht unverzüglich einen Wahlvorstand für die Neuwahl ein. § 16 Abs. 2 gilt entsprechend.

(3) Der Betriebsrat oder eine im Betrieb vertretene Gewerkschaft können bei groben Verstößen des Arbeitgebers gegen seine Verpflichtungen aus diesem Gesetz beim Arbeitsgericht beantragen, dem Arbeitgeber aufzugeben, eine Handlung zu unterlassen, die Vornahme einer Handlung zu dulden oder eine Handlung vorzunehmen. Handelt der Arbeitgeber der ihm durch rechtskräftige gerichtliche Entscheidung auferlegten Verpflichtung zuwider, eine Handlung zu unterlassen oder die Vornahme einer Handlung zu dulden, so ist er auf Antrag vom Arbeitsgericht wegen einer jeden Zuwiderhandlung nach vorheriger Androhung zu einem Ordnungsgeld zu verurteilen. Führt der Arbeitgeber die ihm durch eine rechtskräftige gerichtliche Entscheidung auferlegte Handlung nicht durch, so ist auf Antrag vom Arbeitsgericht zu erkennen, dass er zur Vornahme der Handlung durch Zwangsgeld anzuhalten sei. Antragsberechtigt sind der Betriebsrat oder eine im Betrieb vertretene Gewerkschaft. Das Höchstmaß des Ordnungsgeldes und Zwangsgeldes beträgt 10.000 Euro.

> Die Vorschrift regelt das Vorgehen bei Verstößen gegen das BetrVG und zwar sowohl bei Verstößen des AG als auch bei Verstößen des BR oder eines seiner Mitglieder. Gegenüber dem AG enthält die Vorschrift die Androhung von Ordnungs- bzw. Zwangsgeldern. Ein Fehlverhalten des BR als Gremium wird mit dessen Auflösung, Fehlverhalten einzelner Mitglieder mit dem Ausschluss aus dem BR sanktioniert.

Themenübersicht

Rechtsverstöße durch den BR als Gremium
Rechtsverstöße durch einzelne Mitglieder des BR
Verfahren
Rechtsverstöße durch den AG
Grober Verstoß
Allgemeiner Unterlassungsanspruch
Diskriminierungsschutz
Rechtsprechung

Rechtsverstöße durch den BR als Gremium

Das BetrVG enthält neben vielen Rechten, zum Beispiel dem Recht auf Unterrichtung durch den AG oder auf Mitbestimmung in verschiedenen Angelegenheiten, auch Pflichten des BR bzw. Verbote bestimmter Handlungen. Zum Teil sind sie ausdrücklich genannt, zum Teil ergeben sie sich aus der Sache selbst. Derartige Pflichten sind beispielsweise:

- Durchführung von BR-Sitzungen, ordnungsgemäße Beschlussfassung (§§ 29 ff.)
- Besprechungen mit dem AG (§ 74)
- Vierteljährliche Durchführung von Betriebsversammlungen (§ 43)
- Ausübung der Mitbestimmungsrechte (allgemeiner Grundsatz)
- Geheimhaltung persönlicher Angelegenheiten der Beschäftigten (§ 99)
- Geheimhaltung von Betriebsgeheimnissen (§ 79)
- Kein Abschluss von Betriebsvereinbarungen, die gegen Tarifrecht verstoßen (§ 77 Abs. 3)

Das wohl wichtigste Verbot besteht darin, dass ein BR keinen Arbeitskampf führen darf (§ 74).

Hält sich das Gremium nicht an diese Vorgaben, verstößt es gegen seine gesetzlichen Verpflichtungen. Dies kann nach dieser Vorschrift zur Auflösung des BR durch das Arbeitsgericht führen. Hier sind nur solche Verstöße gemeint, die der BR als ganzes Gremium begeht. Verstöße einzelner Gremiumsmitglieder führen allenfalls zu deren Ausschluss aus dem Gremium, nicht aber zur Auflösung des BR.

Beispiel zum Verstoß des Gremiums

Der BR als Ganzes verstößt beispielsweise gegen die Geheimhaltungspflicht, wenn er beschließt, die Einkommen außertariflicher Beschäftigter ohne deren Einverständnis im Intranet zu veröffentlichen und dies dann auch tut.

Selbst wenn der Beschluss im obigen Beispiel nur mit knapper Mehrheit der anwesenden Mitglieder auf der Sitzung gefasst wird, kann die Folge die Auflösung des gesamten Gremiums sein. War die Sitzung dagegen gar nicht beschlussfähig, wurde der Beschluss aber trotzdem gefasst, dann liegt keine Handlung des BR vor, sondern nur eine Handlung der einzelnen BR-Mitglieder, was dann wiederum nur zu deren Ausschluss führen kann.

Wird ein BR durch eine arbeitsgerichtliche Entscheidung aufgelöst, dann endet dessen Amtszeit mit dem Eintritt der Rechtskraft dieser Entscheidung. Die Rechtskraft tritt ein, wenn kein Rechtsmittel mehr gegen den Beschluss des Gerichts möglich ist. Das Arbeitsgericht muss dann den neuen Wahlvorstand bestellen, auch wenn dies gar nicht beantragt wurde. Während der Zeit zwischen Rechtskraft der Entscheidung und Neuwahl ist der Betrieb ohne BR. Bei der Neuwahl können alle Mitglieder des aufgelösten BR wieder kandidieren und auch wieder gewählt werden.

Die gerichtliche Auflösung kann durch vorzeitigen Rücktritt des BR und Einleitung einer Neuwahl (wie bei der Anfechtung) verhindert werden (siehe hierzu die Kommentierung zu § 16).

Rechtsverstöße durch einzelne Mitglieder des BR

Auch das einzelne BR-Mitglied unterliegt rechtlichen Bindungen. Verstöße gegen die Pflichten eines einzelnen BR-Mitglieds können zum Ausschluss aus dem Gremium führen. Neben der Teilnahme an der BR-Arbeit und insbesondere der Teilnahme an den Sitzungen zählen hierzu die im BetrVG enthaltenen Verhaltenspflichten. Das ist vor allem das in § 79 und in § 99 enthaltene Gebot der Geheimhaltung von Informationen über Geschäftsgeheimnisse oder persönliche Verhältnisse der AN, von denen das BR-Mitglied im Rahmen seiner Tätigkeit im BR Kenntnis erlangt. Es kommen aber auch allgemeine Anstandspflichten hinzu, so etwa das Verbot, gegenüber anderen in Ausübung der BR-Arbeit beleidigend oder gar gewalttätig zu werden sowie das Verbot, die Funktionsfähigkeit des BR durch entsprechendes öffentliches Auftreten zu beeinträchtigten. Die Verstöße müssen auch verschuldet sein. Daher kann beispielsweise ein nur versehentlich begangener Geheimnisverrat, der vielleicht sogar in Unkenntnis der Rechtslage begangen wurde, nicht zum Ausschluss aus dem Gremium führen.

Bei fast allen Verstößen sind zwei Abgrenzungen von Bedeutung:

1. Es muss sich um Verstöße innerhalb der Ausübung des BR-Mandats handeln und
2. die notwendige politische Auseinandersetzung und Meinungsfreiheit im Gremium darf durch eine Sanktion nicht beeinträchtigt werden.

Der Bezug zum BR-Mandat ist wichtig, weil nur Verstöße gegen Verpflichtungen, die aus dieser Tätigkeit resultieren, auch den Ausschluss aus dem Gremium begründen können. Wer zu einem wilden Streik aufruft, aber dabei betont, dass er das nicht in seiner Rolle als BR-Mitglied, sondern als AN macht, verstößt gegen seinen Arbeitsvertrag, nicht aber gegen seine Pflichten als BR-Mitglied. Deshalb kann die Folge auch nur in einer Kündigung bestehen (vor der er als BR-Mitglied aber besonders geschützt ist), nicht aber im Ausschluss aus dem Gremium. Umgekehrt gilt dasselbe: Ein Verstoß gegen die Pflichten als BR-Mitglied allein ist kein Kündigungsgrund, sondern nur ein Ausschlussgrund. Es ist allerdings denkbar, dass ein Fehlverhalten beide Rechtsbeziehungen betrifft.

Beispiel

Ein BR-Mitglied, das zu einer auswärtigen Schulungsmaßnahme entsendet wird, dort aber durch Abwesenheit glänzt, verstößt damit sowohl gegen seine betriebsverfassungsrechtliche Pflicht, an der Schulung teilzunehmen, als auch gegen seine vertragliche, wenn es für diese Zeit unberechtigt Arbeitsentgelt bezieht.

AG versuchen bei Pflichtverletzungen in der Regel beide Konsequenzen gleichzeitig zu ziehen, also Kündigung und Ausschluss aus dem Gremium. Wenn ein Gericht dann nur den Ausschluss für rechtmäßig befindet, bleibt der Arbeitsvertrag unberührt. Der Ausgeschlossene verliert sein Mandat und ein Ersatzmitglied rückt nach. Das ausgeschlossene BR-Mitglied kann aber ohne weiteres bei der nächsten Wahl wieder kandidieren und gewählt werden.

Durch das Verfahren der Listenwahl sind politische Auseinandersetzungen im Gremium vorbestimmt. Sie werden daher von den Arbeitsgerichten kaum als Grund für einen Ausschluss anerkannt. Nur dann, wenn dabei ständig Unwahrheiten über andere Mitglieder des Gremiums verbreitet oder die Grenzen zur Strafbarkeit wegen Beleidigung oder übler Nachrede überschritten werden, kommt ein Ausschluss in Betracht.

Verfahren

Über die Auflösung des BR entscheidet das Gericht auf Antrag. Der Antrag kann von einer im Betrieb vertretenen Gewerkschaft, einem Viertel der wahlberechtigten AN oder dem AG beim Arbeitsgericht gestellt werden. Der BR selbst ist nicht antragsberechtigt, um seine eigene Auflösung voranzutreiben, es hat also keinen Sinn, hier auf zufällige Mehrheitsverhältnisse im Gremium zu hoffen. Der BR kann aber jederzeit mit der Mehrheit seiner Mitglieder den Beschluss zum Rücktritt fassen.

Der Ausschluss einzelner Mitglieder kann von denselben Beteiligten betrieben werden, allerdings kann hier nun auch der BR als Antragsteller vor Gericht auftreten.

Das Amtsenthebungsverfahren ist der einzige Weg, um gegen den Willen des BR vorzeitige Neuwahlen zu erreichen. Eine Abberufung des BR durch die Belegschaft, etwa auf einer Betriebsversammlung ist im Gesetz nicht vorgesehen.

Das gerichtliche Verfahren ist immer automatisch dann zu Ende, wenn die Amtszeit des Gremiums bzw. des Mitglieds, das ausgeschlossen werden soll, endet. Angesichts der Laufzeit solcher Prozesse, die meist über mindestens zwei Instanzen laufen, ist ein Verfahren, das in der zweiten Hälfte der Amtszeit begonnen wird, praktisch nicht mehr zu Ende zu führen. Der BR hat es außerdem in der Hand, das Gerichtsverfahren durch einen vorzeitigen Rücktritt jederzeit ins Leere laufen zu lassen.

Rechtsverstöße durch den AG

Auch der AG unterliegt vielfältigen Verpflichtungen nach dem BetrVG, er muss die Informations- und Mitbestimmungsrechte des BR beachten, er darf gleichfalls keinen Arbeitskampf führen, er darf den BR nicht in seiner Tätigkeit behindern und muss Vereinbarungen mit ihm durchführen. Drei Dinge kann der BR oder eine im Betrieb vertretene Gewerkschaft mit dieser Vorschrift durchsetzen:

- Die Vornahme einer Handlung durch den AG,
- die Unterlassung einer Handlung durch den AG,
- die Duldung einer Handlung des BR oder der Gewerkschaft.

Wenn das Gericht eine entsprechende Verpflichtung für den AG ausspricht, droht ihm bei Zuwiderhandlung ein Ordnungs- oder Zwangsgeld. Daraus folgt vor allem, dass der BR niemals berechtigt ist, die gerichtliche Entscheidung selbst umzusetzen. Er muss immer den vorgegebenen rechtlichen Weg einhalten.

Beispiele

1. Der AG hat unter Verstoß gegen die Mitbestimmungsrechte eine Überwachungskamera installiert. Der BR darf sie nicht selbst abschalten, sondern muss eine Entscheidung des Gerichts herbeiführen, die den AG hierzu verpflichtet (Vornahme einer Handlung). Entscheidet das Gericht entsprechend und schaltet der AG die Kamera trotzdem nicht ab, darf der BR trotzdem nicht die Kabel abklemmen, sondern muss ein Zwangsgeld gegen den AG verhängen lassen.

2. Die im Betrieb vertretene Gewerkschaft will, vertreten durch einen Sekretär, an der Betriebsversammlung teilnehmen. Der AG verweigert den Einlass. Der Sekretär darf sich nicht einfach Zutritt verschaffen, sondern muss den AG vom Arbeitsgericht zur Duldung einer Handlung, nämlich zur Duldung des Betretens des Betriebs verurteilen lassen. Wenn der AG dies trotz der Gerichtsentscheidung verweigert, kann der Sekretär noch immer nicht einfach den Betrieb betreten, sondern muss den AG zu einem Ordnungsgeld verurteilen lassen.
3. Der AG ordnet ohne Zustimmung des BR Sonderschichten am Samstag an. Der BR darf nicht seinerseits die Beschäftigten daran hindern, zur Arbeit zu erscheinen, denn das wäre nach § 77 Abs. 1 ein unzulässiger Eingriff in die Leitung des Betriebs. Stattdessen muss er eine Gerichtsentscheidung herbeiführen, die dem AG aufgibt, die Samstagsschichten zu unterlassen. Bei Verstoß hiergegen droht wiederum ein Ordnungsgeld.

Diese Verfahren sind zeitaufwändig und führen nur auf Umwegen zum Ziel. Diese Hürden verhindern aber einerseits, dass jede kleine Auseinandersetzung im betrieblichen Alltag sofort zum Gericht getragen wird, andererseits, dass der BR bei seinen Handlungen laufend in Gefahr gerät, wegen einer falschen Einschätzung der rechtlichen Lage aus dem Amt geklagt zu werden. Außerdem haben die Duldungs- und die Unterlassungsentscheidungen einen großen Vorteil: Sie wirken über den Einzelfall hinaus, verbieten also nicht nur die rechtswidrige Sonderschicht an dem konkreten Samstag bzw. gewähren dem Sekretär nicht nur zu dieser einen Sitzung Einlass. Zusätzlich haben der BR bzw. die Gewerkschaft die Möglichkeit, auch entsprechende zukünftige Verstöße mit einem Ordnungsgeld ahnden zu lassen. Der einzelne Vorfall wird zum Anlass genommen, ein generelles Ver- bzw. Gebot auszusprechen, auch wenn gar nicht sicher ist, dass es weitere Verstöße geben wird.

Beschleunigen lässt sich das Verfahren durch eine einstweilige Verfügung, wenn die Verstöße hinreichend klar sind und unmittelbar bevorstehen. Dann kann das Gericht auch schon am Tag der Antragstellung entscheiden.

Grober Verstoß

Nur ein grober Verstoß gegen gesetzliche Pflichten kann zur Auflösung des BR, zum Ausschluss einzelner aus dem BR oder zu einer Verurteilung des AG führen. Wann nun tatsächlich ein grober Verstoß vorliegt, lässt sich kaum allgemein definieren. Ob der Verstoß „grob" ist, liegt vielmehr im Ermessen der entscheidenden Richter. Weniger schwer wiegende Verstöße können allerdings dann zu groben Verstößen werden, wenn sie sich ständig wiederholen. Wenn persönliche Angelegenheiten der AN betriebsöffentlich gemacht werden, liegt zumindest eher ein grober Verstoß vor, als in dem Fall, dass Angelegenheiten des Unternehmens preisgegeben werden, bei denen nicht eindeutig ist, ob sie überhaupt zu den Betriebsgeheimnissen zählen. Ein vom BR oder einzelnen Mitgliedern geführter wilder Streik wird wohl bereits bei nur einmaligem Vorkommen als grob angesehen werden müssen. Anders dagegen ist sicher eine ebenfalls unzulässige parteipolitische Betätigung im Betrieb anzusehen: Hier kann das einzelne Mitglied wohl mit größerer Nachsicht rechnen als das Gremium als Ganzes. Letztendlich liegt aber jeder der genannten Fälle im Bereich der Spekulation: Gerichte sind in ihrer Entscheidung, ob sie einen Verstoß als grob ansehen, unabhängig. Sie haben zwar einen Leitsatz, auf den sich ihre Erkenntnisse gründen, dieser lässt im Einzelfall allerdings viel Spielraum für „Geschmacksrichtungen". Dieser Obersatz lautet: Die Pflichtverletzung muss „objektiv erheblich und offensichtlich schwer wiegend" sein (BAG vom 21.2.1978 – 1 ABR 54/76). Damit wird ein eindeutiger Erkenntnisgewinn allerdings nur schwer zu erzielen sein.

Tipp für die Praxis

Um Risiken zu vermeiden, sollte der BR wie auch seine Mitglieder bestimmte Dinge einfach ganz sein lassen. So zum Beispiel die Preisgabe persönlicher Angelegenheiten der Beschäftigten oder einen Streikaufruf im Namen des BR. Unsicherheiten sollten im Vorfeld geklärt werden, entweder mit der Gewerkschaft oder mit anwaltlicher Beratung. Letzteres ist allerdings die Beauftragung eines Sachverständigen, die immer die Zustimmung des AG gemäß § 80 Abs. 3 voraussetzt.

Diskriminierungsschutz

Das Allgemeine Gleichbehandlungsgesetz hat dem BR eine besondere Rolle beim Schutz der AN vor unzulässiger Benachteiligung wegen der in § 75 genannten Gründe zugewiesen. AN sind für gewöhnlich kaum in der Lage, die Gründe zu erfahren, weshalb ein AG ihnen Rechte vorenthält, die er anderen AN gewährt, geschweige denn, dagegen vorzugehen. Deshalb kann der BR solche Verstöße verfolgen, wenn die Voraussetzungen des § 23 gegeben sind, wenn also der Verstoß als grob anzusehen ist. Der BR kann in diesen Fällen den AG mithilfe des Arbeitsgerichts dazu zwingen, solche Verstöße in Zukunft zu unterlassen. So ist etwa die Frage des AG bei Einstellungsgesprächen nach einer Behinderung oder der Anerkennung des Bewerbers als Schwerbehinderter unzulässig. Wird sie dennoch weiterhin gestellt, kann der BR oder die Gewerkschaft mit dem Unterlassungsanspruch gemäß § 23 dagegen vorgehen.

§ 17 Abs. 2 des Allgemeinen Gleichbehandlungsgesetzes lautet:

(2) In Betrieben, in denen die Voraussetzungen des § 1 Abs. 1 Satz 1 des Betriebsverfassungsgesetzes vorliegen, können bei einem groben Verstoß des Arbeitgebers gegen Vorschriften aus diesem Abschnitt der Betriebsrat oder eine im Betrieb vertretene Gewerkschaft unter der Voraussetzung des § 23 Abs. 3 Satz 1 des Betriebsverfassungsgesetzes die dort genannten Rechte gerichtlich geltend machen; § 23 Abs. 3 Satz 2 bis 5 des Betriebsverfassungsgesetzes gilt entsprechend. Mit dem Antrag dürfen nicht Ansprüche des Benachteiligten geltend gemacht werden.

Allgemeiner Unterlassungsanspruch

Neben dem Anspruch auf Unterlassung bei groben Verstößen gegen gesetzliche Verpflichtungen gibt es noch den so genannten allgemeinen Unterlassungsanspruch. Dieser unterscheidet sich in zwei Aspekten:

- Er kommt auch bei einfachen Verstößen gegen gesetzliche Pflichten zum Tragen, und
- es muss die konkrete Gefahr bestehen, dass solche Verstöße auch in Zukunft passieren.

Rechtsprechung

BAG vom 17.5.1983 – 1 ABR 21/80: Verstößt der AG gegen Leistungspflichten aus dem BetrVG, etwa die Verpflichtung zur Unterrichtung des BR, dann kann der BR diesen Anspruch unabhängig davon durchsetzen, ob der Verstoß des AG gegen seine Pflichten als „grob" anzusehen ist.

BAG vom 8.11.1983 – 1 ABR 57/81: Der gerichtliche Antrag des BR auf Unterlassung von Handlungen des AG muss diese Handlungen im einzelnen konkret benennen. Andernfalls handelt es sich um einen Globalantrag, der abzuweisen ist, wenn der BR ihn nicht im Verfahren präzisiert.

BAG vom 18.4.1985 – 6 ABR 19/84: Dem Antrag des BR ist stattzugeben, wenn der AG mehrfach gegen erzwingbare Mitbestimmungsrechte verstoßen hat. Es kommt dabei nicht darauf an, ob den AG auch ein Verschulden daran trifft.

BAG vom 8.8.1989 – 1 ABR 59/88: Der AG verstößt grob gegen seine betriebsverfassungsrechtlichen Pflichten, wenn er Dienstpläne ohne Zustimmung des BR ändert, obwohl rechtskräftig gerichtlich festgestellt ist, dass dies ein Verstoß gegen Mitbestimmungsrechte ist.

BAG vom 14.11.1989 – 1 ABR 87/88: Es ist ein grober Verstoß, wenn die Handlung des AG eine objektiv erhebliche Belastung für die betriebsverfassungsrechtliche

Ordnung darstellt. Das ist nicht der Fall, wenn die zugrunde liegende Rechtsfrage ungeklärt ist.

BAG vom 22.6.1993 – 1 ABR 62/92: Eine grobe Amtspflichtverletzung des BR kann nur angenommen werden, wenn seine weitere Amtsausübung unter Berücksichtigung der Umstände des Einzelfalls untragbar erscheint.

BAG vom 3.5.1994 – 1 ABR 24/93: Der Antrag des BR auf Unterlassung bestimmter Handlungen ist insgesamt unbegründet, wenn der AG einzelne dieser Handlungen ohne Zustimmung des BR ergreifen darf, so etwa vorläufige personelle Maßnahmen gemäß § 100.

BAG vom 12.11.1997 – 7 ABR 14/97: Der AG darf die Kosten der BR-Arbeit nicht in einer Weise öffentlich machen, dass der BR dadurch in seiner Amtsführung behindert wird, etwa indem die Kosten als Argument angeführt werden, warum wegen deren Höhe Fortbildungsmaßnahmen unterbleiben müssen.

BAG vom 20.4.1999 – 1 ABR 72/98: Gegen tarifwidrige vertragliche Einheitsregelungen hat die zuständige Gewerkschaft einen Unterlassungsanspruch.

BAG vom 16.6.1998 – 1 ABR 68/97: Gegen einseitig vom AG erlassene Arbeits- und Sicherheitsanweisungen, die das Mitbestimmungsrecht aus § 87 Abs. 1 Nr. 7 berühren, hat der BR einen Unterlassungsanspruch.

BAG vom 29.4.2004 – 1 ABR 30/02: Sieht eine Gleitzeitvereinbarung einen täglichen Arbeitszeitrahmen vor, können BR und bei groben Verstößen auch eine im Betrieb vertretene Gewerkschaft den AG gerichtlich dazu verpflichten lassen, die Überschreitung dieses Rahmens zu unterbinden.

BAG vom 29.4.2004 – 1 ABR 30/02: Die Betriebsparteien können keine Vereinbarung treffen, wonach der AG an den BR bei der Verletzung von Mitbestimmungsrechten eine Vertragsstrafe zu zahlen hat. Der BR ist hierfür weder vermögens- noch rechtsfähig.

§ 24 Erlöschen der Mitgliedschaft

Die Mitgliedschaft im Betriebsrat erlischt durch

1. **Ablauf der Amtszeit,**
2. **Niederlegung des Betriebsratsamtes,**
3. **Beendigung des Arbeitsverhältnisses,**
4. **Verlust der Wählbarkeit,**
5. **Ausschluss aus dem Betriebsrat oder Auflösung des Betriebsrats aufgrund einer gerichtlichen Entscheidung,**

6. gerichtliche Entscheidung über die Feststellung der Nichtwählbarkeit nach Ablauf der in § 19 Abs. 2 bezeichneten Frist, es sei denn, der Mangel liegt nicht mehr vor.

Die Vorschrift benennt abschließend die Fälle des Mandatsverlustes des einzelnen BR-Mitglieds.

Themenübersicht

Ablauf der Amtszeit
Niederlegung des BR-Amts
Beendigung des Arbeitsverhältnisses
Verlust der Wählbarkeit
Ausschluss aus dem Betriebsrat oder Auflösung des Betriebsrats
Gerichtliche Feststellung der Nichtwählbarkeit
Folgen
Rechtsprechung

Ablauf der Amtszeit

Wenn die Amtszeit eines BR-Gremiums endet, so endet automatisch auch die Amtszeit der Mitglieder. Die Amtszeit endet durch Zeitablauf (gemäß § 21), Anfechtung der Wahl (gemäß § 19) oder Auflösung des BR (gemäß § 23 Abs. 1).

Stellt ein Gericht die Nichtigkeit der Wahl fest, führt dies dagegen nicht zum Ende der Amtszeit, sondern dazu, dass es diesen BR niemals gegeben hat. Da die Amtszeit dann rechtlich gar nicht begonnen hat, muss sie auch nicht beendet werden.

Niederlegung des BR-Amts

Die Amtszeit eines Mitglieds des BR kann jederzeit von ihm selbst mit der Niederlegung des BR-Amtes beendet werden. Diese Niederlegung ist formlos und kann durch Erklärung gegenüber dem BR-Vorsitzenden oder dem Gremium – etwa auf einer BR-Sitzung – passieren. Die Erklärung, das Amt niederzulegen, ist endgültig, sobald sie ausgesprochen ist. Sie kann nicht zurückgenommen oder widerrufen werden. Auch der BR kann nicht beschließen, die Niederlegung wieder rückgängig zu machen.

Beendigung des Arbeitsverhältnisses

Die Mitgliedschaft im BR endet auch bei Beendigung des Arbeitsverhältnisses. Das Arbeitsverhältnis kann enden durch

- Kündigung durch AG oder AN,
- Tod des BR-Mitglieds,
- Aufhebungsvertrag,
- Anfechtung des Arbeitsvertrags,
- Ablauf eines befristeten Arbeitsvertrags.

Bei der Kündigung genießt das BR-Mitglied einen besonderen Schutz: Die ordentliche Kündigung ist gemäß § 15 KSchG ausgeschlossen, die außerordentliche Kündigung eines BR-Mitglieds bedarf der Zustimmung des BR gemäß § 103. Allerdings muss dieser Kündigungsschutz innerhalb von drei Wochen nach Ausspruch der Kündigung beim Arbeitsgericht geltend gemacht werden, sonst ist er verwirkt. Der Schutz vor ordentlicher Kündigung entfällt allerdings, wenn der Betrieb oder der Teil des Betriebs, in dem das Mitglied beschäftigt wird, geschlossen wird.

Das Ruhen des Arbeitsverhältnisses – etwa bei Elternzeit oder Wehr- bzw. Ersatzdienst – führt nicht zur Beendigung des Mandats, das BR-Mitglied ist in dieser Zeit allenfalls verhindert, wenn es seine Aufgaben nicht wahrnehmen kann. Das muss aber nicht sein, das BR-Mitglied kann seine Tätigkeit auch fortsetzen, wenn es sich mit den Elternpflichten vereinbaren lässt. Einen Zwang, in dieser Zeit das Amt ruhen zu lassen, gibt es nicht.

Verlust der Wählbarkeit

Die Mitgliedschaft im BR kann aber auch durch den Verlust der Wählbarkeit beendet werden. Die Wählbarkeit kann nachträglich verloren gehen durch

- strafgerichtliche Verurteilung, die zum Verlust der Fähigkeit führt, Rechte aus öffentlichen Wahlen zu erlangen,
- Beförderung zum leitenden Angestellten gemäß § 5 Abs. 2, 3,
- Ausscheiden aus dem Betrieb.

Ein Wechsel des Betriebs durch eine Versetzung gegen den Willen des BR-Mitglieds ist nur mit Zustimmung des BR gemäß § 103 möglich.

Ausschluss aus dem Betriebsrat oder Auflösung des Betriebsrats

Die Mitgliedschaft im BR erlischt auch, wenn das Arbeitsgericht durch rechtskräftige Entscheidung gemäß § 23 den BR aufgelöst oder das Mitglied ausgeschlossen hat.

Gerichtliche Feststellung der Nichtwählbarkeit

Auch wenn die BR-Wahl selbst nicht angefochten wurde, kann trotzdem ein einzelnes Mitglied sein Mandat verlieren, weil es eigentlich nicht wählbar war und auch nicht zum Zeitpunkt der gerichtlichen Entscheidung hierüber ist. Wird zum Beispiel eine Minderjährige in den BR gewählt, kann ein Arbeitsgericht auch nach Ablauf der zweiwöchigen Anfechtungsfrist des § 19 noch feststellen, dass sie nicht wählbar war. Mit dieser Entscheidung verliert sie ihr Amt. Wird die Minderjährige aber im Verlauf des Gerichtsverfahrens volljährig, spielt es keine Rolle mehr, dass sie eigentlich nicht wählbar war. Sie behält ihr Amt. Solche Fehler wirken sich also nur im Rahmen eines Anfechtungsverfahrens nachhaltig aus, für die individuelle Amtszeit kommt es nur darauf an, ob die Wählbarkeit zum Zeitpunkt der gerichtlichen Entscheidung gegeben ist.

Folgen

Wenn die Mitgliedschaft im BR nicht mehr gegeben ist, dann enden folgerichtig auch alle Funktionen, die damit verknüpft waren, zum Beispiel die Mitgliedschaft im GBR oder KBR oder in Ausschüssen. Das Mandat im Wirtschaftsausschuss kann dagegen weiter ausgeübt werden, da man dazu nicht BR-Mitglied sein muss, zumindest dann, wenn es sich nicht gerade um das gemäß § 107 Abs. 1 erforderliche BR-Mitglied im Wirtschaftsausschuss handelt. Auch der besondere Kündigungsschutz nach § 103 entfällt sofort, nicht aber der nachwirkende Schutz vor ordentlichen Kündigungen gemäß § 15 KSchG.

Rechtsprechung

BAG vom 29.9.1983 – 2 AZR 212/82: Bis eine gerichtliche Entscheidung über die Nichtwählbarkeit eines BR-Mitglieds rechtskräftig ist, hat das Mitglied den vollen Schutz vor einer ordentlichen Kündigung gemäß § 15 Abs. 1 Satz 1 KSchG.

BAG vom 26.9.1996 – 2 AZR 528/95: Der besondere Kündigungsschutz für Wahlbewerber gemäß § 15 Abs. 3 KSchG setzt deren Wählbarkeit voraus.

§ 25 Ersatzmitglieder

(1) Scheidet ein Mitglied des Betriebsrats aus, so rückt ein Ersatzmitglied nach. Dies gilt entsprechend für die Stellvertretung eines zeitweilig verhinderten Mitglieds des Betriebsrats.

(2) Die Ersatzmitglieder werden unter Berücksichtigung des § 15 Abs. 2 der Reihe nach aus den nichtgewählten Arbeitnehmern derjenigen Vorschlagslisten entnom-

men, denen die zu ersetzenden Mitglieder angehören. Ist eine Vorschlagsliste erschöpft, so ist das Ersatzmitglied derjenigen Vorschlagsliste zu entnehmen, auf die nach den Grundsätzen der Verhältniswahl der nächste Sitz entfallen würde. Ist das ausgeschiedene oder verhinderte Mitglied nach den Grundsätzen der Mehrheitswahl gewählt, so bestimmt sich die Reihenfolge der Ersatzmitglieder unter Berücksichtigung des § 15 Abs. 2 nach der Höhe der erreichten Stimmenzahlen.

Die Vorschrift sichert die Arbeitsfähigkeit des BR beim Ausscheiden von einzelnen Mitgliedern oder bei deren vorübergehender Abwesenheit. Die Missachtung der hier festgelegten Grundsätze hat die Unwirksamkeit von BR-Beschlüssen zur Folge.

Themenübersicht

Rechtsstellung von Ersatzmitgliedern
Zeitweise Verhinderung
Ausscheiden aus dem BR
Bestimmung des Ersatzmitglieds
Rechtsprechung

Rechtsstellung von Ersatzmitgliedern

In zwei Fällen werden Ersatzmitglieder des BR zu ordentlichen Mitgliedern:

1. Wenn ein Mitglied des BR endgültig aus dem Amt ausscheidet oder
2. wenn es das Amt vorübergehend nicht ausüben kann.

Rückt ein Ersatzmitglied für ein vorübergehend verhindertes Mitglied nach, dann endet die Mitgliedschaft im BR mit dem Ende der Verhinderung automatisch wieder. Während der Nachrückung hat das betreffende Mitglied alle Rechte und Pflichten des BR, muss also alle Aufgaben wahrnehmen, insbesondere an Sitzungen teilnehmen, Sprechstunden und Begehungen durchführen, Außentermine wahrnehmen usw. Eine etwaige Freistellung des vertretenen Mitglieds gemäß § 38 übernimmt das nachgerückte Mitglied allerdings nicht automatisch. Das fehlende Mitglied wird nicht persönlich vertreten, sondern das Ersatzmitglied füllt nur die durch den Ausfall entstandene Lücke im Gremium (BAG vom 22.5.1973 – 1 ABR 2/73). Hier kann der BR allerdings – wenn dies im Einzelfall erforderlich ist – eine Ersatzfreistellung beschließen, die das nachgerückte Mitglied wahrnehmen kann, aber nicht muss. Bei häufigem oder längerfristigem Einsatz kommt auch eine Teilnahme an Schulungen in Betracht (siehe die Kommentierung zu § 37). Das nachgerückte Mitglied kann während es im Amt ist, nur mit Zustimmung des BR gemäß § 103 gekündigt werden. Nach dem Einsatz hat es noch den einjährigen nachwirkenden Kündigungsschutz gemäß § 15 KSchG.

Zeitweise Verhinderung des BR-Mitglieds

Eine vorübergehende Verhinderung setzt eine objektive Unmöglichkeit der Wahrnehmung der Amtsgeschäfte voraus. Diese Unmöglichkeit kann rechtliche oder tatsächliche Ursachen haben. Eine rechtliche Unmöglichkeit liegt zum Beispiel vor, wenn ein BR-Mitglied in einer Sache befangen ist, weil eine Beschlussfassung die arbeitsrechtliche Stellung dieses BR-Mitglieds selbst betrifft (zum Beispiel Versetzung oder Kündigung). Die Verhinderung besteht dann nur für den jeweiligen Tagesordnungspunkt und nur für diesen ist dann das Ersatzmitglied zu laden. Keine Befangenheit liegt dagegen vor, wenn den BR-Mitgliedern Aufgaben nach dem BetrVG zugewiesen werden, also etwa eine Freistellung oder die Teilnahme an einer Schulung. An einer solchen Abstimmung kann sich das betroffene Mitglied beteiligen, eine Heranziehung des Ersatzmitglieds wäre ein Fehler und würde den Beschluss sogar unwirksam machen.

Die Unmöglichkeit kann aber auch tatsächliche Ursachen haben, dazu zählen zum Beispiel Urlaub, Krankheit oder Schulungsteilnahme. Die vorübergehende Verhinderung aus tatsächlichen Gründen ist oft eine Wertungsfrage. Kein tatsächlicher Grund ist jedenfalls die normale Arbeitsbelastung, die nach § 37 Abs. 2 gegenüber der BR-Arbeit immer nachrangig ist. Ob aber ein BR-Mitglied, das „nur" wegen einer gebrochenen Zehe oder wegen Urlaubs auf dem heimischen Balkon nicht arbeitet, auch an der BR-Arbeit gehindert ist, ist oft strittig und steht nicht eindeutig fest. Da vom richtigen Verhalten – also von der Ladung des Ersatzmitglieds – die Wirksamkeit von Beschlüssen abhängig ist, sollte der/die Vorsitzende in diesen Fällen immer das betroffene BR-Mitglied ausdrücklich fragen, ob es trotz der Abwesenheit an der Sitzung teilnehmen will. Falls nicht, kann das Ersatzmitglied geladen werden, andernfalls gilt das Vollmitglied nicht als verhindert und würde, wenn es trotzdem nicht zur Sitzung kommt, unentschuldigt fehlen.

Die Frage, ob ein BR-Mitglied tatsächlich verhindert war, stellt sich in der Praxis nur im Zusammenhang mit anderen Streitigkeiten, etwa wenn es um die Wirksamkeit einer Beschlussfassung geht oder um den Kündigungsschutz des Ersatzmitglieds. Deshalb sollte der BR-Vorsitzende sich bei vorübergehenden Abwesenheiten immer durch eine ausdrückliche Rückfrage absichern. Von der Ladung von Ersatzmitgliedern sollte bei Beschlüssen mit finanziellen Auswirkungen dann abgesehen werden, wenn das ordentliche Mitglied nur deshalb fehlt, weil es an seinem Arbeitsplatz zu viel zu tun hat.

Ausscheiden aus dem BR

Keine Probleme bereitet das Nachrücken des Ersatzmitglieds, wenn ein ordentliches Mitglied endgültig aus dem BR-Amt ausscheidet. Das Ersatzmitglied tritt dann sofort an dessen Stelle. Das nachgerückte Mitglied übernimmt aber nicht automatisch die persönlich zugeordneten Aufgaben des ausgeschiedenen Mitglieds wie etwa Ausschussmitgliedschaften, Freistellungen oder schon gebuchte Schulungsmaßnahmen. Vielmehr sind diese Aufgaben im Gremium neu zu verteilen.

Bestimmung des Ersatzmitglieds

Welches der Ersatzmitglieder im Einzelfall nachrückt, bestimmt sich danach, ob es eine Listen- oder Personenwahl gegeben hat. Außerdem ist der Schutz des Minderheitengeschlechts zu beachten.

Personenwahl

Bei der Personenwahl wird das verhinderte oder ausgeschiedene Mitglied durch das Ersatzmitglied mit der höchsten Stimmenzahl ersetzt. Wenn allerdings das zu ersetzende ordentliche Mitglied dem Minderheitengeschlecht angehört hat und durch dessen Ausscheiden die vorgesehene Quote unterschritten wird, rückt an seine Stelle ebenfalls ein Mitglied des Minderheitengeschlechts nach und zwar immer das mit der höchsten Stimmzahl. Nur wenn es in diesem speziellen Fall kein Ersatzmitglied des Minderheitengeschlechts gibt, kommt das Ersatzmitglied des anderen Geschlechts mit der höchsten Stimmenzahl zum Zuge.

Listenwahl

Wenn eine Listenwahl stattgefunden hat, dann kommt das bestplatzierte Ersatzmitglied der Liste zum Zuge, von der auch das zu ersetzende Mitglied kommt. Wenn es auf dieser Liste keine Ersatzmitglieder mehr gibt, rückt das bestplatzierte Ersatzmitglied der Liste nach, die nach der Stimmenverteilung den nächsten Sitz bekommen hätte. Ist auch auf dieser Liste kein Ersatzmitglied mehr vorhanden, kommt die Liste mit dem übernächsten Sitz an die Reihe usw. Gehört das verhinderte bzw. ausgeschiedene Mitglied dem Minderheitengeschlecht an und wird die Quote durch den Ausfall unterschritten, muss das Ersatzmitglied ebenfalls dem Minderheitengeschlecht angehören, wobei die Vorgehensweise dieselbe ist: Erst wird auf der „eigenen" Liste gesucht, dann auf der, die den nächsten Sitz bekommen hätte usw. Nur, wenn auf keiner Liste mehr ein Ersatzmitglied des Minderheitengeschlechts vorhanden ist, wandert der Sitz zum anderen Geschlecht, wie oben beschrieben.

Wenn gar keine Ersatzmitglieder mehr vorhanden sind und ein Mitglied endgültig aus dem BR ausscheidet, muss der BR gemäß § 13 Abs. 2 Nr. 1 neu gewählt werden.

Rechtsprechung

BAG vom 23.8.1984 – 2 AZR 391/83: An der Abstimmung über die Zustimmung zur Kündigung eines BR-Mitglieds gemäß § 103 BetrVG darf dieses Mitglied wegen Befangenheit nicht teilnehmen. An seiner Stelle ist das Ersatzmitglied zu laden.

BAG vom 15.11.1984 – 2 AZR 341/83: Die Krankheit eines BR-Mitglieds (hier: einköpfiger BR) führt nicht automatisch zu dessen Verhinderung.

BAG vom 3.8.1999 – 1 ABR 30/98: Ein BR-Mitglied kann wegen Befangenheit nicht an der Abstimmung über die Zustimmung zu seiner eigenen Umgruppierung gemäß § 99 BetrVG teilnehmen. An seiner Stelle ist das Ersatzmitglied zu laden.

BAG vom 12.2.2004 – 2 AZR 163/03: Ersatzmitglieder genießen den besonderen Kündigungsschutz gemäß § 15 Abs. 1 KSchG, wenn sie als Vertreter für die BR-Arbeit herangezogen werden. Der Schutz bleibt auch dann erhalten, wenn sich später herausstellt, dass tatsächlich kein Fall der Verhinderung des ordentlichen Mitglieds vorgelegen hat. Das gilt nur dann nicht, wenn der Vertretungsfall mutwillig herbeigeführt wird oder der Vertreter weiß bzw. erkennen musste, dass das ordentliche Mitglied tatsächlich nicht verhindert war.

Dritter Abschnitt
Geschäftsführung des Betriebsrats

§ 26 Vorsitzender

(1) Der Betriebsrat wählt aus seiner Mitte den Vorsitzenden und dessen Stellvertreter.

(2) Der Vorsitzende des Betriebsrats oder im Fall seiner Verhinderung sein Stellvertreter vertritt den Betriebsrat im Rahmen der von ihm gefassten Beschlüsse. Zur Entgegennahme von Erklärungen, die dem Betriebsrat gegenüber abzugeben sind, ist der Vorsitzende des Betriebsrats oder im Fall seiner Verhinderung sein Stellvertreter berechtigt.

> Die Vorschrift regelt die Wahl des BR-Vorsitzenden und seines Stellvertreters sowie deren Befugnisse.

Themenübersicht

Wahl des BR-Vorsitzenden und seines Stellvertreters
Aufgaben und Befugnisse des BR-Vorsitzenden und seines Stellvertreters
Rechtsprechung

Wahl des BR-Vorsitzenden und seines Stellvertreters

Die letzte Aufgabe des Wahlleiters nach der BR-Wahl ist die Leitung der konstituierenden Sitzung. Er leitet sie so lange, bis der BR aus seiner Mitte einen Wahlleiter für die Wahl des Vorsitzenden bestellt hat. Sobald der Vorsitzende gewählt ist, übernimmt er die Sitzungsleitung.

Rechtlich hat jedes BR-Mitglied die gleichen Chancen zum Vorsitzenden gewählt zu werden. Auf die bei der BR-Wahl erhaltenen Stimmen kann sich ein Mitglied nicht berufen. Bei einer Persönlichkeitswahl ist eine sehr hohe oder die höchste Stimmenzahl ein gewisses Argument dafür, dieses Mitglied zum Vorsitzenden zu wählen, eine Verpflichtung dazu besteht aber keinesfalls. Die AN eines Betriebs entscheiden nur darüber, wer in den BR gewählt wird. Wie dieser die Aufgaben intern verteilt, entscheidet er allein. Die Kandidaten für das Amt des BR-Vorsitzenden sind bei der Wahl auch selbst stimmberechtigt, also nicht befangen.

Für die „Wahl" des Stellvertreters gilt das Gleiche. Schließlich rückt er bei Verhinderung des Vorsitzenden in dessen Position nach. Deshalb ist auch ein guter Informationsaustausch zwischen dem Vorsitzenden und dem stellvertretenden Vorsitzenden wichtig und wünschenswert. Die beiden müssen sich kontinuierlich gegenseitig informieren, damit es im BR nicht zu Komplikationen oder Stillständen kommt, sobald der Vorsitzende verhindert ist.

Die Wahl des BR-Vorsitzenden und seines Stellvertreters gilt für die gesamte Amtsperiode. Es besteht allerdings jederzeit die Möglichkeit, den Vorsitzenden bzw. den Stellvertreter durch Mehrheitsbeschluss im BR abzuwählen. Vorsitzender bzw. Stellvertreter bleiben dann trotzdem Mitglieder des BR. Eine Amtsenthebung durch das Arbeitsgericht ist nicht möglich, wohl aber ein Ausschlussverfahren aus dem BR nach § 23 Abs. 1, sofern eine grobe Pflichtverletzung vorliegt.

Über das Wahlverfahren existieren keine Vorschriften, die Wahl kann daher offen oder geheim erfolgen. Beantragt ein Mitglied eine geheime Abstimmung, sollte diese nach allgemeinen demokratischen Grundsätzen auch so durchgeführt werden. Die Wahl von Vorsitzendem und Vertreter erfolgt in getrennten Wahlgängen. Gewählt ist, wer jeweils die meisten Stimmen auf sich vereinigt. Die Zugehörigkeit zum Minderheits- oder Mehrheitsgeschlecht spielt hier keine Rolle. Bei Fehlern im Wahlverfahren kann die Wahl entsprechend der Regelungen in § 19 gerichtlich angefochten werden. Das heißt insbesondere, dass dabei die Zwei-Wochen-Frist einzuhalten ist. Allerdings hat dieses Vorgehen praktisch keinen Sinn, weil der BR bei unveränderten Mehrheitsverhältnissen einfach die Wahl wiederholen und damit der Anfechtung die Grundlage entziehen kann. Haben sich die Mehrheiten geändert, bedarf es keiner Anfechtung, dann kann das Gremium einfach einen neuen Vorsitzenden wählen.

Die Wahl des Vorsitzenden und des stellvertretenden Vorsitzenden ist eine gesetzliche Pflichtaufgabe des BR. Unterbleibt die Wahl, kann der BR gemäß § 23 Abs. 1 gerichtlich aufgelöst werden. Ein BR, der keinen Vorsitzenden gewählt hat, hat sich nicht konstituiert und ist somit nicht funktionsfähig.

Aufgaben und Befugnisse des BR-Vorsitzenden und seines Stellvertreters

Der Vorsitzende hat neben seiner Tätigkeit als „normales" BR-Mitglied bestimmte gesetzliche Aufgaben zu erfüllen. Vor allem ist er Vertreter des BR nach außen, gibt also in seinem Namen Erklärungen ab, etwa indem er Betriebsvereinbarungen unterschreibt und nimmt Erklärungen entgegen. Hinzu kommen einige formale Tätigkeiten:

- Er lädt die ordentlichen BR-Mitglieder, die Ersatzmitglieder, die SBV, die JAV und ggf. den AG, Sachverständige und Gewerkschaftsvertreter zu BR-Sitzungen ein und legt die Tagesordnung fest. Er leitet die Sitzungen, stellt Abstimmungsergebnisse fest usw., sofern nicht ein anderes BR-Mitglied explizit damit beauftragt wird.
- Er leitet die Betriebsversammlungen, sofern kein anderes BR-Mitglied damit beauftragt wird.
- Er unterzeichnet gemeinsam mit einem anderen BR-Mitglied die Sitzungsniederschriften.
- Er nimmt an Sitzungen der JAV teil, sofern kein anderes BR-Mitglied damit beauftragt wird.
- Er nimmt an Sprechstunden der JAV teil, sofern kein anderes BR-Mitglied damit beauftragt wird.

Darüber hinaus hat der Vorsitzende dem AG den Zeitpunkt der BR-Sitzungen mitzuteilen. Er muss gemäß § 68 auch dafür sorgen, dass die JAV zu allen Besprechungen zwischen BR und AG hinzugezogen wird, in denen es um Angelegenheiten geht, die besonders oder überwiegend Jugendliche oder Auszubildende betreffen. Weiterhin soll der BR nach § 67 Abs. 3 der JAV diejenigen Angelegenheiten zuleiten, die den genannten Personenkreis berühren.

Nur der BR-Vorsitzende kann wirksam Erklärungen im Rahmen der vom BR gefassten Beschlüsse abgeben. Durch den Zusatz „im Rahmen der vom BR gefassten Beschlüsse" in § 26 Abs. 2 Satz 1 wird deutlich, dass der BR-Vorsitzende nicht eigenmächtig Erklärungen abgeben kann, sondern immer die „Rückendeckung" des Gremiums braucht. Er „ist" nicht der BR, sondern vertritt diesen nur nach außen.

Oftmals wird es jedoch in der Praxis für den AG schwer sein zu erkennen, ob der BR einen entsprechenden Beschluss überhaupt gefasst hat und der Vorsitzende zur Abgabe der Erklärung legitimiert ist. Die Arbeitsgerichte bewerten (mit unterschiedlichen Begründungen) den Glauben des AG daran, dass der BR-Vorsitzende richtig wiedergibt, was das Gremium beschlossen hat, höher als den Schutz des Gremiums (bzw. der AN) vor eigenmächtigen Handlungen des Vorsitzenden (BAG vom 16.1.2003 – 2 AZR 707/01). Der AG darf deshalb in der Regel darauf vertrauen, dass der BR-Vorsitzende seine Kompetenz nicht überschreitet, was insbesondere bei fristgebundenem Handeln des BR von Bedeutung ist. Wenn der BR-Vorsitzende Im Rahmen der Mitbestimmung gemäß § 99 dem AG die Zustimmung des BR zu einer Umgruppierung eines Kollegen erklärt, ist das Verfahren damit abgeschlossen, der AG darf die Umgruppierung vornehmen. Nicht verlassen darf der AG sich auf die Gültigkeit der Erklärung dann, wenn er positiv weiß, dass sie nicht vom Gremium getragen wird, also wenn der BR-Vorsitzende sofort das Einverständnis des Gremiums behauptet, obwohl erkennbar keine Abstimmung mit diesem erfolgt sein kann.

Der BR kann solche Erklärungen daher in der Regel nicht mehr zurücknehmen, auch wenn sie nicht von seinem Willen getragen sind. Allerdings sollte ein Vorsitzender, der Erklärungen ohne vorherigen BR-Beschluss abgibt, abgewählt werden. Das gilt auch dann, wenn er gegenüber dem AG etwas anderes erklärt, als das, was im Gremium dazu beschlossen wurde (zum Beispiel wenn er gegenüber dem AG beantragten Überstunden zustimmt, denen der BR im Gremium aber nicht zugestimmt hat). Auch ein Ausschluss aus dem BR nach § 23 Abs. 1 ist in solchen Fällen denkbar.

Der BR-Vorsitzende ist neben der Abgabe von Erklärungen auch zuständig für die Entgegennahme von Erklärungen, die für den BR bestimmt sind. Mit der Entgegennahme durch den Vorsitzenden gilt die Erklärung als dem Gremium zugegangen und eventuelle Fristen beginnen zu laufen.

Bei einer Anhörung gemäß § 102 zu einer ordentlichen Kündigung etwa hat der BR eine Woche Zeit, um zu reagieren. Der AG darf die Kündigung erst aussprechen, wenn entweder die Woche vorbei ist oder der BR sich abschließend geäußert hat. Andernfalls ist die Kündigung unwirksam. Diese Wochenfrist läuft in dem Augenblick, da der BR-Vorsitzende von der beabsichtigten Kündigung unterrichtet wurde (zur Fristberechnung siehe die Vorschriften des BGB im Anhang).

Erklärungen können jederzeit innerhalb der betrieblichen Arbeitszeit gegenüber dem BR-Vorsitzenden abgegeben werden. Nach Feierabend ist er aber nicht mehr verpflichtet, sie entgegenzunehmen. Macht er es gleichwohl, laufen auch die Fristen.

Ist der BR-Vorsitzende verhindert, übernimmt der stellvertretende Vorsitzende seine Funktion, ist also auch Erklärender und Erklärungsempfänger.

Wichtig ist: Der BR-Vorsitzende ist nicht verhindert, wenn er sich lediglich an einem anderen Standort des Unternehmens aufhält, um zum Beispiel an einer Sitzung des GBR teilzunehmen. Wenn der AG in einem solchen Fall dennoch den stellvertretenden Vorsitzenden oder ein anderes BR-Mitglied zu einer Kündigung anhört, ist das unwirksam und die Erklärung gilt als noch nicht dem Gremium zugegangen. Damit laufen auch keine Fristen. Unterrichtet allerdings das BR-Mitglied dann den Vorsitzenden über den Vorgang, ist das der Zugang der Erklärung. Der AG muss also nicht unbedingt selbst die Unterrichtung vornehmen, er kann auch jemand anders – etwa ein BR-Mitglied – als Boten einsetzen. Allerdings muss er dann später auch beweisen, dass und wann die Erklärung dem BR-Vorsitzenden tatsächlich und inhaltlich vollständig zugegangen ist. Kann er das nicht, werden keine Fristen in Gang gesetzt, was – siehe oben – zur Unwirksamkeit einer Kündigung führen kann, wenn sie gleichwohl ausgesprochen wird.

Rechtsprechung

BAG vom 27.6.1985 – 2 AZR 412/84: Unterrichtet der AG den BR im Rahmen der Anhörung gemäß § 102 nicht vollständig über die Gründe für eine Kündigung, weil er irrtümlich annimmt, der BR kenne diese Gründe bereits, ist die Anhörung nicht ordnungsgemäß.

BAG vom 13.11.1991 – 7 ABR 8/91: Die Wahl zum BR-Vorsitzenden ist in entsprechender Anwendung des § 19 anfechtbar.

BAG vom 10.11.1992 – 1 AZR 183/92: Unterlässt es der AG, den BR in einer mitbestimmungspflichtigen Angelegenheit zu beteiligen und gibt der BR auch von sich aus keine Stellungnahme ab, kann das Schweigen des BR nicht als Zustimmung zu der Maßnahme gewertet werden.

BAG vom 24.2.2000 – 8 AZR 180/99: In einer Einigungsstelle kann der BR-Vorsitzende auch ohne vorherige Unterbrechung der Sitzung zwecks Rücksprache mit dem Gremium eine Betriebsvereinbarung wirksam unterschreiben, wenn dies im Rahmen der gefassten Beschlüsse bleibt.

BAG vom 16.1.2003 – 2 AZR 707/01: Eine Kündigung ist auch dann wirksam, wenn der AG weiß oder nach den Umständen vermuten kann, dass Fehler im Anhörungsverfahren passiert sind, die in den Zuständigkeits- und Verantwortungsbereich des BR fallen.

§ 27 Betriebsausschuss

(1) Hat ein Betriebsrat neun oder mehr Mitglieder, so bildet er einen Betriebsausschuss. Der Betriebsausschuss besteht aus dem Vorsitzenden des Betriebsrats, dessen Stellvertreter und bei Betriebsräten mit
9 bis 15 Mitgliedern aus 3 weiteren Ausschussmitgliedern,
17 bis 23 Mitgliedern aus 5 weiteren Ausschussmitgliedern,
25 bis 35 Mitgliedern aus 7 weiteren Ausschussmitgliedern,
37 oder mehr Mitgliedern aus 9 weiteren Ausschussmitgliedern.

Die weiteren Ausschussmitglieder werden vom BR aus seiner Mitte in geheimer Wahl und nach den Grundsätzen der Verhältniswahl gewählt. Wird nur ein Wahlvorschlag gemacht, so erfolgt die Wahl nach den Grundsätzen der Mehrheitswahl. Sind die weiteren Ausschussmitglieder nach den Grundsätzen der Verhältniswahl gewählt, so erfolgt die Abberufung durch Beschluss des Betriebsrats, der in geheimer Abstimmung gefasst wird und einer Mehrheit von drei Vierteln der Stimmen der Mitglieder des Betriebsrats bedarf.

(2) Der Betriebsausschuss führt die laufenden Geschäfte des Betriebsrats. Der Betriebsrat kann dem Betriebsausschuss mit der Mehrheit der Stimmen seiner Mitglieder Aufgaben zur selbständigen Erledigung übertragen; dies gilt nicht für den Abschluss von Betriebsvereinbarungen. Die Übertragung bedarf der Schriftform. Die Sätze 2 und 3 gelten entsprechend für den Widerruf der Übertragung von Aufgaben.

(3) Betriebsräte mit weniger als neun Mitgliedern können die laufenden Geschäfte auf den Vorsitzenden des Betriebsrats oder andere Betriebsratsmitglieder übertragen.

Die Vorschrift regelt die Größe und die Befugnisse des Betriebsausschusses.

Themenübersicht

Bildung des Betriebsausschusses
Abberufung aus dem Betriebsausschuss
Wahl von Ersatzmitgliedern für den Betriebsausschuss
Aufgaben und Befugnisse des Betriebsausschusses
Geschäftsführung ohne Betriebsausschuss
Rechtsprechung

Bildung des Betriebsausschusses

Hat ein BR mindestens neun Mitglieder, dann muss er einen Betriebsausschuss bilden. Dies ist kein Recht, sondern eine Pflicht, der der BR nachkommen muss. Der Betriebsausschuss ist nötig, um die Arbeitsfähigkeit des BR sicherzustellen. Die Wahl des Betriebsausschusses sollte gleich auf der konstituierenden BR-Sitzung vorgenommen werden, spätestens jedoch in der Sitzung danach.

Der BR-Vorsitzende und sein Stellvertreter gehören dem Betriebsausschuss bereits durch ihre Funktionen an, und zwar als Vorsitzender des Betriebsausschusses (BR-Vorsitzender) bzw. als stellvertretender Vorsitzender des Betriebsausschusses (stellvertretender BR-Vorsitzender). Zu wählen sind also nur die weiteren Mitglieder des Betriebsausschusses. Die Anzahl ergibt sich aus § 27 Abs. 1.

In jedem Fall richtet sich die Größe des Betriebsausschusses nach der Anzahl der tatsächlich gewählten BR-Mitglieder. Besteht ein BR zum Beispiel nach der Staffel des § 9 aus 19 Mitgliedern, hat er aber nur 15 Mitglieder, weil sich nicht genügend Kandidaten gefunden haben, so besteht der Betriebsausschuss auch nur aus insgesamt 5 Personen (Vorsitzender, Stellvertreter und drei weitere Mitglieder).

Nur BR-Mitglieder – keine Ersatzmitglieder – können Wahlvorschläge für die Wahl in den Betriebsausschuss machen. Die Wahl der weiteren Mitglieder gilt üblicherweise für die gesamte Amtszeit.

Das Wahlverfahren richtet sich nach der Art der Kandidatur: Treten mindestens zwei Listen gegeneinander an, wird nach den Grundsätzen der Verhältniswahl gewählt, das unter § 14 beschrieben wurde. Jedes BR-Mitglied kann seine Stimme für eine Liste abgeben, die Verteilung der Positionen im Ausschuss erfolgt nach dem d'Hondtschen Höchstzahlverfahen. Kandidieren nur Personen aber keine Listen, hat jedes BR-Mitglied so viele Stimmen, wie im Ausschuss Sitze bei der Wahl zu verteilen sind. Gewählt ist, wer die meisten Stimmen erhalten hat. Die Abstimmung kann offen oder geheim durchgeführt werden, wie bei der Wahl zum Vorsitzenden sollte bei einem entsprechenden Antrag eine geheime Wahl erfolgen.

Abberufung aus dem Betriebsausschuss

Die weiteren Mitglieder aus dem Betriebsausschuss können vorzeitig abberufen werden. Das Verfahren hierfür richtet sich danach, ob die Verteilung der Sitze im Ausschuss durch Persönlichkeits- oder Listenwahl erfolgt ist.

Bei einer Bestellung des Mitglieds im Rahmen der Persönlichkeitswahl ist die einfache Stimmenmehrheit erforderlich und ausreichend. Obwohl das Gesetz dies nicht ausdrücklich bestimmt, muss dies die Mehrheit der Mitglieder des BR und nicht nur der auf der jeweiligen Sitzung anwesenden Mitglieder sein, um einen ständigen Wechsel der Besetzung aufgrund zufälliger Mehrheiten zu vermeiden. Wurden dagegen die Mitglieder des Ausschusses in einer Listenwahl bestimmt, erfordert die Abberufung einzelner Mitglieder immer die Zustimmung von drei Vierteln der Mitglieder des BR.

Demgegenüber verlieren der BR-Vorsitzende und sein Stellvertreter die Mitgliedschaft im Betriebsausschuss automatisch, wenn sie von ihren Ämtern abgewählt werden. Ansonsten können sie nicht aus dem Betriebsausschuss abberufen werden.

Wahl von Ersatzmitgliedern für den Betriebsausschuss

Das Gesetz enthält keine Regelung darüber, ob und wie Ersatzmitglieder für den Betriebsausschuss gewählt werden. Anders verhält es sich beim Gesamt- und Konzern-BR. Hier müssen gemäß §§ 47 Abs. 3 und 55 Abs. 2 Ersatzmitglieder nach einem vorgeschriebenen Verfahren bestellt werden.

In Anlehnung an diese Vorschriften ist die Wahl von Ersatzmitgliedern für den Betriebsausschuss möglich. Ein Zwang hierzu besteht jedoch nicht. Es liegt im Ermessen des jeweiligen BR, ob er eine Stellvertretung im Betriebsausschuss zulässt. Die Bestellung von Ersatzmitgliedern kann für eine kontinuierliche Arbeit im Betriebsausschuss jedoch zweckmäßig sein, weil der Ausschuss dann immer vollständig besetzt ist. Bei den Vertretern im Betriebsausschuss handelt es sich jedoch nicht um Ersatzmitglieder im Sinne des § 25. Vielmehr müssen diese Stellvertreter im Betriebsausschuss bereits ordentliche BR-Mitglieder sein. Sie rücken für zeitweilig verhinderte oder ausgeschiedene Betriebsausschussmitglieder nach und werden durch den BR gewählt. Ersatzmitglieder können im Laufe der Amtszeit nachgewählt werden. Hierfür reicht eine einfache Mehrheit aus, eine Listenwahl ist dafür nicht erforderlich.

Aufgaben und Befugnisse des Betriebsausschusses

Der Betriebsausschuss führt die laufenden Geschäfte des BR. Hiermit sind insbesondere wiederkehrende Routineaufgaben gemeint. Der Betriebsausschuss bereitet BR-

Sitzungen sowie Betriebs- und Abteilungsversammlungen vor, führt Vorgespräche mit dem AG, bereitet Beschlüsse und Betriebsvereinbarungen vor, nimmt Anregungen von AN entgegen und erledigt den anfallenden Schriftwechsel. Laufend sind solche Geschäfte, die in den internen verwaltungsmäßigen und organisatorischen Bereich fallen.

Für die laufenden Geschäfte ist kein Beschluss im BR erforderlich. Es handelt sich also auf keinen Fall um mitbestimmungspflichtige Angelegenheiten. Durch eine Geschäftsordnung kann ein BR genau definieren, welche Angelegenheiten unter die laufenden Geschäfte fallen.

Über die laufenden Geschäfte hinaus kann der BR dem Betriebsausschuss auch mitbestimmungspflichtige Aufgaben zur selbständigen Erledigung übertragen. So kann zum Beispiel der Betriebsausschuss selbständig über die Genehmigung oder Ablehnung von Überstunden entscheiden, wenn dies vom BR gewünscht wird. Es obliegt dem BR, die formellen Modalitäten für eine Übertragung von Aufgaben auf den Betriebsausschuss festzulegen. Das Gesetz verlangt allerdings immer eine qualifizierte Mehrheit für den Übertragungsbeschluss. Mindestens die Hälfte der Mitglieder des Gremiums müssen dem zustimmen.

Nicht übertragbar auf den Betriebsausschuss sind im Übrigen organisatorische Entscheidungen des BR, wie zum Beispiel die Wahl des Vorsitzenden, Entsendung der Mitglieder in den GBR usw. Auch Betriebsvereinbarungen können nicht vom Betriebsausschuss abgeschlossen werden. Dies ist ausschließlich dem BR vorbehalten.

Geschäftsführung ohne Betriebsausschuss

In BR mit weniger als 9 Mitgliedern, also in BR ohne Betriebsausschuss, kann die Führung der laufenden Geschäfte auf den BR-Vorsitzenden oder andere BR-Mitglieder übertragen werden. Dazu gehört auch das Einblicksrecht in die Bruttolohn- und Gehaltslisten gemäß § 80 Abs. 2. Allerdings darf auf diesem Wege nicht die Ausübung der Mitbestimmung auf diesen Personenkreis übertragen werden. Hierfür bleibt es bei der Zuständigkeit des BR als Gremium.

Rechtsprechung

BAG vom 13.11.1991 – 7 ABR 18/91: Gesetzesverstöße bei der Besetzung des Betriebsausschusses müssen entsprechend der Vorschrift des § 19 innerhalb von zwei Wochen nach der Wahl gerichtlich geltend gemacht werden. Danach ist eine Anfechtung nicht mehr möglich.

BAG vom 17.3.2005 – 2 AZR 275/04: Der BR kann die Zuständigkeit für die Erteilung der Zustimmung zu einer außerordentlichen Kündigung eines BR-Mitglieds auf den Betriebsausschuss übertragen.

§ 28 Übertragung von Aufgaben auf Ausschüsse

(1) Der Betriebsrat kann in Betrieben mit mehr als 100 Arbeitnehmern Ausschüsse bilden und ihnen bestimmte Aufgaben übertragen. Für die Wahl und Abberufung der Ausschussmitglieder gilt § 27 Abs. 1 Satz 3 bis 5 entsprechend. Ist ein Betriebsausschuss gebildet, kann der Betriebsrat den Ausschüssen Aufgaben zur selbständigen Erledigung übertragen; § 27 Abs. 2 Satz 2 bis 4 gilt entsprechend.

(2) Absatz 1 gilt entsprechend für die Übertragung von Aufgaben zur selbständigen Entscheidung auf Mitglieder des Betriebsrats in Ausschüssen, deren Mitglieder vom Betriebsrat und vom Arbeitgeber benannt werden.

Die Vorschrift regelt die Übertragung bestimmter Aufgaben auf Ausschüsse des BR sowie den Aufgabenumfang.

Themenübersicht

Bildung von BR-Ausschüssen
Übertragung von Aufgaben
Bildung von gemeinsamen Ausschüssen
Besetzung der Ausschüsse
Verfahren
Rechtsprechung

Bildung von BR-Ausschüssen

Wenn der Betrieb regelmäßig mindestens 101 Beschäftigte hat, liegt es ausschließlich im Ermessen des BR, ob er einen oder mehrere Ausschüsse bilden will, um seine Arbeit besser zu organisieren. Diese Ausschüsse können allerdings im Gegensatz zum Betriebsausschuss gemäß § 27 nicht die laufenden Geschäfte des BR führen, sondern ihm nur zuarbeiten. Die Entscheidungskompetenzen bleiben immer beim BR. Das ändert sich erst ab einer Belegschaftsstärke von mindestens 201 AN, weil hier gemäß § 27 auch ein Betriebssausschuss gebildet werden muss, der die Geschäfte führt. Jetzt können auch weitere Ausschüsse gebildet werden, die selbstständig arbeiten, also etwa für die abschließende Behandlung personeller Angelegenheiten zuständig sind.

Eine spezielle, gesetzlich in §§ 106 ff. geregelte Form des Ausschusses ist der Wirtschaftsausschuss, der nach dem Gesetz immer nur eine beratende Funktion hat.

Übertragung von Aufgaben zur selbständigen Erledigung

Während Ausschüsse in Betrieben mit 101 bis 200 AN den BR nur bei seiner Arbeit unterstützen, also zum Beispiel Entscheidungen vorbereiten, Vorlagen oder Entwürfe für Vereinbarungen erstellen sollen, ist es ab einer Belegschaftsstärke von mindestens 201 AN zulässig, den Ausschüssen auch Angelegenheiten zur selbständigen Bearbeitung zu übertragen.

In diesem Rahmen können sie auch mit Entscheidungen und damit auch mit der Ausübung von Mitbestimmungsrechten betraut werden, die sie an Stelle des BR wahrnehmen. Die Übertragung von Aufgaben zur selbständigen Erledigung erfolgt durch Beschluss des BR, wobei dem die Mehrheit seiner Mitglieder zustimmen muss. Allerdings darf ihnen nicht der Abschluss von Betriebsvereinbarungen überlassen werden, dafür ist weiterhin das Gremium zuständig. Beides ergibt sich aus der Verweisung auf § 27 Abs. 2.

Beispiel

Der AG benötigt zur Abdeckung von Auftragsspitzen regelmäßig etwa 10 Leih-AN. Deren Einstellung stimmt der zuständige Personalausschuss auch regelmäßig zu. Damit ist das entsprechende Mitbestimmungsrecht ausgeübt, der AG kann die Einstellung vornehmen. Jetzt will er das Verfahren vereinfachen und sich pauschal im Rahmen einer Betriebsvereinbarung den Einsatz dieser 10 Leih-AN nach vorheriger Anmeldung genehmigen lassen. Diese Betriebsvereinbarung kann er nicht mit dem Personalausschuss schließen, sondern nur mit dem BR als Gremium.

Eine Grenze bei der Aufgabenübertragung zieht die Rechtsprechung nur dann, wenn sich der BR durch die Übertragung auf Ausschüsse alle wesentlichen Befugnisse aus der Hand nehmen lassen würde. Der BR muss vielmehr als Gesamtorgan in einem Kernbereich der gesetzlichen Befugnisse zuständig bleiben (BAG vom 1.6.1976 – 1 ABR 99/74). Durch diese Regelung werden aber nur Extremfälle des Missbrauchs der Delegation von Aufgaben unzulässig.

Es gibt eine Vielzahl von Mitbestimmungsangelegenheiten, die sich für die Ausgliederung in einen Ausschuss eignen. Häufig werden folgende Themen übertragen:

- Arbeitssicherheit, Arbeitsschutz und Ergonomie,
- Arbeitszeitfragen,
- Berufsbildung und -ausbildung,

- Verbesserungsvorschlagswesen,
- Datenverarbeitung,
- personelle Einzelmaßnahmen und Personalplanung,
- Soziales

Bildung von gemeinsamen Ausschüssen

BR und AG können auch gemeinsame Ausschüsse bilden. Für welche Themen dies geschieht und welche Größe diese haben sollen, entscheiden beide Parteien gemeinsam. Keine Seite kann die andere zur Einrichtung eines solchen gemeinsamen Ausschusses zwingen. Auch diesen gemeinsamen Ausschüssen können der Mitbestimmung unterliegende Angelegenheiten zur selbständigen Bearbeitung übertragen werden. Der BR sollte dabei bedenken, dass in solchen gemeinsamen Ausschüssen bei Uneinigkeit in den eigenen Reihen der AG darüber mitentscheiden kann, wie die Mitbestimmung ausgeübt werden soll. Nicht zulässig ist es, wenn sich der AG in dem Ausschuss in Fragen der Ausübung der Mitbestimmung aufgrund der Mehrheitsverhältnisse gegen die Mitglieder des BR durchsetzen kann. Sinnvoll ist es, solche gemeinsamen Ausschüsse entweder nur zur Vorbereitung der Ausübung der Mitbestimmungsrechte einzusetzen oder aber in einer Geschäftsordnung klar zu regeln, dass Angelegenheiten, die der Mitbestimmung unterliegen, nicht gegen das Votum auch nur eines BR-Mitglieds im Ausschuss geregelt werden können. Bei Uneinigkeit würde die Angelegenheit dann wieder zurückfallen in die Zuständigkeit des Gremiums – oder eines eigens hierfür eingerichteten BR-Ausschusses.

Besetzung der Ausschüsse

Die Ausschüsse haben keine so genannten geborenen Mitglieder wie der Betriebsausschuss, in dem der BR-Vorsitzende und sein Stellvertreter aufgrund ihrer Funktion im BR immer vertreten sind. Beiden kann und sollte jedoch durch die Geschäftsordnung ein Teilnahmerecht an allen Sitzungen der Ausschüsse eingeräumt werden.

Die Schwerbehindertenvertretung hat ein Teilnahmerecht an allen Ausschusssitzungen des BR. Für die Jugend- und Auszubildendenvertretung gilt dies nur, wenn Angelegenheiten behandelt werden, die jugendliche AN oder Auszubildende besonders (Teilnahmerecht) oder überwiegend (Stimmrecht) berühren.

Für die Wahl in die und die Abberufung aus den Ausschüssen gelten die gleichen Bestimmungen wie für die Wahl und Abberufung der weiteren Mitglieder des Betriebsausschusses (siehe hierzu die Kommentierung zu § 27).

Verfahren

Die Übertragung von Aufgaben auf Ausschüsse muss der BR im Einzelnen beschließen und schriftlich dokumentieren. Dieser Text muss auch dem AG zugänglich gemacht werden, damit dieser sich bei späteren Überschreitungen der Befugnisse nicht auf Gutgläubigkeit bzw. Unwissenheit berufen kann. Die Übertragung von Aufgaben zur selbständigen Erledigung ist nur mit Zustimmung der Mehrheit der BR-Mitglieder möglich.

Rechtsprechung

BAG vom 20.10.1993 – 7 ABR 26/93: Einem gemeinsamen Ausschuss müssen in der Regel mindestens zwei BR-Mitglieder angehören. Beschränkt sich der BR auf diese Mindestzahl, ist das nicht unzulässig, auch wenn dadurch einzelne Listen im BR im Ausschuss nicht vertreten sind.

BAG vom 16.3.2005 – 7 ABR 43/04: Will der BR einen Ausschuss gemäß § 28 BetrVG während der Amtszeit vergrößern, müssen alle Mitglieder neu gewählt werden, wenn die ursprüngliche Besetzung durch eine Listenwahl erfolgt ist.

BAG vom 17.3.2005 – 2 AZR 275/04: Der BR kann die Entscheidung über die Zustimmung zur Kündigung eines BR-Mitglieds gemäß § 103 BetrVG an einen Ausschuss übertragen.

BAG vom 16.11.2005 – 7 ABR 11/05: Alle Mitglieder eines Ausschusses gemäß § 28 BetrVG sind zu wählen. Der BR kann nicht seinen Vorsitzenden oder dessen Stellvertreter durch Geschäftsordnung automatisch zu Mitgliedern bestimmen.

§ 28a Übertragung von Aufgaben auf Arbeitsgruppen

(1) In Betrieben mit mehr als 100 Arbeitnehmern kann der Betriebsrat mit der Mehrheit der Stimmen seiner Mitglieder bestimmte Aufgaben auf Arbeitsgruppen übertragen; dies erfolgt nach Maßgabe einer mit dem Arbeitgeber abzuschließenden Rahmenvereinbarung. Die Aufgaben müssen im Zusammenhang mit den von der Arbeitsgruppe zu erledigenden Tätigkeiten stehen. Die Übertragung bedarf der Schriftform. Für den Widerruf der Übertragung gelten Satz 1 erster Halbsatz und Satz 3 entsprechend.

(2) Die Arbeitsgruppe kann im Rahmen der ihr übertragenen Aufgaben mit dem Arbeitgeber Vereinbarungen schließen; eine Vereinbarung bedarf der Mehrheit der Stimmen der Gruppenmitglieder. § 77 gilt entsprechend. Können sich Arbeitgeber und Arbeitsgruppe in einer Angelegenheit nicht einigen, nimmt der Betriebsrat das Beteiligungsrecht wahr.

> Die Vorschrift regelt die Delegation von Aufgaben des BR an Arbeitsgruppen in Betrieben mit mehr als 100 AN. Sie soll den Bedürfnissen der Praxis und dem Wunsch der AN nach mehr unmittelbarer Beteiligung Rechnung tragen.

Themenübersicht

Befugnisse von Arbeitsgruppen
Verfahren
Rahmenvereinbarung
Auflösung der Gruppe

Befugnisse von Arbeitsgruppen

Neben dem Betriebsausschuss, den weiteren Ausschüssen und den gemeinsamen Ausschüssen mit dem AG gibt das BetrVG auch die Möglichkeit der Bildung von Arbeitsgruppen nach dieser Vorschrift. Die Arbeitsgruppen können, müssen aber keine Mitglieder aus dem BR haben. Im Gegensatz zu den BR-Ausschüssen können die Arbeitsgruppen sogar im Rahmen ihrer Aufgabenstellung Betriebsvereinbarungen mit dem AG abschließen. Es muss sich allerdings um bestehende Arbeitsgruppen mit einer speziellen Arbeitsaufgabe handeln, die typischerweise in Gruppen-, Team- oder Projektarbeit verrichtet wird. Der BR kann solche Gruppen nicht selbst einrichten.

Die Aufgaben, die übertragen werden sollen, müssen in einem inneren Zusammenhang mit den von der Arbeitsgruppe zu erledigenden Tätigkeiten stehen. Das ist zum Beispiel bei Übertragung von Regelungsbefugnissen in Zusammenhang mit Arbeitszeitfragen, Pausenregelungen, Urlaubsplanung, Arbeitsgestaltung und ähnlichen tätigkeits- oder aufgabenbezogenen Sachverhalten der Fall.

Die Aufgabendelegation ist allerdings nicht grenzenlos. Sie muss immer in Verbindung mit der Arbeitsaufgabe stehen. Unzulässig ist es daher, der Gruppe etwa Zuständigkeiten im Rahmen einer Betriebsänderung gemäß § 111 BetrVG zu übertragen, auch wenn nur ihr Bereich davon betroffen ist. Ebenso kann zum Beispiel die Verhandlung von Sozialplan und Interessenausgleich in keinem Zusammenhang mit einer Arbeitsaufgabe stehen.

Vereinbarungen, die die Gruppe im Rahmen ihrer Zuständigkeit mit dem AG abschließt, haben dieselbe Wirkung wie Betriebsvereinbarungen, sie binden also AG wie AN, wirken nach und dürfen nicht gegen Tarifrecht verstoßen. Das ergibt sich aus dem Verweis auf § 77 BetrVG. Widersprechen sich die Gruppenvereinbarung und eine allgemeine Betriebsvereinbarung etwa zum Thema „Urlaub“, geht die Gruppenvereinbarung vor, weil der BR insoweit seine eigene Kompetenz an die

Gruppe abgegeben hat. Er kann dies allerdings jederzeit revidieren, muss dann aber die Gruppenvereinbarung kündigen und deren Vereinbarung ggf. im Einigungsstellenverfahren ablösen.

Die Arbeitsgruppe muss eine Struktur haben, die Mehrheitsentscheidungen möglich macht, weil Vereinbarungen zu ihrer Wirksamkeit der Zustimmung einer Mehrheit der Gruppenmitglieder bedürfen. Eine solche Struktur fehlt, wenn Gruppenmitglieder und -größe ständig wechseln.

Können sich AG und Gruppe nicht einigen, gibt es kein hierfür vorgesehenes Verfahren, die Angelegenheit muss dann vielmehr wieder zwischen BR und AG geregelt werden.

Verfahren

Die Übertragung von Aufgaben auf Arbeitsgruppen bedarf einer qualifizierten Mehrheit im BR. Die Mehrheit seiner Mitglieder und nicht nur der Anwesenden auf einer beschlussfähigen Sitzung muss damit einverstanden sein. Die Übertragung muss schriftlich erfolgen und mit dem AG in einer Rahmenvereinbarung festgehalten werden.

Der BR kann die Übertragung von Aufgaben jederzeit mit der Mehrheit seiner Mitglieder widerrufen. Anders kann das sein, wenn AG und BR in der Rahmenvereinbarung hierzu Festlegungen getroffen haben. Dadurch kann sich aber nichts an den Mehrheitsverhältnissen bei der Übertragung und dem Widerruf der Übertragung ändern, weil das grundlegend gesetzlich geregelt ist und die demokratische Struktur im BR betrifft. Allerdings ist es denkbar, für den Widerruf andere Fristen vorzusehen. Das wird aber in der Regel nicht sinnvoll sein. Auch der Widerruf muss schriftlich erfolgen.

Die Delegation von Aufgaben an Arbeitsgruppen ist nur in Betrieben mit mehr als 100 regelmäßig beschäftigten AN zulässig. Wird diese Grenze nach der Übertragung von Aufgaben an die Gruppen unterschritten, wird die Aufgabenübertragung unwirksam. Von der Gruppe geschlossene Vereinbarungen werden als Betriebsvereinbarungen weitergeführt und können vom BR entsprechend gekündigt werden.

Rahmenvereinbarung

Die Aufgabenübertragung an Arbeitsgruppen ist in einer zwischen AG und BR abzuschließenden Rahmenvereinbarung zu regeln. Grundsätzlich ist auch eine formlose Regelungsabrede denkbar, aus Gründen der Rechtssicherheit allerdings nicht zu empfehlen. Die Rahmenvereinbarung ist freiwillig. Wenn sich AG und BR hierauf nicht einigen, erfolgt keine Übertragung der Aufgaben auf die Gruppe. Die Einigungsstelle ist hier unzuständig. Die Rahmenvereinbarung kann mit einer Frist von drei Monaten gekündigt werden. Da sie freiwillig ist, wirkt sie bei einer Kündigung nicht nach. Zieht der BR die Delegation von Aufgaben zurück, wird die Rahmenvereinbarung sofort gegenstandslos. Das ist an keine Frist gebunden, wenn nicht in der Rahmenvereinbarung etwas anderes geregelt wurde.

Sinnvoll ist es, für jede Arbeitsgruppe eine gesonderte Vereinbarung abzuschließen. So kann individuellen Gegebenheiten besser Rechnung getragen werden. Die Vereinbarung sollte neben der Bestimmung der Aufgaben auch eine Regelung des Verfahrens enthalten, wie man zu Entscheidungen kommt.

Auflösung der Gruppe

Verliert eine Arbeitsgruppe ihre Arbeitsaufgabe oder ihre Identität durch Änderung der Zusammensetzung, entfallen auch die Wirkungen von Vereinbarungen sofort, da es keine Einheit mehr gibt, für die sie wirken könnten. Beispiel: Wenn eine Arbeitsgruppe mit den Mitgliedern Müller, Meier und Schmitz in einer Vereinbarung mit dem AG festlegen, dass sie auf Abruf zur Arbeit bereitstehen, ist das für Frau Hinz, wenn sie in die Gruppe versetzt wird, unbeachtlich. Sie war schließlich an dem Entscheidungsprozess nicht beteiligt.

§ 29 Einberufung der Sitzungen

(1) Vor Ablauf einer Woche nach dem Wahltag hat der Wahlvorstand die Mitglieder des Betriebsrats zu der nach § 26 Abs. 1 vorgeschriebenen Wahl einzuberufen. Der Vorsitzende des Wahlvorstands leitet die Sitzung, bis der Betriebsrat aus seiner Mitte einen Wahlleiter bestellt hat.

(2) Die weiteren Sitzungen beruft der Vorsitzende des Betriebsrats ein. Er setzt die Tagesordnung fest und leitet die Verhandlung. Der Vorsitzende hat die Mitglieder des Betriebsrats zu den Sitzungen rechtzeitig unter Mitteilung der Tagesordnung zu laden. Dies gilt auch für die Schwerbehindertenvertretung sowie für die Jugend- und Auszubildendenvertreter, soweit sie ein Recht auf Teilnahme an der Betriebsratssitzung haben. Kann ein Mitglied des Betriebsrats oder der Jugend- und Auszubildendenvertretung an der Sitzung nicht teilnehmen, so soll es dies unter Angabe der Gründe unverzüglich dem Vorsitzenden mitteilen. Der Vorsitzende hat für ein verhindertes Betriebsratsmitglied oder für einen verhinderten Jugend- und Auszubildendenvertreter das Ersatzmitglied zu laden.

(3) Der Vorsitzende hat eine Sitzung einzuberufen und den Gegenstand, dessen Beratung beantragt ist, auf die Tagesordnung zu setzen, wenn dies ein Viertel der Mitglieder des Betriebsrats oder Arbeitgeber beantragt.

(4) Der Arbeitgeber nimmt an den Sitzungen, die auf sein Verlangen anberaumt sind, und an den Sitzungen, zu denen er ausdrücklich eingeladen ist, teil. Er kann einen Vertreter der Vereinigung der Arbeitgeber, der er angehört, hinzuziehen.

Die Vorschrift regelt das immer zu beachtende Verfahren zur Einberufung von Sitzungen sowie das Teilnahmerecht des AG daran. Verstöße gegen diese Bestimmungen haben die Gefahr der Unwirksamkeit der auf der Sitzung gefassten Beschlüsse zur Folge.

Themenübersicht

Konstituierung

Ein neu gewählter BR muss sich zunächst konstituieren, also den Vorsitzenden und seinen Stellvertreter wählen. Dies geschieht in der ersten Sitzung nach der Wahl durch das neue Gremium, die innerhalb von einer Woche nach dem letzten Wahltag einberufen wird, auch dann, wenn der alte BR noch im Amt ist. Ein Verstoß gegen diese Frist sollte vermieden werden, hat aber keine Konsequenzen, solange die Amtszeit des Vorgängers noch läuft. Ist sie dagegen beendet, hat die Belegschaft bis zur Konstituierung keine Vertretung und der AG kann – ohne die Mitbestimmungsrechte berücksichtigen zu müssen – agieren, also zum Beispiel Kündigungen aussprechen.

Die erste Sitzung wird vom Wahlleiter einberufen und so lange von ihm geleitet, bis auf dieser Sitzung ein Leiter für die Durchführung der Wahl des BR-Vorsitzenden bestellt ist. Danach ist die Sitzung für den Wahlleiter beendet, es sei denn, er ist selbst ein Mitglied des neuen BR. Mit der Wahl des Vorsitzenden enden auch die Aufgaben des für diesen Vorgang bestellten Wahlleiters.

Einberufung der Sitzungen

Ab diesem Zeitpunkt ist der neu gewählte BR-Vorsitzende bzw. bei Abwesenheit sein Stellvertreter für die Einberufung und Leitung der Sitzungen zuständig. Eine Einladung ist die Mitteilung, an welchem Ort und zu welcher Zeit die Sitzung stattfindet und welche Tagesordnungspunkte behandelt werden. Wenn die Sitzung immer zur selben Zeit und am selben Ort stattfindet, muss nicht jedes Mal eine Terminmitteilung an die BR-Mitglieder gehen, dann müssen nur die vertretungsweise beteiligten Ersatzmitglieder und die externen Beteiligten (JAV, SBV, AG) explizit eingeladen werden. Die Tagesordnung hingegen muss an alle potenziellen Teilnehmer gehen, also auch an die ordentlichen Mitglieder oder vorrangigen Ersatzmitglieder, die zwar möglicherweise verhindert sind, bei denen aber nicht klar ist, ob sie wegen der Bedeutung der zu behandelnden Themen trotzdem zur Sitzung kommen wollen (BAG vom 28.4.1988 – 6 AZR 405/86). Bei außerplanmäßigen Sitzungen müssen alle ordentlichen und nachrückenden Mitglieder wie auch die externen Beteiligten eine Ladung und eine Tagesordnung bekommen.

Die Form der Ladung ist nicht vorgeschrieben, es muss lediglich nachweisbar sein, dass Sitzungstermin und Tagesordnung bekannt waren. Das wird am besten durch schriftliche Einladungen gewährleistet, bei der Verwendung von E-Mails zur Sicherheit mit elektronischer Empfangsbestätigung. Ersatzmitglieder werden bei einer vorübergehenden Verhinderung des ordentlichen Mitglieds geladen. Verhinderungsgründe sind insbesondere Abwesenheiten wegen Urlaub, Krankheit, Schulungsteilnahme oder Befangenheit. Letzteres liegt vor, wenn Fragen behandelt werden, die die arbeitsrechtliche Stellung des einzelnen Mitglieds betreffen (weitere Informationen hierzu unter § 25 BetrVG). Kein Verhinderungsgrund ist eine zu hohe Belastung am Arbeitsplatz oder ein unentschuldigtes Fehlen, auch wenn hierdurch die Sitzung unter die Grenze der Beschlussfähigkeit fällt. Der Vorsitzende sollte sich im Zweifel ausdrücklich – am besten schriftlich – bestätigen lassen, warum eine Verhinderung vorliegt, denn jeder Fehler bei der Beteiligung an der Sitzung kann zur Unwirksamkeit der gefassten Beschlüsse führen. Die Teilnahme eines Ersatzmitglieds, wenn kein Verhinderungsgrund vorliegt, ist unzulässig und verhindert ebenso wie dessen Nicht-Teilnahme, wenn das ordentliche Mitglied verhindert ist, eine wirksame Beschlussfassung.

Inhalt der Tagesordnung

Die Vorsitzende (bei Verhinderung sein Vertreter) legt die Tagesordnung nach eigenem Ermessen fest. Nur über das, was auf der Tagesordnung steht, kann auch wirksam beschlossen werden, wenn es rechtliche Folgen haben soll. Auch eine Beschlussfassung unter dem Punkt „Verschiedenes“ ist dann nicht zulässig. Das ist insbesondere dann misslich, wenn damit finanzielle Folgen verknüpft sind, zum Beispiel bei einer Entsendung zu einer BR-Schulung. Fehlen solche Themen auf der Tagesordnung oder werden sie dort nicht konkret genug benannt, entfällt die Verpflichtung des AG, die Schulung zu bezahlen und für die Zeit Entgeltfortzahlung zu leisten. Eine spontane Ergänzung der Tagesordnung während der Sitzung ist nur dann zulässig, wenn der BR vollzählig ist und die Änderung ohne Widerspruch bleibt (BAG vom 28.10.1992 – 7 ABR 14/92).

Auf Antrag eines Viertels der Mitglieder müssen bestimmte Themen auf die Tagesordnung, die der Einladung beiliegt, aufgenommen und behandelt werden. Außerdem kann auf Antrag eines Viertels der Mitglieder auch die Durchführung einer Sitzung erzwungen werden. Dieselben Rechte hat auch der AG.

Teilnahmerecht des AG

Der AG hat nur bei solchen Sitzungen ein Teilnahmerecht, zu denen er ausdrücklich eingeladen wird oder die auf seinen Antrag hin stattfinden. Dieses Recht ist allerdings begrenzt auf die Themen, für die die Einladung gilt bzw. deren Behandlung er selbst beantragt hat. Auch wenn der AG teilnimmt, liegt die Leitung der Sitzung immer in den Händen des Vorsitzenden.

Verfahrensfehler

Fehler bei der Ladung, der Tagesordnung oder der Teilnahme an der Sitzung führen zur Unwirksamkeit der darin gefassten Beschlüsse. Dies ist vor allem dann problematisch, wenn Beschlüsse mit rechtlichen Folgen gefasst werden. Das können zum Beispiel BR-interne Wahlen sein oder auch finanzielle Belastungen des AG, etwa die Einleitung von Beschluss- und Einigungsstellenverfahren oder eine Entsendung zu einer Schulung. Immer wenn solche Beschlüsse anstehen, sollte sich der Vorsitzende deshalb genau mit den Wirksamkeitsvoraussetzungen befassen. Wenn ein Streit über die Wirksamkeit eines Beschlusses entsteht, kann er in einigen Fällen wiederholt und so wirksam gemacht werden. Das ist allerdings nicht mehr möglich, wenn die beschlossene Maßnahme bereits abgeschlossen ist. Wenn also zum Beispiel ein Mitglied eine Schulungsmaßnahme bereits besucht hat, kann ein Beschluss dazu nicht mehr nachgeholt werden. Will der BR mit dem Beschluss etwas erreichen – etwa einen Widerspruch zu einer Kündigung erklären – gehen Fehler zu seinen Lasten bzw. zu Lasten des betroffenen AN.

Rechtsprechung

BAG vom 19.4.2004 – 1 ABR 30/02: Ein für den BR im arbeitsgerichtlichen Beschlussverfahren gestellter Antrag ist unzulässig, wenn die Einleitung des Verfahrens nicht in einer Sitzung des BR beschlossen wurde, zu der ordnungsgemäß geladen wurde. Ordnungsgemäß ist die Ladung, wenn in der Tagesordnung der Gegenstand des Gerichtsverfahrens und das angestrebte Ergebnis benannt sind. Es ist nicht erforderlich, die im Verfahren zu stellenden Anträge darin zu benennen.

§ 30 Betriebsratssitzungen

Die Sitzungen des Betriebsrats finden in der Regel während der Arbeitszeit statt. Der Betriebsrat hat bei der Ansetzung von Betriebsratssitzungen auf die betrieblichen Notwendigkeiten Rücksicht zu nehmen. Der Arbeitgeber ist vom Zeitpunkt der Sitzung vorher zu verständigen. Die Sitzungen des Betriebsrats sind nicht öffentlich.

> In der Vorschrift werden die formellen Grundlagen für die Durchführung von BR-Sitzungen geregelt.

BR-Arbeit soll während der Arbeitszeit erledigt werden. Deshalb muss auch die Sitzung während der Arbeitszeit stattfinden. Aus § 37 Abs. 2 ergibt sich, dass die Mitglieder für die Zeit der BR-Sitzung nicht ihrer „normalen" Arbeit nachgehen müssen, sondern sie sind freigestellt. Sitzungen außerhalb der betrieblichen Arbeitszeit sollten die absolute Ausnahme sein, sie führen gemäß § 37 Abs. 3 zu entsprechenden Ausgleichsansprüchen der Teilnehmer. Häufiger und angesichts flexibler Arbeitszeiten eher die Regel ist es, dass die Sitzung außerhalb der individuellen Arbeitszeit einzelner Mitglieder liegt. Dies ist aber nicht automatisch ein Verhinderungsgrund. Allerdings muss man in diesem Fall entgegenstehende private Verpflichtungen und Interessen als Verhinderungsgrund anerkennen. Das BR-Mandat ist zwar ein Ehrenamt, es darf aber nicht dazu führen, dass die Mitglieder ihr Privatleben opfern müssen. Eine Teilnahme an Sitzungen außerhalb der individuellen Arbeitszeit gilt als betriebsbedingt und hat damit den Ausgleichsanspruch gemäß § 37 Abs. 3 zur Folge.

Die BR-Sitzung muss unter Berücksichtigung betrieblicher Notwendigkeiten terminiert werden, was auch eine Selbstverständlichkeit sein sollte. Es bedeutet aber nur, dass das Gremium nicht gerade dann tagen soll, wenn der Arbeitsanfall am höchsten ist. Das gebietet auch schon die Rücksicht auf die dann zusätzlich belasteten Kollegen. Die Berücksichtigung betrieblicher Notwendigkeiten darf aber nicht dazu führen, dass die Sitzung grundsätzlich außerhalb der Arbeitszeit durchzuführen ist, weil im Grunde jeder immer an seinem Arbeitsplatz gebraucht wird. Schließlich muss der AG seinen Betrieb so organisieren, dass BR-Arbeit möglich ist. Dazu wird er vom BR rechtzeitig über die Sitzungstermine informiert. Diese Pflicht dient dazu, dem AG die Organisation zu erleichtern, nicht aber dazu, den BR zu kontrollieren.

Ein BR sollte keine Konflikte mit dem AG um den Sitzungszeitpunkt austragen. Wenn der AG mit dem Zeitpunkt nicht einverstanden ist, sollte die Sitzung dennoch zeitlich festgelegt werden. Dem AG bleibt dann zu versuchen, den BR gerichtlich an der Durchführung der Sitzung zu hindern. Dies hat aber meist wenig Aussicht auf Erfolg.

§ 31 Teilnahme der Gewerkschaften

Auf Antrag von einem Viertel der Mitglieder des Betriebsrats kann ein Beauftragter einer im Betriebsrat vertretenen Gewerkschaft an den Sitzungen beratend teilnehmen; in diesem Fall sind der Zeitpunkt der Sitzung und die Tagesordnung der Gewerkschaft rechtzeitig mitzuteilen.

> Die Vorschrift regelt das Recht, einen Vertreter der Gewerkschaften an den BR-Sitzungen zu beteiligen.

Die Teilnahme eines Gewerkschaftsvertreters nach dieser Vorschrift ist nur dann möglich, wenn mindestens ein Mitglied des BR der Gewerkschaft angehört. Diese muss nicht für die Branche, in der der Betrieb tätig ist, sachlich zuständig sein. Ebenfalls nicht erforderlich ist es, dass im Betrieb Tarifverträge gelten, die mit dieser Gewerkschaft abgeschlossen wurden.

Mit Zustimmung bzw. auf Antrag von mindestens einem Viertel der BR-Mitglieder kann der Gewerkschaftsvertreter entweder an einer einzelnen Sitzung oder auch generell an allen Sitzungen teilnehmen. Dann muss der Antrag nicht jedes Mal neu gestellt werden. Nur wenn die Quote von einem Viertel erreicht wird, kann die Gewerkschaft einen Vertreter entsenden. Wird die Teilnahme von weniger als einem Viertel der Mitglieder unterstützt, besteht kein Teilnahmerecht, der Vorsitzende darf die Gewerkschaft dann nicht einladen. Die Gewerkschaft hat also keinen eigenen gegen den BR durchsetzbaren Anspruch auf Teilnahme an den Sitzungen.

Hat das erforderliche Viertel die Teilnahme eines Gewerkschaftsvertreters beantragt, dann muss der BR-Vorsitzende diesen jeweils zu den einzelnen Sitzungen, wie alle anderen Teilnehmer auch, unter Mitteilung von Ort und Zeitpunkt der Sitzung und der vorgesehenen Tagesordnung laden.

Der Vertreter hat nur ein Recht zur Teilnahme, also zur Beteiligung an der Beratung der Themen, er hat aber kein Stimmrecht.

Wenn es über die Teilnahme zum Streit kommt, müssen diejenigen, die die Teilnahme wünschen, ihr Anliegen beim Arbeitsgericht durchsetzen. In der Praxis ist dann oft die Frage streitig, ob es sich bei der fraglichen Organisation überhaupt um eine Gewerkschaft handelt. In der Zuerkennung dieser Eigenschaft sind die Arbeitsgerichte mittlerweile eher großzügig, deshalb ist ein solcher Streit in den meisten Fällen eher Zeitverschwendung.

§ 32 Teilnahme der Schwerbehindertenvertretung

Die Schwerbehindertenvertretung (§ 94 des Neunten Buches Sozialgesetzbuch) kann an allen Sitzungen des Betriebsrats beratend teilnehmen.

> Die Vorschrift regelt die Teilnahme der betrieblichen Schwerbehindertenvertretung an den BR-Sitzungen.

Wenn eine Schwerbehindertenvertretung im Betrieb besteht, hat sie aufgrund § 95 SGB IX eigene Rechte gegenüber dem AG, die sie unabhängig vom BR ausübt. Außerdem kann sie an jeder BR-Sitzung teilnehmen und muss gemäß § 29 Abs. 2 zu diesen auch mitsamt Tagesordnung eingeladen werden. Allerdings bezieht sich das Teilnahmerecht nur auf die Beratungen. Bei Beschlüssen darf die Schwerbehindertenvertretung nicht mitstimmen. Sie hat auch dann kein Stimmrecht, wenn es bei der Beschlussfassung ausschließlich um die Belange der Schwerbehinderten geht. Die Situation hier ist also anders als bei der Teilnahme der JAV.

Wenn die Schwerbehindertenvertretung nicht zu den Sitzungen eingeladen wird, ist das zumindest ein Pflichtverstoß, der theoretisch sogar zur Amtsenthebung oder gar zur Auflösung des BR gemäß § 23 Abs. 3 führen kann. In der Praxis ist eher zu befürchten, dass die Wirksamkeit von Beschlüssen angezweifelt werden wird, wenn die Schwerbehindertenvertretung nicht oder nicht mit Tagesordnung eingeladen wurde. Deshalb ist es ratsam, sie wie ein ordentliches BR-Mitglied in den Verteiler aufzunehmen. In jedem Fall unwirksam sind allerdings Beschlüsse, bei denen die Schwerbehindertenvertretung mit abgestimmt hat.

§ 33 Beschlüsse des Betriebsrats

(1) Die Beschlüsse des Betriebsrats werden, soweit in diesem Gesetz nichts anderes bestimmt ist, mit der Mehrheit der Stimmen der anwesenden Mitglieder gefasst. Bei Stimmengleichheit ist ein Antrag abgelehnt.

(2) Der Betriebsrat ist nur beschlussfähig, wenn mindestens die Hälfte der Betriebsratsmitglieder an der Beschlussfassung teilnimmt; Stellvertretung durch Ersatzmitglieder ist zulässig.

(3) Nimmt die Jugend- und Auszubildendenvertretung an der Beschlussfassung teil, so werden die Stimmen der Jugend- und Auszubildendenvertreter bei der Feststellung der Stimmenmehrheit mitgezählt.

Die Vorschrift legt fest, welche formalen Anforderungen an eine ordnungsgemäße Beschlussfassung in einer BR-Sitzung bestehen. Sie steht in Zusammenhang mit den Vorschriften zur Einberufung von Sitzungen (§ 29 BetrVG) und zur Teilnahme Externer (§§ 31, 32, 67 BetrVG).

Themenübersicht

Der Beschluss als Geheimwissenschaft

Die Beschlussfassung im BR ist Gegenstand einer Vielzahl von gerichtlichen Entscheidungen und Äußerungen in entsprechenden Kommentaren. Diese Tatsache erweckt den Eindruck, dass es sich bei der Beschlussfassung um eine nahezu undurchdringliche Wissenschaft handelt. Das führt zwangsläufig zu erheblicher Verunsicherung insbesondere bei BR-Vorsitzenden, die oft mit formalen Vorhaltungen auch aus den eigenen Reihen konfrontiert werden.

Der Umgang mit dem Thema wird erheblich erleichtert, wenn man sich das Spannungsfeld bewusst macht, in dem ein Beschluss des BR steht: Da ist zunächst das Ziel der Beteiligung der BR-Mitglieder an den Entscheidungen des Gremiums, also deren demokratische Legitimation. Dieses Anliegen besteht immer. Zum anderen kann es sein, dass der Beschluss Nachteile für den AG zur Folge hat, die dieser vielleicht nicht einfach hinnehmen will. Wenn das der Fall ist, ist es wichtig, dass alle nachfolgend beschriebenen formellen Anforderungen eingehalten werden und auch nachgewiesen werden können. Wenn ein Beschluss allerdings keine Außenwirkung hat, reicht es aus, wenn die demokratischen Spielregeln eingehalten sind.

Ein Beispiel zum Verständnis dieses Unterschieds

Das Gremium ist sich einig, dass sich die Verhandlungen mit dem AG über die Inhalte der Gefährdungsanalyse in einem neuen Betriebsteil (Mitbestimmung gemäß § 87 Abs. 1) lange genug hingezogen haben. Jetzt soll ihm eine kurze Frist gesetzt werden, um ein verbessertes Angebot vorzulegen. Falls auch diese verstreicht, will das Gremium eine Regelung in der Einigungsstelle herbeiführen.

> Die Fristsetzung ist eine eher politische Äußerung. Das Gremium muss sich einig sein, so vorgehen zu wollen, wie es zu dieser Haltung kommt, ist aber ohne Bedeutung. Hier spielen Formalien also keine Rolle.
>
> Anders ist das bei der Anrufung der Einigungsstelle. Diese hat – auch finanzielle – Außenwirkung. Dem muss ein entsprechender Beschluss Rechnung tragen.
>
> Sollte der AG also die Fristsetzung mit dem Hinweis auf eine nicht ordnungsgemäße Beschlussfassung zurückweisen, ist das für das weitere Vorgehen des BR uninteressant. Er fasst dann den Beschluss über die Einleitung des Einigungsstellenverfahrens. Dieser Beschluss muss aber formal ordnungsgemäß zustande gekommen sein. Ist das nicht der Fall, dann kann der AG das Verfahren blockieren.
>
> Es kommt also immer darauf an, sich über die Tragweite des Handelns klar zu werden, bevor man sich allzu große bürokratische Klimmzüge antut.

Erhöhte Aufmerksamkeit ist bei allen Beschlüssen mit finanziellen Folgen für den AG angezeigt (etwa bei Schulungsteilnahmen, Gerichtsverfahren, Sachverständigenbeauftragung usw.), denn hier kann ein Prozess schon mal scheitern, weil Formalien missachtet wurden (BAG vom 9.12.2003 – 1 ABR 44/02). Der strenge Blick der Gerichte auf das Beschlussverfahren ist milder, wenn nicht der AG durch einen fehlerhaften Beschluss belastet wird, sondern andere. So soll es für eine Anhörung zur Kündigung gemäß § 102 auch ausreichen, wenn sich der BR ohne Einladung und Tagesordnung hierüber verständigt, sondern indem der BR-Vorsitzende telefonisch die Meinung der einzelnen Mitglieder abfragt (BAG vom 16.1.2003 – 2 AZR 707/01), ein Vorgehen, das jeden anderen Beschluss wirkungslos machen würde (hier wurde damit argumentiert, dass Fehler des BR, auf die der AG keinen Einfluss hat, nicht zulasten des AG gehen sollen).

Die finanziellen Folgen einiger BR-Beschlüsse für den AG sind der Grund dafür, dass Gerichte und juristische Kommentatoren bei ihren Aussagen zur Wirksamkeit von Beschlüssen oft vor Formalismus strotzende Anforderungen aufzählen. Der Aufwand, den das Gremium dann hat, ist aber nicht immer angemessen. Wenn dem AG zum Beispiel nur mitgeteilt werden soll, dass der BR mit der Anschaffung von ergonomischen Bürostühlen einverstanden ist, ist ein einwandfrei nachweisbarer Beschluss in der Praxis sicher nicht immer nötig. Es wird bei den generellen Anforderungen an die Beschlussfassung oft übersehen, dass sich das Gremium in aller Regel mit Entscheidungen von überschaubarer Tragweite befasst.

Das Verständnis für diesen Unterschied darf aber nicht dazu führen, dass alle Beschlüsse ohne finanzielle Auswirkungen für den AG grundsätzlich nachlässig gehandhabt werden. Dagegen spricht zunächst das Anliegen, demokratische Spielregeln einzuhalten, und zum anderen besteht auch bei internen Entscheidungen letztlich das Risiko, dass einzelne BR-Mitglieder Fehler eines Beschlusses zum Gegenstand einer Auseinandersetzung machen. Wenn das Gremium sich einig ist, dass es die Formalien nicht auf die Spitze treiben will, kann es entspannter damit umgehen, solange die Beschlüsse keine finanziellen Folgen für den AG haben.

Daraus ergeben sich folgende Handlungsanforderungen:

Beschlüsse mit Außenwirkung (etwa Schulungsteilnahme, Zustimmungsverweigerung bei personellen Maßnahmen, Einleitung von Gerichtsverfahren etc.)	Beschluss muss 100 %ig formal richtig sein
Interne Beschlüsse, wenn das Gremium sich nicht einig ist (Ausschussbesetzung etc.)	Beschluss muss formal 100 %ig in Ordnung sein
Interne Beschlüsse, wenn das Gremium sich einig ist (Ausschussbesetzung etc.)	Beschluss muss demokratischen, aber nicht unbedingt formalen Anforderungen genügen
Politische Beschlüsse ohne Außenwirkung (Forderungen an AG, Fristsetzungen etc.)	Beschluss unterliegt keinen Bindungen

Voraussetzungen für einen wirksamen BR-Beschluss

1. Ordnungsgemäße Ladung und Aufnahme des Themas in die Tagesordnung

Ladung und Tagesordnung dienen dazu, dass alle Beteiligten sich auf die Sitzung und die anstehenden Themen vorbereiten können. Insbesondere die Aufnahme der Themen, bei denen eine Beschlussfassung später brisant werden könnte, ist zwingend erforderlich. Es muss eindeutig erkennbar sein, worum es konkret in der Sitzung gehen soll. Die Ankündigung darf also einerseits nicht zu pauschal sein (Beispiel: „Entsendung zu BR-Seminaren"), andererseits auch nicht zu konkret (Beispiel: „Entsendung der Kollegin x zum Seminar y"), weil dann auch nur dieser Beschluss gefasst werden kann, nicht aber die Entsendung eines anderen BR-Mitglieds zu diesem Seminar. Wenn Konflikte zu erwarten sind, empfiehlt es sich, in einer ersten Sitzung nur die Meinungsbildung zu betreiben und die Beschlussfassung anhand einer daraus erstellten Beschlussvorlage auf der folgenden Sitzung vorzunehmen, wobei die Beschlussvorlage dann mit der Tagesordnung verschickt wird. Keine Auswirkung auf die Wirksamkeit der Beschlüsse hat es, wenn „nur" beratend teilnehmende Externe, wie die Schwerbehindertenvertretung oder der Vertreter der Gewerkschaft nicht eingeladen wurde. Anders verhält es sich mit der Beteiligung der Jugend- und Auszubildendenvertretung: Ist diese nicht eingeladen worden und hätte deren Beteiligung bei der Beschlussfassung zu einem anderen Ergebnis führen können, ist der BR-Beschluss unwirksam (BAG vom 6.5.1975 – 1 ABR 135/73, siehe auch die Erläuterungen zur Ladung unter § 29 BetrVG).

2. Beschlussfähigkeit

Bei jedem Beschluss muss der BR beschlussfähig sein, das heißt es müssen die richtigen Mitglieder in ausreichender Zahl vorhanden sein. Die richtigen Mitglieder sind die ordentlichen Mitglieder bzw. im Falle einer Verhinderung die richtigen Ersatzmitglieder (siehe hierzu § 25). Beschlussfähig ist der BR, wenn sich an der Abstimmung mehr als die Hälfte der gesetzlich vorgesehenen Mitglieder beteiligen, also entweder mit „ja", „nein" oder „Enthaltung" stimmen. Wer zwar auf der Sitzung körperlich anwesend ist, aber ausdrücklich nicht teilnimmt, zählt auch bei der Feststellung der Beschlussfähigkeit nicht mit. Mangelnde Beschlussfähigkeit kann auch nicht durch kurzfristigen Einsatz von Ersatzmitgliedern hergestellt werden, weil die nur zum Zuge kommen, wenn die ordentlichen Mitglieder verhindert sind, nicht aber, wenn sie aus anderen Gründen nicht teilnehmen.

Auch im Zeitalter von Video- und Telefonkonferenzen halten die meisten Gerichte und Kommentatoren des BetrVG daran fest, dass der Beschluss die persönliche Anwesenheit aller an der Beschlussfassung Beteiligten voraussetzt und insbesondere nicht im Umlaufverfahren gefasst werden kann. Hinter dem Begriff „Umlaufverfahren" verbirgt sich das Abfragen der Meinungen nacheinander, in der Regel per Telefon (in dem oben genannten Beispiel hielt das BAG aber genau das für zulässig).

Die Anzahl der BR-Mitglieder, die zur Herstellung der Beschlussfähigkeit erforderlich ist, verändert sich, wenn der BR ein Restmandat gemäß § 21b BetrVG wahrnimmt oder die Geschäfte bis zur Wahl weiterführt, weil nach Ausscheiden mehrerer Mitglieder und Ersatzmitglieder die gesetzliche BR-Größe nicht mehr erreicht wird. In diesem Fall wird man von einer Beschlussfähigkeit ausgehen können, wenn mehr als die Hälfte der tatsächlich noch amtierenden Mitglieder teilnimmt.

3. Stimmenmehrheit

Für die Annahme eines Antrags genügt in der Regel die einfache Mehrheit der anwesenden stimmberechtigten Mitglieder. Das sind die ordentlichen Mitglieder bzw. die richtigen Ersatzmitglieder und – wenn Angelegenheiten behandelt werden, die überwiegend die Jugendlichen und Auszubildenden betreffen – die Mitglieder der JAV. Kein Stimmrecht haben Gewerkschaftsvertreter, die Schwerbehindertenvertretung oder gar der AG. Damit kann bei einem BR mit 23 Mitgliedern ein Beschluss mit sieben „Ja"-Stimmen gefasst werden: Beschlussfähig ist die Sitzung, wenn sich zwölf an der Abstimmung beteiligen, davon sind sieben Stimmen die Mehrheit.

In einigen Fällen ist eine qualifizierte Mehrheit bei der Beschlussfassung erforderlich, so etwa bei der Delegation von Aufgaben an Arbeitsgruppen gemäß § 28a BetrVG. Wenn solche besonderen Mehrheiten erforderlich sind, ergibt sich das ausdrücklich aus dem Gesetz.

Unwirksamkeit von Beschlüssen

Auf die Wirksamkeit von Beschlüssen kommt es in der Praxis nur bei der Überprüfung der darauf beruhenden Maßnahmen an, also etwa bei einer Einforderung von Kosten für eine Seminarteilnahme oder bei einem Verfahren zur Bestellung einer Einigungsstelle.

Allgemein wird davon ausgegangen, dass nur grobe Verstöße gegen Formvorschriften zur Unwirksamkeit von Beschlüssen führen. Da diese Wertung sich aber im Vorfeld schlecht abschätzen lässt, sollte ein Gremium immer auf der sicheren Seite bleiben und dann, wenn für den AG finanzielle Belastungen aus Beschlüssen resultieren, besonders penibel auf die Einhaltung der Formvorschriften achten und sie beim geringsten Zweifel einfach auf einer der folgenden Sitzungen noch einmal wiederholen. War ein Beschluss unwirksam, kann er noch einmal gefasst werden, allerdings nur bis zu dem Zeitpunkt, da er noch keine Wirkung hat, also insbesondere noch keine Kosten verursacht wurden (BAG vom 8.3.2000 – 7 ABR 11/98).

Die richtige Protokollierung ist kein Wirksamkeitserfordernis, aber dennoch zu empfehlen, da andernfalls im Streitfall die Beweisführung unnötig erschwert wird.

Rechtsprechung

BAG vom 28.10.1992 – 7 ABR 14/92: Unter dem Tagesordnungspunkt „Verschiedenes“ kann der BR nur dann wirksame Beschlüsse fassen, wenn er vollzählig versammelt ist und kein BR-Mitglied der Beschlussfassung widerspricht.

BAG vom 8.3.2000 – 7 ABR 11/98: Nur ein vor einer Schulungsteilnahme durch den BR gefasster formal korrekter Entsendungsbeschluss verpflichtet den AG, die Kosten hierfür zu tragen.

BAG vom 9.12.2003 – 1 ABR 44/02: Stellt der BR im Gerichtsverfahren dar, wie er die formalen Anforderungen an eine Beschlussfassung erfüllt hat, ist es unbeachtlich, wenn der AG die Wirksamkeit der Beschlussfassung pauschal bestreitet.

§ 34 Sitzungsniederschrift

(1) Über jede Verhandlung des Betriebsrats ist eine Niederschrift aufzunehmen, die mindestens den Wortlaut der Beschlüsse und die Stimmenmehrheit, mit der sie gefasst sind, enthält. Die Niederschrift ist von dem Vorsitzenden und einem weiteren Mitglied zu unterzeichnen. Der Niederschrift ist eine Anwesenheitsliste beizufügen, in die sich jeder Teilnehmer eigenhändig einzutragen hat.

(2) Hat der Arbeitgeber oder ein Beauftragter einer Gewerkschaft an der Sitzung teilgenommen, so ist ihm der entsprechende Teil der Niederschrift abschriftlich auszuhändigen. Einwendungen gegen die Niederschrift sind unverzüglich schriftlich zu erheben; sie sind der Niederschrift beizufügen.

(3) Die Mitglieder des Betriebsrats haben das Recht, die Unterlagen des Betriebsrats und seiner Ausschlüsse jederzeit einzusehen.

> Die Vorschrift regelt die Pflicht zur Protokollierung von Sitzungen des BR und seiner Ausschüsse und die spätere Verwendung dieser Niederschriften.

Themenübersicht

Inhalt des Protokolls
Protokollführer
Einsichtsrecht
Anwesenheitsliste
Verzicht auf Protokollierung
Rechtsprechung

Inhalt des Protokolls

Protokolle haben den Zweck, im Nachhinein den Inhalt von Verhandlungen und deren Ergebnisse nachvollziehbar zu machen. Dies ist insbesondere dann nötig, wenn sich BR und AG vor Gericht streiten. Deshalb ist es sinnvoll, im Protokoll neben dem Antrag und dem Abstimmungsergebnis auch aufzunehmen, ob es eine Debatte über das Thema gegeben hat und welches die tragenden Argumente waren, allerdings ohne diese persönlich zuzuordnen. Wortprotokolle sind nicht zu empfehlen, denn sie können verhindern, dass BR-Mitglieder unbefangen an einer Debatte teilnehmen. Die Unterzeichnung durch den Vorsitzenden und ein weiteres Mitglied des BR hat nur symbolische Bedeutung und sagt nichts über die inhaltliche Richtigkeit der Protokolle aus. Verbindlichkeit wird nur durch eine Beschlussfassung über das Protokoll auf einer der nächsten Sitzungen hergestellt.

Protokollführer

Der BR entscheidet selbst, wer das Protokoll führt. In der Regel liegt diese Aufgabe beim Schriftführer oder auch bei einer eigens hierfür eingesetzten Schreibkraft. Da angestellte Schreibkräfte allerdings nicht der Schweigepflicht gemäß § 79 BetrVG unterliegen, müssen sie entweder absolut vertrauenswürdig sein oder ihre Beschäftigung im BR sollte abgelehnt werden.

Einsichtsrecht

Die Protokolle sind nicht allgemein zugänglich, nur BR-Mitglieder haben uneingeschränktes Einsichtsrecht, was insbesondere für Verhandlungen in Ausschüssen wichtig ist. AG und Gewerkschaftsvertreter haben ein Recht darauf, die Teile des Protokolls ohne Nachfrage zu erhalten, die den Teil der Sitzung beschreiben, bei dem sie selbst anwesend waren. Die sonstigen Protokolle oder Protokollteile stehen ihnen nicht zu. Einsichtsrechte in Protokolle können gerichtlich durchgesetzt werden, sowohl von den Mitgliedern des BR als auch vom AG bzw. der Gewerkschaft.

Anwesenheitsliste

Im Rahmen gerichtlicher Auseinandersetzungen kann auch die Anwesenheitsliste wichtig werden, weil sich daraus die Beschlussfähigkeit ergibt. Daher sollte sie nicht nur über die Anwesenden Auskunft geben, sondern bei Abwesenden auch einen Hinweis darauf enthalten, weshalb sie verhindert waren bzw. ob ihr Fehlen entschuldigt war. So lässt sich nachvollziehen, ob die Ladung der Ersatzmitglieder korrekt war.

Verzicht auf Protokollierung

Das Unterlassen der Protokollierung der Sitzung hat keinen Einfluss auf die Wirksamkeit der Beschlüsse, kann aber zu erheblichen Problemen bei der Beweisführung im Konfliktfall führen und ist deshalb nicht empfehlenswert. Theoretisch kann eine unterlassene Protokollführung auch eine Pflichtverletzung sein, die gemäß § 23 BetrVG zur Auflösung des BR führen kann, allerdings ist kaum vorstellbar, dass dieser Fall in der Praxis eintreten könnte.

Rechtsprechung

BAG vom 27.5.1982 – 6 ABR 66/79: Das einzelne BR-Mitglied hat kein Recht, sich Kopien von Unterlagen des BR anzufertigen.

§ 35 Aussetzung von Beschlüssen

(1) Erachtet die Mehrheit der Jugend- und Auszubildendenvertretung oder die Schwerbehindertenvertretung einen Beschluss des Betriebsrats als eine erhebliche Beeinträchtigung wichtiger Interessen der durch sie vertretenen Arbeitnehmer, so ist auf ihren Antrag der Beschluss auf die Dauer von einer Woche vom Zeitpunkt der Beschlussfassung an auszusetzen, damit in dieser Frist eine Verständigung, gegebenenfalls mit Hilfe der im Betrieb vertretenen Gewerkschaften, versucht werden kann.

(2) Nach Ablauf der Frist ist über die Angelegenheit neu zu beschließen. Wird der erste Beschluss bestätigt, so kann der Antrag auf Aussetzung nicht wiederholt werden; dies gilt auch, wenn der erste Beschluss nur unerheblich geändert wird.

> Die Vorschrift gibt den Vertretern von JAV und Schwerbehindertenvertretung die Möglichkeit, auf die Umsetzung eines BR-Beschlusses Einfluss zu nehmen.

Die Aussetzung von Beschlüssen muss erfolgen, wenn das von der JAV oder Schwerbehindertenvertretung mehrheitlich verlangt wird. Das Recht besteht nur dann, wenn die von diesen Gremien vertretenen Beschäftigtengruppen von den entsprechenden Beschlüssen betroffen sind. Aussetzung bedeutet, dass die sich aus dem Beschluss ergebenden Konsequenzen zunächst einmal nicht umgesetzt werden. Hat der Beschluss dagegen nur eine politische Bedeutung, etwa die Erklärung, dass Verhandlungen gescheitert sind, so folgt hieraus keine Maßnahme, die ausgesetzt werden könnte. Gemeint sind daher insbesondere Beschlüsse im Bereich von personellen Einzelmaßnahmen. Es muss beachtet werden, dass die Maßnahme auch dann Auswirkungen auf Jugendliche oder Schwerbehinderte haben kann, wenn die Versetzung jemanden betrifft, der zwar selbst nicht zu einer dieser Gruppen gehört, aber Gruppenangehörige durch diese Maßnahme Nachteile erleiden können.

Im Falle einer Aussetzung beschließt der BR nicht über die Aussetzung selbst, sondern befasst sich noch einmal mit der Angelegenheit an sich. Bleibt er dann bei seinem ersten Beschluss, gibt es keine Mittel mehr für die JAV oder die Schwerbehindertenvertretung, um weiter dagegen vorzugehen. Zu einem Erfolg kann der Aussetzungsantrag nur dann führen, wenn sich bei der erneuten Beschlussfassung die Mehrheitsverhältnisse ändern, zum Beispiel durch die Rückkehr vorher verhinderter Mitglieder. Ansonsten ist meist nur eine Verzögerung zu erreichen.

In der Praxis kommt es nur selten zur Aussetzung von Beschlüssen. Das Verfahren muss auf alle Fälle eingehalten werden, wenn JAV oder Schwerbehindertenvertretung die Aussetzung verlangen. Selbst dann, wenn der BR meint, der Antrag der JAV oder der Schwerbehindertenvertretung sei nicht begründet, muss er die Beschlussfassung wiederholen. Ein Streit über die Frage, ob die jeweiligen vertretenen Beschäftigtengruppen tatsächlich betroffen sind, lohnt sich in der Regel nicht. Eine Wiederholung des Beschlusses ist deshalb der sichere Weg. Andernfalls riskiert der BR, dass der ursprüngliche Beschluss unwirksam ist.

§ 36 Geschäftsordnung

Sonstige Bestimmungen über die Geschäftsführung sollen in einer schriftlichen Geschäftsordnung getroffen werden, die der Betriebsrat mit der Mehrheit der Stimmen seiner Mitglieder beschließt.

> Die Vorschrift empfiehlt die Festlegung einer Geschäftsordnung für BR-interne Verfahrensfragen. Dies ist jedoch nicht zwingend.

Der BR kann sich eine Geschäftsordnung geben, mit der er Verfahren wie zum Beispiel die Ladung zu Sitzungen, die Einrichtung und Aufgaben von Ausschüssen usw., regelt. Dabei darf er gesetzliche Anforderungen zum Beispiel an Ladungen und Tagesordnungen aber nur präzisieren, eine Abweichung vom Gesetz ist nicht zulässig. Unzulässig wäre es also beispielsweise, in der Geschäftsordnung zu bestimmen, dass die Versendung der Tagesordnung vor der Sitzung nicht nötig ist.

Eine Geschäftsordnung kann einem BR-Gremium das Leben erleichtern, weil dann jedes Mitglied weiß, woran es ist, sie kann es aber auch erschweren, wenn dadurch zusätzliche Regularien geschaffen werden, auf deren Einhaltung dann geachtet werden muss. Geschäftsordnungen, die lediglich die häufig höchst formalen Anforderungen der Rechtsprechung an die Organisation der BR-Arbeit zusammenzufassen, sind meist eine solche Erschwerung, weil sie oft ohne Unterschied diese Formalien auch noch auf weitere Fälle ausweiten.

Sinnvoll ist es dagegen, in der Geschäftordnung zum Beispiel das Verfahren der Einladung zur BR-Sitzung zu vereinfachen, indem etwa der E-Mail-Verkehr vereinbart und das Verfahren zur Feststellung einer Verhinderung vereinheitlicht wird.

Geschäftsordnungen sollen das tägliche BR-Leben erleichtern, nicht erschweren. Weniger ist daher in der Regel oft mehr. Nach BR-Wahlen muss über die Geschäftsordnung neu abgestimmt werden, denn sie verliert ihre Wirkung mit dem Ende der Amtszeit des BR.

§ 37 Ehrenamtliche Tätigkeit, Arbeitsversäumnis

(1) Die Mitglieder des Betriebsrats führen ihr Amt unentgeltlich als Ehrenamt.

(2) Mitglieder des Betriebsrats sind von ihrer beruflichen Tätigkeit ohne Minderung des Arbeitsentgelts zu befreien, wenn und soweit es nach Umfang und Art des Betriebs zur ordnungsgemäßen Durchführung ihrer Aufgaben erforderlich ist.

(3) Zum Ausgleich für Betriebsratstätigkeit, die aus betriebsbedingten Gründen außerhalb der Arbeitszeit durchzuführen ist, hat das Betriebsratsmitglied Anspruch auf entsprechende Arbeitsbefreiung unter Fortzahlung des Arbeitsentgelts. Betriebsbedingte Gründe liegen auch vor, wenn die Betriebsratstätigkeit wegen der unterschiedlichen Arbeitszeiten der Betriebsratsmitglieder nicht innerhalb der persönlichen Arbeitszeit erfolgen kann. Die Arbeitsbefreiung ist vor Ablauf eines Monats zu gewähren; ist dies aus betriebsbedingten Gründen nicht möglich, so ist die aufgewendete Zeit wie Mehrarbeit zu vergüten.

(4) Das Arbeitsentgelt von Mitgliedern des Betriebsrats darf einschließlich eines Zeitraums von einem Jahr nach Beendigung der Amtszeit nicht geringer bemessen werden als das Arbeitsentgelt vergleichbarer Arbeitnehmer mit betriebsüblicher beruflicher Entwicklung. Dies gilt auch für allgemeine Zuwendungen des Arbeitgebers.

(5) Soweit nicht zwingende betriebliche Notwendigkeiten entgegenstehen, dürfen Mitglieder des Betriebsrats einschließlich eines Zeitraums von einem Jahr nach Beendigung der Amtszeit nur mit Tätigkeiten beschäftigt werden, die den Tätigkeiten der in Absatz 4 genannten Arbeitnehmer gleichwertig sind.

(6) Die Absätze 2 und 3 gelten entsprechend für die Teilnahme an Schulungs- und Bildungsveranstaltungen, soweit diese Kenntnisse vermitteln, die für die Arbeit des Betriebsrats erforderlich sind. Betriebsbedingte Gründe im Sinne des Absatzes 3 liegen auch vor, wenn wegen Besonderheiten der betrieblichen Arbeitszeitgestaltung die Schulung des Betriebsratsmitglieds außerhalb seiner Arbeitszeit erfolgt; in diesem Fall ist der Umfang des Ausgleichsanspruchs unter Einbeziehung der Arbeitsbefreiung nach Absatz 2 pro Schulungstag begrenzt auf die Arbeitszeit eines vollzeitbeschäftigten Arbeitnehmers. Der Betriebsrat hat bei Festlegung der zeitlichen Lage der Teilnahme an Schulungs- und Bildungsveranstaltungen die betrieblichen Notwendigkeiten zu berücksichtigen. Er hat dem Arbeitgeber die Teilnahme und die zeitliche Lage der Schulungs- und Bildungsveranstaltungen rechtzeitig bekannt zu geben. Hält der Arbeitgeber die betrieblichen Notwendigkeiten für nicht ausreichend berücksichtigt, so kann er die Einigungsstelle anrufen. Der Spruch der Einigungsstelle ersetzt die Einigung zwischen Arbeitgeber und Betriebsrat.

(7) Unbeschadet der Vorschrift des Absatzes 6 hat jedes Mitglied des Betriebsrats während seiner regelmäßigen Amtszeit Anspruch auf bezahlte Freistellung für insgesamt drei Wochen zur Teilnahme an Schulungs- und Bildungsveranstaltungen, die von der zuständigen obersten Arbeitsbehörde des Landes nach Beratung mit den Spitzenorganisationen der Gewerkschaften und der Arbeitgeberverbände als geeignet anerkannt sind. Der Anspruch nach Satz 1 erhöht sich für Arbeitnehmer, die erstmals das Amt eines Betriebsratsmitglieds übernehmen und auch nicht zuvor Jugend- und Auszubildendenvertreter waren, auf vier Wochen. Absatz 6 Satz 2 bis 6 findet Anwendung.

> Die Vorschrift regelt grundlegend das Verhältnis zwischen dem einzelnen BR-Mitglied und dem AG soweit es um bezahlte Freistellungen für BR-Arbeit und Schulungsmaßnahmen und die berufliche Entwicklung geht.

Themenübersicht

Ehrenamt
Einkommenssicherung, Tätigkeitsschutz
Freistellung für BR-Arbeit während der Arbeitszeit/Entgeltfortzahlung
Freistellung für BR-Arbeit außerhalb der Arbeitszeit/Freizeitausgleich und Mehrarbeitsvergütung
Schulungsveranstaltungen (Abs. 6 und 7)
Rechtsprechung

Ehrenamt

Das BR-Amt ist ein Ehrenamt. BR-Mitglieder sollen durch ihr Engagement weder Vor- noch Nachteile erleiden. Das wird durch verschiedene Vorschriften sichergestellt, so etwa in § 78 (Benachteiligungsverbot) oder § 15 KSchG und § 103 (Kündigungsschutz). Hierzu zählt auch die Festlegung in § 37 Abs. 1 BetrVG, dass BR-Arbeit ein Ehrenamt ist, also nicht gesondert honoriert werden darf. Damit soll die Arbeit des BR vor einer Einflussnahme durch Belohnung oder sonstige Vorteile geschützt werden. Eine solche Einflussnahme kann auch darin bestehen, dass der AG, ohne besondere Anforderungen damit zu verknüpfen, zusätzliche Leistungen erbringt. BR-Mitglieder können hierdurch dazu verleitet werden, sich in Konfliktfällen vor allem daran zu orientieren, wie diese Privilegien erhalten bleiben. Dann steht nicht mehr alleine die Vertretung der Interessen der Kollegen im Vordergrund, sondern sie vermischt sich mit der Vertretung eigener Interessen, was natürlich nicht sein darf.

Jede Zuwendung, die die innere Unabhängigkeit des Gremiums (BAG vom 20.10.1993 – 7 AZR 581/92) beeinträchtigen kann, ist unzulässig. Dazu gehören etwa unplanmäßige Beförderungen, Zulagen ohne Bezug zur eigentlichen Tätigkeit, überhöhte Aufwandsentschädigungen, ein Firmen-PKW mit Privatnutzung, der für die BR-Arbeit nicht erforderlich ist oder Zusagen für den beruflichen Aufstieg nach dem Ende der Amtszeit. Die Feststellung, ob es sich um eine unzulässige Privilegierung handelt, kann im Einzelfall sehr schwer sein, etwa wenn ein Firmen-PKW auch sinnvoll ist, um auswärtige Standorte zu besuchen. Es ist immer besser, wenn der BR als Gremium und nicht das einzelne Mitglied entscheidet, welche Leistungen angenommen werden und welche nicht.

Ehrenamt heißt andererseits aber auch nicht, dass das BR-Mitglied persönliche Opfer an Zeit oder Geld für die Tätigkeit erbringen muss. Auch davor schützt diese Vorschrift.

Einkommenssicherung, Tätigkeitsschutz

Mit der Amtsübernahme setzt für das BR-Mitlied eine Einkommenssicherung ein, denn laut Gesetz muss die Vergütung sich entwickeln wie die von Beschäftigten in vergleichbaren Positionen. Amtsübernahme bedeutet die Annahme der Wahl bzw. bei Ersatzmitgliedern das endgültige Nachrücken in den BR. Gesichert wird neben dem laufenden Einkommen auch eine Beförderung auf eine besser bezahlte Position, wenn diese nach Lage der Dinge und ohne die Belastung durch die BR-Arbeit zu erwarten gewesen wäre. Soweit die Entgeltentwicklung die Teilnahme an betrieblichen Qualifizierungsmaßnahmen erfordert, sollte der BR im Rahmen seiner Mitbestimmungsrechte gemäß §§ 96–98 darauf achten, dass alle nicht freigestellten BR-Mitglieder daran teilnehmen, damit sie die Voraussetzungen für den beruflichen Aufstieg erfüllen.

Die Schutzfrist endet einheitlich für alle BR-Mitglieder ein Jahr nach dem Ende ihrer persönlichen Amtszeit, das heißt bei vorzeitigem Ausscheiden aus dem Gremium ein Jahr nach diesem Austritt. Lediglich für BR-Mitglieder, die mindestens drei Amtszeiten vollständig freigestellt waren, verlängert sie sich die Schutzfrist gemäß § 38 Abs. 3 BetrVG auf zwei Jahre. Es handelt sich hier um ein individuelles Recht, das auch im Rahmen eines Betriebsübergangs gemäß § 613a BGB gegenüber dem Betriebserwerber gilt.

Einkommen und Tätigkeit des BR-Mitglieds müssen denen vergleichbarer AN entsprechen. Gemäß Abs. 5 der gleichen Vorschrift darf die Tätigkeit allerdings aus zwingenden Gründen verändert werden, was insbesondere der Fall sein wird, wenn der Arbeitsplatz nicht mehr vorhanden ist. Das darf aber nach Abs. 4 nicht zu einer Einkommensminderung führen. Qualifikationsdefizite müssen ausgeglichen werden.

Vergleichbar sind einzelne oder mehrere AN, die bei „Übernahme des BR-Amtes eine im Wesentlichen gleich qualifizierte Tätigkeit wie das BR-Mitglied ausgeübt haben". Maßstab ist weder der Kollege mit der schlechtesten, noch der mit der besten Entwicklung, sondern maßgeblich ist die typische Entwicklung. Das ist immer eine Wertung, da niemand wirklich vergleichbar ist. Ein Hilfsmittel hierfür kann die Personalplanung sein, die der AG dem BR im Rahmen von § 92 vorstellen muss. Untypische Entwicklungen, wie etwa eine Vertragsänderung mit Erhöhung oder Verringerung der Arbeitszeit, werden nicht berücksichtigt.

Einen Streit um die Vergütung oder die Tätigkeit muss das betroffene BR-Mitglied individuell ausfechten, der BR als Gremium kann ihm dies nicht abnehmen. Sinnvoll ist es, sich bereits zu Beginn einer Amtszeit auf den Kreis vergleichbarer AN mit dem AG zu verständigen.

Freistellung für BR-Arbeit während der Arbeitszeit/ Entgeltfortzahlung

BR-Arbeit soll während der Arbeitszeit stattfinden. Dafür ist das einzelne BR-Mitglied von der normalen Arbeit befreit, ohne vorher eine Genehmigung des AG einholen zu müssen. Die Vergütung muss einschließlich aller Zulagen etc. weiter bezahlt werden.

Der Freistellungsanspruch besteht nur im erforderlichen Rahmen, also für Tätigkeiten, die zur Erfüllung der gesetzlichen Aufgaben des BR anfallen. In diesen Fällen geht die BR-Arbeit der vertraglich geschuldeten Arbeit vor (BAG vom 15.3.1995 – 7 AZR 643/94). Dazu gehören neben den vielfältigen Sitzungen auch die Vorbereitung hierauf, die Erledigung der Arbeitsaufgaben, die in der Sitzung festgelegt wurden, also etwa Besprechungen zum Arbeitsschutz, Entwicklung von Vorschlägen für eine betriebliche Vergütungsordnung usw. Welche Themenfelder zu den gesetzlichen Aufgaben des BR gehören und damit die Arbeitsbefreiung rechtfertigen, lässt sich insbesondere den §§ 80, 87, 89–102 und 111 ff. entnehmen. Die Freistellung gilt auch für damit im Zusammenhang stehende auswärtige Termine, etwa Besprechungen mit der Gewerkschaft, Teilnahme an Gerichtsverfahren mit Beteiligung des BR usw., sowie für die anfallenden Reisezeiten.

Das BR-Mitglied muss sich für die Freistellung lediglich bei seinem Vorgesetzten abmelden und die ungefähre Dauer der Abwesenheit sowie den Ort, an dem es sich aufhalten wird, angeben. Eine Genehmigung braucht es nicht, das Mitglied muss auch nicht angeben, was es konkret vorhat, da der AG die BR-Arbeit nicht kontrollieren darf (BAG vom 13.5.1997 – 1 ABR 2/97). Im Fall eines Streits über die Berechtigung der Freistellung bleibt dem BR-Mitglied nichts anderes übrig, als die Freistellung zunächst in Anspruch nehmen, auch wenn der AG dagegen protestiert. Eine vorherige gerichtliche Entscheidung ist nicht möglich, das Arbeitsgericht entscheidet hierüber erst im Nachhinein im Rahmen einer individuellen Klage um die Entgeltfortzahlung. Aus Beweiszwecken empfiehlt es sich, bei absehbaren Konflikten über die eigene BR-Arbeit zumindest stichwortartig Buch zu führen.

Weil das BR-Mitglied sein Amt in eigener Verantwortung führt, entscheidet es selbst – nach pflichtgemäßem Ermessen – in welchem Umfang es sich nach dieser Vorschrift für BR-Arbeit freistellt (BAG vom 3.12.1987 – 6 AZR 569/85). Es trägt damit aber immer auch selbst das Risiko einer Fehleinschätzung. War die Arbeitsbefreiung nicht erforderlich, weil sie nicht in Zusammenhang mit den gesetzlichen Aufgaben des BR stand, entfällt der Vergütungsanspruch. Abgesehen von den weiter unten beschriebenen Schulungsveranstaltungen, kommt das in der Praxis jedoch nur in Ausnahmefällen vor, in einer sowieso konfliktgeladenen Situation. Hier hilft dann aber auch kein Beschluss des Gremiums, der die Freistellung als erforderlich beschreibt (BAG vom 6.8.1981 – 6 AZR 505/78).

Weil über § 37 Abs. 2 BetrVG die Arbeitsbefreiung für jede erforderliche BR-Arbeit gewährleistet ist, besteht keine Notwendigkeit für das Gremium, um zusätzliche vollständige Freistellungen über die in § 38 BetrVG hinaus genannten zu kämpfen. Mit der Freistellung nach Erforderlichkeit ist jede Aufgabenerfüllung abgesichert, wenn nötig, muss sich ein Mitglied jeden Tag aufs neue für die BR-Arbeit freistellen.

Freistellung für BR-Arbeit außerhalb der Arbeitszeit/Freizeitausgleich und Mehrarbeitsvergütung

Zwar soll die BR-Arbeit möglichst während der Arbeitszeit verrichtet werden. Das ist jedoch vor allem mit der zunehmenden Flexibilisierung der Arbeitszeiten nicht immer möglich, weshalb BR-Arbeit außerhalb der individuellen Arbeitszeit fast schon die Regel ist. Für diese Fälle sieht § 37 Abs. 3 einen zweistufigen Ausgleich vor: Diese Vorschrift setzt jedoch zwingend voraus, dass betriebliche Gründe das Ausweichen in die Freizeit erfordern. Betriebliche Gründe sind insbesondere bei einer uneinheitlichen Lage der Arbeitszeit gegeben, also bei Schichtarbeit, Teilzeitbeschäftigung oder täglichen Rahmenarbeitszeiten. Kein solcher Grund hingegen ist die Belastung mit der eigentlichen eigenen Arbeit, weil die BR-Arbeit immer vorgeht und Abs. 2 hierfür gerade den Freistellungsanspruch zur Verfügung stellt. Der AG muss deshalb durch Ersatzregelungen dafür sorgen, dass die Erfüllung der BR-Aufgaben möglich ist (BAG vom 27.6.1990 – 7 ABR 43/89).

Verursacht der BR selbst die Verlagerung der BR-Arbeit, besteht kein Ausgleichsanspruch. Wird also zum Beispiel ohne zwingenden Grund ein Arbeitstreffen auf den arbeitsfreien Samstag gelegt, das auch am Freitag während der Arbeitszeit hätte stattfinden können, gibt es hierfür keinen Ausgleich. Dasselbe gilt für Reisezeiten, die aufgrund eigener Organisation außerhalb der Arbeitszeit liegen.

Besondere Probleme entstehen in Schichtbetrieben. Hier werden wegen der unterschiedlichen Arbeitszeiten insbesondere BR-Sitzungen meist nicht zu Zeiten stattfinden können, in deren alle BR-Mitglieder auch vertraglich geschuldete Arbeitszeit zu verrichten haben. In diesen Fällen ist es nicht zumutbar, unmittelbar vor bzw. nach einer Sitzung noch eine volle Schicht zu arbeiten (BAG vom 7.6.1989 – 7 AZR 500/88). Auch wenn dadurch mehr Arbeitsstunden ausfallen als die Sitzung gedauert hat, darf deshalb keine Zeitschuld auf dem Arbeitszeitkonto oder eine Verpflichtung zur Nacharbeit entstehen. Maßstab für die Zumutbarkeit sind die Grenzen des ArbZG, also die werktägliche Höchstarbeitszeit von acht bzw. zehn Stunden und die Mindestruhezeit von elf Stunden. Dauert beispielsweise in einem Dreischichtbetrieb mit den gängigen Wechselzeiten (6, 14 und 22 Uhr) eine BR-Sitzung von 10 bis 17 Uhr, muss in den elf Stunden davor und danach kein BR-Mitglied in der Nachtschicht arbeiten. Theoretisch kann der AG aber verlangen, dass die Zeit von 22 bis 23 Uhr vor der Sitzung und von 4 bis 6 Uhr danach gearbeitet wird, weil diese Zeiten außerhalb der Elf-Stunden-Zone liegen. Ein BR-Mitglied, das in der Frühschicht eingeplant ist, muss hierzu auch antreten, es sei denn, es steht fest, dass die Sitzung länger dauert als die höchst zulässige tägliche Arbeitszeit von zehn Stunden. Wäre die Sitzung von vornherein auf eine solche Dauer angelegt, wäre wiederum die vorherige Arbeit unzumutbar – nicht unzulässig, wie die Zeit von 16 bis 17 Uhr, wenn das BR-Mitglied pünktlich zur Frühschicht erschienen ist. Damit ist zwar die Zehn-Stunden-Grenze überschritten, das ist jedoch unschädlich, weil niemand darauf Einfluss nehmen darf, wie der BR seine Arbeit organisiert. Der Kollege aus der Spätschicht muss seine Arbeit hier nach der Sitzung aufnehmen, kann sie aber spätestens um 20 Uhr einstellen, weil er dann vom AG wegen Überschreitens der Zehn-Stunden-Grenze nicht mehr zur Arbeit herangezogen werden darf.

Weil die Arbeitsbefreiung vor und nach der BR-Sitzung kein Fall der Freistellung gemäß § 37 Abs. 2 ist, kann das BR-Mitglied auch ohne Genehmigung des AG vor und nach der Sitzung der Schicht so lange fernbleiben, bis die gesetzlichen Ruhezeiten von 11 Stunden eingehalten sind.

Betriebsbedingt außerhalb der Arbeitszeit verrichtete BR-Arbeit führt zum Anspruch auf Freizeitausgleich. Diesen muss das BR-Mitglied aber innerhalb eines Monats nehmen. Schafft es das nicht, bleibt der Anspruch nur dann bestehen, wenn der AG die Freistellung aus betrieblichen Gründen ablehnt (BAG vom 25.8.1999 – 7 AZR

713/97). Für diesen Freizeitausgleich ist eine ausdrückliche Freistellung durch den AG zwingend erforderlich, das BR-Mitglied kann sich also nicht selbst freistellen. Bei einem Streit hierüber sollte das BR-Mitglied versuchen, eine einstweilige Verfügung zu bekommen, da der Anspruch auf Freistellung nach einem Monat verfällt.

Verweigert AG den Freizeitausgleich, dann wandelt er sich in einen Vergütungsanspruch um. Wenn eine entsprechende tarifvertragliche oder arbeitsvertragliche Regelung dies vorsieht, fallen auch entsprechende Zuschläge an (BAG vom 7.2.1985 – 6 AZR 370/82). Fehlen diese Regelungen oder sehen sie für den konkreten Fall keine Zuschläge vor, weil die Arbeitszeit im Durchschnitt innerhalb eines längeren Zeitraums erbracht wird, hat auch das BR-Mitglied keinen Anspruch hierauf. Dasselbe gilt, wenn Zuschläge vertraglich pauschaliert wurden. Das betrifft aber nur den Vergütungsanspruch, nicht den Anspruch auf Freizeitausgleich.

Das BR-Mitglied hat kein Wahlrecht zwischen Geld- oder Freizeitausgleich für BR-Arbeit außerhalb der Arbeitszeit, auch wenn dies häufig so gehandhabt wird. Die Auszahlung führt nur dazu, dass Personal gespart werden kann.

Bestehen in Betrieben Arbeitszeitkonten, die längere Ausgleichsfristen für Zeitguthaben vorsehen, kann sich das auch zugunsten der Freistellungsansprüche von BR-Mitgliedern auswirken, weil damit die starre Monatsgrenze aufgehoben wird.

Schulungsveranstaltungen (Abs. 6 und 7)

Mitglieder des BR haben das Recht, sich in der von ihnen zu bewältigenden Materie – also insbesondere in den rechtlichen Grundlagen der BR-Arbeit – schulen zu lassen. Hierfür sind sie nach § 37 Abs. 6 und 7 unter Fortzahlung der Vergütung freizustellen. Die Kostentragungspflicht des AG für die Maßnahmen ergibt sich aus § 40. Die Höhe der Bezahlung des BR-Mitglieds während der Schulung ist dieselbe wie bei sonstigen Arbeitsbefreiungen, richtet sich also nach den Absätzen 2 und 3. Das BR-Mitglied hat Anspruch auf alles, was es verdient hätte, wenn es während der Zeit normal gearbeitet hätte. Dauert die Schulung länger als die individuelle Arbeitszeit (insbesondere bei Teilzeitbeschäftigten), entsteht ein Anspruch auf Freizeitausgleich gemäß Abs. 3.

Die Vorschrift nennt zwei verschiedene Schulungstypen: Erforderliche Schulungen gemäß. Abs. 6, bei denen der AG auch das Seminar bezahlt und anerkannte Schulungen nach Abs. 7, die die BR-Mitglieder selbst bezahlen müssen. In der Praxis spielen letztere aber kaum noch eine Rolle.

Die Kosten der Schulung muss der AG dann tragen, wenn der Besuch der Veranstaltung für die BR-Arbeit erforderlich ist, also mit den gesetzlichen Aufgaben und konkreten Vorhaben direkt zu tun hat. Die Erforderlichkeit richtet sich nach der betrieblichen Situation. So kann zum Beispiel nur ein BR, der eine Initiative zur Gefährdungsanalyse psychischer Belastungen ergreifen will oder seitens des Betriebs damit beschäftigt wird, Mitglieder auf entsprechende Seminare entsenden.

Der Großteil der Schulungen befasst sich mit rechtlichen Fragen, praktischer Betriebspolitik oder der Organisation der BR-Arbeit. Dabei wird zwischen Grundlagenschulungen und Spezialschulungen unterschieden. Grundlagenschulungen sind solche, bei denen der BR nicht speziell darlegen muss, dass diese für das jeweilige BR-Mitglied erforderlich sind. Spezialschulungen dagegen können nur dann besucht werden, wenn konkrete betriebliche Aufgaben anstehen, für die das Wissen aus der Schulungsmaßnahme nötig ist (BAG vom 20.12.95 – 7 ABR 14/95).

Voraussetzung für jede Teilnahme an Schulungen ist ein vorheriger Beschluss des BR hierüber, andernfalls besteht kein Recht auf bezahlte Arbeitsbefreiung und Bezahlung des Seminars – egal, ob die Maßnahme erforderlich war oder nicht. Der Beschluss kann nach Durchführung der Schulung nicht mehr nachgeholt werden (BAG vom 8.3.2000 – 7 ABR 11/98).

Grundlagenschulungen behandeln vor allem das rechtliche Handwerkszeug des BR, also das Betriebsverfassungsrecht. Dazu gehören aber auch Veranstaltungen zum allgemeinen Arbeitsrecht, zum gültigen Tarifrecht, zum Arbeitsschutz, zu aktuellen Gesetzesänderungen bzw. zur aktuellen Rechtsprechung im Arbeitsrecht. Jedes BR-Mitglied benötigt dieses Wissen für seine Arbeit und darf nicht etwa darauf verwiesen werden, sich die Kenntnisse selbst durch Lesen oder Befragung anderer BR-Mitglieder zu verschaffen. Wenn ein BR-Mitglied allerdings bereits über das auf der Veranstaltung vermittelte Wissen verfügt, weil es entweder entsprechende Seminare schon einmal besucht oder aber langjährige Erfahrungen im BR hat, kann die Erforderlichkeit der Grundlagenschulung entfallen.

Für Spezialschulungen fordert die Rechtsprechung dagegen einen konkreten betrieblichen Anlass, der die Teilnahme erforderlich macht (BAG vom 19.7.1995 – 7 ABR 49/94). Den Anlass kann der BR durch Wahrnehmung seiner Initiativrechte auch selbst schaffen, er ist also nicht vom Tätigwerden des AG abhängig. Wenn der BR zum Beispiel beschließt, in Sachen „betrieblicher Umweltschutz" tätig zu werden, ist der Anlass für eine entsprechende Schulung gegeben, auch wenn der AG daran vielleicht gar kein Interesse hat.

Der AG muss eine Veranstaltung bezahlen, wenn sie zu mehr als 50 % Inhalte vermittelt, die im beschriebenen Sinne erforderlich sind (BAG vom 28.5.1976 – 1 AZR 116/74). Ob das so ist, beurteilt der BR anhand der Ausschreibung selbst, wenn er den entsprechenden Beschluss fasst. Hierbei hat er einen Beurteilungsspielraum, was die Auswahl der Veranstaltung und des Anbieters, der Teilnehmer und die zeitliche Lage angeht (BAG vom 16.10.1986 – 6 ABR 14/84). Der BR darf sich dabei auch einmal irren. Wenn er plausibel erklären kann, weshalb er sich für eine Schulung entschieden hat, besteht die Zahlungspflicht des AG. Plausibel heißt in diesem Zusammenhang, dass es dem Richter später einleuchten muss, dass und wie der BR zu seiner Entscheidung kam. In Zweifelsfällen sollte der BR sich sicherheitshalber sachverständigen Rat von der Gewerkschaft oder einem Rechtsanwalt einholen.

Der Schulungsanspruch gilt für alle BR-Mitglieder, unabhängig von ihrer Stellung. Spezialthemen setzen voraus, dass das teilnehmende Mitglied später auch mit dem Thema befasst sein wird. Ersatzmitglieder haben dann Anspruch auf Schulung, wenn sie häufig zur BR-Arbeit herangezogen werden (BAG vom 19.9.2001 – 7 ABR 32/00).

Die Dauer der Schulungsveranstaltung richtet sich nach der Erforderlichkeit. Bei umfangreichen Themen, wie Arbeits- und Betriebsverfassungsrecht sind 2–3 Wochen Schulung üblich und angemessen, allerdings verteilt über mehrere Monate.

Im Gegensatz hierzu sind die Schulungen gemäß Abs. 7, die der AG nicht bezahlen muss, kontingentiert. Dabei handelt es sich um Veranstaltungen, die die obersten Arbeitsbehörden als geeignet für die BR-Arbeit anerkannt haben. Veranstalter weisen auf diese Anerkennung hin, deshalb muss sich das BR-Mitglied keine Gedanken über die Eignung machen. Der Schulungsanspruch ist hier auf 3 Wochen je Amtsperiode beschränkt, in der 1. Amtszeit eines BR-Mitglieds beträgt er 4 Wochen. Der Umfang bleibt auch dann gleich, wenn der BR außerhalb der üblichen Wahlphase gewählt worden ist und sich daher die Amtszeit verkürzt.

Für solche Veranstaltungen besteht dann kein Anspruch auf Erstattung der Schulungskosten, es sei denn, dort werden auch für die BR-Arbeit erforderliche Inhalte vermittelt. Das BR-Mitglied zahlt hier also die Kosten selbst, sofern nicht etwa die Gewerkschaft diese übernimmt.

Die Auswahl dieser „geeigneten" Veranstaltungen trifft nicht das Gremium, sondern das Mitglied selbst. Der BR muss aber über die Freistellung beschließen.

Kündigt der AG schon vor der Seminarteilnahme an, dass er die Kosten eines nach Abs. 6 erforderlichen Seminars nicht übernimmt, muss das BR-Mitglied entscheiden, ob es trotzdem fährt und später prozessiert. Dabei klagt dann das Gremium die Kosten des Seminars und das Mitglied selbst Fahrtkosten und Vergütung ein. Viele dieser Prozesse scheitern allerdings an einer fehlerhaften Beschlussfassung, daher muss hier ein besonderes Augenmerk auf ein formal sauberes Vorgehen gelegt werden.

Theoretisch kann der AG sich auch mit der Lage der Schulungsmaßnahme nicht einverstanden erklären. Dann muss er diese Frage vorher in der Einigungsstelle klären. Angesichts der dabei entstehenden Kosten macht das in der Praxis aber kaum jemand. Bestritten wird allenfalls die Erforderlichkeit der Teilnahme.

Rechtsprechung

Erforderlichkeit

BAG vom 9.10.1973 – 1 ABR 6/73: Erforderlich ist die Vermittlung von Kenntnissen dann, wenn sie unter Berücksichtigung der konkreten Situation im Betrieb und BR benötigt werden, damit die BR-Mitglieder Ihre derzeitigen oder demnächst anfallenden gesetzlichen Aufgaben wahrnehmen können.

BAG vom 6.11.1973 – 1 ABR 8/73: Bei der Beurteilung, ob eine Schulung erforderlich ist, hat der BR einen Beurteilungsspielraum.

BAG vom 28.5.1976 – 1 AZR 116/74: Die Teilnahme an einer Schulungsveranstaltung ist dann erforderlich, wenn die für die konkrete BR-Arbeit als erforderlich anzusehenden Themen insgesamt den größeren Teil der Veranstaltung einnehmen.

Freistellung

BAG vom 23.6.1983 – 6 ABR 65/80: BR-Mitglieder müssen bei der Abmeldung zur BR-Arbeit nicht angeben, welche AN sie aufsuchen wollen. Sie müssen diese AN auch nicht auf die Sprechstunde des BR verweisen.

BAG vom 6.8.1981 – 6 AZR 1086/79: Ein nicht freigestelltes BR-Mitglied kann nicht dafür abgemahnt werden, wenn es Arbeitsbefreiung für BR-Tätigkeit in Anspruch nimmt, die es für erforderlich halten kann.

BAG vom 27.6.1990 – 7 ABR 43/89: Der AG muss AN nicht nur die für die BR-Tätigkeit freie Zeit gewähren, sondern auch bei der Zuteilung des Arbeitspensums auf die Tätigkeit des BR-Mitglieds Rücksicht nehmen.

BAG vom 15.3.1995 – 7 AZR 643/94: Das BR-Mitglied muss bei der Abmeldung nur den Ort und die voraussichtliche Dauer der beabsichtigten BR-Tätigkeit mitteilen. Der AG hat keinen Anspruch darauf, über die Art der BR-Tätigkeit informiert zu werden.

Freizeitausgleich

BAG vom 20.11.2004 – 7 AZR 131/04: Die beim Besuch einer Schulungsveranstaltung entstehenden Reisezeiten eines teilzeitbeschäftigten BR-Mitglieds außerhalb seiner Arbeitszeit begründen dann einen Anspruch auf entsprechende Arbeitsbefreiung unter Fortzahlung der Vergütung, wenn die Teilzeitbeschäftigung die Ursache dafür ist, dass die Reise außerhalb der Arbeitszeit durchgeführt wurde. Hätte die Reisezeit dagegen auch außerhalb der Arbeitszeit eines in Vollzeit beschäftigten BR-Mitglieds gelegen, besteht der Anspruch nicht.

BAG vom 16.4.2003 – 7 AZR 423/01: Zum Ausgleich für Reisezeiten außerhalb der individuellen Arbeitszeit kann ein BR-Mitglied Arbeitsbefreiung mit Entgeltfortzahlung nach den im Betrieb des AG geltenden tarifvertraglichen oder betrieblichen Regelungen über die Durchführung von Dienstreisen beanspruchen.

BAG vom 7.6.1989 – 7 AZR 500/88: Nimmt ein BR-Mitglied an einer außerhalb seiner persönlichen Arbeitszeit stattfindenden BR-Sitzung teil und ist es ihm deswegen unmöglich oder unzumutbar, seine vor oder nach der BR-Sitzung liegende Arbeitszeit einzuhalten, so hat es insoweit gemäß § 37 Abs. 2 BetrVG einen Anspruch auf bezahlte Arbeitsbefreiung.

BAG vom 26.1.1994 – 7 AZR 593/92: Betriebsbedingte Gründe für die Durchführung von BR-Tätigkeit außerhalb der Arbeitszeit liegen nur dann vor, wenn der AG darauf Einfluss genommen hat, dass sie nicht während der Arbeitszeit verrichtet wurde.

BAG vom 25.8.1999 – 7 AZR 713/97: Einen Anspruch auf Vergütung der außerhalb der Arbeitszeit aufgewendeten Zeit für BR-Arbeit entsteht nur, wenn der AG die dafür beantragte Arbeitsbefreiung verweigert.

Gehaltsschutz

BAG vom 15.1.1992 – 7 AZR 194/91: Für den Umfang des Gehaltsschutzes können solche AN als vergleichbar herangezogen werden, die im Zeitpunkt der Übernahme des BR-Amtes eine im Wesentlichen gleich qualifizierte Tätigkeit wie das BR-Mitglied ausgeübt haben.

Betriebsüblich ist eine berufliche Entwicklung, wenn sie einem gleichförmigen Verhalten des AG entspringt. Beförderungen sind nur dann betriebsüblich, wenn grundsätzlich, d. h. wenigstens in der überwiegenden Mehrzahl der vergleichbaren Fälle damit gerechnet werden kann.

Schulungsinhalte

BAG vom 15.5.1986 – 6 ABR 74/83: Schulungsveranstaltungen über Arbeitsschutz und Unfallverhütung (Arbeitssicherheit) sind grundsätzlich im Sinne des § 37 Abs. 6 BetrVG als erforderlich anzusehen.

BAG vom 16.10.1986 – 6 ABR 14/84: Im Regelfall ist die Teilnahme an einer Schulungsveranstaltung nach § 37 Abs. 6, die Grundkenntnisse des Arbeitsrechts (Arbeitsrecht I) vermittelt, erforderlich, wenn das entsandte BR-Mitglied über derartige persönliche Grundkenntnisse nicht verfügt. Bei langjähriger Tätigkeit im BR kann allerdings davon ausgegangen werden, dass solche Kenntnisse auch ohne Schulung erworben wurden.

BAG vom 7.6.1989 – 7 ABR 26/88: Eine Schulung kurz vor dem Ende der Amtszeit des BR mit dem Thema „Grundkenntnisse des Betriebsverfassungsrechts“ ist nur dann erforderlich, wenn das betreffende Mitglied die Kenntnisse für die Bewältigung der während des Rests der Amtszeit auf es zukommenden Aufgaben benötigt und auch bislang nicht auf praktischem Weg erworben hat.

BAG vom 24.5.1995 – 7 ABR 54/94: Die Teilnahme eines BR-Mitglieds an einer Schulungsveranstaltung „Diskussionsführung und Verhandlungstechnik“ ist nur dann erforderlich, wenn das entsandte BR-Mitglied im BR eine derart herausgehobene Stellung einnimmt, dass gerade seine Schulung für die BR-Arbeit notwendig ist.

BAG vom 19.7.1995 – 7 ABR 49/94: Die Kosten für die Teilnahme eines BR-Mitglieds an einer Schulungsveranstaltung über den Einsatz eines PC für die Erledigung von BR-Aufgaben muss der AG nur dann tragen, wenn aktuelle oder absehbare betriebliche bzw. BR-bezogene Anlässe die Schulung des entsandten BR-Mitglieds erfordern.

BAG vom 20.12.1995 – 7 ABR 14/95: Die Erläuterung der aktuellen Rechtsprechung des Bundesarbeitsgerichts zu betriebsverfassungsrechtlichen Fragen und deren Umsetzung in die betriebliche Praxis kann ein im Sinne von § 37 Abs. 6 BetrVG erforderlicher Schulungsinhalt sein. Hierfür muss sich der BR nicht auf ein Selbststudium anhand der ihm zur Verfügung stehenden Fachzeitschriften verweisen lassen.

BAG vom 15.1.1997 – 7 ABR 14/96: Die Teilnahme eines BR-Mitglieds an einer Schulungsveranstaltung zum Thema „Mobbing“ ist nach § 37 Abs. 6 Satz 1 BetrVG erforderlich, wenn eine entsprechende betriebliche Konfliktlage existiert, aus der sich für ihn ein Handlungsbedarf zur Wahrnehmung einer gesetzlichen Aufgabenstellung ergibt und zu deren Erledigung er das auf der Schulung vermittelte Wissen benötigt.

§ 38 Freistellungen

(1) Von ihrer beruflichen Tätigkeit sind mindestens freizustellen in Betrieben mit in der Regel

200	**bis**	**500 Arbeitnehmern**	**ein Betriebsratsmitglied,**
501	**bis**	**900 Arbeitnehmern**	**2 Betriebsratsmitglieder,**
901	**bis**	**1.500 Arbeitnehmern**	**3 Betriebsratsmitglieder,**
1.501	**bis**	**2.000 Arbeitnehmern**	**4 Betriebsratsmitglieder,**
2.001	**bis**	**3.000 Arbeitnehmern**	**5 Betriebsratsmitglieder,**
3.001	**bis**	**4.000 Arbeitnehmern**	**6 Betriebsratsmitglieder,**

4.001	bis 5.000	Arbeitnehmern	7 Betriebsratsmitglieder,
5.001	bis 6.000	Arbeitnehmern	8 Betriebsratsmitglieder,
6.001	bis 7.000	Arbeitnehmern	9 Betriebsratsmitglieder,
7.001	bis 8.000	Arbeitnehmern	10 Betriebsratsmitglieder,
8.001	bis 9.000	Arbeitnehmern	11 Betriebsratsmitglieder,
9.001	bis 10.000	Arbeitnehmern	12 Betriebsratsmitglieder.

In Betrieben mit über 10.000 Arbeitnehmern ist für je angefangene weitere 2.000 Arbeitnehmer ein weiteres Betriebsratsmitglied freizustellen. Freistellungen können auch in Form von Teilfreistellungen erfolgen. Diese dürfen zusammengenommen nicht den Umfang der Freistellungen nach den Sätzen 1 und 2 überschreiten. Durch Tarifvertrag oder Betriebsvereinbarung können anderweitige Regelungen über die Freistellung vereinbart werden.

(2) Die freizustellenden Betriebsratsmitglieder werden nach Beratung mit dem Arbeitgeber vom Betriebsrat aus seiner Mitte in geheimer Wahl und nach den Grundsätzen der Verhältniswahl gewählt. Wird nur ein Wahlvorschlag gemacht, so erfolgt die Wahl nach den Grundsätzen der Mehrheitswahl; ist nur ein Betriebsratsmitglied freizustellen, so wird dieses mit einfacher Stimmenmehrheit gewählt. Der Betriebsrat hat die Namen der Freizustellenden dem Arbeitgeber bekannt zu geben. Hält der Arbeitgeber eine Freistellung für sachlich nicht vertretbar, so kann er innerhalb einer Frist von zwei Wochen nach der Bekanntgabe die Einigungsstelle anrufen. Der Spruch der Einigungsstelle ersetzt die Einigung zwischen Arbeitgeber und Betriebsrat. Bestätigt die Einigungsstelle die Bedenken des Arbeitgebers, so hat sie bei der Bestimmung eines anderen freizustellenden Betriebsratsmitglieds auch den Minderheitenschutz im Sinne des Satzes 1 zu beachten. Ruft der Arbeitgeber die Einigungsstelle nicht an, so gilt sein Einverständnis mit den Freistellungen nach Ablauf der zweiwöchigen Frist als erteilt. Für die Abberufung gilt § 27 Abs. 1 Satz 5 entsprechend.

(3) Der Zeitraum für die Weiterzahlung des nach § 37 Abs. 4 zu bemessenden Arbeitsentgelts und für die Beschäftigung nach § 37 Abs. 5 erhöht sich für Mitglieder des Betriebsrats, die drei volle aufeinander folgende Amtszeiten freigestellt waren, auf zwei Jahre nach Ablauf der Amtszeit.

(4) Freigestellte Betriebsratsmitglieder dürfen von inner- und außerbetrieblichen Maßnahmen der Berufsbildung nicht ausgeschlossen werden. Innerhalb eines Jahres nach Beendigung der Freistellung eines Betriebsratsmitglieds ist diesem im Rahmen der Möglichkeiten des Betriebs Gelegenheit zu geben, eine wegen der Freistellung unterbliebene betriebsübliche berufliche Entwicklung nachzuholen. Für Mitglieder des Betriebsrats, die drei volle aufeinander folgende Amtszeiten freigestellt waren, erhöht sich der Zeitraum nach Satz 2 auf zwei Jahre.

Die Vorschrift regelt die Anzahl der vollständigen oder teilweisen Freistellungen von BR-Mitgliedern von der Arbeit, das Verfahren, um diese Personen zu bestimmen und deren arbeitsvertraglichen Tätigkeitsschutz.

Themenübersicht

Betriebsgröße
Freistellungsumfang und Teilfreistellung
Erhöhte Zahl der Freistellungen
Freistellungswahl
Rechtsstellung der Freigestellten
Rechtsprechung

BR-Gremien in Betrieben mit in der Regel über 200 Beschäftigten können eines oder mehrere Mitglieder vollständig von der Arbeit freistellen. Diese vollständigen Freistellungen können auch auf mehrere Mitglieder aufgeteilt werden. Ob der BR von diesem Recht Gebrauch macht und wer die Freistellung wahrnehmen soll, entscheidet er allein, muss sich aber mit dem AG abstimmen. Kommt es mit dem AG zum Streit darüber, wer freigestellt werden soll, wird dieser durch die Einigungsstelle entschieden.

Betriebsgröße

Bei der Feststellung der Zahl der Freistellungen kommt es auf die jeweils aktuelle Betriebsgröße an, also nicht auf den Zustand bei der BR-Wahl. Daher kann es passieren, dass auch ein Gremium mit 7 Mitgliedern eines davon vollständig von der Arbeit freistellen kann, weil der Betrieb nach den Wahlen gewachsen ist. Andererseits meint „aktuelle" Betriebsgröße wie fast immer den Regelzustand, also nicht ein nur vorübergehendes Anwachsen der Belegschaftsstärke über die jeweils nächste Freistellungsstufe. Insbesondere Vertretungen – etwa für Elternurlauber – können diese Zahl nicht anheben, weil sie ja absehbar den Betrieb wieder verlassen, wenn der Vertretene zurückkehrt. Die Entscheidung bei einem Streit über die Anzahl der Freistellungen trifft das Arbeitsgericht.

Freistellungsumfang und Teilfreistellung

Freistellungen sind immer auf die Person, nicht auf die Arbeitszeit bezogen. Ein Teilzeitbeschäftigter mit der halben Regelarbeitszeit nimmt daher, wenn er freigestellt wird, einen ganzen Freistellungsplatz in Anspruch. Daran ändert auch das Recht zu Teilfreistellungen nichts. Mit den Teilfreistellungen kann der BR Freistellungen auf mehrere Personen aufteilen, was häufig sinnvoll ist, damit der Anschluss der BR-Mitglieder an das Berufsleben nicht völlig verloren geht. Eine Aufteilung je zur Hälfte auf eine Vollzeit- und einen Teilzeitbeschäftigten führt daher dazu, dass beide im Umfang von 50 % ihrer individuellen Arbeitszeit freigestellt werden.

Bei Teilfreistellungen reicht es nicht aus, nur den Umfang der Freistellung zu bestimmen, zwingend erforderlich ist auch die Festlegung der Freistellungszeiten. Das kann eine Aufteilung nach Wochentagen, Wochen oder Monaten sein. Erfolgt diese Festlegung nicht, wird die Teilfreistellung für normale BR-Arbeit verbraucht, für die aber sowieso ein Freistellungsanspruch nach § 37 Abs. 2 in unbegrenzter Höhe existiert. Dieser normale Freistellungsanspruch besteht aber zusätzlich zur teilweisen Freistellung. Das BR-Mitglied, dessen Teilfreistellung zum Beispiel auf die Tage Montag und Dienstag gelegt wurde, kann also auch – falls erforderlich – am Donnerstag BR-Arbeit machen und sich dafür nach 37 Abs. 2 freistellen.

Erhöhte Zahl der Freistellungen

Die Zahl der generellen Freistellungen kann erhöht werden, allerdings nur im Konsens mit dem AG, da in einem etwaigen Gerichtsverfahren die Anforderungen an die Begründung eines solchen Antrags nicht erfüllbar wären. Bedarf nach weiterer Arbeitskraft lässt sich eher über § 37 Abs. 2 BetrVG befriedigen.

Freistellungswahl

Die Bestimmung der freizustellenden Personen erfolgt in einer Verhältniswahl, es sei denn, es wird nur ein Vorschlag gemacht oder es steht nur eine Freistellung zur Verfügung. Dann wird die Personenwahl durchgeführt. Die Wahl ist immer geheim durchzuführen. Kommt es zu einer Pattsituation, entscheidet das Los (BAG vom 26.2.1987 – 6 ABR 55/85). Scheidet ein freigestelltes Mitglied aus dem BR aus oder ist es vorübergehend verhindert, rückt aus der Vorschlagsliste, auf der es kandidiert hat, der nächste Bewerber nach. Wurde über die Freistellungen in einer Personenwahl entschieden, rückt der nicht zum Zuge gekommene Kandidat mit der höchsten Stimmenzahl nach. Erst wenn die Liste erschöpft bzw. kein nicht gewählter Bewerber mehr vorhanden ist, erfolgt eine Nachwahl – allerdings nur für den frei gewordenen Freistellungsplatz und auch immer als Personenwahl. Ein in den BR nachrückendes Ersatzmitglied tritt also niemals automatisch an die Stelle eines ausgeschiedenen Freigestellten.

Ist der Freigestellte nur vorübergehend verhindert, findet keine automatische Ersatzfreistellung nach diesem System statt, auch eine Neuwahl ist nicht ohne weiteres möglich. Der Bedarf nach Arbeitskraft wird in diesem Fall über die vorübergehende Freistellung gemäß § 37 Abs. 2 gedeckt (BAG vom 9.7.1997 – 7 ABR 18/96).

Erhöht sich die Anzahl der Freistellungen während der Amtszeit, weil der Betrieb wächst oder schrumpft, muss wieder über alle Freistellungen neu entschieden werden, wenn diese durch Verhältniswahl bestimmt worden sind. Bei einer Personenwahl reicht die Nachwahl einzelner BR-Mitglieder aus. Verringert sich die Zahl der Freistellungen, muss immer komplett neu gewählt werden, da eine „Abwahl" im Gesetz nicht vorgesehen ist.

Die Wahl in die Freistellung ist ebenso anfechtbar wie die Wahl zum BR, der entsprechende Antrag muss innerhalb von zwei Wochen beim Arbeitsgericht eingereicht werden.

Rechtsstellung der Freigestellten

Freigestellte BR-Mitglieder sind nur von der Arbeitsleistung freigestellt, nicht aber von den sonstigen betrieblichen Regelungen. Arbeitszeit oder Betriebsurlaub gelten für sie wie für alle anderen. Sie sind aber freier darin, außerhalb der individuellen Arbeitszeit BR-Arbeit zu machen, wenn sie dabei innerhalb der betrieblichen Arbeitszeit bleiben. Wer also eigentlich in Wechselschicht eingesetzt ist, muss diesen Rhythmus als freigestelltes BR-Mitglied nicht aufrechterhalten, wenn dies für die BR-Arbeit erforderlich ist. Der Anspruch auf die entsprechenden Zulagen bleibt gleichwohl erhalten.

Die generelle Freistellung erfolgt nur für erforderliche BR-Arbeit, nicht aber für die Wahrnehmung anderer Aufgaben. Dazu gehören auch Tätigkeiten für den GBR, den KBR oder den Wirtschaftsausschuss. Für diese Gremien gibt es keine entsprechenden Vorschriften. Nicht zur erforderlichen BR-Arbeit zählt hingegen Gewerkschaftsarbeit, also etwa das Verteilen von Flugblättern o. Ä. Der AG ist berechtigt, hierfür die Vergütung zu kürzen. Die Freistellung ist kein Recht, das dem jeweiligen Mitglied persönlich zusteht, sondern eine Verpflichtung zur Arbeit für das Gremium. Dieses ist deshalb auch berechtigt, Freistellungen wieder zu ändern. Die Abberufung und Neuwahl muss sich dann aber auf alle Freigestellten erstrecken, damit nicht auf diesem Wege die Mehrheit der Minderheit die Freistellungen wieder abnimmt, die diese durch das Verhältniswahlrecht errungen hat.

Für langjährig freigestellte BR-Mitglieder ist der Verdienst- und Tätigkeitsschutz aus § 37 Abs. 4 und 5 erweitert (Erläuterungen in § 37 BetrVG). Wenn die Freistellung drei aufeinander folgende Amtszeiten gedauert hat, verlängern sich beide auf zwei Jahre nach dem Ende der Amtszeit. Es kommt nur auf die Zahl der Amtszeiten, nicht auch deren Dauer in Jahren an.

Den Anspruch des freigestellten BR-Mitglieds auf Teilnahme an den betrieblichen Qualifizierungsmaßnahmen in Abs. 4 kann der BR mit Nachdruck über sein Mitbestimmungsrecht aus §§ 96–98 durchsetzen. Allerdings werden solche Qualifizierungen mangels praktischer Anwendung danach für Freigestellte häufig wenig sinnvoll sein. Hier muss ggf. nach dem Ende der Freistellung eine Nachschulung erfolgen. Es sollte dann aber schon frühzeitig daran gedacht werden, diese sicherzustellen und auch im Rahmen der Mitbestimmung zu vereinbaren.

Rechtsprechung

BAG vom 21.5.1974 – 1 AZR 477/73: Der Umfang der von BR-Mitgliedern verrichteten Arbeit muss nicht genau der vertraglich geschuldeten Arbeitszeit entsprechen. Das Gesetz nimmt durch die Pauschalierung der Freistellung ein gewisses Maß an Mehr- und Minderleistungen in Kauf. Daher hat das gemäß § 38 freigestellte BR-Mitglied in der Regel keinen Ausgleichsanspruch für durch die BR-Arbeit und nicht den Betrieb verursachte Überschreitungen der individuellen Arbeitszeit.

BAG vom 21.4.1983 – 6 AZR 407/80: Freiwillige Zulagen zum Arbeitslohn stehen auch freigestellten BR-Mitgliedern zu, wenn sie bei Übernahme des BR-Amts eine Tätigkeit ausgeübt haben, die mit derjenigen von AN, die eine solche Zulage bekommen, vergleichbar ist.

BAG vom 29.4.1992 – 7 ABR 74/91: Die Beratung gemäß § 38 Abs. 2 Satz 1 über die freizustellenden BR-Mitglieder muss zwischen AG und dem gesamten BR erfolgen. Eine Beratung nur mit einem Teil des BR genügt nicht.

BAG vom 12.12.2000 – 9 AZR 508/99: Von der beruflichen Tätigkeit nach § 38 Abs. 1 BetrVG vollständig freigestellte BR-Mitglieder können nur Mehrarbeitsvergütungen beanspruchen, wenn sie entweder ohne Befreiung von der Arbeitspflicht Mehrarbeit geleistet hätten oder wenn nach § 37 Abs. 3 BetrVG die für die BR-Tätigkeit aufgewendete Zeit aus betriebsbedingten Gründen wie Mehrarbeit zu vergüten ist.

BAG vom 25.4.2001 – 7 ABR 26/00: Bei Ausscheiden eines nach § 38 Abs. 2 Satz 1 BetrVG im Wege der Verhältniswahl in die Freistellung gewählten BR-Mitglieds ist das ersatzweise freizustellende Mitglied in entsprechender Anwendung des § 25 Abs. 2 Satz 1 BetrVG der Vorschlagsliste zu entnehmen, der das zu ersetzende Mitglied angehörte. Bei Erschöpfung der Liste ist das ersatzweise freizustellende Mitglied im Wege der Mehrheitswahl zu wählen.

BAG vom 20.8.2002 – 9 AZR 261/01: Auch die von der beruflichen Tätigkeit freigestellten BR-Mitglieder müssen sich während der betriebsüblichen Arbeitszeit der Erfüllung der dem BR obliegenden Aufgaben widmen. Für sie gelten die Urlaubsregelungen, die anzuwenden wären, wenn sie nicht freigestellt wären.

BAG vom 22.10.2003 – 7 ABR 3/03: Bei der Feststellung der für die Anzahl der Freistellungen gemäß § 38 relevanten Betriebsgröße zählen im Betrieb eingesetzte Leiharbeitnehmer nicht mit.

BAG vom 20.4.2005 – 7 ABR 47/04: Erhöht sich die Anzahl freizustellender BR-Mitglieder während der laufenden Amtszeit, müssen alle freigestellten BR-Mitglieder neu gewählt werden, wenn die ursprüngliche Freistellungswahl als Verhältniswahl durchgeführt wurde.

BAG vom 20.4.2005 – 7 ABR 44/04: Die zweiwöchige Frist zur Anfechtung der Wahl freizustellender BR-Mitglieder beginnt in entsprechender Anwendung von § 19 Abs. 2 Satz 2 mit der Feststellung des Wahlergebnisses durch den BR.

§ 39 Sprechstunden

(1) Der Betriebsrat kann während der Arbeitszeit Sprechstunden einrichten. Zeit und Ort sind mit dem Arbeitgeber zu vereinbaren. Kommt eine Einigung nicht zustande, so entscheidet die Einigungsstelle. Der Spruch der Einigungsstelle ersetzt die Einigung zwischen Arbeitgeber und Betriebsrat.

(2) Führt die Jugend- und Auszubildendenvertretung keine eigenen Sprechstunden durch, so kann an den Sprechstunden des Betriebsrats ein Mitglied der Jugend- und Auszubildendenvertretung zur Beratung der in § 60 Abs. 1 genannten Arbeitnehmer teilnehmen.

(3) Versäumnis von Arbeitszeit, die zum Besuch der Sprechstunden oder durch sonstige Inanspruchnahme des Betriebsrats erforderlich ist, berechtigt den Arbeitgeber nicht zur Minderung des Arbeitsentgelts des Arbeitnehmers.

> Die Vorschrift regelt einerseits die Berechtigung des BR, Sprechstunden einzurichten und andererseits das Recht der Beschäftigten, die Unterstützung des BR ohne Einkommensverlust in Anspruch zu nehmen.

Themenübersicht

Sprechstunden
Inanspruchnahme des BR
Rechtsprechung

Sprechstunden

Um die Kommunikation mit den Beschäftigten aufrechtzuerhalten, sollte der BR feste Sprechstunden einrichten. Mit dem AG braucht er nur zu vereinbaren, wann und wo diese stattfinden sollen, der AG muss dann gemäß § 40 BetrVG den Raum, sachliche Mittel usw. zur Verfügung stellen. Ist der Betrieb auf mehrere Standorte aufgeteilt, sollte der BR in jedem Standort solche Sprechzeiten abhalten. Wenn besondere Ereignisse, etwa Umstrukturierungen, Entlassungen oder Ähnliches anstehen, können auch zusätzliche Sprechstunden eingerichtet werden. Bei einem Streit um die Lage der Sprechstunden entscheidet die Einigungsstelle verbindlich. Sie kann sowohl vom BR als auch vom AG angerufen werden. Fehlen ihm erforderliche sachliche Mittel wie Räume etc., muss der BR die Bereitstellung durch den AG im Beschlussverfahren durchsetzen.

Die Beteiligung von Vertretern der JAV ist vom Gesetz vorgesehen, wenn diese keine eigenen Sprechstunden durchführt. Auch für deren Vertreter ist die Arbeitsbefreiung für die Durchführung der Sprechstunden erforderlich, muss also vom AG akzeptiert werden. Für spezielle Themen können auch Vertreter der Gewerkschaft oder sachkundige AN (Auskunftspersonen) gemäß § 80 Abs. 2 hinzugezogen werden. Über Letztere müssen sich BR und AG aber verständigen.

Inanspruchnahme des BR

AN dürfen keine Nachteile dadurch entstehen, dass sie die Unterstützung des BR in Anspruch nehmen. Deshalb muss jegliche Zeit der Inanspruchnahme während der Arbeitszeit normal bezahlt werden. Es macht keinen Unterschied, ob der Kontakt während oder außerhalb der Sprechstunde aufgenommen wird und ob die dabei vorgetragenen Anliegen berechtigt sind oder nicht. Lediglich bei Missbrauch kann der AG die Zahlung verweigern, also etwa dann, wenn ein AN ständig mit demselben Thema beim BR auftaucht.

Verweigert der AG die Zahlung der Vergütung von Beschäftigten, die den BR in Anspruch genommen haben, müssen die Beschäftigten hiergegen individualrechtlich mit einer Klage vor dem Arbeitsgericht vorgehen. Der BR kann das nicht für sie übernehmen.

Rechtsprechung

BAG vom 13.11.1991 – 7 ABR 5/91: Das Anliegen des BR, eines seiner Mitglieder unabhängig von der Staffelung des § 38 freizustellen, erfordert die Darlegung, dass in dem beantragten Umfang regelmäßig BR-Arbeit anfällt. Mit der Einrichtung und Abhaltung regelmäßiger Sprechstunden kann die zusätzliche Freistellung nicht begründet werden.

§ 40 Kosten und Sachaufwand des Betriebsrats

(1) Die durch die Tätigkeit des Betriebsrats entstehenden Kosten trägt der Arbeitgeber.

(2) Für die Sitzungen, die Sprechstunden und die laufende Geschäftsführung hat der Arbeitgeber in erforderlichem Umfang Räume, sachliche Mittel, Informations- und Kommunikationstechnik sowie Büropersonal zur Verfügung zu stellen.

> Die Vorschrift legt zwei Verfahren fest, wie der AG für die Aufwendungen des BR aufkommen muss: durch Erstattung der Kosten oder Bereitstellung der Arbeitsmittel.

Themenübersicht

Arbeitsmittel und laufende Geschäftsführung
Erforderlichkeit
Erforderliche Sachmittel
Budget
Konflikte um Sachmittel und Kosten

Der AG muss die durch die Tätigkeit des BR entstehenden Kosten bezahlen. Dazu zählen der allgemeine Aufwand aus der laufenden Geschäftsführung, die Vergütungsanspruche der einzelnen BR-Mitglieder und die Kosten des Einigungsstellenverfahrens. In dieser Vorschrift hier geht es um Arbeitsmittel und laufende Geschäftsführung. Weitere Regelungen zur Kostentragung durch den AG finden sich für die Vergütung der BR-Mitglieder in § 37 Abs. 2 und für die Einigungsstelle in § 76a.

Arbeitsmittel und laufende Geschäftsführung

Zwischen Arbeitsmitteln und laufender Geschäftsführung wird im Gesetz unterschieden. Für beide sind unterschiedliche Wege der Bezahlung festgelegt. Es kann zu Lasten der Mitglieder des BR gehen, wenn diese nicht eingehalten werden. Die wichtigsten Arbeitsmittel sind: BR-Büro mit Einrichtung, Büromaterialen und -technik sowie Literatur. Kosten der laufenden Geschäftsführung sind etwa Reisekosten, Anwaltshonorare oder die Kosten einer erforderlichen Seminarteilnahme.

Während die Arbeitsmittel dem BR vom AG zur Verfügung gestellt werden müssen, muss er die durch die Geschäftsführung verursachten Ausgaben entweder erstatten, wenn das BR-Mitglied in Vorleistung getreten ist oder an dessen Stelle die Zahlung übernehmen. Der Unterschied wird klarer anhand eines Beispiels: Will der BR seine Mitlieder mit neuen Gesetzessammlungen ausstatten und besorgt der Vorsitzende der Einfachheit halber selbst 15 Exemplare davon, wird er im Falle eines Streits hierüber vom AG keinen Cent bekommen. Zwar steht die Erforderlichkeit der Anschaffung außer Zweifel, der BR darf die Sachmittel aber nicht selbst einkaufen, sondern muss den AG auffordern, ihm die Bücher zur Verfügung zu stellen. Wenn dieser der Aufforderung nicht nachkommt, kann er gerichtlich dazu verpflichtet werden. Literatur gehört zu den Arbeitsmitteln, die der BR nicht selbst besorgen darf – zumindest, wenn es keine anders lautende Vereinbarung mit dem AG in dieser Frage gibt.

Anders sieht es mit der Führung eines Gerichtsverfahrens aus: Dieses kann der BR einleiten ohne sich vorher mit dem AG zu verständigen. Hierfür muss der AG auch bezahlen, nachdem die Ausgaben schon entstanden sind – wenn die üblichen Bedingungen, also Erforderlichkeit und ordnungsgemäße Beschlussfassung erfüllt sind.

Erforderlichkeit

Die Erforderlichkeit der Ausgabe ist immer eine notwendige Voraussetzung dafür, dass der AG Kosten tragen oder Arbeitsmittel bereitstellen muss. Die Erforderlichkeit ist gegeben, wenn der BR zum Beispiel die Schulungsmaßnahme oder das Fachbuch zur Erfüllung seiner gesetzlichen Aufgaben benötigt. Der BR muss mit der Ausgabe entweder seinen innerbetrieblichen Aufgaben – etwa der Organisation einer Betriebsversammlung – nachkommen wollen oder ein Ziel verfolgen, für das das BetrVG ein Mitwirkungsrecht vorsieht, und sei es nur ein allgemeines Überwachungsrecht in § 80 oder ein Vorschlagsrecht wie in § 92a. Will der BR Vorschläge zur Beschäftigungssicherung entwickeln die sich auf die Veränderung der Arbeitsorganisation beziehen, so wird die Teilnahme an einer entsprechenden Schulungsveranstaltung erforderlich sein, schließlich ist das ein sehr spezielles Thema, das im Katalog der Vorschlagsrechte in § 92a ausdrücklich genannt wird. Der BR muss sich aber ernsthaft damit befassen wollen.

Bei der Beurteilung, ob im Einzelfall die Erforderlichkeit gegeben ist, kann der BR sich irren. Irrtum bedeutet in der praktischen Anwendung, dass ein Arbeitsrichter anderer Meinung ist. Hierfür räumt die Rechtsprechung dem BR einen gewissen Entscheidungsspielraum ein und auch ein Recht auf Irrtum, aber nur dann, wenn der nicht vermeidbar war. Der BR soll seine Entscheidung, Kosten zu verursachen, aus der „Perspektive eines vernünftigen Dritten" treffen (BAG vom 19.9.2001 – 7 ABR 32/00), was so viel heißt wie: für das Gericht nachvollziehbar machen.

Im Konfliktfall sollte er sich allerdings der Unterstützung erfahrener Prozessvertreter bedienen, weil die Grenze zwischen „erforderlich" und „nicht erforderlich" oft schwer zu ziehen ist.

Dieselben Erwägungen sind auch vor der Anschaffung von Büromaterial nötig, allerdings mit dem beschriebenen Vorteil, dass der BR hier nicht erst auf unsicherer Grundlage Geld ausgibt und dann hoffen muss, dass der AG die Kosten übernimmt. Die Erforderlichkeit klärt sich vorher, spätestens im Gerichtsverfahren, in dem der BR den AG dazu verurteilen lassen will, das Arbeitsmittel – zum Beispiel einen Computer – zur Verfügung zu stellen. Bei der Darlegung der Erforderlichkeit nutzen allgemeine Hinweise auf Arbeitserleichterung nichts, es kommt darauf an, dass der BR das gewünschte Sachmittel braucht, um seinen Mitbestimmungsaufgaben in vollem Umfang nachzukommen (BAG vom 11.3.1998 – 7 ABR 59/96). Daraus folgt: Auch wenn es in manchen Fällen vielleicht einem Ritual gleichkommt, dem Gericht muss immer dargelegt werden, worin der Bezug zu einzelnen Mitbestimmungsrechten bzw. Aufgaben des BR besteht.

Die Erforderlichkeit beurteilt sich immer anhand der konkreten betrieblichen Situation. Arbeitsmittel, die der eine BR braucht, sind möglicherweise für einen anderen völlig untauglich. Weil Arbeitsgerichte aber immer nur über konkrete Erforderlichkeit in einem einzelnen Betrieb entscheiden, ist die Rechtsprechung zu diesem Thema nur begrenzt aussagekräftig. In keinem Fall darf sie so verstanden werden: „Was die anderen bekommen haben, steht uns auch zu."

Erforderliche Sachmittel

Trotz dieser Einschränkungen, lassen sich für einige typische Sachverhalte verallgemeinernde Aussagen treffen. Das gilt insbesondere für die folgenden zur Verfügung zu stellenden Sachmittel:

Literatur: Dazu zählen insbesondere die vielfältigen juristischen Fachbücher und Gesetzessammlungen, aber auch praktische Darstellungen der BR-Arbeit, Handbücher etc. Mindestausstattung ist für jedes BR-Mitglied eine Gesetzessammlung zum Arbeitsrecht und ein Kurzkommentar zum BetrVG, jeweils in der aktuellen Auflage. Hinzu kommt mindestens ein größerer Kommentar zum BetrVG und zum Kündigungsschutz für das Gremium bzw. das BR-Büro. Weiterhin müssen entsprechende Erläuterungen zum Urlaubsrecht, zum Entgeltfortzahlungsrecht und zum Arbeitszeitrecht im Gremium vorhanden sein. Ansonsten gilt das Übliche: Was als Informationsquelle für die Erledigung der gesetzlichen Aufgaben benötigt wird, muss der AG besorgen. Insbesondere gehört hierzu auch Information zum Themenkreis

„Arbeitsschutz“. Schließlich darf zur laufenden Unterrichtung über aktuelle Entwicklungen eine Fachzeitschrift für die BR-Arbeit abonniert werden (BAG vom 21.4.1983 – 6 ABR 70/82), zum Beispiel „der betriebsrat“.

Räume: Der BR benötigt einen Raum für die laufende Geschäftsführung, für Sitzungen und Sprechstunden. In der Regel wird das ein eigens für die BR-Arbeit genutzter Raum sein, allenfalls bei sehr kleinen Gremien (bis zu drei Mitglieder) kann die Mitbenutzung eines fremden Büros ausreichen. Die Einrichtung des Raums muss für die Arbeit des BR geeignet sein, das heißt einen abschließbaren Schrank, Schreibtisch, Stühle usw. enthalten. Der Raum muss auch den Anforderungen des Arbeitsschutzes an Arbeitsräume genügen (LAG Köln vom 19.1.2001 – 11 TaBV 75/00). Ist ein BR-Büro für die Durchführung von Sitzungen zu klein, muss zusätzlich ein störungsfreier Sitzungsraum zur Verfügung stehen.

Büromaterial und -technik: Im Büro müssen die üblichen Schreibmaterialien, Telefon, Papier und Aktenordner vorhanden sein. Dass auch ein PC mit Anschluss an zeitgemäße Kommunikationseinrichtungen wie E-Mail und Intranet dazu gehört, ist vielerorts, auch bei vielen Gerichten, noch nicht selbstverständlich. Ein Streit darum ist in der Regel eher ein Machtkampf zwischen AG und BR als eine wirkliche Auseinandersetzung um die Erforderlichkeit dieser Arbeitsmittel.

Kommunikation: Noch immer ist in praktisch allen Betrieben eine Fläche zum Aushang aktueller Nachrichten (Schwarzes Brett) unverzichtbar. Sie muss sich an einem allgemein zugänglichen Ort (etwa Eingangsbereich, Kantine) befinden. Hinzu treten inzwischen oft Intranet und E-Mail, um die Kommunikation mit den Beschäftigten aufrechtzuerhalten. Die Erforderlichkeit des Zugangs zu diesen Medien – auch wenn sie inzwischen in vielen Betrieben wie selbstverständlich genutzt werden – muss bei gerichtlichen Auseinandersetzungen häufig noch speziell begründet werden (BAG vom 3.9.2003 – 7 ABR 8/03 und 7 ABR 12/03).

Büropersonal: Für größere Gremien kann es nötig sein, eigenes Verwaltungspersonal für die laufenden administrativen Aufgaben zu beschäftigten. Solche Bürokräfte unterliegen dann zwar ganz oder teilweise dem Direktionsrecht des BR, sind aber beim Unternehmen angestellt. Das erfordert eine Verständigung zwischen AG und BR, wobei der BR die vom AG ausgewählte Person ablehnen kann, wenn er nicht von ihrer Loyalität zum Gremium oder seinen Aufgaben überzeugt ist. (BAG vom 5.3.97 – 7 ABR 3/96).

Folgende Kosten der laufenden Geschäftsführung sind in der Regel erforderlich:

Reisekosten: Fahrten zu auswärtigen Schulungen, Sitzungen, Gerichtsverhandlungen usw. muss der AG bezahlen, wenn die Anwesenheit dort mit der Arbeit des BR zusammenhängt. Hierzu gehört etwa der Weg zu einem anderen Standort des

Betriebs, wenn die dortigen AN gemeinsam mit dem Hauptbetrieb gewählt haben, nicht aber etwa ein aus Interesse besuchter Kündigungsschutzprozess eines Kollegen. Wenn es im Betrieb eine allgemeine Reisekostenregelung gibt, gilt diese auch für den BR (BAG vom 23.6.1975 – 1 ABR 104/73). Anders ist das, wenn tatsächlich höhere Kosten entstehen und diese nicht zu beeinflussen sind.

Schulungen: Der Preis für Seminare, die gemäß § 37 Abs. 6 für die BR-Arbeit erforderliche Kenntnisse vermitteln, ist vom AG zu tragen (siehe die Kommentierung zu § 37).

Anwaltskosten: Auseinandersetzungen mit dem AG sind häufig von juristischen Fragestellungen geprägt. Da ist es sinnvoll, wenn sich der BR rechtlichen Beistand, also insbesondere anwaltliche Unterstützung, organisiert. Die Erstattung der hierdurch entstehenden Kosten unterscheidet sich danach, ob die Tätigkeit eine Rechtsberatung oder eine rechtliche Vertretung gewesen ist. Nur Letzteres, also die Durchsetzung von Rechten innerhalb oder außerhalb des Gerichts zählt zu den Kosten der laufenden Geschäftsführung und wird über § 40 erstattet. Die Konfliktparteien sind dabei in der Regel BR und AG, das ist aber nicht zwingend. Auch Konflikte innerhalb des BR müssen manchmal mit gerichtlicher Unterstützung beigelegt werden. Ebenfalls hierunter fällt eine außergerichtliche Rechtsvertretung, etwa ein anwaltliches Forderungsschreiben an den AG. Schließlich kann der Anwalt auch in der Einigungsstelle als Verfahrensbevollmächtigter auftreten.

Wen der BR beauftragt, steht in seinem Ermessen, allerdings dürfen immer nur die gesetzlichen Gebühren abgerechnet werden. Honorarvereinbarungen sind daher für den AG in der Vergangenheit unverbindlich gewesen (BAG vom 10.10.1999 – 7 ABR 25/98), werden aber wegen eines geänderten Gebührenrechts der Anwälte in Zukunft anders behandelt werden müssen. Wird der Anwalt hinzugezogen, der räumlich weit entfernt ist, sind seine Reisekosten nur erstattungsfähig, wenn vor Ort entsprechender Sachverstand nicht erreichbar ist (BAG vom 23.6.1975 – 1 ABR 104/73).

All diese Fragen spielen keine Rolle, wenn der Anwalt nur beratend tätig werden soll, also dem BR Klarheit über rechtliche Fragen verschaffen soll. Dann handelt es sich um die Tätigkeit eines Sachverständigen nach § 80 Abs. 3 BetrVG, über dessen Beauftragung und Bezahlung vorher eine Vereinbarung zwischen BR und AG getroffen werden muss.

Sachverständige: Bevor der BR einen Sachverständigen beauftragt, muss er sich gemäß § 80 Abs. 3 mit dem AG über dessen Auftrag, seine Person und das Honorar einig werden, unabhängig davon, ob es sich um technische, rechtliche oder andere Sachfragen handelt (siehe die Kommentierung zu § 80). Der AG muss der

Beauftragung zustimmen, wenn der BR ohne das zu vermittelnde Sachwissen seine gesetzlichen Aufgaben nicht oder nicht richtig wahrnehmen kann. Benötigt der BR technisches Sachwissen, muss er zunächst die internen Quellen, die ihm der AG anbietet, ausschöpfen. Modifiziert ist dieses Verfahren in § 111. In Unternehmen mit mehr als 300 AN kann der BR bei einer anstehenden Betriebsänderung selbst die Beauftragung des Sachverständigen ohne Zustimmung des AG vornehmen.

Telekommunikation: Während die Geräte (Telefon, Computer) zur Bürotechnik zählen, die der AG zu Verfügung stellen muss, sind die laufenden Entgelte Kosten der Geschäftsführung, die vom BR ohne Rücksprache im erforderlichen Umfang verursacht werden können. Nicht darunter fallen Dienstleistungen, die über das Telefon abgerechnet werden, etwa die anwaltliche Online-Beratung: Die bleibt Sachverständigentätigkeit, der der AG dann erst zustimmen muss, auch wenn sie mit der Telefonrechnung bezahlt wird.

Budget

Der BR kann sich auch ein eigenes Budget für die seine Aufgaben bereitstellen lassen. Ein Anspruch hierauf besteht aber nicht. Wenn der BR lediglich eine eigene Kostenstelle in der internen Finanzverwaltung bekommt, ist das kein Budget.

Einigen sich AG und BR hierauf, ist das nur insoweit verbindlich, als der BR über die Erforderlichkeit der Ausgaben in diesem Rahmen dann selbst entscheiden kann. Die sonstigen Voraussetzungen sind aber dieselben wie ohne Budget: Sind die Ausgaben objektiv nicht erforderlich, kann der AG die Zahlung verweigern, andernfalls wäre das eine unzulässige Begünstigung der BR-Mitglieder. Selbst mit Budget dürfen also keine nicht erforderlichen Anschaffungen getätigt oder gar Reisen unternommen werden.

Übersteigen die tatsächlichen Kosten das Budget, kann der AG eine zusätzliche Zahlung nicht mit dem Argument verweigern, dass das Budget ausgeschöpft ist: Der Erstattungsanspruch für erforderliche BR-Arbeit ergibt sich aus dem Gesetz und ist theoretisch unbegrenzt. Wird ein Budget vereinbart, darf das nicht zur Beschränkung der BR-Arbeit führen.

Wegen der geringen Vorteile und fehlenden Verbindlichkeit sollte im Zweifel die Erstattung der Kosten auf dem gesetzlich vorgesehenen Weg einem eigenen Budget vorgezogen werden.

Konflikte um Sachmittel und Kosten

Alle Konflikte um zu erstattende Kosten oder zur Verfügung zu stellende Sachmittel werden im arbeitsgerichtlichen Beschlussverfahren ausgetragen, wenn möglich, bevor sie entstehen. Da das nicht immer möglich ist – insbesondere bei BR-Seminaren, die zu einem bestimmten Zeitpunkt stattfinden –, sollte mit kompetenter Unterstützung (Gewerkschaftssekretär, Anwalt) vorher besprochen werden, ob die spätere gerichtliche Auseinandersetzung mit Aussicht auf Erfolg geführt werden kann. Viele dieser Verfahren scheitern daran, dass der Beschluss des BR für die Ausgabe fehlerhaft war und nicht mehr nachgeholt werden kann (vgl. hierzu die Kommentierung zu § 33). Es ist daher besonders auf die Einhaltung der formalen Voraussetzungen bei der Beschlussfassung zu achten (möglichst mit Protokollierung).

Rechtsprechung

BAG vom 29.1.1974 – 1 ABR 41/73: Auch die Teilnahme an einer Schulungs- oder Bildungsveranstaltung gemäß § 37 Abs. 6 gehört zur Tätigkeit des BR im Sinne des § 40.

BAG vom 29.4.1976 – 1 ABR 40/74: Bei einer Schulungsveranstaltung entstehende Reisespesen müssen im Einzelnen belegt werden, es sei denn, eine betriebliche Reisekostenregelung oder die betriebliche Praxis lassen die Pauschalierung zu.

BAG vom 3.10.1978 – 6 ABR 102/76: Der AG muss für die Kosten aufkommen, die durch die Beauftragung eines Rechtsanwalts entstehen, den der BR in einem mit dem AG geführten Gerichtsverfahren hinzugezogen hat, wenn er bei pflichtgemäßer, verständiger Würdigung aller Umstände die Hinzuziehung für notwendig erachten konnte.

BAG vom 21.11.1978 – 6 ABR 85/76: Kosten, die verursacht werden, weil der BR die Belegschaft über seine Arbeit unterrichtet, muss der AG tragen. Der BR ist dabei nicht auf Aushänge am Schwarzen Brett beschränkt. Welche weiteren Kommunikationsmittel erforderlich sind, bestimmt sich nach den konkreten betrieblichen Verhältnissen.

BAG vom 7.6.1984 – 6 ABR 66/81: Kosten, die dem BR-Mitglied durch die Teilnahme an einer Schulungsveranstaltung nach § 37 Abs. 6 entstehen und von ihm nicht zu beeinflussen, aber erforderlich sind, muss der AG auch dann tragen, wenn das nach der betrieblichen Reisekostenregelung nicht vorgesehen ist.

BAG vom 18.1.1989 – 7 ABR 89/87: Die Kosten, die durch eine Fahrt zur BR-Sitzung außerhalb der individuellen Arbeitszeit eines BR-Mitglieds aber innerhalb der betriebsüblichen Arbeitszeit entstehen, muss der AG im Rahmen von § 40 erstatten.

BAG vom 10.8.1994 – 7 ABR 35/93: Die Fahrtkosten, die dadurch entstehen, dass der BR Einfluss auf die Willensbildung des GBR nehmen will, können gemäß § 40 erstattungsfähig sein, weil damit teurere rechtliche Auseinandersetzungen vermieden werden können. Die Erstattung hängt nicht von einer vorherigen Unterrichtung des AG über die Zielsetzung des BR ab, weil der AG keine Kontrolle über die BR-Arbeit ausüben darf.

BAG vom 26.10.1994 – 7 ABR 15/94: Die dem BR zur Verfügung zu stellenden und für seine Arbeit erforderlichen Gesetzeskommentare müssen sich jeweils auf dem neusten Stand befinden und daher bei Erscheinen einer Neuauflage neu beschafft werden.

BAG vom 24.1.1996 – 7 ABR 22/95: Bei der Auswahl der vom AG zur Verfügung zu stellenden Gesetzestexte muss sich der BR nicht ausschließlich an dessen Interesse orientieren, die Kosten möglichst gering zu halten.

BAG vom 12.5.1999 – 7 ABR 36/97: Bei der Prüfung, ob ein Arbeitsmittel oder eine Ausgabe für die laufende Geschäftsführung erforderlich sind, steht dem BR ein Beurteilungsspielraum zu, den die Gerichte zu beachten haben. Die Entscheidung kann nur daraufhin kontrolliert werden, ob das verlangte Sachmittel der Wahrnehmung seiner gesetzlichen Aufgaben dienen soll und der BR bei seiner Entscheidung berechtigten Interessen des AG und der Belegschaft angemessen Rechnung getragen hat.

BAG vom 3.9.2003 – 7 ABR 12/03: Der BR kann nach § 40 Abs. 2 BetrVG einen Anspruch darauf haben, Informationen und Beiträge in einem vom AG im Betrieb eingerichteten Intranet zu veröffentlichen.

BAG vom 3.9.2003 – 7 ABR 8/03: Der BR kann nach § 40 Abs. 2 BetrVG einen Anspruch gegen den AG haben, die ihm zur Verfügung gestellten Personalcomputer an das Internet anzuschließen.

BAG vom 20.4.2005 – 7 ABR 14/04: Der AG ist auch dann verpflichtet, dem BR für die Sitzungen, die Sprechstunden und die laufende Geschäftsführung in erforderlichem Umfang Büropersonal zur Verfügung zu stellen, wenn er das BR-Büro mit Personalcomputern ausgestattet hat.

BAG vom 25.5.2005 – 7 ABR 45/04: Während der Elternzeit hat das BR-Mitglied gegen den AG einen Anspruch auf Erstattung der Fahrtkosten, die ihm durch die Teilnahme an den BR-Sitzungen entstehen.

BAG vom 23.8.2006 – 7 ABR 55/05: Der Internetzugang ist ein Mittel der Informationstechnik, das dem BR gemäß § 40 Abs. 2 BetrVG zur Verfügung gestellt werden muss. Konkrete betriebliche Verhältnisse können diesen Anspruch allerdings einschränken, etwa die Bereitstellung gleichwertiger Kommunikationsmöglichkeiten über das Intranet.

BAG vom 16.5.2007 – 7 ABR 45/06: Der BR hat einen Anspruch auf Überlassung eines PC mit Zubehör und Software, wenn diese Sachmittel zur ordnungsgemäßen Durchführung seiner betriebsverfassungsrechtlichen Aufgaben erforderlich sind. Die Erforderlichkeit wird nicht bereits dadurch hergestellt, dass mit diesen Arbeitsmitteln ein effizienteres Arbeiten möglich ist. Der BR muss vielmehr in die Situation kommen, dass er ohne diese technische Ausstattung ihm obliegende Aufgaben vernachlässigt.

BAG vom 13.6.2007 – 7 ABR 62/06: Ein nach § 38 BetrVG freigestelltes BR-Mitglied hat nach § 40 Abs. 1 BetrVG keinen Anspruch auf Erstattung von Fahrtkosten für regelmäßige Fahrten von seinem Wohnort zum Sitz des BR. Das gilt auch dann, wenn dieses Büro sich nicht an seinem bisherigen Arbeitsort befindet.

§ 41 Umlageverbot

Die Erhebung und Leistung von Beiträgen der Arbeitnehmer für Zwecke des Betriebsrats ist unzulässig.

Die Vorschrift sichert die Finanzierung der BR-Arbeit durch den AG ab.

Die Verpflichtung zur Finanzierung der BR-Arbeit ist dem AG vor allem durch § 40 auferlegt. Er darf sich ihr nicht dadurch entziehen, dass er von den Beschäftigten selbst einen Beitrag hierzu fordert. Das betrifft aber nur direkt zu diesem Zweck erhobene Beiträge von den AN. Das Abschöpfen eines betrieblichen Etats, aus dem auch die Vergütungen bezahlt werden, ist dagegen nicht verboten (BAG vom 24.7.1991 – 7 ABR 76/89). Der BR selbst darf sich für seine Arbeit ebenfalls nicht von den Beschäftigten bezahlen lassen. Zulässig sind allerdings Sammlungen für Gemeinschaftsveranstaltungen wie ein vom BR durchgeführtes Betriebsfest, weil das Geld dann nicht ihm zufließt.

Vierter Abschnitt
Betriebsversammlung

§ 42 Zusammensetzung, Teilversammlung, Abteilungsversammlung

(1) Die Betriebsversammlung besteht aus den Arbeitnehmern des Betriebs; sie wird von dem Vorsitzenden des Betriebsrats geleitet. Sie ist nicht öffentlich. Kann wegen der Eigenart des Betriebs eine Versammlung aller Arbeitnehmer zum gleichen Zeitpunkt nicht stattfinden, so sind Teilversammlungen durchzuführen.

(2) Arbeitnehmer organisatorisch oder räumlich abgegrenzter Betriebsteile sind vom Betriebsrat zu Abteilungsversammlungen zusammenzufassen, wenn dies für die Erörterung der besonderen Belange der Arbeitnehmer erforderlich ist. Die Abteilungsversammlung wird von einem Mitglied des Betriebsrats geleitet, das möglichst einem beteiligten Betriebsteil als Arbeitnehmer angehört. Absatz 1 Satz 2 und 3 gilt entsprechend.

> Die Vorschrift regelt die Zusammensetzung und Durchführung von Betriebsversammlungen und die Möglichkeit der Differenzierung in Form von Teil- und Abteilungsversammlungen.

Themenübersicht

Leitung der Betriebsversammlung
Ausschluss der Öffentlichkeit
Teilnehmer der Betriebsversammlung
Teilversammlung
Abteilungsversammlung
Rechtsprechung

Die Betriebsversammlung dient als Vollversammlung aller AN des Betriebs dem Informationsaustausch zwischen AN, BR und AG. Soweit möglich, soll sie einheitlich durchgeführt werden. Anzustreben ist also eine Veranstaltung für alle Beschäftigten des Betriebs. Nur wenn dies zu erheblichen organisatorischen Problemen führt, können Teilversammlungen an ihre Stelle treten. Abteilungsversammlungen sind dagegen bereits dann möglich, wenn sie lediglich sinnvoll sind.

Leitung der Betriebsversammlung

Die Versammlungsleitung soll nach Gesetz der BR-Vorsitzende übernehmen. Es spricht jedoch nichts dagegen, diese Aufgabe innerhalb des Gremiums durch Beschluss auch an andere Br-Mitglieder zu delegieren. Das ist in der Regel sinnvoll, weil sich der Vorsitzende mit inhaltlichen Beiträgen an der Versammlung beteiligen sollte. Die Leitung der Versammlung ist dagegen ist eher eine formelle Aufgabe, es wird darauf geachtet, dass die Tagesordnung abgearbeitet wird, dass das Wort für Diskussionsbeiträge erteilt wird und es wird sicher gestellt, dass die Beiträge im Rahmen des Zulässigen bleiben. Insbesondere übt der Versammlungsleiter das Hausrecht aus, kann also auch das Wort entziehen oder Personen, die sich zu Unrecht im Raum befinden, aus diesem verweisen.

Ausschluss der Öffentlichkeit

Gleich ob Betriebs-, Teil- oder Abteilungsversammlung, die Öffentlichkeit ist ausgeschlossen. Das gilt für alle Betriebsfremden, soweit sie nicht durch das Gesetz ausdrücklich zur Teilnahme zugelassen sind. Das sind insbesondere Vertreter von Gewerkschaften und AG-Verbänden gemäß § 46 BetrVG. Allerdings können betriebsfremde Personen auf ausdrückliche Einladung des BR an der Versammlung teilnehmen, wenn dafür ein sachlicher Grund vorliegt (BAG vom 13.9.1977 – 1 ABR 67/75). Das können für den BR tätige Sachverständige oder Rechtsvertreter gemäß § 80 Abs. 2 sein oder auch externe Fachleute, die ein Referat zu einem der nach § 45 zulässigen Themen halten. Darüber hinaus können GBR-, KBR- und WA- und Aufsichtsratsmitglieder aus anderen Betrieben auf Einladung des BR teilnehmen.

Teilnehmer der Betriebsversammlung

Die Betriebsversammlung besteht aus allen AN des Betriebs, ohne zwischen Wahlberechtigten und nicht Wahlberechtigten zu differenzieren. Dazu gehören unter anderem

- alle AN (auch Heim- und Tele-AN),
- Jugendliche,
- vorübergehend Abwesende (zum Beispiel Elternurlauber),
- Aushilfen,
- Praktikanten,
- Leih-AN.

Leitende Angestellte haben nur dann ein Teilnahmerecht an der Betriebsversammlung, wenn sie als Vertreter des AG dort tätig sind. Vertreter ist, wer vom AG dazu bestimmt wird, nicht aber jeder, der sich dazu berufen fühlt. Diese vom AG bestimmten Vertreter dürfen nur in dem Umfang teilnehmen, wie es erforderlich ist, um dessen Informationsverpflichtung nachzukommen. Auf keinen Fall dürfen sie die Betriebsversammlung dominieren (LAG Düsseldorf vom 4.9.1992 – 4 TaBV 60/91). Wann diese Schwelle überschritten wird, entscheidet die Versammlungsleitung. Falls erforderlich, kann sie überzähligen Vertretern des AG den Zutritt verweigern.

Teilversammlung

Die Betriebsversammlung kann in Teilversammlungen durchgeführt werden, wenn wegen der Eigenart des Betriebs keine gemeinsame Versammlung während der Arbeitszeit möglich ist. Das kann in Betrieben mit Schichtarbeit der Fall sein oder bei weit entfernt liegenden auswärtigen Arbeitsstellen, wie etwa Baustellen. Kein Grund für eine Teilversammlung sind dagegen bloße entsprechende Wünsche des BR oder des AG.

Ob Teilversammlungen durchgeführt werden, entscheidet der BR. Er beschließt auch über die Anzahl der Versammlungen sowie über die Abgrenzung des Teilnehmerkreises.

Keine Teilversammlung in diesem Sinne ist es, wenn nur bestimmte Gruppen, zum Beispiel Angestellte, Maurer, Maschinenpersonal, Frauen usw. zu einer Versammlung eingeladen werden. Solche Versammlungen sind zwar nach dem BetrVG nicht verboten, sie unterliegen jedoch nicht seinen Bestimmungen. Damit werden sie auch nicht auf die Zahl der gesetzlich vorgesehenen Versammlungen angerechnet und über die Fortzahlung der Vergütung muss eine besondere Absprache mit dem AG getroffen werden – auf die er sich allerdings nicht einlassen muss.

Abteilungsversammlung

An die Stelle der Betriebsversammlung können auch Abteilungsversammlungen treten. Zu diesen Versammlungen sind die AN organisatorisch oder räumlich zusammenhängender Betriebsteile vom BR zusammenzufassen. Das können zum Beispiel die Montageabteilung in einem Produktionsbetrieb oder unselbständige auswärtige Betriebsteile sein. Zu diesen Voraussetzungen muss noch ein Bedürfnis für die Erörterung besonderer Belange der Beschäftigten solcher Betriebsteile treten. Aus § 43 Abs. 1 ergibt sich, dass zwei der vier Betriebsversammlungen als Abteilungsversammlungen durchgeführt werden müssen, wenn die Voraussetzungen dafür vorliegen.

Rechtsprechung

BAG vom 13.9.1977 – 1 ABR 67/75: Der BR darf auf einer Betriebsversammlungen einen betriebsfremden Referenten ein Kurzreferat zu einem sozialpolitischen Thema von unmittelbarem Interesse für den Betrieb und seine AN halten lassen, ohne sich vorher hierüber mit dem AG zu verständigen. Darin liegt kein Verstoß gegen den Grundsatz, dass Betriebsversammlungen nicht öffentlich sind.

BAG vom 28.11.1978 – 6 ABR 101/77: An einer Betriebsversammlung können auch GBR-Mitglieder aus anderen Betrieben teilnehmen.

BAG vom 27.6.1989 – 1 ABR 28/88: Der AG darf eigene Versammlungen mit den Beschäftigten durchführen, auch wenn darin Themen behandelt werden, die in den Zuständigkeitsbereich des BR fallen. Diese Versammlungen dürfen aber keine Gegenveranstaltung zur Betriebsversammlung nach dem BetrVG sein.

§ 43 Regelmäßige Betriebs- und Abteilungsversammlungen

(1) Der Betriebsrat hat einmal in jedem Kalendervierteljahr eine Betriebsversammlung einzuberufen und in ihr einen Tätigkeitsbericht zu erstatten. Liegen die Voraussetzungen des § 42 Abs. 2 Satz 1 vor, so hat der Betriebsrat in jedem Kalenderjahr zwei der in Satz 1 genannten Betriebsversammlungen als Abteilungsversammlungen durchzuführen. Die Abteilungsversammlungen sollen möglichst gleichzeitig stattfinden. Der Betriebsrat kann in jedem Kalenderhalbjahr eine weitere Betriebsversammlung oder, wenn die Voraussetzungen des § 42 Abs. 2 Satz 1 vorliegen, einmal weitere Abteilungsversammlungen durchführen, wenn dies aus besonderen Gründen zweckmäßig erscheint.

(2) Der Arbeitgeber ist zu den Betriebs- und Abteilungsversammlungen unter Mitteilung der Tagesordnung einzuladen. Er ist berechtigt, in den Versammlungen zu sprechen. Der Arbeitgeber oder sein Vertreter hat mindestens einmal in jedem Kalenderjahr in einer Betriebsversammlung über das Personal- und Sozialwesen einschließlich des Stands der Gleichstellung von Frauen und Männern im Betrieb sowie der Integration der im Betrieb beschäftigten ausländischen Arbeitnehmer, über die wirtschaftliche Lage und Entwicklung des Betriebs sowie über den betrieblichen Umweltschutz zu berichten, soweit dadurch nicht Betriebs- oder Geschäftsgeheimnisse gefährdet werden.

(3) Der Betriebsrat ist berechtigt und auf Wunsch des Arbeitgebers oder von mindestens einem Viertel der wahlberechtigten Arbeitnehmer verpflichtet, eine Betriebsversammlung einzuberufen und den beantragten Beratungsgegenstand auf die Tagesordnung zu setzen. Vom Zeitpunkt der Versammlungen, die auf Wunsch des Arbeitgebers stattfinden, ist dieser rechtzeitig zu verständigen.

(4) Auf Antrag einer im Betrieb vertretenen Gewerkschaft muss der Betriebsrat vor Ablauf von zwei Wochen nach Eingang des Antrags eine Betriebsversammlung nach

Absatz 1 Satz 1 einberufen, wenn im vorhergegangenen Kalenderhalbjahr keine Betriebsversammlung und keine Abteilungsversammlungen durchgeführt worden sind.

> Die Vorschrift regelt Anzahl und Inhalte der regelmäßigen Betriebsversammlungen als zentrales Kommunikationsforum der Belegschaft.

Themenübersicht

Organisation der Betriebsversammlung

Die Durchführung von vier Betriebsversammlungen im Jahr ist eine gesetzliche Verpflichtung des BR. Zwei dieser vier jährlichen Versammlungen sind als Betriebsversammlungen durchzuführen, die anderen beiden können Teil- oder Abteilungsversammlungen sein (siehe die Kommentierung zu § 42). Die dauerhafte Missachtung dieser Vorschrift kann sogar ein Grund zur gerichtlichen Auflösung des BR gemäß § 23 sein.

Der AG muss die Räume und die technische Ausstattung für die Versammlung bereitstellen. Macht er das nicht, kann der BR selbst die notwendigen Räumlichkeiten anmieten. Die anfallenden Kosten, wie Miete, Heizung, Licht, hat der AG gemäß § 40 zu tragen. Um aber hier nicht auf den Kosten sitzen zu bleiben, empfiehlt es sich in Zweifelsfällen beim Arbeitsgericht vorher eine einstweilige Verfügung zu beantragen, die den AG zwingt, dieser Verpflichtung nachzukommen.

Regelmäßige Betriebs- und Abteilungsversammlungen

Über den Termin der Durchführung der Versammlungen entscheidet der BR. Ist eine Versammlung in einem Vierteiljahr ausgefallen, besteht kein Recht, diese im folgenden Quartal nachzuholen.

Zusätzlich zu den vier Versammlungen kann der BR je Halbjahr eine weitere durchführen. Dafür muss es aber besondere Gründe geben, also etwa ein anstehende Betriebsänderung, über die die Belegschaft informiert werden soll. Ob das erforderlich ist, entscheidet der BR. Auch die zusätzlichen Versammlungen sind ordentliche Versammlungen und können Teil- oder Abteilungsversammlungen sein, wenn dafür die in § 42 genannten Voraussetzungen vorliegen. Weil es sich um ordentliche Betriebsversammlungen handelt, können sie gemäß § 44 während der Arbeitszeit stattfinden. In jedem Kalenderjahr sind damit sechs Versammlungen während der Arbeitszeit zulässig. Die Zustimmung des AG ist hierfür nicht erforderlich.

Hat der BR ein Kalenderhalbjahr lang keine Betriebs- oder Abteilungsversammlungen durchgeführt, muss er eine solche innerhalb von zwei Wochen einberufen, wenn er von einer im Betrieb vertretenen Gewerkschaft hierzu aufgefordert wird. Gemeint ist mit Kalenderhalbjahr entweder der Zeitraum vom 1.1. bis 30.6. oder vom 1.7. bis 31.12. eines Jahres, nicht etwa sechs sonstige Monate, die in beide Abschnitte hinein ragen.

Außerordentliche Versammlungen

Neben den vierteljährlichen Pflichtversammlungen und den eventuell einzuberufenden zusätzlichen zwei Versammlungen je Kalenderhalbjahr kann der BR gemäß § 43 Abs. 3 jederzeit weitere Betriebsversammlungen einberufen, wenn er es für erforderlich hält. Diese können jedoch nur dann während der Arbeitszeit stattfinden, wenn der AG damit einverstanden ist bzw. die Durchführung selbst beim BR beantragt hat. Andernfalls muss in der Freizeit und ohne Vergütungsanspruch getagt werden.

Wenn der AG die Durchführung einer Betriebsversammlung beantragt, muss der BR sie einberufen. Der AG muss ihm aber vorher mitteilen, was er dort besprechen will. Handelt es sich dabei um Themen, die gemäß § 45 gar nicht Gegenstand einer Betriebsversammlung sein können – etwa eine Werbeveranstaltung vor eines Bundes- oder Landtagswahl – darf der BR diese nicht einberufen (zu den zulässigen Themen siehe die Kommentierung zu § 45). Im Streitfall wird der AG eine gerichtliche Entscheidung herbeiführen müssen.

Auch wenn ein Viertel der wahlberechtigten AN eine Betriebsversammlung verlangt, ist der BR zu deren Durchführung verpflichtet – es sei denn, es sollen wiederum unzulässige Themen behandelt werden. Eine Gewerkschaft hat kein entsprechendes Antragsrecht.

Teilnahme des AG

Der AG ist zur Teilnahme an den ordentlichen Betriebsversammlungen berechtigt, entweder persönlich oder durch seine Vertreter. Wer sein Vertreter ist, entscheidet der AG selbst. Bestimmt er pauschal alle leitenden Angestellten hierzu und handelt es sich hierbei um mehr als einige wenige, können diese nur in begrenzter Zahl an der Versammlung teilnehmen. Andernfalls würden sie die Versammlung dominieren und der Charakter als Versammlung der AN ginge verloren (LAG Düsseldorf vom 4.9.1992 – 4 TaBV 60/91). Verbandsvertreter darf der AG nur hinzuziehen, wenn er persönlich oder durch seine Vertreter an der Versammlung teilnimmt.

Berichte in Betriebsversammlungen

Einmal pro Kalenderjahr muss der AG auf einer Betriebsversammlung einen Bericht über das Personal- und Sozialwesen des Betriebs sowie dessen wirtschaftliche Lage und Entwicklung geben. In welcher der vier Versammlungen er das macht, kann er selbst entscheiden. Verweigert er den Bericht, ist das ein Verstoß gegen seine Pflichten aus dem BetrVG. Er kann dann dazu mit einem vom BR einzuleitenden Gerichtsverfahren gemäß § 23 gezwungen werden.

Der BR hat in allen Betriebs- bzw. Abteilungsteilversammlungen einen Bericht abzugeben (Näheres in der Kommentierung zu § 45).

Rechtsprechung

BAG vom 19.5.1978 – 6 ABR 41/75: Der AG kann vom Leiter der Betriebsversammlung verlangen, dass dem von ihm hinzugezogenen Beauftragten seiner AG-Vereinigung zu bestimmten Einzelthemen an seiner Stelle und für ihn das Wort erteilt wird, wenn er auch selbst daran teilnimmt.

BAG vom 23.10.1991 – 7 AZR 249/90: Eine weitere Betriebsversammlung nach § 43 Abs. 1 Satz 4 BetrVG kann nur dann durchgeführt werden, wenn die Angelegenheit, die mit der Belegschaft erörtert werden soll, so bedeutend und dringend ist, dass ein sorgfältig agierender BR unter Berücksichtigung der konkreten Situation im Betrieb die Einberufung einer weiteren Betriebsversammlung für sinnvoll und angemessen halten darf. Dabei ist auch zu berücksichtigen, welche Informationen der Belegschaft schon gegeben werden können, wie sinnvoll ein Meinungsaustausch im Zeitpunkt der vorgesehenen Betriebsversammlung ist und welche Folgen die Nichteinberufung der vorgesehenen Betriebsversammlung haben kann.

§ 44 Zeitpunkt und Verdienstausfall

(1) Die in den §§ 14a, 17 und 43 Abs. 1 bezeichneten und die auf Wunsch des Arbeitgebers einberufenen Versammlungen finden während der Arbeitszeit statt, soweit nicht die Eigenart des Betriebs eine andere Regelung zwingend erfordert. Die Zeit der Teilnahme an diesen Versammlungen einschließlich der zusätzlichen Wegezeiten

ist den Arbeitnehmern wie Arbeitszeit zu vergüten. Dies gilt auch dann, wenn die Versammlungen wegen der Eigenart des Betriebs außerhalb der Arbeitszeit stattfinden; Fahrkosten, die den Arbeitnehmern durch die Teilnahme an diesen Versammlungen entstehen, sind vom Arbeitgeber zu erstatten.

(2) Sonstige Betriebs- oder Abteilungsversammlungen finden außerhalb der Arbeitszeit statt. Hiervon kann im Einvernehmen mit dem Arbeitgeber abgewichen werden; im Einvernehmen mit dem Arbeitgeber während der Arbeitszeit durchgeführte Versammlungen berechtigen den Arbeitgeber nicht, das Arbeitsentgelt der Arbeitnehmer zu mindern.

> Die Vorschrift regelt den Zeitpunkt der Durchführung der Betriebsversammlungen, den Vergütungsanspruch der teilnehmenden AN und die Erstattung der in diesem Zusammenhang entstehenden Fahrtkosten.

Themenübersicht

Vergütungs- und Erstattungsanspruch

Das BetrVG unterscheidet zwischen ordentlichen und außerordentlichen Betriebs- und Abteilungsversammlungen (Näheres hierzu in der Kommentierung zu § 43). Für die ordentlichen Versammlungen haben die teilnehmenden AN einen Vergütungsanspruch. Es darf ihnen kein Ausfall an Arbeitsentgelt oder ein zusätzlicher Aufwand entstehen. Deshalb müssen auch die zusätzlich für eine Anreise anfallenden Fahrtkosten vom AG erstattet werden. Dasselbe gilt für die Wahlversammlungen in Kleinbetrieben und solchen zur Bestellung eines Wahlvorstands gemäß § 17. Außerordentliche Betriebs- und Abteilungsversammlungen, die auf Betreiben des BR durchgeführt werden, dürfen dagegen nicht in der Arbeitszeit stattfinden und lösen auch keine Vergütungs- oder Erstattungsansprüche aus. Nur dann, wenn der AG selbst die Durchführung einer außerordentlichen Versammlung beim BR beantragt oder ausdrücklich zugesagt hat, die Kosten zu übernehmen, muss er diese bezahlen.

Die Höhe der Vergütung richtet sich danach, was die Betroffenen verdient hätten, wenn sie während der Versammlung gearbeitet hätten. Hierzu gehören auch Zulagen wie Zeitzuschläge oder Leistungszulagen. Akkordarbeiter beispielsweise erhalten auch für die Zeit der Betriebsversammlung ihren vollen Akkordverdienst. Die Wegezeit, die zum Aufsuchen der Betriebsversammlungsstätte erforderlich ist, wird wie Arbeitszeit vergütet.

Wer an Betriebs- oder Teilversammlungen nicht teilnimmt und auch nicht arbeitet, hat keinen Vergütungsanspruch.

Zeitliche Lage der Versammlungen

Die ordentlichen Versammlungen müssen innerhalb der betriebsüblichen Arbeitszeit durchgeführt werden. Bei flexibilisierten Arbeitszeiten ist das der tägliche Arbeitszeitrahmen, sofern es eine Kernarbeitszeit gibt, ist sie die betriebsübliche Arbeitszeit. In Mehrschichtsystemen können nur Teilversammlungen während der Arbeitszeit aller stattfinden, denn die Betriebsversammlungen liegen zumindest für einen Teil der Beschäftigten immer außerhalb.

Über Beginn und Dauer entscheidet der BR. Sollte die Zeit nicht ausreichen, um alle Themen abschließend zu behandeln, kann die Versammlung unterbrochen und an einem anderen Tag fortgesetzt werden. Über die Unterbrechung entscheidet die Versammlungsleitung. Auch die Fortsetzung der Betriebsversammlung gehört zur ordentlichen Versammlung, kann also während der Arbeitszeit unter Fortzahlung der Vergütung stattfinden. Eine Zustimmung des AG ist weder zur Terminierung noch zur Unterbrechung erforderlich, es muss aber auf die betrieblichen Notwendigkeiten und Gegebenheiten Rücksicht genommen werden.

Durchführung außerhalb der Arbeitszeit

Die Durchführung von Betriebsversammlungen außerhalb der Arbeitszeit ist nur in Ausnahmen gerechtfertigt und zulässig. Dafür müssen sehr konkrete, auf den Betrieb bezogene Gründe vorhanden sein, etwa weil es in einem Mehrschichtbetrieb unmöglich ist, eine Betriebsversammlung in der Arbeitszeit aller AN stattfinden zu lassen. Wirtschaftliche Erwägungen können kein Grund sein, die Betriebsversammlung außerhalb der Arbeitszeit durchzuführen. Die insbesondere in Großbetrieben gepflegte Praxis, die Versammlung auf das Wochenende gegen Zahlung einer zusätzlichen Vergütung zu verschieben, ist praktisch immer ein Verstoß gegen diese Vorschrift.

Rechtsprechung

BAG vom 9.3.1976 – 1 ABR 74/74: Auch in einem Lebensmittelfilialunternehmen müssen Betriebsversammlungen nicht zwingend außerhalb der Ladenöffnungszeit stattfinden.

BAG vom 5.5.1987 – 1 AZR 292/85: Betriebsversammlungen können auch während eines Arbeitskampfes stattfinden. Die teilnehmenden AN haben Anspruch auf die Vergütung nach § 44 Abs. 1 Satz 2 oder 3 BetrVG unabhängig davon, ob sie sich an dem Streik beteiligen oder nicht.

BAG vom 5.5.1987 – 1 AZR 292/85: Während des Erholungsurlaubs ist die Teilnahme an der Betriebsversammlung möglich. Für die Zeit entsteht ein Anspruch auf Vergütung.

BAG vom 27.11.1987 – 7 AZR 29/87: Wurde die Betriebsversammlung zu Unrecht außerhalb der betriebsüblichen Arbeitszeit durchgeführt, haben die AN jedenfalls dann keinen Anspruch auf Vergütung oder Fahrtkostenersatz, wenn der AG vor der Versammlung deren Durchführung außerhalb der Arbeitszeit widersprochen hat.

BAG vom 31.5.1989 – 7 AZR 574/88: Der AN darf auch während seiner Elternzeit an einer Betriebsversammlung teilnehmen. Er hat hierfür einen Vergütungsanspruch aus § 44 Abs. 1 Satz 2 BetrVG.

§ 45 Themen der Betriebs- und Abteilungsversammlungen

Die Betriebs- und Abteilungsversammlungen können Angelegenheiten einschließlich solcher tarifpolitischer, sozialpolitischer, umweltpolitischer und wirtschaftlicher Art sowie Fragen der Förderung der Gleichstellung von Frauen und Männern und der Vereinbarkeit von Familie und Erwerbstätigkeit sowie der Integration der im Betrieb beschäftigten ausländischen Arbeitnehmer behandeln, die den Betrieb oder seine Arbeitnehmer unmittelbar betreffen; die Grundsätze des § 74 Abs. 2 finden Anwendung. Die Betriebs- und Abteilungsversammlungen können dem Betriebsrat Anträge unterbreiten und zu seinen Beschlüssen Stellung nehmen.

> Die Vorschrift grenzt ein, welche Themen auf den Betriebs- und Abteilungsversammlungen behandelt werden können.

Themenübersicht

Zweck der Betriebsversammlung

Die Betriebsversammlung soll der Verständigung zwischen den Beschäftigten, dem AG, dem BR und weiteren Betriebsangehörigen über betriebliche Angelegenheiten und damit zusammen hängende politische Fragen dienen. Deshalb kann dort jedes Thema behandelt werden, das diese Funktion im weitesten Sinn erfüllt. Da dieses Recht aber ohnehin im Rahmen der Meinungsfreiheit besteht, ist die Vorschrift vor allem ein Verbot der Behandlung darüber hinausgehender Anliegen. Wird das Verbot übertreten, kann das zum Entzug des Rederechts, der Einbehaltung von Vergütung für die fragliche Zeit oder sogar zum Abbruch der Versammlung führen.

Die Aufzählung der Themen im Gesetz entspricht in Teilen dem Kreis der allgemeinen Aufgaben des BR in § 80, ist insoweit aber nur beispielhaft. Eigentlich werden darin zwei große Komplexe ausdrücklich genannt:

1. Alle betrieblichen Angelegenheiten und
2. Angelegenheiten tarifpolitischer, sozialpolitischer, umweltpolitischer und wirtschaftlicher Art, die den Betrieb oder seine AN unmittelbar betreffen.

Damit dürfen zunächst alle Fragestellungen erörtert werden, die zum Aufgabenbereich des BR gehören oder das Verhältnis zwischen AG und AN betreffen.

Tätigkeitsbericht des BR

Basis für den Austausch ist der Tätigkeitsbericht des BR, der daher im Mittelpunkt der Versammlung stehen soll. Es hat sich bewährt, diesen mit etwas Schwung vorzutragen, vielleicht auch mit verteilten Rollen, wenn im BR Aufgaben an mehrere Mitglieder delegiert wurden. Auch der Einsatz von Visualisierungstechniken, animierten Präsentationen oder Videos ist inzwischen durchaus gängig.

Form und Inhalt des Berichts sind im Gesetz nicht vorgeschrieben, darüber entscheidet der BR selbst und muss – zumindest bei Meinungsverschiedenheiten – darüber einen Beschluss fassen, damit es wirklich ein Bericht des Gremiums und nicht eine Wiedergabe der Meinung einzelner Mitglieder ist. Dadurch ist aber nicht ausgeschlossen, dass einzelne Mitglieder, die hierbei überstimmt werden, auf der Versammlung auch ausdrücklich dagegen opponieren.

Eine weitere Basis der Diskussion ist der einmal jährlich vom AG auf der Betriebsversammlung zu erstattende Bericht über das Personal- und Sozialwesen sowie über die wirtschaftliche Lage und Entwicklung des Betriebs.

Allgemeinpolitische Themen

Weitere Themen sind allgemeinpolitische Fragestellungen, soweit sie einen Bezug zum Betrieb und seinen Beschäftigten haben. Das kann etwa auch verschiedene Reformkonzepte für die Renten- und Krankenversicherung umfassen oder es kann diskutiert werden, wie sich ein veränderter Kündigungsschutz auf die Beschäftigten auswirken wird oder welcher wirtschaftspolitische Kurs für die eigene Branche der bessere sein könnte. Daraus wird deutlich, dass das Themenspektrum fast unbegrenzt ist, so lange der Bezug zum eigenen Unternehmen hergestellt ist. Ausgeschlossen sind allgemeine Aufrufe zur Wahl von einzelnen Parteien oder auch die generelle – positive wie negative – Bewertung einer Regierungspolitik in Bereichen, die nichts mit dem eigenen Betrieb zu tun haben. Auch hier lassen sich allerdings kaum Themen finden, die auf keinen Fall zulässig wären. Auf der Betriebsversammlung eines Speiseeisproduzenten hat etwa die Diskussion der Frage, ob der Güterverkehr eher auf die Schiene oder die Straße gehört, sicherlich wenig verloren. Anders bei einem Hersteller von Güterwaggons und erst recht einem Bauunternehmen mit Tiefbausparte, die hiervon unmittelbar wirtschaftlich betroffen sind.

Wortbeiträge

Zu allen Themenkomplexen besteht ein allgemeines Rederecht, es kann also jeder alles öffentlich äußern, gleich ob die anderen seine Meinung hören wollen oder nicht. In der Praxis besteht allerdings eher das Problem, dass zu wenig kontrovers auf diesen Veranstaltungen diskutiert wird. Hier muss sich der BR überlegen, ob er selbst mehr dazu beitragen kann, eine solche Diskussion anzustoßen, indem er gezielt AN anspricht, sich auf der Versammlung zu Wort zu melden. Das hat aber nur Sinn, wenn dadurch auch Kontroversen angeregt werden. Wer auf diesem Weg lediglich Zustimmung zu seiner Politik organisiert, bewegt sich nur auf – zweifelhaftem – Unterhaltungsniveau.

Die Neigung, sich zu Wort zu melden, nimmt automatisch dann noch weiter ab, wenn der AG bzw. seine Vertreter dort in großer Zahl auftreten oder auch noch offen Protokoll über das Gesagte führen. Das ist allerdings nur dann verboten und sogar gemäß § 201 StGB strafbar, wenn Beiträge in Bild und/oder Ton technisch aufgezeichnet werden. Wird nur mitgeschrieben, hält zumindest das LAG Hamm (Beschluss vom 9.7.1986 – 3 TaBV 31/86) dies für unzulässig, andere Gerichte sehen das anders. Der BR hat hier nur die Möglichkeit, die Beauftragten des AG selbst öffentlich unter Druck zu setzen. Ein anderer Weg ist es, auf der Betriebsversammlung über eine Geschäftsordnung abzustimmen, auf der das Protokollieren untersagt wird. Verstößt der AG hiergegen, kann der BR die Versammlung abbrechen und eine neue außerordentliche Versammlung gemäß § 43 Abs. 3 ansetzen. Auf dieser haben der AG und seine Vertreter dann kein Teilnahmerecht mehr. Allerdings kann diese Versammlung nur dann während der Arbeitszeit durchgeführt werden, wenn der AG damit einverstanden ist.

In Betrieben mit mehrsprachiger Belegschaft sollte der BR eine Übersetzung in die gängigen Sprachen organisieren. Das machen am besten Kollegen, die beide Sprachen beherrschen. Auf die Beauftragung von professionellen Simultandolmetschern besteht im Normalfall kein Anspruch, da im Prinzip von den Teilnehmern erwartet wird, die deutsche Sprache zu verstehen. Teilversammlungen nach Nationalitäten verbieten sich von Vornherein, das würde Barrieren nur noch zusätzlich erhöhen. Besser ist es allemal, im Rahmen der Mitbestimmung bei der betrieblichen Berufsbildung daraufhin zu wirken, dass Sprachkurse durchgeführt werden.

Folgen der Behandlung unzulässiger Themen

Wird der Kreis der zulässigen Themen verlassen, kann das drei Folgen haben:

Gibt es einzelne Beiträge, die etwa in organisierter Form die Versammlung nutzen wollen, um Werbung für eigene politische oder andere Anliegen zu machen, die nichts mit dem Betrieb zu tun haben, kann die Versammlungsleitung dem Redner bzw. den Rednern das Wort entziehen und die Person im Extremfall des Raumes verweisen. Wird die ganze Versammlung von diesen Themen dominiert, kann sie vorzeitig beendet werden.

Beispiele

Angehörige einer Partei versuchen, auf der Versammlung Teilnehmer für ihr Pfingstcamp zu werben.

Ein AN will die Beschäftigten davon überzeugen, dass Krieg ein geeignetes Mittel ist, um den Nahostkonflikt zu lösen.

Auch wenn es sich aus Sicht der Vortragenden um berechtigte Anliegen handelt, die Betriebsversammlung ist nicht das geeignete Forum dafür. Allerdings sollte auch nicht jede kleine unsachliche Äußerung in dieser Richtung zum Anlass genommen werden, um mit Ordnungsrufen seitens der Versammlungsleitung zu reagieren. Denn dadurch würde schnell der Eindruck erweckt, man scheue die inhaltliche Auseinandersetzung und habe daher schon vor einfachen Äußerungen Angst.

Der AG hat – von theoretischen Extremfällen abgesehen – keine Möglichkeit, in die Versammlung einzugreifen. Er kann sie also auch nicht abbrechen, wenn sie in der beschriebenen Weise zweckentfremdet wird. Er kann aber durchaus später die Vergütung für die Zeiten verweigern, in denen die „falschen“ Themen behandelt wurden. Das wiederum trifft dann jeden Anwesenden, auch wenn er gar nichts gesagt hat. Hiergegen muss dann wiederum jeder individualrechtlich vorgehen.

Anträge an den BR

Die Teilnehmer der Versammlung können durch Abstimmung Stellung zu den behandelten Themen beziehen und Anträge an den BR richten. Dieser ist verpflichtet, sich mit diesen Anträgen zu befassen, er muss dem jeweiligen Ansinnen aber nicht Folge leisten. Die Versammlung kann dem BR also keine inhaltlichen Vorgaben für seine Arbeit machen.

§ 46 Beauftragte der Verbände

(1) An den Betriebs- oder Abteilungsversammlungen können Beauftragte der im Betrieb vertretenen Gewerkschaften beratend teilnehmen. Nimmt der Arbeitgeber an Betriebs- oder Abteilungsversammlungen teil, so kann er einen Beauftragten der Vereinigung der Arbeitgeber, der er angehört, hinzuziehen.

(2) Der Zeitpunkt und die Tagesordnung der Betriebs- oder Abteilungsversammlungen sind den im Betriebsrat vertretenen Gewerkschaften rechtzeitig schriftlich mitzuteilen.

> Die Vorschrift regelt das Teilnahmerecht der Beauftragten der Verbände (Gewerkschaften, AG-Verbände) an den Betriebs- und Abteilungsversammlungen.

Themenübersicht

Beauftragte der Gewerkschaften

Zu allen Betriebs-, Abteilungs- und Teilversammlungen kann jede im Betrieb vertretene Gewerkschaft Beauftragte entsenden (siehe hierzu die Kommentierung zu § 2). Das Teilnahmerecht besteht unabhängig vom Willen des BR oder des AG. Die Gewerkschaft entscheidet selbst, wen sie zu einer Versammlung entsenden will. Das können auch mehrere Beauftragte sein. Gewerkschaftsbeauftragten darf auch nicht unter Hinweis auf das Hausrecht der Zutritt verweigert werden, weder durch den AG noch durch den BR. Notfalls kann der Zugang zum Betrieb durch eine einstweilige Verfügung durchgesetzt werden.

Allenfalls dann, wenn ein Gewerkschaftsbeauftragter bereits mehrmals seine betriebsverfassungsrechtlichen Pflichten verletzt hat und weitere Verstöße zu erwarten sind, kann ihm die Teilnahme verweigert werden. Das bezieht sich dann aber nur auf seine Person, nicht auf die Gewerkschaft generell.

Der BR ist verpflichtet, den Gewerkschaften Ort, Zeitpunkt und Tagesordnung der Betriebs- und Abteilungs- oder Teilversammlungen rechtzeitig und schriftlich mitzuteilen, damit diese ihr Teilnahmerecht wahrnehmen können.

Der Gewerkschaftsbeauftragte nimmt beratend an den Versammlungen teil. Er hat Rederecht und kann sich jederzeit zu Wort melden, um zu den aufgeworfenen Fragen Stellung zu nehmen. Ein Stimmrecht bei Abstimmungen hat er jedoch nicht.

Teilnahme von Vertretern des AG-Verbands

Nur wenn der AG oder sein Vertreter an Betriebsversammlungen teilnimmt, kann er auch einen Beauftragten seines Verbands hinzuziehen. Bleibt der AG der Versammlung fern und nimmt er auch nicht durch Vertreter teil, hat auch der Verbandsvertreter kein Zutrittsrecht. Der AG kann den Verbandsvertreter nicht an seiner Stelle zur Versammlung schicken. Zugelassen sind nur Verbände, in denen der AG Mitglied ist. Bei fehlender Tarifbindung muss der AG daher dem BR vor der Teilnahme eines Verbandsvertreters immer nachweisen, dass tatsächlich eine Mitgliedschaft in dem Verband besteht.

Der Beauftragte hat kein eigenständiges Rederecht auf der Versammlung, sondern soll den AG nur beraten. Verlangt jedoch der AG für diesen Beauftragten das Wort, dann hat der Versammlungsleiter dem Wunsch Folge zu leisten (BAG vom 19.5.1978 – 6 ABR 41/75).

Teilnahme anderer Vertreter

Die Teilnahme weiterer Vertreter muss dem Grundsatz aus § 42 Abs. 1 Rechnung tragen, dass die Betriebsversammlung nicht öffentlich ist. Beauftragte von GBR, KBR oder Euro-BR können aber praktisch teilnehmen, weil davon auszugehen ist, dass Angelegenheiten erörtert werden, die auch deren Zuständigkeit berühren. Dasselbe gilt für die Teilnahme von Vertretern der AN im Aufsichtsrat. Sind diese nicht selbst Betriebsangehörige, können sie den Status einer Auskunftsperson gemäß § 80 Abs. 2 BetrVG bekommen und sind dann zur Teilnahme berechtigt.

Über die Teilnahmeberechtigung an den Versammlungen hat der BR-Vorsitzende als Versammlungsleiter zu entscheiden.

Fünfter Abschnitt
Gesamtbetriebsrat

§ 47 Voraussetzungen der Errichtung, Mitgliederzahl, Stimmengewicht

(1) Bestehen in einem Unternehmen mehrere Betriebsräte, so ist ein Gesamtbetriebsrat zu errichten.

(2) In den Gesamtbetriebsrat entsendet jeder Betriebsrat mit bis zu drei Mitgliedern eines seiner Mitglieder; jeder Betriebsrat mit mehr als drei Mitgliedern entsendet zwei seiner Mitglieder. Die Geschlechter sollen angemessen berücksichtigt werden.

(3) Der Betriebsrat hat für jedes Mitglied des Gesamtbetriebsrats mindestens ein Ersatzmitglied zu bestellen und die Reihenfolge des Nachrückens festzulegen.

(4) Durch Tarifvertrag oder Betriebsvereinbarung kann die Mitgliederzahl des Gesamtbetriebsrats abweichend von Absatz 2 Satz 1 geregelt werden.

(5) Gehören nach Absatz 2 Satz 1 dem Gesamtbetriebsrat mehr als vierzig Mitglieder an und besteht keine tarifliche Regelung nach Absatz 4, so ist zwischen Gesamtbetriebsrat und Arbeitgeber eine Betriebsvereinbarung über die Mitgliederzahl des Gesamtbetriebsrats abzuschließen, in der bestimmt wird, dass Betriebsräte mehrerer Betriebe eines Unternehmens, die regional oder durch gleichartige Interessen miteinander verbunden sind, gemeinsam Mitglieder in den Gesamtbetriebsrat entsenden.

(6) Kommt im Fall des Absatzes 5 eine Einigung nicht zustande, so entscheidet eine für das Gesamtunternehmen zu bildende Einigungsstelle. Der Spruch der Einigungsstelle ersetzt die Einigung zwischen Arbeitgeber und Gesamtbetriebsrat.

(7) Jedes Mitglied des Gesamtbetriebsrats hat so viele Stimmen, wie in dem Betrieb, in dem es gewählt wurde, wahlberechtigte Arbeitnehmer in der Wählerliste eingetragen sind. Entsendet der Betriebsrat mehrere Mitglieder, so stehen ihnen die Stimmen nach Satz 1 anteilig zu.

(8) Ist ein Mitglied des Gesamtbetriebsrats für mehrere Betriebe entsandt worden, so hat es so viele Stimmen, wie in den Betrieben, für die es entsandt ist, wahlberechtigte Arbeitnehmer in den Wählerlisten eingetragen sind; sind mehrere Mitglieder entsandt worden, gilt Absatz 7 Satz 2 entsprechend.

(9) Für Mitglieder des Gesamtbetriebsrats, die aus einem gemeinsamen Betrieb mehrerer Unternehmen entsandt worden sind, können durch Tarifvertrag oder Betriebsvereinbarung von den Absätzen 7 und 8 abweichende Regelungen getroffen werden.

Die Vorschrift regelt die Errichtung eines GBR, die Anzahl seiner Mitglieder sowie die Stimmengewichtung innerhalb dieses Gremiums.

Themenübersicht

Bildung des GBR
Größe des GBR
Entsendung in den GBR
Stimmengewichtung
Gemeinschaftsbetriebe
Rechtsprechung

Bildung des GBR

In Unternehmen mit mehreren Betrieben ist ein GBR zu errichten, wenn es in mindestens zwei dieser Betriebe einen BR gibt. Besteht nur in einem Betrieb des Unternehmens ein BR, obwohl die anderen Betriebe betriebsratsfähig sind, kann kein GBR gebildet werden, genauso wenig wie in dem Fall, dass nur ein Betrieb betriebsratsfähig ist.

Wenn die Voraussetzungen nach dieser Vorschrift vorliegen, muss ein GBR gebildet werden. Die Errichtung ist also nicht in das Ermessen der beteiligten BR gestellt. Dies kann auch nicht etwa durch entsprechende Beschlüsse einzelner Gremien verhindert werden. Jeder BR ist verpflichtet, die entsprechenden GBR-Mitglieder zu entsenden. Gremien, die dieser Verpflichtung nicht nachkommen, begehen damit eine grobe Pflichtverletzung gemäß § 23 Abs. 1 BetrVG.

Größe des GBR

Die Größe des GBR ergibt sich aus der Anzahl der Betriebe und deren Größe, da die Anzahl der gesetzlich vorgesehenen Vertreter davon abhängt. Eine von der gesetzlichen Regelung abweichende Zahl von Mitgliedern kann durch Tarifvertrag oder in einer mit dem GBR abzuschließenden Betriebsvereinbarung festgelegt werden. Danach kann die Zahl größer oder kleiner sein.

Besteht keine tarifliche Regelung und gehören dem GBR mehr als vierzig Mitglieder an, müssen AG und GBR eine Verkleinerung vereinbaren. Das kann durch Zusammenfassung von Betrieben nach Regionen (Entsendungsbezirke) oder Tätigkeiten passieren. Die Größe eines solchen GBR muss nicht zwangsläufig kleiner als 40 sein, es ist aber in der Regel kleiner, da dies auch der Arbeitsfähigkeit dient. Werden solche Bezirke geschaffen, kann auch die Anzahl der entsandten Mitglieder verändert werden.

Beispiel

Für ein Einzelhandelsunternehmen, das in der ganzen Republik 250 Betriebe hat, werden vier Entsendungsbezirke (Nord, Süd, Ost und West) gebildet. Aus jedem Bezirk werden sechs Mitglieder in den GBR entsandt.

Entsendung in den GBR

Die Entsendung erfolgt durch einfachen Beschluss des BR. Der Hinweis auf die angemessene Berücksichtigung der Geschlechter ist als ein politischer Programmsatz zu verstehen, da bei einem oder zwei zu entsendenden Mitgliedern nur schwer wirklich Angemessenheit hergestellt werden kann, da immer das Geschlecht mit weniger Angehörigen im Betrieb entweder unter- oder überrepräsentiert ist.

Die Entsendung ist unbefristet, kann also nicht für jede GBR-Sitzung neu vorgenommen werden. Wohl aber ist es jederzeit möglich, die GBR-Mitglieder durch BR-Beschluss wieder abzuberufen und zu ersetzen. Auch der Rücktritt von der Mitgliedschaft im GBR ist jederzeit möglich und wirkt sich nicht auf das BR-Mandat aus.

An die Stelle eines ausgeschiedenen Mitglieds tritt das Ersatzmitglied, das der BR hierfür bestellen muss. Der BR nimmt dabei eine Zuordnung vor, aus der sich ergibt, welches reguläre Mitglied durch welches Ersatzmitglied bei Verhinderung vertreten bzw. bei Ausscheiden ersetzt wird. Ein Ersatzmitglied des GBR muss immer ordentliches Mitglied des entsendenden BR sein, es kann also kein Ersatzmitglied des BR sein.

Stimmengewichtung

Jedes Mitglied des GBR hat so viele Stimmen, wie wahlberechtigte AN in der Wählerliste desjenigen Betriebs eingetragen sind, in dem es gewählt worden ist. Entsendet der BR zwei Mitglieder in den GBR, so stehen diesen die vorgenannten Stimmen anteilig, also je zur Hälfte zu. Maßstab für die Zahl der Stimmen ist die tatsächliche Betriebsgröße zum Zeitpunkt der letzten Wahl und nicht die Zahl der aktuell in der Regel Beschäftigten. Wird ein GBR-Mitglied nach der Bildung von Entsendungsbezirken für mehrere Betriebe entsandt, hat es so viele Stimmen, wie in den zusammengefassten Betrieben wahlberechtigte AN in den Wählerlisten eingetragen sind. Auch hier stehen mehreren aus einem Bezirk entsandten Mitgliedern die Stimmen anteilig zu. Im obigen Beispiel hätte also jedes Mitglied ein Sechstel der Stimmen aus seinem Entsendungsbezirk.

Gemeinschaftsbetriebe

Auch die BR aus Gemeinschaftsbetrieben entsenden Mitglieder in den GBR und zwar in jeden GBR, der in den daran beteiligten Unternehmen gebildet wurde. Das kann zu unübersichtlichen Verhältnissen führen, weshalb Abs. 7 darauf hinweist, dass in diesen Fällen auch abweichende Regelungen durch Betriebsvereinbarung oder Tarifvertrag getroffen werden können.

Beispiel

In einem Gemeinschaftsbetrieb mit 19.500 AN arbeiten die Unternehmen A-AG, B-AG und C-GmbH zusammen. In jedem Unternehmen ist ein GBR gebildet. Im Gemeinschaftsbetrieb besteht ein 17-köpfiger BR, in den nur Beschäftigte der B-AG und der C-GmbH gewählt wurden. Diese können jetzt in jedem GBR je zwei Mitglieder stellen, auch in dem der A-AG – also unabhängig davon, ob sie selbst diesem Unternehmen angehören oder nicht.

An dem Beispiel zeigt sich, dass eine Vereinbarung fast schon zwingend ist, weil andernfalls die kuriose Situation entstehen kann, dass die Stimmenverhältnisse in einem GBR durch die Beschäftigtenzahl eines anderen Unternehmens bestimmt wird, das an einem Gemeinschaftsbetrieb beteiligt ist. Die zwei Vertreter aus dem Gemeinschaftsbetrieb haben alle 19.500 Stimmen aus dem Gemeinschaftsbetrieb, unabhängig davon, wie viele Beschäftigte welchem Unternehmen angehören. Sind in der A-AG insgesamt nur 500 AN beschäftigt und davon 100 im Gemeinschaftsbetrieb tätig, dominieren die GBR-Vertreter aus dem Gemeinschaftsbetrieb gleichwohl den GBR der A-AG.

Rechtsprechung

BAG vom 15.8.1978 – 6 ABR 56/77: Die Vereinbarung über die Verkleinerung des GBR gemäß § 47 Abs. 5 wird zwischen dem zunächst zu bildenden größeren GBR und dem AG geschlossen.

BAG vom 5.6.2002 – 7 ABR 17/01: Überträgt ein Unternehmen seine sämtlichen Betriebe auf zwei andere, rechtlich selbständige Unternehmen, endet das Amt des in dem übertragenden Unternehmen gebildeten GBR.

BAG vom 16.3.2005 - 7 ABR 37/04: Vergrößern sich nach der Übernahme eines weiteren Betriebs der GBR und der Gesamtbetriebsausschuss, müssen sämtliche Ausschussmitglieder in einer Verhältniswahl neu bestimmt werden. Eine Nachwahl einzelner Mitglieder ist unzulässig.

BAG vom 25.5.2005 - 7 ABR 10/04: Die Entsendung von BR-Mitgliedern in den Gesamt-BR bedarf nur einer einfache Stimmenmehrheit im BR.

BAG vom 13.2.2007 - 1 AZR 184/06: Ein GBR kann nur im einzelnen Unternehmen gegründet werden, nicht aber gemeinsam für mehrere Unternehmen.

§ 48 Ausschluss von Gesamtbetriebsratsmitgliedern

Mindestens ein Viertel der wahlberechtigten Arbeitnehmer des Unternehmens, der Arbeitgeber, der Gesamtbetriebsrat oder eine im Unternehmen vertretene Gewerkschaft können beim Arbeitsgericht den Ausschluss eines Mitglieds aus dem Gesamtbetriebsrat wegen grober Verletzung seiner gesetzlichen Verpflichtungen beantragen.

> Die Vorschrift regelt die Voraussetzungen und die Vorgehensweise beim Ausschluss eines Mitglieds aus dem GBR.

Diese Vorschrift ermöglicht es, Mitglieder des GBR aus diesem gegen ihren Willen und gegen den Willen des entsendenden BR zu entfernen. Will der entsendende BR selbst die Mitgliedschaft eines entsendeten Mitglieds beenden, kann er dies durch einfachen Mehrheitsbeschluss bewerkstelligen, braucht also nicht das in dieser Vorschrift vorgesehene Verfahren.

Wie auch der Ausschluss aus dem BR gemäß § 23 setzt die Entfernung aus dem GBR eine grobe Verletzung der gesetzlichen Pflichten des GBR-Mitglieds voraus (siehe die Kommentierung zu § 23). Der Antrag kann gestellt werden von einem Viertel der wahlberechtigten AN des gesamten Unternehmens, dem AG, dem GBR oder einer im Unternehmen vertretenen Gewerkschaft. Er muss also nicht aus dem Entsendungsbetrieb kommen und die den Antrag stellende Gewerkschaft muss nicht einmal dort vertreten sein. Nicht vorgesehen ist allerdings, dass ein BR den Ausschluss eines aus einem anderen Betrieb stammenden GBR-Mitglieds beantragen kann.

§ 48 ermöglicht nur den Ausschluss einzelner oder mehrerer Mitglieder, nicht jedoch die Auflösung des GBR. Der GBR als Institution besteht von Gesetzes wegen fort, selbst wenn alle Mitglieder und die Ersatzmitglieder ausgeschlossen sind. Er müssten dann lediglich von den BR neue Mitglieder entsendet werden.

Der Ausschluss aus dem GBR lässt das BR-Mandat unberührt. Umgekehrt führt ein Ausschluss aus dem BR aber gemäß § 49 sofort auch zum Verlust der GBR-Mitgliedschaft, da Mitglied im GBR nur ein BR-Mitglied sein kann.

§ 49 Erlöschen der Mitgliedschaft

Die Mitgliedschaft im Gesamtbetriebsrat endet mit dem Erlöschen der Mitgliedschaft im Betriebsrat, durch Amtsniederlegung, durch Ausschluss aus dem Gesamtbetriebsrat aufgrund einer gerichtlichen Entscheidung oder Abberufung durch den Betriebsrat.

> Die Vorschrift regelt die verschiedenen Möglichkeiten des Erlöschens der Mitgliedschaft im GBR.

Der GBR ist eine Dauereinrichtung, deshalb ist die Amtszeit des einzelnen GBR-Mitglieds nicht befristet. Die GBR-Mitglieder werden von den BR im Anschluss an die BR-Wahlen entsandt, wodurch der Eindruck entsteht, der GBR werde ebenfalls nach jder BR-WAhl neu gebildet. Tatsächlich besteht die Institution GBR aber die ganze Zeit, es findet dann nur die neue Bestellung der Mitglieder statt, weil der entsendende BR sich neu formiert. Deutlich wird dies, wenn ein BR zwischen den Wahlperioden neu gewählt wird: Auf den GBR hat das nur insofern Einfluss, als hier möglicherweise neue Mitglieder auftauchen. Das kann aber auch unabhängig von Wahlen passieren.

Selbst durch einen kollektiven Rücktritt aller GBR-Mitglieder endet das Gremium bzw. dessen „Amtszeit“ nicht. Die BR müssen dann aber neue Mitglieder entsenden. Der GBR kann auch nicht – anders als der BR – seinen Rücktritt als Gremium beschließen.

Nach dieser Vorschrift erlischt also nur die Mitgliedschaft des einzelnen GBR-Mitglieds im GBR. Dies kann nur aus den drei in der Vorschrift genannten Gründen geschehen. Die Mitgliedschaft im GBR endet

- durch Erlöschen der Mitgliedschaft im BR (§§ 22, 23, 24),
- durch Ausschluss aus dem GBR aufgrund einer gerichtlichen Entscheidung oder wegen einer Abberufung durch den BR (§§ 47, 48) oder
- durch Niederlegung des GBR-Mandats, die jederzeit und formlos erklärt werden kann.

Für die aus dem GBR ausgeschiedenen Mitglieder rücken die Ersatzmitglieder nach, die der BR gemäß § 47 Abs. 3 von Vornherein bestellen muss.

§ 50 Zuständigkeit

(1) Der Gesamtbetriebsrat ist zuständig für die Behandlung von Angelegenheiten, die das Gesamtunternehmen oder mehrere Betriebe betreffen und nicht durch die einzelnen Betriebsräte innerhalb ihrer Betriebe geregelt werden können; seine Zuständigkeit erstreckt sich insoweit auch auf Betriebe ohne Betriebsrat. Er ist den einzelnen Betriebsräten nicht übergeordnet.

(2) Der Betriebsrat kann mit der Mehrheit der Stimmen seiner Mitglieder den Gesamtbetriebsrat beauftragen, eine Angelegenheit für ihn zu behandeln. Der Betriebsrat kann sich dabei die Entscheidungsbefugnis vorbehalten. § 27 Abs. 2 Satz 3 und 4 gilt entsprechend.

Die Vorschrift regelt, in welchen Fällen der GBR für die Wahrnehmung von Aufgaben aus dem BetrVG anstatt des BR zuständig ist. Dabei wird zwischen einer originären Zuständigkeit und einer Zuständigkeit durch Beauftragung durch einzelne BR unterschieden.

Themenübersicht

Stellung des GBR

Der GBR ist ein Gremium des Betriebsverfassungsrechts mit eigenen Rechten neben denen des BR. Das bedeutet vor allem, dass der GBR kein „Über-BR“ ist, also nicht über den BR-Gremien steht und keine Weisungsrechte gegenüber dem einzelnen BR hat. In den Fällen, in denen das Gesetz es vorsieht, wird er aufgrund eigener Zuständigkeit tätig. Der BR verliert damit seine Zuständigkeit in diesen Fragen, wenn in dem Unternehmen mehrere BR amtieren und daher ein GBR gebildet werden muss. Der GBR darf zunächst nur im Rahmen seiner eigenen Zuständigkeit tätig werden, also nicht etwa außerhalb seiner Zuständigkeit zusammen mit dem AG in Rahmenvereinbarungen Vorgaben für die Ausübung der Mitbestimmungsrechte einzelner BR vor Ort machen. Ein Einzel-BR kann aber durch Beschluss entscheiden, dass er den GBR mit einer bestimmten Aufgabe beauftragt, dann wird der GBR für diesen Einzel-BR tätig.

Originäre Zuständigkeit des GBR

Die originäre Zuständigkeit des GBR ist in Abs. 1 geregelt. Die zu regelnden Angelegenheiten müssen mindestens zwei Betriebe in der Weise betreffen, dass eine Behandlung durch die örtlichen BR mit unterschiedlichen Ergebnissen sachlich nicht möglich oder zumindest unsinnig wäre.

Beispiel

Ein Unternehmen hat zwei Standorte in einer Stadt. Die sollen jetzt in einem Gewerbegebiet vor der Stadt zusammengeführt werden. Dabei bestehen Mitbestimmungsrechte u. a. zur Verhandlung eines Interessenausgleichs und bei der Gestaltung der neuen Arbeitsräume. Es wäre widersinnig, wenn der BR des einen Betriebs in einem Interessenausgleich durchzusetzen versucht, dass der eigene Standort erhalten bleibt, während der andere die Zusammenführung und Verlegung will. Beide Regelungen wären nicht miteinander vereinbar, weil die Standorte nicht gleichzeitig umziehen und am alten Standort bleiben können. Ebenso wenig sinnvoll ist es, wenn der eine sich mit dem AG auf die Einrichtung von Großraumbüros einigt, während der andere Büros für höchstens drei Personen anstrebt. Für die Verhandlung dieser Themen ist damit der GBR zuständig.

Anders verhält es sich mit einem möglicherweise abzuschließenden Sozialplan, der Leistungen für zusätzlich entstehende Fahrtkosten vorsieht: Diese müssen nicht für beide Betriebe gleich sein, weil ja auch die Belastungen für die Belegschaften unterschiedlich sein können.

Die Zuständigkeit in solchen Fällen richtet sich ausschließlich danach, ob eine Beteiligung der einzelnen BR möglich ist oder ob das zu nicht zu vereinbarenden Ergebnissen führen könnte. Andere Fälle der originären Zuständigkeit des GBR sind solche, bei denen der AG freiwillige Leistungen erbringt, insbesondere eine eigene betriebliche Altersversorgung, bei denen Mitbestimmungsrechte bestehen. Die lassen sich zwar praktisch problemlos für jeden Betrieb separat ausüben und unterschiedliche Ergebnisse sind auch nicht hinderlich. Allerdings kann der AG die Gewährung davon abhängig machen, dass die Vereinbarung einheitlich auf Unternehmensebene mit dem GBR abgeschlossen wird. Falls die AN-Vertretungen keine Einheitlichkeit möchten, kann er seine Leistungszusage auch ohne weiteres wieder zurückziehen (BAG vom 18.10.1994 – 10 AZR 186/93).

Für die Zuständigkeit ist es unerheblich, ob der AG oder der GBR ein einheitliche Regelung lediglich für sinnvoller halten. Selbst wenn der AG seinerseits sämtliche Entscheidungen zu einem Sachverhalt an einer Stelle im Unternehmen zentralisiert, führt das nicht automatisch zur Zuständigkeit des GBR. Der AG ist vielmehr verpflichtet, den einzelnen BR kompetente Verhandlungspartner gegenüber zu stellen (BAG 18.10.1994 – 1 ABR 17/94).

Damit ergibt sich für die originäre Zuständigkeit eine Zweiteilung: Bei freiwilligen Leistungen kann der AG entscheiden, ob er die mit dem GBR oder den BR vereinbaren will. In allen anderen Fällen ist der GBR dann zuständig, wenn ein Handeln auf betrieblicher Ebene im oben beschriebenen Sinne ansonsten nicht möglich ist.

Einzelfälle

Anhörung zur Kündigung gemäß § 102: Zuständigkeit des GBR nur dann, wenn der betroffene AN mehreren Betrieben zugeordnet ist (BAG vom 21.3.1996 – 2 AZR 559/95).

Personelle Einzelmaßnahmen gemäß § 99: Zuständigkeit niemals beim GBR, auch nicht, wenn Versetzungen zwischen Betrieben vorgenommen werden.

Arbeitszeitgestaltung gemäß § 87 Abs. 1 Nr. 2, 3: Zuständigkeit beim GBR für die grundlegenden Entscheidungen zur Lage und Verteilung von Arbeitszeit und Pausen und den Abweichungen hiervon nur dann, wenn mehrere Betriebe aus produktionstechnischen Gründen miteinander synchronisiert werden müssen (BAG 23.9.1979 – 1 ABR 122/73).

Lohngestaltung gemäß § 87 Abs. 1 Nr. 10, 11: Zuständigkeit beim GBR, wenn eine einheitliche Lohnsystematik geschaffen werden soll (BAG vom 6.12.1988 – 1 ABR 44/87).

Arbeitsplatzgestaltung und Arbeitsschutz gemäß § 87 Abs. 1 Nr. 6 und §§ 89 ff.: Solange es um konkrete Arbeitsplätze geht, ist der BR zuständig, auch wenn es sich um allgemeine Festlegungen, wie etwa die Art der Gefährdungsanalyse handelt (BAG vom 8.6.2004 - 1 ABR 4/03). Der GBR ist dann zuständig, wenn auswärtige Arbeitsplätze betroffen sind, die nicht den einzelnen Betrieben zugeordnet sind (BAG vom 16.6.1998 – 1 ABR 68/97) oder bei der Beauftragung eines überbetrieblich tätigen arbeitsmedizinischen Dienstes.

Einführung einer technischen Überwachungseinrichtung gemäß § 87 Abs. 1 Nr. 7: Die Zuständigkeit liegt beim GBR, wenn ein unternehmenseinheitliches System eingeführt werden soll (BAG 11. 11. 1998 – 7 ABR 47/97).

Bestehen Zweifel an der Zuständigkeit des GBR, ist dessen Zuständigkeit aber gewollt, dann empfiehlt sich eine zusätzliche Beauftragung nach Abs. 2. Will der BR dagegen Mitbestimmungsrechte wahrnehmen, die der GBR für sich reklamiert, muss der BR diesen Streit nicht abstrakt klären. Er sollte einfach in der Angelegenheit tätig werden und eine Entscheidung zunächst dem AG überlassen. Falls der AG sich weigert, die Zuständigkeit des BR anzuerkennen, kann die Angelegenheit in die Einigungsstelle getragen werden, wenn sie der erzwingbaren Mitbestimmung unterliegt. Erklärt die sich für zuständig, werden zunächst einmal Fakten bis zu einer endgültigen gerichtlichen Entscheidung geschaffen.

Beauftragung des GBR durch den BR

Ein einzelner oder auch mehrere BR können den GBR durch Mehrheitsbeschluss mit der Wahrnehmung einer bestimmten Angelegenheit beauftragen. Das darf sich aber nur auf einzelne Angelegenheiten beziehen, der BR darf seine Aufgaben nicht generell auf den GBR übertragen, auch nicht einzelne abgrenzbare Bereiche, wie etwa alle personellen Einzelmaßnahmen (BAG vom 26.1.1993 – 1 AZR 303/92). Die Beauftragung kann umfassend sein, der GBR ist dann für die Verhandlung und den Abschluss von Vereinbarungen einschließlich evetuell durchzuführender Verfahren vor der Einigungsstelle und dem Arbeitsgericht zuständig. Sie kann sich aber auch darauf beschränken, dass der GBR nur die Verhandlungen führt, der BR dann aber letztlich über die abzuschließende Vereinbarung noch einmal entscheidet. Wie weit der Auftrag im Einzelfall konkret geht, muss sich eindeutig aus dem BR-Beschluss ergeben.

Ungeregelt ist die Frage, ob der BR völlig frei darin ist, welche Aufgaben er an den GBR abgibt und ob dieser jeden Auftrag annehmen und ausführen muss. Die Frage ist jedoch von geringer praktischer Bedeutung, schließlich würde ein solcher Streit nur dazu führen, dass am Ende die Angelegenheit ungeregelt bleibt. Weigert sich der AG, mit dem beauftragten GBR zu verhandeln, muss die Frage der Zuständigkeit zunächst durch Einleitung eines Verfahrens vor der Einigungsstelle geklärt werden, die über die Sachfrage befindet. Deren Ergebnis und damit die Rechtmäßigkeit der Beauftragung kann dann später noch einmal gerichtlich geklärt werden.

Betriebsvereinbarung und Gesamtbetriebsvereinbarung

Hat der GBR mit dem AG eine Vereinbarung geschlossen, kann das sowohl eine Gesamtbetriebsvereinbarung als auch eine Betriebsvereinbarung sein. Das richtet sich danach, ob der GBR im Rahmen seiner originären Zuständigkeit oder aufgrund Beauftragung durch einen BR tätig war. Wenn der GBR in eigener Zuständigkeit eine Vereinbarung mit dem AG abschließt, dann handelt es sich um eine Gesamtbetriebsvereinbarung. Handelt er dagegen als Beauftragter des BR, dann schließt er eine Betriebsvereinbarung für den oder die Betriebe, deren BR ihn damit beauftragt haben. Der Unterschied ist wichtig für die Wirkung der Vereinbarung und die Kündigung. Die Gesamtbetriebsvereinbarung wirkt für alle Betriebe des Unternehmens, auch wenn dort kein BR gewählt wurde und kann auch nur vom GBR gekündigt werden, solange die betroffenen Betriebe im Unternehmen bleiben. Nach einem Betriebsübergang geht das Recht zur Kündigung auf den dortigen BR über (BAG vom 18.9.2002 – 1 ABR 54/01). Eine vom GBR abgeschlossene Betriebsvereinbarung dagegen wirkt nur in dem Betrieb bzw. in den Betrieben, deren BR den GBR entsprechend beauftragt haben und kann auch von diesen gekündigt werden. Auch der AG kann die Vereinbarung dann nur durch Einzelkündigungen gegenüber den BR beseitigen.

Rechtsprechung

BAG vom 20.12.1988 – 1 ABR 63/87: Auch wenn der GBR in einer mitbestimmungspflichtigen Angelegenheit eine Betriebsvereinbarung abschließt, bleibt der BR gemäß § 80 Abs. 1 dafür zuständig, darüber zu wachen, dass diese Betriebsvereinbarung auch durchgeführt wird.

BAG vom 16.1.1992 – 1 AZR 303/92: Die Versetzung eines AN zwischen den Betrieben eines Unternehmens bedarf der Zustimmung der BR im aufnehmenden und im abgebenden Betrieb. Der GBR ist hierfür nicht zuständig.

BAG vom 24.1.1996 – 1 AZR 542/95: Ist zweifelhaft, ob die Zuständigkeit beim BR oder beim GBR liegt, darf der AG nicht einfach mit dem Gremium verhandeln, das er für zuständig hält. Er muss vielmehr die Gremien zu Klärung der Zuständigkeit auffordern. Andernfalls trägt er das Risiko mit dem falschen Gremium agiert zu haben.

BAG vom 11.11.1998 – 4 ABR 40/97: Ein Tarifvertrag kann die gesetzliche Verteilung der Zuständigkeiten zwischen BR und GBR nicht verändern.

BAG vom 18.9.2002 – 1 ABR 54/01: Scheiden einzelne Betriebe oder Betriebsteile durch Betriebsübergang aus einem Unternehmen aus, gelten die Gesamtbetriebsvereinbarungen als örtliche Vereinbarungen weiter als kollektives Recht. Werden alle Betriebe auf einen neuen Inhaber übertragen, bleiben sie als Gesamtbetriebsvereinbarungen erhalten.

BAG vom 3.5.2006 – 1 ABR 15/05: Aus der Zuständigkeit des GBR für einen Interessenausgleich folgt nicht zwingend, dass er auch für den Abschluss des Sozialplans zuständig ist.

§ 51 Geschäftsführung

(1) Für den Gesamtbetriebsrat gelten § 25 Abs. 1, die §§ 26, 27 Abs. 2 und 3, § 28 Abs. 1 Satz 1 und 3, Abs. 2, die §§ 30, 31, 34, 35, 36, 37 Abs. 1 bis 3 sowie die §§ 40 und 41 entsprechend. § 27 Abs. 1 gilt entsprechend mit der Maßgabe, dass der Gesamtbetriebsausschuss aus dem Vorsitzenden des Gesamtbetriebsrats, dessen Stellvertreter und bei Gesamtbetriebsräten mit

9 bis 16 Mitgliedern	**aus 3 weiteren Ausschussmitgliedern,**
17 bis 24 Mitgliedern	**aus 5 weiteren Ausschussmitgliedern,**
25 bis 36 Mitgliedern	**aus 7 weiteren Ausschussmitgliedern,**
mehr als 36 Mitgliedern	**aus 9 weiteren Ausschussmitgliedern**

besteht.

(2) Ist ein Gesamtbetriebsrat zu errichten, so hat der Betriebsrat der Hauptverwaltung des Unternehmens oder, soweit ein solcher Betriebsrat nicht besteht, der Betriebsrat des nach der Zahl der wahlberechtigten Arbeitnehmer größten Betriebs zu der Wahl des Vorsitzenden und des stellvertretenden Vorsitzenden des Gesamtbetriebsrats einzuladen. Der Vorsitzende des einladenden Betriebsrats hat die Sitzung zu leiten, bis der Gesamtbetriebsrat aus seiner Mitte einen Wahlleiter bestellt hat. § 29 Abs. 2 bis 4 gilt entsprechend.

(3) Die Beschlüsse des Gesamtbetriebsrats werden, soweit nichts anderes bestimmt ist, mit Mehrheit der Stimmen der anwesenden Mitglieder gefasst. Bei Stimmengleichheit ist ein Antrag abgelehnt. Der Gesamtbetriebsrat ist nur beschlussfähig, wenn mindestens die Hälfte seiner Mitglieder an der Beschlussfassung teilnimmt und die Teilnehmenden mindestens die Hälfte aller Stimmen vertreten; Stellvertretung durch Ersatzmitglieder ist zulässig. § 33 Abs. 3 gilt entsprechend.

(4) Auf die Beschlussfassung des Gesamtbetriebsausschusses und weiterer Ausschüsse des Gesamtbetriebsrats ist § 33 Abs. 1 und 2 anzuwenden.

(5) Die Vorschriften über die Rechte und Pflichten des Betriebsrats gelten entsprechend für den Gesamtbetriebsrat, soweit dieses Gesetz keine besonderen Vorschriften enthält.

> Die Vorschrift regelt die Geschäftsführung des GBR mit Verweis auf die entsprechenden Vorschriften für den BR und bestimmt, wie sich der GBR konstituiert.

Themenübersicht

Konstituierung
Beschlussfähigkeit
Sitzungen
Rechtsprechung

Für die Geschäftsführung des GBR gelten dieselben Regeln wie für den BR. Das folgt aus der umfangreichen Verweisung in Abs. 1, die sich auf die Vorschriften zu Ersatzmitgliedern, Vorsitzendem, Betriebsausschuss, Einrichtung von Ausschüssen, Sitzungen, Aussetzung von Beschlüssen, Geschäftsordnung, erforderliche Freistellungen, GBR-Arbeit außerhalb der Arbeitszeit und Kosten beziehen.

Eigenständig geregelt sind für den GBR dagegen die Konstituierung des Gremiums, die Beschlussfähigkeit sowie die Größe der Ausschüsse. Der GBR hat im Gegensatz zum BR kein Recht, seine Mitglieder vollständig von der Arbeit freizustellen oder sie zur Teilnahme an entsprechenden Schulungen zu schicken. Hierüber müssen vielmehr die entsendenden BR entscheiden.

Konstituierung

Da der GBR eine Dauereinrichtung in Unternehmen mit mehreren BR ist, findet nur einmal eine Konstituierung statt. Zu dieser muss entweder der BR in der Zentrale des Unternehmens oder – wenn es dort keinen BR gibt – der BR des größten Betriebs einladen. Die Einladung zur konstituierenden Sitzung geht an alle BR des Unternehmens mit der Aufforderung, Mitglieder in den GBR zu entsenden. Lädt der hierfür zuständige BR nicht ein, kann jeder andere BR des Unternehmens entsprechend tätig werden. Der GBR muss wie der BR einen Gesamtbetriebsausschuss bilden, wenn er neun oder mehr Mitglieder hat.

Nach der Konstituierung, also der Wahl des Vorsitzenden, muss der GBR seine Funktionsträger, also den Vorsitzenden, seinen Stellvertreter und die Ausschussmitglieder in zwei Fällen neu wählen:

- Wenn nach den regelmäßig stattfindenden BR-Wahlen die Mitglieder des GBR neu entsandt werden – selbst dann, wenn alle Personen gleich bleiben, werden alle Funktionsträger neu gewählt.
- Wenn ein Funktionsträger aus dem GBR ausscheidet, wird diese Position neu besetzt.

Beschlussfähigkeit

Der GBR ist beschlussfähig, wenn die Hälfte der Mitglieder an der Beschlussfassung teilnimmt und diese mindestens die Hälfte aller Stimmen repräsentieren (die Gewichtung der Stimmen ergibt sich aus § 47 Abs. 7, danach hat jedes Mitglied so viele Stimmen wie es Beschäftigte in seinem Betrieb vertritt).

Beispiel

Der GBR besteht aus 9 Mitgliedern, zwei davon stammen aus dem Hauptbetrieb mit 1.000 Beschäftigten, zwei weitere aus einem Betrieb mit 80 Beschäftigten die anderen fünf aus kleinen Servicestationen mit jeweils 20 bis 30 Beschäftigten, insgesamt 120. Ohne mindestens einen der beiden Delegierten aus dem Hauptbetrieb ist die Sitzung nie beschlussfähig, auch wenn alle anderen da sind. Umgekehrt können die beiden aber auch nicht alleine eine Sitzung abhalten, weil dazu mehr als die Hälfte, also wenigstens 5 Mitglieder erforderlich sind.

Für einen einfachen Mehrheitsbeschluss reicht es aus, wenn mehr als die Hälfte der anwesenden Stimmen dafür ist. Im dem Beispiel wäre die Sitzung beschlussfähig, wenn aus dem größten Betrieb ein Mitglied und ansonsten die Vertreter aus den Kleinbetrieben teilnehmen. Auf der Sitzung sind dann 620 Stimmen vertreten (500 + 120), für eine Mehrheit sind damit 311 Stimmen erforderlich. Es kann also der Fall eintreten, dass ein GBR-Mitglied die Beschlussfassung dominiert, weil sein Stimmengewicht größer ist als das der übrigen GBR-Mitglieder zusammen.

Bei einigen Abstimmungen (zum Beispiel über die Geschäftsordnung) ist nicht nur die Mehrheit der Stimmen der anwesenden Mitglieder erforderlich, sondern die Mehrheit der Stimmen aller GBR-Mitglieder.

Bei Abstimmungen im Gesamtbetriebsausschuss gelten diese Zahlenverhältnisse nicht: Aus dem Verweis auf § 33 Abs. 1, 2 folgt, dass hier jedes Mitglied nur eine Stimme hat.

Sitzungen

Zu den Sitzungen des GBR werden die Mitglieder, wie beim BR, vom Vorsitzenden unter Mitteilung der Tagesordnung eingeladen. Bei Verhinderung müssen Ersatzmitglieder geladen werden. Der Sitzungsort ist nicht notwendigerweise die Hauptverwaltung oder der größte Betrieb, es kann beispielsweise auch jedes Mal an einem anderen Standort getagt werden.

Rechtsprechung

BAG vom 24.7.1979 – 6 ABR 96/77: Der GBR muss seine Sitzungen nicht am Ort der Hauptverwaltung des Unternehmens durchführen.

BAG vom 21.7.2004 – 7 ABR 62/03: Die Wahl der weiteren Mitglieder des Gesamtbetriebsausschusses neben dem Vorsitzenden und seinem Vertreter muss als Verhältniswahl durchgeführt werden.

BAG vom 16.3.2005 – 7 ABR 37/04: Vergrößert sich die Zahl der Mitglieder des GBR und dadurch nach § 51 Abs. 1 BetrVG auch die Zahl der Mitglieder des Gesamtbetriebsausschusses, weil die Betriebsräte der nach § 613a BGB übergegangenen Betriebe ebenfalls Mitglieder in den Gesamt-BR entsandt haben, sind alle weiteren Mitglieder des Gesamtbetriebsausschusses nach dem Prinzip der Verhältniswahl neu zu wählen. Ein Nachrücken von Ersatzmitgliedern oder eine Nachwahl, beschränkt auf die zusätzlichen Sitze, ist unzulässig.

§ 52 Teilnahme der Gesamtschwerbehindertenvertretung

Die Gesamtschwerbehindertenvertretung (§ 97 Abs. 1 des Neunten Buches Sozialgesetzbuch) kann an allen Sitzungen des Gesamtbetriebsrats beratend teilnehmen.

> Die Vorschrift regelt das Teilnahmerecht der Gesamtschwerbehindertenvertretung an den Sitzungen des GBR.

Die Gesamtschwerbehindertenvertretung hat ebenso wenig eigene Mitbestimmungsrechte wie die Schwerbehindertenvertretung. Alle entsprechenden Rechte stehen nur dem BR bzw. dem GBR zu. Um die Interessen der Schwerbehinderten in diesem Gremium wahrnehmen zu können, besteht für die Gesamtschwerbehindertenvertretung aber genauso ein Teilnahmerecht an den Sitzungen des GBR wie für die Schwerbehindertenvertretung an den Sitzungen des BR. Sie hat dort kein Stimmrecht, sondern nimmt nur beratend an den Sitzungen teil. Daher muss sie auch wie alle Mitglieder des GBR zu den Sitzungen geladen werden. Das beratende Teilnahmerecht der Gesamtschwerbehindertenvertretung erstreckt sich auch auf Ausschusssitzungen des GBR.

Wird die Gesamtschwerbehindertenvertretung nicht eingeladen oder nimmt sie nicht an der Sitzung teil, sind die gefassten Beschlüsse dennoch gültig. Ein ständiges Übergehen der Gesamtschwerbehindertenvertretung kann aber ein Ausschlussverfahren gegen den Vorsitzenden des GBR gemäß § 48 BetrVG wegen der Verletzung gesetzlicher Pflichten nach sich ziehen.

§ 53 Betriebsräteversammlung

(1) Mindestens einmal in jedem Kalenderjahr hat der Gesamtbetriebsrat die Vorsitzenden und die stellvertretenden Vorsitzenden der Betriebsräte sowie die weiteren Mitglieder der Betriebsausschüsse zu einer Versammlung einzuberufen. Zu dieser Versammlung kann der Betriebsrat abweichend von Satz 1 aus seiner Mitte andere Mitglieder entsenden, soweit dadurch die Gesamtzahl der sich für ihn nach Satz 1 ergebenden Teilnehmer nicht überschritten wird.

(2) In der Betriebsräteversammlung hat

1. **der Gesamtbetriebsrat einen Tätigkeitsbericht,**
2. **der Unternehmer einen Bericht über das Personal- und Sozialwesen einschließlich des Stands der Gleichstellung von Frauen und Männern im Unternehmen, der Integration der im Unternehmen beschäftigten ausländischen Arbeitnehmer, über die wirtschaftliche Lage und Entwicklung des Unternehmens sowie über Fragen des Umweltschutzes im Unternehmen, soweit dadurch nicht Betriebs- und Geschäftsgeheimnisse gefährdet werden,**

zu erstatten.

(3) Der Gesamtbetriebsrat kann die Betriebsräteversammlung in Form von Teilversammlungen durchführen. Im Übrigen gelten § 42 Abs. 1 Satz 1 zweiter Halbsatz und Satz 2, § 43 Abs. 2 Satz 1 und 2 sowie die §§ 45 und 46 entsprechend.

> Die Vorschrift regelt die Durchführung von BR-Versammlungen einschließlich der auf diesen Versammlungen zu behandelnden Themen.

Die BR-Versammlung ist das Forum der BR-Gremien eines Unternehmens mit mehreren Betrieben. Hier legt der GBR einmal jährlich Rechenschaft über seine Tätigkeit ab und der AG erstattet einen Bericht über das Personal- und Sozialwesen sowie über die wirtschaftliche Lage und Entwicklung des Unternehmens.

Die Einberufung zur BR-Versammlung gehört zu den Pflichten des GBR, zumindest eine Versammlung pro Jahr muss durchgeführt werden, falls erforderlich auch mehr. Die Anzahl der Versammlungen ist nicht begrenzt. Erforderlichkeit liegt vor, wenn wichtige Angelegenheiten zu behandeln sind, die das gesamte Unternehmen oder mehrere Betriebe betreffen und die in die Zuständigkeit des GBR fallen. Über die Erforderlichkeit entscheidet der GBR nach pflichtgemäßem Ermessen.

Die BR-Versammlung entspricht hinsichtlich der Durchführung und der Rahmenbedingungen im Wesentlichen der Betriebsversammlung: Sie ist nicht öffentlich. Der AG muss dazu eingeladen werden und hat ein Rederecht. Die zu behandelnden Themen müssen einen Bezug zur Arbeit des GBR haben. Im Unternehmen vertretene Gewerkschaften wie auch Beauftragte des AG-Verbandes, in dem der AG Mitglied ist, können teilnehmen. Da hier mehrere Betriebe beteiligt sind, kann es auch sein, dass mehrere AG-Verbände teilnehmen. Findet die Versammlung außerhalb der Arbeitszeit der einzelnen BR-Mitglieder statt, besteht ein Ausgleichsanspruch gemäß § 37 Abs. 3 BetrVG.

Anders als bei der Betriebsversammlung ist eine Aufspaltung in Teilversammlungen ebenso wenig vorgesehen, wie sonstige Versammlungen außerhalb der Arbeitszeit. Es bestehen dafür aber mehr Möglichkeiten für zusätzliche Versammlungen.

BR-Vorsitzende und ihre Stellvertreter sowie die Mitglieder der Betriebsauschüsse sind die eigentlich vorgesehenen Mitglieder der BR-Versammlungen. Aus ihrer Zahl ergibt sich, wie viele Vertreter der BR in der BR-Versammlung hat. Er kann auch andere Vertreter entsenden, darf aber die vorgesehene Zahl nicht überschreiten. GBR-Mitglieder aus dem Betrieb werden dabei nicht mitgezählt. Ist also der BR-Vorsitzende selbst Mitglied im GBR, kann der BR an seiner Stelle zusätzlich noch einen anderen Vertreter bestimmen.

Die BR-Versammlung ist lediglich ein Diskussionsforum, kann also den GBR nicht durch Abstimmungen auf bestimmte Handlungen verpflichten. Die Sitzungsleitung und damit das Hausrecht liegen nach Gesetz beim GBR-Vorsitzenden. Es spricht aber nichts dagegen, diese Position anders zu besetzen.

Sechster Abschnitt
Konzernbetriebsrat

§ 54 Errichtung des Konzernbetriebsrats

(1) Für einen Konzern (§ 18 Abs. 1 des Aktiengesetzes) kann durch Beschlüsse der einzelnen Gesamtbetriebsräte ein Konzernbetriebsrat errichtet werden. Die Errichtung erfordert die Zustimmung der Gesamtbetriebsräte der Konzernunternehmen, in denen insgesamt mehr als 50 vom Hundert der Arbeitnehmer der Konzernunternehmen beschäftigt sind.

(2) Besteht in einem Konzernunternehmen nur ein Betriebsrat, so nimmt dieser die Aufgaben eines Gesamtbetriebsrats nach den Vorschriften dieses Abschnitts wahr.

> Die Vorschrift regelt die Errichtung des KBR.

Themenübersicht

Einrichtung des KBR

Konzern

Rechtsprechung

Einrichtung des KBR

Ein KBR kann in Konzernen eingerichtet werden, in denen mindestens zwei Unternehmen mit GBR bzw. BR existieren. Hat der Konzern noch Ableger in anderen Staaten, die der EU angehören, kommt zusätzlich die Einrichtung eines Euro-BR in Betracht. Ein KBR wird nur für den Konzern gebildet, dem in Deutschland Unternehmen angehören und auch nur für die dort tätigen AN.

Im Unterschied zum GBR muss der KBR nicht zwingend gebildet werden, sondern es kommt darauf an, dass ein relevanter Anteil der GBR bzw. BR dies will. Die Errichtung setzt die Zustimmung von GBR voraus, die mindestens 50 % der AN im Konzern vertreten. An die Stelle des GBR tritt der jeweilige BR, wenn in dem betreffenden Unternehmen nur in einem Betrieb ein BR gewählt wurde.

Beispiel

Im A-Konzern gibt es die Unternehmen B-GmbH, C-GmbH und D-AG. Die D-AG ist die Muttergesellschaft, dort gibt es nur 30 AN und keinen BR oder GBR. Die B-GmbH hat nur einen Standort mit einem BR und 100 AN. Die C-GmbH hat 5 Betriebe mit je 25 AN, einen BR in jedem Betrieb und einen GBR. Die Gesamtzahl der Beschäftigten beträgt 255. 100 vertritt der BR der B-GmbH, 125 der GBR der C-GmbH und 30 sind ohne Vertretung. Der KBR wird eingerichtet, wenn die Gremien zustimmen, die mindestens 128 AN (50 % der AN insgesamt) vertreten. BR und GBR müssen also beide den KBR wollen, denn alleine hat keiner der beiden genügend Stimmen dafür.

Konzern

Ein KBR kann nur in Konzernen im Sinne des § 18 AktG eingerichtet werden. Ein Konzern ist eine Verbindung von verschiedenen Unternehmen, die zwar jedes für sich selbständig sind, aber unter der Leitung eines sie beherrschenden Unternehmens stehen. Dieses beherrschende Unternehmen kann jede Rechtsform haben, also auch eine natürliche Person sein. Die Abhängigkeit kann sich aus vertraglichen Verbindungen zwischen den Unternehmen oder den Eigentumsverhältnissen ergeben. Ist die Abhängigkeit nicht vertraglich geregelt, spricht man von einem faktischen Konzern.

Innerhalb eines Konzerns kann es wiederum Unterkonzerne geben, in denen jeweils wieder eigene KBR gebildet werden können.

Beispiel

Ein Einzelhandelskonzern hat mehrere Sparten: Handel mit Elektroartikeln, Discountmärkte und Baumärkte. Jede dieser Sparten hat eine Führungsgesellschaft, zu der wiederum bei den Baumärkten die einzelnen Filialen gehören, die jeweils eigenständige Unternehmen sind. Bei den Elektroartikeln gib es zwei Ladenketten mit unterschiedlichen Namen, die ebenfalls eigenständige Gesellschaften sind. Sowohl das Baumarktunternehmen als auch der Elektrohandel sind eigene Konzerne im Gesamtkonzern.

Rechtsprechung

BAG vom 21.10.1980 – 6 ABR 41/78: In einem Konzern können Unterkonzerne bestehen. In diesen kann ein eigener KBR eingerichtet werden, wenn im Unterkonzern ein betriebsverfassungsrechtlich relevanter Entscheidungsspielraum für die beteiligungspflichtigen Angelegenheiten besteht.

BAG vom 11.8.1993 – 7 ABR 34/92: Für die Erreichung der Quote von 50 % Zustimmung zur Einrichtung eines KBR kommt es auf die Gesamtzahl der Beschäftigten im Konzern an, unabhängig davon, ob überall BR gewählt wurden.

BAG vom 16.8.1995 – 7 ABR 57/94: Halten mehrere andere Unternehmen an einem weiteren gemeinschaftlich die Aktienmehrheit, handelt es sich nur dann um einen Unterordnungskonzern, wenn die Unternehmen zusätzlich unter der einheitlichen Leitung eines herrschenden Unternehmens zusammengefasst sind. Die Personenidentität der Vorstände der beteiligten Unternehmen genügt hierfür nicht.

BAG vom 23.8.2006 – 7 ABR 51/05: Der KBR hört auf zu existieren, wenn die Voraussetzungen für seine Errichtung dauerhaft entfallen, etwa weil das bislang herrschende Unternehmens seinen Einfluss verliert.

BAG vom 14.2.2007 – 7 ABR 26/06: Ein KBR kann nur eingerichtet werden, wenn das herrschende Unternehmen seinen Sitz im Inland hat oder über eine im Inland ansässige Teilkonzernspitze verfügt.

§ 55 Zusammensetzung des Konzernbetriebsrats, Stimmengewicht

(1) In den Konzernbetriebsrat entsendet jeder Gesamtbetriebsrat zwei seiner Mitglieder. Die Geschlechter sollen angemessen berücksichtigt werden.

(2) Der Gesamtbetriebsrat hat für jedes Mitglied des Konzernbetriebsrats mindestens ein Ersatzmitglied zu bestellen und die Reihenfolge des Nachrückens festzulegen.

(3) Jedem Mitglied des Konzernbetriebsrats stehen die Stimmen der Mitglieder des entsendenden Gesamtbetriebsrats je zur Hälfte zu.

(4) Durch Tarifvertrag oder Betriebsvereinbarung kann die Mitgliederzahl des Konzernbetriebsrats abweichend von Absatz 1 Satz 1 geregelt werden. § 47 Abs. 5 bis 9 gilt entsprechend.

> Die Vorschrift regelt die Zusammensetzung des KBR und die Gewichtung der Stimmen der entsendenden GBR bzw. BR.

In den KBR entsenden die GBR ihre Mitglieder. Hat ein Unternehmen nur einen Betrieb, nimmt der dort gebildete BR dieses Recht wahr. Wie die Mitglieder des GBR werden auch die des KBR durch Beschluss der zuständigen Gremien bestimmt und können auch auf demselben Weg wieder abberufen werden. Es muss für jedes ordentliche Mitglied ein Ersatzmitglied bestellt werden, das bei Verhinderung oder Ausscheiden des ordentlichen Mitglieds aus dem KBR dessen Stelle einnimmt.

Die Größe des KBR richtet sich nach der Anzahl der entsendenden Gremien. Eine Verpflichtung, ab einer bestimmten Zahl – z.B. 40 wie beim GBR – eine Vereinbarung über eine Verkleinerung zu schließen, existiert für den KBR nicht. Beim KBR existiert lediglich gemäß Abs. 4 die Option, durch Tarifvertrag oder Betriebsvereinbarung eine größere oder kleinere Mitgliederzahl des Gremiums zu vereinbaren, als sie vom Gesetz vorgesehen ist. Eine solche Vereinbarung ist aber nicht erzwingbar.

Bei Abstimmungen im KBR hat jedes Mitglied halb so viele Stimmen wie Beschäftigte durch den ihn entsendenden GBR bzw. BR vertreten werden. Das ändert sich auch nicht, wenn das zweite aus diesem Gremium entsandte Mitglied etwa auf einer Sitzung fehlen sollte. Die Stimmen kann es nur das entsprechende Ersatzmitglied abgeben. Jedes Mitglied kann seine Stimmen auch nur einheitlich abgeben, also etwa bei Wahlen nicht splitten und auf mehrere Bewerber verteilen.

§ 56 Ausschluss von Konzernbetriebsratsmitgliedern

Mindestens ein Viertel der wahlberechtigten Arbeitnehmer der Konzernunternehmen, der Arbeitgeber, der Konzernbetriebsrat oder eine im Konzern vertretene Gewerkschaft können beim Arbeitsgericht den Ausschluss eines Mitglieds aus dem Konzernbetriebsrat wegen grober Verletzung seiner gesetzlichen Pflichten beantragen.

Die Vorschrift regelt den Ausschluss von KBR-Mitgliedern.

KBR-Mitglieder können bei groben Pflichtverletzungen durch das Arbeitsgericht aus dem KBR ausgeschlossen werden. Die verletzten Pflichten müssen solche aus dem Amt als KBR-Mitglied sein. Verletzungen gegen die Pflichten als GBR- oder BR-Mitglied spielen hier keine Rolle, sondern nur auf der Ebene dieser Gremien. Das entsendende Gremium muss im Falle von Pflichtverletzungen nicht den Weg des Ausschlusses gehen, sondern es kann das Mitglied einfach durch Beschluss wieder aus dem KBR abberufen.

Den Ausschlussantrag können der KBR selbst, eine im Konzern vertretene Gewerkschaft, der AG oder ein Viertel der wahlberechtigten AN des Konzerns stellen. Die Voraussetzungen sind dieselben wie beim Ausschluss von BR-Mitgliedern gemäß § 23 oder von GBR-Mitgliedern gemäß § 48. Das Verfahren hat in der Praxis kaum Bedeutung.

§ 57 Erlöschen der Mitgliedschaft

Die Mitgliedschaft im Konzernbetriebsrat endet mit dem Erlöschen der Mitgliedschaft im Gesamtbetriebsrat, durch Amtsniederlegung, durch Ausschluss aus dem Konzernbetriebsrat auf Grund einer gerichtlichen Entscheidung oder Abberufung durch den Gesamtbetriebsrat.

Die Vorschrift regelt das Erlöschen der Mitgliedschaft im KBR.

Die vier genannten Fälle, in denen die Mitgliedschaft im KBR endet, entsprechen denen des Ausscheidens aus dem GBR gemäß § 49. Die Niederlegung des Amts ist an keine Form gebunden und kann gegenüber dem KBR oder dem entsendenden Gremium erklärt werden. Der Rücktritt ist sofort wirksam und kann weder durch den KBR noch durch das Mitglied wieder rückgängig gemacht werden. Wohl aber ist es möglich, dass der entsendende GBR bzw. BR dieses Mitglied erneut in den KBR schickt.

An die Stelle des ausgeschiedenen Mitglieds tritt das vorher bestimmte Ersatzmitglied. Der entsendende GBR oder BR kann aber auch dieses wieder durch Beschluss abberufen und stattdessen jemand anders in den KBR entsenden. Die Einzelheiten hierzu sind in der Kommentierung zu § 49 enthalten.

§ 58 Zuständigkeit

(1) Der Konzernbetriebsrat ist zuständig für die Behandlung von Angelegenheiten, die den Konzern oder mehrere Konzernunternehmen betreffen und nicht durch die einzelnen Gesamtbetriebsräte innerhalb ihrer Unternehmen geregelt werden können; seine Zuständigkeit erstreckt sich insoweit auch auf Unternehmen, die einen Gesamtbetriebsrat nicht gebildet haben, sowie auf Betriebe der Konzernunternehmen ohne Betriebsrat. Er ist den einzelnen Gesamtbetriebsräten nicht übergeordnet.

(2) Der Gesamtbetriebsrat kann mit der Mehrheit der Stimmen seiner Mitglieder den Konzernbetriebsrat beauftragen, eine Angelegenheit für ihn zu behandeln. Der Gesamtbetriebsrat kann sich dabei die Entscheidungsbefugnis vorbehalten. § 27 Abs. 2 Satz 3 und 4 gilt entsprechend.

Die Vorschrift regelt die Kompetenzen des KBR.

Themenübersicht

Stellung des KBR
Originäre Zuständigkeit des KBR
Beauftragung des KBR
Rechtsprechung

Stellung des KBR

Der KBR steht zum GBR bzw. zum BR im gleichen Verhältnis wie der GBR zum BR: Das heißt, dass der KBR eigene Zuständigkeiten hat und die Mitbestimmungsrechte in Angelegenheiten wahrnimmt, die nicht auf der Ebene des einzelnen Unternehmens geregelt werden können oder er wird tätig, weil er hierzu durch einen oder mehrere GBR bzw. BR im Rahmen von deren eigenen Zuständigkeiten beauftragt wurde. Der KBR ist den Gremien der unteren Ebenen nicht übergeordnet, kann also keine Vorgaben für eine einheitliche Konzernpolitik der Interessenvertretungen machen.

Originäre Zuständigkeit des KBR

Der KBR übt die Mitbestimmungsrechte aus, wenn die Maßnahme, um die es geht, mindestens zwei Unternehmen betrifft und eine einheitliche Behandlung zwingend ist. Das ist der Fall, wenn die Ausübung der Mitbestimmung auf der Ebene der GBR zu nicht zu vereinbarenden Ergebnissen führen könnte oder der AG freiwillige Leistungen von der konzerneinheitlichen Vereinbarung abhängig macht (ausführlicher hierzu die Kommentierung zu § 50).

Beispiel

Die Beschäftigten in einem Konzern wechseln häufiger das Unternehmen, je nach dem, welche Projekte gerade wo bearbeitet werden. Dazu bedarf es einer Datenbank, in der die vorhandenen Qualifikationen aufgelistet sind, und auf die die Unternehmen online zugreifen können. Das berührt gleich mehrere Mitbestimmungsrechte. Verhandelt jedes Gremium separat hierüber, ist die Wahrscheinlichkeit gering, dass dies zu einem einheitlichen Ergebnis führt. Das ist aber erforderlich, weil andernfalls die Datenbank nicht funktionieren kann. Die Zuständigkeit liegt deshalb beim KBR.

Der KBR verhandelt das Thema daher mit der Führungs- oder Obergesellschaft, die im Unternehmen die Leitungsmacht hat. Eine Vereinbarung, die mit ihr im Rahmen dieser Zuständigkeit abgeschlossen wird, wirkt dann auf die Arbeitsverhältnisse der Beschäftigten aller Konzernunternehmen ein, auch wenn diese selbst keine Interessenvertretungen gewählt haben.

Beauftragung des KBR

Der KBR kann von einem oder mehreren GBR damit beauftragt werden, eine Angelegenheit zu verhandeln. Ein einzelner BR kann eine Beauftragung des KBR aber nur beschließen, wenn es in seinem Unternehmen keinen GBR gibt und er selbst Mitglieder in den KBR entsandt hat. Der Auftrag kann auch so gestaltet sein, dass der KBR nur die Verhandlung der Angelegenheit übernimmt und der GBR sich die Entscheidung vorbehält, ob er das Ergebnis wirklich mit dem AG verbindlich vereinbart.

Schließt der KBR im Rahmen einer übertragenen Zuständigkeit Vereinbarungen ab, gelten sie nur für die Unternehmen, aus denen die Beauftragung kam. Zieht der GBR die Beauftragung wieder zurück, dann ist er selbst für die Kündigung der Vereinbarung zuständig. Solange die Beauftragung besteht, hat der KBR alle Rechte, einschließlich der Durchsetzung des Anliegens in der Einigungsstelle (siehe auch die Erläuterungen zu § 50, die sinngemäß auch für das Verhältnis zwischen KBR und GBR gelten).

Rechtsprechung

BAG vom 20.12.1995 – 7 ABR 8/95: Der Austausch von Mitarbeiterdaten zwischen konzernangehörigen Unternehmen lässt sich nur einheitlich für den ganzen Konzern regeln. Daher ist der KBR hierfür zuständig.

BAG vom 12.11.1997 – 7 ABR 78/96: Hat ein GBR oder BR den KBR mit der Behandlung einer Angelegenheit beauftragt, dann verhandelt dieser mit der Leitung des jeweiligen Unternehmens. Die Konzernobergesellschaft kann nicht wegen dieser Beauftragung den Abschluss einer Konzernbetriebsvereinbarung durchsetzen.

§ 59 Geschäftsführung

(1) Für den Konzernbetriebsrat gelten § 25 Abs. 1, die §§ 26, 27 Abs. 2 und 3, § 28 Abs. 1 Satz 1 und 3, Abs. 2, die §§ 30, 31, 34, 35, 36, 37 Abs. 1 bis 3 sowie die §§ 40, 41 und 51 Abs. 1 Satz 2 und Abs. 3 bis 5 entsprechend.

(2) Ist ein Konzernbetriebsrat zu errichten, so hat der Gesamtbetriebsrat des herrschenden Unternehmens oder, soweit ein solcher Gesamtbetriebsrat nicht besteht, der Gesamtbetriebsrat des nach der Zahl der wahlberechtigten Arbeitnehmer größten Konzernunternehmens zu der Wahl des Vorsitzenden und des stellvertretenden Vorsitzenden des Konzernbetriebsrats einzuladen. Der Vorsitzende des einladenden Gesamtbetriebsrats hat die Sitzung zu leiten, bis der Konzernbetriebsrat aus seiner Mitte einen Wahlleiter bestellt hat. § 29 Abs. 2 bis 4 gilt entsprechend.

Die Vorschrift regelt die Geschäftsführung des KBR.

Themenübersicht

Einrichtung des KBR
Laufende Geschäfte

Einrichtung des KBR

Hat sich die nach § 54 Abs. 1 BetrVG erforderliche Anzahl an GBR für die Einrichtung eines KBR ausgesprochen, muss der GBR des herrschenden Unternehmens die beteiligten GBR und BR zur konstituierenden Sitzung einladen. Diese Verpflichtung besteht selbst dann, wenn dieses Gremium sich gegen die Einrichtung des KBR ausgesprochen hat. Es müssen alle GBR eingeladen werden, auch die, die sich gegen die Bildung des KBR ausgesprochen haben. Die Konstituierung erfolgt durch die Wahl des KBR-Vorsitzenden und seines Vertreters und – bei entsprechender Größe – durch die Besetzung der Ausschüsse.

Laufende Geschäfte

Die laufenden Geschäfte führt beim KBR, wie auch bei BR und GBR, bei entsprechender Größe ein Ausschuss, sonst das Gremium als Ganzes. Es wird durch den Vorsitzenden nach Außen vertreten und dieser ist für die Einberufung von Sitzungen, die Festlegung der Tagesordnung usw. zuständig. Diese Aufgaben übernimmt im Falle der Verhinderung sein Vertreter. Scheidet der Vorsitzende aus oder tritt er zurück, muss eine Neuwahl stattfinden, der Vertreter rückt nicht automatisch in diese Position nach.

Die gesamte Geschäftsführung ist entsprechend wie beim GBR und beim BR geregelt, deshalb kann hier auf die Erläuterungen zu den in Abs. 1 genannten Vorschriften verwiesen werden. Diese betreffen:

§ 25: Ersatzmitglieder
§ 26: Vorsitzender
§ 27: Betriebsausschuss
§ 28: Ausschüsse
§ 30: Sitzungen
§ 31: Teilnahme von Gewerkschaftsvertretern an den Sitzungen
§ 35: Aussetzung von Beschlüssen
§ 36: Geschäftsordnung
§ 37: Freistellung für die KBR-Arbeit und KBR-Arbeit in der Freizeit
§§ 40, 41: Kosten der KBR-Arbeit
§ 51: Beschlussfassung

Der KBR kann ebenso wenig wie der GBR Mitglieder vollständig von der Arbeit freistellen oder diese zu Schulungen entsenden. Diese Kompetenz hat auch für KBR-Mitglieder nur der lokale BR.

§ 59a Teilnahme der Konzernschwerbehindertenvertretung

Die Konzernschwerbehindertenvertretung (§ 97 Abs. 2 des Neunten Buches Sozialgesetzbuch) kann an allen Sitzungen des Konzernbetriebsrats beratend teilnehmen.

> Die Vorschrift regelt die Teilnahmeberechtigung der Konzernschwerbehindertenvertretung an den Sitzungen des KBR.

Das beratende Teilnahmerecht der Konzernschwerbehindertenvertretung an den Sitzungen des KBR entspricht dem Teilnahmerecht der Schwerbehindertenvertretung und der Gesamtschwerbehindertenvertretung an den Sitzungen des BR bzw. des GBR (siehe hierzu die Erläuterungen zu § 32 und § 52). Auch im KBR hat die Konzernschwerbehindertenvertretung kein Stimmrecht, sondern kann nur beratend tätig sein.

Dritter Teil
Jugend- und Auszubildendenvertretung

Erster Abschnitt
Betriebliche Jugend- und Auszubildendenvertretung

§ 60 Errichtung und Aufgabe

(1) In Betrieben mit in der Regel mindestens fünf Arbeitnehmern, die das 18. Lebensjahr noch nicht vollendet haben (jugendliche Arbeitnehmer) oder die zu ihrer Berufsausbildung beschäftigt sind und das 25. Lebensjahr noch nicht vollendet haben, werden Jugend- und Auszubildendenvertretungen gewählt.

(2) Die Jugend- und Auszubildendenvertretung nimmt nach Maßgabe der folgenden Vorschriften die besonderen Belange der in Absatz 1 genannten Arbeitnehmer wahr.

§ 61 Wahlberechtigung und Wählbarkeit

(1) Wahlberechtigt sind alle in § 60 Abs. 1 genannten Arbeitnehmer des Betriebs.

(2) Wählbar sind alle Arbeitnehmer des Betriebs, die das 25. Lebensjahr noch nicht vollendet haben; § 8 Abs. 1 Satz 3 findet Anwendung. Mitglieder des Betriebsrats können nicht zu Jugend- und Auszubildendenvertretern gewählt werden.

§ 62 Zahl der Jugend- und Auszubildendenvertreter, Zusammensetzung der Jugend- und Auszubildendenvertretung

(1) Die Jugend- und Auszubildendenvertretung besteht in Betrieben mit in der Regel

5 bis 20 der in § 60 Abs. 1 genannten Arbeitnehmer aus einer Person,
21 bis 50 der in § 60 Abs. 1 genannten Arbeitnehmer aus 3 Mitgliedern,
51 bis 150 der in § 60 Abs. 1 genannten Arbeitnehmer aus 5 Mitgliedern,
151 bis 300 der in § 60 Abs. 1 genannten Arbeitnehmer aus 7 Mitgliedern,
301 bis 500 der in § 60 Abs. 1 genannten Arbeitnehmer aus 9 Mitgliedern,
501 bis 700 der in § 60 Abs. 1 genannten Arbeitnehmer aus 11 Mitgliedern,
701 bis 1.000 der in § 60 Abs. 1 genannten Arbeitnehmer aus 13 Mitgliedern,
mehr als 1.000 der in § 60 Abs. 1 genannten Arbeitnehmer aus 15 Mitgliedern.

(2) Die Jugend- und Auszubildendenvertretung soll sich möglichst aus Vertretern der verschiedenen Beschäftigungsarten und Ausbildungsberufe der im Betrieb tätigen in § 60 Abs. 1 genannten Arbeitnehmer zusammensetzen.

(3) Das Geschlecht, das unter den in § 60 Abs. 1 genannten Arbeitnehmern in der Minderheit ist, muss mindestens entsprechend seinem zahlenmäßigen Verhältnis in der Jugend- und Auszubildendenvertretung vertreten sein, wenn diese aus mindestens drei Mitgliedern besteht.

§ 63 Wahlvorschriften

(1) Die Jugend- und Auszubildendenvertretung wird in geheimer und unmittelbarer Wahl gewählt.

(2) Spätestens acht Wochen vor Ablauf der Amtszeit der Jugend- und Auszubildendenvertretung bestellt der Betriebsrat den Wahlvorstand und seinen Vorsitzenden. Für die Wahl der Jugend- und Auszubildendenvertreter gelten § 14 Abs. 2 bis 5, § 16 Abs. 1 Satz 4 bis 6, § 18 Abs. 1 Satz 1 und Abs. 3 sowie die §§ 19 und 20 entsprechend.

(3) Bestellt der Betriebsrat den Wahlvorstand nicht oder nicht spätestens sechs Wochen vor Ablauf der Amtszeit der Jugend- und Auszubildendenvertretung oder kommt der Wahlvorstand seiner Verpflichtung nach § 18 Abs.1 Satz 1 nicht nach, so gelten § 16 Abs. 2 Satz 1 und 2, Abs. 3 Satz 1 und § 18 Abs. 1 Satz 2 entsprechend; der Antrag beim Arbeitsgericht kann auch von jugendlichen Arbeitnehmern gestellt werden.

(4) In Betrieben mit in der Regel fünf bis fünfzig der in § 60 Abs. 1 genannten Arbeitnehmer gilt auch § 14a entsprechend. Die Frist zur Bestellung des Wahlvorstands wird im Falle des Absatzes 2 Satz 1 auf vier Wochen und im Falle des Absatzes 3 Satz 1 auf drei Wochen verkürzt.

(5) In Betrieben mit in der Regel 51 bis 100 der in § 60 Abs. 1 genannten Arbeitnehmer gilt § 14a Abs. 5 entsprechend.

§ 64 Zeitpunkt der Wahlen und Amtszeit

(1) Die regelmäßigen Wahlen der Jugend- und Auszubildendenvertretung finden alle zwei Jahre in der Zeit vom 1. Oktober bis 30. November statt. Für die Wahl der Jugend- und Auszubildendenvertretung außerhalb dieser Zeit gilt § 13 Abs. 2 Nr. 2 bis 6 und Abs. 3 entsprechend.

(2) Die regelmäßige Amtszeit der Jugend- und Auszubildendenvertretung beträgt zwei Jahre. Die Amtszeit beginnt mit der Bekanntgabe des Wahlergebnisses oder, wenn zu diesem Zeitpunkt noch eine Jugend- und Auszubildendenvertretung besteht, mit Ablauf von deren Amtszeit. Die Amtszeit endet spätestens am 30. November des Jahres, in dem nach Absatz 1 Satz 1 die regelmäßigen Wahlen stattfinden. In dem Fall des § 13 Abs. 3 Satz 2 endet die Amtszeit spätestens am 30. November des Jahres, in dem die Jugend- und Auszubildendenvertretung neu zu wählen ist. In dem Fall des § 13 Abs. 2 Nr. 2 endet die Amtszeit mit der Bekanntgabe des Wahlergebnisses der neu gewählten Jugend- und Auszubildendenvertretung.

(3) Ein Mitglied der Jugend- und Auszubildendenvertretung, das im Laufe der Amtszeit das 25. Lebensjahr vollendet, bleibt bis zum Ende der Amtszeit Mitglied der Jugend- und Auszubildendenvertretung.

§ 65 Geschäftsführung

(1) Für die Jugend- und Auszubildendenvertretung gelten § 23 Abs. 1, die §§ 24, 25, 26, 28 Abs. 1 Satz 1 und 2, die §§ 30, 31, 33 Abs. 1 und 2 sowie die §§ 34, 36, 37, 40 und 41 entsprechend.

(2) Die Jugend- und Auszubildendenvertretung kann nach Verständigung des Betriebsrats Sitzungen abhalten; § 29 gilt entsprechend. An diesen Sitzungen kann der Betriebsratsvorsitzende oder ein beauftragtes Betriebsratsmitglied teilnehmen.

§ 66 Aussetzung von Beschlüssen des Betriebsrats

(1) Erachtet die Mehrheit der Jugend- und Auszubildendenvertreter einen Beschluss des Betriebsrats als eine erhebliche Beeinträchtigung wichtiger Interessen der in § 60 Abs. 1 genannten Arbeitnehmer, so ist auf ihren Antrag der Beschluss auf die Dauer von einer Woche auszusetzen, damit in dieser Frist eine Verständigung, gegebenenfalls mit Hilfe der im Betrieb vertretenen Gewerkschaften, versucht werden kann.

(2) Wird der erste Beschluss bestätigt, so kann der Antrag auf Aussetzung nicht wiederholt werden; dies gilt auch, wenn der erste Beschluss nur unerheblich geändert wird.

§ 67 Teilnahme an Betriebsratssitzungen

(1) Die Jugend- und Auszubildendenvertretung kann zu allen Betriebsratssitzungen einen Vertreter entsenden. Werden Angelegenheiten behandelt, die besonders die in § 60 Abs. 1 genannten Arbeitnehmer betreffen, so hat zu diesen Tagesordnungspunkten die gesamte Jugend- und Auszubildendenvertretung ein Teilnahmerecht.

(2) Die Jugend- und Auszubildendenvertreter haben Stimmrecht, soweit die zu fassenden Beschlüsse des Betriebsrats überwiegend die in § 60 Abs. 1 genannten Arbeitnehmer betreffen.

(3) Die Jugend- und Auszubildendenvertretung kann beim Betriebsrat beantragen, Angelegenheiten, die besonders die in § 60 Abs. 1 genannten Arbeitnehmer betreffen und über die sie beraten hat, auf die nächste Tagesordnung zu setzen. Der Betriebsrat soll Angelegenheiten, die besonders die in § 60 Abs. 1 genannten Arbeitnehmer betreffen, der Jugend- und Auszubildendenvertretung zur Beratung zuleiten.

§ 68 Teilnahme an gemeinsamen Besprechungen

Der Betriebsrat hat die Jugend- und Auszubildendenvertretung zu Besprechungen zwischen Arbeitgeber und Betriebsrat beizuziehen, wenn Angelegenheiten behandelt werden, die besonders die in § 60 Abs. 1 genannten Arbeitnehmer betreffen.

§ 69 Sprechstunden

In Betrieben, die in der Regel mehr als fünfzig der in § 60 Abs. 1 genannten Arbeitnehmer beschäftigen, kann die Jugend- und Auszubildendenvertretung Sprechstunden während der Arbeitszeit einrichten. Zeit und Ort sind durch Betriebsrat und Arbeitgeber zu vereinbaren. § 39 Abs. 1 Satz 3 und 4 und Abs. 3 gilt entsprechend. An den Sprechstunden der Jugend- und Auszubildendenvertretung kann der Betriebsratsvorsitzende oder ein beauftragtes Betriebsratsmitglied beratend teilnehmen.

§ 70 Allgemeine Aufgaben

(1) Die Jugend- und Auszubildendenvertretung hat folgende allgemeine Aufgaben:

1. Maßnahmen, die den in § 60 Abs. 1 genannten Arbeitnehmern dienen, insbesondere in Fragen der Berufsbildung und der Übernahme der zu ihrer Berufsausbildung Beschäftigten in ein Arbeitsverhältnis, beim Betriebsrat zu beantragen;

1a. Maßnahmen zur Durchsetzung der tatsächlichen Gleichstellung der in § 60 Abs. 1 genannten Arbeitnehmer entsprechend § 80 Abs. 1 Nr. 2a und 2b beim Betriebsrat zu beantragen;

2. darüber zu wachen, dass die zugunsten der in § 60 Abs. 1 genannten Arbeitnehmer geltenden Gesetze, Verordnungen, Unfallverhütungsvorschriften, Tarifverträge und Betriebsvereinbarungen durchgeführt werden;

3. Anregungen von in § 60 Abs. 1 genannten Arbeitnehmern, insbesondere in Fragen der Berufsbildung, entgegenzunehmen und, falls sie berechtigt erscheinen, beim Betriebsrat auf eine Erledigung hinzuwirken. Die Jugend- und Auszubildendenvertretung hat die betroffenen in § 60 Abs. 1 genannten Arbeitnehmer über den Stand und das Ergebnis der Verhandlungen zu informieren;

4. die Integration ausländischer, in § 60 Abs. 1 genannter Arbeitnehmer im Betrieb zu fördern und entsprechende Maßnahmen beim Betriebsrat zu beantragen.

(2) Zur Durchführung ihrer Aufgaben ist die Jugend- und Auszubildendenvertretung durch den Betriebsrat rechtzeitig und umfassend zu unterrichten. Die Jugend- und Auszubildendenvertretung kann verlangen, dass ihr der Betriebsrat die zur Durchführung ihrer Aufgaben erforderlichen Unterlagen zur Verfügung stellt.

§ 71 Jugend- und Auszubildendenversammlung

Die Jugend- und Auszubildendenvertretung kann vor oder nach jeder Betriebsversammlung im Einvernehmen mit dem Betriebsrat eine betriebliche Jugend- und Auszubildendenversammlung einberufen. Im Einvernehmen mit Betriebsrat und Arbeitgeber kann die betriebliche Jugend- und Auszubildendenversammlung auch zu einem anderen Zeitpunkt einberufen werden. § 43 Abs. 2 Satz 1 und 2, die §§ 44 bis 46 und § 65 Abs. 2 Satz 2 gelten entsprechend.

Zweiter Abschnitt
Gesamt-Jugend- und Auszubildendenvertretung

§ 72 Voraussetzungen der Errichtung, Mitgliederzahl, Stimmengewicht

(1) Bestehen in einem Unternehmen mehrere Jugend- und Auszubildendenvertretungen, so ist eine Gesamt-Jugend- und Auszubildendenvertretung zu errichten.

(2) In die Gesamt-Jugend- und Auszubildendenvertretung entsendet jede Jugend- und Auszubildendenvertretung ein Mitglied.

(3) Die Jugend- und Auszubildendenvertretung hat für das Mitglied der Gesamt-Jugend- und Auszubildendenvertretung mindestens ein Ersatzmitglied zu bestellen und die Reihenfolge des Nachrückens festzulegen.

(4) Durch Tarifvertrag oder Betriebsvereinbarung kann die Mitgliederzahl der Gesamt-Jugend- und Auszubildendenvertretung abweichend von Absatz 2 geregelt werden.

(5) Gehören nach Absatz 2 der Gesamt-Jugend- und Auszubildendenvertretung mehr als zwanzig Mitglieder an und besteht keine tarifliche Regelung nach Absatz 4, so ist zwischen Gesamtbetriebsrat und Arbeitgeber eine Betriebsvereinbarung über die Mitgliederzahl der Gesamt-Jugend- und Auszubildendenvertretung abzuschließen, in der bestimmt wird, dass Jugend- und Auszubildendenvertretungen mehrerer Betriebe eines Unternehmens, die regional oder durch gleichartige Interessen miteinander verbunden sind, gemeinsam Mitglieder in die Gesamt-Jugend- und Auszubildendenvertretung entsenden.

(6) Kommt im Fall des Absatzes 5 eine Einigung nicht zustande, so entscheidet eine für das Gesamtunternehmen zu bildende Einigungsstelle. Der Spruch der Einigungsstelle ersetzt die Einigung zwischen Arbeitgeber und Gesamtbetriebsrat.

(7) Jedes Mitglied der Gesamt-Jugend- und Auszubildendenvertretung hat so viele Stimmen, wie in dem Betrieb, in dem es gewählt wurde, in § 60 Abs. 1 genannte Arbeitnehmer in der Wählerliste eingetragen sind. Ist ein Mitglied der Gesamt-Jugend- und Auszubildendenvertretung für mehrere Betriebe entsandt worden, so hat es so viele Stimmen, wie in den Betrieben, für die es entsandt ist, in § 60 Abs. 1 genannte Arbeitnehmer in den Wählerlisten eingetragen sind. Sind mehrere Mitglieder der Jugend- und Auszubildendenvertretung entsandt worden, so stehen diesen die Stimmen nach Satz 1 anteilig zu.

(8) Für Mitglieder der Gesamt-Jugend- und Auszubildendenvertretung, die aus einem gemeinsamen Betrieb mehrerer Unternehmen entsandt worden sind, können durch Tarifvertrag oder Betriebsvereinbarung von Absatz 7 abweichende Regelungen getroffen werden.

§ 73 Geschäftsführung und Geltung sonstiger Vorschriften

(1) Die Gesamt-Jugend- und Auszubildendenvertretung kann nach Verständigung des Gesamtbetriebsrats Sitzungen abhalten. An den Sitzungen kann der Vorsitzende des Gesamtbetriebsrats oder ein beauftragtes Mitglied des Gesamtbetriebsrats teilnehmen.

(2) Für die Gesamt-Jugend- und Auszubildendenvertretung gelten § 25 Abs. 1, die §§ 26, 28 Abs. 1 Satz 1, die §§ 30, 31, 34, 36, 37 Abs. 1 bis 3, die §§ 40, 41, 48, 49, 50, 51 Abs. 2 bis 5 sowie die §§ 66 bis 68 entsprechend.

Dritter Abschnitt
Konzern-Jugend- und Auszubildendenvertretung

§ 73a Voraussetzung der Errichtung, Mitgliederzahl, Stimmengewicht

(1) Bestehen in einem Konzern (§ 18 Abs. 1 des Aktiengesetzes) mehrere Gesamt-Jugend- und Auszubildendenvertretungen, kann durch Beschlüsse der einzelnen Gesamt-Jugend- und Auszubildendenvertretungen eine Konzern-Jugend- und Auszubildendenvertretung errichtet werden. Die Errichtung erfordert die Zustimmung der Gesamt-Jugend- und Auszubildendenvertretungen der Konzernunternehmen, in denen insgesamt mindestens 75 vom Hundert der in § 60 Abs. 1 genannten Arbeitnehmer beschäftigt sind. Besteht in einem Konzernunternehmen nur eine Jugend- und Auszubildendenvertretung, so nimmt diese die Aufgaben einer Gesamt-Jugend- und Auszubildendenvertretung nach den Vorschriften dieses Abschnitts wahr.

(2) In die Konzern-Jugend- und Auszubildendenvertretung entsendet jede Gesamt-Jugend- und Auszubildendenvertretung eines ihrer Mitglieder. Sie hat für jedes Mitglied mindestens ein Ersatzmitglied zu bestellen und die Reihenfolge des Nachrückens festzulegen.

(3) Jedes Mitglied der Konzern-Jugend- und Auszubildendenvertretung hat so viele Stimmen, wie die Mitglieder der entsendenden Gesamt-Jugend- und Auszubildendenvertretung insgesamt Stimmen haben.

(4) § 72 Abs. 4 bis 8 gilt entsprechend.

§ 73b Geschäftsführung und Geltung sonstiger Vorschriften

(1) Die Konzern-Jugend- und Auszubildendenvertretung kann nach Verständigung des Konzernbetriebsrats Sitzungen abhalten. An den Sitzungen kann der Vorsitzende oder ein beauftragtes Mitglied des Konzernbetriebsrats teilnehmen.

(2) Für die Konzern-Jugend- und Auszubildendenvertretung gelten § 25 Abs. 1, die §§ 26, 28 Abs. 1 Satz 1, die §§ 30, 31, 34, 36, 37 Abs. 1 bis 3, die §§ 40, 41, 51 Abs. 3 bis 5, die §§ 56, 57, 58, 59 Abs. 2 und die §§ 66 bis 68 entsprechend.

> Die Vorschriften regeln die Errichtung und die Aufgaben der Jugend- und Auszubildendenvertretung (JAV), deren Geschäftsführung und deren Stufen innerhalb von Unternehmen und Konzern.

Themenübersicht

Stellung der JAV
Voraussetzungen für die Einrichtung der JAV
Aktives Wahlrecht
Passives Wahlrecht
Größe der JAV
Das Wahlverfahren
Amtszeit und Wahlzeitraum
Aufgaben der JAV
Seminarteilnahme
Gesamt-JAV
Konzern-JAV
Rechtsprechung

Stellung der JAV

Die JAV ist die eigenständige Vertretung der Jugendlichen, also der unter 18-Jährigen und der Auszubildenden bis zum 25. Lebensjahr. Die JAV hat keine eigenständigen Mitbestimmungsrechte, sondern diese nimmt für alle AN, auch für die jugendlichen, ausschließlich der BR wahr. Die JAV hat aber die Aufgabe innerhalb dieser bestehenden Mitwirkungsstruktur auf den BR einzuwirken, damit sicher gestellt ist, dass dieser den Rechten und Anliegen von Jugendlichen und Auszubildenden genügend Beachtung schenkt. Dafür steht ihr das Recht auf Teilnahme an den BR-Sitzungen zu. Wenn Angelegenheiten behandelt werden, die überwiegend die von ihr vertretenen AN betreffen, also vor allem Ausbildungsfragen, hat die JAV gemäß § 67 auch ein Stimmrecht.

Aus § 80 Abs. 1 Nr. 5 ergibt sich die Pflicht des BR, auch selbstständig auf die Belange der jugendlichen AN zu achten. Außerdem unterliegt die betriebliche Berufsausbildung in allen Aspekten der erzwingbaren Mitbestimmung gemäß §§ 96–98 durch den BR, soweit nicht zwingende Vorschriften, wie etwa die Pflicht zum Besuch der Berufsschule, den AG selbst binden.

Voraussetzungen für die Einrichtung der JAV

In Betrieben mit wenigstens fünf AN, die jünger als 18 Jahre sind oder zu ihrer Berufsausbildung beschäftigt werden und unter 25 Jahre alt sind, wird eine JAV gewählt. Eine JAV muss in diesen Fällen errichtet werden, der BR, der das Verfahren einleitet, hat dabei keinen Ermessensspielraum.

Die Altersgrenzen werden an den jeweiligen Geburtstagen erreicht. Sie sind vor allem für das Wahlrecht und die Wählbarkeit wichtig, aber auch für die Feststellung der Anzahl der Wahlberechtigten. Bei der Feststellung der Wahlberechtigung kommt es nicht auf Stichtage, sondern auf regelmäßige eingerichtete Arbeitsplätze für Jugendliche und Auszubildende an. Zu den regelmäßig eingerichteten Arbeitsplätzen zählen alle laufenden Ausbildungsverhältnisse mit unter 25-Jährigen, längerfristig eingegangene Arbeitsverhältnisse mit Jugendlichen, aber auch nur vorübergehend tätige Praktikanten auf normalen Arbeitsplätzen, wenn sie normal mitarbeiten und die Stellen immer wieder neu mit Jugendlichen besetzt werden. Jobbende Schüler während der Sommerferien oder Schülerpraktikanten dagegen schaffen keine regelmäßigen Beschäftigungsverhältnisse.

Eine Ausbildung muss durch den Betrieb gesteuert werden, was in der Regel – aber nicht immer – einen Ausbildungsvertrag zwischen AN und Unternehmen voraussetzt. Auszubildende ohne Ausbildungsvertrag können etwa Teilnehmer an Programmen der Arbeitsverwaltung sein, die zur Förderung jugendlicher Arbeitsloser im Betrieb zu Ausbildungszwecken tätig werden und damit zur Erhöhung der Zahl der von der JAV zu vertretenen AN führen können. Allerdings wird es sich hierbei in der Regel nur um vorübergehend im Betrieb Tätige handeln, weshalb das Wahlrecht dann wieder entfällt. Erfasst ist jede berufspraktische Unterweisung, auch wenn sie nicht für einen anerkannten Ausbildungsberuf erfolgt.

Aktives Wahlrecht

Die JAV kann von allen jugendlichen AN und den zu ihrer Berufsausbildung Beschäftigten unter 25 gewählt werden. Stichtag ist der letzte Wahltag: wer an diesem die Altersgrenze noch nicht erreicht hat, ist aktiv wahlberechtigt. Voraussetzung ist aber auch ein Eintrag in die Wählerliste, die vom Wahlvorstand erstellt wird.

Passives Wahlrecht

In die JAV können alle AN gewählt werden, die noch keine 25 Jahre alt sind. Weitere Beschränkungen bestehen nicht, weder eine Altersuntergrenze noch eine bestimmte Betriebszugehörigkeit. Auch ist unerheblich, ob sich die über 18 Jahre alten Kandidaten in einer Ausbildung befinden oder nicht. Gewählt werden können also wirklich alle AN des Betriebs, die noch nicht 25 Jahre alt sind. Damit besteht im Alter zwischen 18 und 25 die Möglichkeit, sowohl für den BR als auch für die JAV zu kandidieren, allerdings sind gleichzeitige Mitgliedschaften in beiden Organen unzulässig. Mitglieder des BR dürfen für die JAV daher nur kandidieren, wenn sie vorher aus dem BR zurücktreten.

Größe der JAV

Die Größe der JAV ist gemäß § 62 Abs. 1 BetrVG gestaffelt nach der Anzahl der in der Regel beschäftigten Jugendlichen und unter 25-jährigen Auszubildenden. Wie im BR wird auch in der JAV dem zahlenmäßig im Betrieb geringer vertretenen Geschlecht ein Minderheitenschutz gewährt. Der Wahlvorstand muss hierzu ermitteln, wie viele Sitze auf das Minderheitengeschlecht mindestens entfallen. Dieses Verfahren ist dasselbe wie bei der BR-Wahl und unter § 15 erläutert.

In der JAV sollen auch möglichst die verschiedenen Beschäftigungsarten vertreten sein. Das ist aber nur eine Soll-Vorschrift, also ein Appell und erfordert keinen Eingriff des Wahlvorstands ist das Wahlverfahren oder die Sitzverteilung.

Das Wahlverfahren

Das Wahlverfahren wird durch die Bestellung des Wahlvorstands durch den BR eingeleitet. Dafür ist also nicht die amtierende JAV zuständig. Deren Mitglieder sind aber bei dem BR-Beschluss, mit dem der Wahlvorstand bestellt wird, stimmberechtigt. Mitglied des Wahlvorstands können alle AN des Betriebs sein, unabhängig davon, ob sie an den Wahlen zur JAV teilnehmen dürfen.

Der Ablauf der Wahl entspricht in wesentlichen Punkten dem der BR-Wahl, deshalb ist er durch Verweise auf die entsprechenden Vorschriften geregelt. Auch die JAV soll im Regelfall mit konkurrierenden Listen als Verhältniswahl durchgeführt werden, kandidiert nur eine Liste, erfolgt eine Mehrheitswahl. In Betrieben mit weniger als 50 wahlberechtigten Jugendlichen und Auszubildenden wird im vereinfachten Wahlverfahren gewählt, bei bis zu 100 Wahlberechtigten kann das vereinfachte Verfahren zwischen Wahlvorstand und AG vereinbart werden.

Amtszeit und Wahlzeitraum

Die regelmäßige Amtszeit der JAV beträgt zwei Jahre, alle zwei Jahre wird sie im Zeitraum zwischen dem 1.10. und dem 30.11. neu gewählt. Wahljahre sind solche mit geraden Zahlen, also 2010, 2012 usw. Außerhalb dieser gesetzlich festgelegten Zeiträume endet die Amtszeit, wenn das Gremium seinen Rücktritt beschließt, die Wahl durch gerichtliche Entscheidung für unwirksam oder nichtig erklärt wird oder wenn die Zahl der Mitglieder der JAV durch Austritte unter die in § 62 BetrVG genannte Staffel fällt. Eine erhebliche Änderung der Zahl der zu vertretenden AN führt anders als beim BR nicht zur Beendigung der Amtszeit, es sei denn sie verringert sich auf weniger als 5. Dann entfallen die Voraussetzungen für die Einrichtung der JAV, es wird also kein neues Gremium mehr gewählt. In den anderen Fällen findet eine außerplanmäßige Neuwahl statt, die wieder vom BR durch Bestellung des Wahlvorstands eingeleitet wird.

Eine außerhalb des Wahlzeitraums gewählte JAV, die am ersten Tag des nächsten Wahlzeitraums, also am 1.10. bereits länger als ein Jahr im Amt ist, wird in diesem Wahlzeitraum neu gewählt. Ist der Abstand zwischen dem außerordentlichen Amtsantritt und dem 1.10. des Wahljahres kürzer als ein Jahr, dann bleibt sie im Amt und die Neuwahl findet erst im übernächsten Wahlzeitraum statt.

Die individuelle Amtszeit des einzelnen JAV-Mitglieds endet mit der Amtszeit des Gremiums, durch Rücktritt oder gerichtlichen Ausschluss. Keinen Einfluss hat dagegen die Vollendung des 25. Lebensjahres. Das Mitglied, das während der Amtszeit dieses Alter erreicht, bleibt trotzdem bis zum Ende der Amtszeit im Amt – es sei denn, es liegt ein anderer Beendigungsgrund vor.

Aufgaben der JAV

Die JAV hat vorwiegend überwachende oder beratende Aufgaben. Sie kann in allen Angelegenheiten, die überwiegend die jugendlichen AN und die Auszubildenden betreffen, beim BR mitreden, mitstimmen und Anträge stellen. Der Begriff „überwiegend" ist quantitativ auszulegen: Der Beschluss muss zahlenmäßig mehr Jugendliche und Auszubildende betreffen als andere AN. Aber auch wenn keine solchen Angelegenheiten auf der Tagesordnung stehen, kann die JAV mit einem Vertreter an jeder BR-Sitzung teilnehmen.

Auf Antrag der JAV muss ein Beschluss des BR für die Dauer von einer Woche ausgesetzt werden, wenn die Mehrheit der JAV-Vertreter diesen als eine erhebliche Beeinträchtigung wichtiger Interessen der jugendlichen AN und der Auszubildenden erachtet. Die Aussetzung führt aber nur dazu, dass der BR sich mit der Angelegenheit erneut befassen muss. Fasst er denselben Beschluss noch einmal, besteht kein erneutes Recht der JAV, diesen nochmals aussetzen zu lassen.

Eigenständige Initiativen kann die JAV nicht ergreifen, sondern sie ist darauf angewiesen, dass der BR ihre Anliegen übernimmt. Sollen etwa Ausbildungsbedingungen verändert oder besondere Gefährdungsanalysen gemäß § 5 ArbSchG hinsichtlich jugendlicher AN durchgeführt werden, kann die JAV dies zwar beschließen, solche Beschlüsse sind jedoch ohne Bedeutung, solange der BR nicht selbst entsprechend tätig wird.

Der BR muss die JAV zu Besprechungen mit dem AG hinzuziehen, wenn Angelegenheiten behandelt werden, die die von ihr vertretenen AN betreffen.

Wenn im Betrieb in der Regel mehr als 50 Jugendliche und/oder Auszubildende beschäftigt sind, kann die JAV auch Sprechstunden während der Arbeitszeit einrichten.

Seminarteilnahme

Wie sich aus dem Verweis aus § 65 Abs. 1 auf § 37 Abs. 6 ergibt, sind JAV-Mitglieder von ihrer beruflichen Tätigkeit ohne Minderung ihres Arbeitsentgelts für die Teilnahme an Schulungs- und Bildungsveranstaltungen freizustellen, soweit diese Kenntnisse vermitteln, die für die Arbeit der JAV erforderlich sind. Die Entsendung erfordert eine vorherige Beschlussfassung durch den BR, also nicht durch die JAV. Ohne diesen Beschluss besteht weder ein Recht zur Teilnahme an solchen erforderlichen Veranstaltungen noch eine Pflicht zur Erstattung der Kosten durch den AG.

Erforderlich ist die Teilnahme an der Schulungsveranstaltung, wenn dort Inhalte vermittelt werden, die für die Arbeit als JAV-Mitglied benötigt werden, also etwa Kenntnisse über die der JAV zugewiesenen Aufgaben und der ihr gegenüber dem BR eingeräumten Rechte. In einer älteren Entscheidung vom 10.5.1974 hat das BAG (1 ABR 60/73) es nicht für erforderlich gehalten, dass JAV-Mitglieder an einer Wochenschulung zum Jugendarbeitsschutzgesetz und zum Berufbildungsgesetz teilnehmen. Die Entscheidung bezieht sich jedoch nicht auf die Themen als solche, über die JAV-Mitglieder selbstverständlich Kenntnisse haben müssen und die auch auf einer Schulung vermittelt werden können, sondern auf die Dauer der Veranstaltung. Eine Woche für eine derart überschaubare Materie war dem Gericht zu viel.

Gesamt-JAV

Entsprechend der Regelung für BR kann auch die Vertretung von Jugendlichen und Auszubildenden auf Unternehmensebene eingerichtet werden, die Gesamt-JAV. Deren Bildung ist zwingend, wenn in einem Unternehmen mit mehreren Betrieben auch mehrere JAVen existieren. Die Gesamt-JAV ist wie der GBR eine Dauereinrichtung, in die die einzelnen Gremien ihre Mitglieder entsenden. Wie die einzelne JAV gegenüber dem BR ist auch die Gesamt-JAV gegenüber dem GBR nicht eigenständig, sondern auf seine Unterstützung für die Umsetzung ihrer Angelegenheiten angewiesen. Das Stimmengewicht der einzelnen Mitglieder ist wie beim GBR geregelt (siehe die Erläuterungen zu § 47).

Zwischen den einzelnen JAVen der Betriebe und der Gesamt-JAV besteht kein hierarchisches Verhältnis. Es handelt sich hier um das gleiche Verhältnis wie zwischen BR und GBR, die Kompetenzen der Gesamt-JAV richten sich danach, ob Angelegenheiten nur einheitlich für das Unternehmen geregelt werden können bzw. ob ein Auftrag von einzelnen oder mehreren JAV an die Gesamt-JAV ergangen ist, in bestimmten Fällen für sie tätig zu werden (siehe die Erläuterungen zu § 50).

Konzern-JAV

Eine Vertretung der Jugendlichen und Auszubildenden auf Konzernebene wird nur dann eingerichtet, wenn sich die Gesamt-JAVen bzw. JAVen dafür aussprechen und diese mindestens 75 % der im Konzern beschäftigten zur JAV wahlberechtigten AN vertreten. Auch hier sind Stimmengewicht, Geschäftsführung und Aufgaben entsprechend denen des KBR ausgestaltet (siehe die Erläuterungen zu den §§ 55 ff.). Die Konzern-JAV ist wie die Gesamt-JAV nicht den JAVen oder Gesamt-JAVen übergeordnet und ist nur dann zuständig, wenn Angelegenheiten nicht in den einzelnen Unternehmen separat geregelt werden können. Zur Durchsetzung ihrer Anliegen bedarf auch die Konzern-JAV der Unterstützung durch den KBR, eigene Rechte gegenüber dem AG hat sie nicht.

Rechtsprechung

BAG vom 10.5.1974 – 1 ABR 57/73: Der AG ist zur Erstattung der bei einer Schulungsmaßnahme für JAV-Mitglied entstandenen Kosten nur dann verpflichtet, wenn der BR dessen Teilnahme daran beschlossen hat.

BAG vom 10.6.1975 – 1 ABR 139/73: Die Teilnahme eines JAV-Mitglieds an einer Schulungsveranstaltung über „Gesundheitsschutz im Betrieb“ ist nur dann erforderlich, wenn dabei der Jugendschutz im Mittelpunkt steht. Das ist nicht der Fall, wenn speziell die Mitbestimmung gemäß § 87 Abs. 1 Nr. 7 BetrVG behandelt wird, denn diese Rechte stehen ausschließlich dem BR und nicht der JAV zu.

BAG vom 21.1.1982 – 6 ABR 17/79: Die JAV kann mit Zustimmung des BR die Arbeitsplätze jugendlicher AN aufsuchen, ohne dass sie einen konkreten Verdacht der Nichtbeachtung der zugunsten der Jugendlichen und Auszubildenden geltenden Vorschriften darlegen muss.

BAG vom 22.11.1984 – 6 ABR 9/84: Die Mitgliederzahl der Jugendvertretung ist bei einer vorzeitigen Wahl nach der Zahl der bei Erlass des Wahlausschreibens zu dieser Wahl im Betrieb beschäftigten jugendlichen AN zu bestimmen.

BAG vom 13.3.1991 – 7 ABR 89/89: Werden Auszubildende in verschiedenen Betrieben eines Unternehmens ausgebildet, gehören sie während der gesamten Zeit der Ausbildung betriebsverfassungsrechtlich zu dem Betrieb, in dem die wesentlichen der Beteiligung des BR unterliegenden Entscheidungen getroffen werden. Die nur vorübergehende Beschäftigung der Auszubildenden in den anderen Betrieben begründet dort keine Wahlberechtigung.

BAG vom 30.10.1991 – 7 ABR 11/91: Auch Hochschulpraktikanten können Auszubildende des Betriebs sein. Ob das so ist, hängt von der jeweiligen Studienordnung ab. Sieht sie vor, dass während des Praktikums eine privatrechtliche Beziehung zwischen Student und Betriebsinhaber begründet wird, sind die Studenten zu ihrer Ausbildung im Betrieb beschäftigt.

Vierter Teil
Mitwirkung und Mitbestimmung der Arbeitnehmer

Erster Abschnitt
Allgemeines

§ 74 Grundsätze für die Zusammenarbeit

(1) Arbeitgeber und Betriebsrat sollen mindestens einmal im Monat zu einer Besprechung zusammentreten. Sie haben über strittige Fragen mit dem ernsten Willen zur Einigung zu verhandeln und Vorschläge für die Beilegung von Meinungsverschiedenheiten zu machen.

(2) Maßnahmen des Arbeitskampfes zwischen Arbeitgeber und Betriebsrat sind unzulässig; Arbeitskämpfe tariffähiger Parteien werden hierdurch nicht berührt. Ar-

beitgeber und Betriebsrat haben Betätigungen zu unterlassen, durch die der Arbeitsablauf oder der Frieden des Betriebs beeinträchtigt werden. Sie haben jede parteipolitische Betätigung im Betrieb zu unterlassen; die Behandlung von Angelegenheiten tarifpolitischer, sozialpolitischer, umweltpolitischer und wirtschaftlicher Art, die den Betrieb oder seine Arbeitnehmer unmittelbar betreffen, wird hierdurch nicht berührt.

(3) Arbeitnehmer, die im Rahmen dieses Gesetzes Aufgaben übernehmen, werden hierdurch in der Betätigung für ihre Gewerkschaft auch im Betrieb nicht beschränkt.

> In der Vorschrift wird das Verhältnis zwischen BR und AG grundlegend geregelt und ausgeschlossen, dass betriebliche Auseinandersetzungen mittels Streik oder Aussperrung ausgetragen werden.

Themenübersicht

Zusammenarbeit und Auseinandersetzung im Betrieb
Monatsgespräche
Verhaltenspflichten
Behandlung tarifpolitischer, sozialpolitischer, umweltpolitischer und wirtschaftlicher Fragen
Gewerkschaftliche Betätigung im Betrieb
Mitbestimmung während des Arbeitskampfs
Rechtsprechung

Zusammenarbeit und Auseinandersetzung im Betrieb

Konflikte im Betrieb sollen mit den Mitteln des BetrVG gelöst werden, am besten im Rahmen von Gesprächen und Verhandlungen. Ausdrücklich ausgeschlossen sind Maßnahmen des Arbeitskampfes, also Streik und Aussperrung, soweit damit betriebliche Ziele verfolgt werden. Das Verbot des Arbeitskampfes beinhaltet zweierlei:

1. Um ihre Ziele zu erreichen, dürfen BR und AG nur die durch das BetrVG zur Verfügung gestellten Instrumentarien nutzen, das sind die Einigungsstelle und in einigen Fällen das Arbeitsgericht.
2. Auch bei legalen Streiks, also gewerkschaftlichen Streiks um tarifliche Ziele, darf der BR in Ausübung seines Amts nicht zum Streikführer werden.

Auf der anderen Seite will die Vorschrift aber ausdrücklich die gewerkschaftliche Betätigung im Betrieb und damit auch das Streikrecht absichern. Deshalb dürfen die Mitglieder des BR natürlich auch in Arbeitskämpfen als Aktivisten in Erscheinung treten und sogar in vorderster Linie stehen – dann aber als AN und Gewerkschafter, nicht aber in Ausübung ihrer Funktion als BR. Dieser Unterschied wird gewahrt, wenn der BR oder das BR-Mitglied von sich aus nicht den Eindruck erwecken, als sei der BR die Instanz, die zum Streik aufruft.

Monatsgespräche

Zur organisierten Verhandlungskultur zählen regelmäßige Zusammentreffen zwischen BR und AG, die der Gesetzgeber mindestens einmal im Monat für erforderlich hält. Der BR hat einen Anspruch auf diese Gespräche, sofern die Belegschaft oder den Betrieb berührende Fragen zu behandeln sind. Der AG verstößt gegen seine Pflichten aus dem BetrVG, wenn er diese Form der Zusammenarbeit verweigert, was ein Verfahren nach § 23 Abs. 3 BetrVG nach sich ziehen kann. Wirklich bewegen kann der BR den AG mit diesem Verfahren aber wohl nichts: Wenn der AG die Kooperation verweigern will, wird er zwar am Monatsgespräch teilnehmen, dieses aber ohne Ergebnis enden lassen. Hier hilft eher eine konsequente Nutzung der Einigungsstelle durch den BR, die auch gegen den Willen des AG Entscheidungen über den Betrieb treffen kann.

Die Vorgabe an beide Seiten, über strittige Fragen mit dem ernsten Willen zur Einigung zu verhandeln, gibt eine Selbstverständlichkeit ohne rechtlichen Gehalt wieder. Schließlich existieren ja auch Meinungsunterschiede, bei denen eine Einigung nicht möglich oder gewollt ist. Sofern die Angelegenheit der erzwingbaren Mitbestimmung unterliegt, wird der Konflikt dann vor der Einigungsstelle gelöst, in anderen Fällen durch das Arbeitsgericht oder gar nicht, weil der AG nicht unter Einigungsdruck steht.

Verhaltenspflichten

Weder AG noch BR dürfen sich im Betrieb parteipolitisch betätigen oder gar den Betriebsfrieden stören. Auch in den Arbeitsablauf darf nur dann eingegriffen werden, wenn dies rechtlich zulässig ist.

Das Verbot der parteipolitischen Betätigung, der Werbung für eine Partei oder deren organisierte Unterstützung ist umfassend, gleich ob die Partei legal oder illegal ist. Es richtet sich an den AG, den BR als Gremium und seine Mitglieder, allerdings nur in Ausübung ihres Amts. Unabhängig hiervon haben BR-Mitglieder die gleichen Rechte wie alle anderen Beschäftigten, dürfen also etwa in Pausen versuchen, ihre Kollegen von ihren eigenen parteipolitischen Vorlieben zu überzeugen.

Keine unzulässige parteipolitische Betätigung ist es, wenn vor Wahlen Parteienvertreter etwa auf einer Belegschaftsversammlung die Möglichkeit bekommen, über ihre Ziele zu informieren. Hier werben nicht AG oder BR, sondern sie schaffen ein Forum, damit Beschäftigte sich informieren können.

Eingriffe in den Arbeitsablauf sind eher die Regel als die Ausnahme, allerdings sind sie meist – im Gegensatz zu dem in der Vorschrift erweckten Eindruck – zulässig. Der AG muss ständig eingreifen, um seinen Betrieb zu organisieren (Direktionsrecht des AG). Er wird durch die Vorschrift nicht dazu verpflichtet, einen Status Quo aufrecht zu erhalten. Der BR greift ebenfalls in den Arbeitsablauf ein, wenn er seine Rechte wahrnimmt und dabei Änderungen der Abläufe anstrebt. Bei Abs. 2 Satz 2 handelt es sich daher um einen so genannten Programmsatz ohne wirklichen Gehalt. Insbesondere dem BR wird nicht vorgeschrieben, am Ende einer Auseinandersetzung klein beizugeben oder gar in der Vertretung der Interessen der Beschäftigten Wohlverhalten gegenüber dem AG zu zeigen. Das Verbot in der Vorschrift bezieht sich eher auf Selbstverständlichkeiten, wie beispielsweise das Unterlassen von Sabotageakten oder rassistischer Exzesse im Betrieb.

Behandlung tarifpolitischer, sozialpolitischer, umweltpolitischer und wirtschaftlicher Fragen

Immer zulässig ist es, die in Abs. 2 genannten Themen betrieblich zu behandeln. Der BR kann die Belegschaft diesbezüglich informieren oder eine dementsprechende Debatte führen, vorausgesetzt dass die Thematik den Betrieb oder die darin beschäftigten AN unmittelbar betrifft. Dazu gehören insbesondere:

- Stand und Inhalt von Tarifverhandlungen, Inhalt eines Tarifvertrags, Auswirkungen eines Tarifvertrags auf die Arbeitsbedingungen.
- Sozialversicherungsrechtliche Regelungen, Altersteilzeit, Teilzeitarbeit, Rentenversicherung, Unfallversicherung.
- Umweltpolitik des Unternehmens, betrieblicher Umweltschutz, Arbeitsschutz, Umweltbelastungen, umweltschonende Produktionstechniken und -verfahren.
- Alle wirtschaftlichen Maßnahmen des AG, aber auch alle nationalen und internationalen wirtschaftspolitischen Entscheidungen und Auswirkungen auf den Betrieb und seine AN.

Gewerkschaftliche Betätigung im Betrieb

BR-Mitglieder und andere betriebsverfassungsrechtliche Funktionsträger sind durch ihr Mandat nicht an der gewerkschaftlichen Betätigung im Betrieb gehindert. Dazu gehören alle Aktivitäten, die eine Gewerkschaft entfaltet, wie etwa das Führen eines Arbeitskampfs, die Tätigkeit im Vertrauensleutekörper, Beratung von Mitgliedern und Werbung für die Organisation (BVerfG vom 14.11.1995 – 1 BvR 601/92). Der

AG muss gewerkschaftliche Informationen und Werbung im Betrieb dulden, allerdings nur, wenn dadurch die Arbeitsabläufe nicht beeinträchtigt werden.

Mitbestimmung während des Arbeitskampfs

Auch während eines Arbeitskampfs bleibt der BR voll funktionsfähig, behält also seine Beteiligungsrechte. Allerdings macht die Rechtsprechung eine Einschränkung, wenn die Ausübung der Mitbestimmungsrechte die Führung des Arbeitskampfs beeinflussen könnte. So besteht kein Mitbestimmungsrecht beim Einsatz von Streikbrechern, da dies als Maßnahme des Arbeitskampfs durch den AG angesehen wird, die nicht beeinträchtigt werden darf (BAG 10.12.2002 – 1 ABR 7/02). Der BR kann seine Rechte während des Arbeitskampfs auch dann wahrnehmen, wenn seine Mitglieder streiken oder ausgesperrt sind. Dadurch wird nur die Suspendierung des Arbeitsverhältnisses bewirkt, nicht aber des BR-Amts. Allerdings kann er für die aufgewendete Zeit weder Vergütung noch späteren Freizeitausgleich verlangen.

Rechtsprechung

BAG vom 22.7.1980 – 6 ABR 5/78: Der AG ist bei Verstößen des BR gegen die diesem obliegende betriebsverfassungsrechtliche Friedenspflicht berechtigt, die Unterlassung solcher Handlungen zu verlangen. In § 74 Abs. 2 Satz 2 BetrVG ist hierfür ein eigenständiger Anspruch enthalten, der unabhängig neben § 23 Abs. 1 BetrVG besteht.

§ 75 Grundsätze für die Behandlung der Betriebsangehörigen

(1) Arbeitgeber und Betriebsrat haben darüber zu wachen, dass alle im Betrieb tätigen Personen nach den Grundsätzen von Recht und Billigkeit behandelt werden, insbesondere, dass jede Benachteiligung von Personen aus Gründen ihrer Rasse oder wegen ihrer ethnischen Herkunft, ihrer Abstammung oder sonstigen Herkunft, ihrer Nationalität, ihrer Religion oder Weltanschauung, ihrer Behinderung, ihres Alters, ihrer politischen oder gewerkschaftlichen Betätigung oder Einstellung oder wegen ihres Geschlechts oder ihrer sexuellen Identität unterbleibt.

(2) Arbeitgeber und Betriebsrat haben die freie Entfaltung der Persönlichkeit der im Betrieb beschäftigten Arbeitnehmer zu schützen und zu fördern. Sie haben die Selbständigkeit und Eigeninitiative der Arbeitnehmer und Arbeitsgruppen zu fördern.

> Die Vorschrift macht eine generelle Vorgabe, welche Auswirkungen die Tätigkeit der Betriebsparteien haben soll und welche sie nicht haben darf. Auch wenn eine Maßnahme nicht der Mitbestimmung unterliegt, also vom AG einseitig entschieden und durchgeführt werden darf, muss er diese Grenzen beachten.

Themenübersicht

Diskriminierungsverbot
Recht und Billigkeit
Persönlichkeitsrechte
Betroffener Personenkreis
Handlungsanforderungen
Förderung der Selbstständigkeit und Eigeninitiative
Rechtsprechung

Diskriminierungsverbot

Ein allgemeines Ordnungsprinzip des Arbeitsrechts ist der arbeitsrechtliche Gleichbehandlungsgrundsatz. Er besagt, dass der AG nicht willkürlich einzelne AN schlechter behandeln darf als andere vergleichbare AN. Umgekehrt dürfen Unterschiede nicht einfach eingeebnet werden. Deshalb ist die unterschiedlich lange Betriebszugehörigkeit etwa ein durchaus taugliches Differenzierungskriterium bei der Festlegung von Abfindungen in einem Sozialplan.

In Abs. 1 wird dieser allgemeine Grundsatz durch absolute Differenzierungsverbote ergänzt. Zwar lässt sich nicht leugnen, dass Männer und Frauen in vielen Bereichen nicht vergleichbar sind. Entgegen dem obigen Grundsatz darf aus dieser Ungleichheit allein jedoch keine unterschiedliche Behandlung abgeleitet werden.

Weder der AG allein noch AG und BR gemeinsam dürfen sachlich ungerechtfertigte Differenzierungen zwischen AN und Gruppen von AN vornehmen. Das bedeutet umgekehrt, dass eine Ungleichbehandlung erlaubt ist, wenn es dafür einen sachlichen Grund gibt.

> **Beispiel**
>
> In einer Betriebsvereinbarung werden Leistungsprämien für diejenigen vorgesehen, deren Arbeitsergebnisse 50 % über dem Durchschnitt liegen. Leistung ist ein zulässiger Differenzierungsgrund, diese Ungleichbehandlung ist erlaubt.

Unzulässig ist dagegen eine Ungleichbehandlung dann, wenn sie mittelbar oder unmittelbar entlang der in Abs. 1 genannten Gründe verläuft. Unmittelbar ist die Diskriminierung, wenn sie offen auf einen der Gründe gestützt wird.

Beispiel

In einem Betrieb werden keine Frauen unter 40 Jahren in einer Abteilung beschäftigt, die wegen der darin bearbeiteten Projekte besondere Verdienst- und Aufstiegschancen bietet. Der AG will verhindern, dass wegen schwangerschaftsbedingter Ausfälle der termingerechte Abschluss dieser Projekte gefährdet wird. Das ist eine unmittelbare Diskriminierung.

Bei der mittelbaren Diskriminierung dagegen ist der Grund für die Ungleichbehandlung ein anderer, trifft aber vorwiegend Beschäftigte einer Gruppe, deren Verbindungsglied einer der im Gesetz genannten Aspekte ist, etwa Alter, Herkunft oder Geschlecht.

Beispiel

In einem Produktionsbetrieb sind mehrere Abteilungen nur mit AN besetzt, deren Familien früher aus der Türkei eingewandert sind. Bei der Vergabe von Leistungsprämien werden die Kriterien so gestaltet, dass in dieser Abteilung niemand eine Prämie erhalten kann.

Fachlich begründete Ungleichbehandlungen dagegen sind auch dann zulässig, wenn sie zwar Differenzierungen anhand der im Gesetz genannten Gruppen vornehmen, diese Differenzierung jedoch aus anderen Gründen gerechtfertigt ist. So kann etwa eine altersbedingte Ungleichbehandlung beim Erholungsurlaub zulässig sein, wenn damit auf den erhöhten Regenerationsbedarf älterer Beschäftigter reagiert wird.

Der Grund muss allerdings auch tragfähig sein. Wenn lediglich das Alter als Differenzierungskriterium für die Vergütungshöhe herangezogen wird, ist dies zweifelhaft. Zwar kann höheres Alter auch mehr Berufserfahrung bedeuten. Beschäftigte jedoch, die nur kurz im Betrieb tätig sind, aber ein höheres Lebensalter erreicht haben, werden diese Erfahrung nicht sammeln können. Daher wäre der Grund „Erfahrung aufgrund Alters“ als Differenzierungskriterium nur vorgeschoben, in Wirklichkeit wäre tatsächlich das Alter alleine der den Ausschlag gebende Differenzierungsgrund. Dies jedoch ist nach Gesetz verboten.

Weitere praktisch bedeutsame Differenzierungsverbote finden sich im Teilzeit- und Befristungsgesetz (TzBfG): Danach dürfen AN nicht deshalb diskriminiert werden, weil sie befristet oder in Teilzeit beschäftigt werden.

Recht und Billigkeit

Das Gebot, alle AN nach den Grundsätzen von Recht und Billigkeit zu behandeln, verbietet es, bei der Gestaltung der betrieblichen Verhältnisse in deren Rechte einzugreifen. Das ist etwa dann von Bedeutung, wenn im Rahmen der freiwilligen Mitbestimmung Vereinbarungen geschlossen werden, die individuelle Rechtspositionen ignorieren, etwa wenn sie Arbeitsentgelt im Rahmen langfristiger Arbeitszeitkonten auf Jahre hinaus stunden. Der BR muss bei der Gestaltung solcher Vereinbarungen darauf achten, dass derartige Rechtsverstöße unterbleiben.

Persönlichkeitsrechte

Jede Einbindung in die betriebliche Organisation führt zu einer Beschränkung der persönlichen Freiheit: durch zeitliche Inanspruchnahme, durch die Verpflichtung zu einem bestimmten Verhalten oder dem Unterlassen von Handlungen. Abs. 2 verlangt von den Betriebsparteien, diese Beschränkungen so klein wie möglich zu halten. Dies richtet sich insbesondere an den AG, der hieraus zu verschiedenen Verhaltensweisen verpflichtet ist. Dazu gehören u.a.:

- Unzulässigkeit der Weitergabe von Informationen aus der Personalakte
- Unzulässigkeit des Mithörens bei Telefonaten ohne vorherige Ankündigung
- Beschränkung des Fragerechts des AG bei Einstellungen
- Entfernung von falschen oder veralteten Abmahnungen aus der Personalakte
- Schutz der AN vor Mobbing oder sexueller Belästigungen im Betrieb, ggf. auch aktives Einschreiten gegen den oder die Belästiger
- Beschränkung des Rechts, AN durch versteckte Videokameras zu überwachen.

Betroffener Personenkreis

Die Verpflichtung zur Einhaltung der Grundsätze von Recht und Billigkeit bezieht sich auf alle im Betrieb beschäftigten Personen, also nicht nur beim AG eingestellte AN, die ohnehin vom BR vertreten werden. Insbesondere zählen hierzu auch Leih-AN und Mitarbeiter anderer Unternehmen, die in die betrieblichen Abläufe eingegliedert werden und bei denen eine Diskriminierung durch den AG möglich ist. Das können z.B. die Mitarbeiter einer Unternehmensberatungsfirma sein, die weisungsgebundene Tätigkeiten verrichten. Ausgeschlossen ist ein solcher Einfluss des AG, wenn er solchen Personen gegenüber keinerlei Weisungsbefugnisse hat, so etwa bei den Beschäftigten des Wirtschaftsprüfers.

Leitende Angestellte zählen im Prinzip auch zu dieser Gruppe, sie werden aber in vergleichbarer Weise durch den Sprecherausschuss geschützt. Wählen sie diesen nicht, verzichten sie auf den entsprechenden Schutz durch eine Interessenvertretung und müssen ihre Angelegenheiten mit dem AG individuell regeln.

Handlungsanforderungen

Ge- und Verbote aus dieser Vorschrift binden den AG, den BR als Gremium, seine Ausschüsse und Mitglieder bei der Ausübung ihres Amts. In der Regel schlägt sich diese Verpflichtung in der konkreten Tätigkeit nieder, also bei dem Abschluss von Betriebsvereinbarungen und bei der Zustimmung zu bzw. der Verweigerung bestimmter Maßnahmen, die der AG beabsichtigt. Hierbei muss der BR im Auge behalten, dass Beschäftigte nicht nur Manövriermasse im Dienste der Bilanz sind, sondern Menschen mit Rechten und Interessen, die mit denen des Betriebs in Einklang gebracht werden sollen.

Der BR kann die Rechte der Beschäftigten darüber hinaus schützen, wenn der AG in grober Weise gegen das Diskriminierungsverbot in Abs. 1 verstößt. Für diese Fälle enthält § 17 AGG einen arbeitsgerichtlich durchsetzbaren Unterlassungsanspruch, der auf § 23 Abs. 3 beruht (siehe hierzu die Kommentierung zu § 23).

Förderung der Selbstständigkeit und Eigeninitiative

Die Verpflichtung zur Förderung von Selbstständigkeit und Eigeninitiative hat keinen fassbaren Regelungsgehalt, kann aber vom BR als Argument in Verhandlungen der Einigungsstelle herangezogen werden, um deren Ermessensentscheidung auf eine breitere Basis zu stellen.

Rechtsprechung

BAG vom 19.4.1983 – 1 AZR 498/81: Auch bei der Gestaltung von Betriebsvereinbarungen müssen BR und AG darauf achten, dass die Beschäftigten nach den Grundsätzen von Recht und Billigkeit gemäß § 75 behandelt werden. Dazu zählt auch der allgemeine Gleichheitsgrundsatz in Art. 3 GG.

BAG vom 1.12.1992 – 1 AZR 260/92: Das allgemeine Persönlichkeitsrecht des AN wird nicht dadurch verletzt, dass der AG das Tragen einer einheitlichen Dienstkleidung verlangt.

BAG vom 18.12.1984 – 3 AZR 389/83: Das allgemeine Persönlichkeitsrecht des AN wird verletzt, wenn der AG dessen Personalakten einem Dritten ohne sein Wissen zugänglich macht.

BAG vom 13.4.1988 – 5 AZR 537/86: Auch wenn ein Schreiben eine wahre Sachverhaltsdarstellung enthält, muss es aus der Personalakte des AN entfernt werden, wenn es für dessen weitere Beurteilung überflüssig geworden ist und ihn in seiner beruflichen Entwicklungsmöglichkeit fortwirkend beeinträchtigen kann.

BAG vom 13.3.1991 – 5 AZR 133/90: Ein Abmahnungsschreiben muss insgesamt aus der Personalakte entfernt werden, wenn nicht alle darin gerügten Pflichtverstöße tatsächlich passiert sind.

BAG vom 21.2.1991 – 2 AZR 449/90. Das Fragerecht des AG bei der Einstellung beschränkt sich auf solche Fragen, an deren Beantwortung er ein berechtigtes, billigenswertes und schutzwürdiges Interesse hat. Auf unzulässigerweise gestellte Fragen darf daher ohne nachteilige Folgen falsch geantwortet werden.

BVerfG vom 19.12.1991 – 1 BvR 382/85: Privat von einem Dienstapparat geführte Gespräche unterliegen auch dann dem Schutz des Persönlichkeitsrechts, wenn der AN von der Möglichkeit des Mithörens weiß.

BAG vom 20.4.1994 – 10 AZR 323/93: Es verstößt gegen § 75 BetrVG, wenn AN von Leistungen aus einem Sozialplan ausgenommen werden, die aus Anlass des bevorstehenden Verlusts des Arbeitsplatzes eine Eigenkündigung aussprechen, wenn andererseits vom AG aus diesem Grund gekündigten AN solche Ansprüche eingeräumt werden. Zulässig ist es dagegen, diejenigen von den Leistungen auszuschließen, die aufgrund Aufhebungsvertrag oder Eigenkündigung ausscheiden, nachdem sie einen neuen Arbeitsplatz gefunden haben.

BAG vom 19.1.1999 – 1 AZR 499/98: Ein betriebliches Rauchverbot zum Schutz vor Passivrauchen muss gemäß § 75 den Verhältnismäßigkeitsgrundsatz wahren. Danach kann ein Rauchverbot im Freien nicht mit dem Schutz der Nichtraucher begründet werden. Ein Rauchverbot mit dem Ziel, AN vom Rauchen abzubringen überschreiten die Regelungskompetenz der Betriebsparteien.

BAG vom 8.6.1999 – 1 ABR 67/98: Der Verstoß des AG gegen die Pflicht, die AN in der freien Entfaltung der Persönlichkeit zu schützen, begründet kein Mitbestimmungsrecht des BR.

BAG vom 28.5.2002 – 1 ABR 32/01: Der BR hat keinen eigenen Anspruch darauf, dass der AG Maßnahmen unterlässt, die Mitarbeiter in ihren Persönlichkeitsrechten verletzen.

BAG vom 29.6.2004 – 1 ABR 21/03: Eine Videoüberwachung der AN ist ein unzulässiger schwerwiegender Eingriff in das Persönlichkeitsrecht, wenn AN ständig damit rechnen müssen, gefilmt zu werden. Daran ändert sich auch nichts dadurch, dass die Kamera für den AN sichtbar ist und die Betriebsvereinbarung hierzu die Verwendung der Aufzeichnungen ausdrücklich auf die Vorbeugung und Aufzeichnung von Straftaten beschränkt.

§ 76 Einigungsstelle

(1) Zur Beilegung von Meinungsverschiedenheiten zwischen Arbeitgeber und Betriebsrat, Gesamtbetriebsrat oder Konzernbetriebsrat ist bei Bedarf eine Einigungsstelle zu bilden. Durch Betriebsvereinbarung kann eine ständige Einigungsstelle errichtet werden.

(2) Die Einigungsstelle besteht aus einer gleichen Anzahl von Beisitzern, die vom Arbeitgeber und Betriebsrat bestellt werden, und einem unparteiischen Vorsitzenden, auf dessen Person sich beide Seiten einigen müssen. Kommt eine Einigung über die Person des Vorsitzenden nicht zustande, so bestellt ihn das Arbeitsgericht. Dieses entscheidet auch, wenn kein Einverständnis über die Zahl der Beisitzer erzielt wird.

(3) Die Einigungsstelle hat unverzüglich tätig zu werden. Sie fasst ihre Beschlüsse nach mündlicher Beratung mit Stimmenmehrheit. Bei der Beschlussfassung hat sich der Vorsitzende zunächst der Stimme zu enthalten; kommt eine Stimmenmehrheit nicht zustande, so nimmt der Vorsitzende nach weiterer Beratung an der erneuten Beschlussfassung teil. Die Beschlüsse der Einigungsstelle sind schriftlich niederzulegen, vom Vorsitzenden zu unterschreiben und Arbeitgeber und Betriebsrat zuzuleiten.

(4) Durch Betriebsvereinbarung können weitere Einzelheiten des Verfahrens vor der Einigungsstelle geregelt werden.

(5) In den Fällen, in denen der Spruch der Einigungsstelle die Einigung zwischen Arbeitgeber und Betriebsrat ersetzt, wird die Einigungsstelle auf Antrag einer Seite tätig. Benennt eine Seite keine Mitglieder oder bleiben die von einer Seite genannten Mitglieder trotz rechtzeitiger Einladung der Sitzung fern, so entscheiden der Vorsitzende und die erschienenen Mitglieder nach Maßgabe des Absatzes 3 allein. Die Einigungsstelle fasst ihre Beschlüsse unter angemessener Berücksichtigung der Belange des Betriebs und der betroffenen Arbeitnehmer nach billigem Ermessen. Die Überschreitung der Grenzen des Ermessens kann durch den Arbeitgeber oder den Betriebsrat nur binnen einer Frist von zwei Wochen, vom Tage der Zuleitung des Beschlusses an gerechnet, beim Arbeitsgericht geltend gemacht werden.

(6) Im Übrigen wird die Einigungsstelle nur tätig, wenn beide Seiten es beantragen oder mit ihrem Tätigwerden einverstanden sind. In diesen Fällen ersetzt ihr Spruch die Einigung zwischen Arbeitgeber und Betriebsrat nur, wenn beide Seiten sich dem Spruch im Voraus unterworfen oder ihn nachträglich angenommen haben.

(7) Soweit nach anderen Vorschriften der Rechtsweg gegeben ist, wird er durch den Spruch der Einigungsstelle nicht ausgeschlossen.

(8) Durch Tarifvertrag kann bestimmt werden, dass an die Stelle der in Absatz 1 bezeichneten Einigungsstelle eine tarifliche Schlichtungsstelle tritt.

> Die Vorschrift legt fest, wie die Einigungsstelle und damit die erzwingbare Mitbestimmung funktioniert und enthält Grundsätze für das Verfahren vor der Einigungsstelle.

Themenübersicht

Die Einigungsstelle zählt zu den Organen der Betriebsverfassung. Sie soll in den Fällen, in denen sich BR und AG über die inhaltliche Ausgestaltung einer Maßnahme nicht einig werden können, zusammentreten und an deren Stelle entscheiden.

Die Bedeutung der Einigungsstelle ist so hoch, dass eine Behinderung ihrer Arbeit gemäß § 119 Abs. 1 Nr. 2 sogar strafbar ist.

Zusammensetzung der Einigungsstelle

Die Einigungsstelle besteht aus dem Vorsitzenden und einer gleichen Anzahl von Beisitzern, die der AG und der BR jeweils für sich bestellen. Dabei ist der BR frei in der Entscheidung, wen er hierfür benennen will. Das können Mitglieder des BR, andere Beschäftigte des Unternehmens oder auch Externe z.B. Gewerkschaftssekretäre, Berater usw. sein. Die Wirksamkeit von deren Bestellung hängt lediglich von einer ordnungsgemäßen Beschlussfassung ab.

Über die Zahl der Beisitzer müssen sich BR und AG ebenso einigen, wie über die Person des Vorsitzenden. In der Regel werden hierfür Arbeitsrichter herangezogen. Dies ist jedoch keineswegs zwingend.

Dem Vorsitzenden der Einigungsstelle fällt eine besondere Rolle zu: Er soll einerseits versuchen, durch Verhandlungen ein Ergebnis zu vermitteln, andererseits hat er bei Abstimmungen die entscheidende Stimme. Daher ist seine Neutralität von besonderer Bedeutung. Hat eine der Betriebsparteien hieran Zweifel, kann im Rahmen des Einigungsstellenverfahrens auch die Absetzung des Vorsitzenden wegen Befangenheit beantragt werden.

Die Beisitzer sind im Einigungsstellenverfahren unabhängig von Weisungen. Der BR kann also seine Beisitzer nicht auf ein bestimmtes Verhalten in Abstimmungen verpflichten. Außerhalb von Abstimmungen, insbesondere wenn innerhalb der Einigungsstelle eine freiwillige Einigung versucht wird, hat der BR das letzte Wort. Die Beisitzer sind also nicht berechtigt, außerhalb der Beschlussfassung des Gremiums eine Betriebsvereinbarung mit dem AG zu schließen. Erweiterte Möglichkeiten existieren hier nur dann, wenn der BR einen Prozessbevollmächtigten für die Einigungsstelle bestellt und diesem in einem bestimmten Rahmen Verhandlungsspielraum einräumt. Allerdings darf der BR dem Prozessbevollmächtigten keine Generalvollmacht für Vereinbarungen jeder Art einräumen.

Bestellung der Einigungsstelle

Die Einigungsstelle kann entweder für jeden einzelnen Streitfall, generell für eine bestimmte Art von Streitigkeiten oder auch als Dauereinrichtung bestellt werden. Bestellt ist sie, wenn BR und AG sich über drei Dinge einig sind:

1. die Person des bzw. der Vorsitzenden,
2. die Anzahl der Beisitzer und
3. den Gegenstand, über den entschieden werden soll.

Dauerhaft eingerichtete Einigungsstellen sind in der Praxis eher selten anzutreffen. Meist wollen die Betriebsparteien sich nicht soweit im Voraus binden und sich den taktischen Vorteil nicht aus der Hand nehmen lassen, durch Verzögerung bei der Bestellung doch noch zu einer Einigung in der Sache zu kommen. Diese Verzögerungsmöglichkeit entfällt, wenn die Einigungsstelle jederzeit auf bloße Aufforderung an den Vorsitzenden hin ihre Arbeit aufnimmt, weil sie eine ständige Einrichtung ist.

Ohne eine solche Dauereinrichtung müssen sich BR und AG über die drei Aspekte der Bestellung – Vorsitzender, Beisitzer und Gegenstand – bei jedem Streit aufs Neue einigen. Ist auch das nicht möglich, kann das Arbeitsgericht diese Einigung auf Antrag ersetzen – aber nur, wenn die Mitbestimmung im konkreten Fall erzwingbar ist (was das bedeutet, steht weiter unten). Dieses Verfahren bewirkt zumindest einen zusätzlichen Zeitgewinn für die Seite, die sich nicht einigen will.

Ist die Mitbestimmung bei dem streitigen Thema nicht erzwingbar, dann gibt es auch keine Einigungsstelle, es sei denn BR und AG einigen sich freiwillig auf ihre Einrichtung.

Gerichtliche Bestellung

Können sich die Betriebsparteien über die Bestellung der Einigungsstelle im Bereich der erzwingbaren Mitbestimmung nicht einigen, entscheidet nach Abs. 2 Satz 2 und 3 das Arbeitsgericht in einem beschleunigten Verfahren gemäß § 98 Abs. 1 ArbGG. Den Antrag können in der Regel BR oder AG stellen. Es gibt jedoch auch Mitbestimmungsrechte, bei denen diese Initiative nur von einer Seite ausgehen kann. Hierüber gibt die Tabelle am Ende der Erläuterungen zu dieser Vorschrift Auskunft.

Das Arbeitsgericht richtet die Einigungsstelle ein, wenn sie nicht offensichtlich unzuständig ist. In diesem Sinne unzuständig ist sie, wenn unter keinem Aspekt ein Mitbestimmungsrecht in der fraglichen Angelegenheit in Betracht kommt. Das ist aber eine nur vorläufige Feststellung, die lediglich dazu dient, das Verfahren möglichst schnell in Gang zu setzen. Ob die Einigungsstelle dann wirklich zuständig ist, muss sie zunächst selbst entscheiden, wenn daran Zweifel bestehen. Auch diese Entscheidung kann aber später gerichtlich angefochten werden.

Das Gericht entscheidet auch über die Person des Vorsitzenden und die Zahl der Beisitzer, wobei es hierbei von den Vorstellungen beider Betriebsparteien nach eigenem Ermessen abweichen kann.

Zuständigkeit/erzwingbare und nicht erzwingbare Mitbestimmung

Die Einigungsstelle kann in jeder streitigen Sachfrage tätig werden. Allerdings ist dabei zwischen erzwingbarer und freiwilliger Mitbestimmung zu unterscheiden. Bei der erzwingbaren Mitbestimmung kann sich keine Seite dem Einigungsstellenverfahren entziehen. Macht sie es doch, so kann die Einigungsstelle gemäß Abs. 5 auch ohne sie entscheiden.

Beispiel

Der AG teilt dem BR mit, dass er die Regelungen zur betrieblichen Altersversorgung abändern will. Da man sich nicht einig wird, will der AG die Einigungsstelle hierüber entscheiden lassen. Der BR ist der Auffassung, dass diese nicht zuständig ist und bleibt deshalb den Sitzungen fern. Die Einigungsstelle kann ohne seine Beteiligung die Betriebsrente verändern.

Diese Technik ist der eigentliche Inhalt der erzwingbaren Mitbestimmung: Die eine Seite kann der anderen ein Verfahren in der Einigungsstelle aufzwingen. Das Ergebnis allerdings ist offen – erzwingbar ist also nicht das inhaltliche Ziel, sondern nur die Behandlung und Entscheidung der Streitfrage. Ob eine Angelegenheit der erzwingbaren Mitbestimmung unterliegt, ergibt sich jeweils aus der Vorschrift, in der das Mitbestimmungsrecht enthalten ist. Findet sich dort die Formulierung „Der Spruch der Einigungsstelle ersetzt die Einigung zwischen AG und BR", so handelt es sich um ein erzwingbares Mitbestimmungsrecht.

Unterliegt eine Angelegenheit nicht der erzwingbaren Mitbestimmung, kann die Einigungsstelle auch tätig werden, aber nur, wenn BR und AG dies übereinstimmend wollen. Sie können dann noch danach differenzieren, ob die Einigungsstelle nur eine vermittelnde oder auch eine entscheidende Funktion haben soll. Entscheidende Funktion hat sie dann, wenn sich die Betriebsparteien im Vorhinein ihrer Entscheidung unterwerfen. Das kommt in der Praxis äußerst selten vor.

Beispiel

Zwischen AG und BR besteht ein Streit darüber, wie die Beschäftigten einzugruppieren sind. Die Verhandlungen führt man im gegenseitigen Einvernehmen in der Einigungsstelle weiter, weil die Angelegenheit nicht in der Öffentlichkeit vor dem Arbeitsgericht verhandelt werden soll, wie es das Gesetz eigentlich in § 99 Abs. 4 vorsieht. Da jedoch keine Regelung darüber getroffen wurde, welche Wirkung eine Entscheidung der Einigungsstelle hat, kann sie nur vermitteln. Ihre Ergebnisse sind also unverbindlich.

Die freiwillig eingerichtete Einigungsstelle in Angelegenheiten, die nicht der erzwingbaren Mitbestimmung unterliegen, ist eher eine Theorie als gängige Praxis. Wer sich in der Sache nicht einig wird und auch nicht einig werden muss, unterwirft sich in der Regel nicht einem solchen Spruch.

Einigungsstelle und Arbeitsgericht

Einigungsstelle und Arbeitsgericht haben vollständig verschiedene Aufgaben. Häufig werden beide Einrichtungen vom BR als einander übergeordnet wahrgenommen. Dies entspricht jedoch nicht der Realität. Das Arbeitsgericht ist immer dann zuständig, wenn es darum geht, festzustellen, ob die eine oder andere Seite einen Rechtsverstoß begangen hat oder ob ein bestimmter Anspruch – etwa auf Mitbestimmung in einer Angelegenheit – besteht. Die Einigungsstelle dagegen schafft betriebliche Regelungen, beispielsweise eine Betriebsvereinbarung, auf die später Ansprüche gestützt werden können. Sie kann darüber bestimmen, ob der Arbeitsbeginn in einem Betrieb um 7:00 Uhr oder um 8:00 Uhr zweckmäßig ist. Entscheidet sich die Einigungsstelle für 7:30 Uhr, kann das Arbeitsgericht allenfalls feststellen, ob diese Festlegung gegen andere Rechte verstößt und deshalb unwirksam ist. Es hat aber nicht die Befugnis, den Arbeitsbeginn auf 8:00 Uhr zu verlegen.

Verfahren

Das Verfahren vor der Einigungsstelle ist nur in Grundzügen geregelt. Die Verfahrensleitung liegt in den Händen des Vorsitzenden, der sie in dem Augenblick übernimmt, in dem er entweder durch die Betriebsparteien oder das Arbeitsgericht bestellt wird. Er lädt dann die ihm benannten Beisitzer ein, legt Sitzungstermine fest, führt die Verhandlungen und sorgt für einen zügigen Abschluss des Verfahrens.

In Abs. 3 ist lediglich festgelegt, dass die Beratungen mündlich sein müssen, Beschlüsse also nicht im schriftlichen Umlaufverfahren gefasst werden dürfen, der Modus der Abstimmung selbst und die Schriftform bei der späteren Abfassung der Entscheidung. Die abschließende Beratung und Beschlussfassung der Einigungsstelle müssen unter Ausschluss der Öffentlichkeit passieren (BAG vom 18.1.1994 – 1 ABR 43/93).

Solange die Einigungsstelle noch nicht in dieses Stadium eingetreten ist, sondern versucht, eine vermittelnde Position zu entwickeln, spricht nichts gegen die Anwesenheit von Prozessbevollmächtigten, Sachverständigen und weiteren Personen, die die Angelegenheit nach vorne bringen können. Allerdings muss hier Einvernehmen zwischen dem Vorsitzenden und den Beisitzern herbeigeführt werden. Diese Personen müssen erst dann den Raum verlassen, wenn es tatsächlich zur abschließenden Beratung und Beschlussfassung kommt. Die meisten Einigungsstellen kommen jedoch gar nicht so weit, meist wird vorher eine Einigung erzielt, wobei die Einigungsstelle nur als Vermittlungs-, nicht aber als Entscheidungsinstanz fungiert.

Diese Einigung erfordert dann allerdings die Zustimmung des BR. Beisitzer sind nicht befugt, den BR zu ersetzen und an seiner Stelle Vereinbarungen zu schließen. Möglich ist es aber, dass der BR einen bestimmten Rahmen festlegt, innerhalb dessen sein Vorsitzender oder ein Prozessbevollmächtigter Erklärungen für den BR abgeben und damit auch Vereinbarungen abschließen kann.

Wird keine Einigkeit erzielt, dann kommt es in der Einigungsstelle zum Spruch, also zur Abstimmung über die Angelegenheit. Bei der erzwingbaren Mitbestimmung ist das immer so, bei freiwillig eingerichteten Einigungsstellen nur dann, wenn die Betriebsparteien sich vorher ausdrücklich einer Entscheidung unterworfen haben. Der Spruch ergeht in einem zweistufigen Abstimmungsverfahren. Auf dessen erster Stufe beteiligen sich nur die Beisitzer an der Abstimmung. Wird hierbei kein Ergebnis erzielt, stimmt nach einer Zwischenberatung der Vorsitzende mit, hat also in der Regel die entscheidende Stimme.

Das Ergebnis dieser Abstimmung hat die Rechtsqualität der Betriebsvereinbarung. Es ist also genauso wirksam, aber auch genauso kündbar wie eine Betriebsvereinbarung. Schon weil diese Möglichkeit der Kündigung besteht, ist es in Angelegenheiten, die einen Dauerzustand regeln sollen, also etwa Arbeitszeitvereinbarungen oder Prämienregelungen wenig ratsam, darauf zu setzen, aus der Einigungsstelle als „Sieger" hervorzugehen. Die Gegenseite kann sich diesem Ergebnis immer durch sofortige Kündigung wieder entziehen.

Entscheidung der Einigungsstelle/Ermessen

Wenn die Einigungsstelle durch Spruch entscheidet, muss sie die Belange des Betriebs und der betroffenen AN gleichermaßen berücksichtigen. Bei der Beurteilung, wie dies am besten zu geschehen hat, hat sie einen Ermessensspielraum. Aufgabe der Beisitzer des BR ist es, der Einigungsstelle und vor allem ihrem Vorsitzenden transparent zu machen, wo diese Interessen der Beschäftigten liegen und ihre Berechtigung konkret darzustellen. Ein Beharren auf Rechtspositionen hat dagegen kaum Sinn, weil die Einigungsstelle ohnehin nur rechtliche Spielräume ausfüllen kann. Wenn die nicht vorhanden sind, ist sie unzuständig. Ist der BR der Meinung, dass die vom AG vertretenen Anliegen rechtlich ausgeschlossen sind, muss er in der Einigungsstelle deren Unzuständigkeit feststellen lassen. Lehnt sie diesen Antrag ab, bleibt ihm nichts anderes übrig, als in der Diskussion von der rechtlichen auf die sachliche Ebene zu wechseln und die Bedenken gegen die Zuständigkeit in einem Verfahren vor dem Arbeitsgericht vorzubringen. Ein solches kann gleichzeitig oder später eingeleitet werden.

Um das Ermessen auf ein stabiles Fundament zu stellen, ist es auch möglich, innerhalb der Einigungsstelle mit Sachverständigen zu arbeiten. Das können sowohl Betriebsangehörige sein, die die Sachverhalte besser darzustellen in der Lage sind, als auch externe Sachverständige, die dann von der Einigungsstelle kostenpflichtig bestellt werden müssen. Das wird aber nur passieren, wenn die Beisitzer des BR hierauf hinwirken.

Ein Sonderfall des Einigungsstellenverfahrens stellen die Verhandlungen über den Interessenausgleich gemäß § 112 dar. Hier kann die Einigungsstelle lediglich vermittelnd tätig werden, eine Entscheidung über den Interessenausgleich ist vom Gesetz nicht vorgesehen.

Anfechtung/Unwirksamkeit/Kündigung

Der Spruch der Einigungsstelle kann wie eine Betriebsvereinbarung gekündigt werden. Zusätzlich haben die Betriebsparteien die Möglichkeit, innerhalb von zwei Wochen die Unwirksamkeit eines Spruchs gerichtlich feststellen zu lassen, wenn sie der Auffassung sind, dass dabei gegen die Grenzen des Ermessens verstoßen wurde. Ein solches Verfahren dauert in der Regel mehrere Jahre und ist wenig Erfolg versprechend. Daher ist die Möglichkeit der Kündigung zu bevorzugen, zumindest wenn es sich um dauerhafte Regelungen handeln soll.

Unabhängig von dieser Anfechtungsfrist von zwei Wochen ab Zuleitung des Einigungsstellenspruchs durch den Vorsitzenden kann auch jederzeit die Unwirksamkeit aus anderen Gründen geltend gemacht werden, insbesondere weil das Verfahren nicht ordnungsgemäß abgelaufen ist oder die Einigungsstelle außerhalb ihrer Zuständigkeit entschieden hat.

Hat das Arbeitsgericht den Spruch der Einigungsstelle bei einer Anfechtung oder wegen eines Fehlers im Verfahren aufgehoben, so muss diese wieder zusammentreten, um eine neue Entscheidung zu treffen. Allerdings können die Betriebsparteien bei einer solchen Sachlage auch aus dem Verfahren aussteigen und ggf. eine andere Besetzung der Einigungsstelle vereinbaren. Solange dies nicht freiwillig passiert, ist die Einigungsstelle in ihrer bisherigen Zusammensetzung weiterhin zuständig.

Verfahrensregelungen

Es besteht die Möglichkeit, durch Betriebsvereinbarungen das Verfahren vor der Einigungsstelle genauer auszugestalten. Solche Vereinbarungen sind allerdings selten. Häufiger kommt es vor, dass Tarifverträge Schlichtungsstellen einsetzen, die an Stelle der Einigungsstelle für bestimmte Sachverhalte tätig werden. Insbesondere im Bereich der Metallindustrie ist dies verbreitet. Solche Schlichtungsstellen verdrängen die Zuständigkeit der betrieblichen Einigungsstelle und werden in der Regel schneller tätig als diese.

Initiativrechte

Die Einigungsstelle kann im Rahmen der verschiedenen Zuständigkeiten mal nur vom AG, mal nur vom BR und mal von beiden angerufen werden. Teilweise ist sie für Mitbestimmungsangelegenheiten zuständig, teilweise aber auch zur Regelung des Verhältnisses zwischen AG und BR. Über diese Zuständigkeiten und Initiativrechte gibt die folgende Tabelle Auskunft.

Nur auf Antrag des BR	
§ 85 Abs. 2	Entscheidung über die Berechtigung von Beschwerden der AN
Nur auf Antrag des AG	
§ 37 Abs. 6 und 7, § 65 Abs. 1	Schulung von BR-Mitgliedern und Mitgliedern der JAV

§ 38 Abs. 2	Freistellung von BR-Mitgliedern
§ 95 Abs. 1	Mitbestimmung über Auswahlrichtlinien in Betrieben unter 500 AN
Auf Antrag des AG oder des BR	
§ 39 Abs. 1, § 69	Sprechstunden des BR oder der JAV
§ 47 Abs. 6, § 55 Abs. 4, § 72 Abs. 6	Herabsetzung der Zahl der Mitglieder des GBR, KBR oder der Gesamt- oder Konzern-JAV
§ 87	Mitbestimmung in sozialen Angelegenheiten
§ 91	Ausgleichsmaßnahmen bei Änderung der Arbeitsplätze, des Arbeitsablaufs oder der Arbeitsumgebung
§ 94	Mitbestimmung über Personalfragebogen, persönliche Angaben in Formularverträgen und bei Beurteilungsgrundsätzen
§ 95 Abs. 2	Auswahlrichtlinien in Betrieben mit mehr als 500 AN
§ 97 Abs. 2	Maßnahmen der betrieblichen Berufsbildung
§ 98 Abs. 3 und 4	Mitbestimmung bei der Durchführung betrieblicher Bildungsmaßnahmen und bei der Auswahl von Teilnehmern
§ 109	Auskunft an den Wirtschaftsausschuss
§ 112 Abs. 2-4	Vermittlung eines Interessenausgleichs und Aufstellung eines Sozialplans bei Betriebsänderungen

Rechtsprechung

BAG vom 22.10.1981 – 6 ABR 69/79: Das Arbeitsgericht kann die Zuständigkeit der Einigungsstelle und deren wirksame Bestellung auch überprüfen, wenn diese ihre Arbeit noch nicht abgeschlossen hat.

BAG vom 26.5.1988 – 1 ABR 11/87: Die Anfechtung eines Spruchs der Einigungsstelle wegen Ermessensüberschreitung erfordert sowohl einen Antrag als auch dessen Begründung innerhalb der Zwei-Wochen-Frist.

BAG vom 15.5.2001 – 1 ABR 39/00: Die Einigungsstelle kann nicht die Mitbestimmungsrechte gegen den Willen des BR erweitern.

BAG 6.5.2003 – 1 ABR 11/02: Eine Entscheidung der Einigungsstelle ist auch rechtmäßig, weil im Rahmen des Ermessens, wenn die hierfür maßgeblichen Umstände bei den Beratungen gar nicht bekannt waren.

Beisitzer/Bevollmächtigte

BAG vom 14.1.1983 – 6 ABR 67/79: Der BR entscheidet selbst, wen er zu seinen Beisitzern in der Einigungsstelle bestimmt. Er kann auch nicht dem Betrieb angehörende Personen bestellen, die nur gegen Zahlung eines Honorars tätig werden, wenn er keine anderen Personen findet, die sein Vertrauen genießen.

BAG vom 21.6.1989 – 7 ABR 78/87: Der BR kann seine Interessen vor der Einigungsstelle durch einen Rechtsanwalt als Prozessbevollmächtigten vertreten lassen, wenn der Regelungsgegenstand schwierige Rechtsfragen aufwirft und kein BR-Mitglied über den hierfür notwendigen juristischen Sachverstand verfügt.

BAG vom 21.6.1989 – 7 ABR 92/87: Der BR kann ein BR-Mitglied aus einem anderen Betrieb desselben Unternehmen zum Beisitzer einer Einigungsstelle bestellen und ihm ein Honorar hierfür zusagen, wenn dieser über besondere Erfahrungen und Kenntnisse bezüglich des Regelungsgegenstands verfügt, die im BR sonst nicht vorhanden sind.

BAG vom 27.6.1995 – 1 ABR 3/95: Beisitzer einer Einigungsstelle üben ihr Amt höchstpersönlich aus, sie sind in dieser Funktion keine Vertreter von AG oder BR.

BAG vom 24.4.1996 – 7 ABR 40/95: Die Benennung externer Beisitzer durch den BR steht nicht unter dem Vorbehalt der Erforderlichkeit. Sie ist immer zulässig, wenn der BR keine betriebsangehörigen Beisitzer findet, die sein Vertrauen genießen. Dass dies so ist, bringt er durch seine Beschlussfassung über die Bestellung externer Beisitzer zum Ausdruck.

Verfahren

BAG vom 18.4.1989 – 1 ABR 2/88: Der Spruch der Einigungsstelle muss insgesamt eine Mehrheit der Mitglieder der Einigungsstelle finden. Es ist nicht zulässig, die Einzelbestimmungen einer Regelung mit unterschiedlichen Mehrheiten abzustimmen.

BAG vom 17.10.1989 – 1 ABR 31/87: Die Entscheidung der Einigungsstelle muss den Gegenstand so regeln, dass das Ergebnis als abgeschlossene Ausübung des Mitbestimmungsrechts angesehen werden kann. Dieser Anforderung entspricht ein Spruch über eine Provisionsregelung nicht, die dem AG die Entscheidung über die Provisionssätze überlässt, ohne hierfür Kriterien aufzustellen.

BAG vom 30.1.1990 – 1 ABR 2/89: Die Einigungsstelle muss eine Regelung der zu entscheidenden Angelegenheit treffen und kann sich nicht damit begnügen, einen Antrag lediglich zurückzuweisen.

BAG vom 11.2.1992 – 1 ABR 51/91: Die Einigungsstelle muss bei ihren Verhandlungen den Anspruch auf rechtliches Gehör wahren.

BAG vom 18.1.1994 – 1 ABR 43/93: Die abschließende Beratung der Einigungsstelle und die Beschlussfassung müssen unter Ausschluss der Öffentlichkeit stattfinden, andernfalls ist der Spruch unwirksam.

BAG vom 24.2.2000 – 8 AZR 180/99: Soll in der Einigungsstelle eine Vereinbarung geschlossen werden, muss die Sitzung nicht zwingend vorher unterbrochen werden, damit der BR hierüber beschließen kann. Der BR-Vorsitzende kann auch im Rahmen der vorher gefassten Beschlüsse die Vereinbarung wirksam unterschreiben.

BAG vom 8.6.2004 – 1 ABR 4/03: Die Einigungsstelle darf die Entscheidung, wie eine Gefährdungsbeurteilung und die nach ArbSchG erforderliche Unterweisung der Beschäftigten durchgeführt wird, nicht dem AG überlassen, sondern muss sie selbst regeln. Andernfalls ist ihr Spruch unwirksam. Es ist auch nicht ausreichend, wenn der AG verpflichtet wird, die Ergebnisse seiner Überlegungen erneut dem BR zur Zustimmung vorzulegen.

Befangenheit des Vorsitzenden

BAG vom 9.5.1995 – 1 ABR 56/94: Der Vorsitzende einer Einigungsstelle kann wegen der Besorgnis der Befangenheit abgelehnt werden, solange die Parteien sich nicht in Kenntnis der Ablehnungsgründe auf die Verhandlungen einlassen.

BAG vom 11.9.2001 – 1 ABR 5/01: Über den Antrag, den Vorsitzenden der Einigungsstelle wegen Befangenheit auszuschließen, entscheidet die Einigungsstelle nach den Vorschriften der ZPO zum schiedsrichterlichen Verfahren. Stimmberechtigt sind hierbei nur die Beisitzer der Einigungsstelle, nicht der Vorsitzende. Findet sich dabei keine Mehrheit für den Antrag, ist er abgelehnt.

BAG vom 29.1.2002 – 1 ABR 18/01: Den Antrag, den Vorsitzenden der Einigungsstelle wegen der Besorgnis der Befangenheit auszuschließen, können nur die Betriebsparteien, nicht aber die Beisitzer der Einigungsstelle stellen.

§ 76a Kosten der Einigungsstelle

(1) Die Kosten der Einigungsstelle trägt der Arbeitgeber.

(2) Die Beisitzer der Einigungsstelle, die dem Betrieb angehören, erhalten für ihre Tätigkeit keine Vergütung; § 37 Abs. 2 und 3 gilt entsprechend. Ist die Einigungsstelle zur Beilegung von Meinungsverschiedenheiten zwischen Arbeitgeber und Gesamtbetriebsrat oder Konzernbetriebsrat zu bilden, so gilt Satz 1 für die einem Betrieb des Unternehmens oder eines Konzernunternehmens angehörenden Beisitzer entsprechend.

(3) Der Vorsitzende und die Beisitzer der Einigungsstelle, die nicht zu den in Absatz 2 genannten Personen zählen, haben gegenüber dem Arbeitgeber Anspruch auf Vergütung ihrer Tätigkeit. Die Höhe der Vergütung richtet sich nach den Grundsätzen des Absatzes 4 Satz 3 bis 5.

(4) Das Bundesministerium für Wirtschaft und Arbeit kann durch Rechtsverordnung die Vergütung nach Absatz 3 regeln. In der Vergütungsordnung sind Höchstsätze festzusetzen. Dabei sind insbesondere der erforderliche Zeitaufwand, die Schwierigkeit der Streitigkeit sowie ein Verdienstausfall zu berücksichtigen. Die Vergütung der Beisitzer ist niedriger zu bemessen als die des Vorsitzenden. Bei der Festsetzung der Höchstsätze ist den berechtigten Interessen der Mitglieder der Einigungsstelle und des Arbeitgebers Rechnung zu tragen.

(5) Von Absatz 3 und einer Vergütungsordnung nach Absatz 4 kann durch Tarifvertrag oder in einer Betriebsvereinbarung, wenn ein Tarifvertrag dies zulässt oder eine tarifliche Regelung nicht besteht, abgewichen werden.

> Die Vorschrift regelt die Bezahlung der durch die Tätigkeit der Einigungsstelle entstehenden Kosten.

Themenübersicht

Entstehung der Kosten
Vergütung von Vorsitzenden und Beisitzern
Vergütungsordnung
Rechtsprechung

Entstehung der Kosten

Die Tätigkeit der Einigungsstelle verursacht Kosten: Sachkosten wie Raummiete, Schreibmaterial und Verpflegung, Ausfallkosten für Betriebsangehörige, die als Beisitzer, Auskunftspersonen oder Sachverständige an einer Einigungsstellensitzung teilnehmen und währenddessen nicht arbeiten, sowie Honorare für den Vorsitzenden, externe Beisitzer und Sachverständige. Für all dies muss der AG aufkommen, in Form von direkten Zahlungsverpflichtungen oder in Form der Entgeltfortzahlung während der Freistellung.

Ob Ausgaben für Raummiete oder Personal und Sachverständige verursacht werden, entscheidet die Einigungsstelle selbst bzw. der Vorsitzende im Rahmen der Sitzungsleitung. Soll die Einigungsstelle etwa einen externen Sachverständigen hören, was eine Honorarforderung auslöst, muss im Streitfall in der Einigungsstelle darüber abgestimmt werden. Stellt der AG dagegen keine tauglichen Räume oder keine Verpflegung zur Verfügung, kann der Vorsitzende den Tagungsort auch auf Kosten des AG in ein Hotel verlegen.

Externe Beisitzer haben immer dann einen Honoraranspruch, wenn der BR sie in einem wirksamen Beschluss bestellt hat, auch wenn sie anderweitig ein Gehalt beziehen oder als Gewerkschaftssekretär im Rahmen des Unterstützungsauftrags der Gewerkschaft tätig sind (BAG vom 19.8.1992 – 7 ABR 58/91). Damit ist aber nur die Tätigkeit in der Einigungsstelle und deren Vorbereitung abgedeckt. Soll der Beisitzer darüber hinaus tätig werden, ist das in der Regel Sachverständigentätigkeit, für die eine separate Vereinbarung mit dem AG gemäß § 80 Abs. 3 getroffen werden muss.

Vergütung von Vorsitzenden und Beisitzern

Betriebsangehörige Vorsitzende und Beisitzer erhalten nach Gesetz kein separates Honorar. Damit wird einerseits verhindert, dass Einigungsstellen nur zur Gehaltsaufbesserung eingerichtet werden, andererseits aber auch die Unabhängigkeit der Beisitzer gewährleistet.

Der Vorsitzende hat einen Vergütungsanspruch, dessen Höhe er in der Regel dem AG mitteilt und die dieser auch meist klaglos akzeptiert. Knauserigkeit könnte sich schließlich nachteilig auf die Stimmung in der Verhandlung auswirken. Die Honorarsätze liegen in der Regel bei mindestens 200 € je Arbeitsstunde, wobei die Vor- und Nachbereitung gesondert in Rechnung gestellt werden. Andere Vorsitzende rechnen nur die Sitzungstage ab, bleiben dabei aber auch selten unter 1.500 €. Nach oben sind keine Grenzen gesetzt, bei umfangreichen Verhandlungen um Sozialpläne oder Betriebsrenten können auch schon mal 10.000 € pro Sitzungstag fällig werden.

Das Honorar der externen Beisitzer richtet sich nach dem des Vorsitzenden, es beträgt nach der Rechtsprechung 70 % davon. Anders ist es, wenn darüber eine besondere Vereinbarung getroffen wurde oder der Vorsitzende gar kein oder ein so geringes Honorar in Rechnung stellt, dass damit der Arbeitsaufwand der Beisitzer nicht mehr angemessen vergütet wäre.

Vergütungsordnung

Da es keine staatliche Vergütungsordnung für Vorsitzende und Beisitzer der Einigungsstelle gibt, ist Abs. 4 ohne Bedeutung. Auch Tarifverträge gemäß Abs. 5 zu diesem Thema sind bislang nicht bekannt geworden.

Rechtsprechung

BAG vom 13.11.1991 – 7 ABR 70/90: Die Einigungsstelle kann – wenn dies für ihre Arbeit erforderlich ist – einen Sachverständigen beauftragen. Die hierdurch entstehenden Kosten sind solche der Einigungsstelle, die der AG tragen muss, soweit sie verhältnismäßig sind.

BAG vom 12.2.1992 – 7 ABR 20/91: Eine Vergütung des Beisitzers in Höhe von 70 % der Vergütung des Vorsitzenden der Einigungsstelle ist – wenn besonders zu berücksichtigende individuelle Umstände fehlen – im Rahmen des billigen Ermessens.

BAG vom 19.8.1992 – 7 ABR 58/91: Beisitzer des BR in der Einigungsstelle haben nur dann einen Vergütungsanspruch, wenn sie durch einen wirksamen BR-Beschluss bestellt worden sind.

§ 77 Durchführung gemeinsamer Beschlüsse, Betriebsvereinbarungen

(1) Vereinbarungen zwischen Betriebsrat und Arbeitgeber, auch soweit sie auf einem Spruch der Einigungsstelle beruhen, führt der Arbeitgeber durch, es sei denn, dass im Einzelfall etwas anderes vereinbart ist. Der Betriebsrat darf nicht durch einseitige Handlungen in die Leitung des Betriebs eingreifen.

(2) Betriebsvereinbarungen sind von Betriebsrat und Arbeitgeber gemeinsam zu beschließen und schriftlich niederzulegen. Sie sind von beiden Seiten zu unterzeichnen; dies gilt nicht, soweit Betriebsvereinbarungen auf einem Spruch der Einigungsstelle beruhen. Der Arbeitgeber hat die Betriebsvereinbarungen an geeigneter Stelle im Betrieb auszulegen.

(3) Arbeitsentgelte und sonstige Arbeitsbedingungen, die durch Tarifvertrag geregelt sind oder üblicherweise geregelt werden, können nicht Gegenstand einer Betriebsvereinbarung sein. Dies gilt nicht, wenn ein Tarifvertrag den Abschluss ergänzender Betriebsvereinbarungen ausdrücklich zulässt.

(4) Betriebsvereinbarungen gelten unmittelbar und zwingend. Werden Arbeitnehmern durch die Betriebsvereinbarung Rechte eingeräumt, so ist ein Verzicht auf

sie nur mit Zustimmung des Betriebsrats zulässig. Die Verwirkung dieser Rechte ist ausgeschlossen. Ausschlussfristen für ihre Geltendmachung sind nur insoweit zulässig, als sie in einem Tarifvertrag oder einer Betriebsvereinbarung vereinbart werden; dasselbe gilt für die Abkürzung der Verjährungsfristen.

(5) Betriebsvereinbarungen können, soweit nichts anderes vereinbart ist, mit einer Frist von drei Monaten gekündigt werden.

(6) Nach Ablauf einer Betriebsvereinbarung gelten ihre Regelungen in Angelegenheiten, in denen ein Spruch der Einigungsstelle die Einigung zwischen Arbeitgeber und Betriebsrat ersetzen kann, weiter, bis sie durch eine andere Abmachung ersetzt werden.

> Die Vorschrift regelt Wirkung, Grenzen und Umsetzung von Vereinbarungen zwischen AG und BR, insbesondere von Betriebsvereinbarungen.

Themenübersicht

Wirkung von Betriebsvereinbarung und Regelungsabsprache
Durchführungsanspruch/Leitungsrecht
Reichweite der Betriebsvereinbarung
Zustandekommen der Betriebsvereinbarung
Geltungsdauer
Nachwirkung
Tarifvorrang
Günstigkeitsprinzip
Regelungsabsprachen
Betriebsvereinbarung nach Betriebsübergang
Rechtsprechung

Wirkung von Betriebsvereinbarung und Regelungsabsprache

Das Mitbestimmungsgeschäft besteht zu einem erheblichen Teil daraus, dass BR und AG Vereinbarungen schließen. Damit schaffen sie betriebliches Recht, das genau so bindend ist wie Arbeitsverträge, Tarifverträge und Gesetze. Werden solche Vereinbarungen schriftlich abgefasst und von beiden Seiten unterschrieben, dann handelt es sich um „Betriebsvereinbarungen“. Für diese bestimmt Abs. 4, dass sie unmittelbar und zwingend wirken. Damit ist gemeint, dass AN hieraus unmittelbar Ansprüche herleiten, aber auch zu einem bestimmten Verhalten verpflichtet werden können.

Beispiel

Eine Betriebsvereinbarung zur Arbeitszeit lässt zu, dass AN den Beginn der täglichen Arbeitszeit frei zwischen 7:00 Uhr und 9:00 Uhr bestimmen können. Daraus folgt das Recht, selbst über den Zeitpunkt der Arbeitsaufnahme zu entscheiden, aber auch die Pflicht, spätestens um 9:00 Uhr im Betrieb zu sein. Vor 9:00 Uhr besteht keine Anwesenheitspflicht.

Daneben gibt es auch Vereinbarungen, die die Schriftform nicht einhalten. Hier spricht man von Regelungsabsprachen, Regelungsabreden oder ähnlichem. Diese werden meist im betrieblichen Alltagsgeschäft getroffen, insbesondere wenn die zeitliche Wirkung begrenzt sein soll.

Beispiel

Der AG will am Samstag eine Sonderschicht mit 15 AN fahren. Der BR stimmt dem Einsatz der namentlich bezeichneten Personen zu. Dies wird nach der Beschlussfassung mündlich durch den BR-Vorsitzenden mitgeteilt.

Mit der formlosen Zustimmung des BR ist die mitbestimmungsrechtliche Seite der Angelegenheit erledigt. Entscheidet der AG sich danach doch noch gegen die Durchführung der Schicht, bevor die AN hierzu bestellt wurden, bleibt dies folgenlos. Hätten AG und BR hingegen eine Betriebsvereinbarung darüber geschlossen, wäre der AG jetzt verpflichtet, die Schicht auch durchzuführen bzw. bei einer Absage sich hierfür erneut die Zustimmung des BR zu holen. Andernfalls müsste er den betroffenen AN den entgangenen Lohn bezahlen.

Aus einer Betriebsvereinbarung können auch direkte Leistungsansprüche resultieren.

Beispiel

AG und BR vereinbaren, dass für die Beschäftigten eine Direktversicherung als betriebliche Altersversorgung abgeschlossen wird, die zum 65. Lebensjahr einen Betrag in Höhe von 15.000 € ausschüttet. Die Beiträge soll der AG bezahlen. Schließt der entgegen der Vereinbarung keine Versicherungen ab, können die AN ihn gerichtlich dazu zwingen, dies nachzuholen oder später die zugesagte Betriebsrente selbst zu bezahlen. Dieser Anspruch stützt sich unmittelbar auf die Betriebsvereinbarung.

Durchführungsanspruch/Leitungsrecht

Oberster Grundsatz bei Vereinbarungen – gleich welcher Form – zwischen AG und BR ist, dass der AG diese umsetzen muss. Nur wenn ausdrücklich etwas anderes vereinbart wurde, ist der BR berechtigt, selbst einzugreifen. Aus dieser Rollenverteilung folgt gleichzeitig, dass der BR auch einen Anspruch gegen den AG auf Durchführung der getroffenen Vereinbarung hat.

Beispiel

In einer Vereinbarung zur betrieblichen Berufsbildung ist die Einrichtung eines gemeinsamen Bildungsausschusses vorgesehen. AG und BR sollen hierfür jeweils zwei Mitglieder benennen. Hält der AG sich nicht an diese Vereinbarung, kann der BR ihn gerichtlich hierzu zwingen.

Allerdings endet dieses Recht des BR dort, wo die Betriebsvereinbarung individuelle Ansprüche der einzelnen AN schafft. Diese können, wenn der AG sie nicht erfüllt, nur von den Beschäftigten selbst gerichtlich geltend gemacht werden.

Beispiel

Eine Vereinbarung zum betrieblichen Verbesserungsvorschlagswesen sieht bestimmte Prämien für angenommene Verbesserungsvorschläge vor. Ob Vorschläge angenommen werden, entscheidet eine paritätische Kommission. Auch hier besteht auf Seiten des BR das Recht, dass diese Kommission ihre Arbeit aufnimmt und Entscheidungen trifft. Lehnt diese einen Vorschlag ab und verweigert damit die Prämienzahlung, ist dies ein individueller Anspruch, den der AN selbst verfolgen muss.

Das in Abs. 1 enthaltene an den BR gerichtete Verbot, durch einseitige Handlungen in die Leitung des Betriebs einzugreifen, gilt immer, also nicht nur bei der Umsetzung von Betriebsvereinbarungen. Bedeutung hat diese Regelung vor allem bei mitbestimmungswidrigen Maßnahmen des AG. Wenn dieser etwa eine Sonderschicht anordnet, ohne hierfür die Zustimmung des BR zu haben, dann ist die Durchführung der Schicht unzulässig. Der BR darf jedoch nicht von sich aus die AN daran hindern, die Arbeit aufzunehmen, sondern muss den rechtlich vorgegebenen Weg wählen und beim Arbeitsgericht den AG auf Unterlassung der Durchführung dieser Schicht verklagen. Auch im umgekehrten Fall, also wenn der AG einer Verpflichtung aus einer Betriebsvereinbarung nicht nachkommt, muss der BR diesen Weg beschreiten. Sieht eine Betriebsvereinbarung vor, dass die AN bestimmte ergonomische Bürostühle bekommen sollen und bleibt der AG untätig, kann der BR nicht einfach selbst die Stühle bestellen. Er muss den AG gerichtlich dazu verurteilen lassen, sie zu kaufen.

Die Durchsetzung eines solchen Anspruchs beim Arbeitsgericht kann sich über Monate hinziehen. Das ist dann misslich, wenn ein Verstoß unmittelbar bevorsteht. Für diese Fälle – aber nur für diese – sieht das Gesetz die Möglichkeit vor, eine vorläufige Regelung durch einstweilige Verfügung zu schaffen. Hierbei handelt es sich um ein gerichtliches Schnellverfahren, das aber nur in wenigen Fällen zulässig ist. Voraussetzung ist immer eine Eilbedürftigkeit der Entscheidung, also ein unmittelbar bevorstehender Rechtsverstoß. Hat der BR lange mit der Einleitung eines solchen Verfahrens gewartet, verursacht er selbst die Eilbedürftigkeit und wird schon aus diesem formalen Grund mit einem derartigen Antrag scheitern.

Der Durchführungsanspruch kann ausschließlich vor dem Arbeitsgericht durchgesetzt werden. Nur dieses ist dazu berufen, darüber zu entscheiden, ob der AG zur Vornahme einer bestimmten Handlung verpflichtet ist oder nicht. Allerdings sehen Betriebsvereinbarungen häufig vor, dass bei Unstimmigkeiten zunächst eine Einigungsstelle oder eine andere Schlichtungsinstanz anzurufen ist. Diese kann jedoch über die Berechtigung der Handlungen des AG nicht abschließend entscheiden, sondern verzögert nur die Auseinandersetzung. Insbesondere ist dann bei kurzfristig bevorstehenden Verstößen der Erlass einer einstweiligen Verfügung kaum noch möglich.

Reichweite der Betriebsvereinbarung

Betriebsvereinbarungen gelten, wenn nichts anderes bestimmt ist, immer für alle Beschäftigten bzw. den gesamten Betrieb, für den der BR gewählt wurde. Auch wenn bei der BR-Wahl die Betriebsgrenzen falsch gezogen, also etwa entfernte Nebenbetriebe einbezogen wurden, ist das der Betrieb, auf den sich der Geltungsbereich der Betriebsvereinbarung erstreckt (BAG vom 19.1.1999 – 1 AZR 432/98).

Wenn auf GBR- bzw. KBR-Ebene im Rahmen der Zuständigkeit dieser Gremien Vereinbarungen geschlossen werden, erstrecken sich diese gemäß § 50 Abs. 1 ebenfalls auf die durch die entsprechenden Gremien vertretenen Bereiche, gleich ob dort ein BR besteht oder nicht.

Es ist aber auch ohne weiteres zulässig, den Geltungsbereich von Betriebsvereinbarungen einzuschränken. Allerdings darf dies nicht willkürlich bestimmte Beschäftigte ausnehmen. Hier ist insbesondere § 75 mit seinen Diskriminierungsverboten zu beachten. Vereinbarungen, die mittelbar oder unmittelbar dazu führen, dass eines der dort genannten Kriterien maßgeblich dafür ist, ob ein Anspruch auf Leistung besteht oder nicht, sind rechtswidrig.

Beispiel

Eine Betriebsvereinbarung über betriebliche Altersvorsorgung sieht vor, dass bei vorzeitigem Versterben des männlichen AN dessen hinterbliebene Ehefrau die Leistung in Höhe von 60 % weiter bezieht. Dieser Anspruch besteht nicht für die Hinterbliebenen von weiblichen AN.

Damit ist die Betriebsrente der männlichen AN höherwertiger als die der weiblichen. Das ist eine geschlechtsbezogene Diskriminierung, die nach § 75 absolut unzulässig ist.

Zustandekommen der Betriebsvereinbarung

Betriebsvereinbarungen können auf zweierlei Weise zu Stande kommen. In der Regel sind sie das Ergebnis von Verhandlungen zwischen AG und BR. Sofern es sich um schwierige Materien handelt, sollte der BR die Unterstützung durch Sachverständige vom AG gemäß § 80 Abs. 3 genehmigen lassen. Handelt es sich um einen Sachverhalt, der der erzwingbaren Mitbestimmung unterliegt, kann beim Scheitern der Verhandlungen auch die Einigungsstelle die Betriebsvereinbarungen durch einen Spruch schaffen (hierzu die Erläuterungen zu § 76). Für die Verbindlichkeit und rechtlichen Wirkungen der Vereinbarung hat diese unterschiedliche Herkunft keine Bedeutung.

Die in Verhandlungen ohne Einigungsstelle geschlossene Betriebsvereinbarung muss zu ihrer Wirksamkeit schriftlich abgefasst und am Ende des Textes auf demselben Blatt von beiden Parteien unterschrieben werden. Auf Seiten des BR macht das dessen Vorsitzender, im Verhinderungsfall der Vertreter, auf Seiten des AG eine von diesem bestimmte vertretungsberechtigte Person. Den Spruch der Einigungsstelle unterschreibt deren Vorsitzender. Das Gesetz verlangt weiterhin eine Auslegung der Vereinbarungen an geeigneter Stelle im Betrieb. Das kann auch durch Veröffentlichung im Intranet passieren, wenn alle Beschäftigten hierauf Zugriff haben. Unterbleibt die Veröffentlichung, ist dies zwar ein Verstoß des AG gegen seine Pflichten aus dem BetrVG, macht die Vereinbarung aber nicht unwirksam.

Geltungsdauer

Die Betriebsparteien können in der Betriebsvereinbarung darüber entscheiden, wann sie in Kraft tritt, also Wirkung entfaltet. Treffen sie hierzu keine Festlegung, passiert das mit der Unterzeichnung. Vereinbaren die Betriebsparteien einen späteren Termin, so ist dies unproblematisch. Soll die Betriebsvereinbarung dagegen rückwirkend in Kraft gesetzt werden, also zu einem Zeitpunkt, der vor der Unterzeichnung liegt, so ist dies nur beschränkt möglich. In Ansprüche der Beschäftigten, für die Vertrauensschutz besteht, darf dadurch nicht eingegriffen werden.

Beispiel

BR und AG schließen im März eine Betriebsvereinbarung, mit der sie für die Zeit ab dem 1.1. ein Arbeitszeitkonto installieren. Dadurch werden zuschlagspflichtige, aber noch nicht abgerechnete Mehrarbeitsstunden aus der Vergangenheit in einfaches Arbeitszeitguthaben umgewandelt. Dies greift in bestehende Ansprüche ein und ist deshalb unzulässig.

Wirkt sich die Rückwirkung dagegen nur belastend auf den AG aus, ist das wirksam, da dieser ja selbst Partei der Betriebsvereinbarung ist und über seine Belange selbst entscheiden kann.

Beendet wird die Wirkung der Betriebsvereinbarung durch Ablauf, Kündigung oder Aufhebung bzw. Ablösung durch eine andere Vereinbarung. Unter Umständen entfaltet sie aber aufgrund gesetzlicher oder vereinbarter Nachwirkung darüber hinaus Wirkung (zur Nachwirkung siehe weiter unten).

Jede Betriebsvereinbarung kann gekündigt werden. Das Gesetz sieht hierfür eine Kündigungsfrist von drei Monaten vor. Allerdings können die Betriebsparteien in der Vereinbarung selbst festlegen, dass diese zunächst einmal für eine bestimmte Laufzeit unkündbar sein soll. Damit ist in dieser Phase der Unkündbarkeit nur eine außerordentliche Kündigung möglich, an die aber strenge Anforderungen zu stellen sind. Häufig sind solche Unkündbarkeitsklauseln etwa bei Regelungen über die betriebliche Altersversorgung zu finden. Die Kündigungsfrist selbst kann durch die Betriebsparteien geändert, also verlängert oder verkürzt werden.

Häufig anzutreffen sind auch Vereinbarungen, deren Laufzeit von vornherein befristet ist. Sie enden dann ohne Kündigung zu dem Datum, das AG und BR festgelegt haben. Wie eine Befristung wirkt auch eine Pilotvereinbarung, die zunächst versuchsweise eine bestimmte Regelung einführt. Diese Befristung ist jedoch nur eine scheinbare, wenn gleichzeitig bestimmt wird, dass die Vereinbarung unbefristet weiter laufen soll, falls sie nicht von einer der beiden Betriebsparteien zum Abschluss der Pilotphase gekündigt wird.

Eine teilweise Kündigung einzelner Bestandteile der Betriebsvereinbarung ist nur dann möglich, wenn die Parteien sich hierüber vorher geeinigt haben, andernfalls muss immer die Vereinbarung insgesamt gekündigt werden.

Ohne Kündigung oder Fristablauf endet jede Betriebsvereinbarung, wenn sie durch eine neue Regelung der Betriebsparteien abgelöst oder aufgehoben wird. Bei der

Aufhebung einigen sich BR und AG nur darüber, dass die Betriebsvereinbarung ersatzlos entfallen soll. Die Ablösung dagegen erfolgt durch Abschluss einer neuen Vereinbarung zum selben Thema.

Solange eine Vereinbarung ungekündigt ist oder nicht durch Fristablauf geendet hat, kann keine Seite die andere gegen ihren Willen zum Abschluss einer solchen ablösenden Vereinbarung zwingen, auch nicht wenn es sich dabei nicht um eine Angelegenheit handelt, die der erzwingbare Mitbestimmung unterliegt.

Eine ablösende neue Vereinbarung darf auch zu einer Verschlechterung der Rechte der Beschäftigten in der Zukunft führen. Hier gilt also kein allgemeines Günstigkeitsprinzip, das in der Zukunft nur Verbesserungen zulassen würde. Einen Sonderfall stellen hier Regelungen zur betrieblichen Altersversorgung dar, weil die Ansprüche hierauf zwar immer erst in der Zukunft entstehen, aber in der Vergangenheit erworben werden. Deshalb lässt die Rechtsprechung eine Ablösung nur unter erschwerten Bedingungen zu. Das BAG hat insofern eine Grenze gezogen, als ein Eingriff in bereits erdiente Ansprüche nur bei erheblichen wirtschaftlichen Schwierigkeiten des Unternehmens zulässig ist (BAG vom 22.5.1990 – 3 AZR 128/89).

Nachwirkung

Ist die Betriebsvereinbarung ersatzlos beendet worden, also durch Kündigung, Aufhebung oder Fristablauf, dann wirkt sie dennoch weiter, sofern die Angelegenheit, die geregelt wurde, der erzwingbaren Mitbestimmung unterliegt. Die Nachwirkung unterscheidet sich von der ursprünglichen Wirkung dadurch, dass jetzt auch andere Vereinbarungen mit den Beschäftigten getroffen werden können. Sie bindet den AG also nur solange, wie er keine anderen Vereinbarungen trifft. Allerdings muss der BR sich solche Vereinbarungen nicht tatenlos anschauen. Da es sich hierbei um Angelegenheiten der erzwingbaren Mitbestimmung handelt, darf der AG nicht an ihm vorbei agieren.

Ob eine Vereinbarung nachwirkt, können AG und BR selbst entscheiden. Es ist sowohl zulässig, bei Vereinbarungen über Angelegenheiten der erzwingbaren Mitbestimmung die Nachwirkung auszuschließen, als auch sie umgekehrt bei freiwilligen Vereinbarungen ausdrücklich anzuordnen. Sie hat dann dieselbe Wirkung wie bei der erzwingbaren Mitbestimmung: Die Nachwirkung kann nur durch eine ablösende Vereinbarung beendet werden, besteht hierüber Streit, ist die Einigungsstelle zuständig (BAG vom 28.4.1998 – 1 ABR 43/97).

Da die meisten Betriebsvereinbarungen Sachverhalte vermischen, die teils der erzwingbaren Mitbestimmung unterliegen, teils aber auch nicht, ist es empfehlenswert, immer eine Klausel zur Nachwirkung aufzunehmen, damit später kein Streit darüber besteht, wie die einzelnen Teile zu behandeln sind. Diese Klausel sollte die Nachwirkung für alle Bestandteile der Vereinbarung einheitlich regeln.

Tarifvorrang

Für Betriebsvereinbarungen gilt eine absolute Regelungssperre: der Tarifvorrang. Er besagt, dass alles das, was tarifvertraglich geregelt ist oder auch nur üblicherweise geregelt wird, nicht Gegenstand einer Betriebsvereinbarung sein kann – nicht besser und nicht schlechter. Häufig anzutreffen ist die Annahme, eine Verbesserung sei immer zulässig. Dies entspricht jedoch nicht dem geltenden Recht. Auch Vereinbarungen, die die Beschäftigten besser stellen würden als der Tarifvertrag es vorsieht, können einer gerichtlichen Prüfung nicht standhalten, Ansprüche daraus wären also nicht durchsetzbar. Das ist insbesondere dann zu beachten, wenn der BR in einer Betriebsvereinbarung dem AG bei der Ausübung seiner Mitbestimmungsrechte als Gegenleistung für solche Zusagen entgegen kommt. Diese Zusagen sind rechtlich wertlos.

Beispiel

Der Tarifvertrag sieht vor, dass ein Anspruch auf Mehrarbeitszuschläge erst ab der 40. Wochenstunde entsteht. AG und BR einigen sich darauf, Zuschläge schon ab der 39. Stunde zu bezahlen, im Gegenzug genehmigt der BR pauschal 20 Mehrarbeitsstunden monatlich pro Beschäftigtem.

Die Vergütungsregel verstößt gegen den Tarifvorrang und ist deshalb unwirksam. Der andere Teil der Vereinbarung dagegen ist zulässig, der BR disponiert lediglich über seine eigenen Mitbestimmungsrechte. Ob aber ein Gericht am Ende die Unwirksamkeit des Vergütungsteils auch auf den der Zustimmung zu ihrer Mehrarbeit erstrecken würde, lässt sich im Vorhinein schlecht absehen. AG drängen deshalb in Verhandlungen immer auf die Aufnahme von so genannten salvatorischen Klauseln, damit die Unwirksamkeit einzelner Vereinbarungsbestandteile nicht zur Unwirksamkeit der Vereinbarung insgesamt führt. Im genannten Beispiel hätte das für den BR fatale Auswirkungen: Seine Zustimmung bleibt bestehen und kann nur durch Kündigung der Betriebsvereinbarung beseitigt werden, auf das zusätzliche Geld dagegen hat niemand Anspruch. Von salvatorischen Klauseln ist daher unbedingt abzuraten. Besser ist es, das Gegenteil zu vereinbaren: Der Wegfall des einen Teils wegen Rechtsverstoßes muss auch zum Wegfall des anderen Teils führen.

Nur dann, wenn der Tarifvertrag ausdrücklich selbst den Betriebsparteien Spielräume offen lässt – durch so genannte Öffnungsklauseln – dürfen sie zu tariflich geregelten Themen eigenständige abweichende Vereinbarungen treffen.

Beispiel

Der Tarifvertrag legt die Arbeitszeit auf 37,5 Stunden pro Woche fest, räumt aber gleichzeitig den Betriebsparteien die Befugnis ein, sie bei wirtschaftlichen Notlagen ohne Vergütungsausgleich auf bis zu 40 Stunden anzuheben oder bei entsprechender Entgeltreduzierung auf bis zu 33 Stunden zu kürzen. Dabei handelt es sich um eine Öffnungsklausel, die durch eine Betriebsvereinbarung ausgefüllt werden kann.

Der Tarifvorrang besteht sowohl für Tarifverträge, an die ein Betrieb gebunden ist, als auch für solche, die nur die Branche, nicht aber den eigenen AG binden. Tarifbindung wird nach dem Tarifvertragsgesetz dadurch hergestellt, dass der AG entweder im AG-Verband ist, ein Tarifvertrag für allgemeinverbindlich erklärt oder als Haustarifvertrag zwischen dem AG und der Gewerkschaft geschlossen wurde. Besteht zwar für die Branche ein Tarifvertrag, ist aber der AG nicht an ihn gebunden, weil er nicht Mitglied im Verband ist, dann gilt die Regelungssperre trotzdem. In diesem Fall handelt es sich um einen üblicherweise geltenden Tarifvertrag, von dem gleichfalls nicht abgewichen werden darf. Dasselbe gilt, wenn ein Tarifvertrag gekündigt wurde und ausgelaufen ist, aber mit dem Abschluss eines neuen zu rechnen ist. Auch dann besteht üblicherweise Tarifbindung.

Beispiel

Der AG eines Metall verarbeitenden Unternehmens ist nicht im AG-Verband. Da jedoch flächendeckend Tarifverträge für die Metallindustrie existieren, wirken die tariflichen Regelungen als Regelungssperre im Sinne des § 77 Abs. 3 trotzdem. Anders die Situation bei Online-Händlern: Hier gibt es keinen Tarifvertrag. Zwar ist der Einzelhandel im Übrigen an Tarifverträge gebunden, die aber für solche Shops nicht gelten. Diese Branche hat daher üblicherweise keinen Tarifvertrag.

Anders sieht es allerdings aus, wenn eine Angelegenheit der erzwingbaren Mitbestimmung etwa nach § 87 oder § 97 Abs. 2 unterliegt. Dann sperrt nur ein Tarifvertrag betriebliche Vereinbarungen, an den Betrieb auch tatsächlich gebunden ist, nicht aber lediglich üblicherweise für die Branche geltende Tarifverträge (BAG vom 24.2.1987 – 1 ABR 18/85).

Günstigkeitsprinzip

Betriebsvereinbarungen können nicht in individuelle Rechte der AN eingreifen. Es gilt das Günstigkeitsprinzip, wobei es egal ist, woher dieses individuelle Recht rührt. Das kann eine ausdrückliche Regelung im Arbeitsvertrag, eine betriebliche Übung oder auch eine ältere Gesamtzusage sein.

Beispiel

In einem nicht tarifgebundenen Unternehmen ist es seit Jahren üblich, in jedem Halbjahr einen so genannten Arbeitszeitverkürzungstag (AZV-Tag) zu gewähren, also eigentlich einen zusätzlichen Urlaubstag. AG und BR schließen eine Vereinbarung, wonach diese AZV-Tage in Zukunft nur noch für die betriebliche Berufsbildung verwendet werden sollen. Eine solche Regelung bindet die Beschäftigten nicht, da ihr Anspruch auf die zwei freien Tage individualrechtlich ohne eine solche Beschränkung abgesichert ist.

Allerdings muss bei Rechten aus Gesamtzusagen und vertraglichen Einheitsregeln genau geprüft werden, ob diese offen für eine Abänderung durch Betriebsvereinbarung sind. Häufig ist eine solche Öffnungsklausel in den allgemeinen Vertragsbedingungen enthalten. Gegebenenfalls muss der BR sich sachverständig beraten lassen, um seine Handlungsspielräume zu ermitteln.

Das Günstigkeitsprinzip ist im Fall der betrieblichen Altersversorgung für eine besondere Situation durch die Rechtssprechung eingeschränkt worden:

Gibt es ältere Regelungen, die zu einer Überversorgung führen und gleichzeitig den AG daran hindern, neu eintretende Beschäftigte gleichfalls in die Alterversorgung aufzunehmen, kann es zulässig sein, in einem kollektiven Günstigkeitsvergleich Abstriche bei den einen zu machen, wenn diese sich zu Gunsten der anderen auswirken.

Ein individueller Verzicht auf Rechte aus der Betriebsvereinbarung ist nur dann möglich, wenn der BR dem zugestimmt hat. Diese Zustimmung kann auch vorab und pauschal erfolgen. Häufig wird etwa in Betriebsvereinbarungen zur Arbeitszeiterfassung den außertariflichen Angestellten vorab genehmigt, ohne Zeiterfassung zu arbeiten. Auch wenn ihnen dies als Gewinn erscheint, so ist es doch ein Verzicht auf Rechte aus der Betriebsvereinbarung und nur mit Zustimmung des BR möglich ist.

Regelungsabsprachen

Regelungsabsprachen, also die formlosen Vereinbarungen zwischen BR und AG, haben fast in allem dieselbe Wirkung wie Betriebsvereinbarungen. Sie wirken nach, wenn sie eine Angelegenheit regeln, die der erzwingbaren Mitbestimmung unterliegt. Sie können gekündigt oder befristet werden. Der BR hat einen Anspruch gegen den AG, die Regelungsabsprache auch durchzuführen. Allerdings kann eine

Betriebsvereinbarung nicht durch eine Regelungsabsprache abgelöst werden. Nur in einem wesentlichen Punkt unterscheidet sich die Regelungsabrede von der Betriebsvereinbarung: Sie wirkt nicht unmittelbar und zwingend auf die Arbeitsverhältnisse ein. Sollen also Ansprüche für die Beschäftigten geschaffen werden – z.B. auf Zahlung einer Leistungsprämie – dann können die AN ihren Anspruch nicht unmittelbar hierauf stützen, sondern der AG ist nur gegenüber dem BR verpflichtet, solche Leistungsprämien tatsächlich anzubieten.

Das ist allerdings eher eine theoretische Konstruktion, tatsächlich verzichtet niemand darauf, in solchen Fällen das Vereinbarte auch schriftlich zu fixieren. Wird das Ganze dann noch von AG und BR unterschrieben, ist es eine Betriebsvereinbarung, auch wenn Regelungsabsprache darüber steht. Solche falschen Bezeichnungen kommen vor, insbesondere wenn innerhalb von Konzernen die interne Weisung besteht, Betriebsvereinbarungen von der Holding genehmigen zu lassen. Diese Pflicht wird damit umgangen.

Betriebsvereinbarung nach Betriebsübergang

Nach einem Betriebsübergang, also der Abgabe eines Teils oder auch des ganzen Betriebs an einen anderen AG, gelten Betriebsvereinbarungen weiter – entweder als individuelles Recht oder in der ursprünglichen Form als kollektives Recht. Das hängt davon ab, ob nach dem Betriebsübergang noch ein BR existiert. Wenn nicht, bestimmt § 613a Abs. 1 Satz 2 BGB, dass die Rechte aus der Betriebsvereinbarung in arbeitsvertragliche Rechte umgewandelt werden und ein Jahr lang gegen Veränderungen besonders geschützt sind. Existiert dagegen ein BR – was aufgrund des Übergangsmandats gemäß § 21a die Regel ist, dann bleiben die Betriebsvereinbarungen als solche erhalten, auch wenn nur ein Betriebsteil übergeht. Dasselbe gilt für Gesamt- oder Konzernbetriebsvereinbarungen: Auch die gelten in den abgespaltenen Teilen als Betriebsvereinbarung weiter (BAG vom 18.9.2002 – 1 ABR 54/01).

Rechtsprechung

Allgemeines

BAG vom 11.5.1999 – 3 AZR 21/98: Die Kündigung einer Betriebsvereinbarung bedarf keines Grundes und unterliegt keiner inhaltlichen Kontrolle.

BAG vom 5.3.1997 – 4 AZR 532/95: Eine Umdeutung einer unwirksamen Betriebsvereinbarung in eine vertragliche Einheitsregelung ist nur möglich, wenn sich der AG unabhängig von den Regelungen der Betriebsvereinbarung auf jeden Fall verpflichten wollte, die vorgesehenen Leistungen zu erbringen.

Auslegung von Betriebsvereinbarungen

BAG vom 11.6.1975 – 5 AZR 217/74: Ist unklar, was mit einer Regelung in einer Betriebsvereinbarung gemeint ist, ist nur das maßgeblich, was sich als Wille der Beteiligten im Wortlaut niedergeschlagen hat.

BAG vom 16.4.2002 – 1 AZR 368/01: Im Zweifel ist den in einer Betriebsvereinbarung verwendeten Begriffen der Inhalt zu unterstellen, den sie in der Rechtssprache allgemein haben.

Betriebsübergang

BAG vom 27.7.1994 – 7 ABR 37/93: Nach einem Betriebsübergang wirken Betriebsvereinbarungen normativ weiter, wenn der Betrieb beim Übergang seine Identität behält.

BAG vom 14.8.2001 – 1 AZR 619/00: Sind die Inhalte einer Betriebsvereinbarung durch einen Betriebsübergang in den Einzelarbeitsvertrag transferiert worden, sind sie dort vor Veränderungen nur so weit geschützt wie in ihrer ursprünglichen Form als kollektives Recht. Sie können daher durch eine nachfolgende Betriebsvereinbarung verschlechtert werden.

BAG vom 18.9.2002 – 1 ABR 54/01: Gesamtbetriebsvereinbarungen werden zu Betriebsvereinbarungen, wenn einzelne Betriebe eines Unternehmens auf einen neuen Inhaber übergehen und dort keine anderen Regelungen zum selben Themenkreis bestehen, die gemäß § 613a BGB vorrangig sind. Werden nur Teile von Betrieben abgegeben und verselbständigt, erhalten auch bislang im Betrieb bestehende Betriebsvereinbarungen diesen Statuts im abgespaltenen Teil. Ein Transfer in das Einzelarbeitsverhältnis findet nicht statt.

Durchführungsanspruch

BAG vom 18.1.2005 – 3 ABR 21/04: Der AG ist zur Durchführung der Betriebsvereinbarung verpflichtet. Maßnahmen, die hiergegen verstoßen, kann der BR arbeitsgerichtlich untersagen lassen. Der BR kann jedoch auf diesem Weg keine individuellen Rechte der AN aus der Betriebsvereinbarung durchsetzen.

Günstigkeitsprinzip

BAG vom 16.9.1986 – GS 1/82: Einzelvertraglich begründete Rechte der AN können nur dann durch eine Betriebsvereinbarung verschlechtert werden, wenn es sich um vertragliche Einheitsregelungen handelt und nach einer Veränderung die Regelungen für die Beschäftigten insgesamt günstiger sind.

BAG vom 21.9.1989 – 1 AZR 454/88: Eine Betriebsvereinbarung kann den Inhalt des einzelnen Arbeitsvertrags nicht ändern, soweit nicht vertragliche Einheitsregelungen betroffen sind. Auch wenn die Rechte aus der Betriebsvereinbarung günstiger sind, verdrängen sie den Arbeitsvertrag lediglich für die Dauer der Geltung der Betriebsvereinbarung. Wird diese beendet, leben die vertraglichen Rechte wieder auf.

BAG vom 3.6.1997 – 3 AZR 25/96: Will der BR dem Verzicht eines AN auf seine Rechte aus einer Betriebsvereinbarung zustimmen, muss er dies unmissverständlich zum Ausdruck bringen. Bloße Passivität oder die Erklärung, sich aus der Angelegenheit herauszuhalten, sind keine Zustimmung.

Nachwirkung

BAG vom 23.6.1992 – 1 ABR 9/92: Eine Betriebsvereinbarung, die Regelungen sowohl im Bereich der freiwilligen als auch der erzwingbaren Mitbestimmung trifft, wirkt nur hinsichtlich der mitbestimmungspflichtigen Angelegenheiten nach, wenn dadurch noch eine handhabbare Regelung enthalten bleibt.

BAG vom 28.4.1998 – 1 ABR 43/97: Die Betriebsparteien können die Nachwirkung auch für freiwillige Betriebsvereinbarungen vereinbaren. Ist nichts anderes geregelt, wirken solche Vereinbarungen nach, bis sie durch eine andere Betriebsvereinbarung abgelöst werden oder eine Einigungsstelle die Nachwirkung beendet.

BAG vom 21.8.1990 – 1 ABR 73/89: Eine Betriebsvereinbarung über eine freiwillige Leistung wirkt nach Ablauf der Kündigungsfrist nicht nach, die AN haben dann keinen Anspruch mehr auf die Leistung.

Tarifvorrang

BAG vom 27.1.1987 – 1 ABR 66/85: Die einzelvertragliche Verweisung auf einen Tarifvertrag mit einem anderen Geltungsbereich begründet ebenso wenig eine Tarifüblichkeit wie der Abschluss von Haustarifverträgen in anderen Unternehmen derselben Branche.

BAG vom 24.2.1987 – 1 ABR 18/85: Ein nur nachwirkender Tarifvertrag begründet keine Tarifüblichkeit im Sinne des § 77 Abs. 3.

BAG vom 24.1.1996 – 1 AZR 597/95: Eine Betriebsvereinbarung ist wegen Verstoßes gegen § 77 Abs. 3 nichtig, wenn sie ausschließlich die Erhöhung der bisherigen Vergütung und der Weihnachtsgratifikation regelt, wenn entsprechende tarifliche Regelungen bestehen oder üblich sind.

BAG vom 9.12.1997 – 1 AZR 319/97: Ein Tarifvertrag kann nur innerhalb seines räumlichen Geltungsbereichs eine Sperrwirkung nach § 77 Abs. 3 entfalten.

Verweisungen

BAG vom 3.6.1997 – 3 AZR 25/96: In einer Betriebsvereinbarung kann auf eine allgemein bekannt gemachte Gesamtzusage verwiesen werden.

BAG vom 23.6.1992 – 1 ABR 9/92: In einer Betriebsvereinbarung darf nicht Blanko auf eine andere Vereinbarung mit anderen Vertragsparteien in ihrer jeweils geltenden Form verwiesen werden. Eine solche Verweisung ist so auszulegen, dass nur auf die Vereinbarung mit dem beim Abschluss der Betriebsvereinbarung maßgeblichen Inhalt verwiesen wird.

BAG vom 22.8.2006 – 3 AZR 319/0: Eine Betriebsvereinbarung kann nicht blanko auf jeweils gültige Betriebsvereinbarungen eines anderen Unternehmens oder Betriebs verweisen. Das gilt auch dann, wenn es sich um Unternehmen desselben Konzerns handelt.

§ 78 Schutzbestimmungen

Die Mitglieder des Betriebsrats, des Gesamtbetriebsrats, des Konzernbetriebsrats, der Jugend- und Auszubildendenvertretung, der Gesamt-Jugend- und Auszubildendenvertretung, der Konzern-Jugend- und Auszubildendenvertretung, des Wirtschaftsausschusses, der Bordvertretung, des Seebetriebsrats, der in § 3 Abs. 1 genannten Vertretungen der Arbeitnehmer, der Einigungsstelle, einer tariflichen Schlichtungsstelle (§ 76 Abs. 8) und einer betrieblichen Beschwerdestelle (§ 86) sowie Auskunftspersonen (§ 80 Abs. 2 Satz 3) dürfen in der Ausübung ihrer Tätigkeit nicht gestört oder behindert werden. Sie dürfen wegen ihrer Tätigkeit nicht benachteiligt oder begünstigt werden; dies gilt auch für ihre berufliche Entwicklung.

> Die Vorschrift enthält ein an alle gerichtetes Verbot, Mitglieder der genannten Gremien wegen ihrer Tätigkeit zu bevorteilen oder zu benachteiligen.

Themenübersicht

Schutz der Gremienmitglieder
Benachteiligung
Begünstigung
Durchsetzung des Schutzes
Rechtsprechung

Schutz der Gremienmitglieder

Gremien wie der BR, die JAV usw. bekommen durch das BetrVG umfangreiche Aufgaben und zugleich Rechte zugewiesen, um diese auch erfüllen zu können. Als Organe sind sie damit gegenüber ihrem „Kontrahenten", also vor allem dem AG, stark. Diese Stärke fiele in sich zusammen, wenn die einzelnen Mitglieder diese Rechte aus Sorge um ihr eigenes Wohlergehen nicht nutzen könnten – oder wollten, weil sie persönliche Nachteiel befürchten müssten. Hiervor soll § 78 BetrVG in beide Richtungen schützen: Durch das Verbot der individuellen Behinderung auf der einen und dem Verbot der Gewährung von Vorteilen für Wohlverhalten auf der anderen Seite.

Benachteiligung

Benachteiligungen können sich auf vielfältige Weise zeigen: durch Vorenthaltung von Vergütung, durch Verschlechterung von Arbeitsbedingungen oder auch, indem übliche Karrierewege versperrt werden. Als Behinderung ist ebenfalls anzusehen, wenn die Gremienmitglieder keine Entlastung in ihrer Alltagsarbeit erfahren und deshalb vor jeder Sitzung überlegen müssen, ob sie sich die spätere Überlastung oder den Ärger mit den Kollegen antun wollen, die die Arbeit mit erledigen müssen.

Die in der Praxis wohl wichtigste Benachteiligung ist die Beschränkung der beruflichen Entwicklung während und nach der Mitgliedschaft in den Gremien, speziell dem BR. Je geringer die Bindungskraft der Tarifverträge wird, desto weniger objektiv nachvollziehbare Kriterien hierfür gibt es, weil sich die berufliche Entwicklung nicht mehr entlang tariflich geregelter Karrierewege entwickelt. BR-Mitglieder sind daher gut beraten, hierzu vor jeder Amtszeit klare Regelungen mit dem AG zu treffen und im Rahmen der erzwingbaren Mitbestimmung bei der betrieblichen Berufsbildung gemäß §§ 96-98 BetrVG darauf zu achten, dass ihr eigenes Qualifizierungsniveau erhalten bleibt.

Begünstigung

Genauso unzulässig wie die Benachteiligung ist die Begünstigung, die ebenfalls in unterschiedlichsten Formen auftritt: Von der offenen Geldzuwendung, z.B. im Gewand nicht angemessener Reisespesen, über große, nicht für die BR-Arbeit benötigte Dienstwagen, großzügige Mehrarbeitspauschalen oder auch Beförderungen aus Anlass der Wahl zum BR reicht das bekannte Spektrum. Daneben gibt es noch viel Unbekanntes. Allerdings finden sich hier naturgemäß keine Kläger, die gegen eine solche Form des Eingriffs in die BR-Arbeit gerichtlich zu Felde ziehen. Hier muss sich das Gremium selbst schützen.

Durchsetzung des Schutzes

Benachteiligung wie auch Begünstigung müssen in erkennbarem Zusammenhang mit der Gremientätigkeit stehen. Das ist häufig eine Wertungsfrage, für deren Beantwortung am Ende nur das Arbeitsgericht zuständig ist. Dieses wird auf Antrag des BR tätig, um solche Rechtsverstöße – die theoretisch auch von anderen als nur vom AG begangen werden können – zu unterbinden. In vielen Fällen handelt es sich allerdings um Individualansprüche, wie die Höhe der Bezahlung oder die berufliche Entwicklung. Die müssen individuell durch das benachteiligte Mitglied eingeklagt werden. Zusätzlich existiert noch der Schutz durch die Strafvorschrift in § 119 BetrVG: Die Behinderung einzelner Gremienmitglieder kann sogar den Staatsanwalt in Bewegung setzen.

Rechtsprechung

BAG vom 15.1.1992 – 7 AZR 194/91: Eine „betriebsübliche berufliche Entwicklung" entsteht aus einem gleichförmigen Verhalten des AG und einer bestimmten Regel. Beförderungen müssen so typisch sein, dass aufgrund der betrieblichen Gegebenheiten und Gesetzmäßigkeiten in der überwiegenden Zahl der vergleichbaren Fälle damit gerechnet werden kann. Der AG ist gemäß § 78 Satz 2 auch verpflichtet, dafür zu sorgen, dass das BR-Mitglied dieselbe berufliche Entwicklung nimmt, die ohne das Mandat möglich gewesen wäre.

§ 78a Schutz Auszubildender in besonderen Fällen

(1) Beabsichtigt der Arbeitgeber, einen Auszubildenden, der Mitglied der Jugend- und Auszubildendenvertretung, des Betriebsrats, der Bordvertretung oder des Seebetriebsrats ist, nach Beendigung des Berufsausbildungsverhältnisses nicht in ein Arbeitsverhältnis auf unbestimmte Zeit zu übernehmen, so hat er dies drei Monate vor Beendigung des Berufsausbildungsverhältnisses dem Auszubildenden schriftlich mitzuteilen.

(2) Verlangt ein in Absatz 1 genannter Auszubildender innerhalb der letzten drei Monate vor Beendigung des Berufsausbildungsverhältnisses schriftlich vom Arbeitgeber die Weiterbeschäftigung, so gilt zwischen Auszubildendem und Arbeitgeber im Anschluss an das Berufsausbildungsverhältnis ein Arbeitsverhältnis auf unbestimmte Zeit als begründet. Auf dieses Arbeitsverhältnis ist insbesondere § 37 Abs. 4 und 5 entsprechend anzuwenden.

(3) Die Absätze 1 und 2 gelten auch, wenn das Berufsausbildungsverhältnis vor Ablauf eines Jahres nach Beendigung der Amtszeit der Jugend- und Auszubildendenvertretung, des Betriebsrats, der Bordvertretung oder des Seebetriebsrats endet.

(4) Der Arbeitgeber kann spätestens bis zum Ablauf von zwei Wochen nach Beendigung des Berufsausbildungsverhältnisses beim Arbeitsgericht beantragen,

1. **festzustellen, dass ein Arbeitsverhältnis nach Absatz 2 oder 3 nicht begründet wird, oder**
2. **das bereits nach Absatz 2 oder 3 begründete Arbeitsverhältnis aufzulösen,**

wenn Tatsachen vorliegen, auf Grund derer dem Arbeitgeber unter Berücksichtigung aller Umstände die Weiterbeschäftigung nicht zugemutet werden kann. In dem Verfahren vor dem Arbeitsgericht sind der Betriebsrat, die Bordvertretung, der Seebetriebsrat, bei Mitgliedern der Jugend- und Auszubildendenvertretung auch diese Beteiligte.

(5) Die Absätze 2 bis 4 finden unabhängig davon Anwendung, ob der Arbeitgeber seiner Mitteilungspflicht nach Absatz 1 nachgekommen ist.

Die Vorschrift gibt Mitgliedern der JAV die eingeschränkte Möglichkeit, nach dem Ende der Ausbildung in ein unbefristetes Arbeitsverhältnis übernommen zu werden.

Themenübersicht

Betroffener Personenkreis
Verfahren
Rechtsprechung

Betroffener Personenkreis

Mit dem Ende der Berufsausbildung endet automatisch – besondere tarifliche Regelungen zum Anspruch auf befristete Weiterbeschäftigung ausgenommen – die Vertragsbeziehung zwischen AG und Auszubildendem. Allerdings enthält die Vorschrift des § 78a ein eingeschränktes Recht auf Übernahme derjenigen, die sich im BR oder in der JAV engagieren. Sie gilt nicht für anderweitig befristete oder sowieso fortbestehende Arbeitsverträge mit AN, die eine langwierige Qualifizierung durchlaufen. In der Regel handelt es sich also um JAV-Vertreter in anerkannten Ausbildungsberufen, die von dieser Vorschrift profitieren können. Sie sollen in die Lage versetzt werden, aktiv Interessen zu vertreten, ohne befürchten zu müssen, deshalb nach dem Ende der Ausbildung schlechtere Chancen auf eine Übernahme zu haben als andere.

Das Recht auf Weiterbeschäftigung haben alle BR- bzw. JAV-Mitglieder, selbst wenn sie in dem jeweiligen Gremium nur kurzzeitig, etwa als Ersatzmitglieder, zum Einsatz gekommen sind. Die Weiterbeschäftigung kann nach Abs. 3 auch noch verlangt werden, wenn das Ausbildungsverhältnis innerhalb eines Jahres nach dem Ausscheiden aus dem Amt endet.

Verfahren

Der Weiterbeschäftigungsanspruch unterliegt einem formalisierten Verfahren. Zunächst muss der AG dem Auszubildenden mit einer Frist von drei Monaten vor dem vertraglich vereinbarten (evtl. vorzeitigen) Ausbildungsende schriftlich mitteilen, dass er ihn nicht in ein Arbeitsverhältnis übernehmen will bzw. kann. Jetzt muss der Auszubildende reagieren, wenn er seine Übernahme erzwingen will und dies bis zur Bekanntgabe des Prüfungsergebnisses schriftlich verlangen. Fordert er dies früher, ist das ebenso unwirksam wie ein nur mündlich vorgetragener Wunsch nach Weiterbeschäftigung (BAG vom 15.1.1980 – 6 AZR 621/78). Das Verlangen muss in diesem Fall innerhalb der Dreimonatsfrist wiederholt werden. Reagiert der AG auf dieses schriftliche Verlangen nicht, ist ein unbefristeter Arbeitsvertrag ab dem Ende der Ausbildung geschlossen.

Allerdings kann der AG sich gegen die Weiterbeschäftigung durch den Gang zum Gericht wehren. Das muss bis spätestens zwei Wochen nach Bekanntgabe des Prüfungsergebnisses passiert sein. Der AG wird sich bei Gericht darauf berufen, dass ihm die Weiterbeschäftigung nicht zumutbar sei. Bis zum Abschluss des Verfahrens muss er den betreffenden AN in jedem Fall beschäftigen (BAG vom 15.1.1980 – 6 AZR 621/78).

Unzumutbare Weiterbeschäftigung

Die Weiterbeschäftigung ist dem AG insbesondere dann unzumutbar, wenn kein freier Arbeitsplatz existiert. Dabei ist der AG in seinen unternehmerischen Dispositionen frei, d.h. er muss weder Arbeitsplätze frei kündigen, noch durch Umorganisation, Überstundenabbau usw. welche schaffen. Lediglich dann, wenn er selbst durch eine nicht erforderliche Besetzung einer freien Stelle kurz vor dem Ausbildungsende dafür gesorgt hat, dass kein Arbeitsplatz frei ist, kann er sich nicht auf Unzumutbarkeit berufen (BAG vom 12.11.1997 – 7 ABR 63/96).

Da der AG immer seinen Betrieb kurzfristig so organisieren kann, dass ihm die Weiterbeschäftigung unzumutbar ist, ist es sinnvoll, zum einen als BR auf Informationen zur Personalplanung zu bestehen, mit denen sich dann die Unzumutbarkeit widerlegen lässt und zum anderen als Auszubildender von Vornherein die Bereitschaft zu erklären, auch anders als nur im Ausbildungsberuf oder beispielsweise befristet tätig zu werden.

Rechtsprechung

BAG vom 21.8.1979 – 6 AZR 789/77: Auch bei vorzeitigem Ausscheiden aus der Jugendvertretung behält das Mitglied die Schutzrechte aus § 78a BetrVG.

BAG vom 15.1.1980 – 6 AZR 621/78: Wird das Weiterbildungsverlangen mehr als drei Monate vor dem Ende des Ausbildungsverhältnisses erklärt, ist es unwirksam.

BAG vom 15.1.1980 – 6 AZR 361/79: Der AG muss nicht durch Umorganisation einen Arbeitsplatz schaffen, um eine Weiterbeschäftigung gemäß § 78a zu ermöglichen.

BAG vom 13.3.1986 – 6 AZR 381/85: Auch ein Ersatzmitglied hat den Übernahmeanspruch gemäß § 78a, wenn es innerhalb eines Jahres vor dem Ende des Ausbildungsverhältnisses zumindest vertretungsweise in die Jugend- und Auszubildendenvertretung nachgerückt ist.

BAG vom 24.7.1991 – 7 ABR 68/90: Die Übernahme gemäß § 78a erfolgt immer in ein Dauerarbeitsverhältnis. Steht kein auf Dauer angelegter Arbeitsplatz zur Verfügung, ist dem AG die Übernahme unzumutbar.

BAG vom 6.11.1996 – 7 ABR 54/95: Hat der Auszubildende im Übernahmeverlangen seine Bereitschaft erklärt, auch zu anderen Bedingungen zu arbeiten, muss der AG prüfen, ob dies möglich ist. Macht er das nicht, ist ihm die Weiterbeschäftigung nicht unzumutbar.

BAG vom 12.11.1997 – 7 ABR 63/96: Besetzt der AG innerhalb von drei Monaten vor dem Ausbildungsende einen frei werdenden Arbeitsplatz und ist dies nicht durch dringende betriebliche Erfordernisse geboten, ist ihm die Übernahme eines JAV-Mitglieds nicht unzumutbar.

Die Weiterbeschäftigung eines nach den Bestimmungen des § 78a BetrVG geschützten Auszubildenden kann dem AG im Sinne des § 78a Abs. 4 BetrVG zuzumuten sein, wenn er einen innerhalb von drei Monaten vor der vertraglich vereinbarten Beendigung des Ausbildungsverhältnisses frei werdenden Arbeitsplatz besetzt und die sofortige Neubesetzung nicht durch dringende betriebliche Erfordernisse geboten ist (vgl. auch Senatsbeschluss vom 12.11.1997 – 7 ABR 73/96).

BAG vom 15.11.2006 – 7 ABR 15/06: Die Weiterbeschäftigungspflicht aus § 78a Abs. 2 setzt das Bestehen eines freien Dauerarbeitsplatzes im Ausbildungsbetrieb voraus.

§ 79 Geheimhaltungspflicht

(1) Die Mitglieder und Ersatzmitglieder des Betriebsrats sind verpflichtet, Betriebs- oder Geschäftsgeheimnisse, die ihnen wegen ihrer Zugehörigkeit zum Betriebsrat bekannt geworden und vom Arbeitgeber ausdrücklich als geheimhaltungsbedürftig bezeichnet worden sind, nicht zu offenbaren und nicht zu verwerten. Dies gilt auch nach dem Ausscheiden aus dem Betriebsrat. Die Verpflichtung gilt nicht gegenüber Mitgliedern des Betriebsrats. Sie gilt ferner nicht gegenüber dem Gesamtbetriebsrat, dem Konzernbetriebsrat, der Bordvertretung, dem Seebetriebsrat und den Arbeitnehmervertretern im Aufsichtsrat sowie im Verfahren vor der Einigungsstelle, der tariflichen Schlichtungsstelle (§ 76 Abs. 8) oder einer betrieblichen Beschwerdestelle (§ 86).

(2) Absatz 1 gilt sinngemäß für die Mitglieder und Ersatzmitglieder des Gesamtbetriebsrats, des Konzernbetriebsrats, der Jugend- und Auszubildendenvertretung, der Gesamt-Jugend- und Auszubildendenvertretung, des Wirtschaftsausschusses, der Bordvertretung, des Seebetriebsrats, der gemäß § 3 Abs. 1 gebildeten Vertretungen der Arbeitnehmer, der Einigungsstelle, der tariflichen Schlichtungsstelle (§ 76 Abs. 8) und einer betrieblichen Beschwerdestelle (§ 86) sowie für die Vertreter von Gewerkschaften oder von Arbeitgebervereinigungen.

> Die Vorschrift enthält die Verpflichtung für Mitglieder des BR und der übrigen genannten Gremien, die im Rahmen ihrer betriebsverfassungsrechtlichen Aufgaben erfahrenen Betriebs- und Geschäftsgeheimnisse vertraulich zu behandeln.

Themenübersicht

Voraussetzung der Geheimhaltungspflicht
Persönlicher Geltungsbereich
Rechtsprechung

Voraussetzungen der Geheimhaltungspflicht

Der BR hat unter anderem aus § 80 BetrVG einen umfassenden Informationsanspruch gegen den AG. Damit der AG diesen ohne Sorge um seine Interna erfüllen kann, sind die Gremienmitglieder zur Verschwiegenheit verpflichtet, soweit es sich tatsächlich um ein Betriebs- oder Geschäftsgeheimnis handelt. Das sind nur solche Sachverhalte, die

- in Zusammenhang mit dem Geschäftsbetrieb stehen,
- nur einem eng begrenzten Personenkreis bekannt sind,

- nach dem ausdrücklichen Willen des AG geheimgehalten werden sollen und
- an deren Geheimhaltung der AG ein berechtigtes wirtschaftliches Interesse hat.

So definiert das BAG das Betriebs- oder Geschäftsgeheimnis (BAG vom 16.3.1983 – 3 AZR 83/79). Hierunter fallen insbesondere empfindliche Geschäftsdaten wie etwa Kundenbeziehungen, Kalkulationsgrundlagen und in der Entwicklung befindliche Produkte. Allerdings sind die BR-Mitglieder nur insoweit zur Verschwiegenheit verpflichtet, als ihnen diese Tatsachen durch ihre BR-Tätigkeit bekannt werden. Was sie aus anderen Quellen erfahren, erfasst diese Vorschrift nicht. Eine Weitergabe kann dann allenfalls gegen den Arbeitsvertrag verstoßen. Wegen der Verpflichtung zur Verschwiegenheit kann der AG die Unterrichtung des BR nicht unter Hinweis auf Geheimhaltungsbedarf verweigern – anders als im Verhältnis zum Wirtschaftsausschuss gemäß § 106 Abs. 2.

Die Verschwiegenheitsverpflichtung nach dieser Vorschrift betrifft nur die Betriebs- und Geschäftsgeheimnisse, also Angelegenheiten des AG. Persönliche Verhältnisse der AN dürfen aber genauso wenig öffentlich gemacht werden, das ergibt sich aus anderen Vorschriften, insbesondere aus §§ 99 und 102 BetrVG.

Nur das, was der AG ausdrücklich als Betriebs- und Geschäftsgeheimnis bezeichnet, muss vom BR auch tatsächlich geheim gehalten werden. Der Bitte, eine Angelegenheit gegenüber der Belegschaft „vertraulich" zu behandeln, kann der BR nachkommen, muss es aber nicht. Ist ein Sachverhalt bereits Gegenstand der Diskussionen im Betrieb oder in der weiteren Öffentlichkeit, hat er seinen Status als Geheimnis eingebüßt, auch wenn der AG weiterhin auf Verschwiegenheit besteht.

Betriebs- und Geschäftsgeheimnisse müssen weiterhin auch objektiv geheimhaltungsbedürftig sein. Damit sind in der Regel Forschungsergebnisse, Kundenbeziehungen usw. betroffen, an deren Weitergabe der BR ohnehin wenig Interesse hat. Interessant wird es für ihn, wenn Planungen zur Diskussion stehen, die nachteilige Auswirkungen auf die Beschäftigten haben können, also etwa die Einstellung der Herstellung eines Produkts. Auch hier stellt jedoch die Verpflichtung zur Verschwiegenheit kein wirkliches Problem dar, da intern, also innerhalb des Gremiums, gegenüber dem KBR und dem GBR, Gewerkschaftssekretären oder eigenen Beratern offen über alles geredet werden kann – letztere sind selbst über § 80 Abs. 4 BetrVG zur Verschwiegenheit verpflichtet. Einer Strategiebildung steht also nichts im Wege, lediglich nach außen darf das BR-Mitglied mit den Informationen nicht gehen.

Ein Verstoß gegen die Geheimhaltungspflicht kann in doppelter Weise zu Konsequenzen führen: Das BR-Mitglied kann gemäß § 23 BetrVG gerichtlich seines Amtes enthoben und zusätzlich in ein Strafverfahren gemäß § 120 als Angeklagter verwickelt werden.

Persönlicher Geltungsbereich

Die Pflicht zur Geheimhaltung trifft entgegen dem Wortlaut nicht nur die einzelnen Mitglieder, sondern auch die Gremien als Ganze (BAG vom 26.2.1987 – 6 ABR 46/84). Allerdings ist dies gegen den BR kaum durchsetzbar, da er weder ein Vermögen hat, auf das im Rahmen einer Zwangsvollstreckung zugegriffen werden könnte, noch insgesamt in Haft genommen werden kann. Daraus folgt aber nur, dass die rechtliche Verantwortlichkeit am Ende immer die Einzelperson trifft, die als Geheimnislüfter zu identifizieren ist, sie kann sich nicht hinter dem Gremium oder dessen Beschlüssen verstecken.

Rechtsprechung

BAG vom 26.2.1987 – 6 ABR 46/84: Die Lohn- und Gehaltsdaten können als Teil der betriebswirtschaftlichen Kalkulation ein Geschäftsgeheimnis darstellen.

BAG vom 5.2.1991 – 1 ABR 24/90: Die Pflicht zur Unterrichtung des BR über wirtschaftliche Sachverhalte besteht immer dann, wenn er diese Informationen zur Ausübung seiner gesetzlichen Aufgaben benötigt. Sie entfällt nicht deshalb, weil es sich um Geschäftsgeheimnisse handelt.

§ 80 Allgemeine Aufgaben

(1) Der Betriebsrat hat folgende allgemeine Aufgaben:

1. darüber zu wachen, dass die zugunsten der Arbeitnehmer geltenden Gesetze, Verordnungen, Unfallverhütungsvorschriften, Tarifverträge und Betriebsvereinbarungen durchgeführt werden;

2. Maßnahmen, die dem Betrieb und der Belegschaft dienen, beim Arbeitgeber zu beantragen;

2a. die Durchsetzung der tatsächlichen Gleichstellung von Frauen und Männern, insbesondere bei der Einstellung, Beschäftigung, Aus-, Fort- und Weiterbildung und dem beruflichen Aufstieg, zu fördern;

2b. die Vereinbarkeit von Familie und Erwerbstätigkeit zu fördern;

3. Anregungen von Arbeitnehmern und der Jugend- und Auszubildendenvertretung entgegenzunehmen und, falls sie berechtigt erscheinen, durch Verhandlungen mit dem Arbeitgeber auf eine Erledigung hinzuwirken; er hat die betreffenden Arbeitnehmer über den Stand und das Ergebnis der Verhandlungen zu unterrichten;

4. die Eingliederung Schwerbehinderter und sonstiger besonders schutzbedürftiger Personen zu fördern;

5. die Wahl einer Jugend- und Auszubildendenvertretung vorzubereiten und durchzuführen und mit dieser zur Förderung der Belange der in § 60 Abs. 1 genannten Arbeitnehmer eng zusammenzuarbeiten; er kann von der Jugend- und Auszubildendenvertretung Vorschläge und Stellungnahmen anfordern;
6. die Beschäftigung älterer Arbeitnehmer im Betrieb zu fördern;
7. die Integration ausländischer Arbeitnehmer im Betrieb und das Verständnis zwischen ihnen und den deutschen Arbeitnehmern zu fördern sowie Maßnahmen zur Bekämpfung von Rassismus und Fremdenfeindlichkeit im Betrieb zu beantragen;
8. die Beschäftigung im Betrieb zu fördern und zu sichern;
9. Maßnahmen des Arbeitsschutzes und des betrieblichen Umweltschutzes zu fördern.

(2) Zur Durchführung seiner Aufgaben nach diesem Gesetz ist der Betriebsrat rechtzeitig und umfassend vom Arbeitgeber zu unterrichten; die Unterrichtung erstreckt sich auch auf die Beschäftigung von Personen, die nicht in einem Arbeitsverhältnis zum Arbeitgeber stehen. Dem Betriebsrat sind auf Verlangen jederzeit die zur Durchführung seiner Aufgaben erforderlichen Unterlagen zur Verfügung zu stellen; in diesem Rahmen ist der Betriebsausschuss oder ein nach § 28 gebildeter Ausschuss berechtigt, in die Listen über die Bruttolöhne und -gehälter Einblick zu nehmen. Soweit es zur ordnungsgemäßen Erfüllung der Aufgaben des Betriebsrats erforderlich ist, hat der Arbeitgeber ihm sachkundige Arbeitnehmer als Auskunftspersonen zur Verfügung zu stellen, er hat hierbei die Vorschläge des Betriebsrats zu berücksichtigen, soweit betriebliche Notwendigkeiten nicht entgegenstehen.

(3) Der Betriebsrat kann bei der Durchführung seiner Aufgaben nach näherer Vereinbarung mit dem Arbeitgeber Sachverständige hinzuziehen, soweit dies zur ordnungsgemäßen Erfüllung seiner Aufgaben erforderlich ist.

(4) Für die Geheimhaltungspflicht der Auskunftspersonen und der Sachverständigen gilt § 79 entsprechend.

Die Vorschrift benennt die allgemeinen Aufgaben des BR, die dieser neben den speziellen Beteiligungsrechten hat. Sie gibt ihm gegenüber dem AG ein Recht auf umfassende Unterrichtung über alle seine Aufgaben betreffenden Angelegenheiten. Daneben ist die Möglichkeit eröffnet, internen wie externen Sachverstand, also insbesondere Sachverständige, zur eigenen Unterstützung hinzuzuziehen.

Themenübersicht

Katalog der allgemeinen Aufgaben

Dem BR ist durch die Vorschrift ein allgemeines Wächteramt für die meisten Belange der AN übertragen worden, allerdings ohne diese mit konkreten Durchsetzungsmöglichkeiten zu verknüpfen.

Anders als in anderen Vorschriften sind hier zwar Themen benannt, um die der BR sich kümmern soll, es ist aber kein Weg beschrieben, wie er seine Anliegen auch durchsetzen kann. Daraus folgt, dass er solche Möglichkeiten im Rahmen seiner allgemeinen Aufgaben zumindest nicht unmittelbar hat. Nur dann, wenn er seine Initiativen mit Sachverhalten verknüpft, die der Mitbestimmung unterliegen, kann er den entsprechenden Nachdruck entwickeln.

Beispiel

Eine Schwangere wird entgegen den Bestimmungen des Mutterschutzgesetzes in der Nacht beschäftigt. Diesen Verstoß kann der BR nur beim AG monieren. Ergreift er dagegen eine Initiative zur Regelung der Arbeitszeit, steht im sowohl der Weg in die Einigungsstelle als auch zum Arbeitsgericht offen.

Der im Gesetz an den BR gerichteten Aufforderung etwa, sich für die Förderung der tatsächlichen Gleichstellung von Frauen und Männern zu engagieren, kann er bei Verhandlungen mit dem AG über die betriebliche Berufsbildung in der Weise nachkommen, dass er seine Zustimmung zu solchen Maßnahmen nur erteilt, wenn beide Geschlechter hinreichend berücksichtigt sind.

Wo es solche Verknüpfungen mit stärkeren Rechten nicht gibt, kann der BR die Aufgaben, die in dieser Vorschrift genannt sind, nur im Rahmen der allgemeinen Kommunikation mit dem AG wahrnehmen oder durch Einschaltung anderer Stellen, insbesondere den Arbeitsschutzbehörden.

Zu allen genannten Themen kann der BR Initiativen ergreifen und auch entsprechenden zeitlichen und materiellen Aufwand betreiben. Der ist auch dann erforderlich, wenn der AG den Anliegen des BR ablehnend gegenüber steht. Das Gesetz gibt dem BR nur Überzeugungskraft als Mittel, um die ihm gestellten Aufgaben zu erfüllen, also hat er die Möglichkeit, diese Überzeugungskraft entsprechend zu stärken. Dafür kann er alle Register ziehen, die das BetrVG hierfür bietet, von Freistellungen über Fortbildungen bis hin zum Einsatz eigener Sachverständiger.

Überwachung von Vorschriften (Nr. 1)

Der BR hat die Aufgabe, über die Einhaltung fast aller Vorschriften, die das einzelne Arbeitsverhältnis zum Schutz der AN regeln, zu wachen – allerdings mit einer wichtigen Ausnahme: Arbeitsverträge gehören nicht dazu. Um deren Umsetzung müssen die AN sich selbst kümmern.

Im Vordergrund stehen einerseits die Tarifverträge, andererseits Vorschriften, die den Arbeitsschutz betreffen, also Unfallverhütungsvorschriften, Arbeitsschutzgesetz, Arbeitszeitgesetz usw. Dazu gehören aber auch dem Individualschutz dienende Gesetze, wie das Kündigungsschutzgesetz, das Bundesurlaubsgesetz, das Allgemeine Gleichbehandlungsgesetz sowie persönliche Schutzgesetze wie das Mutterschutzgesetz und das Jugendarbeitsschutzgesetz.

Die Handlungsmöglichkeiten sind in diesen Bereichen unterschiedlich. Zunächst sind die entsprechenden Regelungen bei der Gestaltung von betrieblichen Vereinbarungen zu berücksichtigen. So darf eine Betriebsvereinbarung zur Arbeitszeit nicht die Grenzen des tariflich oder gesetzlich Erlaubten überschreiten. Passiert das dann in der Praxis doch und wird damit gegen die Betriebsvereinbarung verstoßen, kann der BR den AG gerichtlich zu deren Einhaltung und damit zur Unterlassung der rechtswidrigen Maßnahmen zwingen. Häufig aber sind solche Verstöße in der Betriebsvereinbarung zwar nicht vorgesehen, sie schließt sie aber auch nicht aus. In diesem Fall bleibt im Bereich der Arbeitsschutzgesetze nur die Möglichkeit, die entsprechende Arbeitsschutzbehörde, also das Gewerbeaufsichtsamt oder das Amt für Arbeitsschutz einzuschalten. Vorher sollte in jedem Fall aber beim AG interveniert werden.

Diese Unterstützung von außen gibt es allerdings nur bei Vorschriften, die den gesetzlichen Arbeitsschutz realisieren. Verstöße gegen das Kündigungsschutzgesetz oder das Bundesurlaubsgesetz kann der BR nur reklamieren, er hat aber keine Durchsetzungsmöglichkeit: Die Ansprüche hieraus müssen die AN selbst durchsetzen.

Verstöße gegen das Verbot der Diskriminierung kann der BR gemäß § 17 Abs. 2 AGG dagegen selbständig gemäß § 23 Abs. 3 vor dem Arbeitsgericht unterbinden lassen (siehe hierzu die Erläuterungen zu § 23).

Um feststellen zu können, ob Rechtsverletzungen vorliegen, kann der BR auch ohne konkreten Verdacht eigene Recherchen anstrengen, also etwa die Beschäftigten an ihren Arbeitsplätzen aufsuchen oder Mitarbeiter ansprechen (BAG vom 21.1.1982 – 6 ABR 17/79).

Antragsrecht (Nr. 2)

Die Möglichkeit, Maßnahmen beim AG zu beantragen, die der Belegschaft dienen sollen, ist annähernd grenzenlos. Hier kann der BR alles vorbringen, was nach seiner Vorstellung den Beschäftigten dient. Allerdings muss der AG sich hiermit bestenfalls auseinandersetzen, zu einer Handlung verpflichtet ist er nur dann, wenn der BR auch weitere Durchsetzungsmöglichkeiten im Bereich der erzwingbaren Mitbestimmung hat.

Gleichstellung (Nr. 2a)

Die Durchsetzung der tatsächlichen Gleichberechtigung ist mehr als der Ausschluss von Diskriminierungen. Hier geht es vor allem um die Sicherstellung von beruflichen Aufstiegsmöglichkeiten für beide Geschlechter, die wiederum im Rahmen der Mitbestimmung bei Versetzungen und bei der betrieblichen Berufsbildung zu berücksichtigen sind.

Vereinbarkeit von Familie und Erwerbstätigkeit (Nr. 2b)

Der BR kann die Vereinbarkeit von Familie und Erwerbstätigkeit mit Nachdruck im Bereich der Arbeitszeitgestaltung betreiben, weil er dort nach § 87 Abs. 1 Nr. 2 ein erzwingbares Mitbestimmungsrecht hat. Maßnahmen, wie z.B. die Einrichtung von Betriebskindergärten, kann er dagegen nur vorschlagen, der AG muss sie nicht umsetzen.

Anregungen (Nr. 3)

Es sollte selbstverständlich sein, dass der BR sinnvolle Anregungen aus der Belegschaft aufgreift und an den AG weiterleitet. Die Vorschrift verlangt vom BR, dass er die AN, die die Anregungen gegeben haben, auch über den Stand der Dinge informiert.

Eingliederung von Schwerbehinderten (Nr. 4)

Die Förderung der Eingliederung von Schwerbehinderten und anderen schutzbedürftigen Personen ist vor allem ein Appell, im Rahmen der Mitbestimmungspraxis diese Beschäftigten etwa bei Versetzungen, Auswahlrichtlinien usw. besonders im Auge zu behalten. Durchsetzungsbefugnisse insbesondere hinsichtlich der Einhaltung der Schwerbehindertenquote gemäß § 71 ff. SGB IX hat der BR nicht.

Zusammenarbeit mit der JAV (Nr. 5)

Der BR ist dafür zuständig, dass die Wahlen zur JAV überhaupt eingeleitet werden. Das ergibt sich aus § 63 Abs. 2. Im Übrigen ist das Zusammenarbeitsgebot in dieser Vorschrift an anderen Stellen präzisiert, etwa wenn es um die Beteiligung der JAV an BR-Sitzungen gemäß § 67 geht. Darüber hinaus hat die Vorschrift keine eigenständige Bedeutung.

Beschäftigung älterer Arbeitnehmer (Nr. 6)

Die Aufgabe, die Beschäftigung älterer AN zu fördern, kann im Zusammenhang mit der Mitbestimmung bei Einstellung, Versetzung und betrieblicher Berufsbildung von Bedeutung sein. Außerdem ist eine Diskriminierung älterer AN im Betrieb ein Verstoß gegen das Allgemeine Gleichbehandlungsgesetz, den der BR mit einem eigenständigen Unterlassungsanspruch gemäß § 23 Abs. 3 unterbinden kann (vgl. die Erläuterungen zu § 23).

Integration ausländischer AN (Nr. 7)

Die Vorschrift verlangt vom BR, ein besonderes Augenmerk auf eine spezielle Gruppe von Beschäftigten zu legen, bezeichnet diese aber fälschlich als „ausländische AN". Gemeint sind jedoch nicht Menschen mit anderer als der deutschen Staatsangehörigkeit, sondern solche mit Migrationshintergund und Integrationsproblemen. Um deren Integration zu fördern kann der BR sich z.B. für Sprachkurse – auch für deren Familienangehörige – im Rahmen der betrieblichen Berufsbildung einsetzen. Die anzustrebenden Maßnahmen sind aber in der Regel nicht gegen den Willen des AG durchsetzbar.

Beschäftigungsförderung (Nr. 8)

Die Beschäftigungsförderung ist wiederum ein allgemeiner Leitgedanke, der an anderen Stellen mittels durchsetzbarer Mitbestimmungsrechte zu verfolgen ist, insbesondere bei der betrieblichen Berufsbildung gemäß § 96 ff.

Arbeitsschutz und Umweltschutz (Nr. 9)

Der betriebliche Arbeitsschutz unterliegt gemäß § 87 Abs. 1 Nr. 7 der erzwingbaren Mitbestimmung, ist als allgemeine Aufgabe an dieser Stelle also bedeutungslos. Wenn ein BR bezüglich dieser Thematik etwas erreichen will, ist er im Bereich des § 87 besser aufgehoben. Der betriebliche Umweltschutz wiederum hat keinerlei Entsprechung in den Mitbestimmungsrechten, der BR ist daher im Hinblick auf Umweltfragen solange nur Bittsteller, wie nicht Bezüge zum allgemeinen Arbeitsschutz herzustellen sind. Existieren solche Bezüge, gibt es wieder das stärkere Mitbestimmungsrecht aus § 87 Abs. 1 Nr. 7.

Informationsrechte

In Abs. 2 befindet sich der allgemeine Unterrichtungsanspruch des BR gegen den AG. In allen Angelegenheiten, für die der BR nach dem Gesetz zuständig ist – also auch den allgemeinen Aufgaben gemäß Abs. 1 – muss ihn der AG rechtzeitig und umfassend über alle relevanten Aspekte unterrichten. Rechtzeitig ist eine Unterrichtung nur dann, wenn sie vor der endgültigen Festlegung des AG auf Maßnahmen erfolgt, damit der BR hierauf noch Einfluss nehmen kann. Der AG muss den BR ohne ausdrückliche Aufforderung unterrichten. Allerdings ist es in der Praxis aussichtsreicher, wenn der BR selbst beschreibt, was sein Informationsbedarf ist. Nur so wird die Verpflichtung des AG konkretisiert und kann auch später gerichtlich durchgesetzt werden.

Zur Vorlage von Unterlagen ist der AG nach dieser Vorschrift nur dann verpflichtet, wenn der BR dies ausdrücklich verlangt. Eine solche Aufforderung muss nicht zusätzlich begründet werden.

Der Unterrichtungsanspruch ist umfassend, er bezieht sich also auf alle Informationen, über die der AG verfügt und die der BR benötigt, um seine Aufgaben wahrnehmen zu können. Insbesondere ist weder der Umstand, dass es sich um Geschäfts- oder Betriebsgeheimnisse handelt oder um Aspekte, die dem Datenschutz unterliegen, ein Argument für den AG, um Informationen zurückzuhalten. Datenschutzrechtlich gilt der BR als Teil des Betriebs und darf deshalb über dieselben Informationen verfügen wie der AG. Bezüglich Geschäftsgeheimnissen ist der BR nach § 79 zur Verschwiegenheit verpflichtet. Es ist also gewährleistet, dass die Geheimnisse auch geheim bleiben.

Erst recht kein Grund, um Informationen oder Unterlagen zurückzuhalten, ist das häufig von AG vorgebrachte Argument, eine Angelegenheit unterliege nicht der Mitbestimmung. Ob er berechtigt oder gar verpflichtet ist einzuschreiten, muss der BR autonom anhand der Informationen beurteilen. Der AG ist nicht berechtigt, seine Rechtsauffassung hier zum Maß der Dinge zu machen (BAG vom 26.1.1988 – 1 ABR 34/86).

In verschiedenen Vorschriften sind weitere Informationsrechte des BR enthalten. Bei denen muss der AG in der Regel die Unterlagen von sich aus ohne Nachfrage vorlegen, so etwa bei personellen Einzelmaßnahmen gemäß § 99 oder bei anstehenden Betriebsänderungen gemäß § 111. Ansonsten besteht praktisch kein Unterschied zwischen den speziellen Informationsrechten und dem allgemeinen in § 80 Abs. 2.

Fremdpersonal

Der Unterrichtungsanspruch erstreckt sich nicht nur auf Angelegenheiten, die die eigenen Beschäftigten betreffen. Der AG muss dem BR von sich aus auch über Personen unterrichten, die im Betrieb tätig sind, obwohl sie bei einem anderen AG beschäftigt oder sogar selbständig sind. Das können freie Mitarbeiter, Leih-AN oder auch Beschäftigte anderer Firmen sein, die im Betrieb tätig sind. Auch hier braucht der BR die Unterlagen, um zu beurteilen, ob er tätig werden muss, beispielsweise weil es sich möglicherweise um Scheinselbstständige handelt (BAG vom 19.5.1998 – 1 ABR 9/98).

Bruttolohn- und -gehaltslisten

Ein besonderes Unterrichtungsrecht besteht hinsichtlich der Vergütung der Beschäftigten. Diese Informationen benötigt der BR, um festzustellen, ob Tarifverträge eingehalten und ob übertarifliche Vergütungen bezahlt werden, die ein Mitbestimmungsrecht auslösen können. Hierzu muss er Einblick in die Bruttovergütungen erhalten. Das Informationsrecht ist umfassend, es bezieht sich auf alle Entgeltbestandteile, gleich ob diese vertraglich oder tarifvertraglich geschuldet sind, ob sie freiwillig geleistet werden oder „Nasenprämien“ sind. Die Einsicht in die Nettovergütungen, die gleichzeitig auch Auskunft über andere persönliche Verhältnisse wie etwa Pfändungen etc. geben würden, ist dagegen ausgeschlossen. Einsicht nehmen kann entweder der BR-Ausschuss, ein anderer nach § 28 gebildeter Ausschuss, der BR-Vorsitzende oder ein anderes hierzu bestimmtes BR-Mitglied. Unzulässig ist es, die gesamten Listen dem BR für die Weiterverarbeitung an seinem eigenen Computer zur Verfügung zu stellen. Das wäre ein Eingriff in das Persönlichkeitsrecht der davon betroffenen Beschäftigten. Ebenso wenig darf der BR Ausdrucke der Vergütungslisten erhalten.

Auskunftsperson

Der BR ist nicht darauf beschränkt, den AG als einzige Informationsquelle zu nutzen – wie es von dessen Seite häufig versucht wird. Eine weitere Möglichkeit nach dem Gesetz besteht in der Benennung von Auskunftspersonen, deren Sachverstand sich der BR bei der Ausübung seiner Tätigkeit zunutze machen kann. Dabei handelt es sich um AN des Unternehmens, also nicht nur des Betriebs, die der BR dem AG benennen kann. Der AG darf deren Einsatz für den BR nur verweigern, wenn betriebliche Notwendigkeiten entgegenstehen, also beispielsweise arbeitsvertragliche Aufgaben eine Unabkömmlichkeit begründen. So können Informationsblockaden gelockert werden, indem etwa Controller oder leitende Angestellte als Auskunftspersonen benannt werden.

Sachverständige

Soweit es für seine Aufgaben erforderlich ist, hat der BR Anspruch auf Zustimmung des AG zur Beauftragung externer Sachverständiger. Diese dienen dann als Berater, die vorhandene Informationen erläutern und bewerten. Sie sind also keine eigenen Informationsquellen.

Die Beauftragung von Sachverständigen setzt sowohl einen Beschluss des BR hierüber voraus als auch eine vorherige Vereinbarung mit dem AG, vor allem über die Vergütungshöhe. Stimmt dieser der Beauftragung nicht zu, kann sie, insbesondere auch bei eilbedürftigen Angelegenheiten, mittels einstweiliger Verfügung durchgesetzt werden.

Sachverständige sind in der Regel Betriebswirte, Anwälte oder Arbeitsschutzexperten. Wen der BR beauftragen will, ist seine Sache. Er muss sich nicht auf preiswertere Lösungen wie eigene Experten des AG oder Gewerkschaftssekretäre verweisen lassen. Allerdings muss er vorher die Möglichkeiten ausschöpfen, die sich betriebsintern bieten. Speziell bei technischen Sachfragen bedeutet das, dass zunächst eine Einbeziehung des internen Sachverstands stattfinden muss (BAG vom 26.2.1992 – 7 ABR 51/90).

Das Verfahren der Beauftragung von Sachverständigen ist nur dann anders, wenn im Betrieb mit mehr als 300 AN eine Betriebsänderung durchgeführt werden soll. Hier kann der BR gemäß § 111 Satz 2 ohne Zustimmung des AG die Beauftragung vornehmen. In allen anderen Fällen ist das Einverständnis des AG zwingende Voraussetzung.

Sachverständige unterliegen nach Abs. 4 denselben Geheimhaltungsvorschriften wie der BR gemäß § 79. Daher kann der Sachverständige alle Informationen bekommen, selbst wenn es sich dabei um Betriebs- oder Geschäftsgeheimnisse handelt, und an BR-Sitzungen teilnehmen. Er gilt in diesem Fall nicht als Öffentlichkeit.

Rechtsprechung

Bruttolohn- und -gehaltslisten

BAG vom 18.9.1973 – 1 ABR 7/73: In Betrieben ohne Betriebsausschuss nimmt der BR-Vorsitzende das Einblicksrecht in die Bruttolohn- und -gehaltslisten wahr. Es erstreckt sich auf alle Bezüge einschließlich der Zulagen.

BAG vom 15.6.1976 – 1 ABR 116/74: Der AG muss dem BR keine Fotokopien der Bruttolohn- und -gehaltslisten zur Verfügung stellen.

BAG vom 30.6.1981 – 1 ABR 26/79: Das Einblicksrecht des BR in die Bruttolohn- und -gehaltslisten erstreckt sich auch auf individuell vereinbarte übertarifliche Vergütungsbestandteile und die Vergütung von außertariflichen Angestellten. Der BR braucht für die Wahrnehmung dieses Rechts keinen besonderen Anlass.

BAG vom 3.12.1981 – 6 ABR 8/80: Der BR darf die Bruttolohn- und -gehaltslisten nicht abschreiben.

BAG vom 16.8.1995 – 7 ABR 63/94: Der BR darf bei der Einsichtnahme in die Bruttolohn- und -gehaltslisten nicht durch den AG oder seine Beauftragten überwacht werden.

Sachverständige

BAG vom 25.4.1978 – 6 ABR 9/75: Wird ein Rechtsanwalt für den BR lediglich zur Beratung über eine vom AG vorgeschlagene Betriebsvereinbarung tätig, ist er Sachverständiger im Sinne des § 80 Abs. 3 BetrVG, auch wenn er kein schriftliches Gutachten erstattet.

BAG vom 17.3.1987 – 1 ABR 59/85: Die Beauftragung eines Sachverständigen kann erst dann erforderlich sein, wenn der AG den BR abschließend unterrichtet hat.

BAG vom 4.6.1987 – 6 ABR 63/85: Lehnt der BR es ab, die angebotenen betriebsinternen Quellen auszuschöpfen, besteht kein Anspruch auf Hinzuziehung eines betriebsfremden Sachverständigen gemäß § 80 Abs. 3 BetrVG.

BAG vom 19.4.1989 – 7 ABR 87/87: Ohne eine vorherige Vereinbarung über die Beauftragung eines Sachverständigen ist der AG nicht verpflichtet, die hierdurch entstehenden Kosten zu tragen. Die Vereinbarung muss sich auf das Thema der Beauftragung, den Preis und die Person des Sachverständigen erstrecken. Kommt die Vereinbarung nicht zustande, kann der BR eine arbeitsgerichtliche Entscheidung hierüber herbeiführen.

BAG vom 26.2.1992 – 7 ABR 51/90: Der BR kann nur dann einen externen Sachverständigen in technischen Fragen nach § 80 Abs. 3 Satz 1 hinzuziehen, wenn ihm selbst die erforderliche Sachkunde fehlt und er sie sich auch nicht kostengünstiger etwa durch Schulungen oder die Ausschöpfung betriebsinterner Quellen verschaffen kann.

Überwachung

BAG vom 17.3.1987 – 1 ABR 59/85: Der BR ist im Rahmen von § 80 Abs. 1 Nr. 1 berechtigt und verpflichtet, die Einhaltung des Bundesdatenschutzgesetzes als ein zugunsten der AN geltendes Gesetz zu überwachen. Hierzu ist der BR vom AG über alle Arten der Verarbeitung personenbezogener Daten der AN zu unterrichten. Die Unterrichtungspflicht besteht auch dann, wenn der AG die Datenverarbeitung von einem anderen Unternehmen vornehmen lässt.

BAG vom 18.1.2005 – 3 ABR 21/04: Der BR kann gerichtlich die Durchführung von Betriebsvereinbarungen gegen den AG durchsetzen. Er ist aber nicht berechtigt, in eigenem Namen die Rechte der AN aus den Betriebsvereinbarungen geltend zu machen.

BAG vom 11.7.1972 – 1 ABR 2/72: Der BR kann im Rahmen von § 80 jederzeit, also auch dann tätig werden, wenn es keine konkreten Verdachtsmomente bezüglich eines erfolgten oder bevorstehenden Verstoßes gegen Rechte der AN gibt. Das daraus folgende Unterrichtungsrecht ist umfassend und davon unabhängig, ob er sich von sich aus informiert.

Unterrichtungsanspruch

BAG vom 17.5.1983 – 1 ABR 21/80: Der BR kann den Anspruch auf Unterrichtung gemäß § 80 Abs. 2 unabhängig davon durchsetzen, ob die unterlassene Unterrichtung ein grober Verstoß des AG gegen seine Pflichten aus dem BetrVG ist.

BAG vom 7.8.1986 – 6 ABR 77/83: Der AG ist im Rahmen von § 80 Abs. 2 BetrVG verpflichtet, dem BR auf dessen Verlangen alle vorhandenen oder jederzeit herstellbaren Unterlagen zu überlassen.

BAG vom 26.1.1988 – 1 ABR 34/86: Der BR hat einen Auskunftsanspruch nach § 80 Abs. 2 Satz 2 BetrVG, wenn er die Informationen benötigt, um festzustellen, ob ihm ein Mitbestimmungsrecht zusteht und ob er davon Gebrauch machen soll.

BAG vom 10.12.2002 – 1 ABR 7/02: Auch während eines Arbeitskampfes im Betrieb besteht der Unterrichtungsanspruch des BR aus § 80 Abs. 2 Satz 1 BetrVG.

BAG vom 6.5.2003 – 1 ABR 13/02: Der AG muss seinen Betrieb so organisieren, dass die Einhaltung von Gesetzen, Tarifverträgen und Betriebsvereinbarungen gewährleistet ist. Er muss sich selbst die Daten verschaffen, um festzustellen, ob dies passiert und kann dem entsprechenden Auskunftsbegehren des BR etwa in Bezug auf die Arbeitszeiten nicht mit der Begründung entziehen, er erfasse die tatsächliche Arbeitszeit im Rahmen einer Vertrauensarbeitszeit bewusst nicht.

Zweiter Abschnitt
Mitwirkungs- und Beschwerderecht des Arbeitnehmers

§ 81 Unterrichtungs- und Erörterungspflicht des Arbeitgebers

(1) Der Arbeitgeber hat den Arbeitnehmer über dessen Aufgabe und Verantwortung sowie über die Art seiner Tätigkeit und ihre Einordnung in den Arbeitsablauf des Betriebs zu unterrichten. Er hat den Arbeitnehmer vor Beginn der Beschäftigung über die Unfall- und Gesundheitsgefahren, denen dieser bei der Beschäftigung ausgesetzt ist, sowie über die Maßnahmen und Einrichtungen zur Abwendung dieser Gefahren und die nach § 10 Abs. 2 des Arbeitsschutzgesetzes getroffenen Maßnahmen zu belehren.

(2) Über Veränderungen in seinem Arbeitsbereich ist der Arbeitnehmer rechtzeitig zu unterrichten. Absatz 1 gilt entsprechend.

(3) In Betrieben, in denen kein Betriebsrat besteht, hat der Arbeitgeber die Arbeitnehmer zu allen Maßnahmen zu hören, die Auswirkungen auf Sicherheit und Gesundheit der Arbeitnehmer haben können.

(4) Der Arbeitgeber hat den Arbeitnehmer über die aufgrund einer Planung von technischen Anlagen, von Arbeitsverfahren und Arbeitsabläufen oder der Arbeitsplätze vorgesehenen Maßnahmen und ihre Auswirkungen auf seinen Arbeitsplatz, die Arbeitsumgebung sowie auf Inhalt und Art seiner Tätigkeit zu unterrichten. Sobald feststeht, dass sich die Tätigkeit des Arbeitnehmers ändern wird und seine beruflichen Kenntnisse und Fähigkeiten zur Erfüllung seiner Aufgaben nicht ausreichen, hat der Arbeitgeber mit dem Arbeitnehmer zu erörtern, wie dessen berufliche Kenntnisse und Fähigkeiten im Rahmen der betrieblichen Möglichkeiten den künftigen Anforderungen angepasst werden können. Der Arbeitnehmer kann bei der Erörterung ein Mitglied des Betriebsrats hinzuziehen.

Die Vorschrift enthält einen Informationsanspruch der AN gegen den AG, der sich auf alle maßgeblichen Umstände am Arbeitsplatz bezieht.

Unabhängig vom Vorhandensein eines BR und dessen Mitbestimmungsrechten haben die AN einen eigenen Anspruch gegen den AG, über alle Veränderungen der betrieblichen Situationen und die Auswirkungen auf ihr eigenes Beschäftigungsverhältnis unterrichtet zu werden. Dies bezieht sich insbesondere auf bekannte Gefährdungen, die von dem konkreten Arbeitsplatz ausgehen. Diese sind im Rahmen einer Gefährdungsanalyse gemäß § 5 Arbeitsschutzgesetz zu ermitteln.

Darüber hinaus muss der AG den AN auch über seine Stellung in der betrieblichen Hierarchie, seine konkrete Arbeitsaufgabe und die Verantwortung gegenüber den übrigen Beschäftigten und dem AG unterrichten. Nur wenn diese Unterweisung erfolgt ist, können spätere Verstöße auch sanktioniert werden. Die Form der Unterweisung ist dabei allerdings nicht vorgeschrieben, sie kann also auch mündlich erfolgen. Im Streitfall muss der AG jedoch nachweisen, dass er seiner Unterrichtungspflicht durch verständliche Informationen nachgekommen ist. Demnach bietet sich eine schriftliche Dokumentation des Vorgangs an.

Das Unterrichtungsrecht entsteht jedes Mal neu, wenn sich Veränderungen im Arbeitsbereich ergeben. Ein wesentlicher Bestandteil der daran anschließenden Erörterung sind Fragen der Qualifizierung der AN. Ergebnisse dieser Besprechung sollte sich der BR unbedingt geben lassen, damit er sie im Rahmen der Mitbestimmung bei der betrieblichen Berufsbildung gemäß §§ 96–98 berücksichtigen kann.

§ 82 Anhörungs- und Erörterungsrecht des Arbeitnehmers

(1) Der Arbeitnehmer hat das Recht, in betrieblichen Angelegenheiten, die seine Person betreffen, von den nach Maßgabe des organisatorischen Aufbaus des Betriebs hierfür zuständigen Personen gehört zu werden. Er ist berechtigt, zu Maßnahmen des Arbeitgebers, die ihn betreffen, Stellung zu nehmen sowie Vorschläge für die Gestaltung des Arbeitsplatzes und des Arbeitsablaufs zu machen.

(2) Der Arbeitnehmer kann verlangen, dass ihm die Berechnung und Zusammensetzung seines Arbeitsentgelts erläutert und dass mit ihm die Beurteilung seiner Leistungen sowie die Möglichkeiten seiner beruflichen Entwicklung im Betrieb erörtert werden. Er kann ein Mitglied des Betriebsrats hinzuziehen. Das Mitglied des Betriebsrats hat über den Inhalt dieser Verhandlungen Stillschweigen zu bewahren, soweit es vom Arbeitnehmer im Einzelfall nicht von dieser Verpflichtung entbunden wird.

> Die Vorschrift berechtigt AN, zu betrieblichen Angelegenheiten eine Meinung zu äußern und vom AG eine Erläuterung seines Arbeitsentgelts zu bekommen.

Das in Abs. 1 enthaltene Recht des AN, Vorschläge zu betrieblichen Angelegenheiten zu machen, stammt aus vordemokratischen Zeiten, als den Untertanen noch ausdrücklich die Meinungsfreiheit erlaubt werden musste. Heute ist es eine Selbstverständlichkeit, dass jeder reden und Vorschläge machen kann, auch wenn kein Gesetz dies ausdrücklich erlaubt. Dies ist von der allgemeinen Meinungsfreiheit aus dem Grundgesetz (Art. 5 GG) gedeckt, die auch im Betrieb gilt. Absatz 1 ist daher ohne Bedeutung.

Vergütungsabrechnungen sind häufig so undurchsichtig gestaltet, dass sie kaum noch nachvollziehbar sind. Für diesen Fall sieht Abs. 2 ein Erläuterungsrecht vor, welches der AN direkt gegenüber dem AN durchsetzen kann. Weitergehend kann der AN vom AG verlangen, dass er ihm seine Sicht der weiteren beruflichen Entwicklung darlegt. Zu diesen Gesprächen – wie auch zu allen anderen, die vom AG initiiert werden – kann der AN ein Mitglied des BR hinzuziehen (BAG vom 24.4.1979 – 6 AZR 69/77). Das beteiligte Mitglied muss über die auf diese Weise gewonnenen Kenntnisse Stillschweigen nach außen bewahren. Innerhalb des BR hingegen können diese Informationen weitergegeben werden, wenn dies im Rahmen der Mitbestimmung notwendig ist.

Rechtsprechung

BAG vom 23.2.1984 – 6 ABR 22/81: Aus § 82 Abs. 2 Satz 1 folgt kein Anspruch des hinzugezogenen BR-Mitglieds auf Teilnahme an dem Gespräch.

BAG vom 16.11.2004 – 1 ABR 53/03: Der AG ist verpflichtet, dem AN die Hinzuziehung eines BR-Mitglieds zu einem Personalgespräch zu ermöglichen, wenn dieser einen Anspruch hierauf hat. Unterlässt er dies, kann dies ein grober Verstoß gegen die Pflichten aus dem BetrVG sein, gegen den der BR nach § 23 Abs. 3 Satz 1 vorgehen kann.

§ 83 Einsicht in die Personalakten

(1) Der Arbeitnehmer hat das Recht, in die über ihn geführten Personalakten Einsicht zu nehmen. Er kann hierzu ein Mitglied des Betriebsrats hinzuziehen. Das Mitglied des Betriebsrats hat über den Inhalt der Personalakte Stillschweigen zu bewahren, soweit es vom Arbeitnehmer im Einzelfall nicht von dieser Verpflichtung entbunden wird.

(2) Erklärungen des Arbeitnehmers zum Inhalt der Personalakte sind dieser auf sein Verlangen beizufügen.

Die Vorschrift regelt das Recht des AN, in schriftliche oder auf andere Weise dokumentierte Informationen, die über ihn im Betrieb gesammelt werden, Einsicht zu nehmen.

Das Gesetz verwendet den Begriff „Personalakte“, der jedoch keine scharfen Konturen hat. Gemeint ist jede in körperlicher Form oder auch als Datei vorhandene Information über den AN, die im Betrieb aufbewahrt wird. Diese Informationen können auch über verschiedene Standorte verteilt sein, müssen aber über eine formelle Personalakte jederzeit erreichbar sein (BAG vom 7.5.1980 – 4 AZR 214/78). Unzulässig ist es dagegen, neben der formellen Personalakte noch geheime Aufzeichnungen über AN zu führen, weil damit das Recht auf Einsichtnahme vereitelt würde. Über den Inhalt der Personalakte entscheidet der AG, soweit er dabei keine Persönlichkeitsrechte des AN verletzt. Eine solche Verletzung wäre z.B. eine Abmahnung wegen Verstößen, die tatsächlich nicht vorgekommen sind. Hiergegen hat der AN einen Anspruch auf Entfernung aus der Akte (BAG vom 5.8.1992 – 5 AZR 5 38/98). Dasselbe gilt für Informationen, die der AG nicht rechtmäßig erlangt hat oder die in keinem Zusammenhang mit dem Arbeitsverhältnis stehen. Hierzu zählen etwa Angaben zu persönlichen Verhältnissen wie die Wohnsituation, sexuelle Vorlieben usw.

Außer in solchen speziellen Fällen ist der AG frei in der Entscheidung, was in die Personalakte eingefügt werden soll. In der Regel sind das der Arbeitsvertrag, Zwischenzeugnisse, Ein- und Umgruppierungsentscheidungen, Leistungsbeurteilungen etc. Nichts davon ist jedoch zwingend in die Akte aufzunehmen.

Der AN kann jederzeit und auch ohne konkreten Anlass die Personalakte einsehen. Er darf auch – allerdings auf eigene Kosten – Kopien der Akte anfertigen, da die Informationen sich auf ihn beziehen. Weil die Akte jedoch im Eigentum des AG steht, hat er kein Recht darauf, sie mitzunehmen oder Änderungen daran vorzunehmen. Die Aufnahme einer Stellungnahme zu falsch dargestellten Sachverhalten muss der AN gerichtlich durchsetzen, wenn der AG sie nicht freiwillig in die Akte aufnimmt.

Besteht über die Richtigkeit der Inhalte der Personalakte Streit zwischen AN und AG, hat der AN das Recht, hierzu eine Stellungnahme („Gegendarstellung“) abzugeben, die in der Personalakte aufbewahrt werden muss. Das kann sinnvoll sein, wenn bei späteren Entscheidungen über den beruflichen Aufstieg die Akteure auf Seiten des AG nicht mehr vorhanden sind und deshalb der Wahrheitsgehalt von deren schriftlichen Äußerungen nicht mehr nachvollziehbar ist.

Der BR kann den AN hier nur durch persönliche Anwesenheit bei der Einsicht in die Personalakte und Beratung unterstützen. Ein eigenes Einsichtsrecht hat er nicht, auch kann er nicht anstelle des AN gegen Rechtsverstöße bei der Führung der Personalakte vorgehen.

Rechtsprechung

BAG vom 15.7.1987 – 5 AZR 215/86: Der AG muss die Personalakten des AN sorgfältig verwahren, bestimmte Informationen vertraulich behandeln und für die vertrauliche Behandlung durch die Sachbearbeiter Sorge tragen. Den Kreis der mit Personalakten befassten Mitarbeiter muss er möglichst eng halten.

BAG vom 13.4.1988 – 5 AZR 537/86: Auch wenn ein Schreiben auf einer wahren Sachverhaltsdarstellung beruht, kann der AN die Entfernung aus der Personalakte verlangen, wenn es für die weitere Beurteilung des AN überflüssig geworden ist und ihn in seiner beruflichen Entwicklungsmöglichkeit fortwirkend beeinträchtigen kann.

BAG vom 5.8.1992 – 5 AZR 531/91: Eine zu Unrecht erteilte Abmahnung muss aus der Personalakte entfernt werden.

§ 84 Beschwerderecht

(1) Jeder Arbeitnehmer hat das Recht, sich bei den zuständigen Stellen des Betriebs zu beschweren, wenn er sich vom Arbeitgeber oder von Arbeitnehmern des Betriebs benachteiligt oder ungerecht behandelt oder in sonstiger Weise beeinträchtigt fühlt. Er kann ein Mitglied des Betriebsrats zur Unterstützung oder Vermittlung hinzuziehen.

(2) Der Arbeitgeber hat den Arbeitnehmer über die Behandlung der Beschwerde zu bescheiden und, soweit er die Beschwerde für berechtigt erachtet, ihr abzuhelfen.

(3) Wegen der Erhebung einer Beschwerde dürfen dem Arbeitnehmer keine Nachteile entstehen.

§ 85 Behandlung von Beschwerden durch den Betriebsrat

(1) Der Betriebsrat hat Beschwerden von Arbeitnehmern entgegenzunehmen und, falls er sie für berechtigt erachtet, beim Arbeitgeber auf Abhilfe hinzuwirken.

(2) Bestehen zwischen Betriebsrat und Arbeitgeber Meinungsverschiedenheiten über die Berechtigung der Beschwerde, so kann der Betriebsrat die Einigungsstelle anrufen.

Der Spruch der Einigungsstelle ersetzt die Einigung zwischen Arbeitgeber und Betriebsrat. Dies gilt nicht, soweit Gegenstand der Beschwerde ein Rechtsanspruch ist.

(3) Der Arbeitgeber hat den Betriebsrat über die Behandlung der Beschwerde zu unterrichten. § 84 Abs. 2 bleibt unberührt.

§ 86 Ergänzende Vereinbarungen

Durch Tarifvertrag oder Betriebsvereinbarung können die Einzelheiten des Beschwerdeverfahrens geregelt werden. Hierbei kann bestimmt werden, dass in den Fällen des § 85 Abs. 2 an die Stelle der Einigungsstelle eine betriebliche Beschwerdestelle tritt.

> Die Vorschriften enthalten das formalisierte Verfahren für individuelle Beschwerden der AN gegen Maßnahmen, die sie als nachteilig für sich empfinden.

BR wie auch AG sind verpflichtet, Beschwerden einzelner Beschäftigter entgegen zu nehmen und sich eine Meinung darüber zu bilden, ob diese berechtigt sind oder nicht. Hält der AG eine Beschwerde für berechtigt, muss er für Abhilfe sorgen. Hat der AN sich nur oder auch beim BR beschwert, muss dieser gleichfalls tätig werden, wenn er das Anliegen für berechtigt hält. Er kann allerdings beim AG nur auf Behandlung der Beschwerde hinwirken, nicht auf Abhilfe.

Entsteht in einem solchen Verfahren zwischen BR und AG eine Meinungsverschiedenheit über die Berechtigung der Beschwerde, so kann die Einigungsstelle angerufen werden, um diese Frage zu entscheiden. Die Einigungsstelle befindet allerdings nur über die Berechtigung der Beschwerde, nicht darüber, wie ihr im Einzelfall abgeholfen werden soll.

Der Weg zur Einigungsstelle ist nach der ausdrücklichen Regelung in § 85 Abs. 2 Satz 3 versperrt, wenn sich die Beschwerde auf einen individuellen Rechtsanspruch bezieht, also etwa auf Ansprüche auf Vergütung oder Urlaubswährung. In diesem Fall muss der AN sein Anliegen auf anderem Wege, in der Regel gerichtlich, verfolgen.

Beschäftigten darf wegen der Einlegung einer Beschwerde kein Nachteil entstehen, auch dann nicht, wenn sie ihr Anliegen mit einigem Nachdruck verfolgen.

Das Beschwerdeverfahren kann durch Tarifvertrag oder Betriebsvereinbarung weiter ausgestaltet werden.

Rechtsprechung

BAG vom 28.6.1984 – 6 ABR 5/83: Macht ein AN mit seiner Beschwerde einen Rechtsanspruch geltend, kann die Einigungsstelle hierüber nicht verbindlich entscheiden.

BAG vom 22.11.2005 – 1 ABR 50/04: Befasst sich die Einigungsstelle mit der Beschwerde eines AN, muss sie in ihrer Entscheidung die tatsächlichen Umstände benennen, die der AG zur Vermeidung einer Beeinträchtigung des AN verändern soll.

§ 86a Vorschlagsrecht der Arbeitnehmer

Jeder Arbeitnehmer hat das Recht, dem Betriebsrat Themen zur Beratung vorzuschlagen. Wird ein Vorschlag von mindestens 5 vom Hundert der Arbeitnehmer des Betriebs unterstützt, hat der Betriebsrat diesen innerhalb von zwei Monaten auf die Tagesordnung einer Betriebsratssitzung zu setzen.

> Die Vorschrift bestimmt, dass ein Vorschlag der AN, den mindestens 5 % der Belegschaft unterstützen, innerhalb von zwei Monaten im BR besprochen werden muss.

Da der BR die Interessenvertretung der AN ist, können diese ihm auch vorschlagen, womit er sich beschäftigen soll. Eigentlich eine Selbstverständlickeit, aber es steht trotzdem nochmals ausdrücklich im Gesetz. Rechtliche Folgen hat ein solcher Vorschlag allerdings zunächst nicht, der BR muss erst dann, wenn 5 % der Belegschaft dies fordern, eine Sache auf die Tagesordnung der BR-Sitzung setzen, ist aber auch dann nicht dazu verpflichtet, lange darüber zu beraten, wenn er das nicht für sinnvoll erachtet.

> **Tipp für die Praxis**
>
> Wer tatsächlich auf die Arbeit des BR Einfluss nehmen will, macht das deshalb besser etwas „politischer“, indem er sich im Gremium informell Verbündete sucht, die sein Anliegen mittragen.

Dritter Abschnitt
Soziale Angelegenheiten

§ 87 Mitbestimmungsrechte

(1) Der Betriebsrat hat, soweit eine gesetzliche oder tarifliche Regelung nicht besteht, in folgenden Angelegenheiten mitzubestimmen:

1. Fragen der Ordnung des Betriebs und des Verhaltens der Arbeitnehmer im Betrieb;
2. Beginn und Ende der täglichen Arbeitszeit einschließlich der Pausen sowie Verteilung der Arbeitszeit auf die einzelnen Wochentage;
3. vorübergehende Verkürzung oder Verlängerung der betriebsüblichen Arbeitszeit;
4. Zeit, Ort und Art der Auszahlung der Arbeitsentgelte;
5. Aufstellung allgemeiner Urlaubsgrundsätze und des Urlaubsplans sowie die Festsetzung der zeitlichen Lage des Urlaubs für einzelne Arbeitnehmer, wenn zwischen dem Arbeitgeber und den beteiligten Arbeitnehmern kein Einverständnis erzielt wird;
6. Einführung und Anwendung von technischen Einrichtungen, die dazu bestimmt sind, das Verhalten oder die Leistung der Arbeitnehmer zu überwachen;
7. Regelungen über die Verhütung von Arbeitsunfällen und Berufskrankheiten sowie über den Gesundheitsschutz im Rahmen der gesetzlichen Vorschriften oder der Unfallverhütungsvorschriften;
8. Form, Ausgestaltung und Verwaltung von Sozialeinrichtungen, deren Wirkungsbereich auf den Betrieb, das Unternehmen oder den Konzern beschränkt ist;
9. Zuweisung und Kündigung von Wohnräumen, die den Arbeitnehmern mit Rücksicht auf das Bestehen eines Arbeitsverhältnisses vermietet werden, sowie die allgemeine Festlegung der Nutzungsbedingungen;
10. Fragen der betrieblichen Lohngestaltung, insbesondere die Aufstellung von Entlohnungsgrundsätzen und die Einführung und Anwendung von neuen Entlohnungsmethoden sowie deren Änderung;
11. Festsetzung der Akkord- und Prämiensätze und vergleichbarer leistungsbezogener Entgelte, einschließlich der Geldfaktoren;
12. Grundsätze über das betriebliche Vorschlagswesen;
13. Grundsätze über die Durchführung von Gruppenarbeit; Gruppenarbeit im Sinne dieser Vorschrift liegt vor, wenn im Rahmen des betrieblichen Arbeitsablaufs eine Gruppe von Arbeitnehmern eine ihr übertragene Gesamtaufgabe im Wesentlichen eigenverantwortlich erledigt.

(2) Kommt eine Einigung über eine Angelegenheit nach Absatz 1 nicht zustande, so entscheidet die Einigungsstelle. Der Spruch der Einigungsstelle ersetzt die Einigung zwischen Arbeitgeber und Betriebsrat.

> Die Vorschrift regelt die Mitbestimmung in verschiedenen Situationen, die unter dem Begriff „Soziale Angelegenheiten" zusammengefasst werden. Das Mitbestimmungsverfahren ist in jedem Fall erzwingbar, teilweise aber erst dann, wenn zunächst der AG initiativ geworden ist.

Themenübersicht

Arbeitsschutzmaßnahmen und Verhütung von Arbeitsunfällen/Berufskrankheiten (Nr. 7)
Gesetzliche/tarifliche Vorschriften
Initiativrechte
Verwaltung von Sozialeinrichtungen und Wohnräumen (Nr. 8 und 9)
Gesetzliche/tarifliche Vorschriften
Initiativrecht
Betriebliche Lohngestaltung (Nr. 10/11)
Gesetzliche/tarifliche Vorschriften
Initiativrechte
Betriebliches Vorschlagswesen (Nr. 12)
Gesetzliche/tarifliche Vorschriften
Initiativrecht
Grundsätze der Gruppenarbeit (Nr. 13)
Gesetzliche/tarifliche Vorschriften
Initiativrecht
Rechtsprechung

Zwingende Mitbestimmung

Die in dieser Vorschrift aufgezählten Sachverhalte haben vor allem eine Gemeinsamkeit: Der AG ist für eine rechtswirksame Umsetzung seiner Anliegen auf die Zustimmung des BR angewiesen. Dieser wiederum erteilt sie nach eigenem Ermessen, ohne dabei an Formen oder Fristen gebunden zu sein. Solange der AG kein ausdrückliches „Ja" des BR hat, darf er nicht tätig werden. Handelt er gleichwohl, kann diese Maßnahme keine für die AN nachteiligen rechtlichen Wirkungen entfalten.

Beispiel

Der AG verlangt von den AN, außerhalb der festgelegten Arbeitszeit am Samstag zur Arbeit zu erscheinen. Der BR ist nicht beteiligt worden. Die Weisung an die AN ist deshalb unverbindlich. Wer nicht kommt, muss deshalb auch keine Folgen wie Abmahnung oder gar Kündigung fürchten.

Anders sieht es mit Vorteilen aus, die aus einer Maßnahme herrühren, die der AG unter Missachtung des Mitbestimmungsrechts des BR ergriffen hat.

Beispiel

Der AG erklärt öffentlich auf der Betriebsversammlung, dass er wegen des guten Geschäftsergebnisses allen Beschäftigten eine Jahresprämie in Höhe von 20 % des jeweiligen Bruttogehalts zahlen wird. Eigentlich hätte er bei der Verteilung des insgesamt zur Verfügung gestellten Betrags den BR beteiligen müssen. Obwohl er das nicht getan hat, haben die Beschäftigten einen Anspruch auf die Prämie.

Bei der Äußerung auf der Betriebsversammlung handelt es sich um eine so genannte Gesamtzusage. Der AG darf zwar solche Leistungen bereitstellen, ohne den BR zu beteiligen, muss sich aber mit ihm über deren Verteilung einigen. Dieses Mitbestimmungsrecht geht auch nicht dadurch verloren, dass der AG durch die Auszahlung Fakten schafft. Der BR kann in diesen Verteilungsmodus auch später noch eingreifen.

Eilfälle/Direktionsrecht

Das Erfordernis der vorherigen Zustimmung des BR zu den Maßnahmen des AG besteht immer, auch dann, wenn dieser es besonders eilig hat. Der AG darf also keine „vorläufigen Anordnungen" oder Ähnliches treffen, weil ihn die Ereignisse überrennen (BAG vom 13.7.1977 – 1 AZR 336/75). Wenn er – etwa wegen dringender Wartungsarbeiten – kurzfristig Personal benötigt, das nicht eingeplant wurde, dann muss er rechtzeitig Vorsorge treffen und unter Einhaltung des Mitbestimmungsverfahrens Bereitschaftsdienste oder Ähnliches einrichten.

Ebenso wenig verbleibt in den der Mitbestimmung unterliegenden Angelegenheiten dem AG noch ein Rest des ursprünglichen Direktionsrechts. Vielmehr verhält es sich genau umgekehrt: Die Mitbestimmungsrechte bestehen immer dann, wenn der AG ohne die Existenz des BR ein Direktionsrecht hätte. Das Direktionsrecht tritt also in den in dieser Vorschrift genannten Sachverhalten immer hinter die Mitbestimmung zurück. Ohne dieses ursprünglich bestehende Direktionsrecht könnte es gar keine Mitbestimmung geben, die ja nur bei Handlungsalternativen des AG einen Sinn hat. Einfacher gesagt: Immer dann, wenn der AG in den in § 87 aufgezählten Fällen ein Direktionsrecht für sich beansprucht, weiß der BR: Das ist ein Fall für die Mitbestimmung.

Pflicht zur Mitbestimmung

Neben dem Recht hat der BR allerdings auch eine Pflicht zur Mitbestimmung: Er muss seine Mitbestimmungsrechte wahrnehmen und darf nicht einfach die Entscheidungsbefugnisse wieder an den AG zurück delegieren. Nach Gesetz besteht die Aufgabe des BR darin, in den mitbestimmungspflichtigen Angelegenheiten die Interessen der Beschäftigten zur Geltung zu bringen. Nimmt der diese nicht wahr und überlässt dem AG wieder alleine die Entscheidung, schafft er die Mitbestimmungsrechte faktisch wieder ab.

Beispiel

In einer Betriebsvereinbarung legen BR und AG fest, dass Beschäftigte zum Jahresende Leistungsprämien erhalten. Über die Höhe und Verteilung entscheiden die jeweiligen Vorgesetzten der Abteilungen im Rahmen von durch das Unternehmen zur Verfügung gestellten Budgets.

Vorgesetzte sind in diesem Fall Vertreter des AG, also hat der AG aufgrund der Betriebsvereinbarung ein einseitiges Entscheidungsrecht, wem er welche Prämien zuerkennt. Dies widerspricht aber der Regelung in § 87 Nr. 10 und 11, wonach der BR bei der leistungsbezogenen Vergütung mitreden muss. Der BR hätte hier also sein Mitbestimmungsrecht aufgegeben, was er nicht darf (BAG vom 26.4.2005 – 1 AZR 76/04).

Jeder darf zwar die Auffassung vertreten, der Einfluss des BR schränke den AG unzumutbar in seinen Möglichkeiten ein. Diese Haltung hat jedoch im BR selbst keinen Platz. Sie dort auszuleben hieße, die für Betriebe geschaffene Rechtsordnung zu unterwandern und die eigenen Wähler zu täuschen, die den BR in der Regel in Erwartung wählen, dass er sich später im Rahmen seiner Möglichkeiten auch für sie einsetzt. Wer die Mitbestimmung beschränken oder gar abschaffen möchte, sollte sich nicht zum BR wählen lassen, sondern in den Bundestag und dort nach Mehrheiten für seine Anliegen suchen.

Das Mitbestimmungsverfahren

Die Stärke des BR bei Angelegenheiten, die in dieser Vorschrift beschrieben sind, resultiert aus zwei Aspekten: Einerseits kann der AG ohne Zustimmung des BR sein Anliegen nicht durchsetzen, andererseits hat der BR die Möglichkeit, die Planungen des AG inhaltlich zu verändern, teilweise sogar eigene Initiativen durchzusetzen. Die Durchsetzung erfolgt jeweils, wenn die Betriebsparteien sich nicht einigen können, über die Einigungsstelle. Diesem Verfahren kann sich keine Seite entziehen, also auch nicht der BR. Will der AG z. B. Taschenkontrollen am Betriebstor durchsetzen, benötigt er die Zustimmung des BR hierzu. Bekommt er sie nicht, kann er von sich aus das Einigungsstellenverfahren einleiten. Wenn umgekehrt der BR eine Änderung der Arbeitszeit dergestalt anstrebt, dass an so genannten Brückentagen frei ist und ist der AG hiermit nicht einverstanden, muss der BR den Schritt in die Einigungsstelle machen. Bleibt die jeweils andere Seite diesem Verfahren fern, wird ohne sie – und dann im Zweifel auch gegen ihre Interessen – entschieden.

Was bei einem Verfahren vor der Einigungsstelle heraus kommt, ist offen. Die Einigungsstelle kann eine eigenständige Entscheidung treffen, die auch von den Überlegungen beider Betriebsparteien abweicht. Einigungsstellenverfahren werden also nicht „gewonnen" oder „verloren", sondern führen zu einem Ergebnis, das möglichst für beide Seiten tragbar sein soll. Deshalb ist es auch nicht sinnvoll, zur Vermeidung eines Einigungsstellenverfahrens voreilig Abstriche von den eigenen Anliegen zu machen (vgl. im Übrigen die Erläuterungen zu § 76).

Ausübung der Mitbestimmung

In welcher Weise das Mitbestimmungsrecht ausgeübt wird, ob durch Regelungsabsprache, also eine einfache Zustimmung, oder durch Betriebsvereinbarung, also einen förmlichen Vertrag mit dem AG, richtet sich ausschließlich nach dem Gesichtspunkt der Zweckmäßigkeit. Weiter in die Zukunft reichende Regelungen, etwa solche über die betriebliche Altersversorgung, können sinnvoll nur in einer förmlichen Vereinbarung getroffen werden, weil anderenfalls Jahre später nicht mehr klar sein wird, was konkret verabredet wurde. Die Zustimmung zum außerplanmäßigen Einsatz einzelner Beschäftigter außerhalb der Rahmenarbeitszeit hingegen kann auch durch eine einfache Mitteilung an den AG erfolgen. Wird die Zustimmung einmal erteilt, ist das Mitbestimmungsrecht – in der Sprache der Gerichte – „verbraucht". Das bedeutet: Der BR hat danach nur dann die Möglichkeit, wieder ins Geschehen einzugreifen, wenn er diese Zustimmung beseitigt, im Falle einer Betriebsvereinbarung diese also kündigt. Damit allerdings noch nicht genug, weil Vereinbarungen im Bereich der erzwingbaren Mitbestimmung gemäß § 77 Abs. 6 nachwirken, muss eine ablösende Vereinbarung geschlossen werden. Das wirkt sich insbesondere dann fatal aus, wenn der BR pauschal über Mitbestimmungsrechte disponiert hat.

Beispiel

In einer Betriebsvereinbarung stimmt der BR pauschal dem Arbeitseinsatz der AN an zehn Samstagen im Jahr zu, ohne diese festzulegen. Später kommt es zu einem Streit im Betrieb, weil der AG ausgerechnet an dem Samstag die Arbeitsleistung anfordern will, an dem das örtliche Stadtfest, bei dem viele AN engagiert sind, seinen Höhepunkt erreicht. Obwohl ein solcher Einsatz wohl unzumutbar sein wird, kann der BR nicht mehr eingreifen: Er hat mit seiner pauschalen Zustimmung dem AG für die Disposition von zehn Samstagen freie Hand gegeben. Die Beschäftigten müssten sich jetzt individuell gegen ihre Einteilung zur Schicht wehren, was aber nur schwer durchsetzbar ist.

Sich von einer Zustimmung wieder zu lösen, ist fast unmöglich, wenn der BR sie im Rahmen einer Regelungsabsprache für eine einmalige Durchführung der Samstagsschicht gegeben hat. Auch hier könnte der BR zwar theoretisch diese Zustimmung wieder kündigen und ein Einigungsstellenverfahren anstreben. Dies wird jedoch nicht rechtzeitig abgeschlossen sein.

Bevor der BR all zu großzügig Anliegen des AG im mitbestimmungspflichtigen Bereich pauschal genehmigt, sollte er sich daher überlegen, welche Rückzugsmöglichkeiten er hat, um bei späteren Konflikten doch wieder ins Spiel zu kommen. Damit diese Verantwortung auf alle Schultern verteilt ist, muss der Zustimmung auch ein entsprechender Beschluss im Gremium vorausgehen. Ohne diesen wäre eine dem AG erteilte Zustimmung oder auch die Unterschrift unter einer Betriebsvereinbarung unwirksam. Allerdings gewähren die Gerichte dem AG hier Vertrauensschutz. Wenn der BR-Vorsitzende außerhalb der Beschlussfassung des BR agiert, kann der AG sich darauf verlassen, dass alles seine Ordnung hat (BAG vom 17.2.1981 – 1 AZR 290/78). Auch wenn der Vorsitzende also seine Kompetenz in einer mitbestimmungspflichtigen Angelegenheit überschreitet und eine Zustimmung erteilt, die nicht von einem BR-Beschluss gedeckt ist, ist das Mitbestimmungsrecht verbraucht, der AG kann legal tätig werden, Die Unwirksamkeit kommt daher nur dann zum Tragen, wenn der AG wusste, dass der Vorsitzende hier einen Alleingang macht.

Kollektiver Bezug

Der BR soll die Interessen der AN in ihrer Gesamtheit wahrnehmen. Deshalb verlangt die Rechtsprechung, dass Maßnahmen einen „kollektiven Bezug" haben müssen, um der Mitbestimmung zu unterliegen. Im Grunde bedeutet dies, dass die Maßnahme nicht ausschließlich der Ausgestaltung eines einzelnen Arbeitsverhältnisses dienen darf (BAG vom 29.2.2000 – 1 ABR 4/99). Andererseits darf der AG aber auch nicht durch eine Vielzahl von Einzelvereinbarungen mit den Beschäftigten die Mitbestimmung umgehen (BAG vom 10.6.1986 – 1 ABR 61/85).

Beispiel

Der AG vereinbart mit allen Beschäftigten arbeitsvertraglich eine Betriebsruhe in der ersten Julihälfte eines jeden Jahres. Dabei handelt es sich jedoch um eine allgemeine Regelung zur Lage des Urlaubs, die mitbestimmungspflichtig ist. Ohne Zustimmung des BR sind die AN daher nicht an diese Terminfestlegung gebunden. Umgekehrt können sie allerdings beruhigt in der ersten Julihälfte zu Hause bleiben, da der AG auf die Arbeitsleistung für diese Zeit vertraglich verzichtet hat.

Ein kollektiver Bezug ist immer dann gegeben, wenn eine Maßnahme Auswirkungen auf mehrere AN hat, auch wenn nur ein einzelner letztlich davon betroffen ist. Selbst wenn der AG nur für eine Person Mehrarbeit anordnen möchte, dann sind dadurch doch kollektive Fragestellungen betroffen, nämlich ob es keine Alternativen zur Mehrarbeit gibt und ob nicht jemand anders besser dafür geeignet wäre (BAG vom 11.11.1986 – 1 ABR 17/85).

Eine besondere Bedeutung hat dieser kollektive Bezug mittlerweile im Falle der Reduzierung der Arbeitszeit nach dem TzBfG, weil hier Beschäftigte selber auch die Lage der Arbeitszeit angeben können, in der sie arbeiten wollen. Die Festlegung der Lage und des Reduzierungsvolumens unterliegen aber typischerweise der Mitbestimmung. Der gesetzliche Anspruch auf Reduzierung der Arbeitszeit soll das Mitbestimmungsrecht des BR nicht verdrängen (BAG vom 18.2.2003 – 9 AZR 164/02).

Hier wird man davon ausgehen müssen, dass die Entscheidung des AG darüber, ob er der gewünschten Lage der Arbeitszeit zustimmen kann, der Mitbestimmung unterliegt. Der kollektive Bezug ergibt sich daraus, dass zu den Zeiten, an denen die Beschäftigten mit reduzierter Arbeitszeit nicht mehr im Betrieb sind, andere für sie einspringen müssen.

Tarif- und Gesetzesvorbehalt

Ein Ausschluss für das Mitbestimmungsrecht ist der in Abs. 1 Satz 1 beschriebene Vorrang von Tarifvertrag und Gesetz. Damit ist eigentlich eine Selbstverständlichkeit gemeint: Wenn der AG selbst bei einer Maßnahme überhaupt nichts bestimmen kann, weil das Gesetz oder der Tarifvertrag alles vorschreibt, dann kann der BR auch nicht mitbestimmen.

Beispiel

Ein Tarifvertrag sieht die Auszahlung eines 13. Monatsgehalts im November vor. Der AG ist knapp bei Kasse und will die Auszahlung erst im Januar vornehmen. Das darf er aber nach Tarifvertrag ohnehin nicht, also gibt es dabei auch keine Mitbestimmung.

Dieser Zusammenhang ist gerade für die praktische Ausübung der Mitbestimmung von Bedeutung. Er zeigt, dass der BR seine Entscheidung über Zustimmung oder Ablehnung einer Maßnahme, etwa eines Dienstplans, nicht nach den Kriterien „rechtmäßig oder rechtswidrig" treffen kann. Wenn der Plan rechtwidrig ist, dann darf er ohnehin nicht in Kraft gesetzt werden, dann gibt es also auch keine Mitbestimmung. Zu kurz gegriffen wäre es damit allerdings auch, einen Dienstplan immer dann zu genehmigen, wenn er rechtmäßig ist, sich also auf eine reine Rechtskontrolle im Rahmen der Mitbestimmung zu beschränken. Die Rechtmäßigkeit der angestrebten

Maßnahmen ist die Voraussetzung, um überhaupt eine Entscheidung treffen zu können. Die Entscheidung ist bei mehreren rechtmäßigen Alternativen aus Sicht des BR im Mitbestimmungsverfahren also möglichst die, die für die Beschäftigten den größten Vorteil bringt. Beschränkt sich der BR dagegen auf eine Rechtskontrolle, nutzt er seine Möglichkeiten nicht aus und ist daher keine Interessenvertretung, sondern eine Art Betriebspolizei.

Die jeweilige Vorschrift im Gesetz oder Tarifvertrag muss, um die Mitbestimmungsrechte auszuschließen, den Sachverhalt abschließend regeln. Es darf kein Spielraum mehr für den AG bei der Ausgestaltung verbleiben.

Beispiel

Die meisten Tarifverträge legen Arbeitszeiten nur noch als Durchschnittswerte fest, die im Verlauf von sechs bis zwölf Monaten erreicht werden müssen. Dennoch findet sich daneben immer noch der Hinweis auf die regelmäßige wöchentliche Arbeitszeit, die dann ungleichmäßig über das Jahr verteilt werden kann. Hier besteht das Mitbestimmungsrecht bei der Frage, wie lange in den einzelnen Wochen gearbeitet werden soll, in vollem Umfang, weil der Tarifvertrag gerade dies offen lässt. Ohne Mitbestimmung könnte der AG hier einseitige Festlegungen treffen.

Dieser Vorrang des Tarifvertrags ist in ähnlicher Weise in § 77 Abs. 3 enthalten. Allerdings gibt es zwei wesentliche Unterschiede:

- In § 77 Abs. 3 steht der Abschluss von Betriebsvereinbarungen unter dem Vorbehalt, dass die Angelegenheit nicht tariflich geregelt ist. § 87 Abs. 1 Satz 1 enthält die Mitbestimmungsrechte, die ja auch in anderen Formen ausgeübt werden können.
- Der Abschluss einer Betriebsvereinbarung ist gemäß § 77 Abs. 3 auch dann ausgeschlossen, wenn der Tarifvertrag nur üblicherweise in der Branche gilt, der AG selbst muss daran gar nicht gebunden sein. § 87 Abs. 1 Satz 1 gibt dagegen nur Tarifverträgen den Vorzug, die auch tatsächlich im Betrieb gelten.

Aus diesem Unterschied ziehen die Gerichte den Schluss, dass immer dann, wenn ein Mitbestimmungsrecht nach § 87 gegeben ist, eine Betriebsvereinbarung auch dann wirksam abgeschlossen werden darf, wenn das eigentlich wegen Tarifüblichkeit gemäß § 77 ausgeschlossen ist (BAG vom 3.12.1991 – GS 2/90).

Beispiel

Ein Chemieunternehmen ist nicht im AG-Verband, der Branchentarifvertrag gilt daher bei ihm nicht im Sinne einer Tarifbindung. Der BR strebt den Abschluss einer Betriebsvereinbarung über ein Vergütungssystem an. Nach § 77 Abs. 3 wäre das nicht zulässig, weil der Branchentarifvertrag ein solches System enthält, das Vergütungssystem also üblicherweise tariflich geregelt ist. Da es aber ein Mitbestimmungsrecht in § 87 Abs. Nr. 10 für das Anliegen gibt und dieses nur in einer Betriebsvereinbarung sinnvoll ausgeübt werden kann, gilt für solche Fälle der Ausschluss in § 77 Abs. 3 nicht. Der BR kann daher eine Betriebsvereinbarung durchsetzen.

Regelungsebene BR/GBR/KBR

Im Normalfall ist für die Ausübung der Mitbestimmungsrechte nach § 87 der örtliche BR zuständig. Typische Fälle, in denen der GBR oder auch der KBR tätig werden müssen, sind unternehmenseinheitliche Vergütungsrichtlinien, betriebliche Altersversorgung oder die Schaffung von unternehmens- bzw. konzernweiten Sozialeinrichtungen und die konzernweite Einführung von EDV-Systemen, Telefonanlagen usw. Hier verliert der BR gemäß § 50 bzw. § 58 seine Zuständigkeit, wenn diese Maßnahmen nur einheitlich für Unternehmen bzw. Konzerne ergriffen werden können.

Initiativrecht

Häufig redet man im Bereich dieser Vorschrift von Initiativrechten des BR. Gemeint ist damit, dass der BR seine Anliegen in diesen Angelegenheiten mit dem entsprechenden Nachdruck bis in die Einigungsstelle verfolgen kann. Allerdings gilt dies nicht uneingeschränkt: In mehreren Fällen ist er davon abhängig, dass der AG zunächst selbst die Initiative ergreift, etwa bei der Schaffung von Sozialeinrichtungen. Das kann auch auf Vorschlag des BR hin passieren, der kann ihn aber nicht gegen den Willen des AG durchsetzen („ob“). Erst bei der Ausgestaltung der Sozialeinrichtung hat der BR wieder das volle Mitspracherecht („wie“).

Diese Differenzierung ist bei der Anwendung der einzelnen Mitbestimmungsrechte von großer Bedeutung, damit der BR mit seinen Initiativen nicht ins Leere läuft. Daher wird bei der folgenden Darstellung der einzelnen Mitbestimmungstatbestände immer darauf hingewiesen, wie weit das Initiativrecht im Einzelfall tatsächlich reicht.

Betriebliche Ordnung und Verhalten der AN (Nr. 1)

Das Mitbestimmungsrecht bezieht sich auf Regelung des Verhaltens der Beschäftigten untereinander oder gegenüber dem AG. Die Rechtsprechung nennt dies „Ordnungsverhalten", im Gegensatz zum „Leistungsverhalten", das die Art der Ausführung der vertraglich geschuldeten Arbeit betrifft. Letzteres ist mitbestimmungsfrei und unterliegt ausschließlich dem Direktionsrecht des AG (BAG vom 8.8.1989 – 1 ABR 65/88). Allerdings sind die Grenzen zwischen beiden meist fließend.

Beispiel

Die Anweisung an einen Busfahrer, zu bestimmten Zeiten an bestimmten Haltestellen zu sein, betrifft unmittelbar die vertraglich geschuldete Arbeitsleistung. Die Fahrpläne und damit auch die Verpflichtung der Beschäftigten, sie einzuhalten, sind mitbestimmungsfrei. Ob der Busfahrer aber eine schmucke Uniform oder ausgewaschene Jeans trägt, ist für die Personenbeförderung uninteressant. Hierbei handelt es sich ausschließlich um Imagepflege des AG, für die er auf ein bestimmtes Verhalten des AN außerhalb der reinen Arbeitsleistung angewiesen ist. Wenn er das durchsetzen will, benötigt er die Zustimmung des BR.

Nach dieser Unterscheidung unterliegen der Mitbestimmung als Ordnungsverhalten z. B.:

- die Durchführung von Torkontrollen,
- die Anweisung zur Bedienung von Zeiterfassungsgeräten,
- die Benutzung von elektronischen Türöffnern,
- die Belegungsordnung eines Parkplatzes,
- Rauch- und Alkoholverbote,
- die Mediennutzung außerhalb der Arbeitsaufgabe (Radio/Internet).

Früher wurde es für zulässig gehalten, dass Unternehmen sich eigene Strafbefugnisse für Verstöße gegen die Betriebsordnung angemaßt haben, z. B. Geldstrafen für Zu-Spät-Kommen. Diese wurden gleichfalls als Regelungen des Verhaltens der AN der Mitbestimmung unterworfen. Solche Betriebsbußen sind jedoch als Verstoß gegen das Gewaltmonopol des Staates nicht zulässig. Eine derartige Mitbestimmung scheidet schon wegen Verstoßes gegen den Gesetzesvorbehalt im Eingangssatz des § 87 aus. Übrig geblieben ist davon in der Praxis lediglich der Versuch, Abmahnungen oder Verweise als Strafe auszusprechen und damit der Mitbestimmung zu unterwerfen. Auch dies ist kaum von Bedeutung, weil die Abmahnung ein individualvertragliches Mittel ist, um Beschäftigte auf mögliche Folgen hinzuweisen, nicht aber, um sie zu bestrafen. Das Thema „Betriebsbuße" hat daher im modernen Betrieb nicht mehr viel zu suchen.

Gesetzliche/tarifliche Vorschriften

Vorschriften, die die Mitbestimmung einschränken, finden sich in großer Zahl, weil auch das „Ordnungsverhalten" unendlich viele Facetten haben kann. So muss und kann etwa keine Regelung zum Umgang mit handgreiflichen Auseinandersetzungen zwischen Kollegen auf betrieblicher Ebene gefunden werden, diese sind schon nach anderen Vorschriften unzulässig. Dasselbe gilt etwa für sexuelle Übergriffe, rassistische Äußerungen usw.

Initiativrecht

Initiativen zur Regelung der betrieblichen Ordnung können grundsätzlich sowohl AG als auch BR ergreifen. Allerdings macht die Rechtsprechung eine Einschränkung: Maßnahmen, die lediglich der Belastung der AN dienen, soll der BR nicht initiieren können (BAG vom 28.11.1989 – 1 ABR 97/88). Ob eine Maßnahme eine Belastung ist, lässt sich nicht immer mit Sicherheit beurteilen. In dem vom BAG beurteilten Fall wollte der BR bei der Entscheidung des AG, die Arbeitszeiterfassung abzuschalten, mitreden. Weil das BAG die elektronische Zeiterfassung als Belastung angesehen hat, und deren Abschaltung damit eine Wohltat sein musste, hat es die Notwendigkeit der Mitbestimmung verneint. Dies wäre heute schon wegen geänderter arbeitszeitrechtlicher Vorschriften, die eine Zeiterfassung im bestimmten Rahmen vorschreiben, nicht mehr haltbar. Auch die Wertung, dass eine Zeiterfassung eine Belastung der Beschäftigten ist, kann angesichts der Beweisnöte, in die Beschäftigte kommen, die die Vergütung für Mehrarbeit einklagen, kaum geteilt werden. Angesichts solcher Wertungsspielräume besteht kein Anlass, davon Abstand zu nehmen, in Anwendung dieses Mitbestimmungsrechts auch in Zweifelsfragen initiativ zu werden, bevor nicht ein Gericht sein endgültiges Urteil darüber gesprochen hat.

Lage der Arbeitszeit und der Pausen, Verkürzung und Verlängerung der Arbeitszeit (Nr. 2/3)

Kerngeschäft der BR-Arbeit ist die Festlegung der Lage der Arbeitszeit. Trotz zunehmender Flexibilisierung der Arbeitszeitregelung in Tarifverträgen soll den Beschäftigten eine sinnvolle Koordination von Arbeits- und Freizeit ermöglicht werden (BAG vom 15.12.1992 – 1 ABR 38/92).

Hierfür steht dem BR ein zweistufiges Mitbestimmungsrecht zur Verfügung: Auf der ersten Stufe werden die grundlegenden Festlegungen zu Beginn und Ende der Arbeitszeit, der Verteilung auf die Tage, Wochen und Monate und die Lage der Pausen getroffen. Das Ergebnis dieser Tätigkeit ist die „betriebsübliche Arbeitszeit". Auf der zweiten Stufe entsteht dann das Mitbestimmungsrecht erneut, wenn von dieser

Festlegung abgewichen werden soll, weil sich die Auslastung kurzfristig anders entwickelt. Dabei wird nicht unterschieden, ob es sich bei den AN um Vollzeit- oder um Teilzeitbeschäftigte, um Aushilfen, die nur wenige Tage im Betrieb sind, oder um geringfügig Beschäftigte handelt.

Das Mitbestimmungsrecht bei der Festlegung der Lage der Arbeitszeit ist umfassend. Es bezieht sich auf alle Einzelaspekte, insbesondere auf die Frage, wie eine Festlegung der Arbeitszeit erfolgt, wenn diese nicht mehr vorgegeben werden soll. Flexible Formen sind insbesondere die gleitende Arbeitszeit und tägliche Rahmenzeiten, innerhalb derer die AN selbst ihre Arbeitszeit organisieren, bis hin zur Vertrauensarbeitszeit. Solche Systeme ersetzen die verbindliche Vorgabe von täglichen Arbeitszeiten, von der das BetrVG im Prinzip noch immer ausgeht. Natürlich unterliegt damit auch die grundlegende Entscheidung darüber, ob flexibel oder starr gearbeitet werden soll, der Mitbestimmung. Dasselbe gilt für die Fragen, wie die Arbeitszeit über die Tage, Wochen und Monate verteilt wird, ob dies gleichmäßig oder ungleichmäßig erfolgt, in Schichten oder mittels Dienstplänen und ob es Bereitschaftsdienste oder Abrufarbeit geben soll.

Arbeitszeitsysteme, bei denen nur noch Rahmenzeiten (z. B. 6 – 20 Uhr) vorgegeben werden, innerhalb derer sich die konkrete Arbeitszeit nach dem betrieblichen Bedarf richtet, unterliegen auch dann der Mitbestimmung, wenn der AG sich völlig aus der Steuerung der Arbeitszeit zurückziehen will. Häufig bewirken solche Systeme allerdings eher das Gegenteil, nämlich die indirekte Steuerung durch Arbeitsanforderungen, die von allen Seiten auf die Beschäftigten einwirken und die jedoch letztlich in der Organisationshoheit des AG liegen. Solche Vereinbarungen sind unzulässig, wenn der AG auf diesem Weg ein einseitiges Bestimmungsrecht über die mitbestimmungspflichtige Angelegenheit „Festlegung der Lage der Arbeitszeit“ bekommt (BAG vom 29.9.2004 – 5 AZR 559/03).

Das Mitbestimmungsrecht besteht in gleicher Weise auch für die Festlegung der Pausen. Gemeint sind damit vorrangig die Arbeitsschutzpausen nach dem ArbZG. Es erfasst aber auch andere Arbeitsunterbrechungen, die über diese gesetzlichen Grenzen hinausgehen. Außerhalb von feststehenden Arbeitszeiten, wie z. B. in Schichtbetrieben, ist es üblich, nur noch einen Zeitkorridor zu bestimmen, innerhalb dessen je nach Arbeitsanfall die Pause gemacht werden kann. Dies ist nur dann zulässig, wenn auch tatsächlich gewährleistet ist, dass die Pause genommen werden kann (BAG vom 27.2.1992 – 6 AZR 478/90).

Das Mitbestimmungsrecht geht über die Festlegung der Uhrzeiten, wann die Arbeitszeit beginnt und endet, hinaus. Anderenfalls würde es den Schutzzweck, dem AN die Koordination von Arbeits- und Freizeit zu ermöglichen, nicht erfüllen. Insbesondere umfasst es auch die Frage, wer zu welchen Zeiten arbeiten soll. Deutlich wird dies bei der Schichtarbeit: Neben der Lage der Schichten, deren Beginn und Ende und dem Schichtrhythmus erstreckt sich das Mitbestimmungsrecht auch auf die Frage, welcher AN in welcher Schicht arbeitet (BAG vom 28. 5. 2002 - 1 ABR 40/01).

Arbeitspflicht

Nur wenn das Mitbestimmungsverfahren bei der Gestaltung der Arbeitszeit durchlaufen wurde, entsteht auch eine Arbeitsverpflichtung der Beschäftigten zu den festgelegten Zeiten. Der AG hat also kein Direktionsrecht, das die fehlende Einigung mit dem BR ersetzt. Hier kann ihm nur die Einigungsstelle helfen.

Individuelle Rechte der AN werden durch die Einigung zwischen BR und AG nicht beeinträchtigt. Wer vertraglich eine Arbeitszeit von Montag bis Freitag vereinbart hat, muss also auch dann nicht am Samstag kommen, wenn eine Betriebsvereinbarung das verlangt. Allerdings muss die Regelung im Arbeitsvertrag eindeutig sein. Gerade hieran fehlt es jedoch in der Regel, wie sich etwa bei der Mehrarbeit zeigt. Zwar hat fast jeder eine bestimmte Wochenarbeitszeit vereinbart. Daneben enthalten aber die meisten Formulararbeitsverträge und Tarifverträge eine Verpflichtung zur Leistung von Mehrarbeit.

Auf diese Weise werden auch scheinbar eindeutige Festlegungen zur Lage der Arbeitszeit aufgeweicht, etwa durch Klauseln, die trotz 5-Tage-Woche bei Erforderlichkeit auch die Arbeit an Wochenenden vorschreiben. Solche Optionen mit Leben zu füllen ohne die Interessen der AN zu ignorieren, ist die Aufgabe des Mitbestimmungsverfahrens. Dabei muss der BR berücksichtigen, dass seine Zustimmung dann auch bei ungünstiger Lage der Arbeitszeit zur Arbeitspflicht führt, gegen die die einzelnen Beschäftigten sich nicht mehr wehren können.

Verlängerung und Verkürzung der Arbeitszeit

Die Regelung in Nr. 3 „vorübergehende Verlängerung der betriebsüblichen Arbeitszeit" wird häufig unter dem Aspekt „Mitbestimmung bei Mehrarbeit/Überstunden" wahrgenommen. Dies führt jedoch in die Irre, weil unter Mehrarbeit in der Regel die Überschreitung der tarifvertraglichen oder der einzelvertraglich vereinbarten Regelarbeitszeit verstanden wird, die häufig mit Zuschlägen vergütet werden muss. Das hat in vielen Betrieben mit dem Mitbestimmungsrecht nichts mehr zu tun, weil dort Rahmenregelungen existieren, die bereits einen Teil von Mehrarbeit oder Überstunden erlauben. Für diese hat der BR dann sein Mitbestimmungsrecht verbraucht. Der AG ist nicht mehr auf seine Zustimmung angewiesen und umgekehrt kann der BR diese auch nicht mehr verhindern. Der Umstand, dass eine Stunde zuschlagspflichtig oder die Überschreitung der vereinbarten Arbeitszeit ist, führt daher nicht unbedingt in die Mitbestimmung. Auf der anderen Seite sind aber alle

Überschreitungen, auch wenn sie nicht zu zusätzlicher Vergütung führen, mitbestimmungspflichtig, wenn sie Grenzen überschreiten, die in einer Betriebsvereinbarung gezogen wurden. Das kann z. B. die Arbeit nach dem Ende der täglichen Rahmenzeit sein oder auch die Weiterarbeit, wenn Saldengrenzen im Arbeitszeitkonto überschritten wurden. Die Beteiligungsrechte des BR bestehen auch dann, wenn Beschäftigte freiwillig solche Grenzen überschreiten. Maßgeblich ist allein, ob der AG die Arbeitsergebnisse im Wissen um diese Überschreitungen annimmt oder ob er zumindest hätte merken müssen, dass diese Überschreitungen stattgefunden haben. In der Regel reicht es aus, wenn der BR den AG einmal auf diesen Umstand hinweist, dann kann er sich später nicht mehr darauf zurückziehen, er habe von den Vorgängen nichts gemerkt.

Teilzeit

Ein besonderes Problem stellt die Lage der Arbeitszeit dar, wenn AN einen Reduzierungswunsch gemäß § 8 Teilzeit- und Befristungsgesetz (TzBfG) durchsetzen. Damit einher gehen kann auch eine Vereinbarung zwischen AG und AN über die konkrete Lage der Arbeitszeit, die sich allerdings im Rahmen der Vereinbarungen mit dem BR halten muss (BAG vom 18.2.2003 – 9 AZR 164/02).

Beispiel

Eine Betriebsvereinbarung sieht vor, dass die Beschäftigten im Zeitrahmen von 7 bis 19 Uhr an den Tagen Montag bis Freitag ihre Arbeitsleistung erbringen müssen. Der AG einigt sich mit einem AN über die Reduzierung seiner Arbeitszeit auf vier Stunden täglich, die zwischen 18 und 22 Uhr zu erbringen sind.

Dieser Teil der Vereinbarung widerspricht der Betriebsvereinbarung und ist daher unwirksam. Der BR müsste einer solchen Verteilung der Arbeitszeit erst zustimmen.

Gesetzliche/tarifliche Vorschriften

Zur Arbeitszeit gibt es vielfältige gesetzliche und tarifliche Regelungen, die das Mitbestimmungsrecht jedoch nur wenig beschränken. Die gesetzlichen Regelungen ziehen jeweils Grenzen, die den Gesundheitsschutz der AN sicherstellen sollen. Das sind die auf den Tag und die Woche bezogenen Höchstarbeitszeiten, Mindestruhezeiten und die Pausen. Sie geben den Rahmen an, innerhalb dessen Mitbestimmung möglich ist. Eine Überschreitung ist unzulässig und von daher auch nicht der Mitbestimmung unterworfen. Allerdings wirken diese Grenzen erst, wenn keine Ausnahmevorschrift mehr eine Überschreitung zulässt.

Beispiel

Das ArbZG beschränkt die tägliche Höchstarbeitszeit auf acht Stunden, erlaubt aber auch eine Verlängerung auf zehn Stunden, wenn diese auf einen Durchschnitt von 48 Stunden pro Woche ausgeglichen werden. Eine Überschreitung der Zehn-Stunden-Grenze wiederum ist bei Arbeitsbereitschaft bzw. Bereitschaftsdienst zulässig, wenn ein Tarifvertrag es erlaubt und bei Notfällen bzw. außergewöhnlichen Situationen, wie sie in § 14 ArbZG beschrieben sind.

Die Grenzen zwischen „erlaubt" und „nicht erlaubt" sind vom Gesetz her also fließend. Wenn die Überschreitung der zehn Stunden nach Gesetz zulässig ist, besteht auch ein Mitbestimmungsrecht.

Tarifvertragliche Regelungen zur Arbeitszeit enthalten praktisch keine Beschränkungen für die Mitbestimmung nach § 87. Tarifverträge legen in der Regel nur fest, wie das Verhältnis von Zeit und Geld ist, für wie viele Stunden Arbeit also die volle Regelvergütung bezahlt wird und ab wann es zusätzliches Geld gibt. Da praktisch kein Tarifvertrag mehr von starren Arbeitszeiten ausgeht, müssen alle Fragen, insbesondere auch die konkrete Dauer der Arbeitszeit in jeder Woche, im Mitbestimmungsverfahren geklärt werden. Nur dort, wo die Lage und damit die Dauer der Arbeitszeit für den Arbeitstag abschließend durch den Tarifvertrag geregelt sind, ist das Mitbestimmungsrecht beschränkt. Das gibt es aber praktisch nicht mehr. Insoweit hat auch die häufig wiederholte Behauptung, der BR habe kein Mitbestimmungsrecht bei der Festlegung der Dauer der Arbeitszeit, keine praktische Bedeutung. Die Mitbestimmung kann lediglich nicht das Verhältnis zwischen zu arbeitender Zeit und dafür zu bezahlendem Geld verändern. Wohl aber ist es auf diesem Weg möglich, die Arbeitszeit zu verringern mit der Folge einer geringeren Vergütung, nämlich bei Kurzarbeit, oder sie durch Mehrarbeit zu verlängern mit der Folge einer höheren Vergütung.

Initiativrecht

Der BR kann im Bereich der Arbeitszeitgestaltung unbeschränkte Initiativen ergreifen, er kann versuchen, Verlängerungen wie Verkürzungen der betriebsüblichen Arbeitszeit zu initiieren, auf die Verteilung Zugriff nehmen usw. Ob er sich damit durchsetzt, wird sich im Streitfall im Einigungsstellenverfahren zeigen.

Zeit, Ort und Art der Auszahlung der Arbeitsentgelte (Nr. 4)

Dieses Mitbestimmungsrecht bezieht sich nur auf die Modalitäten der Vergütungszahlung, nicht aber auf die Vergütung selbst. Hier wird entschieden, ob zum Monatsbeginn, zur Monatsmitte oder zum Monatsende ausgezahlt wird. Auch dies unterliegt Grenzen, entweder durch Tarifvertrag, weil hier die Auszahlungszeitpunkte schon bestimmt sind, oder aber nach dem allgemeinen Grundsatz des § 75, der es verbietet, AN entgegen den Grundsätzen von Recht und Billigkeit zu behandeln. Eine Vereinbarung, die längerfristig zur Stundung von Vergütung führt, weil der Auszahlungszeitpunkt weit nach hinten geschoben wird, würde die AN gegen ihren Willen zum Kreditgeber für den AG machen. Dies ist nicht zulässig.

Im Übrigen war das Mitbestimmungsrecht von Bedeutung, als von der Barauszahlung auf den bargeldlosen Zahlungsverkehr umgestellt wurde. Inzwischen kann jedoch davon ausgegangen werden, dass jeder AN über ein Bankkonto verfügt, auf das auch das Entgelt überwiesen wird. Deshalb ist die Frage, ob der AG den Lohn nicht doch wieder wie früher in einer Tüte aushändigt, eher eine, die Juristen, nicht aber betriebliche Praktiker bewegt.

Das BAG hat es für zulässig erachtet, mittels dieses Mitbestimmungsrechts auch die Erstattung von Kontoführungsgebühren durch den AG zu erzwingen (BAG vom 10.8.1993 – 1 ABR 21/93). Außerdem war es ursprünglich Teil der Regelungen zur Auszahlung des Arbeitsentgelts, dass Beschäftigte eine Stunde im Monat frei bekamen, um während der üblichen Öffnungszeiten der Banken ihr Geld abzuholen. Angesichts veränderter Arbeitszeiten und der Möglichkeit, jederzeit auf – kostenlos geführte – Gehaltskonten an Automaten zuzugreifen, haben solche Überlegungen heute gleichfalls keine Bedeutung mehr. Jedenfalls wird sich angesichts dessen kaum noch eine solche Regelung in einer Einigungsstelle durchsetzen lassen.

Gesetzliche/tarifliche Vorschriften

Gesetzliche Regelungen, die das Mitbestimmungsrecht bei der Auszahlung der Arbeitsentgelte beschränken würden, bestehen kaum. Hier ist allenfalls § 107 Gewerbeordnung zu beachten, der eine Berechnung und Auszahlung der Vergütung in Euro vorschreibt. Tarifverträge sehen teilweise Auszahlungszeitpunkte vor, so etwa der TVöD. Insoweit ist die Mitbestimmung eingeschränkt.

Initiativrecht

Der BR hat ein umfassendes Initiativrecht im Rahmen dieser Vorschrift. Er kann von sich aus Einigungsstellenverfahren zur Entscheidung über seine Anliegen in Gang setzen.

Allgemeine Urlaubsregelungen (Nr. 5)

Das Mitbestimmungsrecht zur Festlegung allgemeiner Urlaubsgrundsätze erstreckt sich auf alle Urlaubstypen, also den gesetzlichen und tariflichen Erholungsurlaub genauso wie den Bildungsurlaub, Sonderurlaube usw. Der Mitbestimmung unterliegen allgemeine Festlegungen zur Verteilung des Urlaubs auf das Jahr, insbesondere in Form eines Urlaubsplans, nicht aber zur Dauer des Urlaubs. Eine Betriebsvereinbarung kann etwa bestimmen, ab welchem Zeitpunkt ein Urlaubsplan verbindlich ist und der AG nur noch mit Zustimmung von BR und AN hiervon abweichen darf. Zu den Regelungen nach Nr. 5 zählt beispielsweise auch die Einführung von Betriebsferien, die Beschäftigte verpflichtet, zu einem bestimmten, vom Betrieb festgelegten Zeitpunkt, einen erheblichen Anteil des individuellen Erholungsurlaubs zu verbrauchen.

Eine allgemeine Urlaubsregelung und damit mitbestimmungspflichtig ist auch die Einräumung von Sonderurlaub, der in der Regel nicht bezahlt wird. Das können Freistellungen für Bildungsmaßnahmen, für Heimataufenthalte von AN aus anderen Ländern usw. sein. In einer solchen Vereinbarung werden die Voraussetzungen festgelegt, unter denen dieser Sonderurlaub vom AG gewährt werden muss.

Eine Besonderheit bietet das Mitbestimmungsrecht insofern, als der BR hier den Beschäftigten auch helfen kann, ihren individuellen Urlaubsanspruch zu realisieren. Besteht hierüber Streit, hat der betroffene AN zwei Möglichkeiten: Er kann versuchen, diesen Urlaubsanspruch arbeitsgerichtlich mittels einstweiliger Verfügung durchzusetzen oder er versucht, den BR für sein Anliegen zu gewinnen, damit dieser die Angelegenheit in einer Einigungsstelle entscheiden lässt.

Gesetzliche/tarifliche Vorschriften

Gesetzliche Regelungen, die das Mitbestimmungsrecht bei der Festlegung allgemeiner Urlaubsgrundsätze oder den Urlaubsplan beeinflussen oder beschränken, sind im Bundesurlaubsgesetz enthalten. Hier ist insbesondere zu beachten, dass nicht genommener Urlaub nur unter engen Voraussetzungen in das Folgejahr übertragen werden darf. Auf die Urlaubsplanung dagegen beziehen sich die gesetzlichen Vorschriften nicht.

Tarifvertragliche Regelungen, die eine Einschränkung der Mitbestimmung vorsehen könnten, sind nicht bekannt.

Initiativrecht

Der BR hat ein umfassendes Initiativrecht in Fragen der Urlaubsplanung, soweit dabei gesetzliche oder tarifliche Urlaubsansprüche verteilt werden. Er kann für die Gestaltung einer Urlaubsplanung oder die Einführung von Betriebsferien ebenso initiativ werden wie für deren Abschaffung. Die Gewährung von Sonderurlaub dagegen ist eine freiwillige Leistung des AG, die der BR im Mitbestimmungsverfahren nicht durchsetzen kann. Das Mitbestimmungsrecht setzt erst ein, wenn der AG Sonderurlaub gewährt oder gewähren will.

Einführung technischer Kontrolleinrichtungen (Nr. 6)

Das Mitbestimmungsrecht bei der Einführung und Anwendung von technischen Kontrolleinrichtungen erstreckt sich auf alle Anlagen, die zur Überwachung von Leistung und/oder Verhalten der AN geeignet sind, unabhängig davon, ob der AG solche Möglichkeiten auch tatsächlich nutzen will (BAG vom 23.4.1985 – 1 ABR 39/81). Jedes EDV-System, jede Telefonanlage und mittlerweile auch moderne Türschließsysteme, zeichnen Datenspuren von ihren Nutzern auf und ermöglichen so eine Überwachung. Das Mitbestimmungsrecht ist unabhängig davon, ob sich die Datenerhebung auf die Arbeitsleistung oder das Verhalten im Rahmen der Betriebsordnung beziehen soll.

Mitbestimmungsfrei sind nur Erhebungen, die ohne Einsatz technischer Mittel getätigt werden, also die persönliche Beobachtung durch Vorgesetzte, Detektive usw. Sobald allerdings die auf diese Weise gewonnenen Daten per EDV weiter verarbeitet werden, entsteht sofort wieder das Mitbestimmungsrecht (BAG vom 14.9.1984 – 1 ABR 23/82). Die Zeitnahme mittels mechanischer Stoppuhr unterliegt somit nicht der Mitbestimmung, weil die technische Einrichtung „Stoppuhr" selbst keine Daten erfasst. Kann sie das doch, weil sich darin ein kleiner Computer mit unzähligen Funktionen verbirgt, handelt es sich wieder um eine technische Kontrolleinrichtung, deren Einsatz ohne Zustimmung des BR unzulässig ist.

Nicht der Mitbestimmung unterliegen auch von den Beschäftigten selbst gefertigte Tätigkeitsberichte oder Zeitbögen, die der späteren Abrechnung von Projekten dienen. Allerdings gilt auch hier wieder: Sobald die Daten später per EDV weiter verarbeitet werden, ist das Mitbestimmungsrecht wieder gegeben.

Ist die Maßnahme des AG von vornherein gesetzlich nicht zulässig, entfällt auch die Mitbestimmung. Das ist insbesondere bei Eingriffen in das allgemeine Persönlichkeitsrecht der Beschäftigten der Fall. Diese Grenze wird in der Regel überschritten, wenn Beschäftigte heimlich einer ständigen Überwachung durch Videokameras, Mikrofone oder Ähnlichem ausgesetzt sind. Allerdings hält die Rechtsprechung in begründeten Ausnahmefällen eine solche Überwachungsmaßnahme für zulässig (BAG vom 27.3.2003 – 2 AZR 51/02).

Tipp für die Praxis

Der BR ist daher gut beraten, frühzeitig aktiv zu werden und sich nicht darauf zu verlassen, dass die Anliegen des AG ohnehin wegen Eingriffs in das Persönlichkeitsrecht unzulässig sind.

Gesetzliche/tarifliche Vorschriften

Tarifliche Grenzen für das Mitbestimmungsrecht bei technischen Kontrolleinrichtungen sind nicht bekannt und allenfalls in Haustarifverträgen zur Einführung von EDV-Anlagen enthalten. Als gesetzliche Grenze der Mitbestimmung ist insbesondere das Bundesdatenschutzgesetz zu beachten, von dessen Standards allerdings zumindest zum Teil durch Betriebsvereinbarung abgewichen werden darf, nicht aber durch Regelungsabsprache (BAG vom 27.5.1986 – 1 ABR 48/84).

Initiativrecht

Das Initiativrecht des BR ist beschränkt, weil technische Überwachungseinrichtungen immer zu einer Belastung der Beschäftigten führen. Im Fall einer Zeiterfassungsanlage ist das BAG der Auffassung, diese könne vom BR nicht durchgesetzt werden (BAG vom 28.11.1989 – 1 ABR 97/88). Allerdings ist dies angesichts geänderter gesetzlicher Grundlagen zweifelhaft (vgl. oben im Abschnitt „Betriebliche Ordnung – Nr. 1"). Im Grunde aber gilt: Der BR hat wenig Veranlassung, selbst Belastungen der Beschäftigten herbeizuführen und muss sich daher eigentlich keine Gedanken darüber machen, ob er diese erzwingen kann.

Arbeitsschutzmaßnahmen und Verhütung von Arbeitsunfällen/ Berufskrankheiten (Nr. 7)

Das Mitbestimmungsrecht erstreckt sich auf alle Entscheidungen des betrieblichen Arbeitsschutzes. Voraussetzung ist einerseits, dass der AG aufgrund gesetzlicher Regelungen zum Handeln verpflichtet ist, andererseits aber noch Spielraum bei diesen Entscheidungen hat. Im Gegensatz zu den anderen Mitbestimmungsrechten schließt also die gesetzliche Regelung zum jeweiligen Thema die Mitbestimmung nicht aus, sondern ist sogar Voraussetzung dafür. Nur wenn die gesetzliche Vorschrift eine abschließende Regelung für die zu entscheidende Sachfrage trifft, scheidet die Mitbestimmung aus.

Beispiel

Gemäß § 5 ArbSichG muss unter bestimmten Voraussetzungen eine Fachkraft für Arbeitssicherheit bestimmt werden. Diese Vorgabe ist bindend, der AG hat keinen Ermessensspielraum. Deshalb muss er den BR auch nicht beteiligen. Wen er allerdings mit dieser Aufgabe betraut, ob einen AN des Betriebs oder einen externen Spezialisten, schreibt das Gesetz nicht vor. Deshalb unterliegt diese Entscheidung in vollem Umfang der Mitbestimmung.

Da im Zeichen der Liberalisierung früher verbindliche gesetzliche Vorgaben – z. B. die Arbeitsstättenrichtlinie – aufgeweicht wurden und nur noch wenig konkrete Vorgaben enthalten, haben sich die Spielräume für den AG erweitert. Folglich bestehen auch in sehr viel weiterem Umfang als früher Mitbestimmungsrechte beim Arbeitsschutz. Die Reichweite dieser verwässerten Vorschriften und die so genannten Generalklauseln in verschiedenen Gesetzen schaffen ein fast unbegrenztes Feld mit mitbestimmungspflichtigen Maßnahmen zum Schutz der AN. Eine solche Generalklausel findet sich etwa in § 618 BGB, der den AG allgemein verpflichtet, Räume, Vorrichtungen und Gerätschaften so einzurichten und zu erhalten, dass Gefahren für Leib und Leben bei Beschäftigten weitgehend minimiert werden. Alles das, was zur Ausfüllung dieser Vorschrift unternommen wird, unterliegt der Mitbestimmung.

Dieses sehr umfassende Mitbestimmungsrecht kann der BR nutzen, um eine sinnvolle Arbeitsschutzorganisation im Betrieb zu etablieren. Ausgangspunkt ist die Gefährdungsanalyse gemäß § 5 Arbeitsschutzgesetz. Diese soll dazu dienen, den Betrieb gründlich auf Gefährdungen hin zu durchleuchten und Maßnahmen festzulegen, die verhindern, dass sich solche Risiken verwirklichen. Das Mitbestimmungsrecht des BR erstreckt sich hier sowohl auf die Frage, wer diese Gefährdungsanalyse durchführt als auch nach welcher Methode und auf welches Gefährdungspotenzial die Arbeitsplätze untersucht werden. Häufig bleiben dabei psychische Belastungen oder Beeinträchtigungen der sozialen Beziehungen der AN völlig außen vor. Ohne entsprechende Initiative des BR wird sich hieran auch nichts ändern.

Unter Umständen können auch finanzielle Folgen durch dieses Mitbestimmungsrecht beeinflusst werden. So schreibt das Arbeitszeitgesetz in § 6 Abs. 5 vor, dass zum Ausgleich für Nachtarbeit entweder Freizeit gewährt oder ein zusätzliches Arbeitsentgelt gezahlt werden muss. Die Auswahl zwischen diesen beiden Alternativen – wenn sie nicht durch den Tarifvertrag bereits im Sinne der Vergütung getroffen wurde – unterliegt gleichfalls der erzwingbaren Mitbestimmung (BAG vom 26.4.2005 – 1 ABR 1/04).

Gesetzliche/tarifliche Vorschriften

Gesetzliche Vorgaben bestehen im Bereich des Arbeitsschutzes in großer Zahl, sie beschränken die Mitbestimmung aber nur dann, wenn sie verbindlich die konkrete Maßnahme festlegen, was selten der Fall ist. Tarifliche Regelungen zum Arbeitsschutz existieren vor allem in Form von Ausgleichsregelungen, etwa Zuschlägen zur Nachtarbeit. Insoweit schließen sie dann das Mitbestimmungsrecht aus. Allerdings ist eine solche finanzielle Regelung nur ein Ausgleich für die Folgen der Belastung und kein rechtlicher Hinderungsgrund für den BR, im Rahmen dieses Mitbestimmungsrechts auf deren Reduzierung oder Beseitigung hinzuwirken. Dass es für Nachtarbeit mehr Geld gibt, heißt nicht, dass sie zwingend stattfinden muss.

Initiativrechte

Der BR hat in vollem Umfang Initiativrechte im Rahmen dieser Vorschrift. Er ist in seinen Initiativen unabhängig davon, ob der AG selbst auch entsprechend tätig werden will.

Sinnvoll ist es, sich angesichts der Komplexität der Materie der Unterstützung von Sachverständigen gemäß § 80 Abs. 2 und 3 zu bedienen.

Verwaltung von Sozialeinrichtungen und Wohnräumen (Nr. 8 und 9)

Sozialeinrichtungen sind gesondert verwaltete Vermögensgegenstände des AG, die dazu bestimmt sind, Leistungen für die AN zu erbringen. Beispiele hier für sind: Pensions- und Unterstützungskassen, Betriebskindergärten, Kantinen, Sportanlagen oder Erholungsheime. Im Unterschied dazu sind Sozialleistungen wie z. B. die Betriebsrente, die der AG ohne ein solches separates organisatorisches Gerüst erbringt, keine Sozialeinrichtungen. Hier richtet sich die Mitbestimmung nach anderen Vorschriften, in der Regel nach Nr. 10.

Das Mitbestimmungsrecht ist beschränkt auf die Ausgestaltung und Verwaltung der Einrichtung. Voraussetzung ist also, dass der AG eine solche überhaupt schafft. Es muss sich um eine Einrichtung handeln, deren Wirkungskreis auf die AN des Betriebs bzw. des Unternehmens beschränkt ist. Eine Kantine, die gleichzeitig als öffentliches Restaurant genutzt werden kann, zählt nicht mit zu den Sozialeinrichtungen im Sinn dieser Vorschrift (BAG vom 21.6.1979 – 3 ABR 3/78). Nur wenn sich das Angebot vorwiegend an die eigenen AN als Kunden richtet, soll die Entscheidung, ob dort gesunde und der Arbeitsleistung angemessene Kost oder nur „Pommes rot/weiß“ angeboten werden, durch den BR zu beeinflussen sein. Kriterien sind dann nicht mehr nur Verkaufszahlen, sondern auch der Aspekt, welche Anforderung an das Essen aufgrund der Belastungssituation, etwa bei Nachtarbeit, bestehen. Die Sozialeinrichtung ist allerdings auch dann noch für die AN des Unternehmens oder Konzerns eingerichtet, wenn dort gelegentlich Gäste oder ehemalige Betriebsangehörige essen können.

Da inzwischen solche Sozialeinrichtungen fast ausschließlich in rechtlich verselbständigter Form geführt werden, Kantinen also etwa an Catering-Firmen verpachtet sind, beschränkt sich das Mitbestimmungsrecht in der Regel auf die Beeinflussung der dem AG gegenüber dem Caterer noch bestehenden Weisungsbefugnisse (BAG vom 13.7.1987 – 3 ABR 108/77).

Ein Sonderfall der Sozialeinrichtungen sind Wohnräume, die der AG an AN vermietet, ohne dass dies für die Arbeit selbst erforderlich ist. Gemeint sind keine Werkdienstwohnungen, die zur Erledigung der übertragenen Aufgaben dienen, etwa für Hausmeister oder für Personal im Verkehrsgewerbe, die auswärtig übernachten müssen.

Das Mitbestimmungsrecht bei der Verwaltung von Wohnungen bezieht sich auf alle vertraglichen Fragen, also von der Vermietung bis zu Kündigung, der Mietpreisgestaltung und aller Nutzungsbedingungen wie Hausordnung usw. Nebenkosten lassen sich allerdings nur insoweit beeinflussen, als sie der Entscheidungsbefugnis des AG unterliegen und ihm nicht durch Dritte, insbesondere Kommunen, auferlegt werden.

Gesetzliche/tarifliche Vorschriften

Gesetzliche Bestimmungen, die die Mitbestimmungsrechte beschränken, sind vielfältig, etwa aus dem Lebensmittelrecht bei Kantinen oder den Vorgaben für Kindergärten nach Landesrecht. Für Wohnräume macht das gesetzliche Mieterschutzrecht zwingende Vorgaben. Seltener sind dagegen tarifliche Vorgaben, sie kommen praktisch nur in Haustarifverträgen für größere Konzerne vor.

Initiativrecht

Der BR hat ein uneingeschränktes Initiativrecht bezüglich der Gestaltung solcher Sozialeinrichtungen, wenn sie denn existieren. Das Mitbestimmungsrecht nützt ihm allerdings nichts, wenn der AG solche Einrichtungen nicht schaffen will. Dann gibt es auch nichts zu gestalten.

Betriebliche Lohngestaltung (Nr. 10/11)

Das Mitbestimmungsrecht bei der Vergütungsgestaltung im Betrieb bezieht sich auf alle Gegenleistungen des AG für die Arbeit des AN. Hierzu gehören also neben der normalen Vergütung, die monatlich auf das Konto überwiesen wird, auch

- Provisionen und Prämien in aller Art,
- Preise in einem Wettbewerb,
- Zuschüsse zu Kindergartenbeiträgen,
- Leistungen der betrieblichen Altersversorgung,
- Personalrabatte,
- Essenszuschüsse usw.

Da das Arbeitsverhältnis ein Vertragsverhältnis auf Gegenseitigkeit ist, kann man davon ausgehen, dass jede Leistung des AG eine Gegenleistung für die Arbeit ist. Geschenke werden im Arbeitsleben in der Regel nicht verteilt. Auch wenn diese Leistungen als „freiwillige“ Leistungen des AG bezeichnet werden, haben sie immer noch Vergütungscharakter und unterliegen daher der Mitbestimmung. So kann der BR die Regelungen der betrieblichen Lohnfindung beeinflussen und die Transparenz des innerbetrieblichen Vergütungsgefüges erhöhen (BAG vom 14.2.1999 – 1 ABR 97/98).

Allerdings sind zwei wesentliche Einschränkungen zu machen: Zum einen bezieht sich das Mitbestimmungsrecht immer nur auf Verteilungsgrundsätze. Die Höhe von Vergütungen kann nur bei leistungsbezogenen Entgelten beeinflusst werden, also etwa Akkordlöhnen oder Zielvereinbarungen. Die zweite Einschränkung ergibt sich aus dem Eingangssatz der Vorschrift: Gerade im Bereich dieser Verteilungsgrundsätze machen gewöhnlich tarifliche Regelungen Vorgaben, indem sie Entgeltgruppen aufstellen. Ist der Betrieb tarifgebunden, gibt es daher kein Mitbestimmungsrecht bei der Gestaltung solcher Vergütungsgruppen. Hier kommt es allerdings auf die tatsächliche Tarifbindung an. Eine bloße Üblichkeit des Tarifvertrags in der Branche führt nicht zur Beschränkung des Mitbestimmungsrechts (siehe oben bei „Tarif- und Gesetzesvorrang").

Damit ergeben sich mehrere Arbeitsfelder, die durch die schwindende Bindungskraft der Tarifverträge und deren zunehmende Öffnung für betriebliche Abweichungen größer werden: Zunächst die Gestaltung des Vergütungssystems in nicht an den Tarifvertrag gebundenen Betrieben, das System der Vergütungen der außertariflichen Angestellten und schließlich die Ausfüllung tariflicher Öffnungsklauseln, wie etwa im TVöD.

Wenn der AG freiwillige Leistungen ausschütten will, etwa in Form von Jahressonderzahlungen oder auch laufenden übertariflichen Zulagen, hat der BR bei der Verteilung der hierfür zur Verfügung stehenden Mittel mitzubestimmen. Das Mitbestimmungsrecht setzt jedes Mal wieder neu ein, wenn sich an der vereinbarten Verteilung etwas verändert. Das ist insbesondere der Fall, wenn übertarifliche Vergütungen auf Tariflohnerhöhungen angerechnet werden, ohne diese vollständig aufzuzehren.

Beispiel

Zwei AN erhalten eine übertarifliche Vergütung, der eine in Höhe von 150 € der andere in Höhe von 200 €. Nach einer Tariferhöhung erhöht sich bei beiden der Grundlohn um 30 €. Diese Erhöhungen sollen vollständig angerechnet werden. Danach erhält der eine AN noch 120 €, der andere 170 € übertarifliche Vergütung. Das Verhältnis 120 zu 170 ist ein anderes, als 150 zu 200. Im ersten Fall hatte der AN mit 200 € eine um 1/3 höhere übertarifliche Vergütung, als der andere AN, nach der Anrechnung sind es fast 50 % mehr. Der Verteilungsschlüssel hat sich also geändert.

Enthält ein betriebliches Vergütungssystem neben dem Verteilungsschlüssel auch leistungsbezogene Bestandteile, wie etwa das „HAY-System“, Zieleinkommen usw., dann erstreckt sich das Mitbestimmungsrecht sowohl auf die Kriterien als auch auf die Höhe der leistungsabhängigen Vergütung, in diesem Fall „Geldfaktoren“ im Gesetz genannt.

Ändert der AG ein bestehendes betriebliches Vergütungssystem ohne die Mitbestimmungsrechte des BR zu beachten, so ist das unwirksam. Auf dieser Grundlage bezogene Vergütungen können die AN allerdings behalten, auch wenn sich später nach Durchführung des Mitbestimmungsverfahrens der Verteilungsmaßstab zum Nachteil Einzelner verändert. Der AG ist dann gezwungen, insgesamt mehr zu bezahlen als er ursprünglich wollte (BAG vom 3.5.1994 – 1 ABR 24/93).

Gesetzliche/tarifliche Vorschriften

Tarifverträge entfalten praktisch immer eine Sperrwirkung für das Mitbestimmungsrecht. Ihr Kerngeschäft ist gerade die Entgeltgestaltung. Allerdings reicht diese Beschränkung auch nur so weit, wie die Tarifverträge Bindung entfalten. Insbesondere bei außertariflichen Angestellten ist der BR daher in seinen Handlungsmöglichkeiten unbeschränkt.

Initiativrechte

Wie weit das Initiativrecht des BR geht, richtet sich danach, was das Regelungsziel ist: Geht es um übertarifliche Vergütungen, also um Leistungen, zu denen der AG nicht verpflichtet ist, dann kann der BR nur deren Verteilung beeinflussen. Erbringt der AG solche Leistungen nicht, gibt es auch kein Mitbestimmungsrecht. Will der BR dagegen bei nicht bestehender Tarifbindung oder bei den außertariflichen Angestellten das Vergütungssystem gestalten oder umgestalten, dann ist er von solchen Vorgaben des AG unabhängig. Er kann sein Anliegen auch dann in die Einigungsstelle tragen, wenn der AG im Grunde völlig gegen eine solche Gestaltung des Vergütungssystems ist.

Betriebliches Vorschlagswesen (Nr. 12)

Das betriebliche Vorschlagswesen unterliegt einem umfassenden Mitbestimmungsrecht. Immer dann, wenn Beschäftigte dazu animiert werden sollen, durch eigene Ideen die Betriebsorganisation, die Leistungsfähigkeit, den Arbeitsschutz oder auch das betriebliche Klima zu verbessern, handelt es sich um den Bereich des betrieblichen Vorschlagswesens.

Von Seiten des AG besteht in der Regel nur Interesse an Vorschlägen mit Rationalisierungscharakter. Der BR kann demgegenüber einen Schwerpunkt auf Maßnahmen zur Verbesserung des Gesundheitsschutzes legen. Die Prämierung wird in Entgelt- oder Sachleistungen oder in anderen Belohnungen wie zusätzlichen Freizeitansprüchen, Incentive-Reisen usw. geleistet.

Auch wenn das Verbesserungswesen betrieblich als kontinuierlicher Verbesserungsprozess organisiert ist, besteht das Mitbestimmungsrecht des BR. Denn es werden Prozesse organisiert, die letztlich zum selben Ergebnis führen sollen, wie einmalige, sukzessiv eingereichte Vorschläge.

Gesetzliche/tarifliche Vorschriften

Eine gesetzliche Regelung besteht insofern, als dass die Vergütung und Verwendung von AN-Erfindungen durch das Arbeitnehmererfindungsgesetz geregelt sind. Das sind gemäß § 2 Arbeitnehmererfindungsgesetz nur patent- bzw. schutzfähige Entwicklungen. Diese können daher nicht mehr Gegenstand des betrieblichen Vorschlagswesens werden. Tarifliche Regelungen zum betrieblichen Vorschlagswesen finden sich allenfalls in Haustarifverträgen.

Initiativrecht

Das Initiativrecht des BR geht so weit, dass er die Einführung eines prämierten Vorschlagswesens durchsetzen kann (BAG vom 28.4.1983 – 1 ABR 53/79).

Grundsätze der Gruppenarbeit (Nr. 13)

Die Vorschrift definiert eigenständig, was Gruppenarbeit ist. Wesentlicher Kern ist die Übertragung einer Gesamtaufgabe, die eigenverantwortlich zu erledigen ist. Das können sowohl längerfristig organisierte, abgrenzbare Projekte als auch einzelne Produktionsabschnitte sein. Das Mitbestimmungsrecht bezieht sich nur auf die Regelung von Grundsätzen.

Zu diesen Grundsätzen gehören Vergütungsfragen, Arbeitszeitregelung, Organisation der Gruppen mit Gruppenbesprechungen, Gruppenwechsel usw. Da diese Sachverhalte jedoch alle in anderen Mitbestimmungsrechten noch einmal geregelt und dort die Rechte des BR stärker sind – etwa bei der Festlegung der Arbeitszeit oder Vergütungsregelungen – kommt der Vorschrift praktisch keine eigenständige Bedeutung zu.

Gesetzliche/tarifliche Vorschriften

Tarifliche oder gesetzliche Regelungen, die das Mitbestimmungsrecht bei der Gestaltung der Gruppenarbeit beschränken könnten, sind nicht bekannt.

Initiativrecht

Wenn es Gruppenarbeit gibt, kann der BR jederzeit auch die Initiative ergreifen, nur Änderungen an deren Organisation vorzunehmen. Eine Initiativrecht zur Einführung der Gruppenarbeit dagegen besteht nicht.

Rechtsprechung

BAG vom 2.3.1982 – 1 ABR 74/79: Das Mitbestimmungsrecht des BR besteht auch dann, wenn eine Maßnahme eilig getroffen werden muss.

BAG vom 10.11.1992 – 1 AZR 183/92: In mitbestimmungspflichtigen Angelegenheiten muss der AG von sich aus auf den BR zugehen und das Mitbestimmungsverfahren einhalten.

BAG vom 16. 6.1998 – 1 ABR 68/97: Wenn der AG eine gemäß § 87 Abs. 1 Nr. 7 mitbestimmungspflichtige Maßnahme ergreift, ohne die Mitbestimmungsrechte zu beachten, hat der BR einen gerichtlich durchsetzbaren Anspruch darauf, die Maßnahme rückgängig zu machen.

BAG vom 27.1.2004 – 1 ABR 7/03: Der AG kann sich der Mitbestimmung nicht dadurch entziehen, dass er sich vertraglich zu einem bestimmten Verhalten gegenüber seinen Kunden verpflichtet. Er muss durch entsprechende Vertragsgestaltung sicherstellen, dass das Mitbestimmungsrecht des BR beachtet wird.

BAG vom 29.9.2004 – 5 AZR 559/03: Die Betriebsparteien können bei einer gemäß § 87 Abs. 1 mitbestimmungspflichtigen Angelegenheit auch Kriterien und Grundsätze aufstellen, nach denen der AG sich bei entsprechenden Maßnahmen zu verhalten hat, statt sie sofort im Detail zu regeln.

BAG vom 26.4.2005 – 1 AZR 76/04: Der BR darf dem AG in einer gemäß § 87 Abs. 1 mitbestimmungspflichtigen Angelegenheit kein Alleinentscheidungsrecht über die jeweilige Maßnahme einräumen. Dies wäre ein unzulässiger Verzicht auf seine Mitbestimmungsrechte.

Arbeitsschutz

BAG vom 10.4.1979 – 1 ABR 34/77: Die Entscheidung darüber, ob ein angestellter oder freiberuflich tätiger Betriebsarzt oder ein überbetrieblicher betriebsärztlicher Dienst eingesetzt wird, unterliegt der Mitbestimmung gemäß § 87 Abs. 1 Nr. 7.

BAG vom 2.4.1996 – 1 ABR 47/95: Die Festlegung von Bildschirmpausen unterliegt der Mitbestimmung des BR gemäß § 87 Abs. 1 Nr. 7.

BAG vom 26.8.1997 – 1 ABR 16/97: Die betriebliche Entscheidung darüber, ob als Ausgleich für Nachtarbeit gemäß § 6 Abs. 5 ArbZG freie Tage oder ein Entgeltzuschlag gewährt wird, unterliegt der Mitbestimmung des BR nach § 87 Abs. 1.

BAG vom 8.6.2004 – 1 ABR 13/03: Der BR hat ein Mitbestimmungsrecht bei der Gestaltung der Gefährdungsbeurteilung gemäß § 5 ArbSchG und der Unterweisung der Unternehmer gemäß § 12 ArbSchG.

Arbeitszeit

BAG vom 21.12.1982 – 1 ABR 14/81: Einsatzzeiten während der Rufbereitschaft sind Arbeitszeit und unterliegen der Mitbestimmung gemäß § 87 Abs. 1 Nr. 2. Daher hat der BR bei der Aufstellung von Rufbereitschaftsplänen ein Mitbestimmungsrecht.

BAG vom 22.2.1983 – 1 ABR 27/81: Das Mitbestimmungsrecht bei der Verlängerung der betriebsüblichen Arbeitszeit gemäß § 87 Abs. 1 Nr. 3 besteht auch dann, wenn nur ein einziger AN länger arbeiten muss oder dies aus eigenem Entschluss freiwillig macht.

BAG vom 4.3.1986 – 1 ABR 15/84: Der BR kann die Einführung von Kurzarbeit in einem Einigungsstellenverfahren erzwingen.

BAG vom 13.1.1987 – 1 ABR 69/85: Der BR hat kein Mitbestimmungsrecht gemäß § 87 Abs. 1 bei der Festlegung der Dauer der wöchentlichen Arbeitszeit, wenn diese in einem Tarifvertrag geregelt ist.

BAG vom 13.10.1987 – 1 ABR 10/86: Das Mitbestimmungsrecht des BR bei der Festlegung der Arbeitszeit erstreckt sich auch auf die Arbeitszeit teilzeitbeschäftigter AN.

BAG vom 18.4.1989 – 1 ABR 3/88: Haben BR und AG in einer Betriebsvereinbarung gleitende Arbeitszeit mit einer Kernzeit festgelegt, dann darf der AG außerhalb der Kernzeit auch dann keine Informations- und Schulungsveranstaltungen durchführen, wenn die Beschäftigten nicht daran teilnehmen müssen.

BAG vom 27.11.1990 – 1 ABR 77/89: Das Mitbestimmungsrecht nach § 87 Abs. 1 Nr. 3 erstreckt sich nicht nur auf die Anordnung, sondern auch auf die Annahme der Arbeitsleistung in Überstunden ohne ausdrückliche Anordnung.

BAG vom 23.7.1996 – 1 ABR 17/96: Reisezeiten außerhalb der normalen Arbeitszeit, während derer der AN keine eigene Arbeitsleistung zu erbringen hat, unterliegen nicht der Mitbestimmung gemäß § 87 Abs. 1.

BAG vom 29.2.2000 – 1 ABR 15/99: Die Einführung eines Bereitschaftsdienstes unterliegt der Mitbestimmung nach § 87 Abs. 1 Nr. 3.

BAG vom 1.7.2003 – 1 ABR 22/02: Die Streichung von Schichten aus einem Jahresschichtplan unterliegt der Mitbestimmung gemäß § 87 Abs. 1 Nr. 2.

BAG vom 1.7.2003 – 1 ABR 20/02: Das Mitbestimmungsrecht nach § 87 Abs. 1 Nr. 2 besteht auch bei der Festlegung vergütungspflichtiger Kurzpausen.

BAG vom 1.7.2003 – 1 ABR 20/02: Das Mitbestimmungsrecht gemäß § 87 Abs. 1 Nr. 2 bei Schichtarbeit erstreckt sich sowohl auf die zeitliche Lage der Schichten als auch auf die Zuordnung der AN zu diesen Schichten.

Betriebliche Altersversorgung

BAG vom 12.6.1975 – 3 ABR 66/74: Der AG ist frei darin, ob er Beschäftigten eine Betriebsrente gewähren will. Er kann auch selbst entscheiden, in welchem Umfang er welchen Kreis von Beschäftigten in welcher Versorgungsform begünstigen will. Im Übrigen unterliegt die betriebliche Altersversorgung durch Direktzusagen der Mitbestimmung gemäß § 87 Abs. 1 Nr. 10.

BAG vom 16.2.1993 – 3 ABR 29/92: Der Wechsel der Gesellschaft, mit der der AG Lebensversicherungsverträge zugunsten seiner AN geschlossen hat, unterliegt nur dann der Mitbestimmung, wenn sich hierdurch Verteilungsplan oder Beitragsbelastung der AN ändern.

BAG vom 29.7.2003 – 3 ABR 34/02: Der BR hat kein Mitbestimmungsrecht bei der Auswahl einer Versorgungseinrichtung bzw. der Direktversicherung.

Betriebsordnung

BAG vom 24.3.1981 – 1 ABR 32/78: Jede Maßnahme, die das Verhalten der AN in Bezug auf die betriebliche Ordnung berührt, unterliegt der Mitbestimmung gemäß § 87 Abs. 1.

BAG vom 14.1.1986 – 1 ABR 75/83: Die Entscheidung, ob im Betrieb während der Arbeitszeit Radio gehört werden darf, unterliegt der Mitbestimmung gemäß § 87 Abs. 1 Nr. 1.

BAG vom 1.12.1992 – 1 AZR 260/92: Die Einführung einer einheitlichen Arbeitskleidung unterliegt der Mitbestimmung gemäß § 87 Abs. 1 Nr. 1.

BAG vom 8.11.1994 – 1 ABR 22/94: Die Führung formalisierter Krankengespräche unterliegt der Mitbestimmung gemäß § 87 Abs. 1 Nr. 1.

BAG vom 19.1.1999 – 1 AZR 499/98: Die Einführung eines betrieblichen Rauchverbots unterliegt der Mitbestimmung des BR gemäß § 87 Abs. 1 Nr. 1.

BAG vom 25.1.2000 – 1 ABR 3/99: Der BR hat gemäß § 87 Abs. 1 Nr. 1 ein Mitbestimmungsrecht bei der Anweisung des AG, eine Arbeitsunfähigkeit bereits vom ersten Tag an durch eine ärztliche Bescheinigung zu belegen.

Entgeltgestaltung

BAG vom 29.3.1977 – 1 ABR 123/74: Das Mitbestimmungsrecht bei der Lohngestaltung gemäß § 87 Abs. 1 erstreckt sich auf die Strukturformen des Entgelts, auf abstrakte und generell geltende Grundsätze zur Lohnfindung, nicht aber auf die Höhe des Lohns.

BAG vom 22.1.1980 – 1 ABR 48/ 77: Der BR hat mitzubestimmen bei der betrieblichen Lohngestaltung für außertarifliche Angestellte.

BAG vom 28.7.1981 – 1 ABR 56/78: Ein leistungsbezogenes Entgelt, bei dem ein Mitbestimmungsrecht gemäß § 87 Abs. 1 Nr. 11 besteht, ist dann gegeben, wenn für die Vergütung die Leistung des AN gemessen und mit einer Bezugsleistung verglichen wird. Die dabei zur Anwendung kommenden Ansätze für die Bewertung der Leistung und Bemessung unterliegen der Mitbestimmung.

BAG vom 8.12.1981 – 1 ABR 55/79: Auch freiwillige Leistungen unterliegen der Mitbestimmung gemäß § 87 Abs. 1 Nr. 10. Allerdings ist der AG frei in der Entscheidung, ob er die Leistung gewähren will oder nicht.

BAG vom 3.8.1982 – 3 AZR 1219/79: Widerruft der AG freiwillige Leistungen um sie neu zu verteilen, unterliegt diese Entscheidung der Mitbestimmung. Wird das Mitbestimmungsrecht nicht beachtet, ist der Widerruf unwirksam.

BAG vom 22.10.1985 – 1 AR 38/83: Das Mitbestimmungsrecht bei der Lohngestaltung bezieht sich auch auf übertarifliche Zulagen, deren Höhe individuell festgelegt wird.

BAG vom 16.12.1986 – 1 ABR 26/85: Der BR hat bei einem Prämienlohn nach § 87 Abs. 1 Nr. 10 über den Verlauf der Prämienkurve mitzubestimmen. Dazu gehört auch die Zuordnung von Geldbeträgen zu bestimmten Leistungsgraden. Der in § 87 Abs. 1 Nr. 11 erwähnte Geldfaktor ist der Geldbetrag, der in einem Leistungslohnsystem die Lohnhöhe für die Bezugs- oder Ausgangsleistung und damit den Preis für die Arbeit im Leistungslohn bestimmt.

BAG vom 26.4.1988 – 3 AZR 168/86: Das Mitbestimmungsrecht gemäß § 87 Abs. 1 besteht auch dann, wenn freiwillige, jederzeit widerrufliche Leistungen gewährt werden.

BAG vom 6.12.1988 – 1 ABR 44/87: Das Verhältnis von festem Einkommen und variablen Einkommensanteilen wie Provision und Prämien unterliegt der Mitbestimmung gemäß § 87 Abs. 1.

BAG vom 3.12.1991 – GS 2/90: Die Anrechnung von über- oder außertariflichen Zulagen auf Tariflohnerhöhungen unterliegt dann der Mitbestimmung gemäß § 87 Abs. 1, wenn sich hierdurch die Verteilungsgrundsätze ändern, also die einzelnen Beschäftigten nach der Anrechnung am Gesamtaufkommen der Zulage anders beteiligt sind.

BAG vom 19.9.1995 – 1 ABR 20/95: Wendet der AG unterschiedliche Entgeltsysteme für verschiedene Teile der Belegschaft an, dann kann der BR nicht über die Mitbestimmung gemäß § 87 Abs. 1 erzwingen, dass diese Entgeltsysteme einander angeglichen werden.

BAG vom 27.10.1998 – 1 ABR 3/98: Spesensätze für Geschäftsreisen sind nur dann mitbestimmungspflichtig, wenn darin Zahlungen enthalten sind, die über den Zweck hinausgehen, die Unkosten für die Reise zu ersetzen.

BAG vom 11.6.2002 – 1 AZR 390/01: Verändert der AG einseitig ein der Mitbestimmung des BR nach § 87 Abs. 1 unterliegendes Entgeltsystem, hat das zur Folge, dass die ursprüngliche Struktur weiterhin anzuwenden ist. Auch für Neueinstellungen müssen dann die Vergütungen nach dem bisherigen Entgeltsystem gezahlt werden.

BAG vom 28.2.2006 – 1 ABR 4/05: Vereinbart ein nicht an den Tarifvertrag gebundener AG mit den Beschäftigten im Arbeitsvertrag die Bezahlung nach dem tariflichen Vergütungssystem, kann die vollständige Streichung dieser Leistungen bei Neuenstellungen eine gemäß § 87 Abs. 1 Nr. 10 mitbestimmungspflichtige Änderung des Vergütungssystems sein.

Kontrolleinrichtungen

BAG vom 9.9.1975 – 1 ABR 20/74: Das Mitbestimmungsrecht gemäß § 87 Abs. 1 Nr. 6 bei der Einführung technischer Einrichtungen besteht immer dann, wenn diese Einrichtung zur Überwachung geeignet ist. Es kommt nicht darauf an, ob diese Überwachung vom AG auch beabsichtigt ist.

BAG vom 10.7.1979 – 1 ABR 97/77: Das Filmen der AN an ihrem Arbeitsplatz unterliegt immer der Mitbestimmung des BR, auch wenn nur kurze Filmaufnahmen gemacht werden.

BAG vom 18.2.1986 – 1 ABR 21/84: Auch die Erhebung von Leistungsdaten einer Gruppe ist eine technische Überwachung der AN und unterliegt der Mitbestimmung gemäß § 87 Abs. 1 Nr. 6, wenn der hierdurch ausgehende Überwachungsdruck auf den einzelnen Beschäftigten wirkt.

BAG vom 27.5.1986 – 1 ABR 48/84: Die Erfassung von Telefondaten in einer Telefonanlage unterliegt der Mitbestimmung gemäß § 87 Abs. 1 Nr. 6.

BAG vom 26.3.1991 – 1 ABR 26/90: Der Einsatz von Privatdetektiven unterliegt nicht der Mitbestimmung gemäß § 87 Abs. 1.

BAG vom 27.1.2004 – 1 ABR 7/03: Die Einrichtung von Anlagen zur Kontrolle biometrischer Daten, wie Fingerabdrücke im Betrieb unterliegt der Mitbestimmung gemäß § 87 Abs. 1 Nr. 6.

Sozialeinrichtungen

BAG vom 13.7.1978 – 3 ABR 108/77: Ist eine Sozialeinrichtung rechtlich selbständig, kann das Mitbestimmungsrecht auf zwei Wegen ausgeübt werden: Entweder werden die mitbestimmungspflichtigen Fragen zwischen AG und BR verhandelt und der AG hat dafür zu sorgen, dass die Sozialeinrichtung die getroffene Regelung übernimmt (zweistufige Lösung). Alternativ hierzu können die Parteien vereinbaren, dass der BR in den Organen der Sozialeinrichtung vertreten ist (organschaftliche Lösung).

BAG vom 21.6.1979 – 3 ABR 3/78: Das Mitbestimmungsrecht bei der Ausgestaltung einer Sozialeinrichtung besteht auch dann, wenn diese in unwesentlichem Umfang auch von Gästen genutzt wird.

Tarifvorbehalt

BAG vom 3.4.1979 – 6 ABR 29/77: Wenn ein Tarifvertrag das Mitbestimmungsrecht des BR gemäß § 87 ausschließen soll, muss er eine abschließende Regelung über den Sachverhalt treffen. Es reicht nicht aus, dass der Tarifvertrag nur ergänzungsbedürftige Rahmenvorschriften aufstellt. In diesem Fall bleibt das Mitbestimmungsrecht erhalten.

BAG vom 24.2.1987 – 1 ABR 18/85: Ein nur nachwirkender Tarifvertrag schließt die Mitbestimmungsrechte des BR nach § 87 Abs. 1 ebenso wenig aus, wie ein üblicherweise in der Branche, nicht aber im Betrieb des AG geltender Tarifvertrag. Nur ein Tarifvertrag, an den der AG gebunden ist, kann die Mitbestimmungsrechte ausschließen. Bindung besteht bei Mitgliedschaft im AG-Verband, durch Allgemeinverbindlichkeit des Tarifvertrags oder bei Haustarifverträgen.

BAG vom 18.4.1989 – 1 ABR 100/87: Ein Tarifvertrag, der in gemäß § 87 Abs. 1 mitbestimmungspflichtigen Angelegenheiten lediglich dem AG ein Alleinentscheidungsrecht einräumt, ohne selbst eine Regelung der Angelegenheiten zu treffen, kann die Mitbestimmung des BR gemäß § 87 Abs. 1 Eingangssatz nicht ausschließen.

Urlaub

BAG vom 28.5.2002 – 1 ABR 37/01: Das Mitbestimmungsrecht des BR gemäß § 87 Abs. 1 Nr. 5 erstreckt sich auch auf die Gewährung von Bildungsurlaub nach den Weiterbildungsgesetzen der Länder.

Vorschlagswesen

BAG vom 28.4.1981 – 1 ABR 53/79: Das Mitbestimmungsrecht zur Regelung von Grundsätzen über das betriebliche Vorschlagswesen erstreckt sich auch auf die Prämierung von angenommenen Verbesserungsvorschlägen, nicht aber auf die Prämierung von nicht abgelehnten Verbesserungsvorschlägen.

§ 88 Freiwillige Betriebsvereinbarungen

Durch Betriebsvereinbarung können insbesondere geregelt werden

1. zusätzliche Maßnahmen zur Verhütung von Arbeitsunfällen und Gesundheitsschädigungen;

1.a Maßnahmen des betrieblichen Umweltschutzes;

2. die Errichtung von Sozialeinrichtungen, deren Wirkungsbereich auf den Betrieb, das Unternehmen oder den Konzern beschränkt ist;

3. Maßnahmen zur Förderung der Vermögensbildung;

4. Maßnahmen zur Integration ausländischer Arbeitnehmer sowie zur Bekämpfung von Rassismus und Fremdenfeindlichkeit im Betrieb.

> Die Vorschrift erlaubt den Abschluss von Vereinbarungen zwischen BR und AG über Angelegenheiten, die nicht der erzwingbaren Mitbestimmung unterliegen und stellt sie hinsichtlich der Folgen mit den erzwingbaren gleich.

Dass Betriebsvereinbarungen zu allen erdenklichen Themen geschlossen werden können, solange BR und AG sich darüber einigen, ist eigentlich eine Selbstverständlichkeit. Dafür hätte es dieser Vorschrift nicht bedurft. Eigentlich gemeint ist hier eine Ermächtigung von AG und BR, Vereinbarungen in Angelegenheiten, die nicht der erzwingbaren Mitbestimmung unterliegen, auch mit den in § 77 beschriebenen und von der Rechtsprechung dazu entwickelten Folgen abschließen zu dürfen. Diese Folgen sind im Einzelnen:

- Unmittelbare und zwingende Wirkung auf die Arbeitsverhältnisse;
- Unzulässigkeit der individualvertraglichen Verschlechterung;
- Kündigungsfrist;

- Durchführungsanspruch des BR;
- Zulässigkeit der abweichenden Regelung der Nachwirkung.

Der Unterschied zu den Betriebsvereinbarungen im Bereich der erzwingbaren Mitbestimmung liegt in der Durchsetzbarkeit: Nur dort kann die Einigungsstelle auch gegen den Willen der anderen Betriebspartei über die Streitfrage entscheiden. Nach der gesetzlichen Regelung in § 77 Abs. 6 wirken Betriebsvereinbarungen nach einer Kündigung nur im Bereich der erzwingbaren Mitbestimmung nach. Diese Nachwirkung kann bei freiwilligen Betriebsvereinbarungen jedoch vereinbart werden. In diesem Fall kann deren Beendigung im Streitfall nur durch die Einigungsstelle beschlossen werden (BAG vom 28.4.1998 – 1 ABR 43/97).

Ansprüche der AN aus einer freiwilligen Betriebsvereinbarung müssen individuell im Urteilsverfahren vor dem Arbeitsgericht verfolgt werden, der BR hat einen Anspruch auf Durchführung der Betriebsvereinbarung, den er im Beschlussverfahren durchsetzen kann. Auch hier gibt es keinen Unterschied zu Betriebsvereinbarungen, die über andere Angelegenheiten geschlossen wurden.

Das Themenspektrum, zu dem solche freiwilligen Betriebsvereinbarungen geschlossen werden können, ist unendlich, die Aufzählung im Gesetz nur beispielhaft (BAG vom 16.8.2001 – 1 AZR 744/00).

Rechtsprechung

BAG vom 12.8.1982 – 6 AZR 1117/79: Eine freiwillige Betriebsvereinbarung nach § 88 kann vertragliche Rechte der AN nur verschlechtern, wenn deren Arbeitsverträge unter dem Vorbehalt einer Änderung durch eine Betriebsvereinbarung stehen.

§ 89 Arbeits- und betrieblicher Umweltschutz

(1) Der Betriebsrat hat sich dafür einzusetzen, dass die Vorschriften über den Arbeitsschutz und die Unfallverhütung im Betrieb sowie über den betrieblichen Umweltschutz durchgeführt werden. Er hat bei der Bekämpfung von Unfall- und Gesundheitsgefahren die für den Arbeitsschutz zuständigen Behörden, die Träger der gesetzlichen Unfallversicherung und die sonstigen in Betracht kommenden Stellen durch Anregung, Beratung und Auskunft zu unterstützen.

(2) Der Arbeitgeber und die in Absatz 1 Satz 2 genannten Stellen sind verpflichtet, den Betriebsrat oder die von ihm bestimmten Mitglieder des Betriebsrats bei allen im Zusammenhang mit dem Arbeitsschutz oder der Unfallverhütung stehenden Besichtigungen und Fragen und bei Unfalluntersuchungen hinzuzuziehen. Der Arbeitgeber hat den Betriebsrat auch bei allen im Zusammenhang mit dem betrieblichen

Umweltschutz stehenden Besichtigungen und Fragen hinzuzuziehen und ihm unverzüglich die den Arbeitsschutz, die Unfallverhütung und den betrieblichen Umweltschutz betreffenden Auflagen und Anordnungen der zuständigen Stellen mitzuteilen.

(3) Als betrieblicher Umweltschutz im Sinne dieses Gesetzes sind alle personellen und organisatorischen Maßnahmen sowie alle die betrieblichen Bauten, Räume, technische Anlagen, Arbeitsverfahren, Arbeitsabläufe und Arbeitsplätze betreffenden Maßnahmen zu verstehen, die dem Umweltschutz dienen.

(4) An Besprechungen des Arbeitgebers mit den Sicherheitsbeauftragten im Rahmen des § 22 Abs. 2 des Siebten Buches Sozialgesetzbuch nehmen vom Betriebsrat beauftragte Betriebsratsmitglieder teil.

(5) Der Betriebsrat erhält vom Arbeitgeber die Niederschriften über Untersuchungen, Besichtigungen und Besprechungen, zu denen er nach den Absätzen 2 und 4 hinzuzuziehen ist.

(6) Der Arbeitgeber hat dem Betriebsrat eine Durchschrift der nach § 193 Abs. 5 des Siebten Buches Sozialgesetzbuch vom Betriebsrat zu unterschreibenden Unfallanzeige auszuhändigen.

> Die Vorschrift beschreibt allgemein die Aufgaben, die Rechte und Pflichten des BR beim Arbeits- und betrieblichen Umweltschutz.

Themenübersicht

Aufgabenstellung des BR im Arbeitsschutz
Aufgabenstellung des BR im betrieblichen Umweltschutz
Schutzbereich
Gebot der Zusammenarbeit
Begehungen
Informationen und Unterlagen

Aufgabenstellung des BR im Arbeitsschutz

Arbeitsschutz in den verschiedensten Formen ist eine der wichtigsten Aufgaben des BR. Für ihre Erfüllung findet er im BetrVG an verschiedenen Stellen Rechte und Aufgaben. Im Zentrum des Interesses steht dabei die erzwingbare Mitbestimmung gemäß § 87 Abs. 1 Nr. 7, die es dem BR ermöglicht, seinen Anliegen auch den erforderlichen Nachdruck zu verleihen. Hinzu treten die Beschreibung der allgemeinen Aufgaben in § 80 und die speziellen Informations- und Beratungsrechte in § 89.

Der BR soll nach der gesetzlichen Konzeption selbst im Bereich des Arbeitsschutzes initiativ werden, Konzepte entwickeln und sich hierzu der Unterstützung von Behörden, Genossenschaften und betrieblichen Stellen bedienen, die damit befasst sind. Dabei sollte er auch den Rat externer Sachverständiger gemäß § 80 Abs. 3 einbeziehen.

Aufgabenstellung des BR im betrieblichen Umweltschutz

Im Bereich des betrieblichen Umweltschutzes soll der BR gemäß § 80 Abs. 1 Nr. 9 „fördernd" tätig werden. § 89 verpflichtet den AG, ihn zu diesem Zweck bei Fragestellungen und Besichtigungen im Betrieb zu diesem Thema hinzuzuziehen. Das betrifft einerseits die zu diesem Zweck getroffenen Planungen, etwa technische Maßnahmen zu Luftreinhaltung oder Abwassersäuberung, andererseits auch auftretende Probleme, wenn Maßnahmen des Umweltschutzes nicht hinreichend funktionieren. Allerdings hat der BR nur dann durchsetzbare Rechte, wenn gleichzeitig das Verhalten der AN betroffen ist, etwa bei der Mülltrennung im Betrieb. Bei anderen Fragestellungen muss er nur informiert und gehört werden.

Schutzbereich

Die Aufgaben des BR nach dieser Vorschrift erstrecken sich über die AN des Betriebs hinaus auch auf Leih-AN, Beschäftigte anderer Unternehmen im Betrieb und Selbständige. Der Arbeitsschutz umfasst einerseits den persönlichen Arbeitsschutz, also Mutterschutz, Jugendarbeitsschutz usw., den organisatorischen Arbeitsschutz, z. B. das gesetzliche Arbeitszeitrecht und natürlich den gesamten technischen Arbeitsschutz wie Maschinensicherheit, Arbeitsplatzgestaltung usw. Zu beachten und anzugehen sind auch soziale (z. B. Mobbing) und psychische (z. B. Stress aufgrund von Überlastung) Gefährdungen.

Was unter betrieblichem Umweltschutz zu verstehen ist, definiert das Gesetz in Abs. 3 selbst.

Gebot der Zusammenarbeit

Das Gebot der Zusammenarbeit enthält in mehrere Richtungen Rechte und Pflichten:

- Der BR ist berechtigt und verpflichtet, mit Behörden, Berufsgenossenschaften und anderen überbetrieblichen Stellen zusammen zu arbeiten.
- Umgekehrt sind diese Institutionen verpflichtet, mit dem BR zusammen zu arbeiten, wenn er dort vorstellig wird.

- Betriebliche Stellen wie insbesondere der Arbeitsschutzausschuss, Betriebsärzte, Fachkräfte für Arbeitssicherheit und Sicherheitsbeauftragte der Berufsgenossenschaft müssen den BR von sich aus beteiligen.
- Der AG muss den BR gleichfalls von sich aus beteiligen und muss die Zusammenarbeit des BR mit allen genannten Stellen dulden.

Hinsichtlich der Zusammenarbeit mit Behörden macht die Rechtsprechung des BAG eine – allerdings europarechtlich unzulässige – Einschränkung, wonach der BR zunächst immer versuchen muss, eine interne Klärung zu erreichen, bevor er sich nach außen wendet. Darüber hinaus muss er datenschutzrechtliche Belange der Beschäftigten beachten, wenn er in der Zusammenarbeit mit Behörden deren Namen weitergibt. Keine Grenze bildet dagegen die Geheimhaltungspflicht gemäß § 79, da diese durch die Verpflichtung zur Zusammenarbeit mit den Behörden verdrängt wird (BAG vom 3.6.2003 – 1 ABR 19/02).

Begehungen

Der BR ist an Begehungen des AG und der jeweiligen für den Arbeitsschutz und den Umweltschutz zuständigen Behörden zu beteiligen. Er muss also zunächst die Information bekommen, wenn sich etwa die Gewerbeaufsicht zur Kontrolle der Einhaltung des Immissionsschutzrechts ankündigt und die Möglichkeit bekommen, an der Begehung teilzunehmen. Daneben kann und soll der BR aber auch eigene Recherchen anstellen, wozu insbesondere Arbeitsplatzbegehungen und Gespräche mit den AN gehören. Es besteht keine Verpflichtung, solche Besuche vorher anzukündigen. In sicherheitsrelevanten Bereichen muss jedoch eine vorherige Abstimmung erfolgen, um nicht zusätzliche Gefahren heraufzubeschwören (Hess. LAG vom 4.2.1972 – 5 TaBV 3/71).

Informationen und Unterlagen

Die Voraussetzung für Mitwirkung und Mitbestimmung ist eine umfassende Information. Das wird durch die Gewährung weitreichender Informationsrechte gewährleistet. Der BR ist vom AG zur Erfüllung seiner Arbeitsschutzaufgaben unaufgefordert umfassend und rechtzeitig über alle wesentlichen Sachverhalte zu informieren.

Solche Informationen und Unterlagen, die der BR benötigt, sind z. B.:

- Statistische Angaben über Unfallhäufigkeit, -schwere, -ursachen,
- Unfallanzeigen,
- Schwerpunkte und durch Unfälle verursachte Ausfallzeiten,
- Angaben über Belastungen durch Lärm, Vibration, Staub, gefährliche Arbeitsstoffe, Überstundenleistungen oder Schichtarbeit,
- Auflistung der im Betrieb verwendeten gefährlichen Arbeits-/Gefahrstoffe,

- Angaben über Art und Menge sowie Zahl der betroffenen/gefährdeten AN,
- behördliche Auflagen und Anordnungen zu den Themen „Arbeitsschutz und betrieblicher Umweltschutz“,
- Niederschriften über Untersuchungen, Besichtigungen und Besprechungen zu den Themen „Arbeitsschutz und betrieblicher Umweltschutz“.

Die letztgenannten Niederschriften, behördlichen Anordnungen und Unfallanzeigen muss der AG von sich aus zur Verfügung stellen, alle anderen Unterlagen nur auf Anforderung des BR, es sei denn, die Verpflichtung zur Aushändigung ergibt sich aus anderen Vorschriften, wie insbesondere aus § 90.

Vierter Abschnitt
Gestaltung von Arbeitsplatz, Arbeitsablauf und Arbeitsumgebung

§ 90 Unterrichtungs- und Beratungsrechte

(1) Der Arbeitgeber hat den Betriebsrat über die Planung

1. **von Neu-, Um- und Erweiterungsbauten von Fabrikations-, Verwaltungs- und sonstigen betrieblichen Räumen,**
2. **von technischen Anlagen,**
3. **von Arbeitsverfahren und Arbeitsabläufen oder**
4. **der Arbeitsplätze**

rechtzeitig unter Vorlage der erforderlichen Unterlagen zu unterrichten.

(2) Der Arbeitgeber hat mit dem Betriebsrat die vorgesehenen Maßnahmen und ihre Auswirkungen auf die Arbeitnehmer, insbesondere auf die Art ihrer Arbeit sowie die sich daraus ergebenden Anforderungen an die Arbeitnehmer so rechtzeitig zu beraten, dass Vorschläge und Bedenken des Betriebsrats bei der Planung berücksichtigt werden können. Arbeitgeber und Betriebsrat sollen dabei auch die gesicherten arbeitswissenschaftlichen Erkenntnisse über die menschengerechte Gestaltung der Arbeit berücksichtigen.

> Die Vorschrift regelt die Unterrichtungs- und Beratungsrechte des BR bei der Neu- und Umgestaltung der Arbeitsplätze und der gesamten Arbeitsumgebung.

Bei den in der Vorschrift beschriebenen anstehenden Veränderungen hat der BR ein sehr früh einsetzendes Informationsrecht: Der AG muss ihn bereits im Planungsstadium beteiligen, also noch bevor er seine Überlegungen abgeschlossen und damit

Fakten geschaffen hat. Das soll es dem BR ermöglichen, frühzeitig Anliegen der AN in den Entwicklungsprozess einzubringen. Nach der Rollenverteilung des Gesetzes sind sowohl BR als auch AG verpflichtet, die Arbeitsplätze menschengerecht zu gestalten.

Die Überlegungen zu den Auswirkungen der Maßnahmen auf die AN entsprechen zum Teil schon einer Gefährdungsanalyse gemäß § 5 ArbSchG, ersetzen diese aber nicht. Darüber hinaus stehen auch Fragen der anpassenden Qualifizierung im Mittelpunkt des Interesses, damit die neuen Aufgaben bewältigt werden können.

In beiden Fragestellungen gibt es Überschneidungen zu erzwingbaren Mitbestimmungsrechten, im Falle des Arbeitsschutzes zu § 87 Abs. 1 Nr. 7, im Falle der Qualifizierung vor allem zu § 97 Abs. 2. Dies ist aus zwei Gründen zu berücksichtigen:

Verstößt der AG gegen seine Verpflichtung zur Unterrichtung und Beratung über die geplanten Maßnahmen, kann das dazu führen, dass der BR später bei der Wahrnehmung dieser erzwingbaren Rechte umso konsequenter vorgeht, was dann unter Umständen die Planungen des AG erheblich beeinträchtigt. Dies wäre aus seiner Sicht misslich und sollte ihm vom BR auch deutlich vor Augen geführt werden, wenn er dessen Rechte ignoriert. Das passiert häufig, weil ein Verstoß gegen § 90 mangels Erzwingbarkeit ohne Sanktion bleibt: Die Umsetzung der Maßnahmen kann nicht deshalb verhindert werden, weil der Unterrichtungsanspruch verletzt wurde.

Umgekehrt können Festlegungen in diesem Stadium der Entwicklung auch dazu führen, dass die eigentlich erst später einsetzenden erzwingbaren Mitbestimmungsrechte bereits verbraucht sind, weil der BR sich zu einem Zeitpunkt auf Maßnahmen hat festlegen lassen, zu dem eigentlich die Folgen noch nicht überschaubar waren.

Beispiel

In einer Verwaltung soll eine vollständig neue Betriebssoftware eingeführt werden. Der BR ist vom ersten Tag mit im Boot und einigt sich mit dem AG über ein Budget für Schulungen, das nach einem gleichfalls festgelegten Verfahren auf die AN verteilt wird. Später stellt sich heraus, dass der Bedarf viel höher ist.

Ohne die vorzeitige Festlegung könnte der BR gemäß § 97 Abs. 2 hier weitere und geänderte Qualifizierungen erzwingen. So hat er das Mitbestimmungsrecht bereits ausgeschöpft und ist darauf angewiesen, dass der AG aus eigenem Anlass das Budget erhöht.

Der AG muss den BR von sich aus unterrichten und die vorhandenen Unterlagen ohne Aufforderung vorlegen. Macht er das nicht, kann er vom BR gerichtlich dazu gezwungen werden. Gegebenenfalls sollte der BR aber trotzdem ausdrücklich nachfragen, insbesondere in Bezug auf die vom AG vorgesehenen Maßnahmen zur Berücksichtigung der arbeitswissenschaftlichen Erkenntnisse. Diese ausdrückliche Nachfrage ist auch deshalb erforderlich, weil der BR erst dann nach der Rechtsprechung Anspruch auf einen eigenen Sachverständigen zu diesen Fragen hat, wenn er den auf Seiten des AG hierzu vorhandenen Sachverstand genutzt hat. Über existierende arbeitswissenschaftliche Erkenntnisse kann der BR sich jederzeit bei der Bundesanstalt für Arbeitsschutz und Arbeitsmedizin erkundigen (www.baua.de).

Der Unterrichtungsanspruch bezieht sich auf praktisch alle technischen und organisatorischen Veränderungen mit Auswirkungen auf die Arbeitsplätze. Welche Auswirkungen wiederum zu beachten sind, ist gleichfalls nicht eingeschränkt, das können also soziale, psychische wie technische sein.

Rechtsprechung

BAG vom 27.6.1989 – 1 ABR 19/88: Der BR hat dann einen Anspruch auf die Vorlage von Unterlagen, wenn der AG eine Maßnahme ergreift oder plant, die die Beteiligungsrechte des BR auslöst.

§ 91 Mitbestimmungsrecht

Werden die Arbeitnehmer durch Änderungen der Arbeitsplätze, des Arbeitsablaufs oder der Arbeitsumgebung, die den gesicherten arbeitswissenschaftlichen Erkenntnissen über die menschengerechte Gestaltung der Arbeit offensichtlich widersprechen, in besonderer Weise belastet, so kann der Betriebsrat angemessene Maßnahmen zur Abwendung, Milderung oder zum Ausgleich der Belastung verlangen. Kommt eine Einigung nicht zustande, so entscheidet die Einigungsstelle. Der Spruch der Einigungsstelle ersetzt die Einigung zwischen Arbeitgeber und Betriebsrat.

> Die Vorschrift enthält ein korrigierendes Mitbestimmungsrecht nach vollzogenen Veränderungen der Arbeitsplätze oder der Arbeitsumgebung.

Das in dieser Vorschrift enthaltene erzwingbare Mitbestimmungsrecht knüpft an die in § 90 beschriebenen Unterrichtungsrechte bei technischen und organisatorischen Änderungen an. Wurden die dort beschriebenen Maßnahmen vollzogen und die Mitwirkungsrechte des BR insbesondere beim Arbeitsschutz gemäß § 87 Abs. 1 Nr. 7 beachtet, kann das Mitbestimmungsrecht dennoch neu aufleben. Das ist allerdings an selten anzutreffende Bedingungen geknüpft, nämlich für jedermann erkennbare Verstöße gegen gesicherte arbeitswissenschaftliche Erkenntnisse, deren Folgen

- besonders belastend für die AN sind und
- die der AG nicht sowieso abstellen will.

Derartige Gefährdungen sind allerdings praktisch kaum vorstellbar. Wo sie dennoch vorkommen, gibt es in der Regel keinen BR, der diese Rechte wahrnehmen könnte. Dieses Mitbestimmungsrecht hat daher kaum praktische Bedeutung. Von weit größerem Interesse sind die sich aus § 87 Abs. 1 Nr. 7 ergebenden Möglichkeiten, denn in der Regel werden die unzureichenden Maßnahmen des Arbeitsschutzes schon wegen eines Verstoßes gegen das dortige Mitbestimmungsrecht vom BR bekämpft werden können.

Rechtsprechung

BAG vom 28.7.1981 – 1 ABR 65/79: Ein offensichtlicher Widerspruch zwischen den Verhältnissen im Betrieb und gesicherten arbeitswissenschaftlichen Erkenntnissen über die menschengerechte Gestaltung der Arbeit löst das Mitbestimmungsrecht aus § 91 noch nicht aus. Hinzukommen muss auch eine besondere Belastung der AN hierdurch.

Fünfter Abschnitt
Personelle Angelegenheiten

Erster Unterabschnitt
Allgemeine personelle Angelegenheiten

§ 92 Personalplanung

(1) Der Arbeitgeber hat den Betriebsrat über die Personalplanung, insbesondere über den gegenwärtigen und künftigen Personalbedarf sowie über die sich daraus ergebenden personellen Maßnahmen und Maßnahmen der Berufsbildung an Hand von Unterlagen rechtzeitig und umfassend zu unterrichten. Er hat mit dem Betriebsrat über Art und Umfang der erforderlichen Maßnahmen und über die Vermeidung von Härten zu beraten.

(2) Der Betriebsrat kann dem Arbeitgeber Vorschläge für die Einführung einer Personalplanung und ihre Durchführung machen.

(3) Die Absätze 1 und 2 gelten entsprechend für Maßnahmen im Sinne des § 80 Abs. 1 Nr. 2a und 2b, insbesondere für die Aufstellung und Durchführung von Maßnahmen zur Förderung der Gleichstellung von Frauen und Männern.

> Die Vorschrift regelt die Mitwirkungsrechte des BR bei der betrieblichen Personalplanung.

Themenübersicht

Informations- und Beratungsrecht

Die Personalplanung ist eigentlich das Hoheitsgebiet des AG, in das er sich im Rahmen seiner unternehmerischen Freiheit nicht hinein reden lassen muss. Deshalb gibt es in diesem Bereich keine Rechte des BR, die die Entscheidungen beeinflussen könnten. Allerdings unterliegen die Auswirkungen dieser Personalplanung an verschiedenen Stellen doch wieder der Mitbestimmung, sehr weitgehend etwa im Bereich der betrieblichen Berufsbildung gemäß §§ 96 ff. oder der Aufstellung von Grundsätzen für die Beurteilung der Leistungen der AN, weniger weit im Bereich der personellen Einzelmaßnahmen, also insbesondere der Einstellung von AN. Damit der BR nicht mangels anderer Einflussmöglichkeiten die Umsetzung der Planungen blockieren muss, räumt ihm das Gesetz bei der Personalplanung ein umfangreiches Unterrichtungs- und Beratungsrecht ein.

Das soll den BR in die Lage versetzen, mit dem AG über Art und Umfang der erforderlichen Maßnahmen und über die Vermeidung von Härten zu beraten. Er soll auf die Personalplanung im Interesse der AN einwirken können, bevor diese durch einzelne Maßnahmen in die Praxis umgesetzt wird. Interessen und Bedürfnisse der AN sollen so bei der Planung der unternehmerischen Aufgaben und Anforderungen berücksichtigt werden.

Der AG muss den BR über die Personalplanung umfassend unterrichten. Er muss daher alle Tatsachen angeben, auf die er seine Personalplanung stützt. Dazu können auch diejenigen Planungsdaten gehören, die in einem anderen Zusammenhang erhoben und festgestellt wurden, z. B. Rationalisierungsvorschläge, Produktions- und Investitionsentscheidungen. Denn nur so kann der BR Interessen und Bedürfnisse der AN schon im Planungsstadium zur Geltung bringen. Rücksichtnahmen auf die im Betrieb beschäftigten AN oder die zu erwartenden Schwierigkeiten bei der Personalbeschaffung können und sollen sich auch auf die Planung von Produktion, Investition oder Rationalisierung auswirken.

Die Personalplanung steht in Zusammenhang mit den anderen wirtschaftlichen Planungen des AG. Daher erstreckt sich der Unterrichtungsanspruch auch auf diese Planungen, wenn der BR die Informationen benötigt, um sich selbst ein Bild über die Plausibilität der Planungen machen zu können.

Personalplanung

Unter Personalplanung sind Art und Weise der Personalbeschaffung, der beabsichtigte Personaleinsatz, projektierter Personalaufbau und -abbau sowie alle Maßnahmen der Personalentwicklung zu verstehen. Informiert werden muss auch über den jeweiligen Personalstand, Ausfallquote und deren Ersetzung und Planungen hinsichtlich der konkreten Arbeitsplätze (BAG vom 31.1.1984 – 1 ABR 63/81). Nicht dazu gehört hingegen die Ermittlung des Personalbedarfs (BAG vom 6.11.1990 – 1 ABR 60/89).

Unterlagen

Der AG hat den BR anhand von Unterlagen zu unterrichten. Auch dieses Recht ist umfassend, der AG darf nicht entscheiden, welche Unterlagen er dem BR zugänglich macht. Unterrichtung und Vorlage der Unterlagen müssen vollständig sein. Die Unterlagen, die der AG bei der Personalplanung verwendet, stehen auch dem BR zu.

Anhand dieser Unterlagen soll sich der BR vergewissern können, ob die vom AG zur Personalplanung gemachten Angaben auch tatsächlich zutreffen. Alle tatsächlichen Angaben zur Personalplanung müssen daher – soweit möglich – belegt werden. Das gilt für Personaldaten, Stellenpläne, Beschäftigungsdaten und statistische Übersichten (z. B. Krankenstand oder Fluktuation).

Aber auch die Unterlagen, die an sich in einem anderen Zusammenhang erarbeitet wurden und Entscheidungen über Produktion, Investitionen oder Rationalisierung betreffen, müssen vorgelegt werden, wenn dies erforderlich ist, damit der BR sich ein vollständiges Bild von der Personalplanung machen kann. Das können auch Berichte über Rationalisierungsmöglichkeiten im Betrieb oder in einzelnen Abteilungen sein.

Die Verpflichtung zur Vorlage der Unterlagen besteht unabhängig von einer konkreten Anforderung des BR. Der AG muss die Unterlagen von sich aus zur Verfügung stellen. Allerdings bleibt ein Verstoß gegen diese Verpflichtung ohne Einfluss auf darauf aufbauende weitere Schritte. Deren Wirksamkeit wird hierdurch nicht beeinträchtigt. Der BR kann aber die Unterrichtung und Überlassung der notwendigen Unterlagen jederzeit gerichtlich durchsetzen, wenn belegbar ist, dass der AG Planungen anstellt und entsprechende Unterlagen vorhanden sind.

Beratung

Der AG muss den BR nicht nur über die Personalplanung unterrichten, sondern darüber auch mit ihm beraten. Hat sich der AG hinsichtlich der Planung bereits festgelegt, besteht die Beratungsmöglichkeit nicht mehr und die Unterrichtung ist offenkundig zu spät erfolgt. Das ist dann zumindest eine Ordnungswidrigkeit gemäß § 121, möglicherweise sogar eine gemäß § 119 strafbare Behinderung der Arbeit des BR. Dieser sollte sich nicht scheuen, gegen einen konsequent verhandlungsunwilligen AG eine entsprechende Anzeige zu erstatten.

Vorschlagsrecht

Das Recht, weitergehende Vorschläge zur Personalplanung zu machen, besteht ohnehin. Einer besonderen Erwähnung im Gesetz hätte es nicht bedurft. Allerdings gibt es keine Möglichkeit der Durchsetzung, auch wenn die Vorschläge noch so gut sind.

Gleichstellungsmaßnahmen und Familienförderung

Die Unterrichtungs- und Beratungsrechte bestehen in gleicher Weise für vom AG geplante Maßnahmen, die zum Ziel haben, die Gleichberechtigung der Geschlechter oder die Vereinbarkeit von Familie und Beruf zu fördern. Dabei handelt es sich in der Regel um spezielle Formen der Personalplanung. Die gesonderte Erwähnung im Verweis in Abs. 3 auf § 80 macht aber klar, dass es keines Streits darüber bedarf, ob die jeweiligen Vorhaben der Personalplanung zuzuordnen sind. Das Unterrichtungs- und Beratungsrecht besteht für Maßnahmen auf diesem Gebiet unabhängig davon, ob es sich um Personalplanung handelt. Damit sind in diesem Zusammenhang auch – im Gegensatz zur sonstigen Unterrichtung gemäß § 80 Abs. 2 – entsprechende Unterlagen ohne ausdrückliche Anforderung dem BR zu überlassen.

Rechtsprechung

BAG vom 19.6.1984 – 1 ABR 6/83: Der AG muss den BR umfassend über die Personalplanung unterrichten. Zum Umfang der Unterrichtung gehören auch alle Tatsachen, auf die er die jeweilige Personalplanung stützt. Das können diejenigen

Planungsdaten sein, die in einem anderen Zusammenhang erhoben wurden, z. B. Rationalisierungsvorschläge, Produktions- und Investitionsentscheidungen. Unterlagen hierüber müssen dem BR dann überlassen werden, wenn der sich nur mit diesen ein verlässliches Bild von der Personalplanung machen kann. Die Unterrichtung muss dann erfolgen, wenn der AG mit der Planung beginnt, nicht aber so lange er nur die Möglichkeiten etwa einer Reduzierung des Personals ermittelt.

BAG vom 6.11.1990 – 1 ABR 60/89: Eine mitbestimmungspflichtige, § 92 unterfallende Personalplanung ist auch gegeben, wenn der AG hierfür Subventionsempfänger ist und die Gelder noch nicht bewilligt sind. Lotet er lediglich die Möglichkeiten aus, entsprechende Mittel zu bekommen, ist das keine mitbestimmungspflichtige Personalplanung.

§ 92a Beschäftigungssicherung

(1) Der Betriebsrat kann dem Arbeitgeber Vorschläge zur Sicherung und Förderung der Beschäftigung machen. Diese können insbesondere eine flexible Gestaltung der Arbeitszeit, die Förderung von Teilzeitarbeit und Altersteilzeit, neue Formen der Arbeitsorganisation, Änderungen der Arbeitsverfahren und Arbeitsabläufe, die Qualifizierung der Arbeitnehmer, Alternativen zur Ausgliederung von Arbeit oder ihrer Vergabe an andere Unternehmen sowie zum Produktions- und Investitionsprogramm zum Gegenstand haben.

(2) Der Arbeitgeber hat die Vorschläge mit dem Betriebsrat zu beraten. Hält der Arbeitgeber die Vorschläge des Betriebsrats für ungeeignet, hat er dies zu begründen; in Betrieben mit mehr als 100 Arbeitnehmern erfolgt die Begründung schriftlich. Zu den Beratungen kann der Arbeitgeber oder der Betriebsrat einen Vertreter der Bundesagentur für Arbeit hinzuziehen.

> Die Vorschrift regelt die Einflussmöglichkeiten des BR bei der Sicherung und Förderung der Beschäftigung.

Das Gesetz überträgt dem BR an mehreren Stellen die Aufgabe, sich für die Förderung und Sicherung der Beschäftigung einzusetzen – mal mit mehr und mal mit weniger Durchsetzungsmöglichkeiten. Der BR kann Maßnahmen zum Erhalt und der Weiterentwicklung der Qualifizierung durchsetzen, er kann Modelle zur Arbeitszeitgestaltung vor die Einigungsstelle bringen, die vorhandene Arbeit auf mehr Schultern als bisher verteilen – oder einfach nur gute Ideen haben. Den letzten Fall behandelt diese Vorschrift und erlaubt dem BR zusätzlich, diese Vorschläge auch laut zu äußern. Der BR hat einen Anspruch darauf, dass der AG im Falle einer Ablehnung des Vorschlags dies auch entsprechend begründet. In Betrieben mit über 100 AN hat diese Begründung sogar schriftlich zu erfolgen.

Beschrieben wird in § 92a eigentlich nur etwas, was sowieso passiert, wenn AG und BR gut zusammenarbeiten. Wo das nicht der Fall ist, nützt auch diese Vorschrift nichts. Erst recht ist sie bedeutungslos, wenn AG und BR zwar beide Beschäftigungssicherung als ihr Ziel definieren, aber unterschiedliche Wege dahin beschreiten wollen – der AG etwa durch Verlängerung der Arbeitszeit in Verbindung mit Langzeitkonten, der BR durch Begrenzung der Arbeitszeit auf das tarifliche Maß. Hier hilft kein allgemeines Vorschlagsrecht, das seit der Abschaffung des preußischen Obrigkeitsstaats ohnehin jeder hat, sondern nur die konsequente Nutzung der erzwingbaren Mitbestimmungsrechte, um den Anliegen auch den entsprechenden Nachdruck zu verleihen.

§ 93 Ausschreibung von Arbeitsplätzen

Der Betriebsrat kann verlangen, dass Arbeitsplätze, die besetzt werden sollen, allgemein oder für bestimmte Arten von Tätigkeiten vor ihrer Besetzung innerhalb des Betriebs ausgeschrieben werden.

> Die Vorschrift gibt dem BR das Recht, die innerbetriebliche Ausschreibung freier Arbeitsplätze durchzusetzen.

Der Text der Vorschrift ist missverständlich: Der BR kann nicht nur die innerbetriebliche Ausschreibung von freien Arbeitsplätzen verlangen, der AG muss dem auch Folge leisten. Macht er es nicht, kann er einerseits hierzu gerichtlich gezwungen werden, andererseits hat der BR bei jeder dennoch vorgenommenen Einstellung oder Versetzung einen Grund, die Zustimmung gemäß § 99 wirksam zu verweigern.

Wie der Arbeitsplatz und damit die Ausschreibung inhaltlich aussehen, kann der AG allein entscheiden, der BR hat hier kein Mitspracherecht (BAG 27.10.1992 – 1 ABR 4/92). Dabei muss er sich jedoch an die allgemeinen Grundsätze aus den verschiedenen Gesetzen halten, also gemäß § 11 AGG geschlechtsneutral und, wenn möglich, gemäß § 7 TzBfG als Teilzeitarbeitsplatz ausschreiben. Die Ausschreibung muss schriftlich erfolgen und für alle AN zugänglich sein, beispielsweise am Schwarzen Brett, im Intranet oder als Rundschreiben.

Das Recht, die Ausschreibung zu verlangen, steht zunächst dem örtlichen BR zu. Es spricht jedoch nichts dagegen, dass auch der GBR oder der KBR die freie Stelle in einem Betrieb im gesamten Unternehmen bzw. dem Konzern ausschreiben. Allerdings ist dies weder durchsetzbar noch führt der Verstoß gegen diese Forderung zu einem Zustimmungsverweigerungsrecht.

Rechtsprechung

BAG vom 23.2.1988 – 1 ABR 82/86: Stellt der AG in der innerbetrieblichen Ausschreibung und der Veröffentlichung in der Presse unterschiedliche Anforderungen an Bewerber, genügt das nicht den Anforderungen an eine ordnungsgemäße Ausschreibung.

§ 94 Personalfragebogen, Beurteilungsgrundsätze

(1) Personalfragebogen bedürfen der Zustimmung des Betriebsrats. Kommt eine Einigung über ihren Inhalt nicht zustande, so entscheidet die Einigungsstelle. Der Spruch der Einigungsstelle ersetzt die Einigung zwischen Arbeitgeber und Betriebsrat.

(2) Absatz 1 gilt entsprechend für persönliche Angaben in schriftlichen Arbeitsverträgen, die allgemein für den Betrieb verwendet werden sollen, sowie für die Aufstellung allgemeiner Beurteilungsgrundsätze.

> Die Vorschrift regelt die Mitbestimmungsrechte des BR bei Personalfragebögen, persönlichen Angaben in Arbeitsverträgen und Beurteilungsgrundsätzen.

Themenübersicht

Personalfragebogen
Persönliche Angaben in Arbeitsverträgen
Beurteilungsgrundsätze
Reichweite der Mitbestimmung
Rechtsprechung

Personalfragebogen

Personalfragebögen dürfen nur mit Zustimmung des BR im Betrieb verwendet werden. Der Mitbestimmung unterliegen auch die Inhalte des Fragebogens. Fragebögen im Sinne dieser Vorschrift sind einerseits Erhebungen vor einer Einstellung, andererseits jede Form der standardisierten Abfrage von Qualifikationen, der persönlichen Situation, Meinungen usw. Erfasst werden demnach auch Interviews, also Fragebögen, die dazu dienen, im Betrieb zu einer Meinungsbildung zu kommen.

Das Mitbestimmungsrecht besteht nur, soweit die Befragung selbst zulässig ist. Hier gibt es vor allem bei der Einstellung Grenzen, wenn die Frage selbst oder ihre Beantwortung zu einer Diskriminierung führen kann. Eine solche unzulässige Frage ist beispielsweise die nach einer bestehenden Schwangerschaft, weil die sich naturgemäß nur an Frauen richtet und ihre wahrheitsgemäße Beantwortung ein Einstellungshindernis sein kann (BAG vom 6.2.2003 – 2 AZR 621/01). Auch die Frage nach einer vorhandenen Anerkennung als Schwerbehinderter ist unzulässig, weil dieser Umstand gemäß § 7 AGG bei einer Einstellung keine Rolle spielen darf.

Andere Fragen dagegen sind entweder grundsätzlich zulässig – so die nach Ausbildung, Berufserfahrung und Vorbeschäftigungen etc. – oder zumindest dann erlaubt, wenn es hierfür ein berechtigtes Interesse des AG gibt, wie unter Umständen bei der Frage nach Vorstrafen (BAG vom 15.01.1970 – 2 AZR 64/69). Das ist etwa der Fall bei der Besetzung einer Stelle als Kreditvermittler, wenn der Bewerber in Zusammenhang mit einer solchen Tätigkeit bereits in der Vergangenheit wegen Betrugs verurteilt worden ist. Die Fragen nach solchen kritischen Punkten müssen aber hinreichend präzise gestellt sein, anderenfalls dürfen sie auch falsch beantwortet werden.

Der BR muss im Rahmen des Mitbestimmungsrechts entscheiden, ob er die weit verbreitete Sammelwut bezüglich persönlicher Daten unterstützen will. Gleich ob er einem Fragebogen zustimmt oder nicht: Das Risiko, am Ende unzulässige Fragen gestellt zu haben, wird dem AG dadurch nicht genommen. Die Zustimmung des BR zeigt nur, dass das Mitbestimmungsverfahren durchlaufen wurde.

Persönliche Angaben in Arbeitsverträgen

Die Mitbestimmung bei persönlichen Angaben in Arbeitsverträgen erstreckt sich auf dieselben Sachverhalte wie die bei Personalfragebögen: Alle Bestandteile von Vertragsformularen, die über solche Sachverhalte Auskunft geben sollen, unterliegen der Mitbestimmung.

Beurteilungsgrundsätze

Der Mitbestimmung unterliegen außerdem die allgemeinen Festlegungen dazu, wie eine Beurteilung der AN erfolgen soll, gleich für welche Zwecke, ob für Beförderungen, für Prämien oder andere Zusatzleistungen oder auch nur für die Kür zum „Mitarbeiter des Monats“. Festgelegt wird im Rahmen des Mitbestimmungsverfahrens, welche Aspekte mit welcher Gewichtung bewertet werden. Das kann die reine Arbeitsleistung ebenso wie das Auftreten gegenüber Kunden sein.

Immer wenn ein Unternehmen Mitarbeiter nach allgemein zu definierenden Kriterien bewerten will, setzt das Mitbestimmungsrecht ein – auch wenn das gar nichts mit der unmittelbaren Arbeitsleistung zu tun hat. Soll etwa jedes Jahr ein AN wegen sozialen Engagements oder wertvoller Beiträge zur Brauchtumspflege im Rheinland ausgezeichnet werden, unterliegen die dafür erforderlichen Kriterien zur Beurteilung der Auszeichnung gleichfalls der Mitbestimmung nach dieser Vorschrift.

Reichweite der Mitbestimmung

Das Mitbestimmungsrecht besteht nur dann, wenn der AG solche Fragebögen bzw. Vertragsformulare verwenden oder Beurteilungen durchführen will. Erzwingen kann der BR beides nicht. Allerdings bestehen bei den Beurteilungsgrundsätzen Bezüge sowohl zu den erzwingbaren Mitbestimmungsrechten bei der Leistungsvergütung gemäß § 87 Abs. 1 Nr. 10, 11 als auch zu der betrieblichen Berufsbildung gemäß §§ 96–88. Da hier die Initiativrechte weiter gehen, kann der BR, der auf diesem Feld tätig wird, auch die Einführung solcher Grundsätze initiieren, wenn sie für die Qualifizierungen bzw. die Leistungsvergütung benötigt werden.

Rechtsprechung

BAG vom 219.1993 – 1 ABR 28/93: Um einen Personalfragebogen handelt es sich immer dann, wenn standardisierte Fragen zu beantworten sind, die sich auf die persönliche Eignung beziehen. Das Mitbestimmungsrecht dient dem Zweck, die Gefahren zu mindern, die von einem solchen Eingriff in das Persönlichkeitsrecht ausgehen. Daher ist § 94 Abs. 1 auch dann anwendbar, wenn der AG anhand einer Checkliste die Fragen mündlich stellt und die Antworten selbst schriftlich festhält.

§ 95 Auswahlrichtlinien

(1) Richtlinien über die personelle Auswahl bei Einstellungen, Versetzungen, Umgruppierungen und Kündigungen bedürfen der Zustimmung des Betriebsrats. Kommt eine Einigung über die Richtlinien oder ihren Inhalt nicht zustande, so entscheidet auf Antrag des Arbeitgebers die Einigungsstelle. Der Spruch der Einigungsstelle ersetzt die Einigung zwischen Arbeitgeber und Betriebsrat.

(2) In Betrieben mit mehr als 500 Arbeitnehmern kann der Betriebsrat die Aufstellung von Richtlinien über die bei Maßnahmen des Absatzes 1 Satz 1 zu beachtenden fachlichen und persönlichen Voraussetzungen und sozialen Gesichtspunkte verlan-

gen. Kommt eine Einigung über die Richtlinien oder ihren Inhalt nicht zustande, so entscheidet die Einigungsstelle. Der Spruch der Einigungsstelle ersetzt die Einigung zwischen Arbeitgeber und Betriebsrat.

(3) Versetzung im Sinne dieses Gesetzes ist die Zuweisung eines anderen Arbeitsbereichs, die voraussichtlich die Dauer von einem Monat überschreitet, oder die mit einer erheblichen Änderung der Umstände verbunden ist, unter denen die Arbeit zu leisten ist. Werden Arbeitnehmer nach der Eigenart ihres Arbeitsverhältnisses üblicherweise nicht ständig an einem bestimmten Arbeitsplatz beschäftigt, so gilt die Bestimmung des jeweiligen Arbeitsplatzes nicht als Versetzung.

> Die Vorschrift regelt die Mitbestimmungsrechte bei der Einführung von Richtlinien zur personellen Auswahl bei Einstellungen, Versetzungen, Umgruppierungen und Kündigungen und definiert den Begriff „Versetzung".

Themenübersicht

Inhalt von Auswahlrichtlinien
Wirkung der Auswahlrichtlinie
Reichweite der Mitbestimmung
Versetzung
Rechtsprechung

Inhalt von Auswahlrichtlinien

Auswahlrichtlinien beschreiben die Kriterien, nach denen der AG vorgehen soll, wenn bei personellen Maßnahmen eine Entscheidung zwischen mehreren AN getroffen werden muss. Diese Maßnahmen sind Einstellung, Versetzung (Beförderung) und Kündigung. In der Regel werden dafür Punktkataloge benutzt, die den Vergleich zwischen den Betroffenen objektivieren sollen. Bei Kündigungen ergibt sich aus § 1 Abs. 3 KSchG, für welche Aspekte Punkte verteilt werden dürfen: Lebensalter, Dauer der Betriebszugehörigkeit, Unterhaltsverpflichtungen und Anerkennung als Schwerbehinderter. Diese Kriterien dienen mit Ausnahme der Betriebszugehörigkeit dazu, die unterschiedliche soziale Schutzbedürftigkeit einzelner AN – so gut es geht – messbar zu machen und nachteilige soziale Folgen aus personellen Einzelmaßnahmen möglichst „gerecht" zu verteilen. Das ist bei der Entscheidung über Beförderungen von geringerer Bedeutung, deshalb können diese Kriterien hier keine Rolle spielen. In diesem Zusammenhang sind eher Erfahrung, Qualifikation usw. von Belang.

In einem Punktekatalog wird das jeweilige Kriterium mit Punkten versehen, z. B. 5 Punkte für den Status als Schwerbehinderter, 1 Punkt für je 5 Jahre Betriebszugehörigkeit usw. Bei anstehenden Kündigungen werden die Punktewerte für die einzelnen Beschäftigten errechnet. Gegenüber denjenigen, die die schlechteste Wertung erreicht haben, wird schließlich die Kündigung ausgesprochen.

Wirkung der Auswahlrichtlinie

Ob damit wirklich Gerechtigkeit geschaffen wird, muss der BR beurteilen, bevor er eine solche Vereinbarung unterschreibt. In jedem Fall aber erhält der AG Rechtssicherheit, weil gemäß § 1 Abs. 4 KSchG den Gekündigten durch die Auswahlrichtlinie der Kündigungsschutz praktisch genommen wird. Bei einer Kündigungsschutzklage dürfen dann Gerichte nämlich nur noch überprüfen, ob die Auswahlrichtlinien groben Unsinn enthalten und ob der AG die Punkte richtig zusammengezählt hat. Das Prozessrisiko, das AG zwar nicht vor Kündigungen zurückschrecken lässt, wohl aber den Betroffenen ermöglicht, vor Gericht wenigstens noch eine Abfindung zu erstreiten, ist damit entfallen.

Für den BR hat die Auswahlrichtlinie nur die Wirkung eines zusätzlichen Grundes, mit dem er die Zustimmung zu einer personellen Einzelmaßnahme gemäß § 99 verweigern kann, wenn damit gegen die Richtlinie verstoßen wurde. Außerdem kann er einer Kündigung gemäß § 102 widersprechen, was allerdings an deren Wirksamkeit nichts ändert.

Reichweite der Mitbestimmung

Das Mitbestimmungsrecht unterscheidet sich in seiner Reichweite nach der Betriebsgröße. Will der AG solche Richtlinien einführen, benötigt er immer die Zustimmung des BR. Das kann auch formlos durch Beschluss des BR geschehen. Stimmt der BR nicht zu, hat der AG nur die Möglichkeit, in der Einigungsstelle eine Regelung zu erzielen. Hat der Betrieb mehr als 500 AN, kann auch der BR die Einführung von Auswahlrichtlinien über die Einigungsstelle erzwingen.

Versetzung

Im dritten Absatz der Vorschrift hat der Gesetzgeber die Definition dessen versteckt, was unter einer Versetzung zu verstehen ist, allerdings nur im Sinne des BetrVG. Bedeutung hat diese Definition praktisch ausschließlich für die Mitbestimmung gemäß § 99 und wird deshalb auch dort erläutert.

Rechtsprechung

BAG vom 11.3.1976 – 2 AZR 43/75: Mit einer Auswahlrichtlinie für Kündigungen darf nicht gegen die Festlegung in § 1 KSchG verstoßen werden, indem dort genannte Kriterien wie etwa Alter oder Behinderung nicht berücksichtigt werden.

BAG vom 15.6.1989 – 2 AZR 580/88: Durch Auswahlrichtlinien dürfen nicht willkürlich Gruppenbildungen für die Sozialauswahl bei betriebsbedingten Kündigungen vorgenommen werden.

Rechtsprechung zum Thema „Versetzung“ ist bei § 99 zu finden.

Zweiter Unterabschnitt
Berufsbildung

§ 96 Förderung der Berufsbildung

(1) Arbeitgeber und Betriebsrat haben im Rahmen der betrieblichen Personalplanung und in Zusammenarbeit mit den für die Berufsbildung und den für die Förderung der Berufsbildung zuständigen Stellen die Berufsbildung der Arbeitnehmer zu fördern. Der Arbeitgeber hat auf Verlangen des Betriebsrats den Berufsbildungsbedarf zu ermitteln und mit ihm Fragen der Berufsbildung der Arbeitnehmer des Betriebs zu beraten. Hierzu kann der Betriebsrat Vorschläge machen.

(2) Arbeitgeber und Betriebsrat haben darauf zu achten, dass unter Berücksichtigung der betrieblichen Notwendigkeiten den Arbeitnehmern die Teilnahme an betrieblichen oder außerbetrieblichen Maßnahmen der Berufsbildung ermöglicht wird. Sie haben dabei auch die Belange älterer Arbeitnehmer, Teilzeitbeschäftigter und von Arbeitnehmern mit Familienpflichten zu berücksichtigen.

§ 97 Einrichtungen und Maßnahmen der Berufsbildung

(1) Der Arbeitgeber hat mit dem Betriebsrat über die Errichtung und Ausstattung betrieblicher Einrichtungen zur Berufsbildung, die Einführung betrieblicher Berufsbildungsmaßnahmen und die Teilnahme an außerbetrieblichen Berufsbildungsmaßnahmen zu beraten.

(2) Hat der Arbeitgeber Maßnahmen geplant oder durchgeführt, die dazu führen, dass sich die Tätigkeit der betroffenen Arbeitnehmer ändert und ihre beruflichen Kenntnisse und Fähigkeiten zur Erfüllung ihrer Aufgaben nicht mehr ausreichen, so hat der Betriebsrat bei der Einführung von Maßnahmen der betrieblichen Berufs-

bildung mitzubestimmen. Kommt eine Einigung nicht zustande, so entscheidet die Einigungsstelle. Der Spruch der Einigungsstelle ersetzt die Einigung zwischen Arbeitgeber und Betriebsrat

§ 98 Durchführung betrieblicher Bildungsmaßnahmen

(1) Der Betriebsrat hat bei der Durchführung von Maßnahmen der betrieblichen Berufsbildung mitzubestimmen.

(2) Der Betriebsrat kann der Bestellung einer mit der Durchführung der betrieblichen Berufsbildung beauftragten Person widersprechen oder ihre Abberufung verlangen, wenn diese die persönliche oder fachliche, insbesondere die berufs- und arbeitspädagogische Eignung im Sinne des Berufsbildungsgesetzes nicht besitzt oder ihre Aufgaben vernachlässigt.

(3) Führt der Arbeitgeber betriebliche Maßnahmen der Berufsbildung durch oder stellt er für außerbetriebliche Maßnahmen der Berufsbildung Arbeitnehmer frei oder trägt er die durch die Teilnahme von Arbeitnehmern an solchen Maßnahmen entstehenden Kosten ganz oder teilweise, so kann der Betriebsrat Vorschläge für die Teilnahme von Arbeitnehmern oder Gruppen von Arbeitnehmern des Betriebs an diesen Maßnahmen der beruflichen Bildung machen.

(4) Kommt im Fall des Absatzes 1 oder über die nach Absatz 3 vom Betriebsrat vorgeschlagenen Teilnehmer eine Einigung nicht zustande, so entscheidet die Einigungsstelle. Der Spruch der Einigungsstelle ersetzt die Einigung zwischen Arbeitgeber und Betriebsrat.

(5) Kommt im Fall des Absatzes 2 eine Einigung nicht zustande, so kann der Betriebsrat beim Arbeitsgericht beantragen, dem Arbeitgeber aufzugeben, die Bestellung zu unterlassen oder die Abberufung durchzuführen. Führt der Arbeitgeber die Bestellung einer rechtskräftigen gerichtlichen Entscheidung zuwider durch, so ist er auf Antrag des Betriebsrats vom Arbeitsgericht wegen der Bestellung nach vorheriger Androhung zu einem Ordnungsgeld zu verurteilen; das Höchstmaß des Ordnungsgeldes beträgt 10 000 Euro. Führt der Arbeitgeber die Abberufung einer rechtskräftigen gerichtlichen Entscheidung zuwider nicht durch, so ist auf Antrag des Betriebsrats vom Arbeitsgericht zu erkennen, dass der Arbeitgeber zur Abberufung durch Zwangsgeld anzuhalten sei; das Höchstmaß des Zwangsgeldes beträgt für jeden Tag der Zuwiderhandlung 250 Euro. Die Vorschriften des Berufsbildungsgesetzes über die Ordnung der Berufsbildung bleiben unberührt.

(6) Die Absätze 1 bis 5 gelten entsprechend, wenn der Arbeitgeber sonstige Bildungsmaßnahmen im Betrieb durchführt.

Die Vorschriften enthalten einerseits einen allgemein gehaltenen Appell zur betrieblichen Berufsbildung, andererseits konkrete Verpflichtungen des AG zur Durchführung einer Bildungsbedarfsanalyse sowie Mitbestimmungsrechte des BR, die in einem Fall auch zur Durchsetzung von Bildungsmaßnahmen genutzt werden können.

Themenübersicht

Berufsbildung
Bildungsbedarfsanalyse
Mitbestimmung
Gleichbehandlungsgebot
Zusammenarbeitsgebot
Rechtsprechung

Berufsbildung

Zur Berufsbildung gehören nach dem Berufsbildungsgesetz die Berufsausbildungsvorbereitung, die Berufsausbildung, die berufliche Fortbildung und die berufliche Umschulung. Aufgaben der Betriebe sind die Ausbildung, Umschulung und Fortbildung. Die Berufsausbildungsvorbereitung liegt in der Regel in der Verantwortung öffentlicher Stellen, kann aber auch von Betrieben durchgeführt werden.

Unter dem Oberbegriff der Berufsbildung werden darüber hinaus alle Maßnahmen verstanden, die systematisch Kenntnisse, Fähigkeiten und Fertigkeiten vermitteln. Das geht weit über die eigentliche Ausbildung in anerkannte Ausbildungsberufe hinaus und erfasst auch alle betriebsinternen Schulungsmaßnahmen unabhängig von ihrer Dauer (BAG vom 23.4.1991 – 1 ABR 49/90). Lediglich die Unterweisung in den konkreten Arbeitsplatz fällt nach dieser Rechtsprechung nicht unter den Begriff der Berufsbildung. Diese Grenze ist aber angesichts der Anforderungen der modernen Arbeitswelt kaum noch erkennbar. Der BR sollte sich daher nicht von der konsequenten Verfolgung seiner Anliegen im Bereich der Berufsbildung abhalten lassen, weil der AG auf dem Standpunkt beharrt, er betreibe nur mitbestimmungsfreie Einweisung. Wirklich klären wird sich die Frage, ob das eine oder andere veranstaltet wird, erst in der Einigungsstelle.

Bildungsbedarfsanalyse

Der AG muss gemäß § 96 Abs. 1 den Bildungsbedarf ermitteln, wenn der BR dies verlangt. Kommt er dem Gebot nicht nach, kann der BR die Bildungsbedarfsanalyse gerichtlich durchsetzen. Effektiver ist es allerdings, sie im Rahmen der Mitbestimmung gemäß § 97 Abs. 2 durch die Einigungsstelle durchzusetzen, weil dann auch die Kriterien der Analyse und deren Tiefe festgelegt werden können.

Üblicherweise umfasst die Analyse den Ist-Zustand, also die vorhandene Qualifikation der AN des Betriebs, den Bedarf bezogen auf die aktuellen und geplanten Arbeitsplätze und die Qualifizierungsinteressen der Beschäftigten. Aus dem Abgleich dieser Daten resultiert dann der Bildungsbedarf. Der AG ist allerdings nicht generell verpflichtet, diesen auch zu befriedigen. Nur Bildungsmaßnahmen, die der BR über § 97 Abs. 2 durchsetzt oder die in einer Betriebsvereinbarung festgelegt wurden, muss der AG auch anbieten.

Mitbestimmung

Die Mitbestimmungsrechte bei der Berufsbildung sind mehrfach abgestuft. Ihre Reichweite orientiert sich einerseits daran, ob durch Veränderungen im Betrieb ein Bedarf nach Qualifizierung entsteht, andererseits an der Art der Durchführung der Maßnahmen, also innerbetrieblich oder außerbetrieblich.

Entschließt sich der AG, selbst Qualifizierungen anzubieten, besteht ein umfassendes Mitbestimmungsrecht gemäß § 98 Abs. 1. Es bezieht sich auf alle mit den Maßnahmen in Zusammenhang stehenden Fragen. Dazu gehören die inhaltliche Ausgestaltung der Schulung, didaktische Konzepte, Ausstellung von Zertifikaten, Dauer usw. Eingeschränkt ist das Mitbestimmungsrecht hinsichtlich der Auswahl der Teilnehmer und der Ausbilder. Der BR kann zwar eigene Vorschläge machen, wer an den Maßnahmen teilnehmen soll und über diese auch in der Einigungsstelle entscheiden lassen, er hat jedoch keinen Einfluss auf den vom AG vorgesehenen Teilnehmerkreis. Über den entscheidet der AG allein.

Bezüglich der Ausbildenden hat der BR nur die Möglichkeit, der Bestellung der vom AG vorgesehenen Personen zu widersprechen oder deren Abberufung zu betreiben. Eigene Vorschläge kann er juristisch nicht durchsetzen. Der AG muss aber dem Verlangen des BR nach Abberufung von Ausbildern gemäß § 98 Abs. 2, 4 entsprechen. Er steht diesbezüglich unter Einigungszwang.

Führt der AG die Maßnahmen zwar nicht selbst durch, stellt aber AN hierfür frei oder trägt er deren Kosten zumindest teilweise, bestehen bei der Festlegung des Teilnehmerkreises gemäß § 98 Abs. 3 dieselben Mitbestimmungsrechte wie bei den eigenen Maßnahmen des AG. Inhaltlich kann der BR nur soweit mitbestimmen, wie der AG selbst Einfluss auf die externe Maßnahme nehmen kann. Wählt der AG die Veranstaltung oder deren Träger aus, ist der BR an dieser Entscheidung zu beteiligen. Können sich die Beschäftigten selbst aussuchen, an welchen Schulungen sie teilnehmen, kann der BR hierauf keinen Einfluss nehmen.

Diese Mitbestimmungsrechte sind davon abhängig, ob der AG selbst im Bereich der betrieblichen Berufsbildung aktiv wird. Ein durchsetzbares Initiativrecht gemäß § 97 Abs. 2 hat der BR dann, wenn es Veränderungen im Betrieb gibt, die eine Qualifizierung der AN erforderlich machen, weil sie andernfalls ihre Aufgaben nicht mehr erfüllen können. Diese Veränderungen lösen das erzwingbare Mitbestimmungsrecht schon dann aus, wenn der AG sie noch nicht umgesetzt hat, sondern sich noch im Planungsstadium befindet.

Für die Entscheidung über inhaltliche Streitfragen in der betrieblichen Berufsbildung ist mit einer Ausnahme die Einigungsstelle zuständig. Die Ausnahme ist der Konflikt um die Abberufung von Ausbildungspersonal. Werden sich AG und BR hier nicht einig, muss der BR nach § 98 Abs. 5 BetrVG den Gang zum Arbeitsgericht antreten.

Gleichbehandlungsgebot

Die sich auch aus anderen Vorschriften, wie dem Allgemeinen Gleichbehandlungsgesetz, ergebende Verpflichtung aus § 96 Abs. 2, den Bildungsbedarf besonderer Personengruppen wie älterer AN zu beachten, ist auch ein Appell darauf zu achten, dass den AN die Teilnahme an Maßnahmen der Berufsbildung ermöglicht wird. Beides ist im Gesetz zu unbestimmt formuliert, um durchsetzbare Rechte zu begründen. Dasselbe trifft auf die in § 97 Abs. 1 enthaltene Verpflichtung des AG zu, mit dem BR über Maßnahmen der Berufsbildung zu beraten.

Zusammenarbeitsgebot

Bei der Förderung der Berufsbildung müssen die Betriebsparteien mit den zuständigen Stellen zusammenarbeiten, um etwa durch Fördermittel der Arbeitsverwaltung das eigene Bildungsangebot zu verbessern oder sich dort über den zukünftig entstehenden Bedarf des Arbeitsmarktes zu informieren. Das sind neben der Agentur für Arbeit die jeweiligen Kammern, Berufsschulen und Bildungsberatungsstellen.

Rechtsprechung

BAG vom 5.11.1985 – 1 ABR 49/83: Die eine Ausbildung abschließende Fachkundeprüfung ist Teil der Bildungsmaßnahme, bei der der BR ein Mitbestimmungsrecht hat, wenn der AG selbst Gestaltungsspielraum bei der Durchführung der Prüfung hat.

BAG vom 4.12.1990 – 1 ABR 10/90: Hat der AG maßgeblichen Einfluss auf Inhalt und Organisation einer Bildungsveranstaltung, ist er auch dann Träger der Bildungsmaßnahme, wenn diese von Dritten durchgeführt wird. Es handelt sich dann um eine Maßnahme der betrieblichen Berufsbildung.

BAG vom 23.4.1991 – 1 ABR 49/90: Berufsbildung umfasst neben den Maßnahmen nach dem Berufsausbildungsgesetz auch alle Seminare, die den AN die für die Ausfüllung ihres Arbeitsplatzes und ihrer beruflichen Tätigkeit notwendigen Kenntnisse und Fähigkeiten verschaffen sollen. Keine Berufsbildung ist eine Einweisung am Arbeitsplatz, die aber voraussetzt, dass der AN die notwendigen Kenntnisse und Erfahrungen bereits besitzt, die für die Tätigkeit an diesem Arbeitsplatz erforderlich sind.

BAG vom 18.4.2000 – 1 ABR 28/99: Veranstalten mehrere AG gemeinsam Maßnahmen der betrieblichen Berufsbildung, besteht das Mitbestimmungsrecht der beteiligten BR gemäß § 98 BetrVG nur in Bezug auf die Vereinbarung zwischen den AG, soweit darin mitbestimmungspflichtige Festlegungen zur betrieblichen Berufsbildung getroffen werden.

BAG vom 24.8.2004 – 1 ABR 28/03: Das Mitbestimmungsrecht des BR nach § 98 Abs. 1 erstreckt sich auch auf die Entscheidung des AG, generell die Ausbildung gemäß § 29 Abs. 2 BBiG zu verkürzen.

Dritter Unterabschnitt
Personelle Einzelmaßnahmen

§ 99 Mitbestimmung bei personellen Einzelmaßnahmen

(1) In Unternehmen mit in der Regel mehr als zwanzig wahlberechtigten Arbeitnehmern hat der Arbeitgeber den Betriebsrat vor jeder Einstellung, Eingruppierung, Umgruppierung und Versetzung zu unterrichten, ihm die erforderlichen Bewerbungsunterlagen vorzulegen und Auskunft über die Person der Beteiligten zu geben; er hat dem Betriebsrat unter Vorlage der erforderlichen Unterlagen Auskunft über die Auswirkungen der geplanten Maßnahme zu geben und die Zustimmung des Betriebsrats zu der geplanten Maßnahme einzuholen. Bei Einstellungen und Versetzungen hat der Arbeitgeber insbesondere den in Aussicht genommenen Arbeitsplatz und die vorgesehene Eingruppierung mitzuteilen. Die Mitglieder des Betriebsrats sind verpflichtet, über die ihnen im Rahmen der personellen Maßnahmen nach den Sätzen 1 und 2 bekannt gewordenen persönlichen Verhältnisse und Angelegenheiten der Arbeitnehmer, die ihrer Bedeutung oder ihrem Inhalt nach einer vertraulichen Behandlung bedürfen, Stillschweigen zu bewahren; § 79 Abs. 1 Satz 2 bis 4 gilt entsprechend.

(2) Der Betriebsrat kann die Zustimmung verweigern, wenn

1. **die personelle Maßnahme gegen ein Gesetz, eine Verordnung, eine Unfallverhütungsvorschrift oder gegen eine Bestimmung in einem Tarifvertrag oder in einer Betriebsvereinbarung oder gegen eine gerichtliche Entscheidung oder eine behördliche Anordnung verstoßen würde,**
2. **die personelle Maßnahme gegen eine Richtlinie nach § 95 verstoßen würde,**
3. **die durch Tatsachen begründete Besorgnis besteht, dass infolge der personellen Maßnahme im Betrieb beschäftigte Arbeitnehmer gekündigt werden oder sonstige Nachteile erleiden, ohne dass dies aus betrieblichen oder persönlichen Gründen gerechtfertigt ist; als Nachteil gilt bei unbefristeter Einstellung auch die Nichtberücksichtigung eines gleich geeigneten befristet Beschäftigten,**
4. **der betroffene Arbeitnehmer durch die personelle Maßnahme benachteiligt wird, ohne dass dies aus betrieblichen oder in der Person des Arbeitnehmers liegenden Gründen gerechtfertigt ist,**
5. **eine nach § 93 erforderliche Ausschreibung im Betrieb unterblieben ist oder**
6. **die durch Tatsachen begründete Besorgnis besteht, dass der für die personelle Maßnahme in Aussicht genommene Bewerber oder Arbeitnehmer den Betriebsfrieden durch gesetzwidriges Verhalten oder durch grobe Verletzung der in § 75 Abs. 1 enthaltenen Grundsätze, insbesondere durch rassistische oder fremdenfeindliche Betätigung, stören werde.**

(3) Verweigert der Betriebsrat seine Zustimmung, so hat er dies unter Angabe von Gründen innerhalb einer Woche nach Unterrichtung durch den Arbeitgeber diesem schriftlich mitzuteilen. Teilt der Betriebsrat dem Arbeitgeber die Verweigerung seiner Zustimmung nicht innerhalb der Frist schriftlich mit, so gilt die Zustimmung als erteilt.

(4) Verweigert der Betriebsrat seine Zustimmung, so kann der Arbeitgeber beim Arbeitsgericht beantragen, die Zustimmung zu ersetzen.

> Die Vorschrift gibt dem BR ein eingeschränktes Mitbestimmungsrecht bei folgenden personellen Einzelmaßnahmen: Einstellung, Versetzung, Eingruppierung und Umgruppierung. Die Mitbestimmung bei Kündigungen ist in § 102 geregelt. In Verbindung mit den genannten Maßnahmen enthält § 99 noch ein spezielles Informationsrecht.

Themenübersicht

Form und Frist der Zustimmungsverweigerung

Handlungsalternativen

Folgen der Zustimmungsverweigerung
Versetzung
Einstellung
Ein- bzw. Umgruppierung
Informationsrechte
Begründung der Zustimmungsverweigerung
Rechtsprechung

Wenn der AG einen AN einstellen oder versetzen oder seine Vergütungsgruppe (neu) festlegen will, benötigt er hierzu die Zustimmung des BR. Die bekommt er in einem stark formalisierten Verfahren – oder eben nicht. Nur in einem speziell geregelten Fall, nämlich wenn es besonders dringend ist, darf der AG ausnahmsweise schon vor dieser Zustimmung die Einstellung oder Versetzung vornehmen, muss dann aber ein weiteres Verfahren, das in § 100 beschrieben ist, beachten. Für Ein- und Umgruppierungen kommt dies nicht in Betracht. Ob der AG von dieser Möglichkeit Gebrauch machen will, erkennt der BR an der entsprechenden Formulierung bezüglich der geplanten Maßnahme: Sie muss in einem solchen Fall ausdrücklich als dringend bezeichnet werden. Wenn der BR mit der Maßnahme nicht einverstanden ist, muss er zusätzlich zu der im Folgenden beschriebenen Reaktion noch ausdrücklich die Dringlichkeit bestreiten. Außerdem verkürzen sich die Fristen (vgl. die Erläuterungen zu § 100).

Form und Frist der Zustimmungsverweigerung

Der AG benötigt in jedem Fall die Zustimmung des BR. Allerdings bekommt er sie quasi automatisch, wenn der BR gar nicht oder nicht richtig reagiert. Richtig reagieren bedeutet, die Verweigerung formal (schriftlich mit Begründung) und fristgemäß (innerhalb von einer Woche nach Unterrichtung) zu erklären. Selbst dann kann der AG die (fehlende) Zustimmung noch durch das Arbeitsgericht bekommen. Dieses entscheidet auf Antrag des AG darüber, ob die Verweigerung der Zustimmung seitens des BR formal in Ordnung war und ob ein Grund zur Verweigerung der Zustimmung tatsächlich vorgelegen hat. Hier wird also inhaltlich überprüft, ob die Vorbehalte des BR gegen die Maßnahme sachlich gerechtfertigt sind.

Das Zustimmungsverfahren wird durch eine entsprechende Mitteilung des AG eingeleitet. Diese Mitteilung kann auch mündlich erfolgen. In dem Augenblick, da der BR über die beabsichtigte Maßnahme vollständig unterrichtet ist, läuft eine einwöchige Frist, innerhalb derer er reagieren kann. Eine Verlängerung der Frist durch Vereinbarung zwischen AG und BR ist möglich (BAG vom 17.5.1983 – 1 ABR 5/80).

Handlungsalternativen

Abgeschlossen wird dieser innerbetriebliche Vorgang entweder durch den Ablauf der Frist oder die Äußerung des BR. Stimmt er zu, kann der AG die Maßnahme vollziehen, also die Einstellung oder Versetzung vornehmen. Er ist hierzu allerdings nicht verpflichtet, kann also auch nach der erteilten Zustimmung von der Maßnahme wieder Abstand nehmen. Die Zustimmung schafft damit keine Handlungsverpflichtung des AG. Anders verhält es sich mit der Ein- bzw. Umgruppierung: Hier entsteht mit der Zustimmung ein Anspruch des AN auf die entsprechende Vergütung, der AG kann sich davon nicht mehr ohne weiteres lösen.

Der BR hat drei Möglichkeiten zu reagieren: Ausdrückliche Zustimmung, Schweigen (was aber nach Abs. 3 als Zustimmung gewertet wird) und Verweigerung der Zustimmung. Es kommt vor, dass der BR sich nicht ausreichend unterrichtet fühlt und deshalb vor einer Äußerung weitere Informationen anfordert. Das ist zwar nicht ausgeschlossen, aber riskant, wenn der BR die Zustimmung verweigern will. Die Frage, ob die Unterrichtung ausreichend war, lässt sich abstrakt kaum beantworten, konkret ist später das Arbeitsgericht gefordert, wenn es zum Streit kommt. Ist es der Meinung, der AG habe den BR hinreichend unterrichtet, dann ist die Frist in Gang gesetzt und die Zustimmung nach deren Ablauf durch Schweigen erteilt worden. Deshalb sollte der BR sich nicht darauf verlassen, dass er bei der Unterrichtung eine Nachbesserung durchsetzen kann. Benötigt er weitere Informationen, muss er diese immer innerhalb der Wochenfrist anfordern und mit einer formell richtigen Zustimmungsverweigerung kombinieren. Die lässt sich später ggf. revidieren, eine einmal erteilte Zustimmung dagegen nicht.

Folgen der Zustimmungsverweigerung

Will der BR die Zustimmung verweigern, muss er dies begründen. Allerdings kann er sich dabei nur auf die in Abs. 2 genannten Sachverhalte beziehen. Eine Begründung, die andere Erwägungen vorbringt – etwa allgemeine sozialpolitische oder bei einer Einstellung den Hinweis darauf, dass der Bewerber nicht geeignet sei – ist unbeachtlich, die Zustimmung gilt damit nach Ablauf der Wochenfrist als erteilt (BAG vom 24.7.1979 – 1 ABR 78/77). Verweigert der BR dagegen form- und fristgerecht die Zustimmung, hat der AG drei legale Möglichkeiten: Er akzeptiert die Weigerung und lässt die Maßnahme fallen, er sucht das Gespräch oder er ruft das Arbeitsgericht an, um dort die Zustimmung ersetzen zu lassen. Es kommt auch vor, dass AG dieselbe Maßnahme noch einmal beim BR zur Zustimmung vorlegen. Um auf der sicheren Seite zu sein, sollte dann auch die Zustimmungsverweigerung wiederholt werden.

Spart sich der AG den Gang zum Gericht und setzt trotzdem sein Vorhaben in die Tat um, muss der BR gerichtlich vorgehen, wenn der den AG an der Umsetzung der Maßnahme hindern will (hierzu die Erläuterungen zu § 101). Das Ziel dort ist dann, entweder die Maßnahme rückgängig zu machen (bei Einstellung und Versetzung) oder bei einer Ein- oder Umgruppierung den AG zu zwingen, selbst vor Gericht zu ziehen und die Zustimmung ersetzen zu lassen. Das hört sich merkwürdig an, hat aber einen Sinn: Wenn das Gericht in diesem Verfahren feststellt, dass die Einschätzung des BR, worauf er seine Verweigerung der Zustimmung einer Eingruppierung gestützt hat, richtig war, kommt der AN leichter zu seinem Geld, denn dann ist rechtskräftig festgestellt, welches die richtige Eingruppierung ist.

Der BR hat im Bereich des § 99 keinerlei Initiativrechte. Er kann also von sich aus solche Maßnahmen nicht über die Einigungsstelle durchsetzen.

Versetzung

Was eine Versetzung ist, sagt § 95 Abs. 3. In dieser Definition sind zwei Fälle enthalten:

1. Zuweisung eines anderen Arbeitsbereichs für voraussichtlich länger als einen Monat.
2. Zuweisung eines anderen Arbeitsbereichs, verbunden mit einer erheblichen Änderung der Arbeitsumstände. Was häufig übersehen wird: Diese Art der Versetzung unterliegt auch dann der Mitbestimmung, wenn sie weniger als einen Monat dauert.

Für den ersten Fall bedarf es keiner qualitativen Beschreibung. Für jede Zuweisung eines auch nur geringfügig anderen Arbeitsbereichs, die länger als einen Monat dauert, braucht der AG die Zustimmung des BR. Wann sich die Arbeitsumstände so erheblich ändern, dass auch eine kurzfristige Änderung als Versetzung anzusehen ist, lässt sich kaum allgemein beschreiben. Das BAG schöpft Erkenntnisse aus der Umschreibung „wenn die neue Tätigkeit in den Augen eines mit den betrieblichen Verhältnissen vertrauten Beobachters als eine andere als die bisherige angesehen werden kann“ (BAG vom 26.5.1988 – 1 ABR 18/87). Das ist allerdings auch keine hinreichend präzise Definition, sondern nur eine andere Floskel.

Unstreitig immer als Versetzung anzusehen ist der Wechsel in einen anderen Betrieb auch bei gleich bleibender Tätigkeit (BAG vom 18.2.1986 – 1 ABR 27/84). Typisches Beispiel hierfür ist der vorübergehende Einsatz in einer anderen Filiale eines Einzelhandelsunternehmens (BAG vom 18.10.1988 – 1 ABR 26/87). Allerdings kann das Mitbestimmungsrecht dann eingeschränkt sein, wenn der AN den Betrieb endgültig verlässt und damit einverstanden ist. Dann handelt es sich zwar um eine Versetzung, aber eine, die für den BR im abgebenden Betrieb durch das Einverständnis des AN irrelevant geworden ist. Die Zustimmung muss der AG aber vom BR im aufnehmenden Betrieb haben, für den das Ganze letztlich eine Einstellung ist (BAG vom 1.8.89 – 1 ABR 51/88).

Ebenfalls praktisch immer als Versetzung muss ein Wechsel in eine Tätigkeit angesehen werden, die mit einer Änderung der tariflichen Eingruppierung einhergeht, wenn die Tarifgruppen unterschiedliche Tätigkeiten beschreiben.

Wenn der AN von seinem Berufsbild her ständig den Einsatzort wechselt, wie etwa ein Montagearbeiter, so ist das nach der ausdrücklichen Regelung in § 95 Abs. 3 Satz 2 keine Versetzung.

Im Übrigen ist die Beurteilung, ob eine Maßnahme eine Versetzung ist oder nicht, immer eine Einzelfallentscheidung, die von verschiedenen Faktoren abhängen kann. Dazu zählt auch eine andere Arbeitsweise oder Arbeitsgruppe, die Gestaltung des Arbeitsplatzes, die Beanspruchung usw. Hier gibt es häufig keine richtige oder falsche Antwort, sondern nur unterschiedliche Sichtweisen. Wenn der BR der Auffassung ist, dass er eine Maßnahme unterbinden will, muss er sich auf den Standpunkt stellen, dass es sich um eine Versetzung handelt und dies gerichtlich überprüfen lassen. Eine andere Möglichkeit gibt es nicht.

Die Mitbestimmung ist unabhängig von der Gestaltung des Arbeitsvertrags. Darin behalten sich AG in der Regel Versetzungen vor. Dennoch muss der BR beteiligt werden, weil seine Zustimmung oder dessen Verweigerung den gesamten Betrieb und nicht nur den einzelnen AN zum Maßstab hat. Der BR soll nicht überprüfen, ob gegen den einzelnen Arbeitsvertrag verstoßen wird, sondern ob die Maßnahme auch gegenüber den Kollegen verträglich ist.

Solange der BR der Versetzung nicht zugestimmt hat, darf der AG sie nicht vornehmen, auch dann nicht, wenn er vertraglich das Recht dazu hätte. Der AN kann die neue Arbeit verweigern (BAG vom 5.4.2001 – 2 AZR 580/99). Zu diesem Mittel sollte aber nur nach rechtlicher Beratung gegriffen werden, weil die arbeitsrechtlichen Folgen sonst erheblich sein können.

Das BetrVG meint mit „Versetzung" unter Umständen etwas anderes als das Individualrecht. Dort können Veränderungen, die das BetrVG als Versetzung bezeichnet, bereits vom Arbeitsvertrag vorgesehen und damit im Verhältnis AN – AG erlaubt sein. Auf die Mitbestimmung hat das jedoch keinen Einfluss. Nur wenn im Vertrag eine Veränderung – etwa die Verlegung des Arbeitsortes – vertraglich nicht vorgesehen ist, muss der AG zusätzlich zur Zustimmung des BR auch die des AN bekommen oder versuchen, den Arbeitsvertrag mit einer Änderungskündigung umzugestalten. Bei einer solchen Änderungskündigung muss dann der BR sowohl gemäß § 99 als auch gemäß § 102 beteiligt werden.

Einstellung

Zwei unterschiedliche Phänomene fasst die Rechtsprechung unter dem Begriff der Einstellung zusammen: Einerseits den Abschluss eines neuen oder die Verlängerung eines befristeten Arbeitsvertrags (BAG vom 28.4.1992 – 1 ABR 73/91 und vom 7.8.1990 – 1 ABR 68/89), andererseits die tatsächliche Eingliederung von Personen, die auch ohne Arbeitsvertrag mit dem AG im Betrieb tätig werden können. Darunter fallen vor allem zur Arbeitsleistung Überlassene, also Leih-AN, die sowohl von gewerblichen Verleihern kommen als auch von Mutter-, Schwester- oder Tochterfirmen abgestellt sein können. Eingegliedert sind alle, die dem AG persönlich wie ein AN weisungsgebunden sind (BAG vom 22.4.1997 – 1 ABR 74/96).

Auch wenn das Mitbestimmungsverfahren bei einer echten Einstellung, also dem Abschluss eines neuen Arbeitsvertrags, vor diesem Zeitpunkt abgelaufen sein muss, kommt ein Vertrag dennoch wirksam zu Stande, wenn der AG dies übersieht und die Zustimmung des BR nicht einholt. Der AN darf dann nur nicht im Betrieb beschäftigt werden, hat aber für die Vertragslaufzeit einen Vergütungsanspruch. Dieselbe Situation ist gegeben, wenn der BR im arbeitsgerichtlichen Verfahren durchsetzt, dass die Einstellung rückgängig gemacht werden muss: Bis zu einer Kündigung bleibt der betroffene AN auf der Lohnliste.

Auch wenn der AG Personen – etwa freie Mitarbeiter oder Freelancer – eingliedert und der BR dem zustimmt, entsteht dadurch kein Arbeitsvertrag. Das Mitbestimmungsverfahren wirkt nicht unmittelbar auf das Vertragsverhältnis ein.

Ein- bzw. Umgruppierung

Unter „Eingruppierung“ versteht man die Zuordnung der von einem AN ausgeübten Tätigkeit zu einer Vergütungsgruppe, die sich aus einer Vergütungsordnung ergibt. In der Regel ist das der Tarifvertrag, bei Fehlen eines solchen kann auch eine Betriebsvereinbarung oder eine betriebliche Übung der Grund für deren Anwendung sein. Die Eingruppierung findet bei Einstellungen statt und bezeichnet den erstmaligen entsprechenden Vorgang, die Umgruppierung alle späteren Veränderungen, etwa weil sich die Tätigkeit oder das Vergütungssystem geändert hat. In der Sache bezeichnen also beide Begriffe dasselbe.

Die vollzogene Eingruppierung begründet einen Anspruch des AN auf entsprechende Vergütung. Allerdings hindert sie ihn auch nicht daran, zu versuchen, gerichtlich eine andere Vergütung durchzusetzen, weil er der Meinung ist, die Betriebsparteien hätten sich geirrt. Das ist jedoch in den seltensten Fällen von Erfolg gekrönt, weil auch Gerichte dieser Tätigkeit der Betriebsparteien eine hohe Richtigkeitsgewähr zubilligen. Wegen dieser weit reichenden Folgen sollte der BR vor jeder Eingruppierungsentscheidung sehr genau prüfen, ob der Tarifvertrag dabei richtig angewandt wird. Die spätere Änderung einer falschen Eingruppierung ist kaum durchzusetzen, der BR ist dabei völlig machtlos.

Informationsrechte

Die Vorschrift enthält ein spezielles Informationsrecht hinsichtlich der vom AG angestrebten Maßnahmen. Wie immer muss der BR rechtzeitig und umfassend unterrichtet werden. Hinzu kommt, dass ihm der AG von sich aus, ohne ausdrückliche Aufforderung, alle notwendigen Unterlagen zugänglich machen muss. Das sind bei Einstellungen und Versetzungen insbesondere auch die Daten der Bewerber, gegen die der AG sich entschieden hat (BAG vom 10.11.1992 – 1 ABR 21/92). Andernfalls könnte der BR nicht überprüfen, ob die Einstellung ein Verstoß gegen die Diskriminierungsverbote des AGG ist und seine Zustimmungsverweigerung hierauf stützen. Dagegen gibt es kein Recht, an der Auswahl von Bewerbern – etwa durch Teilnahme an den Bewerbungsgesprächen – beteiligt zu werden es sei denn, das ist mit dem AG vereinbart. Der AG muss seine Auswahlentscheidung allerdings dem BR gegenüber insoweit offen legen, dass dieser überprüfen kann, ob der Schutz vor Ungleichbehandlung gemäß § 1 AGG gewahrt ist. Da der BR bei einem Verstoß des AG gegen dieses Gesetz seine Zustimmung gemäß § 99 Abs. 2 Nr. 1 verweigern kann, ist die Unterrichtung nur dann umfassend und die Frist damit in Gang gesetzt, wenn sich daraus für ihn die Beachtung der Gleichbehandlungsvorschriften eindeutig ergibt.

Bei Eingruppierungen muss die zu verrichtende Tätigkeit präzise beschrieben werden.

Begründung der Zustimmungsverweigerung

Die Begründung der Verweigerung muss auf einen der in Abs. 2 genannten Gründe gestützt werden. Gestützt heißt, dass ein Sachverhalt herangezogen wird, der allgemein in diesem Absatz beschrieben wird. In Nr. 3 etwa heißt es, die Zustimmung kann mit dem Grund verweigert werden, dass die durch Tatsachen begründete Sorge besteht, andere AN erlitten durch die Maßnahme Nachteile. Hier reicht es nicht aus, nur allgemein über Sorgen zu schreiben, sondern es muss konkret benannt werden, welches die Tatsachen sind, die die Besorgnis begründen. Das kann beispielsweise bei einer Einstellung die Berufung auf die Personalplanung sein, die keinen Stellenaufbau vorsieht. Denn dann müsste eine Einstellung zwangsläufig eine Entlassung an anderer Stelle zur Folge haben.

Wenn der BR die Möglichkeit sieht, dass bei Einstellungen und Versetzungen gegen die Vorschriften des AGG verstoßen wurde und der AG diesen Verdacht nicht ausräumt, ist Nr. 1 (Verstoß gegen ein Gesetz) der richtige Grund für die Zustimmungsverweigerung. Die Äußerung des BR muss erkennen lassen, worin genau er die Diskriminierung sieht.

Es kommt nicht darauf an, möglichst umfassende Betrachtungen zu schreiben, sondern hier liegt eher in der Kürze die Würze. Wenn mehr als drei Sätze zu den Tatsachen geschrieben werden, liegt der Verdacht nahe, das etwas konstruiert wird. Ebenfalls unerheblich ist, ob der vom BR angegebene Grund tatsächlich vorliegt oder ob er mit seiner Einschätzung falsch liegt. Das Verfahren wird durch die formell richtige Zustimmungsverweigerung immer eingeleitet, die Beurteilung, ob sie sachlich gerechtfertigt ist, nimmt das Arbeitsgericht vor, nicht der AG (BAG vom 16.7.1985 – 1 ABR 35/83).

Rechtsprechung

Ein- oder Umgruppierung

BAG vom 28.1.1986 – 1 ABR 8/84: Der BR ist auch bei der Eingruppierung der Beschäftigten in eine vom AG selbst geschaffene Vergütungsordnung gemäß § 99 zu beteiligen.

BAG vom 20.3.1990 – 1 ABR 20/89: Bei einer Umgruppierung soll die Eingruppierung des AN geändert werden, weil die Tätigkeit der bisher angewendeten Vergütungsgruppe nicht entspricht. Das Mitbestimmungsrecht des BR bei dem Vorgang besteht auch dann, wenn die bisherige Eingruppierung fehlerhaft war und nur korrigiert werden soll.

BAG vom 18.6.1991 – 1 ABR 60/90: Auch geringfügig beschäftigte AN müssen in ein für sie geltendes Tarifgruppengerüst eingruppiert werden.

BAG vom 31.10.1995 – 1 ABR 5/95: Der AG muss den BR auch an der Entscheidung darüber beteiligen, ob ein AN als außertariflicher Angestellter nicht eingruppiert wird.

BAG vom 27.6.2000 – 1 ABR 36/99: Mitbestimmungspflichtig sind bei der Eingruppierung sowohl die Entscheidung, welches Vergütungssystem angewendet wird als auch in welche Vergütungsgruppe die Eingruppierung erfolgt.

Einstellung

BAG vom 7.11.1975 – 1 ABR 78/74: Die Überleitung von Beschäftigten im Rahmen eines Betriebsübergangs ist keine Einstellung im Sinne des § 99 Abs. 1.

BAG vom 1.8.1989 – 1 ABR 54/88: Unabhängig von der Vertragsgestaltung ist jede Eingliederung von Personen in den betrieblichen Ablauf eine Einstellung, wenn diese dort zusammen mit den AN des Betriebs weisungsgebunden zur Verwirklichung des Betriebszwecks arbeiten.

BAG vom 7.8.1990 – 1 ABR 68/89: Die Verlängerung eines befristeten Arbeitsvertrags wie auch dessen Entfristung sind mitbestimmungspflichtige Einstellungen.

BAG vom 28.4.1998 – 1 ABR 63/97: Der Wechsel in eine Teilzeitbeschäftigung für die Zeit des Erziehungsurlaubs ist eine Einstellung gemäß § 99 Abs. 1.

BAG vom 19.6.2001 – 1 ABR 25/00: Die Eingliederung von Zivildienstleistenden ist eine mitbestimmungspflichtige Einstellung, wenn der AG hier eine Auswahlentscheidung treffen kann.

BAG vom 25.1.2005 – 1 ABR 59/03: Ersetzung von ausgeschiedenen AN durch Erhöhung der Arbeitszeit anderer ist eine mitbestimmungspflichtige Einstellung, wenn sie länger als einen Monat dauert.

BAG vom 2.10.2007 – 1 ABR 60/06: Bei der Einstellung von Ein-Euro-Kräften hat der BR ein Mitbestimmungsrecht gemäß § 99 BetrVG.

Versetzung

BAG vom 10.4.1984 – 1 ABR 67/82: Die Zuordnung der betrieblichen Einheit, in der der AN tätig ist, zu einer anderen Leitung ist keine Versetzung.

BAG vom 3.12.1985 – 1 ABR 58/83: Die Zuordnung eines Auszubildenden zu einer anderen Filiale ist eine erhebliche Veränderung der Umstände, unter denen die Ausbildung erfolgt. Damit handelt es sich hierbei um eine Versetzung, bei der der BR auch im Falle von Auszubildenden gemäß § 99 mitzubestimmen hat. Das gilt nicht, wenn der Wechsel der Filiale unter dem Gesichtspunkt der Durchführung der Ausbildung sachlich geboten ist.

BAG vom 18.2.1986 – 1 ABR 27/8: Der Wechsel des Arbeitsortes kann auch dann eine Versetzung sein, wenn hierbei die Arbeitsaufgabe identisch bleibt.

BAG vom 16.12.1986 – 1 ABR 52/85: Werden AN in eine andere Filiale abgeordnet, handelt es sich für die aufnehmende Filiale um eine Einstellung und für die abgebende um eine Versetzung, wenn die Voraussetzungen hierfür im Übrigen vorliegen. Bei beiden Vorgängen haben die jeweiligen BR mitzubestimmen.

BAG vom 28.9.1988 – 1 ABR 37/87: Der Umstand allein, dass sich der Arbeitsort durch Abordnung in eine andere Filiale ändert, macht die Maßnahme noch nicht zu einer Versetzung, wenn der auswärtige Einsatz weniger als einen Monat dauert. Hinzu kommen muss eine erhebliche Änderung der Umstände, unter denen die Arbeit zu leisten ist. Die Änderung des Personenkreises, mit denen dort zusammengearbeitet werden muss, ist nicht in diesem Sinne erheblich.

BAG vom 1.8.1989 – 1 ABR 51/88: Verlängert sich durch einen kurzzeitigen Einsatz in einer andern Filiale der Weg zur Arbeit erheblich, handelt es sich um eine Versetzung.

BAG vom 20.9.1990 – 1 ABR 37/90: Wechselt ein AN auf Dauer in einen anderen Betrieb desselben AG, handelt es sich um eine Versetzung. Der BR des abgebenden Betriebs hat hierbei jedoch dann kein Mitbestimmungsrecht, wenn der AN mit dieser Versetzung einverstanden ist.

BAG vom 2.4.1996 – 1 AZR 743/95: Auch der Entzug eines wesentlichen Teils der bisherigen Arbeitsaufgabe kann eine mitbestimmungspflichtige Versetzung sein.

BAG vom 27.6.2006 – 1 ABR 35/05: Wird ein Betrieb nur um wenige Kilometer innerhalb einer politischen Gemeinde verlegt, ist das nur dann eine Versetzung, wenn weitere wesentliche Veränderungen hinzukommen

BAG vom 28.8.2007 – 1 ABR 70/06: Die Entsendung von Mitarbeitern in betriebsinterne „Workshops" ist keine Versetzung.

Informationsrecht

BAG vom 6.4.1973 – 1 ABR 13/72: Der AG muss den BR auch über diejenigen Bewerber anhand von Unterlagen informieren, gegen die er sich entschieden hat.

BAG vom 6.6.1978 – 1 ABR 66/75: Bei der Einstellung von Leih-AN hat der BR ein Recht auf Einsichtnahme in die Überlassungsverträge.

BAG vom 18.10.1988 – 1 ABR 33/87: Der BR hat keinen Anspruch auf Vorlage des Arbeitsvertrags im Verfahren gemäß § 99, so lange darin keine Regelungen über die Art der Beschäftigung oder die maßgebliche Eingruppierung getroffen werden.

Begründung der Zustimmungsverweigerung

BAG vom 20.6.1978 – 1 ABR 65/75: Die Unwirksamkeit der Befristung eines Arbeitsvertrags ist kein Grund, die Zustimmung wegen Verstoßes gegen ein Gesetz zu verweigern. In diesem Fall verstößt nicht die Einstellung, sondern die spätere Beendigung gegen ein Gesetz.

BAG vom 6.10.1978 – 1 ABR 51/77: Ein sonstiger Nachteil, aufgrund dessen der BR wirksam die Zustimmung verweigern kann, ist nicht die unterbliebene Realisierung einer Beförderungschance, sondern der Verlust einer bestehenden Rechtsposition oder gesicherten Anwartschaft.

BAG vom 15.9.1987 – 1 ABR 44/86: Nachteile, auf die der BR seine Verweigerung der Zustimmung zu einer Versetzung stützen kann, können auch Erschwerungen der Arbeit von erheblichem Gewicht sein.

BAG vom 13.6.1989 – 1 ABR 11/88: Der BR kann die Verweigerung der Zustimmung zu einer Einstellung nicht darauf stützen, dass ein innerbetrieblicher Bewerber nicht berücksichtigt worden ist und deshalb einen Nachteil erleidet. Einen Nachteil ist diese Nichtberücksichtigung nur dann, wenn derjenige einen rechtlich verbindlichen Anspruch auf die Stelle hatte.

BAG vom 28.4.1998 – 1 ABR 50/97: Der BR kann die Verweigerung der Zustimmung zu einer Eingruppierung auch damit begründen, dass eine niedrigere Tarifgruppe die richtige ist.

BAG vom 28.6.1994 – 1 ABR 59/93: Der BR kann die Verweigerung der Zustimmung zu einer Einstellung nur auf solche Vorschriften stützen, die die Beschäftigung selbst verhindern wollen, nicht aber auf andere Verstöße im Rahmen der Vertragsgestaltung.

Form und Frist

BAG vom 24.7.1979 – 1 ABR 78/77: Der BR muss in seiner Begründung der Zustimmungsverweigerung den Sachverhalt benennen, auf den sie gestützt wird und nicht nur auf die entsprechende Vorschrift im Gesetz verweisen. Das Schreiben muss darüber hinaus unterschrieben sein. Andernfalls gilt die Zustimmung als erteilt.

BAG vom 17.5.1983 – 1 ABR 5/80: Die Betriebsparteien können die Wochenfrist, innerhalb derer der BR die Zustimmungsverweigerung erklären muss, einvernehmlich verlängern.

BAG vom 28.1.1986 – 1 ABR 10/84: Die Wochenfrist des § 99 Abs. 3 beginnt erst dann zu laufen, wenn der AG den BR ordnungsgemäß über die personelle Maßnahme unterrichtet hat.

BAG vom 11.6.2002 – 1 ABR 43/01: Der BR kann die Zustimmung auch mittels Telefax verweigern.

Verfahren

BAG vom 22.3.1983 – 1 ABR 49/81: Wenn der AG eine Eingruppierung ohne Beteiligung des BR vornimmt, kann dieser nicht verlangen, die Maßnahme rückgängig zu machen. Er kann aber den AG gerichtlich dazu verpflichten lassen, die Beteiligung nachzuholen und ggf. die fehlende Zustimmung ersetzen zu lassen.

BAG vom 17.3.1987 – 1 ABR 65/85: Auch in der Auseinandersetzung um personelle Einzelmaßnahmen kommt ein Unterlassungsverfahren gemäß § 23 Abs. 3 in Betracht. Dieses wird nicht durch die spezielle Verfahrensvorschrift des § 101 ausgeschlossen.

BAG vom 29.9.2004 – 1 ABR 39/03: In einem Gemeinschaftsbetrieb mit mehr als 20 AN ist der BR bei personellen Maßnahmen auch dann zu beteiligen, wenn die einzelnen Unternehmen jeweils weniger als 20 AN beschäftigten.

§ 100 Vorläufige personelle Maßnahmen

(1) Der Arbeitgeber kann, wenn dies aus sachlichen Gründen dringend erforderlich ist, die personelle Maßnahme im Sinne des § 99 Abs. 1 Satz 1 vorläufig durchführen, bevor der Betriebsrat sich geäußert oder wenn er die Zustimmung verweigert hat. Der Arbeitgeber hat den Arbeitnehmer über die Sach- und Rechtslage aufzuklären.

(2) Der Arbeitgeber hat den Betriebsrat unverzüglich von der vorläufigen personellen Maßnahme zu unterrichten. Bestreitet der Betriebsrat, dass die Maßnahme aus sachlichen Gründen dringend erforderlich ist, so hat er dies dem Arbeitgeber unverzüglich mitzuteilen. In diesem Fall darf der Arbeitgeber die vorläufige personelle Maßnahme nur aufrechterhalten, wenn er innerhalb von drei Tagen beim Arbeitsgericht die Ersetzung der Zustimmung des Betriebsrats und die Feststellung beantragt, dass die Maßnahme aus sachlichen Gründen dringend erforderlich war.

(3) Lehnt das Gericht durch rechtskräftige Entscheidung die Ersetzung der Zustimmung des Betriebsrats ab oder stellt es rechtskräftig fest, dass offensichtlich die Maßnahme aus sachlichen Gründen nicht dringend erforderlich war, so endet die vorläufige personelle Maßnahme mit Ablauf von zwei Wochen nach Rechtskraft der Entscheidung. Von diesem Zeitpunkt an darf die personelle Maßnahme nicht aufrechterhalten werden.

> Die Vorschrift enthält eine Sonderregelung für Einstellungen und Versetzungen, die der AG vor einer Zustimmung des BR oder ohne dieselbe umsetzen will.

Themenübersicht

Verfahren
Rechtsprechung

Verfahren

Einstellungen und Versetzungen, von denen der AG meint, dass sie sofort vorgenommen werden müssen, kann er ohne vorherige Zustimmung des BR vollziehen. Er muss dann aber ein spezielles Verfahren einhalten, das darin besteht, diese Maßnahme ausdrücklich als „vorläufig“ zu bezeichnen und die Dringlichkeit zu begründen. Das Verfahren nach § 99 wird dadurch nicht überflüssig, der AG darf aber ohne vorherige Zustimmung des BR agieren.

Der BR wiederum muss, wenn er die Zustimmung verweigern will, die Dringlichkeit ausdrücklich in seiner Stellungnahme verneinen und die Zustimmung – wenn das noch nicht passiert ist – hierzu verweigern. Die Verweigerung bedarf der Begründung gemäß § 99. Keine Begründung muss der BR dafür abgeben, warum der die Dringlichkeit nicht als gegeben ansieht, hier reicht es, diese – schriftlich – zu verneinen. Diese Ablehnungsmitteilung muss „unverzüglich" erfolgen, das heißt, sobald der BR sich in einer Sitzung dazu entschieden hat, so vorzugehen. Es ist allerdings nicht erforderlich, dass der BR dazu eine Sondersitzung einberuft.

Es müssen in diesem Zusammenhang zwei Situationen unterschieden werden: Wenn der AG den Antrag auf Zustimmung zu einer Maßnahme direkt mit der Ankündigung verknüpft, diese als vorläufige sowieso umzusetzen, müssen sowohl Zustimmungsverweigerung als auch das Bestreiten der Dringlichkeit innerhalb einer Woche beim AG sein. Das folgt aus der Fristbestimmung in § 99 Abs. 3. Hat der BR die Zustimmung verweigert und teilt der AG erst dann die Umsetzung gemäß § 100 mit, dann reicht es aus, nach der folgenden ordentlichen Sitzung die Dringlichkeit zu bestreiten, auch wenn die Umsetzung der Maßnahme dann schon mehr als eine Woche zurückliegt.

Hat der BR die Zustimmung form- und fristgemäß verweigert und die Dringlichkeit bestritten, darf der AG die Maßnahme nur aufrecht erhalten, wenn er innerhalb von drei Tagen nach der Mitteilung des BR beim Arbeitsgericht beantragt, dessen Zustimmung zu ersetzen und die Dringlichkeit der Maßnahme festzustellen. Hält er dieses Verfahren nicht ein und setzt die Maßnahme trotzdem um, ist es wiederum am BR, ein Gerichtsverfahren gemäß § 100 einzuleiten.

Mit der Berufung auf die Dringlichkeit der Maßnahme können AG vorübergehend praktisch mitbestimmungsfrei im Bereich der personellen Einzelmaßnahmen agieren. Tatsächlich kommt es vor, das AG nur noch dringende Einstellungen und Versetzungen vornehmen. Das ist natürlich nicht zulässig, weil dem in der Regel beeinflussbare Ursachen – etwa schlechte oder gar keine Personalplanung – zu Grunde liegen. Hier kann der BR nur über das allgemeine Unterlassungsverfahren gemäß § 23 Abs. 3 versuchen, eine Änderung herbeizuführen.

Rechtsprechung

BAG vom 7.11.1977 – 1 ABR 55/75: Das Arbeitsgericht kann den Antrag des AG im Verfahren nach § 100 nur zurückweisen, wenn die Dringlichkeit der Maßnahme offensichtlich nicht gegeben ist, er also die sachlich-betriebliche Notwendigkeiten einer vorläufigen Maßnahme grob verkannt hat.

§ 101 Zwangsgeld

Führt der Arbeitgeber eine personelle Maßnahme im Sinne des § 99 Abs. 1 Satz 1 ohne Zustimmung des Betriebsrats durch oder hält er eine vorläufige personelle Maßnahme entgegen § 100 Abs. 2 Satz 3 oder Abs. 3 aufrecht, so kann der Betriebsrat beim Arbeitsgericht beantragen, dem Arbeitgeber aufzugeben, die personelle Maßnahme aufzuheben. Hebt der Arbeitgeber entgegen einer rechtskräftigen gerichtlichen Entscheidung die personelle Maßnahme nicht auf, so ist auf Antrag des Betriebsrats vom Arbeitsgericht zu erkennen, dass der Arbeitgeber zur Aufhebung der Maßnahme durch Zwangsgeld anzuhalten sei. Das Höchstmaß des Zwangsgeldes beträgt für jeden Tag der Zuwiderhandlung 250 Euro.

> Diese Vorschrift ist eine spezielle Verfahrensregelung für Verstöße des AG gegen die Mitbestimmung bei personellen Einzelmaßnahmen gemäß §§ 99, 100.

Die Einhaltung des stark formalisierten Mitbestimmungsverfahrens bei personellen Einzelmaßnahmen soll durch § 101 geschützt werden. In zwei Fällen kann der BR hiernach vorgehen:

1. Durchführung einer personellen Maßnahme gemäß § 99 ohne Zustimmung des BR.
2. Aufrechterhaltung einer vorläufigen Maßnahme entgegen § 100 ohne selbst eine Entscheidung durch das Arbeitsgericht herbeizuführen.

Das Druckmittel besteht in der Verhängung eines Zwangsgelds von bis zu 250 € pro Tag.

Dieses Verfahren kommt eigentlich nur bei Einstellungen und Versetzungen wirklich zum Tragen. Es ist darauf gerichtet, die jeweilige Maßnahme zu widerrufen. Bei Ein- und Umgruppierungen ist das Verfahren nicht zweckmäßig, weil die Folge dann wäre, dass keine Entgelthöhe mehr zu ermitteln ist. Deshalb wird der AG in solchen Fällen dazu verurteilt, das Mitbestimmungsverfahren gemäß § 99 ordnungsgemäß durchzuführen, den AN also unter Beteiligung des BR ein- bzw. umzugruppieren (BAG vom 22.3.1983 – 1 ABR 49/81). In letzter Konsequenz wird damit der AG durch das Gericht auf Antrag des BR verpflichtet, ein Zustimmungsersetzungsverfahren nach § 99 Abs. 4 einzuleiten.

Verstößt der AG wiederholt gegen die Mitbestimmung gemäß § 99 oder führt er alle Maßnahmen nur noch als dringende gemäß § 100 durch, ist ein allgemeines Unterlassungsverfahren nach § 23 Abs. 3 möglich. Einstweilige Verfügungen werden nur in sehr wenigen Fällen zugelassen, etwa wenn der AG den BR generell bei der

Einstellung befristet Beschäftigter nicht beteiligt und ein Verfahren gemäß § 101 wegen des Ablaufs der Befristungen praktisch nie rechtskräftig abgeschlossen werden kann (LAG Köln vom 13.8.2002 – 12 TaBV 24/02).

Rechtsprechung

BAG vom 17.3.1987 – 1 ABR 65/85: Neben dem Verfahren gemäß § 101 kann der BR auch ein allgemeines Unterlassungsverfahren gemäß § 23 führen, um zukünftige Verstöße gegen § 99 zu unterbinden.

§ 102 Mitbestimmung bei Kündigungen

(1) Der Betriebsrat ist vor jeder Kündigung zu hören. Der Arbeitgeber hat ihm die Gründe für die Kündigung mitzuteilen. Eine ohne Anhörung des Betriebsrats ausgesprochene Kündigung ist unwirksam.

(2) Hat der Betriebsrat gegen eine ordentliche Kündigung Bedenken, so hat er diese unter Angabe der Gründe dem Arbeitgeber spätestens innerhalb einer Woche schriftlich mitzuteilen. Äußert er sich innerhalb dieser Frist nicht, gilt seine Zustimmung zur Kündigung als erteilt. Hat der Betriebsrat gegen eine außerordentliche Kündigung Bedenken, so hat er diese unter Angabe der Gründe dem Arbeitgeber unverzüglich, spätestens jedoch innerhalb von drei Tagen, schriftlich mitzuteilen. Der Betriebsrat soll, soweit dies erforderlich erscheint, vor seiner Stellungnahme den betroffenen Arbeitnehmer hören. § 99 Abs. 1 Satz 3 gilt entsprechend.

(3) Der Betriebsrat kann innerhalb der Frist des Absatzes 2 Satz 1 der ordentlichen Kündigung widersprechen, wenn

1. **der Arbeitgeber bei der Auswahl des zu kündigenden Arbeitnehmers soziale Gesichtspunkte nicht oder nicht ausreichend berücksichtigt hat,**
2. **die Kündigung gegen eine Richtlinie nach § 95 verstößt,**
3. **der zu kündigende Arbeitnehmer an einem anderen Arbeitsplatz im selben Betrieb oder in einem anderen Betrieb des Unternehmens weiterbeschäftigt werden kann,**
4. **die Weiterbeschäftigung des Arbeitnehmers nach zumutbaren Umschulungs- oder Fortbildungsmaßnahmen möglich ist oder**
5. **eine Weiterbeschäftigung des Arbeitnehmers unter geänderten Vertragsbedingungen möglich ist und der Arbeitnehmer sein Einverständnis hiermit erklärt hat.**

(4) Kündigt der Arbeitgeber, obwohl der Betriebsrat nach Absatz 3 der Kündigung widersprochen hat, so hat er dem Arbeitnehmer mit der Kündigung eine Abschrift der Stellungnahme des Betriebsrats zuzuleiten.

(5) Hat der Betriebsrat einer ordentlichen Kündigung frist- und ordnungsgemäß widersprochen, und hat der Arbeitnehmer nach dem Kündigungsschutzgesetz Klage auf Feststellung erhoben, dass das Arbeitsverhältnis durch die Kündigung nicht aufgelöst ist, so muss der Arbeitgeber auf Verlangen des Arbeitnehmers diesen nach Ablauf der Kündigungsfrist bis zum rechtskräftigen Abschluss des Rechtsstreits bei unveränderten Arbeitsbedingungen weiterbeschäftigen. Auf Antrag des Arbeitgebers kann das Gericht ihn durch einstweilige Verfügung von der Verpflichtung zur Weiterbeschäftigung nach Satz 1 entbinden, wenn

1. **die Klage des Arbeitnehmers keine hinreichende Aussicht auf Erfolg bietet oder mutwillig erscheint oder**
2. **die Weiterbeschäftigung des Arbeitnehmers zu einer unzumutbaren wirtschaftlichen Belastung des Arbeitgebers führen würde oder**
3. **der Widerspruch des Betriebsrats offensichtlich unbegründet war.**

(6) Arbeitgeber und Betriebsrat können vereinbaren, dass Kündigungen der Zustimmung des Betriebsrats bedürfen und dass bei Meinungsverschiedenheiten über die Berechtigung der Nichterteilung der Zustimmung die Einigungsstelle entscheidet.

(7) Die Vorschriften über die Beteiligung des Betriebsrats nach dem Kündigungsschutzgesetz bleiben unberührt.

> Die Vorschrift regelt die Einbeziehung des BR bei der Kündigung von Arbeitsverhältnissen. Entgegen der Überschrift kann der BR diese Maßnahmen nicht durch die Wahrnehmung des Mitbestimmungsrechts entscheidend beeinflussen.

Themenübersicht

Wirkung der Mitbestimmung

Vor jeder Kündigung muss der AG den BR beteiligen, also sowohl vor Beendigungs- als auch vor Änderungskündigungen (BAG vom 27.9.2002 – 2 AZR 236/00). Das Gesetz beschreibt, welche Reaktionsmöglichkeiten der BR auf diese Anhörung hat: Er kann zustimmen, bei ordentlichen Kündigungen widersprechen oder – auch bei außerordentlichen Kündigungen – Bedenken äußern. Macht er gar nichts oder etwas vom Gesetz nicht Vorgesehenes, etwa die Rechtmäßigkeit der Kündigung aus anderen Gründen als den in dem Katalog der Widerspruchsmöglichkeiten des Abs. 3 genannten in Zweifel ziehen, gilt dies als Zustimmung. Allerdings: Egal, was er macht, der BR kann damit weder den Ausspruch der Kündigung unterbinden, noch deren rechtliche Wirksamkeit beeinflussen. Der AG ist in seinem Handeln nicht von der Reaktion des BR abhängig, er kann trotz Widerspruch oder Bedenken des BR eine wirksame Kündigung aussprechen.

Der gesamte Ablauf des Anhörungsverfahrens beeinflusst lediglich die Situation in einem späteren Kündigungsschutzverfahren: Wenn der Gekündigte klagt, kann ihm ein ordnungsgemäßer Widerspruch des BR dabei helfen, bis zum Abschluss des Gerichtsverfahrens weiter beschäftigt zu werden, was jedoch die wenigsten in Anspruch nehmen. Erhebt der gekündigte AN keine Klage innerhalb von drei Wochen nach der Kündigung, ist völlig irrelevant, ob in der Anhörung etwas falsch gelaufen ist und ob sie überhaupt stattgefunden hat

Dennoch ist das Anhörungsverfahren von erheblicher Bedeutung, allerdings weniger, was die Tätigkeit des BR anbelangt. Wichtiger ist, was der AG in diesem Rahmen macht und vor allem, welche Fehler ihm dabei unterlaufen können. Diese erhöhen nämlich die Chancen der AN im Kündigungsschutzverfahren ganz erheblich. Der BR muss sich daher vor jeder Stellungnahme sehr genau überlegen, ob seine Rückäußerung dazu führt, dass der AG solche Fehler bemerkt und mit einer rechtzeitigen Reaktion die Kündigung „wasserdicht" macht.

Die Anhörung muss vor jeder Kündigung unabhängig davon durchgeführt werden, ob Kündigungsschutz besteht, also auch in der Probezeit, bei Aushilfen, geringfügig Beschäftigten oder AT-Angestellten: Die Beteiligung des BR ist eine zwingende Voraussetzung für die Wirksamkeit der Kündigung. Hat keine Anhörung stattgefunden, ist sie schon aus diesem Grund unwirksam, wenn der Betroffene rechtzeitig Kündigungsschutzklage erhebt.

Der AG handelt daher gegen sein eigenes Interesse, wenn er den BR vor einer Kündigung übergeht. Aber nicht nur die fehlende, auch die fehlerhafte Anhörung macht die Kündigung rechtswidrig.

Ablauf der Anhörung

Vor Ausspruch der Kündigung seitens des AG muss der BR hierüber unterrichtet werden. Die Unterrichtung setzt bei ordentlichen Kündigungen eine einwöchige, bei außerordentlichen eine dreitägige Frist in Gang, innerhalb derer der BR reagieren kann. Äußert er sich vor deren Ablauf, ist die Anhörung abgeschlossen, und der AG kann die Kündigung aussprechen. Schweigt er, muss der AG den Ablauf der Frist abwarten. Wenn der AG vor einer Stellungnahme bzw. vor Ablauf der Frist kündigt, ist das ein Fehler, der zur Unwirksamkeit der Kündigung führt (BAG vom 16.9.1993 – 2 AZR 267/93). Der BR kann demnach eher durch Stillhalten als durch Aktivität den Betroffenen helfen, insbesondere wenn die Information über die Kündigung kurz vor dem Monatswechsel bei ihm eintrifft: Wartet er den ab, verschiebt sich in der Regel der Kündigungstermin, denn der liegt außerhalb der Probezeit und bei Arbeitsverhältnissen mit mindestens zweijähriger Laufzeit gemäß § 622 Abs. 2 BGB immer am Monatsende. Manchmal verlängert sich auf diese Weise sogar die Kündigungsfrist, weil dadurch die Betriebszugehörigkeit länger wird.

Unterrichtung

Kernstück des Anhörungsverfahrens ist die Information, die der AG an den BR gibt. Ziel ist, dass sich der BR mit den Motiven des AG auseinandersetzt und ihn ggf. durch gute Gegenargumente von seinem Entschluss abbringt. Das mag etwas weltfremd erscheinen, ist aber dennoch zum Verständnis wichtig, weil es einen Hinweis darauf gibt, was der BR gerade nicht machen soll: Überprüfen, ob die Kündigung rechtmäßig ist oder nicht. Hier mit seiner Einschätzung richtig oder falsch zu liegen, ist allein das Risiko des AG. Umgekehrt soll der BR sein Verhalten gerade nicht von einer unsicheren juristischen Prognose abhängig machen. Deutlicher: Er kann auch dann widersprechen, wenn er meint, der AN habe keine Chance, sich gegen die Kündigung zu wehren.

Der AG muss den BR vollständig über alle Gründe unterrichten, die ihn dazu bringen, die Kündigung auszusprechen (BAG vom 11.12.2003 – 2 AZR 536/02). Hierbei geht es wieder nur um die treibenden Motive, nicht um die Rechtmäßigkeit.

Beispiel

Der AG will sich von einem häufig kranken Mitarbeiter trennen, der seine Spesenabrechnungen immer zu seinen Gunsten „frisiert“. Er informiert den BR nur über den Betrugsverdacht. Die Anhörung ist fehlerhaft, wenn auch die Krankheit ein tragendes Motiv der Kündigung ist.

Selbst wenn der Verdacht des Spesenbetrugs ausreichen würde, um die Kündigung rechtmäßig zu machen: Stellt sich im Gerichtsverfahren heraus, dass auch die Krankheiten eine Rolle gespielt haben, dann ist die Kündigung wegen dieses Fehlers im Anhörungsverfahrens unwirksam – weil der BR nichts davon wusste. Wenn allerdings der BR in der Hoffnung, dem Kollegen damit zu nützen, in seinem Widerspruch dem AG vorhält, dass die Krankheit ja wohl das eigentliche Motiv für die Kündigung sei und der Spesenbetrug eher vorgeschoben, erweist er dem AG einen Dienst: Er zeigt damit, dass er über diese Motive Bescheid wusste, der AG muss ihn nicht mehr ausdrücklich darauf aufmerksam machen. Dem Kollegen ist so allerdings nicht geholfen.

Die Gründe, die der AG dem BR in der Anhörung mitteilt, beschränken auch seine späteren Möglichkeiten im Prozess: Nur auf diese kann er die Kündigung stützen. Merkt er, dass sie dem Gericht wohl nicht ausreichen, kann er weitere Gründe nur dann ergänzen, wenn er sie dem BR vor der Kündigung mitgeteilt hat.

Mitteilen muss der AG dem BR zumindest, ob es sich um eine ordentliche oder außerordentliche Kündigung handelt und zu welchem Datum sie wirksam werden soll. Bei der betriebsbedingten Kündigung gehören weiterhin Angaben dazu, welcher Arbeitsplatz weggefallen ist und in welcher Form eine Auswahl nach sozialen Gesichtspunkten stattgefunden hat. Dazu müssen auch die Sozialdaten mitgeteilt werden, es sei denn, der ganze Betrieb wird stillgelegt (BAG vom 13.5.2004 – 2 AZR 329/03). Wird die Kündigung auf Fehlzeiten gestützt, ist die Anhörung nur ordnungsgemäß, wenn der BR darüber und über die wirtschaftlichen Auswirkungen unterrichtet wird. Bei verhaltensbedingten Kündigungen wiederum gehört die Angabe des beklagten Fehlverhaltens in den Katalog der Informationen. Über Eigenschaften der Person wie Schwangerschaft und Schwerbehinderung, die zu einem Sonderkündigungsschutz führen, muss der BR ebenfalls informiert werden. Fehlen diese oder weitere für die Kündigungsentscheidung wichtige Informationen oder stellt der AG sie bewusst falsch dar, ist die Kündigung unwirksam, wenn der AN sich hierauf beim Arbeitsgericht beruft (BAG vom 7.11.2002 – 2 AZR 599/01). Allerdings – das kann nicht deutlich genug betont werden – hat es keinen Sinn, wenn der BR den AG auf solche Fehler vor Ausspruch der Kündigung hinweist, weil dieser sie dann noch rechtzeitig beseitigen kann. Jede ausführliche und engagierte Stellungnahme birgt dieses Risiko in sich.

Reaktionsmöglichkeiten des BR

Die gesetzlich vorgesehenen Reaktionsmöglichkeiten des BR hängen von der Art der Kündigung ab. Immer möglich ist die ausdrückliche oder stillschweigende Zustimmung. Will der BR eine solche Haltung vermeiden, kann er der ordentlichen

Kündigung innerhalb der Frist widersprechen oder gegen die außerordentliche Bedenken äußern. Indem er Bedenken mitteilt, stellt er lediglich klar, dass er der Kündigung nicht zustimmt. Anderes wird dadurch nicht bewirkt. Deshalb ist es auch völlig unerheblich, ob der BR hier inhaltlich argumentiert. Es reicht aus, dem AG mitzuteilen, dass der BR Bedenken gegen die Kündigung hat, weil sie nicht richtig ist. Das Gesetz verlangt zwar eine Begründung der Bedenken, da die Äußerung jedoch keine Rechtsfolgen hat, kann auch niemand überprüfen, ob eine solche Äußerung als Grund ausreicht. Es geht lediglich um die Klarstellung der eigenen Haltung. Das muss schriftlich und innerhalb der Frist passieren, weil das Gesetz das Verhalten des BR anderenfalls als Schweigen und damit als Zustimmung wertet. Die Frist beträgt beim Widerspruch gegen die ordentliche Kündigung eine Woche, bei der Äußerung von Bedenken gegen die außerordentliche Kündigung drei Kalendertage, gerechnet ab Zugang der Mitteilung der beabsichtigten Kündigung beim BR.

Widerspruch

Höhere Anforderungen stellt das Gericht an den Widerspruch, der nur gegen die ordentliche Kündigung erhoben werden kann. In diesem Zusammenhang sind Form (schriftlich) und Frist (eine Woche) zu beachten. Zusätzlich gibt das Gesetz in Abs. 3 einen Katalog von Gründen vor. Ausschließlich auf diese kann der Widerspruch gestützt werden. Die Wirkung des Widerspruchs ist begrenzt: Sie hat keine Bedeutung für die Wirksamkeit der Kündigung, sondern schafft lediglich für den Gekündigten während eines später folgenden Kündigungsschutzprozesses ein besonderes Recht. Bis das Verfahren abgeschlossen ist, muss der AG den AN nach Abs. 5 auf Verlangen weiter beschäftigen, auch wenn die Kündigungsfrist schon abgelaufen ist. Das verschafft ein gesichertes Einkommen und die Chance auf Rückkehr an den Arbeitsplatz, weil dieser noch nicht anderweitig besetzt werden kann.

Allerdings ist der Wirkungsgrad dieses Instruments gering. Wenn der Arbeitsplatz tatsächlich noch vorhanden ist, kann der AG zumindest keine betriebsbedingte Kündigung aussprechen. Macht er es dennoch, wird er sich, um seine Chancen im Kündigungsschutzverfahren nicht von vornherein zu minimieren, von der Verpflichtung zur Weiterbeschäftigung entbinden lassen. Das kann er dann, wenn die Beschäftigung eine unzumutbare wirtschaftliche Belastung für ihn wäre (Abs. 5 Nr. 2). Beruft der AG sich nicht hierauf, wird er dem Gericht kaum erklären können, warum der klagende AN eigentlich im Betrieb nicht mehr gebraucht wird, sondern ohne wirtschaftliche Belastung während des Prozesses eingesetzt werden kann, obwohl doch der Arbeitsplatz angeblich weggefallen ist. Der Wirkungsrad ist auch deshalb gering, weil die Mehrzahl der Gekündigten keinerlei Wert darauf legt, in den Betrieb zurückzukehren. Deshalb ist die tatsächliche Weiterbeschäftigung eher eine Seltenheit.

Häufig wird behauptet, der Widerspruch sei dennoch wichtig, weil Richter ihnen eine große Bedeutung beimessen. Das allerdings wird weder durch empirische Untersuchungen noch durch die Erfahrung der Verfasser bestätigt. Vielmehr kann der BR mit einem engagierten Widerspruch eher Schaden anrichten.

Will der BR seinen Widerspruch darauf stützen, dass ein anderer Arbeitsplatz im Betrieb frei ist, der mit dem zu Kündigenden besetzt werden könnte (Widerspruchsgrund Abs. 3 Nr. 3), wäre das natürlich ein wichtiger Hinweis für den Richter. Noch wichtiger ist er für den AG, der den Widerspruch ja vor Ausspruch der Kündigung bekommt. Den Hinweis kann er aufnehmen und den freien Arbeitsplatz aus dem Stellenplan streichen. So verflüchtigt sich der Grund, der tatsächlich zur Unwirksamkeit der Kündigung geführt hätte, mit einem Federstrich. Will der BR den AN unterstützen, gibt er nur ihm diese Information, damit der sie im Prozess verwenden kann. Ist die Kündigung ausgesprochen und zu diesem Zeitpunkt der freie Arbeitsplatz vorhanden, schadet es nichts mehr, wenn dieser später vom AG beseitigt wird. Für die Beurteilung der Wirksamkeit der Kündigung kommt es nur auf die Verhältnisse an, die herrschen, wenn sie dem AN zugeht, nicht auf die spätere Entwicklung.

Die möglichen Widerspruchsgründe sind abschließend in Abs. 3 aufgelistet. Nicht dazu gehören:

- die Rechtswidrigkeit der Kündigung und
- die nicht ordnungsgemäße Anhörung des BR.

Beides taucht in den Überlegungen von BRen, die einen Widerspruch schreiben wollen, immer wieder auf, ist aber im Katalog des Abs. 3 nicht enthalten. Der bezieht sich ausschließlich auf die betrieblichen Verhältnisse, die zur rechtlichen Unwirksamkeit der Kündigung führen können, aber nicht müssen. Insbesondere die Begründung, soziale Gesichtspunkte seien nicht ausreichend berücksichtigt, kann einen Widerspruch wirksam machen. Daran ändert sich auch nichts, wenn das Gericht bei der Beurteilung der Rechtmäßigkeit der Kündigung in dieser Frage zu einer anderen Bewertung kommt. Der Widerspruch verliert dadurch nicht seine Wirkung. Der Prozess geht dann möglicherweise nach drei Instanzen in zwei Jahren verloren. Während der ganzen Zeit musste der AN aber wegen des gut begründeten Widerspruchs weiter beschäftigt werden.

Der Anspruch auf Weiterbeschäftigung kann auch bestehen, wenn der BR nicht widersprochen hat. Das BAG leitet ihn aus dem allgemeinen Persönlichkeitsrecht her und gewährt ihn zumindest dann, wenn der AN die Kündigungsschutzklage vor dem Arbeitsgericht gewonnen hat, der AG hiergegen aber in die Berufung geht (BAG 27.2.1985 – GS 1/84).

Widerspruchsgründe

1. Missachtung sozialer Gesichtspunkte (Abs. 3 Nr. 1)

Der BR kann gegen jede Kündigung, also nicht nur die betriebsbedingte, einwenden, soziale Gesichtspunkte seien nicht hinreichend berücksichtigt worden. Er kann dabei auch andere Kriterien als „Lebensalter", „Betriebszugehörigkeit", „Unterhaltsverpflichtungen" und „Schwerbehinderung" anführen, die in § 1 KSchG genannt werden. Allerdings muss er bei einer betriebsbedingten Kündigung angeben, welche sozialen Gesichtspunkte nicht oder zu wenig berücksichtigt worden sind und sogar angeben, welche anderen AN weniger schutzwürdig sind bzw. anhand abstrakter Merkmale bestimmbar machen, um wen es sich dabei handeln soll (BAG vom 9.7.2003 – 5 AZR 305/02). Werden mehrere betriebsbedingte Kündigungen gleichzeitig ausgesprochen, sind Widersprüche wirkungslos, wenn sie sich alle auf den- oder dieselben weniger schutzwürdigen AN beziehen, die nicht gekündigt wurden.

2. Verstoß gegen eine Auswahlrichtlinie (Abs. 3 Nr. 2)

Auf diesen Grund kann sich der BR nur berufen, wenn er vorher mit dem AG eine solche Auswahlrichtlinie gemäß § 95 vereinbart hat.

3. Weiterbeschäftigungsmöglichkeit (Abs. 3 Nr. 3–5)

Will der BR den Widerspruch darauf stützen, dass die Weiterbeschäftigung des zu Kündigenden auf einem anderen Arbeitsplatz oder unter veränderten Bedingungen möglich wäre, hat das nur dann eine Wirkung, wenn der AN dies nicht bereits abgelehnt hat. Auch muss er konkret benennen, um welchen Arbeitsplatz es sich handelt. Das darf allerdings nicht der bisher eingenommene sein. Die Weiterbeschäftigung auf dem eigenen Arbeitsplatz ist gerade kein Widerspruchsgrund (macht aber die betriebsbedingte Kündigung rechtswidrig, weil ja der Arbeitsplatz nicht weggefallen ist). Die Weiterbeschäftigung auf einem anderen Arbeitsplatz ist ein für alle Kündigungsarten denkbarer Widerspruchsgrund, wenn dadurch Probleme beseitigt werden, etwa durch Wegfall belastender Arbeitsbedingungen, die zu Fehlzeiten geführt haben oder zu Schwierigkeiten im Umgang mit Kollegen.

Hat der BR widersprochen, muss der AG den Widerspruch an den zu kündigenden AN mit der Kündigung weiterleiten (Abs. 4). Ein Verstoß gegen diese Bestimmung ist allerdings ohne Auswirkung auf die Rechtmäßigkeit der Kündigung.

Echtes Mitbestimmungsrecht

Das Gesetz enthält in Abs. 6 noch den Hinweis an die Betriebsparteien, dass die Mitbestimmung des BR bei Kündigungen durch Betriebsvereinbarung erweitert werden kann, etwa im Sinne eines echten Zustimmungserfordernisses. Solche Vereinbarungen sind aber selten und mit Vorsicht zu genießen: Sie übertragen letztlich die Mitverantwortung für Kündigungen auf den BR.

Rechtsprechung

BAG vom 30.11.1989 – 2 AZR 197/89: Der BR ist auch vor einer Änderungskündigung anzuhören. Der AG muss in diesem Zusammenhang mitteilen, wenn er das Arbeitsverhältnis bei einer Ablehnung der Änderungskündigung durch den AN beenden will.

BAG vom 24.11.1983 – 2 AZR 347/82: Im Rahmen der Anhörung zu einer Kündigung wegen häufiger Kurzerkrankungen muss der AG den BR neben den Fehlzeiten und deren Ursachen auch die wirtschaftlichen Folgen, die aufgrund dessen eingetreten und noch zu erwarten sind, mitteilen.

BAG vom 20.5.1999 – 2 AZR 532/98: Die Anhörung des BR bei Kündigungen ist auch dann erforderlich, wenn die Betreffenden als zu Kündigende namentlich in einem Interessenausgleich zwischen BR und AG aufgeführt sind. An diese Anhörung sind dieselben Anforderungen wie an die bei anderen Kündigungen zu stellen. Allerdings kann die Anhörung in Zusammenhang mit der Vereinbarung der Namensliste erfolgen.

Informationen

BAG vom 27.6.1985 – 2 AZR 412/84: Verfügt der BR bereits über die erforderlichen Informationen, um zu einer beabsichtigten Kündigung Stellung nehmen zu können, bedarf es hierzu keiner Darlegungen des AG. Dabei kommt es auf den Kenntnisstand an, den der BR-Vorsitzende oder bei dessen Verhinderung sein Vertreter hat.

BAG vom 29.1.1986 – 7 AZR 257/84: Die Anhörung ist nicht deshalb fehlerhaft, weil die Kündigungsfrist darin falsch angegeben ist.

BAG vom 29.8.1991 – 2 AZR 59/91: Eine Anhörung ist nur dann ordnungsgemäß, wenn der AG dem BR vorher mitteilt, ob er eine ordentliche oder eine außerordentliche Kündigung aussprechen will.

BAG vom 26.9.1991 – 2 AZR 132/91: Teilt der AG dem BR nicht alle Kündigungsgründe im Rahmen der Anhörung mit, ist die Kündigung auch dann unwirksam, wenn der BR bereits aufgrund der mitgeteilten Gründe der Kündigung zugestimmt hat.

BAG vom 24.2.2000 – 8 AZR 167/99: Der AG muss im Rahmen der Anhörung die Sozialdaten anderer vergleichbarer AN nicht mitteilen, wenn er eine soziale Auswahl für nicht erforderlich hält.

BAG vom 13.5.2004 – 2 AZR 329/03: Der AG muss dem BR im Rahmen der Anhörung zur Kündigung die Sozialdaten der betroffenen AN nicht mitteilen, wenn nach seiner Auffassung wegen der Stilllegung des gesamten Betriebs keine Sozialauswahl durchgeführt werden muss.

BAG vom 29.3.1984 – 2 AZR 429/83: Bei einer betriebsbedingten Kündigung muss der AG dem BR von sich aus die Gründe mitteilen, die ihn zur Auswahl des zu Kündigenden veranlasst haben.

Probezeitkündigung

BAG vom 13.7.1978 – 2 AZR 717/76: Der AG muss den BR auch zu einer Kündigung innerhalb der ersten sechs Monate des Beschäftigungsverhältnisses anhören und ihm die hierfür maßgeblichen Gründe mitzuteilen.

BAG vom 3.12.1998 – 2 AZR 234/98: Vor der Kündigung eines nicht vom KSchG erfassten Arbeitsverhältnis muss der AG dem BR seine subjektiven Wertungen mitteilen, die ihn zur Kündigung veranlassen, wenn er keine konkreten Kündigungsgründe hat.

Verfahren

BAG vom 28.2.1974 – 2 AZR 455/73: Die Anhörungserklärungen können nur gegenüber dem BR-Vorsitzenden oder im Falle von dessen Verhinderung gegenüber seinem Stellvertreter abgegeben werden.

BAG vom 12.7.1984 – 2 AZR 320/83: Der BR kann die Ausübung der Rechte aus § 102 bei der Anhörung zu Kündigungen auf einen Personalausschuss übertragen.

BAG vom 6.2.1997 – 2 AZR 265/96: Der AG muss den BR nicht schriftlich über eine beabsichtigte Kündigung informieren.

BAG vom 16.1.2003 – 2 AZR 707/01: Fehler des BR im Anhörungsverfahren führen auch dann nicht zur Unwirksamkeit der Kündigung, wenn der AG davon weiß oder dies zumindest vermuten kann.

BAG vom 10.11.2005 – 2 AZR 623/04: Das Anhörungsverfahren bezieht sich nur auf die darin angekündigte Kündigung. Will der AG eine weitere Kündigung aussprechen, bedarf es einer erneuten Anhörung des BR.

Widerspruch

BAG vom 17.6.1999 – 2 AZR 608/98: Will der BR seinen Widerspruch gegen eine Kündigung auf eine bestehende Weiterbeschäftigungsmöglichkeit stützen, muss er diese konkret benennen.

BAG vom 17.2.2000 – 2 AZR 913/98: Sieht der AG keine Möglichkeit der Weiterbeschäftigung eines zu kündigenden AN, muss er dem BR dies im Rahmen der Anhörung mitteilen. Verlangt der BR die Weiterbeschäftigung auf einem nach seiner Auffassung vorhandenen anderen Arbeitsplatz, muss der AG näher darlegen, warum er dies nicht für möglich hält.

BAG vom 9.7.2003 – 5 AZR 305/02: Bestreitet der BR im Widerspruch gegen eine betriebsbedingte Kündigung die Richtigkeit der Zusammensetzung der Vergleichsgruppe, muss er konkret benennen, welche AN weiterhin hätten einbezogen werden müssen.

Wochenfrist

BAG vom 1.4.1976 – 2 AZR 179/75: Das Verfahren der Anhörung zur Kündigung wird mit einer Stellungnahme des BR beendet, in der dieser mitteilt, dass er sich mit der Sache nicht mehr weiter befassen wird. Der AG kann dann auch vor Ablauf der Wochenfrist die Kündigung aussprechen.

BAG vom 27.8.1982 – 7 AZR 30/80: Die Anhörung gemäß § 102 muss während der Arbeitszeit des BR-Vorsitzenden bzw. dessen Vertreters eingeleitet werden, nimmt der Vorsitzende aber außerhalb seiner Arbeitszeit die Mitteilung der beabsichtigten Kündigung entgegen, wird damit die Wochenfrist für den Widerspruch ein Gang gesetzt.

BAG vom 14.8.1986 – 2 AZR 561/85: Die Wochenfrist des § 102 kann durch Vereinbarung zwischen den Betriebsparteien verlängert werden. Auf diese Verlängerung hat der BR aber keinen Anspruch, selbst dann nicht, wenn bei einer Massenentlassung eine Vielzahl von Kündigungen ausgesprochen werden soll.

BAG vom 12.1.2006 – 2 AZR 242/05: Die Stellungnahmefrist für den BR bei einer Anhörung zur außerordentlichen Kündigung mit sozialer Auslauffrist eines ordentlich nicht kündbaren AN beträgt nicht drei Tage, sondern eine Woche.

Zeitpunkt der Unterrichtung

BAG vom 1.4.1981 – 7 AZR 1003/78: Zu Kündigungsgründen, die dem AG bereits vor Ausspruch der Kündigung bekannt waren, kann er den BR nicht mehr nach Ausspruch der Kündigung wirksam anhören. Hat er die Kündigung auch hierauf gestützt, ist die Anhörung fehlerhaft und die Kündigung unwirksam.

BAG vom 11.4.1985 – 2 AZR 239/84: Der AG kann den BR zu Gründen, die bei Ausspruch der Kündigung bereits vorgelegen haben, ihm aber nicht bekannt waren, auch nach Ausspruch der Kündigung anhören, um diese dann in den Kündigungsschutzprozess einzubringen.

§ 103 Außerordentliche Kündigung und Versetzung in besonderen Fällen

(1) Die außerordentliche Kündigung von Mitgliedern des Betriebsrats, der Jugend- und Auszubildendenvertretung, der Bordvertretung und des Seebetriebsrats, des Wahlvorstands sowie von Wahlbewerbern bedarf der Zustimmung des Betriebsrats.

(2) Verweigert der Betriebsrat seine Zustimmung, so kann das Arbeitsgericht sie auf Antrag des Arbeitgebers ersetzen, wenn die außerordentliche Kündigung unter Berücksichtigung aller Umstände gerechtfertigt ist. In dem Verfahren vor dem Arbeitsgericht ist der betroffene Arbeitnehmer Beteiligter.

(3) Die Versetzung der in Absatz 1 genannten Personen, die zu einem Verlust des Amtes oder der Wählbarkeit führen würde, bedarf der Zustimmung des Betriebsrats; dies gilt nicht, wenn der betroffene Arbeitnehmer mit der Versetzung einverstanden ist. Absatz 2 gilt entsprechend mit der Maßgabe, dass das Arbeitsgericht die Zustimmung zu der Versetzung erkennen kann, wenn diese auch unter Berücksichtigung der betriebsverfassungsrechtlichen Stellung des betroffenen Arbeitnehmers aus dringenden betrieblichen Gründen notwendig ist.

> Die Vorschrift regelt das Verfahren, das der AG bei der außerordentlichen Kündigung und bei mit Mandatsverlust verbundener Versetzung von Amtsträgern und Wahlbewerbern einzuhalten hat.

Themenübersicht

Kündigung
Tendenzträger
Zustimmungserfordernis
Unterrichtung und Beschlussfassung des BR
Versetzung
Rechtsprechung

Kündigung

Das KSchG schützt in § 15 betriebliche Mandatsträger davor, während der Zeit der Mandatsausübung und in den daran anschließenden sechs bzw. zwölf Monaten ordentlich gekündigt zu werden. Es sind dies die Mitglieder des BR, der JAV, der Bordvertretung, des See-BR, des Wahlvorstands und die Kandidaten für die Wahl zu diesen Gremien. Das schließt auch Änderungskündigungen ein. Der AG muss also, wenn er dennoch das Arbeitsverhältnis kündigen will, einen Grund zur außerordentlichen Kündigung haben. Das allein reicht aber noch nicht, wenn der Betreffende noch im Amt bzw. bei Wahlbewerbern die Wahl noch nicht abgeschlossen ist. Hier benötigt der AG zusätzlich noch die ausdrückliche Zustimmung des BR. Ist die Amtszeit zu Ende, setzt der nachwirkende Schutz ein. Auch während dieser Periode ist nur die außerordentliche Kündigung zulässig, allerdings braucht der AG jetzt nicht mehr die Zustimmung des BR. Hier ist die Mitwirkung auf das Verfahren gemäß § 102 beschränkt.

Der nachwirkende Schutz beträgt laut § 15 KSchG für Mitglieder im BR, der JAV, der Bordvertretung und des See-BR zwölf Monate, für die anderen sechs Monate. Er beginnt mit dem Ausscheiden aus dem Gremium, egal ob durch Ablauf der Amtszeit, Rücktritt, Verlust der Wählbarkeit oder Ausschluss. Bei Wahlbewerbern ist die Bekanntgabe des Wahlergebnisses der entsprechende Stichtag. Ersatzmitglieder, die zeitweise nachrücken, haben in dieser Zeit den vollen Schutz, können also nur mit Zustimmung des BR gekündigt werden. Ist das vertretene Mitglied nicht mehr verhindert, rücken sie wieder ins Glied und der nachwirkende Kündigungsschutz setzt ein.

Das Zustimmungserfordernis entfällt ausnahmsweise dann, wenn ein ganzer Betrieb oder der Betriebsteil, in dem das BR-Mitglied arbeitet, stillgelegt wird. In diesen Fällen darf der AG ordentlich kündigen.

Tendenzträger

Eine weitere Ausnahme macht die Rechtsprechung in Tendenzbetrieben gemäß § 118. Wenn hier ein BR-Mitglied gekündigt werden soll, das selbst Tendenzträger ist und die Kündigung auch tendenzbezogen begründet wird, hält das BAG die Zustimmung des BR gemäß § 103 nicht für erforderlich, sondern lässt die Beteiligung nach § 102 ausreichen (BAG vom 28.8.2003 – 2 ABR 48/02). Allerdings muss auch diese Kündigung eine außerordentliche sein.

Zustimmungserfordernis

Der AG benötigt die Zustimmung des BR, bevor er eine außerordentliche Kündigung ausspricht oder eine Versetzung mit anschließendem Mandatsverlust vornimmt. Bekommt er sie nicht, kann er versuchen, sie sich beim Arbeitsgericht ersetzen zu lassen. Bis hier eine rechtskräftige Entscheidung zu seinen Gunsten vorliegt, ist die Kündigung unzulässig. Rechtskräftig ist die Entscheidung erst, wenn die letzte Instanz entschieden hat. Das kann durchaus das BAG sein, weil auch dann, wenn das Landesarbeitsgericht die Rechtsbeschwerde dorthin nicht zulässt, immer noch eine Nichtzulassungsbeschwerde erhoben werden kann, die die Rechtskraft hinaus schiebt. Kündigt der AG voreilig, nachdem ein Arbeitsgericht zu seinen Gunsten entschieden hat, ohne den Abschluss weiterer Instanzen abzuwarten, ist diese Kündigung unheilbar rechtswidrig.

Der AG steht bei diesem Verfahren unter erheblichem Zeitdruck. Die außerordentliche Kündigung muss eigentlich gemäß § 626 Abs. 2 BGB innerhalb von zwei Wochen nach dem Vorfall, auf den sie gestützt wird, ausgesprochen werden. Da in dieser kurzen Zeit aber das Beteiligungsverfahren mit dem BR nicht abgeschlossen sein wird – es sei denn, der BR will der Kündigung zustimmen – wird es als ausreichend angesehen, wenn der AG innerhalb dieser zwei Wochen das Zustimmungsersetzungsverfahren beim Arbeitsgericht einleitet.

Die Situation des BR ist dagegen komfortabler, da er im Unterschied zur Beteiligung gemäß §§ 99 und 102 hier weder an Fristen noch an Formen gebunden ist. Der AG braucht für sein Vorhaben ein ausdrückliches „Ja“, sonst kann er nicht kündigen. Reagiert der BR überhaupt nicht, gilt das in diesem Fall auch nicht als Zustimmung, sondern ist eine Ablehnung. Diese muss der BR auch nicht begründen.

Unterrichtung und Beschlussfassung des BR

Der AG muss dem BR alle nötigen Informationen geben, damit der sich eine Meinung zu der beabsichtigten Kündigung bilden kann. Seine Aufgabe ist aber keine rechtliche Prüfung der Zulässigkeit – damit würde er sich in der Regel zu viel vornehmen – sondern eine Entscheidung über die Erforderlichkeit einer Trennung aus seiner Sicht. Darüber muss er per Beschluss entscheiden, wobei das zu kündigende Mitglied an dieser Beschlussfassung wegen Befangenheit nicht teilnehmen darf.

Unterläuft dem BR hier ein Fehler, der die Rechtmäßigkeit des Beschlusses in Frage stellt, ist das bei einer Ablehnung der Zustimmung ohne Bedeutung, weil der AG mit einer solchen Entscheidung nichts anfangen kann, er muss unabhängig von der Wirksamkeit des Beschlusses ein Zustimmungsersetzungsverfahren einleiten, wenn er an der Kündigungsabsicht festhält. Stimmt der BR aber zu, kann der AG sich auf die Rechtmäßigkeit der Beschlussfassung verlassen und kündigen, wenn er nicht positiv weiß, dass hier ein Fehler gemacht wurde (BAG vom 24.6.2004 – 2 AZR 461/03). Bildet der BR sich seine Meinung allerdings auf der Basis von falschen Informationen, die ihm der AG gegeben hat, ist ein solcher Beschluss angreifbar. Besser ist es jedoch, vor einer Zustimmung zur Kündigung den Sachverhalt eigenständig zu untersuchen. Schließlich hat der BR keinen Zeitdruck und kann eine Zustimmung jederzeit nachschieben, auch wenn das gerichtliche Zustimmungsersetzungsverfahren nach Abs. 2 schon läuft.

In diesem Gerichtsverfahren geht es nur darum zu überprüfen, ob der BR die Zustimmung hätte erteilen müssen. Beteiligt daran sind der AG, der BR und das zu kündigende Mitglied. Dieses Mitglied muss den Prozess führen wie ein Kündigungsschutzverfahren. Zwar kann ein solches später immer noch zusätzlich eingeleitet werden, falls die Zustimmung ersetzt wird, allerdings kann das zu kündigende Mitglied in einem späteren Prozess nur solche Einwände gegen die Kündigung vorbringen, auf die es sich auch schon im Zustimmungsersetzungsverfahren berufen hat (BAG vom 11.5.2000 – 2 AZR 276/99). Dieses individuelle Kündigungsschutzverfahren muss nach § 4 KSchG innerhalb von drei Wochen nach Ausspruch der Kündigung beim Gericht eingeleitet sein. Anderenfalls ist die Kündigung nicht mehr anfechtbar.

Versetzung

Auch Versetzungen von Amtsträgern, die zum Amtsverlust führen, unterliegen – wie Kündigungen – dem Zustimmungserfordernis. Das sind Versetzungen, bei denen das Mitglied den Betrieb, in dem es gewählt wurde, verlässt oder auch Beförderungen zum leitenden Angestellten.

Wurde der BR für mehrere Betriebe gewählt, bleibt das Mandat bei einem Wechsel zwischen diesen erhalten und unterliegt daher auch nur der Mitbestimmung gemäß § 99. Ebenfalls überflüssig ist die Zustimmung, wenn der Betreffende selbst mit der Maßnahme einverstanden ist, wobei sich das Einverständnis auf die konkrete Versetzung beziehen muss. Eine Versetzungsklausel im Arbeitsvertrag ist keine solche Zustimmung, sondern im Gegenteil Voraussetzung dafür, das Verfahren überhaupt anzustrengen. Hat der AG sich das Recht zur Versetzung nicht vertraglich einräumen lassen, müsste er eine Änderungskündigung aussprechen.

Die Beschränkung der Versetzungsmöglichkeiten des AG besteht nur während der Amtsausübung. Dem AG soll damit die Möglichkeit genommen werden, unliebsame Mitglieder durch Versetzungen aus dem BR fernzuhalten. Diese Notwendigkeit besteht nach dem Ausscheiden aus dem Amt bzw. dem Abschluss der Wahl nicht mehr.

Der Verfahrensablauf ist mit dem bei der Kündigung identisch. Maßstab für die Entscheidung im Zustimmungsersetzungsverfahren ist jetzt jedoch, ob die Versetzung auch unter Berücksichtigung der betriebsverfassungsrechtlichen Stellung des AN aus dringenden betrieblichen Gründen notwendig ist. Das schließt das Vorhandensein von Alternativen hierzu aus.

Rechtsprechung

BAG vom 22.8.1974 – 2 ABR 17/74: Nur Pflichtverletzungen gegen die Pflichten aus dem Arbeitsverhältnis können die außerordentliche Kündigung eines BR-Mitglieds rechtfertigen, nicht aber Verstöße gegen die Pflichten aus dem BetrVG.

BAG vom 20.3.1975 – 2 ABR 111/74: Die Zustimmung des BR zur Kündigung eines Mitglieds bzw. deren Ersetzung durch das Gericht muss vor Ausspruch der Kündigung vorliegen.

BAG vom 17.9.1981 – 2 AZR 402/79: Der BR kann die zunächst verweigerte Zustimmung zur außerordentlichen Kündigung eines Mitglieds auch noch nach Einleitung des gerichtlichen Zustimmungsersetzungsverfahrens erteilen.

BAG vom 23.9.1984 – 2 AZR 391/83: Das BR-Mitglied, für dessen Kündigung der AG die Zustimmung des BR beantragt, kann an der Abstimmung hierüber wegen Befangenheit nicht teilnehmen.

BAG vom 17.3.2005 – 2 AZR 275/04: Der BR kann die Entscheidung über die Zustimmung zur Kündigung eines BR-Mitglieds auf einen Ausschuss übertragen.

§ 104 Entfernung betriebstörender Arbeitnehmer

Hat ein Arbeitnehmer durch gesetzwidriges Verhalten oder durch grobe Verletzung der in § 75 Abs. 1 enthaltenen Grundsätze, insbesondere durch rassistische oder fremdenfeindliche Betätigung, den Betriebsfrieden wiederholt ernstlich gestört, so kann der Betriebsrat vom Arbeitgeber die Entlassung oder Versetzung verlangen. Gibt das Arbeitsgericht einem Antrag des Betriebsrats statt, dem Arbeitgeber aufzugeben, die Entlassung oder Versetzung durchzuführen, und führt der Arbeitgeber die Entlassung oder Versetzung einer rechtskräftigen gerichtlichen Entscheidung zuwider nicht durch, so ist auf Antrag des Betriebsrats vom Arbeitsgericht zu erkennen, dass er zur Vornahme der Entlassung oder Versetzung durch Zwangsgeld anzuhalten sei. Das Höchstmaß des Zwangsgeldes beträgt für jeden Tag der Zuwiderhandlung 250 Euro.

Die Vorschrift regelt das Recht des BR, die Initiative zur Entlassung oder Versetzung von AN zu ergreifen, die durch ihr Verhalten andere Mitarbeiter schädigen.

Das Initiativrecht des BR setzt ein, wenn AN mehrfach – also mindestens zwei Mal – so aufgetreten sind, dass andere AN hierdurch in ihren Rechten ernsthaft beeinträchtigt wurden. Rassistische oder sexistische Ausfälle sind nur Beispiele für solches Fehlverhalten, insbesondere körperliche Gewalt oder gegen andere AN gerichtete Straftaten kommen hier ebenfalls in Betracht.

Ob der BR über diesen Weg auch die Möglichkeit hat, gegen leitende Angestellte vorzugehen, ist umstritten. Der Streit ist allerdings eher theoretischer Natur, denn Verfahren nach § 104 sind selten und meist stünde der BR auch eher auf verlorenem Posten. Gerichte sehen eher AG als Hüter des Betriebsfriedens an, ein Versuch eines BR, über § 104 gegen leitende Angestellte vorzugehen, würde wohl als Alltagsgeschäft der betrieblichen Konfliktführung angesehen und deshalb nicht wirklich ernst genommen werden.

Auch ansonsten hat das Verfahren keine besondere praktische Relevanz. Sind sich AG und BR über die Notwendigkeit einer Versetzung oder Entlassung nicht einig, soll ein Arbeitsgericht hierüber entscheiden. Dieses wird aber, wenn sich die Betriebsparteien über die Auswirkungen des Verhaltens einzelner nicht einig sind, kaum annehmen, dass der AG nicht erkennt, dass jemand den Frieden in seinem Betrieb stört. Der BR kann aus solchen Verfahren deshalb eigentlich nur als Verlierer hervorgehen, denn der AN, den der BR im Visier hatte, würde durch eine solche Entscheidung in seinem Verhalten eher noch bestärkt und den Prozess als Bestätigung dafür werten, dass sein Verhalten völlig in Ordnung ist. Besser ist es daher, von vornherein über betriebliche Regelungen zur Konfliktvermeidung und -lösung nachzudenken.

§ 105 Leitende Angestellte

Eine beabsichtigte Einstellung oder personelle Veränderung eines in § 5 Abs. 3 genannten leitenden Angestellten ist dem Betriebsrat rechtzeitig mitzuteilen.

Diese Vorschrift gibt dem BR ein Informationsrecht bezüglich der Beschäftigung von leitenden Angestellten.

Die Beschäftigung von leitenden Angestellten gemäß § 5 unterliegt nicht der Mitbestimmung, da diese Personen dem „Lager" des AG zugerechnet werden. Der BR muss lediglich wissen, wer diese Funktion inne hat und wie weit deren Befugnisse reichen. Das wird durch das Informationsrecht in dieser Vorschrift gewährleistet.

Die Einstellung oder Beförderung von leitenden Angestellten und die Veränderung von deren Aufgaben ist aber auch dann wirksam, wenn der BR vorher nicht unterrichtet wurde.

Sechster Abschnitt
Wirtschaftliche Angelegenheiten

Erster Unterabschnitt
Unterrichtung in wirtschaftlichen Angelegenheiten

§ 106 Wirtschaftsausschuss

(1) In allen Unternehmen mit in der Regel mehr als einhundert ständig beschäftigten Arbeitnehmern ist ein Wirtschaftsausschuss zu bilden. Der Wirtschaftsausschuss hat die Aufgabe, wirtschaftliche Angelegenheiten mit dem Unternehmer zu beraten und den Betriebsrat zu unterrichten.

(2) Der Unternehmer hat den Wirtschaftsausschuss rechtzeitig und umfassend über die wirtschaftlichen Angelegenheiten des Unternehmens unter Vorlage der erforderlichen Unterlagen zu unterrichten, soweit dadurch nicht die Betriebs- und Geschäftsgeheimnisse des Unternehmens gefährdet werden, sowie die sich daraus ergebenden Auswirkungen auf die Personalplanung darzustellen. Zu den erforderlichen Unterlagen gehört in den Fällen des Absatzes 3 Nr. 9a insbesondere die Angabe über den potentiellen Erwerber und dessen Absichten im Hinblick auf die künftige Geschäftstätigkeit des Unternehmens sowie die sich daraus ergebenden Auswirkungen auf die Arbeitnehmer; Gleiches gilt, wenn im Vorfeld der Übernahme des Unternehmens ein Bieterverfahren durchgeführt wird.

(3) Zu den wirtschaftlichen Angelegenheiten im Sinne dieser Vorschrift gehören insbesondere

1. **die wirtschaftliche und finanzielle Lage des Unternehmens;**
2. **die Produktions- und Absatzlage;**
3. **das Produktions- und Investitionsprogramm;**
4. **Rationalisierungsvorhaben;**

5. Fabrikations- und Arbeitsmethoden, insbesondere die Einführung neuer Arbeitsmethoden;
5a. Fragen des betrieblichen Umweltschutzes;
6. die Einschränkung oder Stillegung von Betrieben oder von Betriebsteilen;
7. die Verlegung von Betrieben oder Betriebsteilen;
8. der Zusammenschluss oder die Spaltung von Unternehmen oder Betrieben;
9. die Änderung der Betriebsorganisation oder des Betriebszwecks;
9a. die Übernahme des Unternehmens, wenn hiermit der Erwerb der Kontrolle verbunden ist, sowie
10. sonstige Vorgänge und Vorhaben, welche die Interessen der Arbeitnehmer des Unternehmens wesentlich berühren können.

§ 107 Bestellung und Zusammensetzung des Wirtschaftsausschusses

(1) Der Wirtschaftsausschuss besteht aus mindestens drei und höchstens sieben Mitgliedern, die dem Unternehmen angehören müssen, darunter mindestens einem Betriebsratsmitglied. Zu Mitgliedern des Wirtschaftsausschusses können auch die in § 5 Abs. 3 genannten Angestellten bestimmt werden. Die Mitglieder sollen die zur Erfüllung ihrer Aufgaben erforderliche fachliche und persönliche Eignung besitzen.

(2) Die Mitglieder des Wirtschaftsausschusses werden vom Betriebsrat für die Dauer seiner Amtszeit bestimmt. Besteht ein Gesamtbetriebsrat, so bestimmt dieser die Mitglieder des Wirtschaftsausschusses; die Amtszeit der Mitglieder endet in diesem Fall in dem Zeitpunkt, in dem die Amtszeit der Mehrheit der Mitglieder des Gesamtbetriebsrats, die an der Bestimmung mitzuwirken berechtigt waren, abgelaufen ist. Die Mitglieder des Wirtschaftsausschusses können jederzeit abberufen werden; auf die Abberufung sind die Sätze 1 und 2 entsprechend anzuwenden.

(3) Der Betriebsrat kann mit der Mehrheit der Stimmen seiner Mitglieder beschließen, die Aufgaben des Wirtschaftsausschusses einem Ausschuss des Betriebsrats zu übertragen. Die Zahl der Mitglieder des Ausschusses darf die Zahl der Mitglieder des Betriebsausschusses nicht überschreiten. Der Betriebsrat kann jedoch weitere Arbeitnehmer einschließlich der in § 5 Abs. 3 genannten leitenden Angestellten bis zur selben Zahl, wie der Ausschuss Mitglieder hat, in den Ausschuss berufen; für die Beschlussfassung gilt Satz 1. Für die Verschwiegenheitspflicht der in Satz 3 bezeichneten weiteren Arbeitnehmer gilt § 79 entsprechend. Für die Abänderung und den Widerruf der Beschlüsse nach den Sätzen 1 bis 3 sind die gleichen Stimmenmehrheiten erforderlich wie für die Beschlüsse nach den Sätzen 1 bis 3. Ist in einem Unternehmen ein Gesamtbetriebsrat errichtet, so beschließt dieser über die anderweitige Wahrnehmung der Aufgaben des Wirtschaftsausschusses; die Sätze 1 bis 5 gelten entsprechend.

> Die Vorschriften regeln die Voraussetzungen für die Errichtung eines Wirtschaftsausschusses, dessen Bestellung und Zusammensetzung sowie seine Aufgaben und Informationsrechte.

Themenübersicht

Der BR ist zur Einrichtung des Wirtschaftsausschusses verpflichtet, wenn das Unternehmen in der Regel mehr als 100 AN beschäftigt. Es kommt also nicht auf die Größe des einzelnen Betriebs an oder darauf, ob mindestens 100 AN durch einen BR vertreten werden.

> **Beispiel**
>
> Ein Unternehmen hat drei Betriebe, zwei mit jeweils 30 AN, in denen BR gewählt sind und einen mit 100 AN ohne BR. Der GBR muss einen Wirtschaftsausschuss einrichten, obwohl in den Betrieben mit Interessenvertretung weniger als 100 AN beschäftigt sind.

Arbeiten mehrere Unternehmen in einem Gemeinschaftsbetrieb, in dem zusammen mehr als 100 AN beschäftigt sind, muss gleichfalls ein Wirtschaftsausschuss gebildet werden, auch wenn die einzelnen Unternehmen selbst diese Größe jeweils nicht erreichen.

Aufgabe des Wirtschaftsausschusses

Der Wirtschaftsausschuss ist vor allem ein Beratungsgremium. Er soll anhand der Informationen, die ihm der AG zur Verfügung stellt, mit diesem die wirtschaftliche Lage des Unternehmens beraten, Vorschläge zur weiteren Entwicklung machen und vor allem dem BR eine bessere Basis für seine Entscheidungen verschaffen. Die Kompetenz hierzu hat der Wirtschaftsausschuss aus zwei Gründen: Zum einen bekommt er Informationen über wirtschaftliche Fragestellungen früher als der BR und ohne konkreten Anlass, zum anderen ist in ihm ein höheres Maß an wirtschaftlichem Sachverstand vorhanden. Letzteres ergibt sich aus seiner Zusammensetzung.

Zusammensetzung des Wirtschaftsausschusses/Bildung eines BR-Ausschusses

Der Wirtschaftsausschuss kann zwischen drei und sieben Mitgliedern haben, von denen mindestens eines gleichzeitig dem BR angehören muss. Der BR kann die Bestellung also wirklich vor allem unter dem Aspekt der Sachkompetenz vornehmen und dabei auch auf leitende Angestellte zurückgreifen. Das Gesetz macht nur eine Einschränkung: Die zu Berufenden müssen selbst dem Unternehmen angehören. Natürlich müssen sie auch damit einverstanden sein, im Wirtschaftsausschuss mitzuarbeiten. Gegen seinen Willen kann hierzu niemand vom BR verpflichtet werden, wohl allerdings vom AG, wenn dieser einem entsprechenden Ansinnen des BR nachkommen will. Eine solche Verpflichtung dürfte aber angesichts der Aufgabenstellung als Unterstützer der Arbeit der Interessenvertretung wenig sinnvoll sein.

Anstelle eines Wirtschaftsausschusses kann der BR gemäß § 107 Abs. 3 auch einen eigenen Ausschuss einrichten, der die Aufgaben des Wirtschaftsausschusses übernimmt. Das führt regelmäßig zu einer Vergrößerung des Gremiums. Der eigene Ausschuss bedarf zur Errichtung eines Beschlusses, dem die Mehrheit der Mitglieder des BR zustimmen muss. Die Zustimmung der Mehrheit der in einer Sitzung anwesenden BR-Mitglieder ist also nicht ausreichend, sofern dabei diese Quote verfehlt wird.

Beispiel

Ein BR besteht aus 15 Mitgliedern. Auf der Sitzung sind elf Mitglieder anwesend. Stimmen davon sechs der Einrichtung des eigenen Ausschusses zu, ist das zwar eine Mehrheit, aber nicht die der Mitglieder des BR insgesamt. Dafür sind mindestens acht Stimmen erforderlich.

Der BR-Ausschuss darf höchstens so groß sein wie der Betriebsausschuss gemäß § 27. Da es sich dort aber nur um BR-Mitglieder handelt und bei diesen der entsprechende Sachverstand nicht ohne weiteres vorausgesetzt werden kann, darf der BR zusätzlich noch in gleicher Zahl andere AN in den Ausschuss berufen.

Beispiel

Der BR hat 15 Mitglieder, der Betriebsausschuss besteht folglich nach § 27 Abs. 1 aus fünf Mitgliedern. So groß kann dann also auch der BR-Ausschuss für wirtschaftliche Angelegenheiten sein. Zusätzlich kann der BR dann noch fünf weitere AN bestellen.

Der BR kann das Gremium auf diese Weise vergrößern, er muss aber nicht. Genauso ist es möglich, auf diesem Wege den Ausschuss sogar auf zwei Personen zu verkleinern.

Bestellung und Abberufung der Mitglieder

Der Wirtschaftsausschuss wird durch den GBR bestellt, wenn es einen solchen gibt. Wenn es im Unternehmen nur einen BR gibt, nimmt dieser die Bestellung vor.

Die Berufung erfolgt durch Beschluss mit einfacher Mehrheit. Auf demselben Wege ist auch die Abberufung möglich. Hierfür bedarf es keines besonderen Grundes, es reicht, dass das Mitglied im Wirtschaftsausschuss nicht mehr das Vertrauen der Mehrheit des BR bzw. GBR hat.

Die Amtszeit des Wirtschaftsausschussmitglieds endet außerdem durch Abberufung oder durch Rücktritt, der jederzeit gegenüber dem BR bzw. GBR erklärt werden kann, oder gleichzeitig mit dem Ende der Amtszeit des BR.

Hat der GBR den Wirtschaftsausschuss bestellt, ist die Amtszeit des Wirtschaftsausschusses an die der entsendenden BR geknüpft. Sie endet, wenn die Amtszeit der Gremien endet, die die Mehrzahl der Stimmen auf sich vereinigen, mit denen der Wirtschaftsausschuss vom GBR hätte bestellt werden können. Weil das sehr kompliziert ist und es in der Regel auch nicht darauf ankommt, bestellt man den Wirtschaftsausschuss in der Praxis einfach nach jeder Wahlperiode neu.

Außerdem endet die Amtszeit des Wirtschaftsausschusses, wenn die Zahl der regelmäßig im Unternehmen Beschäftigten dauerhaft unter 100 absinkt.

Stellung der Mitglieder des Wirtschaftsausschusses/Schulungen

Die nicht dem BR angehörenden Mitglieder des Wirtschaftsausschusses dürfen gemäß § 78 wegen ihrer Tätigkeit im Gremium nicht benachteiligt oder begünstigt werden. Daraus folgt, dass der AG auch für sie die entstehenden erforderlichen Kosten zu tragen hat, etwa in Form von bezahlter Freistellung von der Arbeit für Sitzungen und deren Vorbereitung (BAG vom 17.10.1990 – 7 ABR 69/89). Kein Anspruch besteht dagegen für Wirtschaftsausschussmitglieder ohne BR-Mandat auf bezahlte Freistellung für die Teilnahme an Schulungsveranstaltungen, weil das BAG der Auffassung ist, dass in dieses Gremium ohnehin nur bestellt wird, wer die erforderliche Sachkunde hat (BAG vom 11.11.1998 – 7 AZR 491/97).

Die Mitglieder des Wirtschaftsausschusses unterliegen denselben Verschwiegenheitspflichten hinsichtlich Betriebs- und Geschäftsgeheimnissen gemäß § 79 wie BR-Mitglieder und andere Interessenvertreter. Einen vergleichbaren Kündigungsschutz haben sie allerdings nicht. Die ordentliche Kündigung ist weder ausgeschlossen noch ist eine Zustimmung des BR zur außerordentlichen Kündigung erforderlich.

Informationsrechte

Der Wirtschaftsausschuss hat umfangreiche eigenständige Informationsrechte gegenüber dem AG. Von den Informationsrechten des BR unterscheiden sie sich in mehrfacher Hinsicht:

- Der Wirtschaftsausschuss muss laufend unterrichtet werden und nicht erst dann, wenn es einen konkreten Anlass gibt.
- Dem Wirtschaftsausschuss sind alle erforderlichen Unterlagen zur Verfügung zu stellen, auch ohne dass er sie ausdrücklich anfordert.
- Der AG kann gegenüber dem Wirtschaftsausschuss Informationen zurückhalten, wenn er dadurch Geschäfts- oder Betriebsgeheimnisse als gefährdet ansieht.

Informiert der AG den Wirtschaftsausschuss über Sachverhalte, die er eigentlich für geheimhaltungsbedürftig hält, dürfen die Wirtschaftsauschussmitglieder diese nicht weitergeben. Sie unterliegen der Verpflichtung zur Verschwiegenheit gemäß § 79. Allerdings nicht gegenüber dem BR, wenn dieser die Information für die Wahrnehmung seiner Aufgaben benötigt, weil der AG ihm solche Fakten ebenfalls nicht vorenthalten darf.

Zwar ist es möglich, dass der BR unabhängig vom Bestehen eines Wirtschaftsausschusses und von dessen konkretem Kenntnisstand Anspruch auf dieselben Informationen hat, die auch der Wirtschaftsauschuss bekommt. Das setzt aber immer voraus, dass er sie zur Wahrnehmung aktuell anstehender Mitbestimmungsangelegenheiten benötigt.

Die Unterlagen müssen den Mitgliedern des Wirtschaftsausschusses so rechtzeitig vor den Sitzungen zur Verfügung gestellt werden, dass sie sich entsprechend darauf vorbereiten können. Kommt der AG dieser Anforderung nicht nach, ist es zweckmäßig, die Sitzung des Wirtschaftsausschusses so lange zu unterbrechen, bis alle Mitglieder sich mit den Unterlagen beschäftigen konnten. Das kann auch mehrere Tage dauern.

Beispiele für Informations- und Beratungsthemen

Der Umfang der vom AG zur Verfügung zu stellenden Informationen und der Themen, über die mit dem Wirtschaftsausschuss beraten werden muss, ist kaum eingrenzbar. Die nachfolgende Auflistung ist daher auch nur beispielhaft und nicht erschöpfend.

Unter den Begriff „wirtschaftliche und finanzielle Lage des Unternehmens" fallen praktisch sämtliche für das Unternehmen wichtigen Daten und Fakten. Die Informationen erstrecken sich daher auf:

- die Vermögens- und Ertragslage, d. h. Verluste bzw. Gewinne,
- Außenstände (d. h. Forderungen gegenüber Dritten)
- Wert der Bestände (Warenlager),
- zur Verfügung stehendes Kapital unter besonderer Berücksichtigung der Liquidität,
- Wechselverpflichtungen,
- laufende und außerordentliche Kosten,
- Kreditlage,
- steuerliche Belastung,
- soziale Aufwendungen,
- Auftragsbestand,
- Investitionspläne,
- konjunkturelle und fiskalische Einwirkungen,
- Markt- und Konkurrenzsituation,
- geschäftliche Entwicklungsaussichten,
- Verhältnis von Verkaufspreisen zu Herstellungskosten,
- wirtschaftliche und produktionstechnische Risikolage,
- Fragen der Vormaterialbeschaffung und -kosten,
- Versorgung des Betriebs mit Energie einschließlich ihrer Kosten,
- beabsichtigte Beantragung eines Vergleichs- oder Insolvenzverfahrens.

Zur Produktions- und Absatzlage gehören:

- Entwicklung der Produktivität (Umsatzentwicklung im Verhältnis zur Beschäftigtenzahl und den geleisteten Arbeitsstunden in einer Periode),
- Produktionskapazität und Auslastung,
- Auslastung oder Nichtauslastung eines Betriebs oder Betriebsteils,
- Kapazitätsausweitungen,
- gegenwärtige und künftige Produktions- und Auftragslage,
- tatsächlicher Absatz,
- Produktion auf Bestellung oder Vorrat (Auftragsfertigung oder Fertigung für den anonymen Markt),
- Situation des Wirtschaftszweigs und der Gesamtwirtschaft,
- Beurteilung der Marktverhältnisse,
- Fragen der Preissituation, Preislagen und Preisbindungen, Preisschwankungen, Preisentwicklungen,
- Wettbewerbslage im In- und Ausland,
- Engpässe bei der Materialbeschaffung,

- Weltrohstofflage,
- Marktforschung, Werbemaßnahmen.

Die Fabrikationsmethode bezieht sich auf die Organisation und Technologie der Produktion. Die Unterrichtung erstreckt sich z. B. darauf, ob eine handwerkliche Fertigung der Reihen- oder Fließfertigung vorgezogen werden soll oder ob die Fertigung in Gruppen und Modulen erfolgt.

Die Art des Einsatzes der AN bei der Produktion ist Teil der Arbeitsmethode. Als Beratungspunkte können hier anstehen:

- Arbeit in Kolonnen,
- Schichtarbeit,
- Fragen der Organisation der Betriebe/Baustellen,
- Kontrollen durch personelle und technische Maßnahmen.

Die weiteren Sachverhalte – Betriebseinschränkung und -stilllegungen, Verlegung des Betriebs oder von Betriebsteilen, Spaltung und Zusammenlegung von Unternehmen und/oder Betrieben, Änderung der Betriebsorganisation – entsprechen im Wesentlichen den in § 111 aufgezählten Formen von Betriebsänderungen. Sie ergeben sich in der Regel schon aus den vorher aufgezählten Informationen.

Letztlich erstreckt sich das Unterrichtungsrecht auf alle Vorgänge, die für die Interessen der AN von Bedeutung sein können. Dazu gehören insbesondere auch die Berichte von Wirtschaftprüfern und Unternehmensberatern, Bilanzen usw.

Unternehmensübernahme

Zu den wirtschaftlichen Angelegenheiten, über die der Wirtschaftsausschuss zu informieren ist, zählt nach Abs. 3 Nr. 9a auch eine Veränderung innerhalb der Kreises der Inhaber oder Gesellschafter, sofern das Unternehmen damit unter die Kontrolle anderer gerät. Diese Kontrollmöglichkeit kann vertraglich vereinbart werden oder durch eine entsprechende Konzentration von Anteilen in einer Hand entstehen. Das Informationsrecht ist also unabhängig davon, wie viele Anteile auf einmal den Eigentümer wechseln. Das können nur wenige sein, wenn dadurch etwa bei einer Aktiengesellschaft die Schwelle überschritten wird, jenseits derer die Hauptversammlung dominiert wird. Andererseits löst die Übernahme etwa von 20 % der Anteile einer GmbH dann keine Informationsrechte aus, wenn sich dadurch nichts an den Machtverhältnissen im Unternehmen ändert, sondern nur Kapital beschafft wird.

Passiert eine solche Übernahme, muss der Wirtschaftsausschuss gemäß Abs. 2 anhand von Unterlagen darüber informiert werden, wer der Erwerber ist, welche Strategie er damit verfolgt und wie sich der Vorgang auf die Beschäftigten auswirken wird. Wird der Erwerber erst in einem Bieterverfahren gesucht, muss der Wirtschaftsausschuss auch darüber informiert werden. Ob dazu auch die Vorlage der entsprechenden Verträge gehört, hat der Gesetzgeber in der 2008 geschaffenen Vorschrift nicht geregelt. Darüber, ob die Vorschrift so gemeint ist, lässt sich nur spekulieren, denn es als vorzulegende Unterlagen werden nur solche genannt, die tatsächlich nur Bestandteile der Unterrichtung sind. Klären lässt sich diese Frage bei Bedarf im Verfahren vor der Einigungsstelle gemäß § 109.

Die Informationen über eine Unternehmensübernahme müssen in Unternehmen mit weniger als 100 AN dem BR gegeben werden. Das ergibt sich aus § 109a.

Rechtsprechung

BAG vom 1.10.1974 – 1 ABR 77/73: Auch wenn der Sitz des Unternehmens im Ausland liegt, ist bei Vorliegen der sonstigen Voraussetzungen ein Wirtschaftsausschuss zu bilden.

BAG vom 20.11.1984 – 1 ABR 64/82: Die Mitglieder des Wirtschaftsausschusses müssen die Möglichkeit einer gründlichen Vorbereitung auf die Sitzung eingeräumt bekommen. Dafür kann es erforderlich sein, dass Unterlagen schon vor der Sitzung zugänglich sind. Ohne Einwilligung des AG sind die Mitglieder aber nicht berechtigt, sich hiervon Kopien zu machen.

BAG vom 4.6.1987 – 6 ABR 70/85: Die Schwerbehindertenvertretung hat ein Recht zur Teilnahme an den Sitzungen des Wirtschaftsausschusses.

BAG vom 1.8.1990 – 7 ABR 91/88: In einem von mehreren Unternehmen gemeinsam geführten Betrieb mit mehr als 100 Beschäftigten muss ein Wirtschaftsausschuss auch dann gebildet werden, wenn die einzelnen Unternehmen für sich genommen diese Größe nicht erreichen.

BAG vom 17.10.1990 – 7 ABR 69/89: Der AG muss dem Wirtschaftsausschuss in erforderlichem Umfang Büropersonal zur Verfügung stellen.

BAG vom 11.11.1998 – 7 AZR 491/97: Nur solche Mitglieder des Wirtschaftsausschusses, die auch gleichzeitig Mitglieder im BR sind, haben Anspruch auf Vergütung für die Dauer einer Schulungsveranstaltung.

BAG vom 7.4.2004 – 7 ABR 41/03: Sinkt die Beschäftigtenzahl während der Amtszeit unter die Grenze von 100 regelmäßig Beschäftigten, endet die Amtszeit der Mitglieder des Wirtschaftsausschusses.

§ 108 Sitzungen

(1) Der Wirtschaftsausschuss soll monatlich einmal zusammentreten.

(2) An den Sitzungen des Wirtschaftsausschusses hat der Unternehmer oder sein Vertreter teilzunehmen. Er kann sachkundige Arbeitnehmer des Unternehmens einschließlich der in § 5 Abs. 3 genannten Angestellten hinzuziehen. Für die Hinzuziehung und die Verschwiegenheitspflicht von Sachverständigen gilt § 80 Abs. 3 und 4 entsprechend.

(3) Die Mitglieder des Wirtschaftsausschusses sind berechtigt, in die nach § 106 Abs. 2 vorzulegenden Unterlagen Einsicht zu nehmen.

(4) Der Wirtschaftsausschuss hat über jede Sitzung dem Betriebsrat unverzüglich und vollständig zu berichten.

(5) Der Jahresabschluss ist dem Wirtschaftsausschuss unter Beteiligung des Betriebsrats zu erläutern.

(6) Hat der Betriebsrat oder der Gesamtbetriebsrat eine anderweitige Wahrnehmung der Aufgaben des Wirtschaftsausschusses beschlossen, so gelten die Absätze 1 bis 5 entsprechend.

> Die Vorschrift regelt den Sitzungsturnus, die Beteiligung des AG an den Sitzungen und die Unterrichtung des BR durch den Wirtschaftsausschuss.

Themenübersicht

Sitzungsrhythmus
Teilnahme des Unternehmers
Sitzungsvor- und -nachbereitung
Jahresabschluss
Rechtsprechung

Sitzungsrhythmus

Der vom Gesetz genannte Sitzungsrhythmus von einer Sitzung pro Monat ist weder eine Höchst-, noch eine Mindestzahl. Letztlich richtet sich die Anzahl der Sitzungen nach der Erforderlichkeit. Bei einer Sitzung pro Monat muss die Erforderlichkeit bei einem juristischen Streit um die Vergütung der Zeit nicht begründet werden.

Teilnahme des Unternehmers

Anders als in anderen Vorschriften spricht das Gesetz hier vom Unternehmer und nicht vom AG. Das macht jedoch keinen Unterschied. Allerdings ist bei den Sitzungen des Wirtschaftsausschusses die Möglichkeit des AG, sich vertreten zu lassen, beschränkt. Verlangt wird ausdrücklich die Anwesenheit des Unternehmers selbst, d. h. des Inhabers bei Einzelfirmen oder eines vertretungsberechtigten Organs wie des Geschäftsführers bei juristischen Personen (z. B. GmbH oder AG). Weitere Personen, wie auch Leitende Angestellte, dürfen zwar teilnehmen, aber nicht an Stelle des Unternehmers, sondern nur zu seiner Unterstützung.

Sitzungsvor- und -nachbereitung

Um in der Sitzung mit der entsprechenden Sachkunde mitwirken zu können, muss jedes Mitglied die Möglichkeit haben, sich im Vorfeld anhand von Unterlagen auf die zu behandelnden Themen vorzubereiten. Sind die Unterlagen nicht in entsprechender Anzahl vorhanden, muss der AG sie in entsprechender Zahl vervielfältigen. Allerdings können die Mitglieder sie nur einsehen, sie haben weder das Recht, sie zu behalten noch dürfen sie sich selbst Kopien davon herstellen, es sei denn, der AG ist damit einverstanden (BAG vom 20.11.1984 – 1 ABR 64/82).

Nach der Sitzung des Wirtschaftsausschusses muss dieser dem BR unverzüglich einen Bericht über Inhalte und Ergebnisse erstatten. Das kann schriftlich oder auch mündlich in der BR-Sitzung geschehen.

Jahresabschluss

Den Jahresabschluss, also die Bilanz und die Gewinn- und Verlustrechnung mit den entsprechenden Anhängen, muss der Unternehmer dem Wirtschaftsausschuss und dem BR auf einer gemeinsamen Sitzung erläutern.

Rechtsprechung

BAG vom 18.7.1978 – 1 ABR 34/75: Auch der Wirtschaftsausschuss kann zu seiner Unterstützung einen Sachverständigen nach näherer Vereinbarung mit dem AG hinzuziehen. Der Anspruch hierauf besteht, wenn die Sachkunde der Mitglieder des Wirtschaftsausschusses nicht ausreicht, um seinen Aufgaben nachzukommen. Dabei muss aber vorausgesetzt werden, dass das Maß an Sachkunde zur Erfüllung der gesetzlichen Aufgaben in der Regel im Wirtschaftsausschuss vorhanden ist.

BAG vom 16.3.1982 – 1 AZR 406/80: Der Wirtschaftsausschuss kann auch ohne den AG Sitzungen abhalten.

BAG vom 25.6.1987 – 6 ABR 45/85: An den Sitzungen des Wirtschaftsausschusses kann entsprechend der Vorschrift in § 31 auch ein Gewerkschaftsvertreter teilnehmen.

§ 109 Beilegung von Meinungsverschiedenheiten

Wird eine Auskunft über wirtschaftliche Angelegenheiten des Unternehmens im Sinne des § 106 entgegen dem Verlangen des Wirtschaftsausschusses nicht, nicht rechtzeitig oder nur ungenügend erteilt und kommt hierüber zwischen Unternehmer und Betriebsrat eine Einigung nicht zustande, so entscheidet die Einigungsstelle. Der Spruch der Einigungsstelle ersetzt die Einigung zwischen Arbeitgeber und Betriebsrat. Die Einigungsstelle kann, wenn dies für ihre Entscheidung erforderlich ist, Sachverständige anhören; § 80 Abs. 4 gilt entsprechend. Hat der Betriebsrat oder der Gesamtbetriebsrat eine anderweitige Wahrnehmung der Aufgaben des Wirtschaftsausschusses beschlossen, so gilt Satz 1 entsprechend.

Die Vorschrift regelt die Zuständigkeit der Einigungsstelle für die Durchsetzung von Informationsanliegen des Wirtschaftsausschusses.

Werden sich Wirtschaftsausschuss und AG über den Umfang der Unterrichtung nicht einig, ist entgegen der üblichen Rollenverteilung im BetrVG zunächst die Einigungsstelle für die Entscheidung des Streits zuständig. In der Praxis wird diese nur vom BR angerufen, wenn dieser erfolglos versucht hat, mit dem AG zu einer Lösung zu kommen. Theoretisch kann aber auch der AG dieses Verfahren einleiten. Der Wirtschaftsausschuss selbst kann die Einigungsstelle dagegen nicht anrufen.

Die Einigungsstelle entscheidet dann – allerdings nur unverbindlich – darüber, welche Informationen der Wirtschaftsausschuss zu erhalten hat. Unverbindlich ist die Entscheidung deshalb, weil es sich um eine Rechtsfrage handelt, die noch einmal in vollem Umfang durch das Gericht überprüft werden kann (BAG vom 11.7.2000 – 1 ABR 43/99). Der AG, der mit dem Ergebnis des Einigungsstellenverfahrens nicht zufrieden ist, kann also versuchen, sein Anliegen vor dem Arbeitsgericht weiterzuverfolgen. Dasselbe Recht hat auch der BR. Dieses Verfahren benötigt jedoch viel Zeit, so dass die Informationsanliegen des Wirtschaftsausschusses veraltet sind, bevor endgültig über sie entschieden wird. Die Einschaltung der Einigungsstelle ist im Zweifelsfall lediglich eine Verzögerung, sie ist aber unumgänglich, weil das Gesetz dieses Vorgehen in diesem Falle verlangt. Eine schnelle gerichtliche Entscheidung ohne dieses zeitaufwändige Verfahren ist nur dann zu bekommen, wenn der BR einen eigenen Anspruch auf die Informationen hat, weil er sie für die Wahrnehmung aktueller Aufgaben im Bereich der Mitbestimmung benötigt. Der BR muss dann nicht den Umweg über die Einigungsstelle gehen, sondern kann sofort das Arbeitsgericht anrufen.

Rechtsprechung

BAG vom 11.7.2000 – 1 ABR 43/99: Die Entscheidung der Einigungsstelle darüber, welche Unterlagen dem Wirtschaftsausschuss vorzulegen sind, kann in vollem Umfang durch das Arbeitsgericht auf ihre Rechtmäßigkeit hin überprüft werden.

§ 109a Unternehmensübernahme

In Unternehmen, in denen kein Wirtschaftsausschuss besteht, ist im Fall des § 106 Abs. 3 Nr. 9a der Betriebsrat entsprechend § 106 Abs. 1 und 2 zu beteiligen; § 109 gilt entsprechend.

Für den speziellen Fall der Übernahme des Unternehmens oder von Teilen davon stellt die Vorschrift BR in Unternehmen mit weniger als 100 AN dem Wirtschaftsausschuss gleich.

Der BR muss die Informationen und Unterlagen bekommen, die in größeren Unternehmen dem Wirtschaftsausschuss zustehen, wenn eine Übernahme des Unternehmens ansteht. Hierbei handelt es sich um eine Sonderregelung nur für diesen Vorgang, in allen anderen in § 106 genannten wirtschaftlichen Angelegenheiten hat der BR keine solche Stellung. Da der Wirtschaftsausschuss ab einer Unternehmensgröße von über 100 AN eingerichtet werden muss, gilt die Regelung nur in kleineren Unternehmen, nicht aber in solchen über 100 AN, in denen gesetzeswidrig kein Wirtschaftsausschuss bestellt wurde.

§ 110 Unterrichtung der Arbeitnehmer

(1) In Unternehmen mit in der Regel mehr als 1.000 ständig beschäftigten Arbeitnehmern hat der Unternehmer mindestens einmal in jedem Kalendervierteljahr nach vorheriger Abstimmung mit dem Wirtschaftsausschuss oder den in § 107 Abs. 3 genannten Stellen und dem Betriebsrat die Arbeitnehmer schriftlich über die wirtschaftliche Lage und Entwicklung des Unternehmens zu unterrichten.

(2) In Unternehmen, die die Voraussetzungen des Absatzes 1 nicht erfüllen, aber in der Regel mehr als zwanzig wahlberechtigte ständige Arbeitnehmer beschäftigen, gilt

Absatz 1 mit der Maßgabe, dass die Unterrichtung der Arbeitnehmer mündlich erfolgen kann. Ist in diesen Unternehmen ein Wirtschaftsausschuss nicht zu errichten, so erfolgt die Unterrichtung nach vorheriger Abstimmung mit dem Betriebsrat.

> Die Vorschrift verpflichtet den AG, neben dem Wirtschaftsausschuss und dem BR auch die AN über die wirtschaftliche Lage des Unternehmens zu informieren.

Der Wirtschaftsausschuss hat ein Recht auf laufende Unterrichtung über die wirtschaftlichen Angelegenheiten und der BR hat das Recht auf Unterrichtung über spezielle wirtschaftliche Themen, wenn es einen konkreten Handlungsbedarf gibt. Die Belegschaft muss zusätzlich dazu einmal im Quartal über die wirtschaftliche Lage und Entwicklung des Unternehmens unterrichtet werden, wobei dies

- in Unternehmen mit über 1.000 in der Regel Beschäftigten schriftlich erfolgen muss und
- in Unternehmen mit 20 bis 999 Beschäftigten mündlich erfolgen kann.

Auch wenn das Unternehmen weniger als 1.000 AN hat und daher die Unterrichtung mündlich erfolgen kann, muss sie sich direkt an die Beschäftigten richten. Es reicht nicht aus, wenn der AG lediglich den BR oder den GBR unterrichtet, damit dieser die Informationen auf der Betriebsversammlung weitergibt.

Die Anforderung, dass die Information in Betrieben mit mehr als 1.000 AN schriftlich erfolgen muss, wird auch durch die Bereitstellung im Intranet erfüllt. Die Art und Weise der Präsentation muss aber vorher mit dem Wirtschaftsausschuss bzw. in Unternehmen ohne Wirtschaftsausschuss mit dem BR oder GBR abgestimmt werden. Geschieht dies nicht, kommt der AG seiner Verpflichtung aus dieser Vorschrift nicht nach und begeht eine Ordnungswidrigkeit gemäß § 121.

Zweiter Unterabschnitt
Betriebsänderungen

§ 111 Betriebsänderungen

In Unternehmen mit in der Regel mehr als zwanzig wahlberechtigten Arbeitnehmern hat der Unternehmer den Betriebsrat über geplante Betriebsänderungen, die wesentliche Nachteile für die Belegschaft oder erhebliche Teile der Belegschaft zur Folge haben können, rechtzeitig und umfassend zu unterrichten und die geplanten Betriebsänderungen mit dem Betriebsrat zu beraten. Der Betriebsrat kann in Unternehmen mit mehr als 300 Arbeitnehmern zu seiner Unterstützung einen Berater hinzuziehen;

§ 80 Abs. 4 gilt entsprechend; im Übrigen bleibt § 80 Abs. 3 unberührt. Als Betriebsänderungen im Sinne des Satzes 1 gelten

1. **Einschränkung und Stilllegung des ganzen Betriebs oder von wesentlichen Betriebsteilen,**
2. **Verlegung des ganzen Betriebs oder von wesentlichen Betriebsteilen,**
3. **Zusammenschluss mit anderen Betrieben oder die Spaltung von Betrieben,**
4. **grundlegende Änderungen der Betriebsorganisation, des Betriebszwecks oder der Betriebsanlagen,**
5. **Einführung grundlegend neuer Arbeitsmethoden und Fertigungsverfahren.**

> Die Vorschrift legt fest, wann eine Veränderung im Betrieb so erheblich ist, dass besondere Informations-, Beratungs- und Mitbestimmungsrechte ausgelöst werden. Letztere sind in den §§ 112, 112a beschrieben.

Themenübersicht

Rechte des BR bei Betriebsänderungen
Unternehmensgröße
Einschränkung und Stilllegung des ganzen Betriebs oder von wesentlichen Betriebsteilen
Verlegung des ganzen Betriebs oder von wesentlichen Betriebsteilen
Zusammenschluss oder Spaltung von Betrieben
Grundlegende Änderungen der Betriebsorganisation, des Betriebszwecks oder der Betriebsanlagen
Einführung grundlegend neuer Arbeitsmethoden und Fertigungsverfahren
Umstrittene Betriebsänderung
Unterrichtungsrecht
Sachverständige
Rechtsprechung

Mit dem Begriff „Betriebsänderung" beschreibt das BetrVG eine außergewöhnliche Situation, die durch gravierende Veränderungen im Betrieb gekennzeichnet ist. Wenn diese Schwelle überschritten ist, hat der BR die in § 112 beschriebenen Instrumente „Sozialplan" und „Interessenausgleich", um hierauf zu reagieren. In Zusammenhang damit steht auch der in § 113 enthaltene Nachteilsausgleich.

Rechte des BR bei Betriebsänderungen

Gravierend sind die Veränderungen dann, wenn sie sich mindestens einer der in den Ziffern 1 bis 5 aufgezählten Fallvarianten zuordnen lassen. Ist das so, steht fest, dass es sich um eine Betriebsänderung handelt. Das wiederum eröffnet dem BR einen Unterrichtungsanspruch gegen den AG und den Weg zur Verhandlung und ggf. zum Abschluss von Interessenausgleich und Sozialplan. Nicht erforderlich ist es, dass der BR noch zusätzlich abschätzen kann, ob die Entwicklung auch wirklich wesentliche Nachteile für die Belegschaft zur Folge haben wird. Diese Möglichkeit ist vielmehr in der Maßnahme selbst enthalten. Deren konkrete Auswirkungen sind in dem Zeitpunkt, da die Unterrichtung erfolgen muss und die Beratungen beginnen sollen ja noch nicht absehbar, weil BR und AG darüber erst mit dem Ziel der Vermeidung solcher Nachteile verhandeln müssen (BAG vom 17.8.1982 – 1 ABR 40/80).

Das BetrVG beschränkt die Beteiligung des BR keineswegs auf „Katastrophenfälle". Veränderungen, die insgesamt positiv sind – etwa die Wandlung eines Herstellers von Stahlröhren zu einem Anbieter von mobiler Telekommunikation – können auch nachteilige Auswirkungen haben, weil die Qualifikationen der Beschäftigten für die neuen Aufgaben nicht geeignet sind. Solche Nachteile sollen vermieden oder doch zumindest abgefedert werden. Das setzt voraus, dass der AG den BR bereits im Planungsstadium beteiligt, wenn noch keine endgültigen Festlegungen getroffen sind. Haben die Verhandlungen das Ergebnis, dass tatsächlich keine Nachteile auftreten, wird dadurch ein Sozialplan entbehrlich, nicht aber die Verhandlungen.

Unternehmensgröße

Die Vorschriften zu Betriebsänderung, Sozialplan und Interessenausgleich gelten nur in Unternehmen mit in der Regel mindestens 20 wahlberechtigten AN. Es wird nicht auf die Betriebs-, sondern die Unternehmensgröße abgestellt. Daher kann die Schließung einer kleinen Filiale mit sechs AN eines größeren Einzelhandelsunternehmens eine Betriebsänderung sein – wenn das Unternehmen insgesamt in allen Betrieben mehr als die geforderten 20 AN beschäftigt. Ob es sich wirklich um eine Betriebsänderung handelt, hängt dann aber von weiteren Zahlen ab, die in Zusammenhang mit der konkreten Maßnahme stehen.

Einschränkung und Stilllegung des ganzen Betriebs oder von wesentlichen Betriebsteilen

Der wohl häufigste Fall einer Betriebsänderung ist die Einschränkung des Betriebs (Nr. 1), in der Regel durch Personalabbau. Um hier Bagatellfälle auszuschließen, wendet die Rechtsprechung die Definition der Massenentlassung in § 17 KSchG an. Diese orientiert sich an der Größe des Betriebs, steht also in keinem Zusammenhang mit der Unternehmensgröße von 20 AN. Danach ist ein Personalabbau eine Betriebsänderung, wenn

- in Betrieben mit in der Regel mehr als 20 und weniger als 60 AN mehr als 5 AN,
- in Betrieben mit in der Regel mindestens 60 und weniger als 500 AN 10 % der im Betrieb regelmäßig beschäftigten AN oder aber mehr als 25 AN,
- in Betrieben mit in der Regel mindestens 500 AN mindestens 30 AN,
- in Betrieben ab 600 Beschäftigten 5 % der Belegschaft

ausscheiden (BAG vom 20.1.1980 – 1 ABR 28/78).

In einem Gemeinschaftsbetrieb werden die Beschäftigten aller beteiligten Unternehmen zusammengezählt (BAG vom 11.11.1997 – 1 ABR 6/97).

Entscheidend ist, dass der Abbau auf einer einheitlichen Planungsentscheidung des AG beruht. In diesem Fall kann er sich dann auch stufenweise über einen längeren Zeitraum erstrecken (BAG vom 6.6.1978 – 1 AZR 495/75). In welcher rechtlichen Form die Beendigung der Arbeitsverhältnisse erfolgt, ist unerheblich. Kündigungen durch den AG zählen ebenso mit wie Eigenkündigungen der AN und Aufhebungsverträge, wenn sie nachweisbar durch den AG veranlasst worden sind (BAG vom 23.8.1988 – 1 AZR 276/87).

Neben solchen Einschränkungen sind in der Vorschrift auch die Stilllegung des Betriebs oder von wesentlichen Betriebsteilen erfasst. Damit ist die tatsächliche Einstellung der Tätigkeit gemeint, nicht etwa deren Weiterführung in anderen Zusammenhängen.

Die Stilllegung eines wesentlichen Betriebsteils kann auch ohne jeglichen Personalabbau vonstatten gehen und dennoch eine Betriebsänderung sein. Es muss lediglich die entsprechende Organisationseinheit geschlossen werden, die Beschäftigten können durchaus in andere Bereiche übernommen werden. „Wesentlich" ist der Betriebsteil, dessen Bedeutung sich nicht anders feststellen lässt zumindest dann, wenn er eine gewisse Größe hat. Diese wird wiederum an Hand der Zahlen in § 17 KSchG ermittelt, diesmal aber nicht in Bezug auf Ausscheidende. Geprüft wird, ob z. B. in einer zu schließenden Abteilung in einem Betrieb mit insgesamt 510 AN mindestens 30 Personen beschäftigt sind. Wenn ja, ist die Abteilung wesentlich und ihre Schließung immer eine Betriebsänderung, auch wenn es zu keiner einzigen Entlassung kommt (BAG vom 6.12.1988 – 1 ABR 47/87).

Verlegung des ganzen Betriebs oder von wesentlichen Betriebsteilen

Jede räumliche Verlegung eines Betriebs ist eine Betriebsänderung, wenn sie mehr als nur geringfügig ist. Geringfügigkeit kann sich aus der Entfernung zwischen dem alten und neuen Standort ergeben, muss es aber nicht. Das BAG hat einen Umzug innerhalb Berlins in ein 4,3 km entferntes Gebäude wegen der Verkehrsverhältnisse für so erheblich gehalten, dass es den Vorgang als Betriebsänderung anerkannt hat (BAG vom 17.8.1992 – 1 ABR 40/80). Aber auch bei kürzeren Distanzen kann wegen Verschlechterung der räumlichen Verhältnisse die Geringfügigkeitsschwelle überschritten werden. Dann sollte der BR prüfen, ob ihm die Mitbestimmungsrechte in §§ 87 Abs. 1 Nr. 7, 90 und 91 nicht weiter helfen als die Verhandlung eines Interessenausgleichs. Ein Sozialplan wird bei derart geringer Entfernung eher nicht in Betracht kommen, da wirtschaftliche Nachteile durch einen solchen Umzug kaum entstehen können.

Zusammenschluss oder Spaltung von Betrieben

Jede Zerteilung einer bisher einheitlichen Betriebsorganisation ist eine Betriebsänderung, unabhängig davon, in wie viele Stücke sie zerlegt wird und in welchem Größenverhältnis die Teile zu einander stehen. Dasselbe gilt für den umgekehrten Vorgang, die organisatorische Zusammenfassung von bis dahin eigenständigen Betrieben. Die beteiligten BR-Gremien haben in diesen Fällen Übergangsmandate gemäß § 21a.

Grundlegende Änderungen der Betriebsorganisation, des Betriebszwecks oder der Betriebsanlagen

Die Organisation des Betriebs ist der Aufbau von Über-/Unterordnungsverhältnissen, Weisungsbefugnissen und Zuständigkeiten für Entscheidungen. Wird hieran Wesentliches verändert, etwa durch die Verflachung von Hierarchien, handelt es sich um eine Betriebsänderung.

Betriebszweck ist das arbeitstechnische Ziel, also das Angebot bestimmter Dienstleistungen oder die Produktion bestimmter Waren. Ändert sich dieser Zweck grundlegend, bestehen Mitbestimmungsrechte wegen einer Betriebsänderung. Gemeint sind damit nicht alltägliche Veränderungen wie etwa die Ablösung eines Produkts durch die laufende technische Entwicklung, beispielsweise die Modellfolge vom ICE 2 zum ICE 3. Der Wechsel von der Produktion des ICE zum Schiffbau wäre hingegen eine solche grundlegende Änderung des Betriebszwecks. Auch die erhebliche Ausdehnung der betrieblichen Tätigkeit durch Hinzufügung eines weiteren Betriebszwecks – etwa der Weiterentwicklung von Kaffeeverkaufsstellen zu kleinen Warenhäusern – ist mit dieser Vorschrift erfasst und damit eine Betriebsänderung. Da von der Rechtsprechung kleinere Veränderungen wie z. B. die Aufgabe der eigenständigen Herstellung eines Vorprodukts oder der Bereitstellung einer internen Dienstleistung nicht als grundlegend angesehen werden (BAG vom 7.8.1990 – 1 AZR 445/89), ist dieser Fall der Betriebsänderung praktisch zu vernachlässigen.

Auch bei den Betriebsanlagen (Maschinen etc.), die zur Erreichung des betrieblichen Zwecks eingesetzt werden, sind nur entsprechend gravierende Entwicklungen von Bedeutung, nicht aber die bloße Umsetzung des technologischen Fortschritts.

Einführung grundlegend neuer Arbeitsmethoden und Fertigungsverfahren

Die betriebliche Organisation der Tätigkeit der Beschäftigten wird als Arbeitsmethode bezeichnet. Eine solche ist z. B. die Gruppenarbeit. Auch in diesem Zusammenhang sind gravierende Veränderungen eine Betriebsänderung, haben aber in der Regel zusätzlich Auswirkungen – etwa bei der Arbeitszeitgestaltung und den Vergütungsstrukturen – im Bereich der Mitbestimmungsrechte des § 87, mit denen der BR effektiver zu Gunsten der AN tätig werden kann. Das trifft ebenso auf grundlegende Veränderungen der technischen Betriebsorganisation (Fertigungsverfahren) zu.

Ob es sich um eine Betriebsänderung im Sinne der beschriebenen Merkmale handelt, wird häufig angesichts der dadurch möglichen Erzwingung eines Sozialplans mit finanziellen Belastungen für den AG umstritten sein. Der Versuch, ohne Nutzung entsprechender Verfahren vor der Einigungsstelle und dem Arbeitsgericht, etwa durch die Einschaltung eines Sachverständigen, zu einem Einvernehmen zu kommen, ist meist zum Scheitern verurteilt. Die unterschiedlichen Auffassungen lassen sich in der Regel beide gut begründen, da das Gesetz viele Wertungen offen lässt. Deshalb ist es auch für den BR nicht sinnvoll, sich ohne Not zurückzuhalten. Sicherheit, ob er mit seiner Haltung richtig liegt, kann er erst nach einer letztinstanzlichen gerichtlichen Entscheidung haben oder wenn eine Einigungsstelle einen Sozialplan aufgestellt hat – was häufig auch dann passiert, wenn diese Frage nicht endgültig beantwortet wurde.

Ausdrücklich keine Betriebsänderung ist der Verkauf des ganzen Betriebs oder auch des Unternehmens (BAG vom 16.6.1987 – 1 ABR 41/85). Dabei handelt es sich allenfalls um einen Betriebsübergang, dessen Rechtsfolgen in § 613a BGB geregelt sind. Allerdings darf dann keine andere Maßnahme mit dem Betriebsübergang in Zusammenhang stehen – etwa die Spaltung des Betriebs oder seine Umorganisation. Passiert das doch, fällt der Betriebsübergang mit einer Betriebsänderung zusammen und der BR hat die vollen Mitbestimmungsrechte für die durch letztere ausgelösten Folgen (BAG vom 25.1.2000 – 1 ABR 1/99).

Umstrittene Betriebsänderung

Ein Streit über die Einordnung einer Maßnahme als Betriebsänderung kann parallel auf zweierlei Weise ausgetragen werden: Zum einen in einem arbeitsgerichtlichen Beschlussverfahren, das sich aber über mehrere Jahre hinziehen kann. Da vorher zumindest der Sozialplan aufgestellt werden muss, sollte zum anderen parallel das entsprechende Verfahren vor der Einigungsstelle eingeleitet werden. Diese muss auch dann ihre Arbeit machen, wenn die Frage, ob es sich um eine Betriebsänderung handelt, noch nicht abschließend beantwortet ist. Häufig erübrigt sich in der Praxis die Klärung dieser Frage, da in der Einigungsstelle eine pragmatische Lösung gefunden wird, ohne den eigentlichen Streit zu entscheiden.

Unterrichtungsrecht

Bereits wenn der AG eine Betriebsänderung plant, muss er den BR beteiligen, er darf ihn nicht vor vollendete Tatsachen stellen. Rechtzeitig ist die Unterrichtung nur, wenn noch eine Einflussnahme auf die Maßnahme möglich ist (BAG 14.9.1976 – 1 AZR 784/75). Der Umfang der Unterrichtung ist durch die Rechtsprechung so beschrieben, dass sie den BR in die Lage versetzen muss, dass er von sich aus eine Bewertung der Planungen dazu vornehmen kann, ob es sich um eine Betriebsänderung handelt oder nicht (BAG vom 8.6.1999 – 1 ABR 28/97). Eine andere Sicht der Dinge berechtigt den AG nicht dazu, dem BR die notwendigen Informationen vorzuenthalten. Vielmehr ist seine eigene Einschätzung irrelevant, zumindest solange es nicht völlig ausgeschlossen ist, dass die Planungen eine Betriebsänderung zur Folge haben können.

In den anschließenden Beratungen darf der AG nicht lediglich auf seiner Position beharren, sondern muss mit dem Willen zur Einigung verhandeln. Allerdings: Macht er das nicht, passiert ihm so lange nichts, wie der BR seine eigenen Sanktionsmöglichkeiten vernachlässigt. Diese bestehen vor allem in der Verweigerung eines Interessenausgleichs (vgl. hierzu die Erläuterungen in § 112).

Sachverständige

In Unternehmen mit mehr als 300 AN kann der BR zu seiner Unterstützung ohne Zustimmung des AG Sachverständige hinzuziehen. Voraussetzung dafür ist ein wirksamer Beschluss. Wird die entsprechende Beschäftigtenzahl nicht erreicht, muss er sich gemäß § 80 Abs. 3 vor der Beauftragung des Sachverständigen mit dem AG hierüber einigen. Ist der AG nicht einverstanden, muss der BR versuchen, sich die Zustimmung durch eine einstweilige Verfügung des Arbeitsgerichts ersetzen zu lassen.

Die Kosten für die Beauftragung eines Sachverständigen sind solche der laufenden Geschäftsführung und daher gemäß § 40 Abs. 1 vom AG zu tragen. Um Unsicherheiten über die Bezahlung von vornherein auszuschließen, gilt generell, dass eine vorherige Verständigung mit dem AG angestrebt werden sollte.

Rechtsprechung

BAG vom 4.12.1979 – 1 AZR 843/76: Ein Betriebsübergang ist für sich genommen keine Betriebsänderung. Ist er dagegen mit anderen in § 111 genannten Maßnahmen verknüpft, handelt es aus diesem Grund um eine Betriebsänderung.

BAG vom 21.10.1980 – 1 AZR 145/79: Wesentlich ist ein Betriebsteil zumindest dann, wenn der Teil der darin beschäftigten AN den in § 17 KSchG genannten Umfang hat.

BAG vom 17.8.1982 – 1 ABR 40/80: Jede der in § 111 genannten Veränderungen löst die Mitbestimmungsrechte des BR bei einer Betriebsänderung aus. Ob tatsächlich Nachteile entstehen, ist dabei zunächst uninteressant und spielt erst dann eine Rolle, wenn ein Sozialplan zum Ausgleich solcher Nachteile aufgestellt werden soll.

BAG vom 17.8.1982 – 1 ABR 40/80: Jede nicht nur geringe Änderung der örtlichen Lage ist eine Betriebsverlegung im Sinne von § 111.

BAG vom 26.10.1982 – 1 ABR 11/81: Die Änderung einer Betriebsanlage ist dann eine Betriebsänderung, wenn diese von erheblicher Bedeutung für den Betriebsablauf ist. Die Bedeutung ergibt sich im Zweifel aus der Zahl der AN, die von der Veränderung betroffen sind, wobei die Zahlenwerte des § 17 KSchG zugrunde gelegt werden können. In Großbetrieben müssen dies mindestens 5 % der Belegschaft sein.

BAG vom 17.12.1985 – 1 ABR 78/83: Betriebszweck ist der arbeitstechnische Zweck des Betriebs. Die Änderung des Betriebszwecks kann auch in der Erweiterung um weitere Betriebszwecke bestehen.

BAG vom 28.10.1992 – 10 ABR 75/91: Die Mitbestimmungsrechte bei einer Betriebsänderung bestehen nur, wenn der BR bereits in dem Zeitpunkt im Amt war, als der AG sich zur Stilllegung des Betriebs entschlossen hat.

Personalabbau

BAG vom 22.5.1979 – 1 AZR 848/76: Ein Personalabbau ist dann eine Betriebseinschränkung im Sinne des § 111, wenn dadurch die in § 17 KSchG genannten Zahlen- und Prozentangaben erreicht oder überschritten werden.

BAG vom 9.5.1995 – 1 ABR 51/94: Die maßgebliche Betriebsgröße und die Anzahl der Entlassungen bei einem Personalabbau richtet sich nach der Zahl der zum Zeitpunkt des Stilllegungsbeschlusses regelmäßig beschäftigten AN. Ist die bereits vorher durch andere Maßnahmen gesunken, wird die ursprüngliche Betriebsgröße zugrunde gelegt, wenn diese Entlassungen nur eine Vorstufe der letzten Reduzierung waren. Hat der Betrieb sich dagegen auf dem niedrigeren Niveau stabilisiert, kommt es nur auf die Beschäftigtenzahl beim letzten Stilllegungsbeschluss an.

BAG vom 10.12.1996 – 1 ABR 43/96: Die Feststellung der Betriebsgröße ist eine wertende Entscheidung, die sich bei einem Personalabbau nur auf die der Maßnahme vorausgehende Entwicklung beziehen kann.

BAG vom 22.1.1980 - 1 ABR 28/78: In Betrieben mit über 1.000 AN ist eine Personalreduzierung dann eine Betriebsänderung, wenn mindestens 5 % der Gesamtbelegschaft entlassen werden sollen.

BAG vom 2.8.1983 – 1 AZR 516/81: Eine Personalreduzierung ist immer nur dann erheblich, wenn sie mindestens 5 % der Belegschaft betrifft.

§ 112 Interessenausgleich über die Betriebsänderung, Sozialplan

(1) Kommt zwischen Unternehmer und Betriebsrat ein Interessenausgleich über die geplante Betriebsänderung zustande, so ist dieser schriftlich niederzulegen und vom Unternehmer und Betriebsrat zu unterschreiben. Das Gleiche gilt für eine Einigung über den Ausgleich oder die Milderung der wirtschaftlichen Nachteile, die den Arbeitnehmern infolge der geplanten Betriebsänderung entstehen (Sozialplan). Der Sozialplan hat die Wirkung einer Betriebsvereinbarung. § 77 Abs. 3 ist auf den Sozialplan nicht anzuwenden.

(2) Kommt ein Interessenausgleich über die geplante Betriebsänderung oder eine Einigung über den Sozialplan nicht zustande, so können der Unternehmer oder der Betriebsrat den Vorstand der Bundesagentur für Arbeit um Vermittlung ersuchen, der Vorstand kann die Aufgabe auf andere Bedienstete der Bundesagentur für Arbeit übertragen. Erfolgt kein Vermittlungsersuchen oder bleibt der Vermittlungsversuch ergebnislos, so können der Unternehmer oder der Betriebsrat die Einigungsstelle anrufen. Auf Ersuchen des Vorsitzenden der Einigungsstelle nimmt ein Mitglied des Vorstands der Bundesagentur für Arbeit oder ein vom Vorstand der Bundesagentur für Arbeit benannter Bediensteter der Bundesagentur für Arbeit an der Verhandlung teil.

(3) Unternehmer und Betriebsrat sollen der Einigungsstelle Vorschläge zur Beilegung der Meinungsverschiedenheiten über den Interessenausgleich und den Sozialplan machen. Die Einigungsstelle hat eine Einigung der Parteien zu versuchen. Kommt eine Einigung zustande, so ist sie schriftlich niederzulegen und von den Parteien und vom Vorsitzenden zu unterschreiben.

(4) Kommt eine Einigung über den Sozialplan nicht zustande, so entscheidet die Einigungsstelle über die Aufstellung eines Sozialplans. Der Spruch der Einigungsstelle ersetzt die Einigung zwischen Arbeitgeber und Betriebsrat.

(5) Die Einigungsstelle hat bei ihrer Entscheidung nach Absatz 4 sowohl die sozialen Belange der betroffenen Arbeitnehmer zu berücksichtigen als auch auf die wirtschaftliche Vertretbarkeit ihrer Entscheidung für das Unternehmen zu achten. Dabei hat die Einigungsstelle sich im Rahmen billigen Ermessens insbesondere von folgenden Grundsätzen leiten zu lassen:

1. Sie soll beim Ausgleich oder bei der Milderung wirtschaftlicher Nachteile, insbesondere durch Einkommensminderung, Wegfall von Sonderleistungen oder Verlust von Anwartschaften auf betriebliche Altersversorgung, Umzugskosten oder erhöhte Fahrtkosten, Leistungen vorsehen, die in der Regel den Gegebenheiten des Einzelfalles Rechnung tragen.

2. Sie hat die Aussichten der betroffenen Arbeitnehmer auf dem Arbeitsmarkt zu berücksichtigen. Sie soll Arbeitnehmer von Leistungen ausschließen, die in einem zumutbaren Arbeitsverhältnis im selben Betrieb oder in einem anderen Betrieb des Unternehmens oder eines zum Konzern gehörenden Unternehmens weiterbeschäftigt werden können und die Weiterbeschäftigung ablehnen; die mögliche Weiterbeschäftigung an einem anderen Ort begründet für sich allein nicht die Unzumutbarkeit.

2a. Sie soll insbesondere die im Dritten Buch des Sozialgesetzbuches vorgesehenen Förderungsmöglichkeiten zur Vermeidung von Arbeitslosigkeit berücksichtigen.

3. Sie hat bei der Bemessung des Gesamtbetrages der Sozialplanleistungen darauf zu achten, dass der Fortbestand des Unternehmens oder die nach Durchführung der Betriebsänderung verbleibenden Arbeitsplätze nicht gefährdet werden.

Die Vorschrift regelt die beiden Beteiligungsformen des BR, wenn es zu Betriebsänderungen im Sinne von § 111 kommt. Dabei handelt es sich um Sozialplan und Interessenausgleich.

Themenübersicht

Durchsetzbarkeit der Anliegen des BR
Verhandlungsverpflichtung des AG
Handlungspflicht des BR
Interessenausgleich
Sozialplan
Insolvenz
Rechtsprechung

Ausgangspunkt für die Verhandlung und den Abschluss von Sozialplan und Interessenausgleich ist eine Betriebsänderung, wie sie in § 111 beschrieben wird. Die beiden Instrumente dienen dem BR dazu, sich einerseits an der Gestaltung zu beteiligen (Interessenausgleich) und andererseits die wirtschaftlichen Folgen für die AN abzumildern (Sozialplan). Typischerweise stehen im Interessenausgleich

- Regelungen zum zeitlichen Ablauf einer Betriebsänderung,
- Festlegungen darüber, welche Veränderungen im Betrieb vollzogen werden und
- welche Maßnahmen der AG nicht treffen darf, also etwa Schließungen, Outsourcing und betriebsbedingte Kündigungen.

In den Sozialplan dagegen gehören finanzielle Ansprüche als Ausgleich für die wirtschaftlichen Belastungen der AN. Das sind vor allem Abfindungen für den Verlust des Arbeitsplatzes, aber auch Ausgleichszahlungen für zeitlichen und finanziellen Mehraufwand bei einer Verlegung des Betriebs. Verteilt auf beide Vereinbarungstypen finden sich häufig Qualifizierungsregeln, also Freistellungsansprüche und Zuschüsse des AG dazu bis hin zur Einrichtung von Qualifizierungsgesellschaften unter Ausnutzung von Transferkurzarbeitergeld gemäß §§ 216a, 216b SGB III.

Durchsetzbarkeit der Anliegen des BR

Sozialplan und Interessenausgleich unterscheiden sich in ihrem Inhalt, vor allem aber in ihrer Durchsetzbarkeit: Während der Sozialplan in einer Einigungsstelle auch gegen den Willen des AG aufgestellt werden kann, besteht hinsichtlich des Interessenausgleichs nur ein Verhandlungsanspruch. Werden sich die Betriebsparteien nicht einig, kann die Einigungsstelle zwar zur Vermittlung angerufen werden, nicht aber, um über den Interessenausgleich zu beschließen. In wenigen, in § 112a beschriebenen Fällen, ist auch der Sozialplan nicht erzwingbar. Wegen dieser unterschiedlichen Reichweite der Rechte des BR ist die Unterscheidung der beiden Vereinbarungstypen und die Zuordnung der verschiedenen Themenbereiche wichtig, wenn sich die Differenzen zwischen BR und AG nicht überwinden lassen. In der Einigungsstelle kann nur das beschlossen werden, was in den Sozialplan gehört. Außerhalb der Einigungsstelle ist die Unterscheidung von Bedeutung, wenn es um taktische Weichenstellungen geht, also etwa darum, ob ein Beharren auf bestimmten Positionen (wie etwa einen Verzicht auf betriebsbedingte Kündigungen zu verlangen) sinnvoll ist, wenn diese sowieso nur mit Zustimmung des AG in die Vereinbarung aufgenommen werden können.

Verhandlungsverpflichtung des AG

Mit dem Anspruch des BR auf Verhandlung bzw. Abschluss von Sozialplan und Interessenausgleich korrespondiert eine Verpflichtung des AG, auf den BR zuzugehen und mit ihm eine Einigung zu suchen. Verstöße hiergegen haben je nach Vereinbarungstyp unterschiedliche Folgen. Beginnt der AG eine Betriebsänderung, ohne den Interessenausgleich mit dem BR versucht zu haben, sieht das Gesetz als Sanktion den in § 113 beschriebenen Nachteilsausgleich vor. Das ist eine Art Schadensersatz, den jeder betroffene AN individuell durchsetzen muss. Damit soll der AG gezwungen werden, den Verhandlungsanspruch des BR zu erfüllen. Dieser hat jedoch kein eigenes Recht, ihn durchzusetzen. Gelingt es dem AG die Beschäftigten etwa in Aufhebungsverträgen zum Verzicht auf den Nachteilsausgleich zu bewegen, bleibt sein Verstoß gegen die gesetzliche Verpflichtung, einen Interessenausgleich zu versuchen, ohne Sanktion.

Allerdings kann der BR versuchen, die Umsetzung der Betriebsänderung, insbesondere durch den Ausspruch von Kündigungen, mittels einstweiliger Verfügung unterbinden zu lassen. Ob das möglich ist, hängt vom jeweils zuständigen Landesarbeitsgericht ab. Die Rechtsprechung hierzu ist uneinheitlich, weshalb es sich im Einzelfall lohnt, diese Möglichkeit in Betracht zu ziehen und rechtlich prüfen zu lassen.

Steht die Betriebsänderung mit einer großen Zahl an Kündigungen in Zusammenhang, läuft der AG Gefahr, dass diese ohne vorherigen Versuch des Interessenausgleichs wegen Verstoßes gegen die Konsultationspflicht in § 17 KSchG unwirksam sind. Diese Konsultationen haben aus der Sicht des EuGH eine dem Interessenausgleich vergleichbare Dimension und müssen vor Ausspruch der Kündigung abgeschlossen sein (EuGH vom 27.1.2005 – C 188/03). Da in jedem Fall die Konsultationen zur Massenentlassung vor Ausspruch der Kündigung abgeschlossen sein müssen, werden die Rechte des BR hierdurch zusätzlich gestärkt.

Wie weit die Verpflichtung des AG beim Interessenausgleich geht, hat das BAG entschieden: Der AG muss von sich aus die Vermittlung der Einigungsstelle in Anspruch nehmen, wenn anders keine Einigung mit dem BR zu erzielen ist (BAG vom 9.7.1985 – 1 AZR 323/83). Erst wenn auch die nicht mehr weiter weiß und das Scheitern der Verhandlungen feststellt, drohen dem AG keine Ansprüche auf Zahlung eines Nachteilsausgleichs mehr. Er hat also ein großes Interesse daran, mit dem Thema „Interessenausgleich" möglichst schnell in die Einigungsstelle zu kommen. Dabei steht jedoch in der Regel nur das Ziel im Vordergrund, dort das Scheitern der Gespräche feststellen zu lassen. Umgekehrt bringt dem BR dieses Einigungsstellenverfahren nichts. Ein AG, der sich außerhalb der Einigungsstelle nicht auf die Anliegen des BR einlässt, wird dies auch nicht unter Vermittlung tun, wenn dort nichts gegen ihn entschieden werden kann. Die Einigungsstelle macht ihm dann lediglich den Weg frei, um risikolos die Betriebsänderung durchzuführen.

Handlungspflicht des BR

Versucht der AG die Betriebsänderung ohne Sozialplan durchzuführen, gibt es keine dem Nachteilsausgleich vergleichbare Sanktion. Hier muss der BR tätig werden und den Sozialplan über eine Einigungsstelle erzwingen. Macht er das nicht, gibt es keine Ausgleichszahlungen. Die Beschäftigten können ohne Sozialplan auch nicht auf direktem Wege beim Arbeitsgericht Abfindungen einklagen. Diese können sie allenfalls auf dem Umweg eines Prozessvergleichs erlangen. Eine Ausnahme hiervon gilt in Tendenzbetrieben gemäß § 118. Hier gesteht das BAG den AN auch einen Nachteilsausgleich zu, wenn der AG die Verhandlungen um den Sozialplan nicht von sich aus ordnungsgemäß führt, insbesondere wenn er erforderliche Informationen vorenthält (BAG vom 27.10.1998 – 1 AZR 766/97).

Tipp für die Praxis

Der Umgang mit der Einigungsstelle bei einer Betriebsänderung ist nicht einfach: Beim Interessenausgleich nützt sie dem AG, beim Sozialplan dem BR. Der BR sollte daher darauf achten, sich nicht ohne Not frühzeitig in die Einigungsstelle zu begeben und die gerichtliche Einsetzung nur beschränkt auf das Thema „Sozialplan" zu betreiben. Dann bleibt der AG bei der Durchführung der Betriebsänderung unter Druck, denn der Interessenausgleich ist im Gegensatz zum Sozialplan nur so lange möglich, wie der AG nicht mit der Umsetzung der Betriebsänderung beginnt. Der Sozialplan hingegen kann auch noch nach deren Beendigung abgeschlossen werden, der BR hat hier also mehr Zeit, um zu agieren (BAG vom 23.9.2003 – 1 AZR 576/01). Sogar wenn der BR nur noch ein Restmandat hat, also eigentlich nicht mehr im Amt ist, kann er den Sozialplan noch erzwingen (BAG vom 30.10.1979 – 1 ABR 112/77).

Interessenausgleich

Weil der AG im Interessenausgleich zu nichts gezwungen werden kann, gibt es auch keine thematische Eingrenzung. Hier kann alles vereinbart werden, was den Betriebsparteien sinnvoll erscheint, um die nachteiligen Folgen der Betriebsänderung gar nicht erst eintreten zu lassen oder auch ganz auf sie zu verzichten. Nicht selten steckt dahinter allerdings eine schlichte Erpressung.

Beispiel

Der AG behauptet, die Produktion ins östliche Ausland verlegen und deshalb den Betrieb schließen zu wollen. Im Interessenausgleich wird dann als „Preis" für den Verzicht auf diese Maßnahme die Verlängerung der Arbeitszeit bzw. die Reduzierung der Einkommen vereinbart.

Bevor der BR sich auf dieses „Bündnis für Arbeit" genannte Spiel einlässt, sollte er erst mit Unterstützung von Sachverständigen die rechtliche Umsetzbarkeit und wirtschaftliche Plausibilität dieser Ankündigung überprüfen.

Es gibt also fast keine Grenzen für die im Interessenausgleich zu vereinbarenden Maßnahmen – allerdings mit Ausnahme der gesetzlichen Schranken, insbesondere des Tarifvorbehalts in § 77 Abs. 3. Der wird gerade bei Standortvereinbarungen gerne übersehen. Der BR kann auch von sich aus in die Offensive gehen und zusätzliche Maßnahmen vorschlagen, mit denen der AG sich bislang noch gar nicht beschäftigt hat. Dazu gehören etwa verbindliche Investitionszusagen zur Sicherung der Arbeitsplätze, Erschließung neuer Geschäftsfelder usw.

Seinen Effekt für den AG im Sinne der Vermeidung von Ansprüchen auf Nachteilsausgleich hat der Interessenausgleich nur dann, wenn er für eine konkret geplante Betriebsänderung vereinbart wird. Das schließt Vereinbarungen aus, die eine längere Laufzeit haben und damit beliebige, bei Abschluss noch gar nicht absehbare Betriebsänderungen erfassen sollen (BAG vom 19.1.1999 – 1 AZR 342/98).

Wenn im Interessenausgleich Maßnahmen wie Qualifizierungen der Beschäftigten oder auch Investitionszusagen vereinbart wurden, sind diese dennoch nicht durchsetzbar. Hält sich der AG nicht an seine Zusagen im Interessenausgleich, können ihn weder der BR noch die AN gerichtlich zur Umsetzung zwingen. Hier bietet sich wieder nur die Möglichkeit des Nachteilsausgleichs gemäß § 113 an, den der AG allerdings nicht bezahlen muss, wenn er einen zwingenden Grund hatte, von der Vereinbarung abzuweichen. Anders als bei Betriebsvereinbarungen hat der BR kein eigenes Recht, mit dem er den AG zur Durchführung des Interessenausgleichs zwingen kann. Deshalb lohnt es sich, zusätzlich zum Interessenausgleich eine Betriebsvereinbarung abzuschließen, in die solche materiellen Rechte aufgenommen werden. Die sind dann auch für alle Beteiligten durchsetzbar.

Für den AG hat der Interessenausgleich einen zusätzlichen Reiz, wenn er anstrebt, mit dem BR eine Namensliste der zu Entlassenden gemäß § 1 Abs. 5 KSchG aufzustellen. Eine Vereinbarung hierüber beseitigt den Kündigungsschutz der Betroffenen vollständig, auch wenn die Kündigungen für jeden einigermaßen verständigen Beobachter offenkundig rechtswidrig sind. Der BR muss sich seiner Verantwortung in dieser Situation klar sein, da er eine solche Liste immer freiwillig unterschreibt. Schließlich kann auch der AG keinen Interessenausgleich erzwingen.

Für die Verhandlung des Interessenausgleichs ist der BR zuständig, wenn die Betriebsänderung auf seinen Betrieb beschränkt ist. Gehen die Wirkungen darüber hinaus, etwa weil Produktionslinien zwischen den Standorten verschoben werden, ist der GBR Verhandlungspartner des AG. Der darf sich also nicht aussuchen, mit wem er verhandeln will (BAG vom 24.1.1996 – 1 AZR 542/95). Die örtlichen BR hingegen können den GBR mit der Verhandlungsführung beauftragen.

AG in Tendenzbetrieben sind von der Verpflichtung, bei Betriebsänderungen einen Interessenausgleich zu versuchen, gemäß § 118 befreit.

Sozialplan

Der für den Sozialplan in Frage kommende Themenkreis ist beschränkt auf Regelungen, die einen Ausgleich für wirtschaftliche Nachteile schaffen sollen. Ausgleich bedeutet nicht deren Verhinderung. Maßnahmen, die das zum Ziel haben, sind dem Interessenausgleich zugeordnet. Diese Differenzierung im Auge zu behalten, ist spätestens dann wichtig, wenn die Einigungsstelle über den Sozialplan beschließen soll. Aber auch vorher sollte wegen der beschriebenen mangelnden Durchsetzbarkeit der Vereinbarungen im Interessenausgleich darauf geachtet werden, dass Dinge, deren Umsetzung dem BR wichtig sind, nicht im Interessenausgleich stehen, sondern in einer parallel abzuschließenden Betriebsvereinbarung. Deren Durchführung kann der BR mit Hilfe des Arbeitsgerichts erzwingen. Aus demselben Grund ist auch die Vermischung der Themen in einer einheitlichen Vereinbarung (die dann mit „Interessenausgleich und Sozialplan“ überschrieben wird) mit Vorsicht zu behandeln, denn im Streitfall beurteilen Arbeitsgerichte nach eigenen Vorstellungen, welche Bestandteile der Vereinbarung verbindlich sind und welche nicht.

Wird der Sozialplan außerhalb der Einigungsstelle geschlossen oder auch durch deren Vermittlung (aber ohne Abstimmung), sind die Betriebsparteien weitestgehend frei in der Entscheidung, welche Nachteile sie wie ausgleichen wollen (BAG vom 24.1.1996 – 10 AZR 155/95). Es gelten lediglich die allgemeinen Vorgaben des § 75. So darf die Höhe der Zahlungen nicht in Abhängigkeit von Geschlecht oder Dauer der Arbeitszeit differieren. Deshalb ist es z. B. unzulässig, Elternzeit (früher: Erziehungsurlaub) bei der Ermittlung der Betriebszugehörigkeit außer Acht zu lassen, wenn die Höhe der Abfindung hiervon abhängt (BAG vom 12.11.2002 – 1 ABR 58/01). Ebenfalls ein Verstoß gegen § 75 liegt vor, wenn für vom AG veranlasste Eigenkündigungen keine Abfindungen vorgesehen sind (BAG vom 19.7.1995 – 10 AZR 885/94) oder die Zahlung der Abfindung insgesamt davon abhängig gemacht wird, dass der AN ein Gerichtsverfahren gegen einen potenziellen Betriebserwerber verliert (BAG vom 22.7.2003 – 1 ABR 575/02).

Die Höhe von Abfindungen ist nicht gesetzlich vorgegeben. Es existiert weder nach oben noch nach unten eine Grenze. Im KSchG finden sich verschiedentlich Hinweise darauf, bspw. in § 1a KSchG, diese haben jedoch nichts mit der Verhandlung eines Sozialplans zu tun. Maßstab sind dabei allein die für die AN zu erwartenden wirtschaftlichen Nachteile und die Belastung des Unternehmens. Diese kann bis zur Existenzgefährdung gehen, ohne dass der Sozialplan dadurch unwirksam wird (BAG vom 6.5.2003 – 1 ABR 11/02).

Etwas anders ist die Situation, wenn der Sozialplan in der Einigungsstelle aufgestellt wird. Diese muss zwingend die Ermessensbindungen in Abs. 5 beachten. Auch hier gilt allerdings, dass die Belastungen für das Unternehmen gravierend sein können (BAG vom 6.5.2003 – 1 ABR 11/02). Der BR wird vor allem darauf zu achten haben, dass die vom AG ins Spiel gebrachten Zahlen tragfähig sind, also in der Regel durch einen unabhängigen Sachverständigen bestätigt werden. Auch muss geprüft werden, ob hinter dem AG ein Konzern steht, auf den ein Durchgriff möglich ist (BAG vom 4.10.1994 – 3 AZR 910/93). Weiter muss die Einigungsstelle die Aussichten der AN am Arbeitsmarkt berücksichtigen und durch die Agentur für Arbeit geförderte Qualifizierungsmaßnahmen in den Sozialplan aufnehmen, wenn die Beschäftigungsaussichten sich dadurch verbessern lassen.

Außerhalb der Einigungsstelle kann der Sozialplan auch für einen längeren Zeitraum aufgestellt werden, wenn zumindest ungefähr absehbar ist, welchen Umfang und welche Folgen zukünftige Betriebsänderungen haben werden. Andernfalls wäre dieser langfristige Sozialplan ein Verzicht auf Mitbestimmungsrechte (BAG vom 19.1.1999 – 1 AZR 342/98).

Die im Sozialplan verankerten Ansprüche können die AN direkt gegen den AG durchsetzen. Insofern wirkt er wie eine Betriebsvereinbarung. Im Gegensatz zu dieser darf mit dem Sozialplan jedoch auch im tariflich geregelten Bereich gearbeitet werden. Wenn etwa ein Rationalisierungsschutztarifvertrag Abfindungen für den Verlust des Arbeitsplatzes vorsieht, können diese im Sozialplan verbessert werden. Das ermöglicht Abs. 5 ausdrücklich, der die ansonsten geltende Schranke des § 77 Abs. 3 aufhebt.

Für die Verhandlung des Sozialplans ist in der Regel der örtliche BR zuständig. Nur dann lassen sich konkrete und den lokalen Arbeitsmarkt angemessen berücksichtigende Regelungen finden. Insofern kann sich durchaus eine Abweichung von der Zuständigkeit für den Interessenausgleich ergeben (BAG vom 23.10.2002 – 7 ABR 55/01).

Insolvenz

In der Insolvenz gelten für den Abschluss des Interessenausgleichs und die Höhe von Abfindungen Sonderregeln. Diese können im Rahmen dieses Kommentars aber nicht zufriedenstellend dargestellt werden, vielmehr sollte der BR in dieser Situation zu speziellen Veröffentlichungen greifen (z.B. Hamm, Sozialplan und Interessenausgleich, 5. Auflage 2007).

Rechtsprechung

Interessenausgleich

BAG vom 27.10.1987 – 1 ABR 9/86: Im Interessenausgleich werden Regelungen darüber getroffen, wann und in welcher Form der Betriebsübergang durchgeführt wird.

BAG vom 8.11.1988 – 1 AZR 687/87: Der AG muss auch dann den Interessenausgleich versuchen, wenn der Sozialplan wegen der Regelung in § 112a nicht erzwingbar ist.

BAG vom 17.9.1991 – 1 ABR 23/91: Maßnahmen zur Vermeidung von Nachteilen durch eine Betriebsänderung wie etwa Kündigungsverbote, Versetzungs- und Umschulungspflichten können in einem Interessenausgleich enthalten sein, nicht aber in einem von der Einigungsstelle aufgestellten Sozialplan.

BAG vom 24.1.1996 – 1 AZR 542/95: Der AG muss den Interessenausgleich von sich aus versuchen. Bestehen dabei Unklarheiten darüber, mit welchem Gremium zu verhandeln ist, darf er die Gespräche nicht einfach auf das mit dem von ihm für zuständig gehaltene beschränken, sondern muss die AN-Vertretungen zur Klärung der Zuständigkeitsfrage auffordern.

BAG vom 19.1.1999 – 1 AZR 342/98: Ein Interessenausgleich kann immer nur für eine konkret geplante Betriebsänderung aufgestellt werden.

Sozialplan

BAG vom 12.11.2002 – 1 AZR 58/02: Macht ein Sozialplan die Höhe der Abfindung auch von der Dauer der Betriebszugehörigkeit abhängig, dürfen hiervon Zeiten des Erziehungsurlaubs nicht ausgenommen werden.

BAG vom 8.12.1976 – 5 AZR 613/75: Ein Sozialplan kann Beschäftigte von der Zahlung von Abfindungen ausschließen, die das Angebot eines zumutbaren Ersatzarbeitsplatzes ablehnen.

BAG vom 29.11.1978 – 5 AZR 553/77: AG und BR sind in den Grenzen von Recht und Billigkeit gemäß § 75 frei darin, für welche Nachteile ein wirtschaftlicher Ausgleich vorgesehen werden soll.

BAG vom 10.11.1982 – 5 AZR 131/80: Ein Sozialplan kann vorsehen, dass die Zahlung der Abfindung an ältere AN davon abhängig ist, dass diese vorgezogene Rente beantragen.

BAG vom 20.12.1983 – 1 AZR 442/82: Die Zahlung von Abfindungen darf im Sozialplan nicht davon abhängig gemacht machen, dass die AN keine Kündigungsschutzklage einreichen.

BAG vom 12.02.1985 - 1 AZR 40/84: Der Sozialplan muss Abfindungen nicht nach einer Formel berechnen, sondern kann auch individualisierte Beträge enthalten, wenn dabei nicht nach unzulässigen Kriterien wie etwa der Gewerkschaftszugehörigkeit differenziert wird.

BAG vom 27.10.1987 – 1 ABR 9/86: In einem von der Einigungsstelle aufgestellten Sozialplan kann bei der Höhe der Abfindung zwischen AN, die einen zumutbaren anderen Arbeitsplatz abgelehnt haben und solchen, denen ein derartiges Angebot nicht gemacht wurde, unterschieden werden. Dieser Sozialplan kann die Kriterien für die Beurteilung der Zumutbarkeit selbst errichten.

BAG vom 27.10.1987 – 1 ABR 9/86: Es gibt keine Begrenzung der durch die Einigungsstelle festgelegten Abfindungshöhe.

BAG vom 11.8.1993 - 10 AZR 558/92: Im Sozialplan darf für Beschäftigte, die durch eigene Kündigung anlässlich einer Betriebsstilllegung ausscheiden, eine verringerte Abfindung vorgesehen werden.

BAG vom 20.4.1994 – 10 AZR 323/93: Ein Sozialplan darf nicht solche AN von den Leistungen ausnehmen, die mittels Aufhebungsvertrag ausscheiden, den der AG im Hinblick auf eine geplante Betriebsänderung veranlasst hat.

BAG vom 14.9.1994 – 10 ABR 7/94: Die Einigungsstelle darf nicht in einem Sozialplan für alle zur Entlassung anstehenden AN ohne Unterschied dieselbe Abfindungshöhe vorsehen.

BAG vom 9.11.1994 – 10 AZR 281/94: Der Sozialplan darf Mitarbeiter, die anlässlich einer Betriebsstelllegung durch Eigenkündigung ausscheiden dann von der Zahlung von Abfindungen ausnehmen, wenn der AG ein Interesse an der Fortführung des Betriebs bis zum letzten Tag hat.

BAG vom 19.6.1996 – 10 AZR 23/96: Ein Sozialplan darf AN von der Zahlung der Abfindung ausnehmen, die durch Vermittlung des AG einen neuen Arbeitsplatz erhalten.

BAG vom 31.7.1996 – 10 AZR 45/96: Im Sozialplan dürfen AN von der Zahlung von Abfindungen ausgenommen werden, die am Tag des Ausscheidens die Voraussetzungen für den Bezug von vorgezogenem Altersruhegeld nach Arbeitslosigkeit erfüllen.

BAG vom 12.3.1997 – 10 AZR 648/96: Ein Kinderzuschlag auf die Abfindung darf im Sozialplan auf Kinder begrenzt werden, die auf der Lohnsteuerkarte eingetragen sind.

BAG vom 26.8.1997 – 1 ABR 12/97: Sozialpläne könne auch für zukünftige, nur in groben Umrissen absehbare Betriebsänderungen abgeschlossen werden. Ein solcher Sozialplan ist aber nicht erzwingbar. Das Mitbestimmungsrecht bei einer konkret anstehenden Betriebsänderung wird dadurch nur verbraucht, wenn der Sozialplan gerade hierfür Regelungen vorsieht.

BAG vom 15.12.1998 – 1 AZR 332/98: Sieht der Sozialplan ohne entsprechende Einschränkung die Zahlung von Abfindungen vor, haben auch die AN einen Anspruch hierauf, die nach dem Widerspruch gegen einen Betriebsübergang gekündigt werden.

BAG vom 14.8.2001 – 1 AZR 760/00: Im Sozialplan dürfen Zeiten der Teilzeitbeschäftigung anteilig berücksichtigt werden.

BAG vom 6.5.2003 – 1 ABR 11/02: Ein durch die Einigungsstelle aufgestellter Sozialplan darf ein wenig leistungsstarkes Unternehmen bis an den Rand der Existenzgefährdung belasten.

BAG vom 24.8.2004 – 1 ABR 23/03: Ein Sozialplan muss die wirtschaftlichen Nachteile nicht ausgleichen, auch eine Milderung entspricht dem gesetzlichen Auftrag.

BAG vom 31.5.2005 – 1 AZR 254/04: Leistungen aus dem Sozialplan dürfen zwar nicht von einem Verzicht auf eine Kündigungsschutzklage abhängig gemacht werden. Zulässig ist aber, in einer freiwilligen Betriebsvereinbarung zusätzliche Leistungen für einen solchen Verzicht vorzusehen.

Eigenkündigung/Aufhebungsvertrag

BAG vom 28.10.1992 – 10 AZR 405/91: Eine Kündigung durch den AN selbst ist dann nicht durch die Betriebsänderung veranlasst, wenn der AN keinen Grund hat anzunehmen, er werde durch die geplante Veränderung betroffen sein.

BAG vom 28.10.1992 – 10 AZR 406/91: Eine Kündigung durch den AN selbst ist durch die Betriebsänderung veranlasst, wenn der AG selbst auf einer Betriebsversammlung empfohlen hat, sich nach anderen Arbeitsplätzen umzusehen. Ob tatsächlich eine Kündigung durch ihn erfolgt wäre, ist dann unerheblich.

BAG vom 28.4.1993 – 10 AZR 222/92: Ein Aufhebungsvertrag, der die Beendigung des Arbeitsverhältnisses „auf Veranlassung des AG" vorsieht, ist bei einer Betriebsänderung wie eine Kündigung durch den AG zu behandeln.

Zuständigkeit

BAG vom 11.12.2001 – 1 AZR 193/01: Auch wenn der GBR für den Interessenausgleich zuständig ist, folgt daraus nicht zwingend auch die Zuständigkeit für den Sozialplan.

BAG vom 23.10.2002 – 7 ABR 55/01: Der GBR ist dann für die Aufstellung des Sozialplans zuständig, wenn die im Interessenausgleich vereinbarte Betriebsänderung mehrere Betriebe betrifft oder betriebsübergreifende Kompensationsregelungen erforderlich sind.

§ 112a Erzwingbarer Sozialplan bei Personalabbau, Neugründungen

(1) Besteht eine geplante Betriebsänderung im Sinne des § 111 Satz 3 Nr. 1 allein in der Entlassung von Arbeitnehmern, so findet § 112 Abs. 4 und 5 nur Anwendung, wenn

1. **in Betrieben mit in der Regel weniger als 60 Arbeitnehmern 20 vom Hundert der regelmäßig beschäftigten Arbeitnehmer, aber mindestens 6 Arbeitnehmer,**
2. **in Betrieben mit in der Regel mindestens 60 und weniger als 250 Arbeitnehmern 20 vom Hundert der regelmäßig beschäftigten Arbeitnehmer oder mindestens 37 Arbeitnehmer,**
3. **in Betrieben mit in der Regel mindestens 250 und weniger als 500 Arbeitnehmern 15 vom Hundert der regelmäßig beschäftigten Arbeitnehmer oder mindestens 60 Arbeitnehmer,**
4. **in Betrieben mit in der Regel mindestens 500 Arbeitnehmern 10 vom Hundert der regelmäßig beschäftigten Arbeitnehmer, aber mindestens 60 Arbeitnehmer aus betriebsbedingten Gründen entlassen werden sollen. Als Entlassung gilt auch das vom Arbeitgeber aus Gründen der Betriebsänderung veranlasste Ausscheiden von Arbeitnehmern auf Grund von Aufhebungsverträgen.**

(2) § 112 Abs. 4 und 5 findet keine Anwendung auf Betriebe eines Unternehmens in den ersten vier Jahren nach seiner Gründung. Dies gilt nicht für Neugründungen im Zusammenhang mit der rechtlichen Umstrukturierung von Unternehmen und Kon-

zernen. Maßgebend für den Zeitpunkt der Gründung ist die Aufnahme einer Erwerbstätigkeit, die nach § 138 der Abgabenordnung dem Finanzamt mitzuteilen ist.

Die Vorschrift schränkt die Erzwingbarkeit von Sozialplänen bei bestimmten Arten von Betriebsänderungen ein.

Grundsätzlich hat die Planung einer Betriebsänderung gemäß § 111 immer zur Folge, dass der AG mit dem BR einen Sozialplan aufstellen muss. Wird keine Einigkeit hierüber erzielt, entscheidet die Einigungsstelle. Wenn die Betriebsänderung allerdings ausschließlich in einem Personalabbau besteht und nicht die in der Vorschrift genannten Dimensionen hat oder das Unternehmen noch keine vier Jahre besteht, hat die Einigungsstelle diese Kompetenz nicht. Die Maßnahme bleibt zwar eine Betriebsänderung, der AG ist auch verpflichtet, Sozialplan und Interessenausgleich zu versuchen, der BR kann den Sozialplan aber nicht in der Einigungsstelle durchsetzen.

Dass es sich trotzdem um eine Betriebsänderung handelt, ist deshalb wichtig, weil der BR weiterhin den Verhandlungsanspruch hat und dem AG die Sanktion des Nachteilsausgleichs gemäß § 113 droht, wenn er diesen missachtet (dieser Zusammenhang ist unter § 112 erläutert).

Bei einem reinen Personalabbau wird bei der Feststellung der Zahlenverhältnisse nur auf den Betrieb geschaut, nicht auf das Unternehmen. Berücksichtigt werden müssen alle Beendigungen von Arbeitsverhältnissen, gleich ob durch Kündigung von AN oder AG oder durch Aufhebungsvertrag (BAG vom 23.8.1988 – 1 AZR 276/87). Stehen mit der Maßnahme andere Formen der Betriebsänderung in Zusammenhang, etwa eine Umorganisation oder eine Betriebsspaltung, beschränkt sie sich also nicht mehr allein auf die Entlassung von AN, ist die Einigungsstelle wieder für die Aufstellung des Sozialplans zuständig.

Neu gegründete, also weniger als vier Jahre alte Unternehmen sind nur dann privilegiert, wenn sie nicht aus einer Spaltung, Zusammenlegung oder sonstigen Umstrukturierungsmaßnahme eines anderen Unternehmens hervor gegangen sind. Es kommt nur auf das Alter des Unternehmens, nicht auf das des Betriebs an. Handelt es sich um echte Neugründungen, dann fallen auch ältere Betriebe, die von dem neugegründeten Unternehmen übernommen werden, aus der Sozialplanpflicht heraus (BAG vom 13.6.1989 – 1 ABR 14/88).

Ob das Unternehmen wegen § 112a bei einer Betriebsänderung keinen Sozialplan aufstellen muss, ist häufig eine Wertungsfrage und nicht durch bloßes Abzählen der Beschäftigten zu ermitteln. Die Frage etwa, ob mit dem Personalabbau auch noch ein organisatorischer Umbau stattfindet, sollte nicht voreilig verneint, sondern im

Streitfall von der Einigungsstelle und den Arbeitsgerichten entschieden werden. In einem solchen Verfahren kann der BR nichts verlieren, wohl aber gewinnen, deshalb ist es im Sinne der Beschäftigten fast schon fahrlässig, wenn er diese Chance nicht nutzt.

Rechtsprechung

BAG vom 28.3.2006 – 1 ABR 5/05: Die Einigungsstelle kann den Sozialplan nicht aufstellen, wenn die Personalreduzierung nicht die Schwellenwerte des § 112a BetrVG erreicht. Treten allerdings noch weitere Maßnahmen hinzu, die gemäß § 111 als Betriebsänderung anzusehen sind, ist der Sozialplan erzwingbar.

§ 113 Nachteilsausgleich

(1) Weicht der Unternehmer von einem Interessenausgleich über die geplante Betriebsänderung ohne zwingenden Grund ab, so können Arbeitnehmer, die infolge dieser Abweichung entlassen werden, beim Arbeitsgericht Klage erheben mit dem Antrag, den Arbeitgeber zur Zahlung von Abfindungen zu verurteilen; § 10 des Kündigungsschutzgesetzes gilt entsprechend.

(2) Erleiden Arbeitnehmer infolge einer Abweichung nach Absatz 1 andere wirtschaftliche Nachteile, so hat der Unternehmer diese Nachteile bis zu einem Zeitraum von zwölf Monaten auszugleichen.

(3) Die Absätze 1 und 2 gelten entsprechend, wenn der Unternehmer eine geplante Betriebsänderung nach § 111 durchführt, ohne über sie einen Interessenausgleich mit dem Betriebsrat versucht zu haben, und infolge der Maßnahme Arbeitnehmer entlassen werden oder andere wirtschaftliche Nachteile erleiden.

> Die Vorschrift regelt die Sanktion für den Verstoß des AG gegen die Verpflichtung, bei einer Betriebsänderung einen Interessenausgleich mit dem BR zu versuchen.

Den Anspruch des BR, bei einer geplanten Betriebsänderung in Form eines Interessenausgleichs beteiligt zu werden, schützt das BetrVG auf Umwegen: Verstöße führen zu einem Individualanspruch der Beschäftigten, den das Gesetz „Nachteilsausgleich" nennt. Es handelt sich um eine Art Schadensersatz, der aber immer voraussetzt, dass der AN durch die Betriebsänderung einen wirtschaftlichen Nachteil erleidet. Das kann der Verlust des Arbeitsplatzes ebenso sein wie erhöhte Aufwendungen für die Fahrt zum verlegten Betrieb.

Der AG muss vor der Betriebsänderung ernsthaft mit dem BR den Interessenausgleich versuchen, was zweierlei bedeutet: Er muss sich anstrengen, um zu einer Einigung zu kommen und er muss die Verhandlungen ernsthaft betreiben. Die Anstrengung sieht die Rechtsprechung nur dann als ausreichend an, wenn der AG von sich aus das Verfahren bis in die Einigungsstelle treibt (BAG vom 9.7.1985 – 1 AZR 323/83). Erst dort kann ein Scheitern festgestellt werden.

Mangelnde Ernsthaftigkeit wäre anzunehmen, wenn der AG in dem Wissen, dass die Regelungen im Interessenausgleich nicht durchsetzbar sind, dort Versprechungen ins Blaue hinein macht, um möglichst schnell durch eine Unterschrift des BR diesen Verhandlungsabschnitt abzuschließen.

In beiden Fällen droht ihm der Nachteilsausgleich: Entweder, weil er den Interessenausgleich gar nicht erst versucht hat oder später ohne zwingenden Grund von seinen Zusagen abweicht. Zwingende Gründe für ein Abweichen dürfen erst nach Abschluss der Vereinbarung auftreten, um anerkannt zu werden (BAG vom 17.9.1974 – 1 AZR 16/74).

Der Nachteilsausgleich ist praktisch eine Strafe für den AG, weil er gegen die gesetzliche Verpflichtung, den Interessenausgleich zu versuchen, verstoßen hat. Deshalb darf er auch nicht vollständig deckungsgleich mit den Ansprüchen aus einem Sozialplan sein. Eine Bindung der Gerichte an die Ermessengrenzen für die Einigungsstelle in § 112 Abs. 5 besteht nicht, insbesondere ist die wirtschaftliche Belastung für das Unternehmen kein Grund, den Nachteilsausgleich zu begrenzen. Der Anspruch entsteht auch dann, wenn der Sozialplan wegen § 112a nicht erzwingbar ist (BAG vom 20.11.2001 – 1 AZR 97/01).

Für den BR ist das Risiko des AG, später noch einmal mit Ansprüchen auf Nachteilsausgleich konfrontiert zu werden, ein Druckmittel in den Verhandlungen um Sozialplan und Interessenausgleich. Dies gibt er aus der Hand, wenn er zu schnell einem Interessenausgleich zustimmt, obwohl der lediglich das Vorhaben des AG beschreibt.

In Tendenzbetrieben gemäß § 118 besteht keine Verpflichtung zum Interessenausgleich, hier wird statt dessen der Anspruch auf ordnungsgemäße Unterrichtung und Beratung über die Betriebsänderung und die Verhandlung des Sozialplans durch den Nachteilsausgleich geschützt (BAG vom 27.10.1998 – 1 AZR 766/97).

Rechtsprechung

BAG vom 14.9.1976 – 1 AZR 784/75: Auch wenn der BR erklärt, er wolle keine Schritte dagegen unternehmen, dass der AG den Versuch des Interessenausgleich unterlassen hat, besteht aus diesem Grund ein Anspruch der betroffenen AN auf Nachteilsausgleich.

BAG vom 29.11.1983 – 1 AZR 523/82: Der AG ist verpflichtet, für jede Betriebsänderung einen eigenen Interessenausgleich zu versuchen. Er wird hierdurch auch nicht durch eine langlaufende Betriebsvereinbarung entlastet, die dauerhaft die Zahlung von Abfindungen bei betriebsbedingten Kündigungen vorsieht.

BAG vom 18.12.1984 – 1 AZR 176/82: Der Anspruch auf Nachteilsausgleich ist nur dann ausgeschlossen, wenn der AG von sich aus alle Möglichkeiten ausschöpft, um zu einem Interessenausgleich zu kommen. Ist das nicht möglich, muss er von sich aus die Einigungsstelle anrufen.

BAG vom 24.1.1996 – 1 AZR 542/95: Der Anspruch auf Nachteilsausgleich besteht auch dann, wenn der AG mit dem falschen Gremium über den Interessenausgleich verhandelt.

BAG vom 27.10.1998 – 1 AZR 766/97: Im Tendenzbetrieb kann ein Anspruch auf Nachteilsausgleich nur dadurch ausgelöst werden, dass der AG die Betriebsänderung durchführt, ohne den BR rechtzeitig hierüber unterrichtet und Verhandlungen über einen Sozialplan ermöglicht zu haben.

BAG vom 22.7.2003 – 1 AZR 541/02: Auch der Insolvenzverwalter muss vor einer Betriebsänderung mit dem BR einen Interessenausgleich versuchen. Eine schlechte wirtschaftliche Lage entlastet ihn hiervon nicht.

BAG vom 26.10.2004 – 1 AZR 493/03: Nur wenn der Interessenausgleich die gesetzlich vorgeschriebene Schriftform wahrt, ist der Nachteilsausgleich ausgeschlossen.

BAG vom 24.8.2006 – 8 AZR 317/05: Der Nachteilsausgleich ist zugleich ein Ausgleich für wirtschaftliche Nachteile der AN als auch eine Sanktion für betriebsverfassungswidriges Verhalten des AG. Daher darf der Nachteilsausgleich höher sein als die im Sozialplan vorgesehenen Abfindungen.

Fünfter Teil
Besondere Vorschriften für einzelne Betriebsarten

Erster Abschnitt
Seeschifffahrt

§ 114 Grundsätze

(1) Auf Seeschifffahrtsunternehmen und ihre Betriebe ist dieses Gesetz anzuwenden, soweit sich aus den Vorschriften dieses Abschnitts nichts anderes ergibt.

(2) Seeschifffahrtsunternehmen im Sinne dieses Gesetzes ist ein Unternehmen, das Handelsschifffahrt betreibt und seinen Sitz im Geltungsbereich dieses Gesetzes hat. Ein Seeschifffahrtsunternehmen im Sinne dieses Abschnitts betreibt auch, wer als Korrespondenzreeder, Vertragsreeder, Ausrüster oder aufgrund eines ähnlichen Rechtsverhältnisses Schiffe zum Erwerb durch die Seeschifffahrt verwendet, wenn er Arbeitgeber des Kapitäns und der Besatzungsmitglieder ist oder überwiegend die Befugnisse des Arbeitgebers ausübt.

(3) Als Seebetrieb im Sinne dieses Gesetzes gilt die Gesamtheit der Schiffe eines Seeschifffahrtsunternehmens einschließlich der in Absatz 2 Satz 2 genannten Schiffe.

(4) Schiffe im Sinne dieses Gesetzes sind Kauffahrteischiffe, die nach dem Flaggenrechtsgesetz die Bundesflagge führen. Schiffe, die in der Regel binnen 24 Stunden nach dem Auslaufen an den Sitz eines Landbetriebs zurückkehren, gelten als Teil dieses Landbetriebs des Seeschifffahrtsunternehmens.

(5) Jugend- und Auszubildendenvertretungen werden nur für die Landbetriebe von Seeschifffahrtsunternehmen gebildet.

(6) Besatzungsmitglieder sind die in § 3 des Seemannsgesetzes genannten Personen. Leitende Angestellte im Sinne des § 5 Abs. 3 dieses Gesetzes sind nur die Kapitäne.

§ 115 Bordvertretung

(1) Auf Schiffen, die mit in der Regel mindestens fünf wahlberechtigten Besatzungsmitgliedern besetzt sind, von denen drei wählbar sind, wird eine Bordvertretung gewählt. Auf die Bordvertretung finden, soweit sich aus diesem Gesetz oder aus anderen gesetzlichen Vorschriften nicht etwas anderes ergibt, die Vorschriften über die Rechte und Pflichten des Betriebsrats und die Rechtsstellung seiner Mitglieder Anwendung.

(2) Die Vorschriften über die Wahl und Zusammensetzung des Betriebsrats finden mit folgender Maßgabe Anwendung:

1. Wahlberechtigt sind alle Besatzungsmitglieder des Schiffes.
2. Wählbar sind die Besatzungsmitglieder des Schiffes, die am Wahltag das 18. Lebensjahr vollendet haben und ein Jahr Besatzungsmitglied eines Schiffes waren, das nach dem Flaggenrechtsgesetz die Bundesflagge führt. § 8 Abs. 1 Satz 3 bleibt unberührt.
3. Die Bordvertretung besteht auf Schiffen mit in der Regel
   5 bis 20 wahlberechtigten Besatzungsmitgliedern aus einer Person,
   21 bis 75 wahlberechtigten Besatzungsmitgliedern aus drei Mitgliedern,
   über 75 wahlberechtigten Besatzungsmitgliedern aus fünf Mitgliedern.
4. (weggefallen)
5. § 13 Abs. 1 und 3 findet keine Anwendung. Die Bordvertretung ist vor Ablauf ihrer Amtszeit unter den in § 13 Abs. 2 Nr. 2 bis 5 genannten Voraussetzungen neu zu wählen.
6. Die wahlberechtigten Besatzungsmitglieder können mit der Mehrheit aller Stimmen beschließen, die Wahl der Bordvertretung binnen 24 Stunden durchzuführen.
7. Die in § 16 Abs. 1 Satz 1 genannte Frist wird auf zwei Wochen, die in § 16 Abs. 2 Satz 1 genannte Frist wird auf eine Woche verkürzt.
8. Bestellt die im Amt befindliche Bordvertretung nicht rechtzeitig einen Wahlvorstand oder besteht keine Bordvertretung, wird der Wahlvorstand in einer Bordversammlung von der Mehrheit der anwesenden Besatzungsmitglieder gewählt; § 17 Abs. 3 gilt entsprechend. Kann aus Gründen der Aufrechterhaltung des ordnungsgemäßen Schiffsbetriebs eine Bordversammlung nicht stattfinden, so kann der Kapitän auf Antrag von drei Wahlberechtigten den Wahlvorstand bestellen. Bestellt der Kapitän den Wahlvorstand nicht, so ist der Seebetriebsrat berechtigt, den Wahlvorstand zu bestellen. Die Vorschriften über die Bestellung des Wahlvorstands durch das Arbeitsgericht bleiben unberührt.
9. Die Frist für die Wahlanfechtung beginnt für Besatzungsmitglieder an Bord, wenn das Schiff nach Bekanntgabe des Wahlergebnisses erstmalig einen Hafen im Geltungsbereich dieses Gesetzes oder einen Hafen, in dem ein Seemannsamt seinen Sitz hat, anläuft. Die Wahlanfechtung kann auch zu Protokoll des Seemannsamtes erklärt werden. Wird die Wahl zur Bordvertretung angefochten, zieht das Seemannsamt die an Bord befindlichen Wahlunterlagen ein. Die Anfechtungserklärung und die eingezogenen Wahlunterlagen sind vom Seemannsamt unverzüglich an das für die Anfechtung zuständige Arbeitsgericht weiterzuleiten.

(3) Auf die Amtszeit der Bordvertretung finden die §§ 21, 22 bis 25 mit der Maßgabe Anwendung, dass

1. die Amtszeit ein Jahr beträgt,
2. die Mitgliedschaft in der Bordvertretung auch endet, wenn das Besatzungsmitglied den Dienst an Bord beendet, es sei denn, dass es den Dienst an Bord vor Ablauf der Amtszeit nach Nummer 1 wieder antritt.

(4) Für die Geschäftsführung der Bordvertretung gelten die §§ 26 bis 36, § 37 Abs. 1 bis 3 sowie die §§ 39 bis 41 entsprechend. § 40 Abs. 2 ist mit der Maßgabe anzuwenden, dass die Bordvertretung in dem für ihre Tätigkeit erforderlichen Umfang auch die für die Verbindung des Schiffes zur Reederei eingerichteten Mittel zur beschleunigten Übermittlung von Nachrichten in Anspruch nehmen kann.

(5) Die §§ 42 bis 46 über die Betriebsversammlung finden für die Versammlung der Besatzungsmitglieder eines Schiffes (Bordversammlung) entsprechende Anwendung. Auf Verlangen der Bordvertretung hat der Kapitän der Bordversammlung einen Bericht über die Schiffsreise und die damit zusammenhängenden Angelegenheiten zu erstatten. Er hat Fragen, die den Schiffsbetrieb, die Schiffsreise und die Schiffssicherheit betreffen, zu beantworten.

(6) Die §§ 47 bis 59 über den Gesamtbetriebsrat und den Konzernbetriebsrat finden für die Bordvertretung keine Anwendung.

(7) Die §§ 74 bis 105 über die Mitwirkung und Mitbestimmung der Arbeitnehmer finden auf die Bordvertretung mit folgender Maßgabe Anwendung:

1. Die Bordvertretung ist zuständig für die Behandlung derjenigen nach diesem Gesetz der Mitwirkung und Mitbestimmung des Betriebsrats unterliegenden Angelegenheiten, die den Bordbetrieb oder die Besatzungsmitglieder des Schiffes betreffen und deren Regelung dem Kapitän auf Grund gesetzlicher Vorschriften oder der ihm von der Reederei übertragenen Befugnisse obliegt.
2. Kommt es zwischen Kapitän und Bordvertretung in einer der Mitwirkung oder Mitbestimmung der Bordvertretung unterliegenden Angelegenheit nicht zu einer Einigung, so kann die Angelegenheit von der Bordvertretung an den Seebetriebsrat abgegeben werden. Der Seebetriebsrat hat die Bordvertretung über die weitere Behandlung der Angelegenheit zu unterrichten. Bordvertretung und Kapitän dürfen die Einigungsstelle oder das Arbeitsgericht nur anrufen, wenn ein Seebetriebsrat nicht gewählt ist.
3. Bordvertretung und Kapitän können im Rahmen ihrer Zuständigkeiten Bordvereinbarungen abschließen. Die Vorschriften über Betriebsvereinbarungen gelten für Bordvereinbarungen entsprechend. Bordvereinbarungen sind unzulässig, soweit eine Angelegenheit durch eine Betriebsvereinbarung zwischen Seebetriebsrat und Arbeitgeber geregelt ist.
4. In Angelegenheiten, die der Mitbestimmung der Bordvertretung unterliegen, kann der Kapitän, auch wenn eine Einigung mit der Bordvertretung noch nicht

erzielt ist, vorläufige Regelungen treffen, wenn dies zur Aufrechterhaltung des ordnungsgemäßen Schiffsbetriebs dringend erforderlich ist. Den von der Anordnung betroffenen Besatzungsmitgliedern ist die Vorläufigkeit der Regelung bekannt zu geben. Soweit die vorläufige Regelung der endgültigen Regelung nicht entspricht, hat das Schifffahrtsunternehmen Nachteile auszugleichen, die den Besatzungsmitgliedern durch die vorläufige Regelung entstanden sind.

5. Die Bordvertretung hat das Recht auf regelmäßige und umfassende Unterrichtung über den Schiffsbetrieb. Die erforderlichen Unterlagen sind der Bordvertretung vorzulegen. Zum Schiffsbetrieb gehören insbesondere die Schiffssicherheit, die Reiserouten, die voraussichtlichen Ankunfts- und Abfahrtszeiten sowie die zu befördernde Ladung.
6. Auf Verlangen der Bordvertretung hat der Kapitän ihr Einsicht in die an Bord befindlichen Schiffstagebücher zu gewähren. In den Fällen, in denen der Kapitän eine Eintragung über Angelegenheiten macht, die der Mitwirkung oder Mitbestimmung der Bordvertretung unterliegen, kann diese eine Abschrift der Eintragung verlangen und Erklärungen zum Schiffstagebuch abgeben. In den Fällen, in denen über eine der Mitwirkung oder Mitbestimmung der Bordvertretung unterliegenden Angelegenheit eine Einigung zwischen Kapitän und Bordvertretung nicht erzielt wird, kann die Bordvertretung dies zum Schiffstagebuch erklären und eine Abschrift dieser Eintragung verlangen.
7. Die Zuständigkeit der Bordvertretung im Rahmen des Arbeitsschutzes bezieht sich auch auf die Schiffssicherheit und die Zusammenarbeit mit den insoweit zuständigen Behörden und sonstigen in Betracht kommenden Stellen.

§ 116 Seebetriebsrat

(1) In Seebetrieben werden Seebetriebsräte gewählt. Auf die Seebetriebsräte finden, soweit sich aus diesem Gesetz oder aus anderen gesetzlichen Vorschriften nicht etwas anderes ergibt, die Vorschriften über die Rechte und Pflichten des Betriebsrats und die Rechtsstellung seiner Mitglieder Anwendung.

(2) Die Vorschriften über die Wahl, Zusammensetzung und Amtszeit des Betriebsrats finden mit folgender Maßgabe Anwendung:

1. Wahlberechtigt zum Seebetriebsrat sind alle zum Seeschifffahrtsunternehmen gehörenden Besatzungsmitglieder.
2. Für die Wählbarkeit zum Seebetriebsrat gilt § 8 mit der Maßgabe, dass
   a) in Seeschifffahrtsunternehmen, zu denen mehr als acht Schiffe gehören oder in denen in der Regel mehr als 250 Besatzungsmitglieder beschäftigt sind, nur nach § 115 Abs. 2 Nr. 2 wählbare Besatzungsmitglieder wählbar sind;

b) in den Fällen, in denen die Voraussetzungen des Buchstabens a nicht vorliegen, nur Arbeitnehmer wählbar sind, die nach § 8 die Wählbarkeit im Landbetrieb des Seeschifffahrtsunternehmens besitzen, es sei denn, dass der Arbeitgeber mit der Wahl von Besatzungsmitgliedern einverstanden ist.

3. Der Seebetriebsrat besteht in Seebetrieben mit in der Regel
5 bis 400 wahlberechtigten Besatzungsmitgliedern aus einer Person,
401 bis 800 wahlberechtigten Besatzungsmitgliedern aus drei Mitgliedern,
über 800 wahlberechtigten Besatzungsmitgliedern aus fünf Mitgliedern.
4. Ein Wahlvorschlag ist gültig, wenn er im Fall des § 14 Abs. 4 Satz 1 erster Halbsatz und Satz 2 mindestens von drei wahlberechtigten Besatzungsmitgliedern unterschrieben ist.
5. § 14a findet keine Anwendung.
6. Die in § 16 Abs. 1 Satz 1 genannte Frist wird auf drei Monate, die in § 16 Abs. 2 Satz 1 genannte Frist auf zwei Monate verlängert.
7. Zu Mitgliedern des Wahlvorstands können auch im Landbetrieb des Seeschifffahrtsunternehmens beschäftigte Arbeitnehmer bestellt werden. § 17 Abs. 2 bis 4 findet keine Anwendung. Besteht kein Seebetriebsrat, so bestellt der Gesamtbetriebsrat oder, falls ein solcher nicht besteht, der Konzernbetriebsrat den Wahlvorstand. Besteht weder ein Gesamtbetriebsrat noch ein Konzernbetriebsrat wird der Wahlvorstand gemeinsam vom Arbeitgeber und den im Seebetrieb vertretenen Gewerkschaften bestellt; Gleiches gilt, wenn der Gesamtbetriebsrat oder der Konzernbetriebsrat die Bestellung des Wahlvorstands nach Satz 3 unterlässt. Einigen sich Arbeitgeber und Gewerkschaften nicht, so bestellt ihn das Arbeitsgericht auf Antrag des Arbeitgebers, einer im Seebetrieb vertretenen Gewerkschaft oder von mindestens drei wahlberechtigten Besatzungsmitgliedern. § 16 Abs. 2 Satz 2 und 3 gilt entsprechend.
8. Die Frist für die Wahlanfechtung nach § 19 Abs. 2 beginnt für Besatzungsmitglieder an Bord, wenn das Schiff nach Bekanntgabe des Wahlergebnisses erstmalig einen Hafen im Geltungsbereich dieses Gesetzes oder einen Hafen, in dem ein Seemannsamt seinen Sitz hat, anläuft. Nach Ablauf von drei Monaten seit Bekanntgabe des Wahlergebnisses ist eine Wahlanfechtung unzulässig. Die Wahlanfechtung kann auch zu Protokoll des Seemannsamtes erklärt werden. Die Anfechtungserklärung ist vom Seemannsamt unverzüglich an das für die Anfechtung zuständige Arbeitsgericht weiterzuleiten.
9. Die Mitgliedschaft im Seebetriebsrat endet, wenn der Seebetriebsrat aus Besatzungsmitgliedern besteht, auch, wenn das Mitglied des Seebetriebsrats nicht mehr Besatzungsmitglied ist. Die Eigenschaft als Besatzungsmitglied wird durch die Tätigkeit im Seebetriebsrat oder durch eine Beschäftigung gemäß Absatz 3 Nr. 2 nicht berührt.

(3) Die §§ 26 bis 41 über die Geschäftsführung des Betriebsrats finden auf den Seebetriebsrat mit folgender Maßgabe Anwendung:

1. In Angelegenheiten, in denen der Seebetriebsrat nach diesem Gesetz innerhalb einer bestimmten Frist Stellung zu nehmen hat, kann er, abweichend von § 33 Abs. 2, ohne Rücksicht auf die Zahl der zur Sitzung erschienenen Mitglieder einen Beschluss fassen, wenn die Mitglieder ordnungsgemäß geladen worden sind.
2. Soweit die Mitglieder des Seebetriebsrats nicht freizustellen sind, sind sie so zu beschäftigen, dass sie durch ihre Tätigkeit nicht gehindert sind, die Aufgaben des Seebetriebsrats wahrzunehmen. Der Arbeitsplatz soll den Fähigkeiten und Kenntnissen des Mitglieds des Seebetriebsrats und seiner bisherigen beruflichen Stellung entsprechen. Der Arbeitsplatz ist im Einvernehmen mit dem Seebetriebsrat zu bestimmen. Kommt eine Einigung über die Bestimmung des Arbeitsplatzes nicht zustande, so entscheidet die Einigungsstelle. Der Spruch der Einigungsstelle ersetzt die Einigung zwischen Arbeitgeber und Seebetriebsrat.
3. Den Mitgliedern des Seebetriebsrats, die Besatzungsmitglieder sind, ist die Heuer auch dann fortzuzahlen, wenn sie im Landbetrieb beschäftigt werden. Sachbezüge sind angemessen abzugelten. Ist der neue Arbeitsplatz höherwertig, so ist das diesem Arbeitsplatz entsprechende Arbeitsentgelt zu zahlen.
4. Unter Berücksichtigung der örtlichen Verhältnisse ist über die Unterkunft der in den Seebetriebsrat gewählten Besatzungsmitglieder eine Regelung zwischen dem Seebetriebsrat und dem Arbeitgeber zu treffen, wenn der Arbeitsplatz sich nicht am Wohnort befindet. Kommt eine Einigung nicht zustande, so entscheidet die Einigungsstelle. Der Spruch der Einigungsstelle ersetzt die Einigung zwischen Arbeitgeber und Seebetriebsrat.
5. Der Seebetriebsrat hat das Recht, jedes zum Seebetrieb gehörende Schiff zu betreten, dort im Rahmen seiner Aufgaben tätig zu werden sowie an den Sitzungen der Bordvertretung teilzunehmen. § 115 Abs. 7 Nr. 5 Satz 1 gilt entsprechend.
6. Liegt ein Schiff in einem Hafen innerhalb des Geltungsbereichs dieses Gesetzes, so kann der Seebetriebsrat nach Unterrichtung des Kapitäns Sprechstunden an Bord abhalten und Bordversammlungen der Besatzungsmitglieder durchführen.
7. Läuft ein Schiff innerhalb eines Kalenderjahres keinen Hafen im Geltungsbereich dieses Gesetzes an, so gelten die Nummern 5 und 6 für europäische Häfen. Die Schleusen des Nordostseekanals gelten nicht als Häfen.
8. Im Einvernehmen mit dem Arbeitgeber können Sprechstunden und Bordversammlungen, abweichend von den Nummern 6 und 7, auch in anderen Liegehäfen des Schiffes durchgeführt werden, wenn ein dringendes Bedürfnis hierfür besteht. Kommt eine Einigung nicht zustande, so entscheidet die Einigungsstelle. Der Spruch der Einigungsstelle ersetzt die Einigung zwischen Arbeitgeber und Seebetriebsrat.

(4) Die §§ 42 bis 46 über die Betriebsversammlung finden auf den Seebetrieb keine Anwendung.

(5) Für den Seebetrieb nimmt der Seebetriebsrat die in den §§ 47 bis 59 dem Betriebsrat übertragenen Aufgaben, Befugnisse und Pflichten wahr.

(6) Die §§ 74 bis 113 über die Mitwirkung und Mitbestimmung der Arbeitnehmer finden auf den Seebetriebsrat mit folgender Maßgabe Anwendung:

1. Der Seebetriebsrat ist zuständig für die Behandlung derjenigen nach diesem Gesetz der Mitwirkung oder Mitbestimmung des Betriebsrats unterliegenden Angelegenheiten,
   a) die alle oder mehrere Schiffe des Seebetriebs oder die Besatzungsmitglieder aller oder mehrerer Schiffe des Seebetriebs betreffen,
   b) die nach § 115 Abs. 7 Nr. 2 von der Bordvertretung abgegeben worden sind oder
   c) für die nicht die Zuständigkeit der Bordvertretung nach § 115 Abs. 7 Nr. 1 gegeben ist.
2. Der Seebetriebsrat ist regelmäßig und umfassend über den Schiffsbetrieb des Seeschifffahrtsunternehmens zu unterrichten. Die erforderlichen Unterlagen sind ihm vorzulegen.

Zweiter Abschnitt
Luftfahrt

§ 117 Geltung für die Luftfahrt

(1) Auf Landbetriebe von Luftfahrtunternehmen ist dieses Gesetz anzuwenden.

(2) Für im Flugbetrieb beschäftigte Arbeitnehmer von Luftfahrtunternehmen kann durch Tarifvertrag eine Vertretung errichtet werden. Über die Zusammenarbeit dieser Vertretung mit den nach diesem Gesetz zu errichtenden Vertretungen der Arbeitnehmer der Landbetriebe des Luftfahrtunternehmens kann der Tarifvertrag von diesem Gesetz abweichende Regelungen vorsehen.

Dritter Abschnitt
Tendenzbetriebe und Religionsgemeinschaften

§ 118 Geltung für Tendenzbetriebe und Religionsgemeinschaften

(1) Auf Unternehmen und Betriebe, die unmittelbar und überwiegend

1. **politischen, koalitionspolitischen, konfessionellen, karitativen, erzieherischen, wissenschaftlichen oder künstlerischen Bestimmungen oder**
2. **Zwecken der Berichterstattung oder Meinungsäußerung, auf die Artikel 5 Abs. 1 Satz 2 des Grundgesetzes Anwendung findet,**

dienen, finden die Vorschriften dieses Gesetzes keine Anwendung, soweit die Eigenart des Unternehmens oder des Betriebs dem entgegensteht. Die §§ 106 bis 110 sind nicht, die §§ 111 bis 113 nur insoweit anzuwenden, als sie den Ausgleich oder die Milderung wirtschaftlicher Nachteile für die Arbeitnehmer infolge von Betriebsänderungen regeln.

(2) Dieses Gesetz findet keine Anwendung auf Religionsgemeinschaften und ihre karitativen und erzieherischen Einrichtungen unbeschadet deren Rechtsform.

> Die Vorschrift beschränkt die Mitbestimmungsrechte in bestimmten Betrieben, die unter dem Begriff „Tendenzbetriebe" zusammengefasst sind und schließt sie für einen Teil der von Religionsgemeinschaften geführten Betriebe vollständig aus.

Themenübersicht

Folgen für die Mitbestimmung
Religionsgemeinschaften und ihre Betriebe
Tendenzbetrieb
Tendenzverwirklichung
Tendenzträger
Einzelne Mitbestimmungsrechte
Gesellschaftliche Entwicklung
Rechtsprechung

Bestimmte Betätigungen sind durch das Grundgesetz in besonderer Weise geschützt, etwa die künstlerischen und wissenschaftlichen Aktivitäten (Art. 5 Abs. 3 GG), genau wie das Recht der freien Religionsausübung (Art. 4 GG). Das ist zunächst ein Schutz vor staatlicher Steuerung etwa im Sinne einer Zensur. Der Gesetzgeber des

BetrVG hat es zusätzlich dazu als erforderlich angesehen, solche Tätigkeiten der Beschäftigten vor dem Einfluss ihrer BR zu schützen.

Folgen für die Mitbestimmung

Drei verschiedene Folgen hat es, wenn ein Betrieb zu den in dieser Vorschrift genannten gehört:

- In den Betrieben der Religionsgemeinschaften gilt das BetrVG überhaupt nicht.
- In den Tendenzunternehmen entfällt die Möglichkeit, einen Wirtschaftsausschuss einzurichten. Damit sind auch dessen Informationsrechte sowie bei Betriebsänderungen das Recht des BR hinfällig, einen Interessenausgleich zu verhandeln.
- Ansonsten kann in den Tendenzbetrieben auch jedes andere Mitbestimmungsrecht eingeschränkt sein, wenn die jeweilige Maßnahme der Tendenzverwirklichung dient und Tendenzträger davon betroffen sind.

Religionsgemeinschaften und ihre Betriebe

Religionsgemeinschaften sind zunächst die christlichen Kirchen mit ihren Ablegern, jüdische, islamische, buddhistische, hinduistische usw. Glaubensgemeinschaften. Sobald diese oder deren Betriebe für die Glaubensverbreitung tätig werden, gilt das BetrVG nicht. Dasselbe gilt für die Betriebe, die den Kirchen gehören oder ihnen zugeordnet sind und den mildtätigen Zweck der Kirche verwirklichen, also vom Kreißsaal des Krankenhauses über den Kindergarten und die Schule wieder zum Krankenhaus und schließlich bis zum Hospiz das Leben eines Menschen begleiten.

Dass damit eine Unterscheidung zwischen den durch das Gesetz Privilegierten und anderen nicht erleichtert wird, zeigt sich spätestens dann, wenn Sekten solche Privilegien für sich einfordern. Entsprechen ihre Ziele nicht dem „Main-Stream-Glauben", wie etwa beim Scientology-Unternehmen, wird der Status als Religionsgemeinschaft von der Rechtsprechung ohne weiteres bestritten (BAG vom 22.3.1995 – 5 AZB 21/94). Das ist sicher kein Verlust, nur würde bei der Anwendung der dabei verwendeten Argumente auf die Betriebe der christlichen Kirchen manch einer zum Gewerbetreibenden, etwa konfessionelle Krankenhäuser, Verlage usw. Letztlich ist alles eine Frage des Glaubens. Deshalb gilt wohl die Faustformel: Religionsgemeinschaft ist, wer sich so fühlt, es sei denn, das widerspricht dem Glauben der entscheidenden Richter.

Tendenzbetrieb

Betriebe dienen dann vorwiegend einer Tendenz, wenn sie einen der in der Vorschrift genannten Zwecke überwiegend und unmittelbar verfolgen. Darüber hinaus dürfen sie auch die Absicht haben, Gewinne zu erwirtschaften. Überwiegend verfolgen Betriebe einen solchen hehren Zweck, wenn sie den Großteil der vorhandenen Mittel in seine Verwirklichung investieren, das heißt in den durch menschliche Arbeitskraft geprägten Unternehmen also den überwiegenden Teil der Arbeitszeit aller Beschäftigten (BAG vom 21.6.1989 – 7 ABR 58/87).

Beispiel

Eine Druckerei, die zu 80 % Werbematerialien, Hauswurfsendungen etc. für private Unternehmen herstellt, ist auch dann kein Tendenzbetrieb, wenn sie daneben noch die Zeitung einer politischen Partei druckt, die im eigenen Verlag erscheint.

Unmittelbarkeit der Tendenzverwirklichung bedeutet dagegen, dass das Unternehmen selbst diesen Tendenzzweck verfolgt und nicht nur ein anderes Unternehmen bei seiner Tendenzverwirklichung unterstützt.

Beispiel

Ein städtisches Theater hat den technischen Bereich ausgegliedert und lässt Bühnenbild und -technik exklusiv von einem Handwerksbetrieb erstellen. Auch wenn dieser ausschließlich von diesem Auftrag lebt, verfolgt er doch selbst keine Tendenz. Das BetrVG gilt daher ohne Einschränkung.

Tendenzverwirklichung

Nur bei solchen Maßnahmen ist die Mitbestimmung eingeschränkt oder ausgeschlossen, die selbst der Tendenzverwirklichung dienen. Es muss also eine unmittelbare Verbindung zwischen dem Tendenzzweck des Betriebs und der jeweiligen Maßnahme bestehen.

Beispiel

Ein konventioneller Kindergarten eines privaten Trägers soll zukünftig integrativ arbeiten, also behinderte und nicht behinderte Kinder gemeinsam betreuen. Die Entscheidung betrifft den Tendenzzweck, nämlich erzieherische Fragen und erfordert eine entsprechende Qualifizierung des Personals. Soweit es um deren Inhalte geht, ist die Mitbestimmung wegen des Tendenzschutzes beschränkt.

Tendenzträger

Die Maßnahme muss die Tendenzträger selbst treffen. Das sind nicht alle Beschäftigten eines Tendenzbetriebs, sondern nur die, die selbst für die Tendenzverwirklichung in vorderster Linie zuständig bzw. prägend sind. Das setzt wiederum einen

Einfluss auf diese Tendenzverwirklichung voraus (BAG vom 28.10.1986 – 1 ABR 16/85). Arbeiten sie nur nach engen Vorgaben des AG, verlieren sie diesen Status.

Beispiel

In einer Zeitungsredaktion werden zwei Stellen neu besetzt: die eines Wirtschaftsredakteurs und die des Netzwerkadministrators. Der Redakteur dient unmittelbar dem geschützten Zweck, Nachrichten und Meinungen zu verbreiten. Auch der Administrator soll das zwar durch seine Tätigkeit gewährleisten, er hat dabei aber nur eine unterstützende Funktion, da seine Tätigkeit sich nicht in veröffentlichten Nachrichten oder Meinungen niederschlägt.

Einzelne Mitbestimmungsrechte

Obwohl jeweils im Einzelfall konkret zu entscheiden ist, ob und wie weit das jeweilige Mitbestimmungsrecht aufgrund des Tendenzbezugs beschränkt ist, lassen sich einige allgemeine Prognosen aufstellen, die allerdings – wieder im Einzelfall – auch widerlegt werden können.

Bei sozialen Angelegenheiten besteht in aller Regel kein Tendenzbezug mit Ausnahme der Festlegung der Arbeitszeit. Allerdings schließt die Rechtsprechung auch hier nicht von vornherein die Mitbestimmung als Ganzes aus, sondern erklärt nur in diesem Zusammenhang durchgesetzte Regelungen für unzulässig, die die Tendenzverwirklichung beeinträchtigen können (BAG vom 11.2.1992 – 1 ABR 49/91).

Im Bereich der wirtschaftlichen Angelegenheiten trifft § 118 selbst eine Auswahl, welche Mitbestimmungsrechte vollständig wegfallen sollen, nämlich die Einrichtung des Wirtschaftsausschusses und die Verhandlung des Interessenausgleichs bei Betriebsänderungen. Die übrigen Mitbestimmungsrechte, die einen solchen Bezug haben, sind ohnehin im Wesentlichen Informations- und Beratungsrechte, wie etwa die Berichtspflicht des AG zur wirtschaftlichen Lage auf der Betriebsversammlung gemäß § 43 Abs. 3 . Sie bestehen ungeschmälert auch bei Tendenzbetrieben.

Bei den personellen Angelegenheiten „Einstellung“ und „Versetzung“ ist das Mitbestimmungsrecht praktisch immer beschränkt, wenn die Maßnahme einen Tendenzträger betrifft. Eingruppierungen dagegen haben nie einen Bezug zur Tendenzverwirklichung, der AG benötigt hierzu also immer die Zustimmung des BR. Bei Kündigungen muss der BR auch dann angehört werden, wenn es sich um einen Tendenzträger handelt und der Kündigungsgrund tendenzbezogen ist. Allerdings entfällt das Widerspruchsrecht des BR, wenn er auf andere Gründe als eine fehlerhafte Sozialauswahl gestützt werden soll. Ist der zu kündigende Tendenzträger gleichzeitig ein Mitglied des BR und damit besonders geschützt, entfällt das Erfordernis des AG, zu dieser Kündigung vorher die Zustimmung des BR gemäß § 103 einzuholen (vgl. hierzu die Kommentierung zu § 103).

Gesellschaftliche Entwicklung

Die edlen Absichten, die der Gesetzgeber bei der Schaffung des BetrVG den Unternehmen unterstellt hat, die sich im Bereich von Meinungsfreiheit, Kunstdarbietung usw. betätigen, sind heute oft rein kommerziellen Zwecken untergeordnet. Fernsehsender etwa, die nach der Publikumsquote entscheiden, ob eine Sendung verändert oder abgeschaltet wird, können einen solchen Tendenzschutz ebenso wenig für sich reklamieren wie Zeitungen, deren Inhalt sich ausschließlich nach den Bedürfnissen von Anzeigenkunden und Renditeerwartungen der Investoren richtet.

Tipp für die Praxis

Es lohnt sich daher in vielen dieser Betriebe, neu darüber nachzudenken, ob (mittlerweile) nicht doch ein Wirtschaftsausschuss zu installieren ist.

Rechtsprechung

BAG vom 30.4.1974 – 1 ABR 33/73: Das Recht gemäß § 80 Abs. 2 in die Bruttolohn- und -gehaltslisten einzusehen, besteht in Tendenzbetrieben für Abteilungen, die nur mit technischen Ausgaben befasst sind.

BAG vom 7.11.1975 – 1 AZR 282/74: Das Anhörungsrecht bei Kündigungen gemäß § 102 besteht auch bei Kündigung von Tendenzträgern, der Widerspruch des BR kann bei Kündigungen, die tendenzbedingt sind, nur auf soziale Gesichtspunkte gestützt werden.

BAG vom 9.12.1975 – 1 ABR 37/74: Sportredakteure einer Zeitung sind zumindest dann Tendenzträger, wenn sie an der Redaktionskonferenz teilnehmen.

BAG vom 22.5.1979 – 1 ABR 100/77: Die Festlegung der Arbeitszeit von Zeitschriftenredakteuren ist nicht ohne weiteres tendenzbezogen und damit mitbestimmungsfrei.

BAG vom 30.6.1981 – 1 ABR 30/79: Ein Druckunternehmen wird nicht dadurch zum Tendenzunternehmen, dass es in einen Verlagskonzern eingegliedert ist, dessen übrige Unternehmen Tendenzschutz genießen.

BAG vom 19.5.1981 – 1 ABR 39/79: Redaktionsvolontäre sind wie auch Redakteure Tendenzträger, deren Einstellung nicht der Zustimmung des BR gemäß § 99 bedarf.

BAG vom 31.5.1983 – 1 ABR 57/80: Die Eingruppierung von Tendenzträgern unterliegt der Mitbestimmung gemäß § 99.

BAG vom 28.10.1986 – 1 ABR 16/85: Tendenzträger sind Beschäftigte, deren Tätigkeit durch den Tendenzzweck des Unternehmens bestimmt wird. Sie müssen einen maßgeblichen Einfluss auf die Tendenzverwirklichung haben.

BAG vom 13.1.1987 – 1 ABR 49/85: Eine erzieherische Bestimmung hat ein Unternehmen jedenfalls dann, wenn durch planmäßige und methodische Unterweisung in mehreren allgemeinbildenden oder berufsbildenden Fächern die Persönlichkeit eines Menschen geformt wird.

BAG vom 29.6.1988 – 7 ABR 15/87: Ein Unternehmen hat eine karitative Bestimmung, wenn es ohne Gewinnerzielungsabsicht und ohne dazu verpflichtet zu sein, körperlich, geistig oder seelisch leidenden Menschen durch Heilung, Linderung oder Vorbeugung hilft.

BAG vom 30.1.1990 – 1 ABR 101/88: Mitbestimmungsrechte sind gemäß § 118 Abs. 1 nur dann eingeschränkt, wenn durch die Ausübung des Beteiligungsrechts die Tendenzverwirklichung beeinträchtigt wird. Diese Gefahr besteht bei der Festlegung der Arbeitszeit von Redakteuren dann nicht, wenn der BR nur bei der Dauer der täglichen Arbeitszeit, nicht aber bzgl deren Anfang und Ende mitbestimmt.

BAG vom 31.1.1995 – 1 ABR 35/94: Dient ein von einer öffentlichen Körperschaft getragenes Berufsförderungswerk ohne Absicht der Gewinnerzielung der beruflichen Rehabilitation Behinderter, verfolgt es erzieherische und karitative Ziele im Sinne des § 118 Abs. 1 Satz 1 Nr. 1.

BAG vom 27.10.1998 – 1 AZR 766/97: Ein Anspruch auf Nachteilsausgleich gemäß § 113 kann im Tendenzbetrieb darauf beruhen, dass der AG eine Betriebsänderung durchführt, ohne den BR vorher rechtzeitig über die Planung unterrichtet und Verhandlungen über einen Sozialplan ermöglicht zu haben.

BAG vom 19.6.2001 – 1 AZR 463/00: Die Aufstellung eines Redaktionsstatuts, nach dem ein Redaktionsrat bei tendenzbezogenen Maßnahmen gegenüber Zeitungsredakteuren Beteiligungsrechte hat, verstößt nicht gegen das BetrVG, weil der Redaktionsrat nicht in Konkurrenz zum BR steht, der in diesen Angelegenheiten wegen § 118 keine Mitbestimmungsrechte hat.

BAG vom 28.5.2002 – 1 ABR 32/01: Die Einführung eines Formulars, mit dem Redakteure einer Wirtschaftszeitung dem AG ihren Aktienbesitz anzuzeigen haben, dient nicht der Tendenzverwirklichung und unterliegt daher der Mitbestimmung gemäß § 87 Abs. 1 Nr. 1.

BAG vom 28.8.2003 – 2 ABR 48/02: Die tendenzbezogene Kündigung eines Mitglieds des BR, das Tendenzträger ist, bedarf nicht der vorherigen Zustimmung des BR gemäß § 103.

BAG vom 30.5.2006 – 1 ABR 17/05: Die Entsendung eines Redakteurs zu einer Weiterbildungsmaßnahme unterliegt wegen des Tendenzschutzes nicht der Mitbestimmung gemäß § 98 Abs. 4.

Sechster Teil
Straf- und Bußgeldvorschriften

§ 119 Straftaten gegen Betriebsverfassungsorgane und ihre Mitglieder

(1) Mit Freiheitsstrafe bis zu einem Jahr oder mit Geldstrafe wird bestraft, wer

1. **eine Wahl des Betriebsrats, der Jugend- und Auszubildendenvertretung, der Bordvertretung, des Seebetriebsrats oder der in § 3 Abs. 1 Nr. 1 bis 3 oder 5 bezeichneten Vertretungen der Arbeitnehmer behindert oder durch Zufügung oder Androhung von Nachteilen oder durch Gewährung oder Versprechen von Vorteilen beeinflusst,**
2. **die Tätigkeit des Betriebsrats, des Gesamtbetriebsrats, des Konzernbetriebsrats, der Jugend- und Auszubildendenvertretung, der Gesamt-Jugend- und Auszubildendenvertretung, der Konzern-Jugend- und Auszubildendenvertretung, der Bordvertretung, des Seebetriebsrats, der in § 3 Abs. 1 bezeichneten Vertretungen der Arbeitnehmer, der Einigungsstelle, der in § 76 Abs. 8 bezeichneten tariflichen Schlichtungsstelle, der in § 86 bezeichneten betrieblichen Beschwerdestelle oder des Wirtschaftsausschusses behindert oder stört, oder**
3. **ein Mitglied oder ein Ersatzmitglied des Betriebsrats, des Gesamtbetriebsrats, des Konzernbetriebsrats, der Jugend- und Auszubildendenvertretung, der Gesamt-Jugend- und Auszubildendenvertretung, der Konzern-Jugend- und Auszubildendenvertretung, der Bordvertretung, des Seebetriebsrats, der in § 3 Abs. 1 bezeichneten Vertretungen der Arbeitnehmer, der Einigungsstelle, der in § 76 Abs. 8 bezeichneten Schlichtungsstelle, der in § 86 bezeichneten betrieblichen Beschwerdestelle oder des Wirtschaftsausschusses um seiner Tätigkeit willen oder eine Auskunftsperson nach § 80 Abs. 2 Satz 3 um ihrer Tätigkeit willen benachteiligt oder begünstigt.**

(2) Die Tat wird nur auf Antrag des Betriebsrats, des Gesamtbetriebsrats, des Konzernbetriebsrats, der Bordvertretung, des Seebetriebsrats, einer der in § 3 Abs. 1 be-

zeichneten Vertretungen der Arbeitnehmer, des Wahlvorstands, des Unternehmers oder einer im Betrieb vertretenen Gewerkschaft verfolgt.

Die Vorschrift schützt die Tätigkeit des BR und der weiteren genannten Organe durch die Androhung einer Geld- oder Freiheitsstrafe davor, vom AG oder von anderen in der Ausübung ihres gesetzlichen Mandats behindert zu werden.

Strafbar nach der Vorschrift ist jedes Verhalten, das die Unabhängigkeit der Amtsführung und die Entscheidungsfreiheit der einzelnen Mitglieder der betriebsverfassungsrechtlichen Organe einschränkt. Das kann auf vielerlei Weise passieren: Androhung von Nachteilen und Versprechen von Vorteilen für ein bestimmtes Verhalten, gezielte Benachteiligung etwa bei der Vergütung oder auch pauschale Begünstigung, ohne damit ein spezielles Verhalten einzufordern. Gerade Letzteres kommt allerdings sehr häufig vor in Form von großzügigen Reiseregelungen, Beförderungen ohne wirklichen Grund usw. Die Grenze zum strafbaren Tun ist dabei meist schwer zu ziehen. Auch führt nicht jedes unangenehme Argument in der politischen Auseinandersetzung in die Strafbarkeit.

Beispiel

Der Hinweis des AG etwa, die fehlende Unterschrift des BR unter die Betriebsvereinbarung zur Sonderzahlung verhindere es, dass die Gelder ausgezahlt werden können, dürfte kaum zu beanstanden sein. Anders wäre es, wenn er damit droht, freiwillige Leistungen einzustellen, wenn der BR nicht endlich zurücktritt oder seine Hartnäckigkeit im Bereich der Mitbestimmung aufgibt (BayObLG vom 29.7.1980 – RReg. 4 St 173/80).

Auch der Wahlvorgang wird vor solchen Beeinflussungen geschützt.

Beispiel

Der öffentliche Hinweis, wenn bestimmte Listen oder Personen später im BR sind, werde kein Weihnachtsgeld mehr bezahlt, führt sofort in die Strafbarkeit, nicht aber die öffentliche Unterstützung einzelner Kandidaten.

Wer die Bestellung des Wahlvorstands durch unwahre Angaben zu behindern versucht, macht sich gleichfalls strafbar (BayObLG vom 29.7.1980 – RReg. 4 St 173/80).

Die Straftaten werden nur auf Antrag verfolgt, der innerhalb von drei Monaten gestellt werden muss. Die Anzeige kann bei der Polizei oder der Staatsanwaltschaft erstattet werden. Ihr muss ein wirksamer Beschluss zu Grunde liegen. Die Anzeige einzelner Gremiumsmitglieder ist dagegen unbeachtlich.

In der Praxis verlaufen solche Verfahren meist im Sande, es ist daher vor inflationären Drohungen mit Strafanzeigen zu warnen. Selbst wenn es aber zu einer Verurteilung kommt, sind die Probleme damit meist nicht gelöst, sondern allenfalls verschärft. Dennoch kann die Strafanzeige ein Mittel sein, um einzelne Personen in die Schranken zu weisen, denn es wirkt natürlich schon einschüchternd, wenn man eine Vorladung als Beschuldigter vom Staatsanwalt bekommt.

§ 120 Verletzung von Geheimnissen

(1) Wer unbefugt ein fremdes Betriebs- oder Geschäftsgeheimnis offenbart, das ihm in seiner Eigenschaft als

1. Mitglied oder Ersatzmitglied des Betriebsrats oder einer der in § 79 Abs. 2 bezeichneten Stellen,
2. Vertreter einer Gewerkschaft oder Arbeitgebervereinigung,
3. Sachverständiger, der vom Betriebsrat nach § 80 Abs. 3 hinzugezogen oder von der Einigungsstelle nach § 109 Satz 3 angehört worden ist,
3a. Berater, der vom Betriebsrat nach § 111 Satz 2 hinzugezogen worden ist,
3b. Auskunftsperson, die dem Betriebsrat nach § 80 Abs. 2 Satz 3 zur Verfügung gestellt worden ist, oder
4. Arbeitnehmer, der vom Betriebsrat nach § 107 Abs. 3 Satz 3 oder vom Wirtschaftsausschuss nach § 108 Abs. 2 Satz 2 hinzugezogen worden ist,

bekannt geworden und das vom Arbeitgeber ausdrücklich als geheimhaltungsbedürftig bezeichnet worden ist, wird mit Freiheitsstrafe bis zu einem Jahr oder mit Geldstrafe bestraft.

(2) Ebenso wird bestraft, wer unbefugt ein fremdes Geheimnis eines Arbeitnehmers, namentlich ein zu dessen persönlichen Lebensbereich gehörendes Geheimnis, offenbart, das ihm in seiner Eigenschaft als Mitglied oder Ersatzmitglied des Betriebsrats oder einer der in § 79 Abs. 2 bezeichneten Stellen bekannt geworden ist und über das nach den Vorschriften dieses Gesetzes Stillschweigen zu bewahren ist.

(3) Handelt der Täter gegen Entgelt oder in der Absicht, sich oder einen anderen zu bereichern oder einen anderen zu schädigen, so ist die Strafe Freiheitsstrafe bis zu zwei Jahren oder Geldstrafe. Ebenso wird bestraft, wer unbefugt ein fremdes Geheimnis, namentlich ein Betriebs- oder Geschäftsgeheimnis, zu dessen Geheimhaltung er nach den Absätzen 1 oder 2 verpflichtet ist, verwertet.

(4) Die Absätze 1 bis 3 sind auch anzuwenden, wenn der Täter das fremde Geheimnis nach dem Tode des Betroffenen unbefugt offenbart oder verwertet.

(5) Die Tat wird nur auf Antrag des Verletzten verfolgt. Stirbt der Verletzte, so geht das Antragsrecht nach § 77 Abs. 2 des Strafgesetzbuches auf die Angehörigen über, wenn das Geheimnis zum persönlichen Lebensbereich des Verletzten gehört; in anderen Fällen geht es auf die Erben über. Offenbart der Täter das Geheimnis nach dem Tode des Betroffenen, so gilt Satz 2 sinngemäß.

Die Vorschrift schützt durch eine Strafandrohung Geheimhaltungsinteressen sowohl des AG als auch der AN.

BR-Mitglieder erfahren vieles, sowohl über die persönlichen Verhältnisse ihrer Kollegen als auch über das Unternehmen. Manches davon, das nicht für die Öffentlichkeit bestimmt ist, ist ein Geheimnis. Dass solche Informationen nicht weiter gegeben werden dürfen, versteht sich von selbst und ist auch noch einmal ausdrücklich in § 79 geregelt. Damit diese Geheimhaltung auch wirklich eingehalten wird, sieht § 120 als Sanktion für Verstöße die Verhängung einer Geld- oder Freiheitsstrafe vor.

Der BR wird durch die Vorschrift nicht zur Verschwiegenheit verpflichtet, nur weil der AG alles zum Geheimnis macht. Nur was objektiv geheimhaltungsbedürftig ist, verlangt auch in der betrieblichen Öffentlichkeit nach Verschwiegenheit. Das sind vor allem die persönlichen Verhältnisse der AN und Betriebs- bzw. Geschäftsgeheimnisse gemäß § 79 (vgl. die Erläuterungen dort).

§ 121 Bußgeldvorschriften

(1) Ordnungswidrig handelt, wer eine der in § 90 Abs. 1, 2 Satz 1, § 92 Abs. 1 Satz 1 auch in Verbindung mit Abs. 3, § 99 Abs. 1, § 106 Abs. 2, § 108 Abs. 5, § 110 oder § 111 bezeichneten Aufklärungs- oder Auskunftspflichten nicht, wahrheitswidrig, unvollständig oder verspätet erfüllt.

(2) Die Ordnungswidrigkeit kann mit einer Geldbuße bis zu 10 000 Euro geahndet werden.

Die Vorschrift schützt die speziellen Informationsrechte des BR.

Das BetrVG kennt ein allgemeines Unterrichtungsrecht des BR in § 80. Daneben treten die in dieser Vorschrift genannten Informationsrechte in speziellen Situationen, etwa bei Umbauten oder vor anstehenden Betriebsänderungen. Nur für Letztere und nicht für den allgemeinen Unterrichtungsanspruch ist hier bestimmt, dass ein Verstoß des AG als Ordnungswidrigkeit mit einer Geldbuße geahndet werden kann.

Voraussetzung ist eine Anzeige des BR, die bei der Polizei oder der zuständigen Verwaltungsbehörde, also in der Regel der Gewerbeaufsicht, erstattet werden kann. Dieser Anzeige muss wiederum ein ordnungsgemäß zustande gekommener Beschluss zu Grunde liegen.

Die Drohung mit dem Ordnungswidrigkeitenverfahren wird vom BR häufig erhoben, aber selten wahr gemacht. Ein solches Verhalten nimmt der Drohung jedoch die Wirkung. Allerdings darf auch keine Illusion über die Bereitschaft der zuständigen Behörde bestehen, ein solches Verfahren ernsthaft zu betreiben. Deshalb sollten die Drohungen besser dosiert, vorher aber auch auf ihre Umsetzbarkeit hin überprüft werden, damit eine Anzeige im Falle eines Falles auch wirklich Aussicht auf Erfolg hat.

Siebenter Teil
Änderungen von Gesetzen

§ 122 (Änderung des Bürgerlichen Gesetzbuchs)

(gegenstandslos)

§ 123 (Änderung des Kündigungsschutzgesetzes)

(gegenstandslos)

§ 124 (Änderung des Arbeitsgerichtsgesetzes)

(gegenstandslos)

Achter Teil
Übergangs- und Schlussvorschriften

§ 125 Erstmalige Wahlen nach diesem Gesetz

(1) Die erstmaligen Betriebsratswahlen nach § 13 Abs. 1 finden im Jahre 1972 statt.

(2) Die erstmaligen Wahlen der Jugend- und Auszubildendenvertretung nach § 64 Abs. 1 Satz 1 finden im Jahre 1988 statt. Die Amtszeit der Jugendvertretung endet mit der Bekanntgabe des Wahlergebnisses der neu gewählten Jugend- und Auszubildendenvertretung, spätestens am 30. November 1988.

(3) Auf Wahlen des Betriebsrats, der Bordvertretung, des Seebetriebsrats und der Jugend- und Auszubildendenvertretung, die nach dem 28. Juli 2001 eingeleitet werden, finden die Erste Verordnung zur Durchführung des Betriebsverfassungsgesetzes vom 16. Januar 1972 (BGBl. I S. 49), zuletzt geändert durch die Verordnung vom 16. Januar 1995 (BGBl. I S. 43), die Zweite Verordnung zur Durchführung des Betriebsverfassungsgesetzes vom 24. Oktober 1972 (BGBl. I S. 2029), zuletzt geändert durch die Verordnung vom 28. September 1989 (BGBl. I S. 1795) und die Verordnung zur Durchführung der Betriebsratswahlen bei den Postunternehmen vom 26. Juni 1995 (BGBl. I S. 871) bis zu deren Änderung entsprechende Anwendung.

(4) Ergänzend findet für das vereinfachte Wahlverfahren nach § 14a die Erste Verordnung zur Durchführung des Betriebsverfassungsgesetzes bis zu deren Änderung mit folgenden Maßgaben entsprechende Anwendung:

1. Die Frist für die Einladung zur Wahlversammlung zur Wahl des Wahlvorstands nach § 14a Abs. 1 des Gesetzes beträgt mindestens sieben Tage. Die Einladung muss Ort, Tag und Zeit der Wahlversammlung sowie den Hinweis enthalten, dass bis zum Ende dieser Wahlversammlung Wahlvorschläge zur Wahl des Betriebsrats gemacht werden können (§ 14a Abs. 2 des Gesetzes).
2. § 3 findet wie folgt Anwendung:
   a) Im Fall des § 14a Abs. 1 des Gesetzes erlässt der Wahlvorstand auf der Wahlversammlung das Wahlausschreiben. Die Einspruchsfrist nach § 3 Abs. 2 Nr. 3 verkürzt sich auf drei Tage. Die Angabe nach § 3 Abs. 2 Nr. 4 muss die Zahl der Mindestsitze des Geschlechts in der Minderheit (§ 15 Abs. 2 des Gesetzes) enthalten. Die Wahlvorschläge sind abweichend von § 3 Abs. 2 Nr. 7 bis zum Abschluss der Wahlversammlung zur Wahl des Wahlvorstands bei diesem einzureichen. Ergänzend zu § 3 Abs. 2 Nr. 10 gibt der Wahlvorstand den Ort, Tag und Zeit der nachträglichen Stimmabgabe an (§ 14a Abs. 4 des Gesetzes).

b) Im Fall des § 14a Abs. 3 des Gesetzes erlässt der Wahlvorstand unverzüglich das Wahlausschreiben mit den unter Buchstabe a genannten Maßgaben zu § 3 Abs. 2 Nr. 3, 4 und 10. Abweichend von § 3 Abs. 2 Nr. 7 sind die Wahlvorschläge spätestens eine Woche vor der Wahlversammlung zur Wahl des Betriebsrats (§ 14a Abs. 3 Satz 2 des Gesetzes) beim Wahlvorstand einzureichen.

3. Die Einspruchsfrist des § 4 Abs. 1 verkürzt sich auf drei Tage.
4. Die §§ 6 bis 8 und § 10 Abs. 2 finden entsprechende Anwendung mit der Maßgabe, dass die Wahl aufgrund von Wahlvorschlägen erfolgt. Im Fall des § 14a Abs. 1 des Gesetzes sind die Wahlvorschläge bis zum Abschluss der Wahlversammlung zur Wahl des Wahlvorstands bei diesem einzureichen; im Fall des § 14a Abs. 3 des Gesetzes sind die Wahlvorschläge spätestens eine Woche vor der Wahlversammlung zur Wahl des Betriebsrats (§ 14a Abs. 3 Satz 2 des Gesetzes) beim Wahlvorstand einzureichen.
5. § 9 findet keine Anwendung.
6. Auf das Wahlverfahren finden die §§ 21 ff. entsprechende Anwendung. Auf den Stimmzetteln sind die Bewerber in alphabetischer Reihenfolge unter Angabe von Familienname, Vorname und Art der Beschäftigung im Betrieb aufzuführen.
7. § 25 Abs. 5 bis 8 findet keine Anwendung.
8. § 26 Abs. 1 findet mit der Maßgabe Anwendung, dass der Wahlberechtigte sein Verlangen auf schriftliche Stimmabgabe spätestens drei Tage vor dem Tag der Wahlversammlung zur Wahl des Betriebsrats dem Wahlvorstand mitgeteilt haben muss.
9. § 31 findet entsprechende Anwendung mit der Maßgabe, dass die Wahl der Jugend- und Auszubildendenvertretung aufgrund von Wahlvorschlägen erfolgt.

Die Vorschrift diente der geordneten Einführung des BetrVG und seiner Änderungen. Sie wird heute benötigt, wenn Zweifel über das Ende der Amtszeit eines BR oder einer JAV bestehen, weil in diesem Fall alle bisherigen Amtszeiten seit 1972 betrachtet werden müssen. Alle weiteren Regelungen haben sich durch Zeitablauf erledigt, das ausführlich beschriebene vereinfachte Wahlverfahren ist mittlerweile in der Wahlordnung geregelt.

§ 126 Ermächtigung zum Erlass von Wahlordnungen

Das Bundesministerium für Arbeit und Soziales wird ermächtigt, mit Zustimmung des Bundesrates Rechtsverordnungen zu erlassen zur Regelung der in den §§ 7 bis 20, 60 bis 63, 115 und 116 bezeichneten Wahlen über

1. **die Vorbereitung der Wahl, insbesondere die Aufstellung der Wählerlisten und die Errechnung der Vertreterzahl;**
2. **die Frist für die Einsichtnahme in die Wählerlisten und die Erhebung von Einsprüchen gegen sie;**
3. **die Vorschlagslisten und die Frist für ihre Einreichung;**
4. **das Wahlausschreiben und die Fristen für seine Bekanntmachung;**
5. **die Stimmabgabe;**

5a. **die Verteilung der Sitze im Betriebsrat, in der Bordvertretung, im Seebetriebsrat sowie in der Jugend- und Auszubildendenvertretung auf die Geschlechter, auch soweit die Sitze nicht gemäß § 15 Abs. 2 und § 62 Abs. 3 besetzt werden können;**

6. **die Feststellung des Wahlergebnisses und die Fristen für seine Bekanntmachung;**
7. **die Aufbewahrung der Wahlakten.**

> Die Vorschrift hat nur Bedeutung für Gesetzgeber und Verwaltung. Letztere – genauer: der Bundesarbeitsminister – wird dazu ermächtigt, die Wahlordnung zu erlassen, was bekanntermaßen auch passiert ist.

§ 127 Verweisungen

Soweit in anderen Vorschriften auf Vorschriften verwiesen wird oder Bezeichnungen verwendet werden, die durch dieses Gesetz aufgehoben oder geändert werden, treten an ihre Stelle die entsprechenden Vorschriften oder Bezeichnungen dieses Gesetzes.

> Gesetze enthalten häufig Verweise auf andere Gesetze. Das jetzige BetrVG hatte einen Vorgänger, das gleichfalls BetrVG hieß, aber anders aufgebaut war. Für die Fälle, in denen in anderen Gesetzen auf dieses alte, nicht mehr existierende BetrVG verwiesen wird, stellt diese Vorschrift klar, dass der Verweis nicht ins Leere geht, denn dann muss die entsprechende Vorschrift aus dem aktuellen BetrVG gesucht werden.

Ein relevanter Anwendungsbereich für diese Vorschrift ist nicht bekannt.

§ 128 Bestehende abweichende Tarifverträge

Die im Zeitpunkt des Inkrafttretens dieses Gesetzes nach § 20 Abs. 3 des Betriebsverfassungsgesetzes vom 11. Oktober 1952 geltenden Tarifverträge über die Errichtung einer anderen Vertretung der Arbeitnehmer für Betriebe, in denen wegen ihrer Eigenart der Errichtung von Betriebsräten besondere Schwierigkeiten entgegenstehen, werden durch dieses Gesetz nicht berührt.

Tarifverträge, die vor 1972 geschlossen wurden und andere AN-Vertretungen als den BR vorgesehen haben, sollen weiterhin gültig sein. Ob es solche Tarifverträge wirklich noch gibt, ist nicht bekannt. Die Vorschrift hat keine praktische Bedeutung.

§ 129

(aufgehoben)

§ 130 Öffentlicher Dienst

Dieses Gesetz findet keine Anwendung auf Verwaltungen und Betriebe des Bundes, der Länder, der Gemeinden und sonstiger Körperschaften, Anstalten und Stiftungen des öffentlichen Rechts.

Die Vorschrift regelt, dass das BetrVG im öffentlichen Dienst und anderen durch das Dienstrecht geprägten Bereichen nicht anzuwenden ist.

Dazu gehören auch die beiden großen christlichen Kirchen, die Anstalten des öffentlichen Rechts sind. Dort gelten andere Vorschriften über die Interessenvertretung: im öffentlichen Dienst die jeweiligen Personalvertretungsgesetze des Bundes und der Länder, in den Kirchen Mitarbeitervertretungsgesetze bzw. -verordnungen.

Sobald Betriebe aber eine private Rechtsform haben, gilt das BetrVG, sofern es nicht für Kirchenbetriebe wieder durch § 118 ausgeschlossen ist.

Beispiel

Ein kommunales Versorgungsunternehmen wird als Aktiengesellschaft geführt, einziger Aktionär ist die Kommune. Aufgrund der Rechtsform gilt das BetrVG.

Es kommt also nicht darauf an, wer Eigentümer des Unternehmens ist, sondern ob der Eigentümer des Betriebs privatrechtlich organisiert ist, etwa in Form einer GmbH, KG, Aktiengesellschaft usw.

§ 131 (Berlin-Klausel)

(gegenstandslos)

§ 132 (Inkrafttreten)

Anhang
Maßgebliche Vorschriften des BGB zur Fristberechnung

§ 186 Geltungsbereich

Für die in Gesetzen, gerichtlichen Verfügungen und Rechtsgeschäften enthaltenen Frist- und Terminsbestimmungen gelten die Auslegungsvorschriften der §§ 187 bis 193.

§ 187 Fristbeginn

(1) Ist für den Anfang einer Frist ein Ereignis oder ein in den Lauf eines Tages fallender Zeitpunkt maßgebend, so wird bei der Berechnung der Frist der Tag nicht mitgerechnet, in welchen das Ereignis oder der Zeitpunkt fällt.

(2) Ist der Beginn eines Tages der für den Anfang einer Frist maßgebende Zeitpunkt, so wird dieser Tag bei der Berechnung der Frist mitgerechnet. Das Gleiche gilt von dem Tag der Geburt bei der Berechnung des Lebensalters.

§ 188 Fristende

(1) Eine nach Tagen bestimmte Frist endigt mit dem Ablauf des letzten Tages der Frist.

(2) Eine Frist, die nach Wochen, nach Monaten oder nach einem mehrere Monate umfassenden Zeitraum – Jahr, halbes Jahr, Vierteljahr – bestimmt ist, endigt im Falle des § 187 Abs. 1 mit dem Ablauf desjenigen Tages der letzten Woche oder des letzten Monats, welcher durch seine Benennung oder seine Zahl dem Tage entspricht, in den das Ereignis oder der Zeitpunkt fällt, im Falle des § 187 Abs. 2 mit dem Ablauf desjenigen Tages der letzten Woche oder des letzten Monats, welcher dem Tage vorhergeht, der durch seine Benennung oder seine Zahl dem Anfangstag der Frist entspricht.

(3) Fehlt bei einer nach Monaten bestimmten Frist in dem letzten Monat der für ihren Ablauf maßgebende Tag, so endigt die Frist mit dem Ablauf des letzten Tages dieses Monats.

§ 189 Berechnung einzelner Fristen

(1) Unter einem halben Jahr wird eine Frist von sechs Monaten, unter einem Vierteljahr eine Frist von drei Monaten, unter einem halben Monat eine Frist von 15 Tagen verstanden.

(2) Ist eine Frist auf einen oder mehrere ganze Monate und einen halben Monat gestellt, so sind die 15 Tage zuletzt zu zählen.

§ 190 Fristverlängerung

Im Falle der Verlängerung einer Frist wird die neue Frist von dem Ablauf der vorigen Frist an berechnet.

§ 191 Berechnung von Zeiträumen

Ist ein Zeitraum nach Monaten oder nach Jahren in dem Sinne bestimmt, dass er nicht zusammenhängend zu verlaufen braucht, so wird der Monat zu 30, das Jahr zu 365 Tagen gerechnet.

§ 192 Anfang, Mitte, Ende des Monats

Unter Anfang des Monats wird der erste, unter Mitte des Monats der 15., unter Ende des Monats der letzte Tag des Monats verstanden.

§ 193 Sonn- und Feiertag; Sonnabend

Ist an einem bestimmten Tage oder innerhalb einer Frist eine Willenserklärung abzugeben oder eine Leistung zu bewirken und fällt der bestimmte Tag oder der letzte Tag der Frist auf einen Sonntag, einen am Erklärungs- oder Leistungsort staatlich anerkannten allgemeinen Feiertag oder einen Sonnabend, so tritt an die Stelle eines solchen Tages der nächste Werktag.

Stichwortverzeichnis

A

B